제7판 객관식 경제학 강의

[미시경제학]

회계사 · 감평사 · 노무사 · 공무원 · 공사

객관식 경제학 강의

Testbank for **Economics**

micro economics + **macro** economics

7판

[미시경제학]

이영환 · 김진욱 지음

율곡출판사

제7판

들어가는 글

seventh edition
Testbank for Economics
[microeconomics]
Preface

이 책의 제6판을 낸 후 4년의 시간이 지났습니다. 그동안 기출문제도 상당히 누적되었고 시험 경향 및 난이도에도 일부 변화가 있어 이를 반영하여 책을 개정했습니다. 개정의 주된 내용은 다음과 같습니다.

1. 2020년에서 2023년까지의 기출문제 반영
2. 거시경제학의 새로운 경향 반영
3. 국제경제학의 새로운 경향 반영

이 책의 출간시점에서 2023년 주요 시험 기출문제들이 모두 반영되었으나 국가직 7급 시험은 아직 시행되지 않아 반영되지 않았습니다. 이는 본서로 강의가 이루어지는 학원 및 강사 카페 등을 통해 자료가 제공될 것입니다.

최근 시험경향을 보면 미시경제학은 문제의 난이도가 높아졌고, 거시경제학과 국제경제학은 출제범위가 넓어졌다고 볼 수 있습니다. 이번 개정에서는 이러한 변화를 충실히 반영하려고 노력하였고, 어느 정도 성과가 있었다고 자평합니다. 우선 미시경제학은 경제학의 기본 원리에 해당하는 분야이므로 교과서의 내용이 많이 바뀌지 않았습니다. 따라서 좋은 문제를 빠짐 없이, 그리고 중복 없이 선정하여 문제를 풀어나가면서 자연스럽게 경제학에 대한 이해가 높아질 수 있도록 책을 구성하였습니다.

반면 거시경제학은 상대적으로 새로운 이론이 끊임없이 등장하고 교과서의 체계 및 서술방식도 자주 바뀌는 편입니다. 그러나 일부 객관식 교재들이 이를 잘 반영하지 못하고 있다고 판단하였습니다. 그래서 구성에 있어서는 현재 국내 가장 많은 대학에서 사용하는 교과서의 편재를 따랐으며, 내용에 있어서는 최신 출제경향을 최대한 담아내기 위해 노력하였습니다. 대신 오래되어 더 이상 출제되지 않을 논점과 문제들은 과감히 삭제하였습니다.

이 책을 쓰면서 항상 염두에 두는 것은 '한 발 앞서가기' 라는 말이었습니다. 다른 책보다, 그리고 출제경향보다 앞서가되 딱 한 발만 앞서가자. 그래서 과거 다른 책에는 수록되지 않았던 테일러 준칙, 시간비일관성 문제 등을 적중시켰고, 최근에는 국가부채 비율 관련 문제 등을 적중시켰습니다. 앞으로도 앞서 나가되 너무 앞서 나가지 않는, 수험서로서의 본분을 지키면서 학생들에게 도움이 되는 그런 책을 만들어 나가겠습니다. 오랜 개정 기간 동안 변덕스러운 저자의 요구를 한마디 불평 없이 잘 반영해 준 율곡출판사에 감사드립니다.

2023년 9월

이영환 · 김진욱

초판
들어가는 글

first edition
Testbank for **Economics**
[**micro**economics]
Preface

본인은 1년 전 경제학 명강사로 널리 알려진 김진욱 선생과 함께 『경제학 강의』라는 제목으로 경제학 텍스트를 출간했다. 당시 저자는 국내외의 저명한 학자들이 저술한 『경제학원론』에 해당하는 좋은 텍스트가 시중에 많이 출간된 상태에서 새삼 새로운 텍스트를 출간하는 이유를 고백했다. 본인과 김진욱 선생이 공저한 『경제학 강의』는 이미 시중에서 인기리에 판매되고 있는 경제학 텍스트에 비해 여러 가지 면에서 부족했다. 그럼에도 우리가 이 텍스트를 공저한 이유는 특정한 목적을 가지고 경제학을 공부하는 사람들이 보다 더 쉽게 경제학의 원리를 이해하고 실무에 응용하기를 바라는 마음에서였다. 아직까지 저자들의 이런 의도가 시장에서 충분히 평가받고 있지는 못하다. 그렇지만 부족한 부분을 꾸준히 보완해 나간다면 언젠가 시장의 기대에 부응하리라 생각하고 있다.

이런 와중에 본인과 김진욱 선생은 이 텍스트를 보완하는 방법으로 『객관식 경제학 강의』를 출간하기로 했다. 그리고 새로운 책의 편집방향과 내용에 대해 진지하게 논의했다. 수많은 젊은 사람들이 여러 가지 형태의 경제학 시험을 준비하는 데 많은 시간을 할애하고 있다. 그리고 시중에는 이들에게 도움을 주는 좋은 책들이 여러 권 나와 있다. 따라서 각종 시험을 대비하는 사람들에게 전혀 도움이 되지 않는다면 새롭게 책을 출간할 명분도 이유도 없다. 경제학의 용어를 빌려 말하자면 한계효용이 0인 책은 출간되어서는 안 된다. 그래서 저자와 김진욱 선생은 새로이 출간되는 『객관식 경제학 강의』가 독자들에게 가치 있는 책으로 평가받을 수 있도록 나름대로 적지 않은 노력을 기울였다. 이 책의 기본적인 특징을 소개하면 다음과 같다.

첫째, 『객관식 경제학 강의』는 기본 텍스트와 같은 순서를 유지해 객관식 문제를 풀어봄으로써 해당 부분 텍스트의 내용을 철저하게 이해할 수 있도록 편집되었다.

둘째, 객관식 문제를 단순히 나열하지 않고 유기적으로 배치하여 문제를 푸는 과정에서 자연스럽게 핵심 개념을 이해하고 출제경향을 파악할 수 있도록 했다.

셋째, 각 장마다 기초 개념을 다루거나 단순한 계산을 요구하는 문제를 기본문제로 분류했으며, 상대적으로 난이도가 높고 응용이 필요한 문제는 실전문제로 분류했다. 따라서 수험생들은 기본문제를 통해 핵심적인 개념을 이해한 후 실전문제를 통해 이것을 응용하면 도움이 될 것이다. 여기에는 기출문제뿐만 아니라 저자들이 새롭게 만든 문제도 수록되어 있다. 앞으로 새로운 문제를 계속 보완할 것이다.

넷째, 기본문제나 실전문제에 최대한 상세한 해설을 첨부했다. 단순히 해설을 위한 해설이 아니라 각 문제의 정답을 구하기 위해서 반드시 알아야 하는 사항을 정리하고자 했다. 이 점은 『경제학 강의』 텍스트의 내용과 상호 보완적인 역할을 할 것으로 기대된다.

다섯째, 2008년까지의 최신 문제들과 향후 출제 가능한 문제들을 수록했다. 특히 향후 출제 가능한 문제들을 엄선해 자세한 해설을 곁들임으로써 수험생 스스로 문제를 풀 수 있는 능력을 높일 수 있도록 했다. 그리고 기출문제인 경우 경제학의 핵심 원리를 이해하기 위해 반드시 알아야 하는 문제들을 엄선했다. 새로운 경제이론이 등장하지 않는 한 이런 기출문제와 저자들이 만든 문제를 이해한다면 어떤 종류의 시험에도 충분히 대비할 수 있다고 확신한다.

이상이 본인과 김진욱 선생이 이 책을 준비하면서 역점을 두었던 몇 가지 포인트이다. 그러나 책을 완성하고 보니 여전히 미흡한 점이 한둘이 아니다. 이 책을 출간하는 가장 중요한 목적은 각종 시험에 대비해 경제학을 공부하는 사람들이 최소의 노력을 들여 경제학을 이해하고 어떤 형태의 객관식 문제에 대해서도 준비할 수 있도록 도와주는 것이다. 이런 목적에 기여할 수 있다면 저자들은 이 책이 사회적으로 기여하는 바가 있다고 생각한다. 그래서 시장의 평가를 겸허하게 받아들이면서 앞으로 이 책을 보완해 나갈 것이다.

이 책이 출간되기까지 많은 사람들이 도움을 주었다. 무엇보다도 바쁜 일정에도 불구하고 이 책의 편집을 위해 노력을 아끼지 않았던 율곡출판사의 방조일 부장과 편집부의 직원 여러분들에게 감사의 말을 전하고 싶다. 그리고 어려운 경제여건에서도 지원을 아끼지 않으시는 박기남 사장님에게도 이 자리를 빌려 감사의 말씀을 전하고 싶다. 또한 기출문제를 엄선하고 교정작업을 하는 과정에서 이지민(서울대), 정지연(이화여대), 안누리(서울대) 군이 열성적으로 도움을 주었다. 이들의 도움이 없었다면 이 책의 출간이 지연되었을 것이고 이 정도나마 완성도를 가질 수 없었을 것이다. 그리고 무엇보다도 이 책의 전체 내용을 조정하고 수험생들과 눈높이를 맞추기 위해 노력한 김진욱 선생의 노고에 경의를 표한다.

2008년 12월

남산 자락의 연구실에서

대표저자 이 영 환

차례

seventh edition
Testbank for **Economics**
[**micro**economics]
Contents

제1~3장 미시경제학의 기초

Testbank for Economics [microeconomics]

핵 심 출 제 논 점

1. 수요의 가격탄력성과 총수입의 변화
2. 수요의 소득탄력성과 교차탄력성
3. 공급의 가격탄력성
4. 완전경쟁시장의 균형과 안정성
5. 소비자잉여와 생산자잉여
6. 가격통제와 수량통제의 경제적 효과
7. 조세의 전가와 귀착
8. 조세와 초과부담
9. 보조금의 전가와 귀착
10. 보조금의 비효율성

I 수요와 공급의 탄력성

1. 탄력성의 종류 및 특징

(1) 수요의 (자기)가격탄력성

■ $\varepsilon_P = -\dfrac{\text{수요량의 변화율}}{\text{가격의 변화율}} = -\dfrac{\Delta Q_D / Q_D}{\Delta P / P} = -\dfrac{\Delta Q_D}{\Delta P}\dfrac{P}{Q_D} = -\dfrac{\hat{Q}_D}{\hat{P}}$

(2) 수요의 소득탄력성 : 재화의 성질

■ $\varepsilon_M = \dfrac{\text{수요량의 변화율}}{\text{소득의 변화율}} = \dfrac{\Delta Q_D / Q_D}{\Delta M / M} = \dfrac{\Delta Q_D}{\Delta M}\dfrac{M}{Q_D} = \dfrac{\hat{Q}_D}{\hat{M}}$

(3) 수요의 교차(가격)탄력성 : 재화 간의 관계

① $\varepsilon_c = \dfrac{\text{다른 재화의 수요량 변화율}}{\text{한 재화의 가격 변화율}} = \dfrac{\Delta Q_Y / Q_Y}{\Delta P_X / P_X} = \dfrac{\Delta Q_Y}{\Delta P_X}\dfrac{P_X}{Q_Y} = \dfrac{\hat{Q}_Y}{\hat{P}_X}$

② $\varepsilon_c = \dfrac{\Delta Q_X / Q_X}{\Delta P_Y / P_Y} = \dfrac{\Delta Q_X}{\Delta P_Y}\dfrac{P_Y}{Q_X} = \dfrac{\hat{Q}_X}{\hat{P}_Y}$

(4) 공급의 가격탄력성

■ $e_P = \dfrac{\text{공급량의 변화율}}{\text{가격의 변화율}} = \dfrac{\Delta Q_S / Q_S}{\Delta P / P} = \dfrac{\Delta Q_S}{\Delta P}\dfrac{P}{Q_S} = \dfrac{\hat{Q}_S}{\hat{P}}$

2. 수요의 가격탄력성과 총수입(총지출)

	$P \times Q = TR$
$\varepsilon_P > 1$	하락 < 증가 증가
$\varepsilon_P = 1$	하락 = 증가 불변
$\varepsilon_P < 1$	하락 > 증가 감소

⇒ 근사공식 : $\hat{P} + \hat{Q} = \widehat{TR}$

3. 소득의 일정 비율을 지출하는 수요자의 경우

■ $P_X X = \alpha M$ (단, α = 지출비율)

⇒ 수요함수 : $X^* = \dfrac{\alpha M}{P_X}$ (직각쌍곡선)

⇒ $\varepsilon_P = 1,\ \varepsilon_M = 1,\ \varepsilon_c = 0$

4. 여러 변수가 변하는 경우

■ $\Sigma \dfrac{\Delta Q_X}{Q_X} = -\varepsilon_P \times \dfrac{\Delta P_X}{P_X} + \varepsilon_M \times \dfrac{\Delta M}{M} + \varepsilon_C \times \dfrac{\Delta P_Y}{P_Y}$

5. 수요의 가격탄력성 예시

① 직선형 : $Q_D = a - bP \Rightarrow \varepsilon_P = -\dfrac{dQ_D}{dP}\dfrac{P}{Q_D} = -(-b)\dfrac{P}{a-bP} = \dfrac{bP}{a-bP}$

② 지수형 : $Q_D = \dfrac{A}{P^n} \Rightarrow \varepsilon_P = -\dfrac{dQ_D}{dP}\dfrac{P}{Q_D} = -(-nAP^{-n-1})\dfrac{P}{AP^{-n}} = n$

6. 공급의 가격탄력성 예시

① 직선형 : $Q_S = c + dP \Rightarrow e_P = \frac{dQ_S}{dP}\frac{P}{Q_S} = d \cdot \frac{P}{c+dP} = \frac{dP}{c+dP}$

② 지수형 : $Q_S = AP^n \Rightarrow e_P = \frac{dQ_S}{dP}\frac{P}{Q_S} = (nAP^{n-1})\frac{P}{AP^n} = n$

7. 직선의 수요곡선 상에서의 탄력성 측정

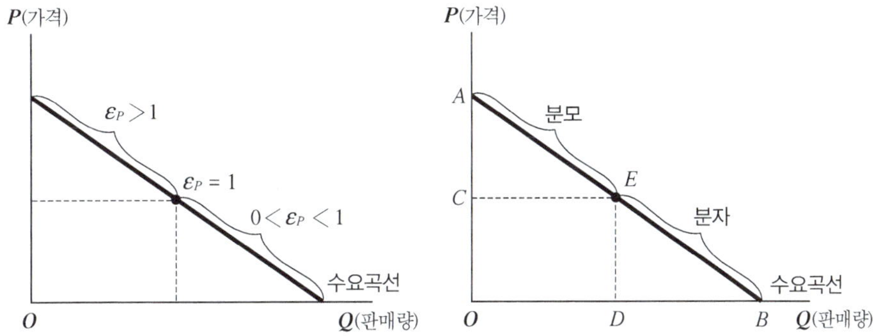

- $\varepsilon_P = \frac{EB}{AE} = \frac{Q\text{축 절편으로부터의 거리}}{P\text{축 절편으로부터의 거리}}$
- 수요곡선의 중점 ⇒ 수요탄력성은 1
  중점보다 좌측 ⇒ 수요탄력성은 1보다 큼
  중점보다 우측 ⇒ 수요탄력성은 1보다 작음

8. 직선의 공급곡선 상에서의 탄력성 측정

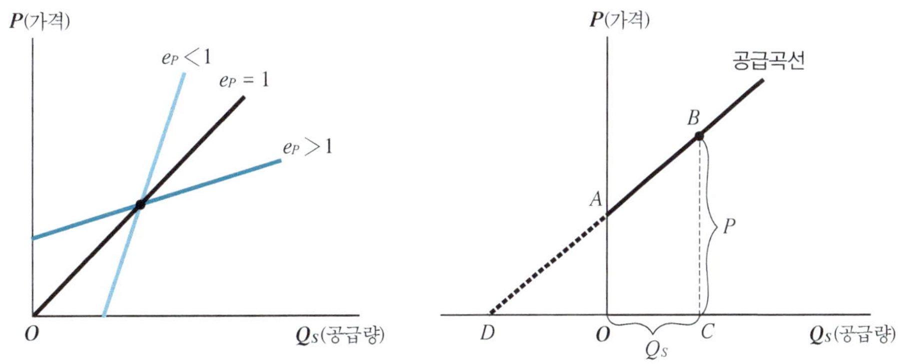

- $e_P = \frac{DC}{OC} = \frac{C\text{점에서 절편까지 거리}}{C\text{점에서 원점까지 거리}}$ (C점은 수선의 발)
- 공급곡선이 원점에서 출발하는 직선 ⇒ 공급탄력성은 항상 1
  가격축에서 출발하는 직선 ⇒ 공급탄력성은 항상 1보다 큼
  수량축에서 출발하는 직선 ⇒ 공급탄력성은 항상 1보다 작음

Ⅱ 완전경쟁시장 균형의 조정과정과 안정성

1. 균형분석의 요약

① 수요측 충격(*D* shock)이 발생한 경우 가격과 수량은 동일한 방향으로 변화한다.

② 공급측 충격(*S* shock)이 발생한 경우 가격과 수량은 반대방향으로 변화한다.

③ 수요와 공급이 동시에 이동하는 경우 가격과 수량 중 한 변수의 변화는 분명히 예측할 수 있지만, 다른 하나의 변수는 예측할 수 없다.

④ 수요곡선의 이동이 발생한 경우에는 총수입의 변화를 쉽게 예측할 수 있지만 공급의 이동이 발생한 경우에는 총수입의 변화를 예측하기 위해 수요의 탄력성을 알아야 한다.

2. 왈라스적 균형과 안정성

- 균형조건 : $Q_D(P) = Q_S(P)$
- 안정성 조건 : 경제가 불균형 상태에 놓이는 경우 가격의 조정에 의해 균형이 회복되는 경우, 즉 가격이 상승할수록 초과수요가 감소할 것

3. 마샬적 균형과 안정성

- 균형조건 : $P_D(Q) = P_S(Q)$
- 안정성 조건 : 경제가 불균형 상태에 놓이는 경우 수량의 조정에 의해 균형이 회복되는 경우, 즉 수량이 증가할수록 초과가격이 감소할 것
- *D*, *S* 기울기 부호 동일 시 : 왈라스 안정 시 마샬 불안정(반대)
- *D*, *S* 기울기 부호 반대 시 : 왈라스 안정 시 마샬 안정(동일)

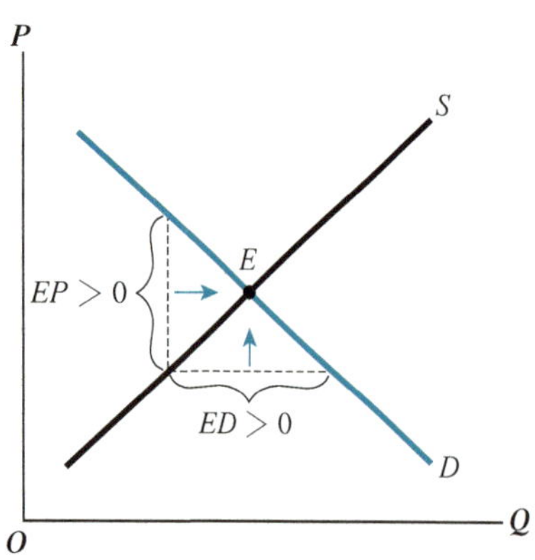

⇒ 왈라스 안정, 마샬 안정

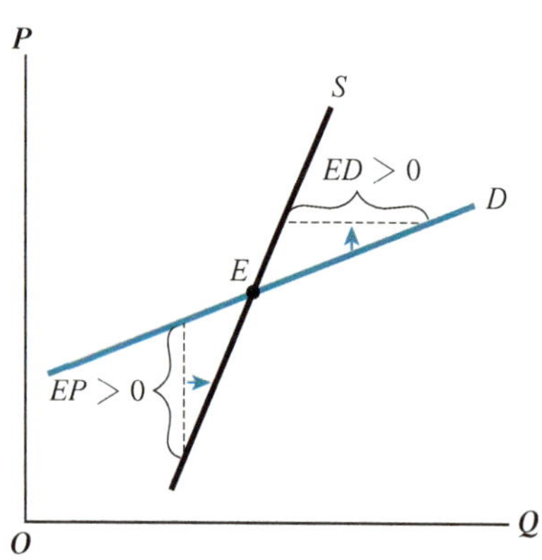

⇒ 왈라스 불안정, 마샬 안정

Ⅲ 가격통제의 효과

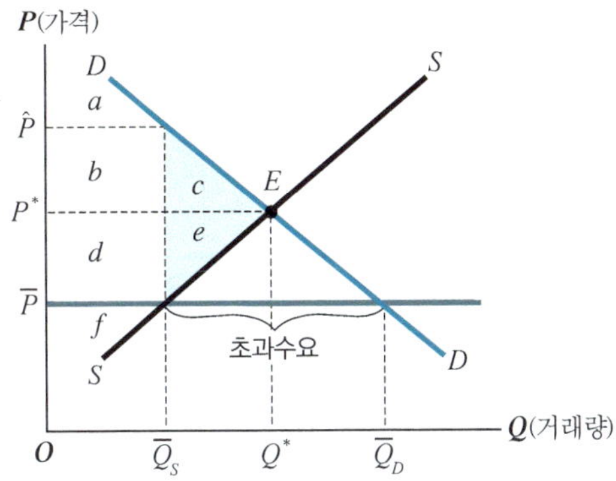

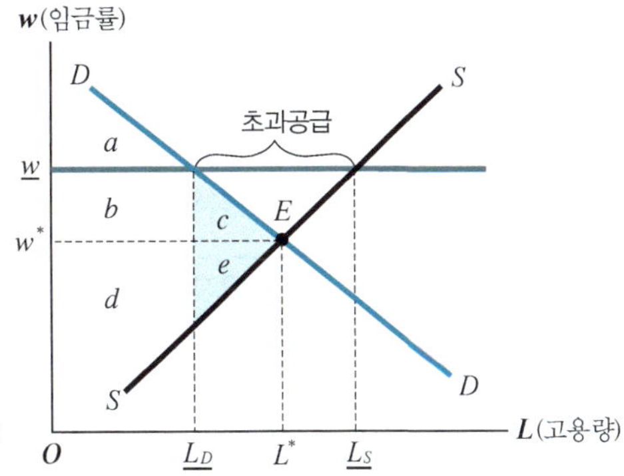

	가격상한제(최고가격제)	가격하한제(최저가격제)
목표	수요자 보호	공급자 보호
실효성 조건	$\overline{P} < P^*$	$\underline{w} > w^*$
사례	분양가상한제, 임대료상한제, 이자상한제, 등록금상한제	최저임금제, 농산물가격지지제도
직접적 효과	1. 거래량 감소* 2. 소비자잉여 증가 또는 감소** 3. 생산자잉여 감소 4. 자중손실 발생*** 5. 초과수요 발생****	1. 거래량 감소 2. 소비자잉여 감소 3. 생산자잉여 증가 또는 감소 4. 자중손실 발생 5. 초과공급 발생
간접적 효과	1. 대기비용, 탐색비용(수요측 부담) 2. 과소품질 3. 수요자 간 비효율성 발생 4. 수요자 간 불공평성의 문제	1. 대기비용, 탐색비용(공급측 부담) 2. 과잉품질 3. 공급자 간 비효율성 발생 4. 공급자 간 불공평성의 문제
평가	수요자 보호를 위해 도입되었으나 그 효과는 불명확하며, 비효율성, 수요자 간 불공평성 등 새로운 문제 유발	공급자 보호를 위해 도입되었으나 그 효과는 불명확하며, 비효율성, 공급자 간 불공평성 등 새로운 문제 유발

* 완전경쟁시장을 가정한 것이며, 시장이 독 · 과점인 경우는 거래량 증가 가능.

** 암시장가격 형성 가능성을 고려하지 않은 경우의 효과임.

*** 후생변화는 가격상한 시에도 지급의사순 소비 가정, 가격하한 시에도 수취의사순 생산 가정.

**** 초과수요, 초과공급의 문제는 단기에 비해 장기에 더욱 심각해짐.

[**주의사항** : 완전경쟁 가정 시 가격상한 도입 후 거래액은 반드시 감소, 가격하한 도입 후 거래액은 수요의 탄력성에 따라 다름. 최저임금 인상 시 총근로소득이 증가하기 위해서는 노동수요가 임금에 비탄력적이어야 함.]

Ⅳ 조세부담의 귀착 : 조세전가(shifting)의 문제

1. 기본 가정

- 완전경쟁, 물품세, 종량세 가정

2. 과세대상의 변화(법적 귀착의 문제)

		수요자 지급가격	공급자 수취가격	균형조건
조세, 보조금 이전		$P_D = P$	$P_S = P$	$Q_D(P) = Q_S(P)$
조세	S에 부과	$P_D = P$	$P_S = P - T$	$Q_D(P) = Q_S(P - T)$
	D에 부과	$P_D = P + T$	$P_S = P$	$Q_D(P + T) = Q_S(P)$
보조금	S에 지급	$P_D = P$	$P_S = P + S$	$Q_D(P) = Q_S(P + S)$
	D에 지급	$P_D = P - S$	$P_S = P$	$Q_D(P - S) = Q_S(P)$

- 수요자 지불가격(P_D)과 공급자 수취가격(P_S) 사이에 단위당 조세(T)만큼 차이 유발
- 공급측 과세 시 시장가격 상승, 수요측 과세 시 시장가격 하락
- 어느 경우에나 조세를 고려한 소비자 지불가격(P_D)은 상승하고, 생산자 수취가격(P_S)은 하락한다. 즉, 실제 조세부담은 법에서 조세를 누구에게 부담시키는지와는 무관하다.

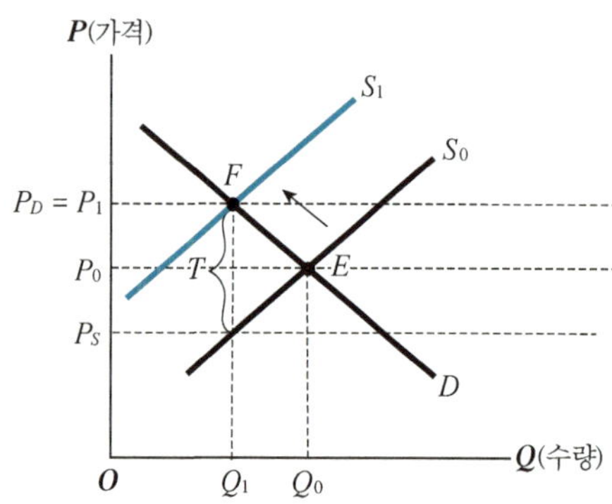

(a) 공급자에게 과세한 경우

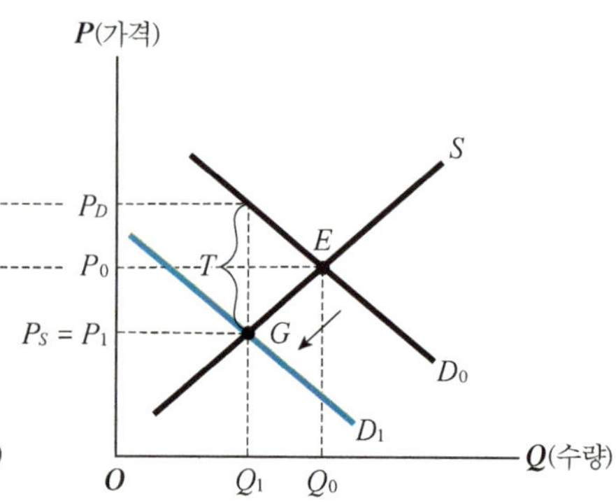

(b) 수요자에게 과세한 경우

3. 실제 조세부담(경제적 귀착의 문제)

- 수요자의 부담비율 : $\dfrac{dP_D}{dT} = \dfrac{\varepsilon_S}{\varepsilon_S + \varepsilon_D}$, 공급자의 부담비율 : $-\dfrac{dP_S}{dT} = \dfrac{\varepsilon_D}{\varepsilon_S + \varepsilon_D}$

$$\Rightarrow \frac{D\text{ 부담}}{S\text{ 부담}} = \frac{\text{수요측 지급가격 상승}(dP_D)}{\text{공급측 수취가격 하락}(-dP_S)} = \frac{\varepsilon_S}{\varepsilon_D}$$

- 조세부담의 상대적 귀착은 탄력성에 역비례한다. 즉, 상대적으로 비탄력적인 측에 더 많은 조세부담이 귀착된다.

4. 종가세 부과 시

- S에 과세 시 S곡선 회전상방이동, D에 과세 시 D곡선 회전하방이동
- 완전경쟁 시 종량세와 종가세는 본질적 차이 없음(동일 결과 달성 가능).
- 단, 지급가격(P_D)과 수취가격(P_S) 중 어느 것을 기준으로 하는지 주의해야 함(우리나라 부가가치세는 수취가격 기준, 출제 관행은 지급가격 기준).

  지급가격 기준 : $(1-t)P_D = P_S$, 수취가격 기준 : $P_D = (1+t)P_S$

V 조세의 초과부담(excess burden)

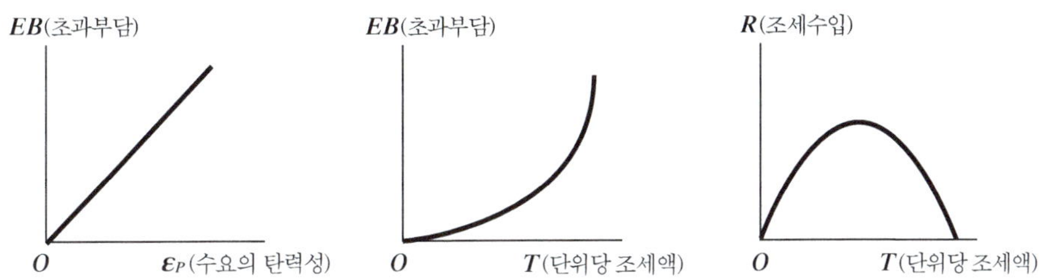

- 초과부담(= 자중손실 = 사회적 순손실)은 (수요의) 가격탄력성에 비례한다.
- 초과부담은 단위당 조세액(또는 세율)의 제곱에 비례한다.
- 조세수입은 단위당 조세액(또는 세율)이 높아질수록 초기에 증가하다가 나중에는 감소한다. 이를 나타낸 것을 래퍼곡선(Laffer curve)이라고 하는데, 공급측면 경제학(supply side economics)의 이론적 배경이 된다.
- 초과부담 공식 : $EB = \frac{1}{2}t^2\varepsilon_P PQ$
- 조세수입 공식 : $R = T \times Q_1$ 또는 $R = t \times P \times Q_1$

  [단, T는 종량세율, t는 종가세율, Q_1은 세후 거래량]

Ⅵ 보조금 지급의 효과

1. 보조금 지급의 기본 효과

- 수요자 지불가격(P_D)과 공급자 수취가격(P_S) 사이에 단위당 보조금(S)만큼 차이 유발

2. 주요 결론

- 보조금의 실제 귀착은 법에서 보조금을 수요와 공급 중 어느 쪽에 지급하는지와 무관하다.
- 보조금은 수요와 공급 중 상대적으로 탄력성이 더 낮은 측에 더 많이 귀착된다.
- 보조금의 경우에도 탄력성이 낮은 측에 더 많이 귀착된다는 측면에서 조세의 경우와 동일하다. 그러나 탄력성이 낮은 측이 상대적으로 유리한 입장에 서게 된다는 측면에서는 조세의 경우와 상반된다.
- 보조금의 초과부담은 수요, 공급의 가격탄력성이 클수록 커진다.
- 보조금의 초과부담은 단위당 보조금의 제곱에 비례한다.
- 단위당 보조금이 2배가 되면 총보조금액은 2배보다 커진다.

Part-1 기본 문제

01 수요량의 변화는 수요곡선 상의 이동과 수요곡선 자체의 이동에 따른 변화로 구분된다. 다음 중 수요곡선 자체의 이동에 따른 수요량의 변화가 아닌 것은? 2014년 공인회계사

① 미니스커트 유행으로 미니스커트에 대한 수요 증가
② 소득수준 증가에 따른 고급 자동차에 대한 수요 증가
③ 조류독감 확산에 따른 닭고기에 대한 수요 감소
④ 지하철 요금 인상에 따른 택시 서비스에 대한 수요 증가
⑤ 채소 가격 상승에 따른 채소에 대한 수요 감소

hint

해당 재화가격의 변화 : 곡선 상의 이동
그 외 모든 변화 : 곡선 자체의 이동

02 X재의 수요 및 공급함수가 아래와 같이 주어졌다. 시장균형 상태에서 X재에 대한 수요의 가격탄력성의 절댓값은? 2009년 공인노무사

> 수요함수 : $Q^D = 450 - 3P$ 　　　공급함수 : $Q^S = -250 + 4P$
> (단, P는 가격이고 Q^D는 수요량이며, Q^S는 공급량임)

① 1.5 　② 2 　③ 3.5
④ 4 　⑤ 4.5

hint

1. 균형조건
$Q^D = 450 - 3P = Q^S = -250 + 4P \Rightarrow P = 100, Q = 150$

2. 수요의 가격탄력성
$$\varepsilon_P = -\frac{dQ^D}{dP}\frac{P}{Q^D} = -(-3)\frac{100}{150} = 2$$

정답 　1 ⑤ 　2 ②

03 수요의 가격탄력성을 증가시키는 요인으로 옳지 않은 것은? 2014년 보험계리사

① 밀접한 대체재가 많이 존재할수록 수요의 가격탄력성이 증가한다.

② 소비자가 꼭 필요하다고 생각할수록 수요의 가격탄력성이 증가한다.

③ 재화를 좁게 정의할수록 수요의 가격탄력성이 증가한다.

④ 시간을 길게 잡을수록 수요의 가격탄력성이 증가한다.

hint

수요의 가격탄력성은 1. 밀접한 대체재가 많고, 2. 소득탄력성이 크고(사치재이고), 3. 지출액 중 차지하는 비율이 높고, 4. 재화를 좁게 정의하고, 5. 시간을 길게 잡을수록 크게 측정된다.

04 다음 그림은 보통사람과 중증환자에 대한 의료서비스 수요곡선을 나타낸다. 보통사람의 수요곡선은 D_1, 중증환자의 수요곡선은 D_2일 때, 옳지 않은 것은? 2017년 국가직 7급

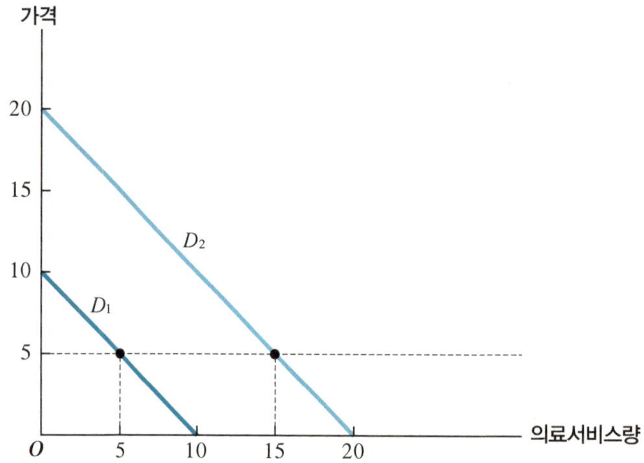

① 보통사람은 가격 5에서 탄력성이 -1이다.

② 중증환자는 가격 5에서 탄력성이 $-\frac{1}{3}$이다.

③ 이윤을 극대화하는 독점병원은 보통사람보다 중증환자에게 더 높은 가격을 부과한다.

④ 가격 5에서 가격변화율이 동일할 경우 보통사람이나 중증환자 모두 수요량의 변화율은 동일하다.

hint

이 문제에서 탄력성은 가격탄력성을 의미하며 (−)를 붙이지 않고 정의하고 있다.

① (○) ② (○)

③ (○), $MC = MR = P\left(1 - \frac{1}{|\varepsilon_p|}\right)$ 또는 $\frac{P - MC}{P} = \frac{1}{|\varepsilon_p|}$에서 가격탄력성의 절댓값이 작은 중증환자에게 더 높은 가격을 부과함

④ (×), 가격변화 시 기울기가 동일하면 변화량은 같지만 가격탄력성이 다르면 변화율은 상이함

05 **X재와 Y재만 소비하는 소비자 A의 X재에 대한 수요함수는 $Q_X = \frac{I}{3P_X}$이다. 이에 대한 설명으로 옳지 않은 것은?** (단, Q_X와 P_X는 각각 X재에 대한 소비량과 가격을, 그리고 I는 소득을 나타낸다.)

2021년 국회 8급

① A의 Y재 소비액은 X재 소비액보다 항상 크다.
② A의 X재 수요는 가격에 대해 단위탄력적이다.
③ A의 Y재 수요의 소득탄력성은 $\frac{1}{3}$이다.
④ A의 Y재 수요의 교차탄력성은 0이다.
⑤ A에게 두 재화는 모두 정상재이다.

hint

주어진 수요함수는 콥-더글러스 효용함수에서 도출되는 것으로서 정리하면 언제나 소득의 $\frac{1}{3}$을 X재에 지출하고 $\frac{2}{3}$를 Y재에 지출한다. 이와 같이 주어진 소득의 일정 비율을 소비하는 소비자의 경우 가격탄력성은 1, 소득탄력성은 1, 교차탄력성은 0으로 일정하다.

06 **사과 수요의 가격탄력성은 0.4이고, 배 가격에 대한 교차탄력성은 0.2이다. 사과와 배 가격이 각각 5% 하락한다면 사과의 수요는 얼마만큼 변화하는가?** (단, 사과는 정상재이고, 가격탄력성은 절댓값을 표시한다.)

2014년 감정평가사

① 불변
② 0.5% 증가
③ 1% 증가
④ 1.5% 증가
⑤ 2% 증가

hint

탄력성의 공식을 사용하면 사과소비량의 변화는 다음과 같다. (단 사과를 X, 배를 Y라 한다.)

$$\text{수요량의 변화율}: \frac{\Delta Q_X}{Q_X} = -\varepsilon_P \times \frac{\Delta P_X}{P_X} + \varepsilon_C \times \frac{\Delta P_Y}{P_Y}$$
$$= (-0.4) \times (-5\%) + 0.2 \times (-5\%) = 1\%$$

즉, 사과의 수요량은 1% 증가한다.

정답 3 ② 4 ④ 5 ③ 6 ③

07 아래의 그림과 같이 수요곡선과 공급곡선이 직선인 경우 점 a에서 수요의 가격탄력성과 점 b에서 공급의 가격탄력성 값은 각각 얼마인가? (단, 탄력성 값은 절댓값으로 나타냄) 2011년 보험계리사

수요곡선

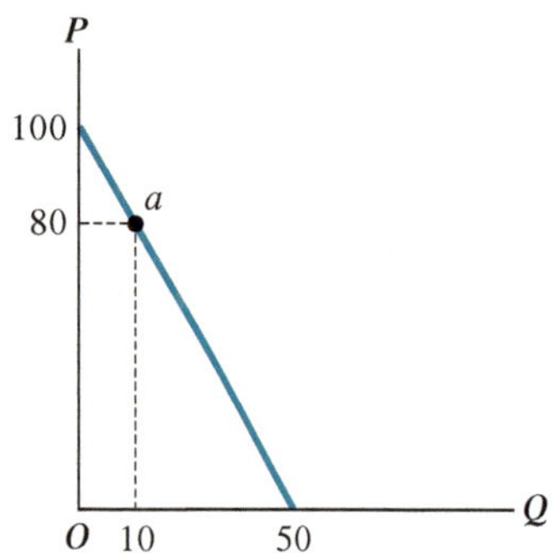

공급곡선

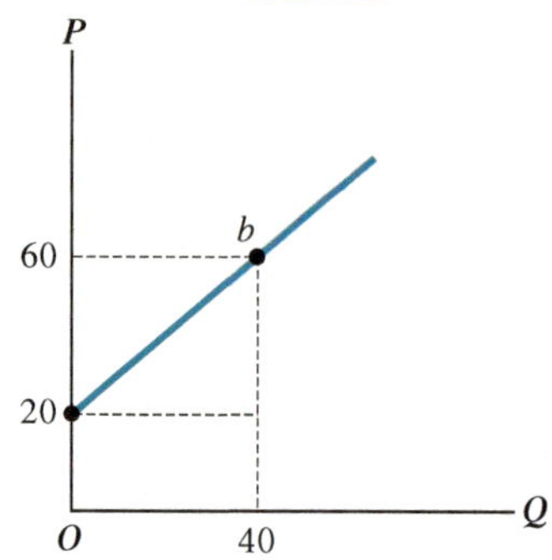

	수요탄력성	공급탄력성
①	4	$\frac{2}{3}$
②	4	$\frac{3}{2}$
③	$\frac{1}{4}$	$\frac{2}{3}$
④	$\frac{1}{4}$	$\frac{3}{2}$

hint

1. 직선의 수요곡선 ⇒ 좌측 / 중점 / 우측 ⇒ 가격탄력성 > / = / < 1

2. 직선의 공급곡선 ⇒ 가격축 출발 / 원점 출발 / 수량축 출발 ⇒ 가격탄력성 > / = / < 1

08 어떤 도시의 A극장에서는 지금까지 "사랑과 우정"이라는 영화가 인기리에 상영되고 있다. A 극장의 사장이며 경제학 박사인 민철은 현재의 상태를 기준으로 할 때 이 영화에 대한 수요, 즉 관람수요의 가격탄력성이 -1.2라는 것을 알고 있다. 이 상황에서 관람료를 10% 인상하는 경우 관람료 수입액의 변화를 바르게 서술한 것은? 2006년 보험계리사 응용

① 증가한다.
② 감소한다.
③ 변화가 없다.
④ 주어진 정보만으로는 변화의 방향을 알 수 없다.

hint

$\varepsilon_P = \dfrac{\hat{Q}}{\hat{P}} = -1.2 \Rightarrow \hat{Q} = -1.2\hat{P} \Rightarrow \widehat{TR} \fallingdotseq \hat{P} + \hat{Q} = -0.2\hat{P} = -2\%$

즉, 총수입은 약 2% 감소한다.

09 A재의 가격이 5% 상승할 때 A재의 매출액은 전혀 변화하지 않은 반면, B재의 가격이 10% 상승할 때 B재의 매출액은 10% 증가하였다. 각 재화의 수요의 가격탄력성으로 옳은 것은?

2017년 보험계리사

A재	B재
① 완전 탄력적	단위 탄력적
② 단위 탄력적	완전 탄력적
③ 단위 탄력적	완전 비탄력적
④ 완전 비탄력적	완전 비탄력적

hint

가격 상승 또는 하락 시 매출액에 변화가 없다면 가격탄력성이 1, 즉 단위 탄력적이라는 것을 의미한다. 그리고 가격이 10% 상승할 때 매출액이 10% 증가한다면 이는 수요량에 변동이 없다는 것을 의미한다. 즉, 완전 비탄력적이다.

정답 7 ② 8 ② 9 ③

10 X재 시장은 완전경쟁시장이고 수요자는 A, B, C만 존재한다. 아래는 X재 수요표이다.

구분	A	B	C
2,000원/개	3개	5개	3개
4,000원/개	2개	3개	1개

시장공급함수가 $Q = \frac{1}{500}P$ (P는 가격, Q는 공급량)일 때 다음 설명 중 옳은 것을 모두 고르면?

2022년 공인회계사

가. $P = 2{,}000$인 경우 1개의 초과수요가 발생하며, 가격은 상승할 것이다.

나. $P = 4{,}000$인 경우 2개의 초과공급이 발생하며, 가격은 하락할 것이다.

다. X재가 거래되는 시장에서 공급의 법칙은 성립하나 수요의 법칙은 성립하지 않는다.

라. X재 가격에 대한 공급탄력성은 1이다.

① 가, 나 ② 가, 다 ③ 가, 라

④ 나, 다 ⑤ 나, 라

hint

가. (×), $P = 2{,}000$에서 초과수요는 7개다.

나. (○)

다. (×), 수요표에서 가격이 상승하면 수요량이 감소하므로 수요의 법칙도 성립한다.

라. (○), 공급함수가 원점에서 시작하는 직선일 때 공급탄력성은 항상 1이다.

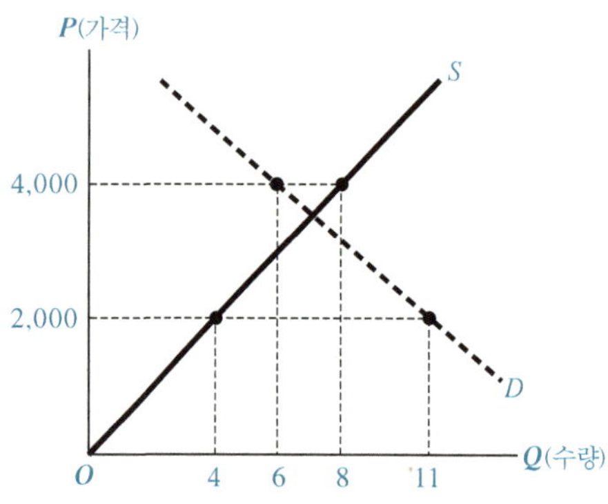

11 **한 재화의 시장 수요함수와 공급함수가 다음과 같다.** (Q^D는 수요량, Q^S는 공급량, P는 가격을 나타낸다.)

2008년 공인회계사

$$Q^D = 30 - \frac{1}{2}P,\ Q^S = \frac{5}{3} + \frac{1}{3}P$$

정부가 시장균형가격보다 12만큼 낮은 수준으로 가격을 규제하려고 한다. 이 정책이 유효하다면 이러한 정책을 무엇이라고 하며, 규제 후의 가격과 거래량은 각각 얼마인가?

정책명	규제 후 가격	거래량
① 가격상한제	34	13
② 가격하한제	22	19
③ 가격상한제	22	9
④ 가격하한제	34	13
⑤ 가격상한제	22	19

hint

$Q^D = 30 - \frac{1}{2}P$, $Q^S = \frac{5}{3} + \frac{1}{3}P$에서 규제 이전 균형은 $P^* = 34$, $Q^* = 13$이 된다. 이 경우 설문처럼 시장가격보다 낮은 가격에서 가격을 규제하는 제도를 가격상한제라고 한다. 이 경우 규제가격은 $\overline{P} = 34 - 12 = 22$가 되며, $Q^D = 19$, $Q^S = 9$가 되는데, 규제 시 거래는 수요량과 공급량 중 적은 쪽 수량에 의해 결정되므로 이때 거래량은 $\overline{Q} = 9$가 된다.

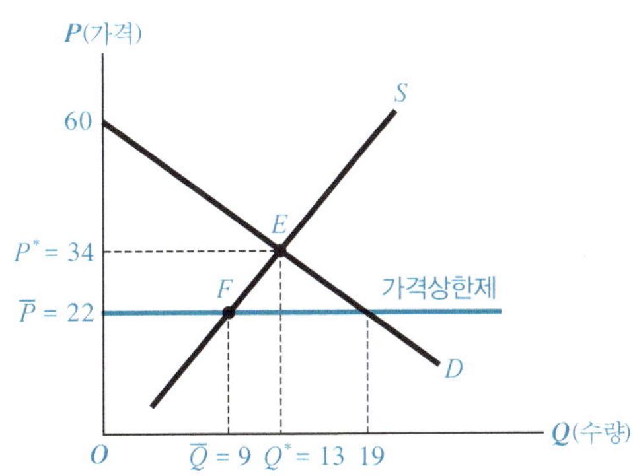

정답 10 ⑤ 11 ③

12 **최고가격제와 최저가격제에 대한 설명으로 옳지 않은 것은?** 2011년 보험계리사

① 균형가격보다 낮은 수준에서 최고가격제를 실시하는 경우 초과수요가 발생하고, 암시장이 등장한다.

② 최고가격제의 사례로는 아파트 분양가 규제, 임대료 규제 등을 들 수 있다.

③ 균형가격보다 높은 수준에서 최저임금제를 실시하는 경우 비자발적 실업을 유발한다.

④ 최저가격제의 일종인 최저임금제는 노동수요가 탄력적일 때 노동자들의 총노동소득을 증가시킨다.

hint

노동수요탄력성 >1 ⇒ 임금률(w) 상승 시 ⇒ 총노동소득($w \times L$) 감소
노동수요탄력성 $=1$ ⇒ 임금률(w) 상승 시 ⇒ 총노동소득($w \times L$) 불변
노동수요탄력성 <1 ⇒ 임금률(w) 상승 시 ⇒ 총노동소득($w \times L$) 증가

13 **조세부담의 귀착(tax incidence)에 대한 설명으로 가장 올바른 것은?** (수요곡선은 우하향, 공급곡선은 우상향한다고 가정한다.) 2004년 감정평가사

① 생산자에게 종량세를 부과하면, 모든 세금을 생산자가 부담하게 되고, 소비자에게는 영향이 없다.

② 생산자에게 종량세를 부과하면, 시장의 균형가격은 세금만큼 상승하게 된다.

③ 동일한 종량세를 생산자에게 부과하거나, 소비자에게 부과하거나 그 경제적 효과는 동일하다.

④ 소비자에게 세금을 부과하면, 모든 세금을 소비자가 부담하게 되어 소비자가 지불하는 가격은 세금 부과 전의 균형가격에 이 세금을 더하면 된다.

⑤ 소비자에게 세금을 부과하면, 소비자와 생산자는 이 세금을 반씩 지불한다.

hint

조세를 법에서 누구에게 부과하였는지와 무관하게 실제 부담의 귀착은 수요와 공급이 일부씩 나누어지는 형태로 이루어지며, 그 비율은 가격탄력성에 역비례하게 결정된다. 즉, 상대적으로 비탄력적인 쪽일수록 더 많은 조세를 부담하게 된다.

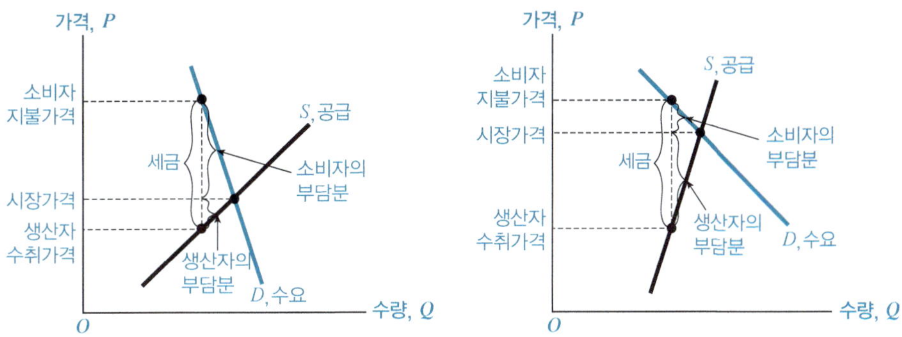

(a) 공급이 탄력적, 수요가 비탄력적인 경우 (b) 공급이 비탄력적, 수요가 탄력적인 경우

14 탄력성에 대한 설명으로 옳지 않은 것을 〈보기〉에서 모두 고르면? 2016년 국회 8급

ㄱ. 수요의 가격탄력성이 비탄력적일 경우 가격을 올리면 기업의 매출액은 감소한다.
ㄴ. 수요의 가격탄력성이 탄력적인 재화의 판매자에게 세금이 부과되면 재화의 균형거래량은 줄어든다.
ㄷ. 어떤 재화의 구매자에게 종량세가 부과되더라도 결과적으로는 구매자와 판매자가 공동으로 절반씩 부담한다.
ㄹ. 대체재가 적은 재화일수록 수요의 가격탄력성이 낮다.
ㅁ. 매달 10kg의 사과를 구매하는 소비자의 수요의 가격탄력성은 완전 비탄력적이다.

① ㄱ, ㄴ ② ㄱ, ㄷ ③ ㄱ, ㄹ
④ ㄱ, ㄹ, ㅁ ⑤ ㄴ, ㄷ, ㅁ

hint

ㄱ. (×)
ㄴ. (○)
ㄷ. (×), 탄력성에 따라 부담비율이 달라진다.
ㄹ. (○), 대체재가 적은 재화일수록 대체효과가 작다.
ㅁ. (○)

정답 12 ④ 13 ③ 14 ②

15 완전경쟁시장인 X재 시장에서 시장수요와 시장공급이 다음과 같다. 2017년 공인회계사

> ▪ 시장수요 : $Q_d = 200 - P$ ▪ 시장공급 : $Q_s = -40 + 0.5P$
> (단, Q_d, Q_s, P는 각각 X재의 수요량, 공급량, 가격을 나타낸다.)

위 상황에서 X재 한 단위당 30씩 세금을 부과할 때, 세금을 제외하고 공급자가 받는 가격은 얼마인가?

① 120 ② 140
③ 160 ④ 180
⑤ 200

hint

단위당 조세를 T라고 하고 편의상 공급측에 과세한 경우를 가정한다면, $P_d = P$, $P_s = P - T$가 된다.

균형조건 : $Q_d(P) = 200 - P = Q_s(P - T) = -40 + 0.5(P - T)$

$\Rightarrow 1.5P = 255$에서 $P_d = P_1 = 170$, $P_s = P_1 - T = 140$

16 X재에 부과되던 물품세가 단위당 t에서 $2t$로 증가하였다. X재에 대한 수요곡선은 우하향하는 직선이며, 공급곡선은 수평일 때 설명으로 옳은 것은? 2017년 감정평가사

① 조세수입이 2배 증가한다.
② 조세수입이 2배보다 더 증가한다.
③ 자중손실(deadweight loss)의 크기가 2배 증가한다.
④ 자중손실의 크기가 2배보다 더 증가한다.
⑤ 새로운 균형에서 수요의 가격탄력성은 작아진다.

hint

①, ② (×), $R = t \times Q$에서 t 증가 시 Q가 감소하므로 단위당 조세가 2배가 되면 조세수입은 2배에 미치지 못한다.
③ (×), 자중손실은 t의 제곱에 비례한다.
④ (○)
⑤ (×), 직선의 수요곡선 상에서 좌측으로 이동할수록 가격탄력성이 상승한다.

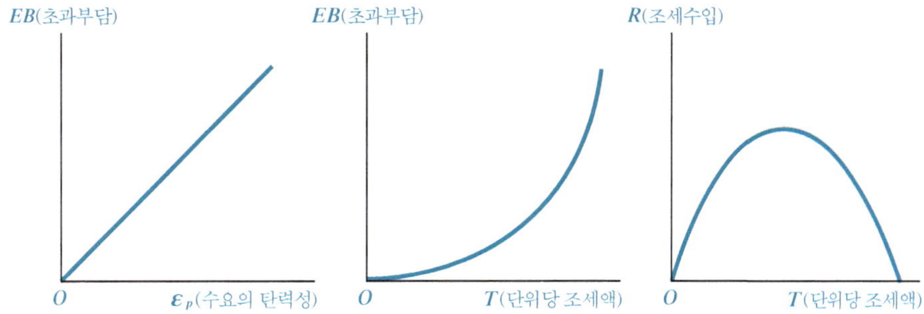

17 수요곡선은 $Q^D = 400 - 2P$이고 공급곡선은 $Q^S = 100 + 3P$이다. 종량세를 소비자에게 부과하여 발생한 사회적 후생손실(Deadweight Loss)이 135라면, 부과한 종량세의 크기는 얼마인가?

2021년 보험계리사

① 15 ② 32
③ 44 ④ 50

hint

소비자 지불가격 : $P_d = P + T$
소비자 수취가격 : $P_s = P$

균형조건 : $Q^D = 400 - 2(P + T) = Q^S = 100 + 3P$
$\Rightarrow 5P = 300 - 2T \Rightarrow P = 60 - \frac{2}{5}T \Rightarrow Q = 280 - \frac{6}{5}T$
$\Rightarrow$ 자중손실 $EB = \frac{1}{2} \times T \times \frac{6}{5}T = \frac{3}{5}T^2 = 135 \Rightarrow T = 15$

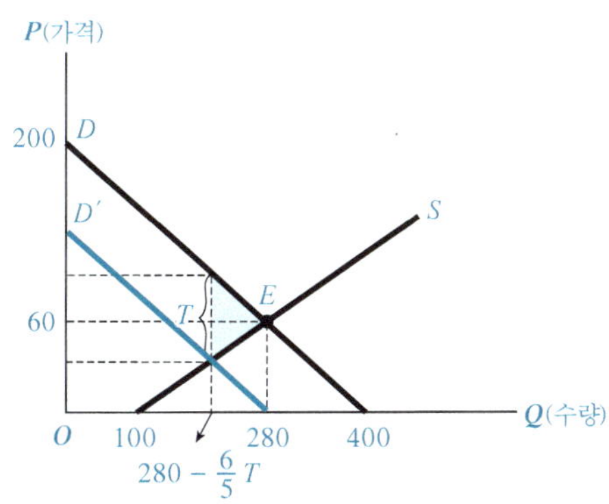

정답 15 ② 16 ④ 17 ①

18 아래의 그래프는 사탕수수의 생산을 장려하기 위해 생산자에게 보조금을 S만큼 지급하기 전(S_1)과 후(S_2)의 수요공급 곡선이다. 〈보기〉에서 이에 대한 설명으로 옳은 것만을 모두 고르면?

2020년 국회 8급

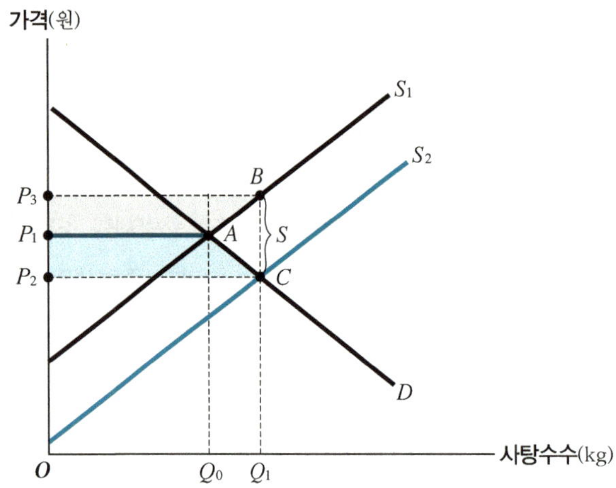

ㄱ. 소비자잉여의 증가분은 $\square P_1ABP_3$이다.
ㄴ. 생산자잉여의 증가분은 $\square P_1ABP_3$이다.
ㄷ. 이 보조금을 지불하기 위해 필요한 세금의 양은 $\square P_2CBP_3$이다.
ㄹ. 이 보조금 정책의 시행으로 사회적 후생이 증가했다.

① ㄱ, ㄴ
② ㄴ, ㄷ
③ ㄱ, ㄷ, ㄹ
④ ㄴ, ㄷ, ㄹ
⑤ ㄱ, ㄴ, ㄷ, ㄹ

hint

ㄱ. (×), 소비자잉여의 증가분은 $\square P_1ACP_2$ 이다.
ㄴ. (○)
ㄷ. (○)
ㄹ. (×), $\triangleleft ABC$만큼의 자중손실이 발생한다.

정답 18 ②

Part-2 실전 문제

01 **주유소에서 매주 휘발유를 甲은 10리터 넣고, 乙은 10,000원만큼 넣는다. 다음 설명 중 옳은 것을 모두 고른 것은?** 2010년 감정평가사

ㄱ. 甲의 휘발유 수요는 가격에 대하여 비탄력적이다.
ㄴ. 乙의 경우 휘발유 가격이 10% 오르면 주유량을 5% 줄인다.
ㄷ. 휘발유 가격이 리터당 1,000원일 때 세금을 부과하면 甲의 조세부담이 乙보다 크다.

① ㄱ
② ㄷ
③ ㄱ, ㄴ
④ ㄱ, ㄷ
⑤ ㄴ, ㄷ

hint

갑은 휘발유 가격과 상관없이 항상 10리터를 넣으므로 가격에 대해 완전 비탄력적이다. 을의 지출액이 10,000원으로 일정하다는 것은 가격탄력성이 1이라는 것을 의미한다. 갑이 더 비탄력적이므로 세금이 부과되는 경우 을보다 갑의 조세부담이 더 크다.

정답 1 ④

02 아래 표의 x, y, z, w는 각각 재화 X, Y, Z, W의 수요곡선 상의 점이다. 자료에 따르면 각 점에서 가격이 10원 상승할 때 각 재화의 수요량은 모두 10단위 감소했다고 한다. 각 점에서의 가격탄력성을 e_x, e_y, e_z, e_w라고 할 때 대소 관계를 바르게 나타낸 것은? 2011년 국회 8급

	x	y	z	w
가격(원)	1,000	1,000	500	500
수량(개)	500	1,000	500	1,000

① $e_x > e_y = e_z > e_w$　② $e_y > e_x = e_w > e_z$　③ $e_x > e_y > e_z > e_w$

④ $e_w > e_y > e_z > e_x$　⑤ $e_w > e_y = e_z > e_x$

hint

수요의 가격탄력성에 관한 간단한 문제다. 이 문제를 통해 다시 한번 탄력성을 간단히 구하는 방법을 연습할 수 있다. 먼저 탄력성 공식은 다음과 같다.

$$e = -\frac{dQ}{dP} \cdot \frac{P}{Q}$$

여기서 dQ, dP는 각각 수요량과 가격의 변화량으로 해석하면 된다. 따라서 문제에 의하면 $dQ=-10$, $dP=10$이므로 $-\frac{dQ}{dP}=1$이다. 그러므로 탄력성은 오직 $\frac{P}{Q}$에 의해 결정된다. 문제에서 주어진 자료를 대입하면 $e_x=2$, $e_y=e_z=1$, $e_w=\frac{1}{2}$임을 알 수 있다.

03 X재 시장에 두 소비자 A와 B만이 존재한다. 두 소비자 A와 B의 수요곡선이 각각 〈보기〉와 같고 X재의 가격이 $P=2$일 때 X재에 대한 시장수요의 가격탄력성은? 2020년 국회 8급

> $P = 5 - \frac{1}{2}Q_A$ (단, Q_A는 소비자 A의 수요량)
>
> $P = 15 - \frac{1}{3}Q_B$ (단, Q_B는 소비자 B의 수요량)

① $\frac{25}{144}$　② $\frac{1}{5}$　③ $\frac{2}{9}$

④ $\frac{1}{4}$　⑤ $\frac{1}{2}$

hint

$P \geq 5$일 때 수요곡선 $Q=Q_B=45-3P$

$P < 5$일 때 수요곡선 $Q=Q_A+Q_B=55-5P$

$P=2$일 때 $\varepsilon = -\frac{dQ}{dP}\frac{P}{Q} = -(-5)\frac{2}{45} = \frac{2}{9}$($E$점)

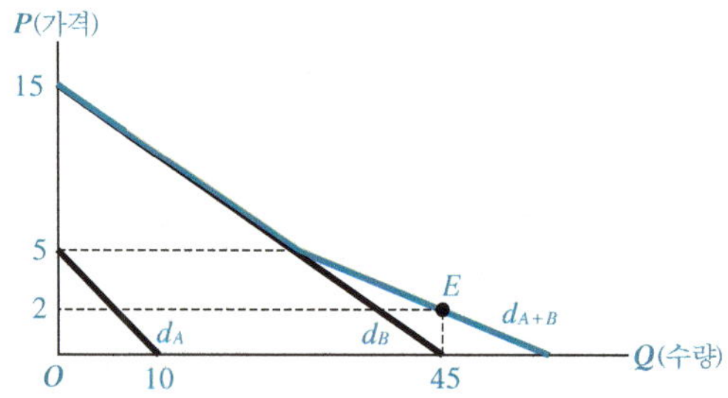

04 **상품 A의 수요함수를 추정하기 위해서 다음과 같은 모형을 구성했다. 분석 결과로 β_2가 -0.0321로 추정되었을 때 이에 대한 설명으로 옳은 것은?** (단, Q^d는 수요량, P는 가격, ε은 오차항이다.) 2020년 지방직 7급

$$\ln Q^d = \beta_1 + \beta_2 \ln P + \varepsilon$$

① 가격 P가 1% 상승하면, 수요량 Q^d가 3.21% 감소한다.

② 가격 P가 1% 상승하면, 수요량 Q^d가 0.0321% 감소한다.

③ 가격 P가 1%포인트 상승하면, 수요량 Q^d가 3.21%포인트 감소한다.

④ 가격 P가 1%포인트 상승하면, 수요량 Q^d가 0.0321%포인트 감소한다.

hint

자연로그가 취해진 변수의 변화분은 원래 변수의 변화율이 된다.

$$\frac{d\ln Q}{dQ} = \frac{1}{Q} \Rightarrow d\ln Q = \frac{dQ}{Q},\ \text{같은 방식으로 } d\ln P = \frac{dP}{P}$$

주어진 식에서 $\frac{d\ln Q^d}{d\ln P} = \beta_2 = -0.0321$이므로 $d\ln P = \frac{dP}{P} = 1\%$일 때 $d\ln Q = \frac{dQ}{Q} = -0.0321\%$가 된다.

*** 참고사항**

%포인트는 %단위를 가지는 변수의 변화 또는 % 간의 차이를 의미하는 표현이다. P와 Q는 단위가 %가 아니므로 %포인트 변화라는 표현 자체가 성립하지 않는다. 따라서 ③과 ④는 말이 되지 않는 보기이다.

05 **시장수요의 $\frac{1}{2}$은 가격탄력성이 2인 소비자 75인에 의해 구입되고, 나머지 $\frac{1}{2}$은 가격탄력성이 4인 소비자 25인에 의하여 구입된다고 한다. 총수요자는 100인이다. 이 상품의 시장수요의 가격탄력성은 얼마인가?**

① 1 ② 2 ③ 3

④ 4 ⑤ 5

hint

어떤 종류의 탄력성이든 각 부분의 탄력성을 각 부분이 차지하는 수량을 가중치로 평균하면 전체의 탄력성을 구할 수 있다는 성질을 알아두기 바란다. 따라서 시장 전체의 탄력성은 $\frac{1}{2} \times 2 + \frac{1}{2} \times 4 = 3$이 된다.

정답 2 ① 3 ③ 4 ② 5 ③

06 **K시네마가 극장 입장료를 5에서 9로 인상하였더니 매출액이 1,500에서 1,800으로 증가하였다. 중간점 공식(호탄력도)을 이용하여 수요의 가격탄력성을 구하면?** (단, 소수점 셋째 자리에서 반올림)

2018년 보험계리사

① 0.32　　② 0.42

③ 0.70　　④ 1.13

hint

$TR_0 = P_0 \times Q_0 = 5 \times Q_0 = 1{,}500 \Rightarrow Q_0 = 300$

$TR_1 = P_1 \times Q_1 = 9 \times Q_1 = 1{,}800 \Rightarrow Q_1 = 200$

중간점공식에 의한 호탄력성 : $\varepsilon_P = -\dfrac{\Delta Q/\tilde{Q}}{\Delta P/\tilde{P}} = -\dfrac{-100}{\frac{300+200}{2}} / \dfrac{4}{\frac{5+9}{2}} = -\dfrac{-100}{250} / \dfrac{4}{7} = 0.70$

[단, $\tilde{P}$, $\tilde{Q}$는 변화 전후의 평균가격 및 평균수량]

07 **어느 재화의 가격이 1천원에서 1% 상승하면 판매 수입은 0.2% 증가하지만, 5천원에서 가격이 1% 상승하면 판매 수입은 0.1% 감소한다. 이 재화에 대한 설명으로 옳은 것은?** (단, 수요곡선은 수요의 법칙이 적용된다.)

2018년 국가직 7급

① 가격이 1천원에서 1% 상승 시, 가격에 대한 수요의 탄력성은 탄력적이다.

② 가격이 5천원에서 1% 상승 시, 가격에 대한 수요의 탄력성은 비탄력적이다.

③ 가격이 1천원에서 1% 상승 시, 수요량은 0.2% 감소한다.

④ 가격이 5천원에서 1% 상승 시, 수요량은 1.1% 감소한다.

hint

위 내용을 정리하면 아래 표와 같다. 상대적으로 쉬운 문제지만 문제를 체계적으로 정리하는 연습이 되면 실수를 줄일 수 있다.

	(1) $\hat{P}$	(2) $\hat{Q}$	(3) $\widehat{TR}$ [≒ (1) + (2)]	(4) ε_P [= −(2)/(1)]
1,000원	1%	−0.8%	0.2%	0.8
5,000원	1%	−1.1%	−0.1%	1.1

08 쌀에 대한 시장수요함수는 다음과 같다. 2012년 국회 8급

$$Q^D = 100 - P$$

이때 P는 쌀의 가격이고 Q^D는 쌀의 수요량이다. 다음에서 옳은 것을 모두 고른 것은?

ㄱ. 쌀의 수요탄력성은 가격의 증가함수이다.
ㄴ. 쌀의 수요는 비탄력적이다.
ㄷ. 쌀 판매로부터 얻는 수입은 가격의 증가함수이다.
ㄹ. 쌀의 수요량이 75이면 쌀의 수요탄력성은 1이다.

① ㄱ
② ㄷ
③ ㄱ, ㄷ
④ ㄴ, ㄷ
⑤ ㄴ, ㄹ

hint

ㄱ. (○), $\varepsilon_p = -\frac{dQ}{dP} \cdot \frac{P}{Q} = \frac{P}{100-P}$로서 가격의 증가함수이다.
ㄴ. (×), 가격수준에 따라 1보다 클 수도 있고 작을 수도 있다.
ㄷ. (×), 총수입함수는 $TR = PQ = P(100-P)$로서 증가하다가 감소한다.
ㄹ. (×), $Q = 75$일 때 $P = 25$이며, 수요의 가격탄력성은 $\frac{1}{3}$이다.

* **참고사항** : 본 문제의 경우 수요의 가격탄력성에 (−)를 붙일 것인지를 명시하지 않았으나 문항의 구성상 (−)를 붙여서 정의한 것임이 명확하다.

정답 6 ③ 7 ④ 8 ①

09 어떤 재화의 시장수요를 $P = 12 - bQ$로 나타낼 수 있다고 하자. 여기서 Q와 P는 각각 수요량과 가격이고, b는 양(+)의 상수이다. 다음 중 수요의 가격탄력도에 대한 옳은 설명을 모두 고른 것은? 2005년 공인회계사

> 가. 가격이 9원에서 8원으로 하락할 때와 3원에서 2원으로 하락할 때의 수요량의 변화분은 같다. 따라서 가격 9원에서의 탄력도와 3원에서의 탄력도는 같다.
> 나. 9원에서의 탄력도는 3이다.
> 다. 3원에서의 탄력도는 3이다.
> 라. b의 값을 알아야만 탄력도를 숫자로 구할 수 있다.

① 가　　② 나　　③ 다
④ 가, 나, 다　　⑤ 라

hint

가. 설문의 수요곡선을 정리하면, $Q_d = \frac{12-P}{b}$이므로 9원에서 8원으로 1원 가격이 하락할 때나 3원에서 2원으로 가격이 1원 떨어질 때나 소비량의 증가분은 $\frac{1}{b}$로 동일하다. 그러나 탄력도는 가격의 변화율에 대한 수량의 변화율의 비율이므로 탄력도는 다르게 구해진다.

나.~다. 9원에서의 탄력도 : $\varepsilon_P = -\frac{dQ_d}{dP}\frac{P}{Q_d} = -\left(-\frac{1}{b}\right)\frac{9}{3/b} = 3$

3원에서의 탄력도 : $\varepsilon_P = -\frac{dQ_d}{dP}\frac{P}{Q_d} = -\left(-\frac{1}{b}\right)\frac{3}{9/b} = \frac{1}{3}$

라. 직선의 수요곡선에 있어서 기울기 (−)b값을 몰라도 세로축 절편과 현재가격만 알면 탄력도의 구체적인 값을 알 수 있다. (p.25의 9번 해설 참고)

10 아래 그림과 같이 직선으로 표시되는 수요곡선 D_1, D_2, D_3, D_4 상의 점 A, B, C에 대한 가격탄력성을 비교한 설명 중 옳은 것은? 2007년 공인회계사

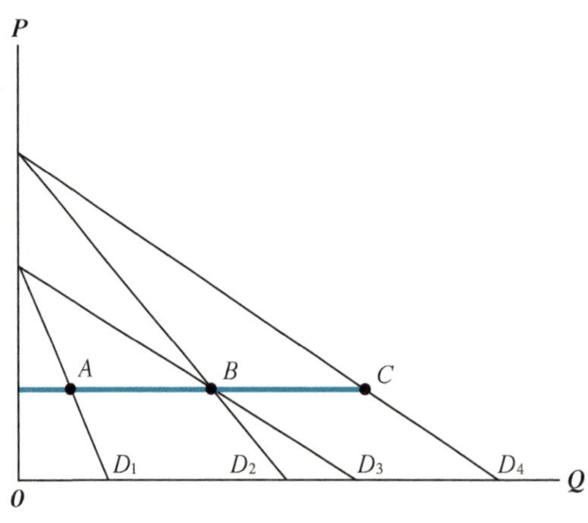

① D_1 상의 점 A는 D_4 상의 점 C에 비하여 가격탄력성이 크다.

② D_2 상의 점 B는 D_3 상의 점 B에 비하여 가격탄력성이 크다.

③ D_2 상의 점 B는 D_4 상의 점 C에 비하여 가격탄력성이 크다.

④ D_3 상의 점 B는 D_1 상의 점 A에 비하여 가격탄력성이 크다.

⑤ D_4 상의 점 C는 D_3 상의 점 B에 비하여 가격탄력성이 크다.

hint

직선의 수요곡선에 있어서 가격탄력성은 현재위치(E)에서 가격축 절편까지의 거리에 대한 수량축 절편까지의 거리의 비율($\varepsilon_P = \frac{EG}{FE}$)로 구할 수 있다. 따라서 D_1 상의 A점과 D_3 상의 B점의 탄력성은 동일하며, D_2 상의 B점과 D_4 상의 C점의 탄력성이 동일하다. 또한 D_2 상의 B에 비해 D_3 상의 B가 탄력성이 더 크다. 이를 정리하면 다음 순서가 된다.

D_1 상의 A = D_3 상의 B > D_2 상의 B = D_4 상의 C

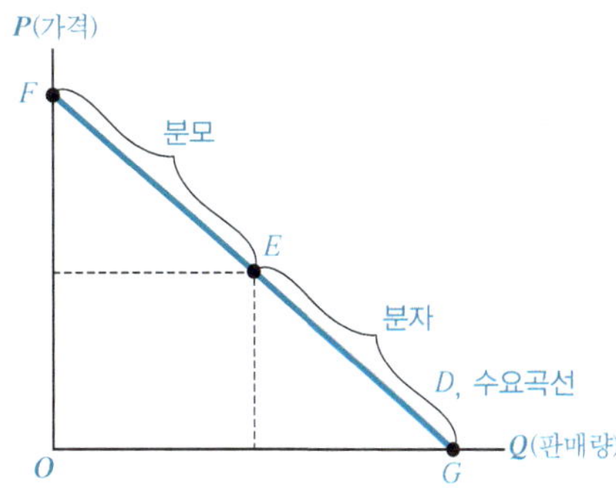

11 어떤 소비자가 의류와 식료품 두 재화를 소비하고 있고, 의류에 대한 지출이 소득에서 차지하는 비중은 항상 20%를 유지한다. 이 소비자에 대한 설명 중 옳은 것은? 2012년 공인회계사

① 의류 수요의 소득탄력성은 0보다 작다.

② 식료품 가격의 변화에 대한 의류 수요의 교차탄력성은 0보다 작다.

③ 의류에 대한 수요함수는 수직선이다.

④ 의류 수요의 가격탄력성은 1이다.

⑤ 효용함수는 $U = 0.2 \times$(의류소비량) $+ 0.8 \times$(식료품소비량)일 수 있다.

hint

의류(X)에 대한 지출액이 $\frac{P_X X}{M} = \frac{1}{5}$을 만족하므로 수요함수는 $X^* = \frac{M}{5P_X} = \frac{1}{5}M(P_X)^{-1}$가 된다. 이러한 수요함수는 콥-더글러스 효용함수로부터 도출되며 소득탄력성 1, 가격탄력성 1, 교차탄력성 0이 된다. 이러한 형태의 수요함수는 자주 나오기 때문에 외워두면 편리하다.

수요의 가격탄력성 : $\varepsilon_p = -\frac{dX^*}{dP_X}\frac{P_X}{X^*} = -\left(-\frac{1}{5}M(P_X)^{-2}\right)\frac{P_X}{\frac{1}{5}M(P_X)^{-1}} = 1$

수요의 소득탄력성 : $\varepsilon_M = \frac{dX^*}{dM}\frac{M}{X^*} = \left(\frac{1}{5}(P_X)^{-1}\right)\frac{M}{\frac{1}{5}M(P_X)^{-1}} = 1$

정답 9 ② 10 ① 11 ④

12 X, Y재의 수요데이터를 분석하여 다음과 같은 결과를 얻었다. $X(Y)$재의 교차가격탄력도는 $Y(X)$재 가격 변화율에 대한 $X(Y)$재 수요의 변화율을 의미한다. 다음 설명 중 옳은 것을 모두 고른 것은?

2008년 공인회계사

재화	수요의 소득탄력도	수요의 교차가격탄력도
X	1.3	−0.8
Y	−0.6	−1.4

가. X재는 정상재이다.	나. X재는 열등재이다.
다. Y재는 정상재이다.	라. Y재는 열등재이다.
마. X재와 Y재는 서로 보완재이다.	바. X재와 Y재는 서로 대체재이다.

① 가, 다, 마　② 가, 라, 마　③ 가, 라, 바
④ 나, 다, 마　⑤ 나, 라, 바

hint

소득탄력성은 재화의 성질을 구분하는 데 사용되며, 교차탄력성은 재화 간의 관계를 설명하는 데 사용된다. 소득탄력성에 따라 재화의 성질을 구분하면 다음과 같다.

소득탄력성(ε_M)의 크기		
$\varepsilon_M < 0$	$0 < \varepsilon_M < 1$	$1 < \varepsilon_M$
열등재	정상재이며 필수재	정상재이며 사치재

또한 두 재화 간 교차탄력성이 (+)이면 대체재 관계이고, (−)이면 보완재 관계이다. 따라서 설문에서 X재는 정상재이며 사치재이고, Y는 열등재이다. 또한 X재와 Y재 간에는 보완재 관계가 성립한다.

13 다음은 X재 수요에 대한 분석 결과이다.

- Y재 가격 변화에 대한 수요의 교차가격 탄력성 : −0.5
- Z재 가격 변화에 대한 수요의 교차가격 탄력성 : 0.6
- 수요의 소득탄력성 : −0.5

다음 중 X재 수요를 가장 크게 증가시키는 경우는? (단, Y재 가격 변화 시 Z재 가격은 불변이고, Z재 가격 변화 시 Y재 가격은 불변이다.)

2020년 공인회계사

① Y재 가격 1% 인상과 소득 1% 증가　② Y재 가격 1% 인상과 소득 1% 감소
③ Y재 가격 1% 인하와 소득 1% 증가　④ Z재 가격 1% 인상과 소득 1% 감소

⑤ Z재 가격 1% 인하와 소득 1% 감소

hint

- Y재 가격 변화에 대한 X재 수요의 교차가격 탄력성 : $\varepsilon_{X,P_Y} = \frac{\hat{Q}_X}{\hat{P}_Y} = -0.5$
- Z재 가격 변화에 대한 X재 수요의 교차가격 탄력성 : $\varepsilon_{X,P_Z} = \frac{\hat{Q}_X}{\hat{P}_Z} = 0.6$
- X재 수요의 소득탄력성 : $\varepsilon_{X,M} = \frac{\hat{Q}_X}{\hat{M}} = -0.5$

① 1% 감소
② 불변
③ 불변
④ 1.1% 증가
⑤ 0.1% 감소

14 자동차공업협회의 연구보고서에 따르면 자동차 수요의 가격탄력성은 1.6, 소득탄력성은 2.4, 휘발유와 교차탄력성은 -0.3인 것으로 추정되었다. 올해 국민소득이 2.0% 하락하고 휘발유 가격이 8.0% 상승할 것으로 전망된다고 하자. 어느 자동차 회사가 작년과 같은 수준에서 판매량을 유지하고자 한다면 올해 자동차 가격을 얼마나 인하하여야 하는가?

① 1.5% ② 4.3% ③ 4.5%
④ 7.2% ⑤ 7.5%

hint

탄력성의 공식을 사용하면 자동차소비량의 변화는 다음과 같다. (단, 자동차를 X, 휘발유를 Y, 소득을 M이라 한다.)

$$\text{수요량의 변화율} : \Sigma\frac{\Delta Q_X}{Q_X} = -\varepsilon_P \times \frac{\Delta P_X}{P_X} + \varepsilon_M \times \frac{\Delta M}{M} + \varepsilon_C \times \frac{\Delta P_Y}{P_Y}$$
$$= (-1.6) \times \frac{\Delta P_X}{P_X} + 2.4 \times (-2\%) + (-0.3) \times 8\% = 0$$

위 식을 풀면 $\frac{\Delta P_X}{P_X} = 4.5(\%)$가 구해진다.

정답 12 ② 13 ④ 14 ③

15 수요의 탄력성에 관한 다음 설명 중 옳지 않은 것의 개수는? 2007년 국회 8급

ㄱ. 수요의 가격탄력성은 가격 한 단위 변화에 대한 수요량의 변화를 측정한 것이다.
ㄴ. 수요의 소득탄력성이 0보다 작은 값으로 나타나는 재화는 열등재이다.
ㄷ. 대체재가 많은 재화일수록 수요의 가격탄력성이 높다.
ㄹ. 수요의 가격탄력성이 가격수준에 관계없이 일정하다면 수요곡선은 직선이다.
ㅁ. 쇠고기의 가격이 상승할 때 돼지고기의 수요량이 증가한다면 수요의 두 재화 간 교차탄력성은 양(+)의 값이 된다.

① 1개 ② 2개 ③ 3개
④ 4개 ⑤ 없음

hint

수요의 가격탄력성은 수요량의 변화율을 가격의 변화율로 나눈 값이다. 수요곡선이 직선이면 곡선을 따라 오른쪽으로 이동함에 따라 가격탄력성이 작아진다. 따라서 'ㄱ, ㄹ'이 틀렸다.

16 공급곡선이 다음과 같이 주어져 있다고 하자.

공급곡선 : $Q_S = aP + b$

이때 a는 양(+)수이고 b는 음(-)수라고 할 때 다음 중 옳은 것은?

① 공급곡선 상에서의 가격탄력성은 항상 1보다 크며 원점에서 멀어질수록 커진다.
② 공급곡선 상에서의 가격탄력성은 항상 1보다 크며 원점에서 멀어질수록 작아진다.
③ 공급곡선 상에서의 가격탄력성은 항상 1보다 작으며 원점에서 멀어질수록 커진다.
④ 공급곡선 상에서의 가격탄력성은 항상 1보다 작으며 원점에서 멀어질수록 작아진다.
⑤ 공급곡선 상에서의 가격탄력성은 항상 1이다.

hint

주어진 공급곡선의 탄력성을 구하면 다음과 같다.

$$e_P = \frac{\Delta Q_s}{\Delta P}\frac{P}{Q_s} = a \times \frac{P}{aP+b} = \frac{aP}{aP+b} > 1$$

이때 탄력성은 항상 1보다 크지만 P가 커질수록 1에 근접하게 된다.

17 어떤 상품시장의 수요곡선은 기울기가 -1인 직선이며, 공급곡선도 일정한 기울기를 갖는 직선이다. 이 시장의 초기 균형점에서 수요와 공급의 가격탄력도는 각각 1의 값을 갖는다. 공급곡선이 우측으로 평행이동하는 경우 새로운 균형점에서의 탄력도를 설명한 것 중 옳은 것을 모두 고른 것은? 2008년 공인회계사

가. 공급의 가격탄력도는 1보다 크다.	나. 공급의 가격탄력도는 1이다.
다. 공급의 가격탄력도는 1보다 작다.	라. 수요의 가격탄력도는 1보다 크다.
마. 수요의 가격탄력도는 1이다.	바. 수요의 가격탄력도는 1보다 작다.

① 가, 라 ② 가, 바 ③ 다, 라
④ 다, 바 ⑤ 나, 마

hint

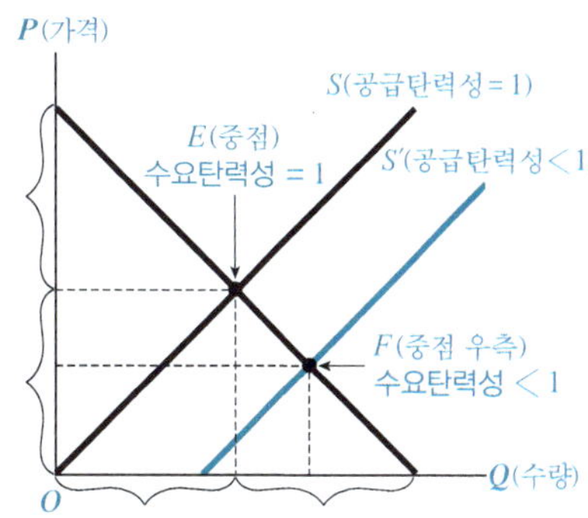

직선의 수요 · 공급곡선에 있어 다음과 같은 성질이 존재한다. 수요곡선의 중점의 탄력성은 1이며 중점보다 좌측은 탄력성이 1보다 크고, 우측은 탄력성이 1보다 작다. 공급곡선이 원점에서 출발할 때 탄력성은 1이며 가격축에서 출발하면 탄력성이 1보다 크고, 수량축에서 출발하면 탄력성이 1보다 작다. 설문에서 초기 균형점에서 수요와 공급의 가격탄력도는 각각 1의 값을 가지므로 초기 균형점은 원점에서 출발하는 공급곡선이 수요곡선의 중점을 지나는 그림의 E와 같은 점이었을 것이다. 이때 공급곡선이 우측으로 평행이동하면 균형이 F와 같은 점으로 옮기게 되는데 이때 공급곡선이 수량축에서 출발하였으므로 공급곡선의 탄력성은 1보다 작아진다. 또한 수요곡선의 중점보다 우측의 점이므로 수요의 탄력성도 1보다 작아진다. (여기서는 가격탄력도를 절댓값으로 나타내고 있다.)

정답 15 ② 16 ② 17 ④

18 **직선으로 표시되는 공급곡선 S_1, S_2, S_3, S_4, S_5 상의 점 A, B, C, D, E, F, G, H에 대한 가격탄력성의 크기를 순서대로 바르게 나타낸 것은?** (단, ε_i는 i점에서의 가격탄력성, $i = A, B, C, D, E, F, G, H$)

2010년 공인회계사

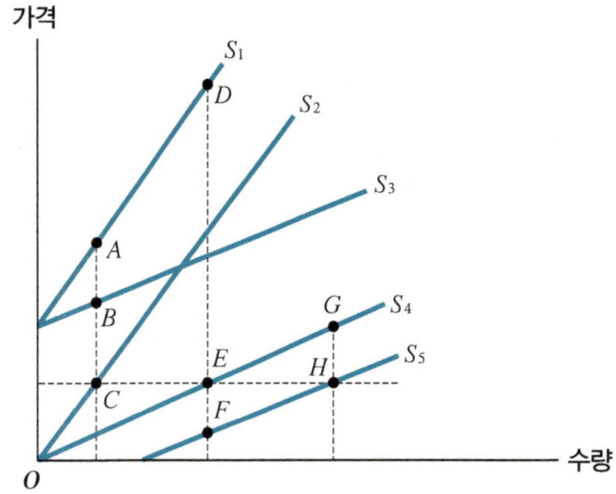

① $\varepsilon_H < \varepsilon_F < \varepsilon_E = \varepsilon_G < \varepsilon_C < \varepsilon_B < \varepsilon_A < \varepsilon_D$

② $\varepsilon_F < \varepsilon_H < \varepsilon_G = \varepsilon_E = \varepsilon_C < \varepsilon_B < \varepsilon_A < \varepsilon_D$

③ $\varepsilon_D < \varepsilon_A < \varepsilon_B < \varepsilon_C < \varepsilon_E = \varepsilon_G < \varepsilon_H < \varepsilon_F$

④ $\varepsilon_F < \varepsilon_H < \varepsilon_G = \varepsilon_E = \varepsilon_C < \varepsilon_D < \varepsilon_A < \varepsilon_B$

⑤ $\varepsilon_H < \varepsilon_G < \varepsilon_F < \varepsilon_E = \varepsilon_C < \varepsilon_A < \varepsilon_D < \varepsilon_B$

hint

공급곡선이 원점에서 출발 ⇒ 공급탄력성 1로 일정 ($\varepsilon_G = \varepsilon_E = \varepsilon_C = 1$)

공급곡선이 가격축에서 출발 ⇒ 공급탄력성 1보다 크며 점차 감소 ($\varepsilon_A > \varepsilon_D > 1$)

공급곡선이 수량축에서 출발 ⇒ 공급탄력성 1보다 작으며 점차 증가 ($\varepsilon_F < \varepsilon_H < 1$)

(직선인 공급의 탄력성은 한 점에서 X축에 수선의 발을 내렸을 때 (1) 이 점에서 원점까지의 거리에 대한, (2) 이 점에서 X축 절편까지의 거리의 비율로 구해진다. A점과 B점은 (1)은 동일하지만 (2)의 경우 B점이 더 크기 때문에 B점의 탄력성이 더 크다.)

19 **베이글과 크림치즈는 서로 보완재이고, 베이글과 베이컨은 서로 대체재이다. 베이글의 원료인 밀가루 가격의 급등에 따라 베이글의 생산비용이 상승하였을 때 각 시장의 변화로 옳지 않은 것은?** (단, 베이글, 크림치즈, 베이컨 모두 수요와 공급의 법칙을 따르며 다른 조건은 일정하다.)

2015년 감정평가사

① 베이글의 가격은 상승한다.

② 크림치즈의 거래량은 감소한다.

③ 크림치즈 시장의 생산자잉여는 감소한다.

④ 베이컨의 판매수입은 증가한다.

⑤ 베이컨 시장의 총잉여는 변함이 없다.

hint

밀가루 가격 상승 ⇒ 베이글 공급곡선 좌측이동 ⇒ 베이글 가격 상승, 베이글 수요량 감소
⇒ 보완재인 크림치즈 수요곡선 좌측이동 ⇒ 크림치즈 수요량 감소, 가격 하락
⇒ 대체재인 베이컨 수요곡선 우측이동 ⇒ 베이컨 수요량 증가, 가격 상승

20 **칠레와의 자유무역협정 체결로 포도주의 국내 공급이 대폭 증가하였다. 이러한 변화가 국내시장에 미치는 영향에 대한 다음 서술 중에서 가장 옳지 않은 것은? 단, 소주와 포도주의 수요곡선은 모두 우하향하고 공급곡선은 우상향한다.**

2009년 공인회계사

① 협정 체결 후 포도주 국내 공급 증가와 함께 소비자들의 포도주 선호도가 높아지면 포도주 가격은 상승하고 소비량 역시 증가한다.

② 취향에 따라 포도주 소비자와 소주 소비자가 분리되어 있고 선호체계가 협정의 영향을 받지 않으면 소주 가격과 소비량에 아무런 변화가 없다.

③ 포도주와 소주가 대체재라면 소주 가격이 하락하고 소비량 역시 감소한다.

④ 포도주와 소주가 보완재라면 소주 가격은 상승하고 소비량 역시 증가한다.

⑤ 포도주와 소주가 보완재라면 소주시장의 생산자잉여는 증가하고 대체재라면 소주시장의 생산자잉여는 감소한다.

hint

① 공급과 수요가 동시에 증가할 경우 소비량은 증가하지만 가격의 변화는 불명확하다. ③~⑤ 포도주의 소비가 증가할 때 포도주와 소주가 대체재인 경우라면 소주의 수요곡선이 좌측으로 이동한다. 반면 소주가 포도주와 보완재인 경우라면 소주의 수요곡선이 우측으로 이동한다.

정답 18 ④ 19 ⑤ 20 ①

21 라면회사들이 주요 라면 제품 가격을 100원씩 올리겠다고 발표하자 값이 오르기 전에 라면을 확보하려는 사재기 현상이 벌어지고 있다. 이러한 수요변화 현상과 가장 가까운 것은?

2008년 공인회계사

① 자장면 가격이 상승하자 짬뽕에 대한 수요가 증가하였다.
② 휘발유 가격이 상승하자 휘발유에 대한 수요가 크게 감소하였다.
③ 미국 의회에서 금연광고 방송을 의무화함에 따라 담배에 대한 수요가 감소하였다.
④ 주택 가격이 상승할 것으로 예상됨에 따라 주택에 대한 수요가 증가하였다.
⑤ 미니스커트의 유행으로 미니스커트에 대한 수요가 크게 증가하였다.

hint

가격이 상승하면 수요량은 감소하지만(곡선 상의 이동) 가격 상승이 예상되면 오히려 현재의 수요를 증가시킨다(곡선의 우측이동, 투기적 가수요). ⑤는 유행효과(bandwagon effect)를 의미하며, 유행효과가 존재할 때 수요곡선은 완만해지는 효과가 나타난다.

22 다음은 사과와 배의 수요함수를 추정한 식이다. 이에 대한 설명으로 옳지 않은 것은?

2016년 7급 응용

- 사과의 수요함수 : $Q_A = 0.8 - 0.8P_A - 0.2P_B + 0.6I$
- 배의 수요함수 : $Q_B = 1.1 - 1.3P_B - 0.25P_A + 0.7I$

(단, Q_A는 사과 수요량, Q_B는 배 수요량, P_A는 사과 가격, P_B는 배 가격, I는 소득을 나타낸다.)

① 사과와 배는 보완재이다.
② 사과와 배는 모두 정상재이다.
③ 사과와 배 모두 수요법칙이 성립한다.
④ 사과의 공급곡선이 우측으로 이동한다면 배의 수요곡선은 좌측으로 이동한다.

hint

④ 사과의 공급곡선이 우측으로 이동하면 사과 가격이 하락한다. 이 경우 배의 수요곡선은 우측으로 이동한다.

23 X재에 대한 수요함수는 $Q_D = 600 - 20P$이고, 공급함수는 $Q_S = 225 - 5P$라고 한다. 다음 설명 중 옳지 않은 것은? (단, Q_D, Q_S, P는 각각 수요량, 공급량, 가격을 나타낸다.) 2023년 공인회계사

① 시장균형에서 가격과 거래량은 각각 25와 100이다.
② 정부가 시장균형가격보다 낮은 수준에서 가격상한제를 실시하면 X재의 암시장이 발생할 수 있다.

③ 시장균형에서 수요의 가격탄력성(절댓값 기준)은 5이다.

④ 시장균형에서 소비자잉여는 250이다.

⑤ 시장균형은 왈라스의 안정성(Walrasian stability) 관점에서 볼 때 불안정적이다.

hint

① (O), $Q_D = 600 - 20P = Q_S = 225 - 5P \Rightarrow P^* = 25,\ Q^* = 100$

② (O)

③ (O), $\varepsilon_p = -\frac{dQ_D}{dP}\frac{P}{Q_D} = -(20)\frac{25}{100} = 5$

④ (O), 이는 오른쪽 그림에서 색칠된 a의 면적에 해당한다.

⑤ (×), 예를 들어 균형보다 낮은 P_0의 가격에서 bc의 거리에 해당하는 초과수요가 존재하므로 가격이 상승하면서 균형으로 복귀한다. 즉, 왈라스적으로 안정적이다.

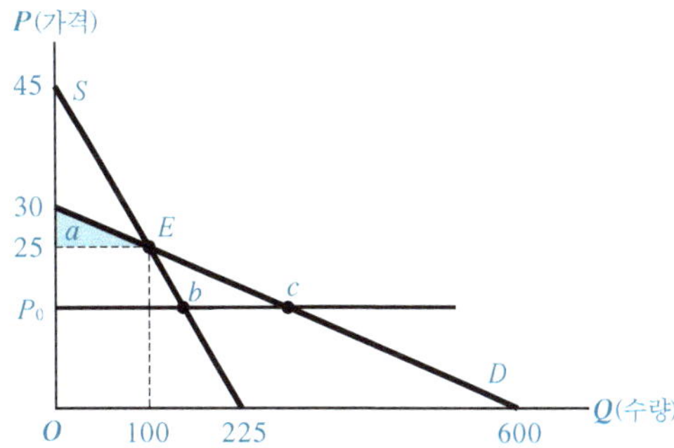

24 수요함수와 공급함수가 다음과 같이 주어진 시장에서의 왈라스적 안정성조건을 설명한 것으로 옳은 것은?

▪ 수요함수 : $Q_D = a + bP$ ▪ 공급함수 : $Q_S = c + dP$

① $b > d$

② $b < d$

③ $\frac{1}{b} > \frac{1}{d}$

④ $\frac{1}{b} < \frac{1}{d}$

⑤ $a > c$

hint

경제가 불균형 상태에 있을 때 가격의 조정이 이루어지는 경우를 왈라스적 조정이라고 하며, 이러한 조정을 통해 시장의 불균형이 해소되어 균형에 이르게 될 때 왈라스적으로 안정적이라고 한다. 왈라스적 안정성이 성립하기 위해서는 가격이 상승할수록 초과수요(ED)가 감소해야 한다. 즉, $\frac{dED}{dP} < 0$이 성립하면 된다.

초과수요함수 : $ED = Q_D - Q_S = (a - c) + (b - d)P$

안정성의 조건 : $\frac{dED}{dP} = b - d < 0$

정리하면 $b < d$ 또는 '$\frac{1}{\text{수요곡선의 기울기}} < \frac{1}{\text{공급곡선의 기울기}}$'가 성립할 때 왈라스적으로 안정적이다.

정답 21 ④ 22 ④ 23 ⑤ 24 ②

25 어떤 소비자가 이동통신회사의 요금제도를 비교하여 어느 통신회사를 선택할지 고민하고 있다고 하자. A사는 통화시간에 관계없이 월 12만원을 받는다. B사는 월정액 없이 1분에 1,000원을 받는다. 소비자의 이동전화 통화수요는 $Q_d = 150 - \frac{P}{20}$라고 하자. 여기서 Q_d는 분으로 표시한 통화시간을 나타내고, P는 분당 전화요금을 나타낸다. 이 소비자가 A, B사로부터 얻게 되는 소비자잉여는 각각 (Ⅰ), (Ⅱ)라고 한다. (Ⅰ), (Ⅱ)를 옳게 고르면? 2013년 국회 8급

	Ⅰ	Ⅱ		Ⅰ	Ⅱ
①	100,000	225,000	②	105,000	100,000
③	105,000	120,000	④	225,000	120,000
⑤	225,000	100,000			

hint

A사에 가입하는 경우 소비점은 A점이며, 소비자 지급의사 $a + b + c$의 면적에서 실제 지급액 12만원을 빼면 $\frac{1}{2} \times 150 \times 3{,}000 - 120{,}000 = 105{,}000$이 된다.
B사에 가입하는 경우 소비점은 B점이고 소비자잉여는 a의 면적이므로 $\frac{1}{2} \times 100 \times 2{,}000 = 100{,}000$이 된다.

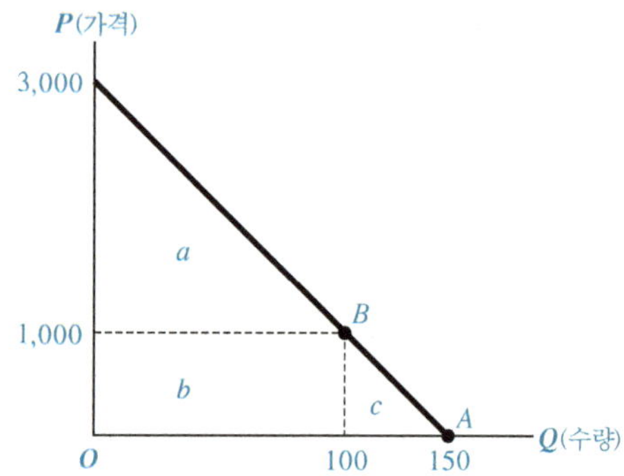

26 소비자 A, B, C, D가 라면 한 그릇에 대해 지불할 용의가 있는 가격은 각각 10, 20, 30, 40이고, 판매자 E, F, G, H가 라면 한 그릇에 대해 수용할 용의가 있는 가격은 각각 40, 30, 20, 15이다. 이에 대한 설명으로 옳은 것만을 〈보기〉에서 모두 고르면? (단, 각 소비자는 라면 한 그릇만 소비할 수 있고, 각 판매자는 라면 한 그릇만 판매할 수 있다.) 2021년 국회 8급

ㄱ. 총잉여를 극대화하기 위한 균형거래량은 2그릇이다.
ㄴ. 총잉여를 극대화하기 위한 균형가격은 40이다.
ㄷ. 극대화된 총잉여는 35이다.
ㄹ. 판매자 중 E만 판매하지 않는 것이 총잉여를 극대화하는 방법이다.
ㅁ. 소비자 중 A와 B만 소비하지 않는 것이 총잉여를 극대화하는 방법이다.

① ㄴ ② ㄱ, ㄷ ③ ㄴ, ㄷ
④ ㄴ, ㄹ ⑤ ㄱ, ㄷ, ㅁ

hint

	1순위	2순위	3순위	4순위
지급의사 높은 순	D(40)	C(30)	B(20)	A(10)
수취의사 낮은 순	H(15)	G(20)	F(30)	E(40)

소비는 지급의사가 높은 순으로, 생산은 수용의사가 낮은 순으로 이루어진다고 하자. 이 경우 가능한 거래 및 사회잉여는 다음과 같다.

D와 H ⇒ 25의 잉여
C와 G ⇒ 10의 잉여

ㄱ. (O)
ㄴ. (×), 가격은 20과 30 사이에서 결정된다.
ㄷ. (O)
ㄹ. (×)
ㅁ. (O)

27 음악회 입장권에 대한 수요와 공급이 각각 $D = 20{,}000 - 90P$와 $S = 10{,}000 + 110P$이며 P는 가격을 표기한다. 입장권에 가격상한선 60원이 도입될 때와 가격상한선 40원이 도입될 때 입장권의 판매량은 각각 얼마인가? 2006년 공인노무사

① 가격상한선이 60원일 때는 15,500, 가격상한선이 40원일 때는 14,400
② 가격상한선이 60원일 때는 15,500, 가격상한선이 40원일 때는 16,400
③ 가격상한선이 60원일 때는 14,600, 가격상한선이 40원일 때는 15,400
④ 가격상한선이 60원일 때는 14,600, 가격상한선이 40원일 때는 16,400
⑤ 가격상한선이 60원일 때는 16,600, 가격상한선이 40원일 때는 14,400

hint

규제 이전 균형 : $D = 10{,}000 - 90P = S = 10{,}000 + 110P \Rightarrow P^* = 50$

비규제 시 균형가격보다 규제가격이 낮으면 가격상한이 유효하지만, 규제가격이 높으면 유효하지 않다.

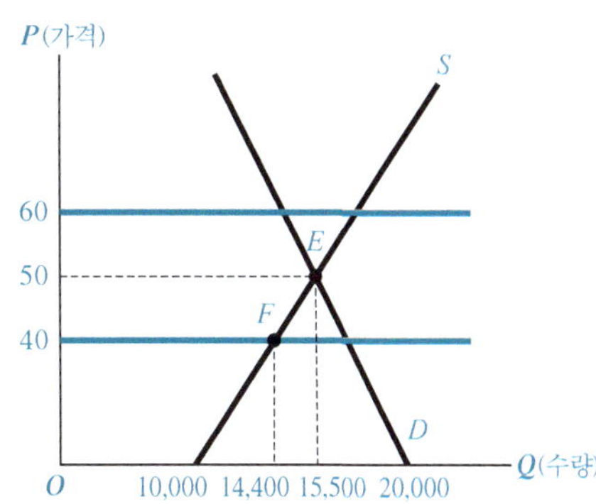

정답 25 ② 26 ⑤ 27 ①

28 **정부가 어떤 재화에 대해 균형가격보다 낮은 수준에서 가격상한제를 실시한 결과 공급량을 특정 수준으로 제한하는 데에는 일단 성공했다고 가정하자. 그러나 가격의 통제에는 실패하여, 초과수요를 오로지 암가격에 의존하여 제거하게 된다면 암시장이 '완벽하게' 성립하게 된다. 다음 〈보기〉에서 암시장은 이와 같이 완벽한 암시장을 의미한다. 이 중 옳은 것(들)을 모두 고르면?** (단, 규제 이후에도 소비는 지불의사가 높은 순으로 이루어지며, 생산은 한계비용이 낮은 순으로 이루어진다고 가정한다.)

2005년 공인노무사

ㄱ. 같은 가격상한제를 실시할 때 암시장이 발생하는 경우에는 그렇지 않은 경우에 비해 수요자잉여(consumer surplus)가 줄어든다.

ㄴ. 같은 가격상한제를 실시할 때 암시장이 발생하는 경우에는 그렇지 않은 경우에 비해 공급자잉여(producer surplus)가 줄어든다.

ㄷ. 같은 가격상한제를 실시할 때 암시장이 발생하는 경우에는 그렇지 않은 경우에 비해 총잉여(total surplus)가 줄어든다.

ㄹ. 같은 가격상한제를 실시할 때 암시장이 발생하는 경우에는 그렇지 않은 경우에 비해 자중손실(deadweight loss)이 줄어든다.

① ㄱ
② ㄴ
③ ㄱ, ㄷ
④ ㄴ, ㄷ
⑤ ㄴ, ㄹ

hint

암시장이 형성된다고 해서 거래량이 변하지는 않으며, 생산자와 소비자 간에 이해관계가 상충하게 된다.

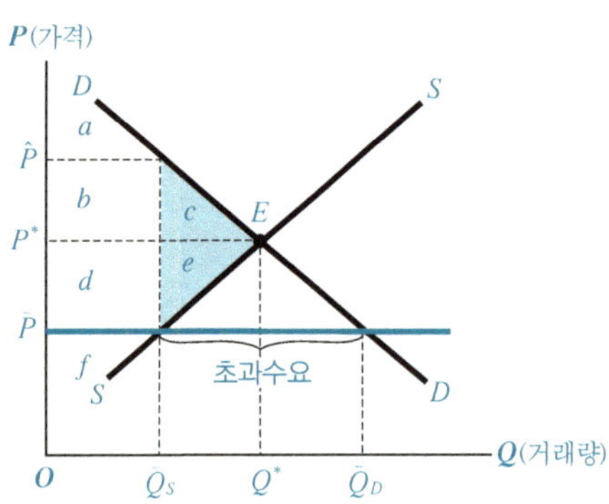

	암시장 ×	암시장 O
소비자잉여	$a+b+d$	a
생산자잉여	f	$b+d+f$
총잉여	$a+b+d+f$	$a+b+d+f$
자중손실	$c+e$	$c+e$

29 다음 설명 중 옳지 않은 것은?

① 임대료 규제를 실시하면 장기적으로는 주택난이 심화된다.

② 극장 앞이나 기차역에서 볼 수 있는 암표상은 자원배분의 효율성을 높이는 역할을 한다.

③ 최저임금제 실시 이후 총노동소득이 감소하였다면 노동수요가 탄력적임이 확실하다.

④ 조세 부과 시 거래량을 줄일 수 없다면 조세로 인한 비효율성이 발생할 수밖에 없다.

⑤ 수요와 공급이 탄력적일수록 조세 부과에 따른 후생손실이 커진다.

hint

조세 부과로 인한 비효율성은 거래의 감소에서 비롯한다. 탄력성이 클수록 조세 부과 시 거래량이 많이 줄어든다는 점을 유념하도록 하여라.

30 노동수요함수와 노동공급함수가 다음과 같다.

$$N_D = 20 - \frac{1}{3}w,\ N_S = 10 + \frac{2}{3}w$$

정부가 최저임금수준을 균형임금수준보다 20% 인상시킬 때 발생하는 실업량은? (단, N_D는 노동수요, N_S는 노동공급, w는 임금이다.) 2009년 감정평가사

① 0
② 1
③ 2
④ 3
⑤ 4

hint

경쟁적인 노동시장에서 균형임금은 $w^* = 10$, 균형고용량은 $N^* = \frac{50}{3}$이다. 그런데 균형임금보다 20% 높게 최저임금을 책정하면 임금은 $w_m = 12$로 증가한다. 그러면 오른쪽 그림에서와 같이 이 임금수준에서 노동에 대한 수요는 16단위이고, 노동의 공급은 18단위이다. 따라서 2단위만큼 비자발적 실업(초과공급)이 발생한다.

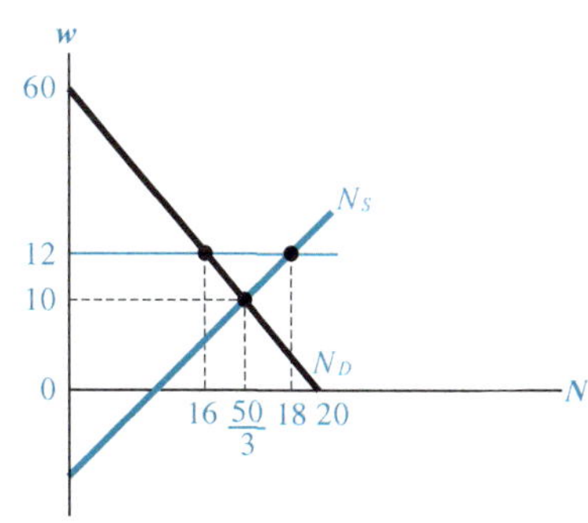

정답 28 ① 29 ④ 30 ③

31 시장 수요함수와 공급함수가 각각 $y_d = 10 - p$와 $y_s = p$인 시장에서 정부가 가격하한을 6으로 두거나 공급을 4로 제한하는 쿼터를 고려 중이다. 정부는 가격하한제를 실시하면 무작위로 선정된 공급자에게 판매를 허용한다. 만약 쿼터제를 실시하면 공급권한은 경쟁적으로 매각한다. 다음 설명 중 옳은 것은? 2020년 공인회계사

① 가격하한제에서 자중손실은 1이다.

② 가격하한제에서 소비자잉여는 8이다.

③ 가격하한제에서 공급자잉여는 16이다.

④ 쿼터제에서 공급자잉여는 16이다.

⑤ 쿼터제에서 자중손실은 2이다.

hint

1. 비규제 시
   $y_d = 10 - p = y_s = p \Rightarrow p_0 = 5,\ y_0 = 5$
2. 가격하한 시
   $p_1 = 6,\ y_1 = y_s = 4$
3. 쿼터제
   $y_2 = 4,\ p_2 = p_d = 10 - y = 6$

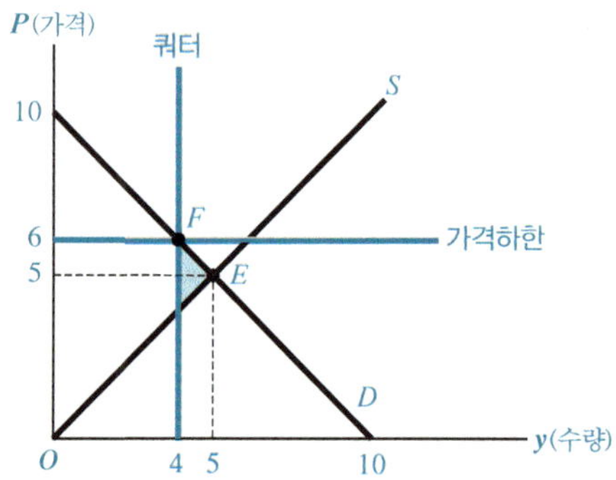

어느 경우에나 후생삼각형의 크기는 1이지만 가격하한제의 경우에는 공급의 효율성이 달성되지 못할 수 있다.
[이 문제에서 후생삼각형의 면적은 가격하한 시 후생손실의 최솟값]

① (×), 자중손실은 후생삼각형의 면적인 $\frac{1}{2} \times 2 = 1$이다..

② (○)

③ (×), 가격하한제에서 공급자잉여의 최댓값은 16이다.

④ (×), 쿼터제에서 공급자잉여는 16에서 경매금액을 뺀 금액이므로 극단적으로 0이 될 수도 있다.

⑤ (×), 쿼터제에서 자중손실은 1이다.

32 완전경쟁시장에서 물품세가 부과될 때 시장에서 나타나는 현상들에 대한 설명으로 옳은 것을 〈보기〉에서 모두 고르면? 2018년 국회 8급

ㄱ. 소비자에게 종가세가 부과되면 시장수요곡선은 아래로 평행이동한다.

ㄴ. 수요곡선이 수평선으로 주어져 있는 경우 물품세의 조세부담은 모두 공급자에게 귀착된다.

ㄷ. 소비자에게 귀착되는 물품세 부담의 크기는 공급의 가격탄력성이 클수록 증가한다.

ㄹ. 소비자와 공급자에게 귀착되는 물품세의 부담은 물품세가 소비자와 공급자 중 누구에게 부과되는가와 상관없이 결정된다.

ㅁ. 물품세 부과에 따라 감소하는 사회후생의 크기는 세율에 비례하여 증가한다.

① ㄴ, ㄷ ② ㄱ, ㄴ, ㄹ ③ ㄱ, ㄷ, ㅁ
④ ㄴ, ㄷ, ㄹ ⑤ ㄷ, ㄹ, ㅁ

hint

ㄱ. (×), 종가세가 부과되면 시장수요곡선은 회전이동한다.
ㄴ. (○)
ㄷ. (○), 공급의 가격탄력성이 클수록 조세가 소비자에게 많이 전가된다.
ㄹ. (○), 이를 과세대상과 경제적 조세부담의 독립성이라고 한다.
ㅁ. (×), 예를 들어 수요함수가 직선이고 공급곡선이 수평인 경우 자중손실은 세율의 제곱에 비례한다. 그 외의 일반적인 경우에도 비례관계가 나타날 수는 없다.

33 **어느 완전경쟁시장에서 수요곡선 및 공급곡선이 모두 직선이며 공급곡선은 원점을 지난다. 이 시장에 정부가 단위당 t의 종량세를 공급자에게 부과하자 소비자가격이 단위당 $0.6t$만큼 상승하였다. 종량세 부과와 관련된 다음 설명 중 옳은 것을 모두 고르면?** (단, 수요의 가격탄력성은 절댓값을 기준으로 하며, $t > 0$이다.) 2023년 공인회계사

가. 종량세 부과 이전의 균형점에서 수요는 가격에 비탄력적이다.

나. 종량세 부과 이전의 균형점에서 공급의 가격탄력성은 1보다 크다.

다. 종량세 부과 이후 새로운 균형점에서의 수요의 가격탄력성은 종량세 부과 이전의 균형점에서의 수요의 가격탄력성보다 크다.

① 가 ② 나 ③ 다
④ 가, 나 ⑤ 가, 다

hint

가. (○), 조세의 수요측 부담 비율을 나타내는 식에서 $\frac{dP_d}{dt} = \frac{\varepsilon_s}{\varepsilon_d + \varepsilon_s} = \frac{1}{\varepsilon_d + 1} = 0.6 \Rightarrow \varepsilon_d = \frac{2}{3}$
나. (×), 공급곡선이 원점을 지나는 직선이므로 $\varepsilon_s = 1$이다.
다. (○), 수요함수가 직선일 때 수요곡선 상의 좌상방으로 이동할수록 가격탄력성이 상승한다.

정답 31 ② 32 ④ 33 ⑤

34 **다음 보기 중 물품세가 100% 소비자에게 귀착되는 경우로 옳은 것은?** (단, 완전경쟁시장과 신축적 가격조정을 가정한다.)

가. 수요가 가격에 대해 완전 탄력적인 경우	나. 수요가 가격에 대해 완전 비탄력적인 경우
다. 공급이 가격에 대해 완전 탄력적인 경우	라. 공급이 가격에 대해 완전 비탄력적인 경우
마. 수요가 소득에 대해 완전 비탄력적인 경우	

① 가, 다　　② 가, 라
③ 나, 다　　④ 나, 라
⑤ 가, 다, 마

hint

완전경쟁시장에서 거래되는 재화에 조세가 부과되는 경우 소비자와 생산자에게 귀착되는 비율은 수요와 공급의 가격탄력성과 밀접하게 관련되어 있다. 수요곡선과 공급곡선이 모두 직선인 경우 시장균형에서 측정한 수요의 가격탄력성을 ε_d, 공급의 가격탄력성을 ε_s라고 할 때 조세는 다음과 같은 비율로 귀착된다.

소비자에 대한 조세귀착률 $= \frac{\varepsilon_s}{\varepsilon_d + \varepsilon_s}$,　생산자에 대한 조세귀착률 $= \frac{\varepsilon_d}{\varepsilon_d + \varepsilon_s}$

따라서 이 중 물품세가 수요측인 소비자에 100% 귀착되는 경우는 $\varepsilon_d = 0$인 나.의 경우와 $\varepsilon_s = \infty$인 다.의 경우이다.

35 ***X*재 수요곡선은 가격탄력성이 0인 직선이고 공급곡선은 원점을 통과하는 우상향하는 직선이다. 공급자에게 물품세가 부과될 경우 물품세가 부과되지 않은 경우와 비교하여 다음 설명 중 옳은 것은?** 2015년 서울시 7급

① 시장거래량은 감소한다.
② 생산자잉여는 변화 없다.
③ 소비자가 지불하는 가격은 변화 없다.
④ 공급자가 물품세를 납부하고 실제 받는 가격은 하락한다.

hint

① 수요가 완전 비탄력적이므로 거래량은 불변이다.
② 종량세를 전제할 경우 공급곡선이 평행상방이동하므로 생산자잉여는 불변이다.
③ 수요가 완전 비탄력적이므로 조세는 100% 수요측에 귀착된다.
④ 수요가 완전 비탄력적이므로 조세는 100% 수요측에 전가되어 공급자가 실제 받는 가격은 불변이다.

36 어느 도시에서는 스카이라인을 정비하기 위해 일정 기간 동안 사무실 빌딩의 신축이나 재개발을 금지하기로 결의하였다. 이 도시에서 사무실 임대시장은 경쟁적이며 시장수요곡선은 우하향하는 직선의 형태를 갖는다고 가정하자. 이런 상황에서 시 당국은 도심 재정비사업의 재원을 마련하기 위해 사무실 임대료에 부과하던 조세를 10% 인상하기로 했다. 이로 인해 예상되는 결과에 대한 설명으로 옳은 것은?

① 임대료와 사무실 임대수량에는 아무 변화가 없다.
② 임대료는 조세인상분만큼 상승할 것이다.
③ 임대료는 조세인상분보다 적게 상승할 것이다.
④ 임대료는 조세인상분보다 적게 상승하고 사무실 임대수량은 감소할 것이다.
⑤ 임대료는 조세인상분만큼 하락하고 사무실 임대수량도 감소할 것이다.

hint

주어진 문제에서 시장수요는 우하향하는 직선의 형태인 반면 시장공급은 수직선의 형태임을 알 수 있다. 이것은 공급의 가격탄력성이 0임을 의미한다. 따라서 오른쪽 그림과 같이 조세가 10% 인상되더라도 공급곡선은 변하지 않는다. 그러므로 시장균형은 변하지 않고 모든 조세는 생산자가 부담하게 된다. (단, 이 문제에서 임대료는 지급임대료를 의미하는 것임을 파악할 수 있어야 한다.)

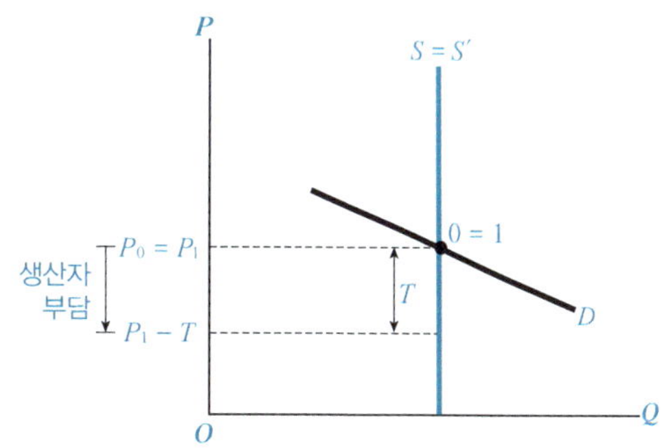

정답 34 ③ 35 ② 36 ①

37 조세에 대한 설명으로 옳은 것을 모두 고른 것은? 2012년 국가직 7급

ㄱ. 물품세 부과에 따른 자중적 손실(deadweight loss)을 최소화하기 위해서는 탄력성이 낮은 재화일수록 상대적으로 높은 세율로 과세해야 한다.

ㄴ. 과세표준소득이 1천만원인 경우 10만원의 세금을 부과하고 과세표준소득이 2천만원인 경우 30만원의 세금을 부과한다면 이 과세표준구간 내에서 누진세를 적용하고 있는 것이다.

ㄷ. 고가의 모피코트에 부과하는 세금은 세금부담 능력이 더 큰 사람이 더 많은 세금을 내야 한다는 원칙을 잘 만족시킨다.

ㄹ. 과세부담의 수평적 공평성의 원칙은 세금부담 능력이 다르면 세금도 다르게 부과하는 것이다.

① ㄱ　　② ㄱ, ㄴ

③ ㄴ, ㄷ　　④ ㄷ, ㄹ

hint

ㄱ. 자중적 손실은 탄력성에 비례하므로 탄력성이 높은 상품일수록 낮은 세율을 부과하는 것이 바람직하다. 이를 램지의 역탄력성규칙(inverse elasticity rule)이라고 한다.

ㄴ. 일반적으로 평균세율이 상승하는 세금을 누진세로 정의한다. 이 사례에서 평균세율은 1%에서 1.5%로 상승한다.

ㄷ. 조세의 귀착은 탄력성에 역비례한다. 따라서 탄력성이 높은 상품에 대한 과세는 주로 공급자에게 귀착되는데, 이러한 조세가 능력원칙을 만족한다는 보장은 없다.

ㄹ. 수평적 공평성의 원칙 : 동일한 능력을 가진 사람은 동일한 세금을 납부해야 한다.
수직적 공평성의 원칙 : 능력이 높은 사람일수록 많은 세금을 납부해야 한다.

38 **다음 조세의 경제적 효과에 대한 설명 중 잘못된 것을 고르시오.** (단, 우하향하는 일반적인 수요곡선과 일정한 한계비용을 가정한다.)

① 재화의 탄력성이 클수록 일반적으로 초과부담(excess burden)이 크다.

② 세율이 상승한다고 조세수입이 반드시 증가하는 것은 아니다.

③ 세율이 상승하면 초과부담은 반드시 증가한다.

④ 조세수입이 크다고 초과부담이 반드시 큰 것은 아니다.

⑤ 조세수입이 없다면 경제적 순손실도 없다.

hint

① (O)

② (O), 세율이 상승하면 조세수입이 증가하다가 감소한다.

③ (O), 초과부담은 세율의 제곱에 비례하여 증가한다.

④ (O), 세율이 일정 수준 이상인 경우 세율을 낮추면 조세수입은 커지지만 초과부담은 작아진다.

⑤ (×), 세율이 너무 높아 거래가 이루어지지 못하는 금지적 조세(prohibitive tax)의 경우 조세수입은 없지만 초과부담은 크다.

정답 37 ② 38 ⑤

39 다음 그림은 세금이 부과되기 전의 X재와 Y재 시장을 나타낸 것이다. 두 시장에 각각 단위당 2원이 생산자에게 부과되었을 때, 다음 설명 중 옳은 것은? 2018년 공인회계사

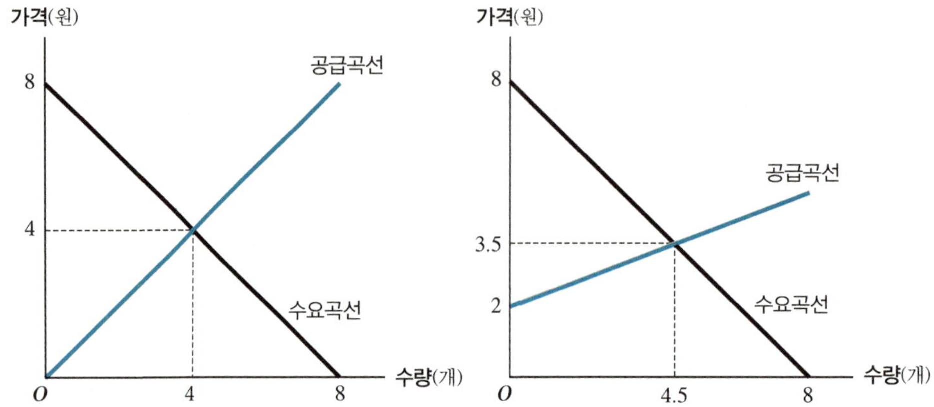

(a) X재 시장 (b) Y재 시장

① 조세 수입은 X재 시장이 Y재 시장보다 많다.

② 소비자잉여는 X재 시장이 Y재 시장보다 작다.

③ 생산자잉여는 X재 시장이 Y재 시장보다 작다.

④ 경제적 순손실(deadweight loss)은 X재 시장이 Y재 시장보다 작다.

⑤ X재 시장과 Y재 시장 모두 소비자와 생산자에게 귀착되는 조세부담의 크기는 동일하다.

hint

세전 균형	$X_D = 8 - P_X$ $X_S = P_X$ $\Rightarrow P_X = 4,\ X = 4$	$Y_D = 8 - P_Y$ $Y_S = -6 + 3P_Y$ $\Rightarrow P_Y = 3.5,\ Y = 4.5$
S에 과세 시 세후 균형	$X_D = 8 - P_X$ $X_S = (P_X - 2)$ ⇒ 소비자 지급가격 : $P_X = 5$ (귀착분 1) 생산자 수취가격 : $P_X - 2 = 3$ (귀착분 1) 거래량 : $X = 3$ 소비자잉여 : 9/2 생산자잉여 : 9/2 자중손실 : 1 조세수입 : 6	$Y_D = 8 - P_Y$ $Y_S = -6 + 3(P_Y - 2)$ ⇒ 소비자 지급가격 : $P_Y = 5$ (귀착분 1.5) 생산자 수취가격 : $P_Y - 2 = 3$ (귀착분 0.5) 거래량 : $Y = 3$ 소비자잉여 : 9/2 생산자잉여 : 3/2 자중손실 : 1.5 조세수입 : 6

40 노동시장에서 노동공급곡선과 노동수요곡선의 기울기의 절댓값이 〈보기〉의 그래프와 같이 서로 동일하다. 근로자와 고용주에게 4대 보험료를 반반씩 나누어 부담시킬 때, 노동시장에서의 균형 급여수준과 근로자들이 수령하는 실질임금수령액을 모두 적절히 표시한 것은?

2016년 국회 8급 응용

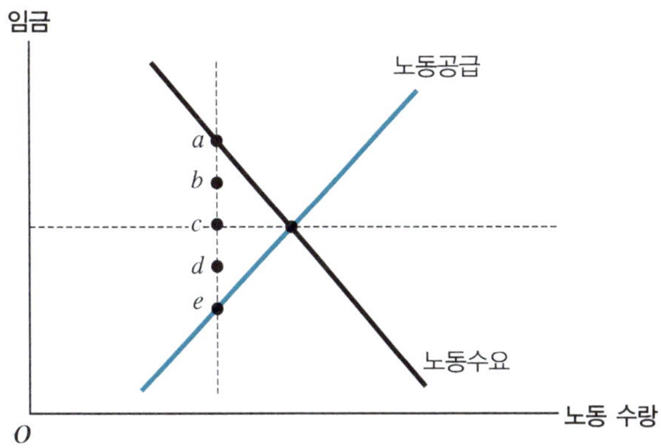

- 4대 보험료의 크기는 점 a와 점 e의 간격에 해당하고 점 a와 점 b, 점 b와 점 c, 점 c와 점 d, 점 d와 점 e의 간격은 모두 같다.

① 균형 급여수준 : a, 실질임금수령액 : c
② 균형 급여수준 : c, 실질임금수령액 : c
③ 균형 급여수준 : c, 실질임금수령액 : e
④ 균형 급여수준 : d, 실질임금수령액 : e
⑤ 균형 급여수준 : e, 실질임금수령액 : e

hint

조세의 성격을 갖는 보험료를 반반씩 부과할 경우 노동수요곡선과 노동공급곡선이 같은 거리로 이동한다. 따라서 노동공급곡선은 c점을 지나도록 상방이동하며, 노동수요곡선은 c점을 지나도록 하방이동한다.
보험료를 포함하여 기업이 실제 지급한 금액은 a점의 높이에 해당하며, 보험료를 제외하고 노동자가 실제 수령한 금액은 e점에 해당한다.

정답 39 ④ 40 ③

41 **공급함수와 수요함수가 다음과 같다고 하자.**

공급함수 : $Q^S = 2P$, 수요함수 : $Q^D = 300 - P$

세금 T가 부과되었다고 할 때 조세수입 및 초과부담을 T의 함수로 나타낸 것으로 옳은 것을 골라라.

① 조세수입 : $200T - \frac{1}{3}T^2$, 초과부담 : $\frac{1}{2}T^2$

② 조세수입 : $200T - \frac{2}{3}T^2$, 초과부담 : $\frac{1}{2}T^2$

③ 조세수입 : $200T - \frac{1}{3}T^2$, 초과부담 : $\frac{1}{3}T^2$

④ 조세수입 : $200T - \frac{2}{3}T^2$, 초과부담 : $\frac{1}{3}T^2$

⑤ 조세수입 : $200T - T^2$,   초과부담 : $\frac{1}{3}T^2$

hint

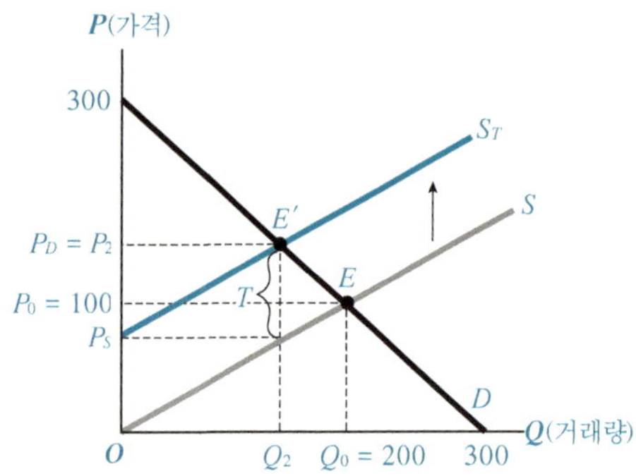

판매자에게 조세가 T 부과되면 조세를 포함하여 판매자가 받고자 하는 금액이 상승하므로 공급곡선이 위로 이동한다. 이를 반영한 공급곡선은 다음과 같다.

조세 부과 시 공급곡선 : $Q^S = 2(P - T)$

새로운 공급곡선이 주어진 수요곡선과 만나는 점을 구하면 $P_2 = \frac{300 + 2T}{3}$, $Q_2 = \frac{600 - 2T}{3}$가 된다. 이는 그림의 E'점에 해당한다.

조세수입 : $R = T \times \left(\frac{600 - 2T}{3}\right) = 200T - \frac{2}{3}T^2$

경제적 순손실(= 초과부담)의 크기를 T의 함수로 나타내면 다음과 같다.

경제적 순손실 : $EB = \frac{1}{2} \times T \times \left(\frac{2T}{3}\right) = \frac{1}{3}T^2$

42 어느 재화를 생산하는 기업이 직면하는 수요곡선은 $Q_d = 200 - P$이고, 공급곡선 Q_s는 $P = 100$에서 수평선으로 주어져 있다. 정부가 이 재화의 소비자에게 단위당 20원의 물품세를 부과할 때 초과부담을 조세수입으로 나눈 비효율성계수(coefficient of inefficiency)는? (단, P는 가격이다.)

2018년 국가직 7급

① $\frac{1}{8}$ ② $\frac{1}{4}$

③ $\frac{1}{2}$ ④ 1

hint

이 문제에서 공급곡선이 수평선이므로 '$Q_s =$'의 함수 형태로 나타낼 수 없다. 따라서 수요함수와 공급함수가 각각 최대지급의사금액과 최소수취의사금액을 나타내는 함수임을 사용하여 다음과 같이 풀이한다.

1. 조세부과 이전에는 $P_d = P_s = P$가 성립한다. 즉, 지급가격, 수취가격, 시장가격이 동일하다.

$$\begin{matrix} P_d = P = 200 - Q \\ P_s = P = 100 \end{matrix} \Rightarrow P = 200 - Q = 100 \Rightarrow Q_0 = 100,\ P_d = P_s = P_0 = 100\ [E_0\text{점}]$$

2. 소비자에게 T의 물품세를 부과하는 경우 $P_d = P + T$, $P_s = P$가 된다.

$$\begin{matrix} P_d = P + T = 200 - Q \\ P_s = P = 100 \end{matrix} \Rightarrow \begin{matrix} P = (200 - Q) - T = 100\ [D\text{ 하방이동}] \\ Q_1 = 80,\ P_d = P_1 + T = 120,\ P_s = P_1 = 100\ [E_1\text{점}] \end{matrix}$$

그림에서 조세부과의 효과는 수요곡선을 단위당 조세만큼 하방이동시켜 나타낼 수 있으며, 새로운 균형은 E_1점이 된다. 이 경우 조세수입, 초과부담 및 비효율성계수는 다음과 같다.

조세수입 : $R = T \times Q_1 = 1{,}600\ [= c + d]$
초과부담 : $EB = \frac{1}{2} \times 20 \times 20 = 200\ [= e]$
$\Rightarrow$ 비효율성계수 : $\frac{EB}{R} = \frac{1}{8}$

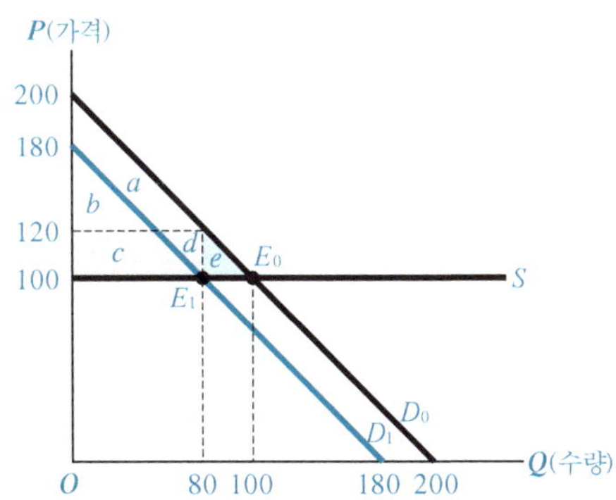

정답 41 ④ 42 ①

43 과세 전 밀가루의 수요와 공급은 다음 표와 같다. 정부가 밀가루 1Kg당 15원씩의 소비세를 소비자에게 부과할 때 과세 후에 ㉠ 구매자의 지불가격, ㉡ 정부의 조세수입, ㉢ 밀가루 1Kg 당 소비세 15원에 대한 조세귀착에서 공급자의 부담, ㉣ 후생순손실(deadweight loss)은 각각 얼마인가?

가격(원)	수요량(kg)	공급량(kg)	가격(원)	수요량(kg)	공급량(kg)
45	0	27	20	30	12
40	6	24	15	36	9
35	12	21	10	42	6
30	18	18	5	48	3
25	24	15	0	54	0

	㉠	㉡	㉢	㉣
①	35	180	10	45
②	30	160	5	30
③	35	180	10	30
④	30	160	5	45
⑤	35	160	10	45

hint

조세 부과 전의 균형가격은 설문의 표에서 수요량과 공급량이 일치하는 $P^* = 30$이 되며, 이때의 거래량은 $Q^* = 18$이 된다. 소비자에게 15의 조세가 부과된 경우 소비자(구매자) 지불가격은 생산자 수취가격보다 15만큼 높아진다. 따라서 위 표는 다음과 같이 바뀐다.

소비자 지불가격(원)	수요량(kg)	생산자 수취가격(원)	공급량(kg)
45	0	30	18
40	6	25	15
35*	12*	20*	12*
30	18	15	9
25	24	10	6
20	30	5	3
15	36	0	0
10	42	–	–
5	48	–	–
0	54	–	–

이때 균형에서 ㉠ 소비자 지불가격 $P_D = 35$, 생산자 수취가격 $P_S = 20$, 균형거래량 $Q' = 12$가 된다. ㉡ 조세수입은 $R = T \times Q' = 15 \times 12 = 180$이 된다. ㉢ 또한 15원의 조세 중 생산자부담분은 $P^* - P_S = 30 - 20 = 10$이 되며, ㉣ 선형의 수요곡선과 공급곡선을 가정하였을 때 자중손실은 $\frac{1}{2} \times 15 \times 6 = 45$가 된다.

44 탄산음료와 과일주스는 서로 대체재이며, 각 재화의 한계비용은 일정하다. 탄산음료에 이미 종량세를 부과하고 있는데, 이제 과일주스에도 종량세를 부과하려고 한다. 이때 발생할 것으로 예상되는 현상을 모두 고르면? 2007년 공인회계사

가. 이미 거래량 감소가 발생한 탄산음료 시장에 거래량 증가가 추가로 발생한다.
나. 이미 거래량 감소가 발생한 탄산음료 시장에 거래량 감소가 추가로 발생한다.
다. 이미 사회적 손실이 발생한 탄산음료 시장에 사회적 잉여가 추가로 발생한다.
라. 이미 사회적 손실이 발생한 탄산음료 시장에 사회적 손실이 추가로 발생한다.
마. 이미 사회적 손실이 발생한 탄산음료 시장에 생산자잉여가 추가로 발생한다.

① 가, 다 ② 가, 라
③ 가, 다, 마 ④ 나, 다
⑤ 나, 라

hint

종량세의 부과로 과일주스(Y)의 공급곡선이 상방으로 이동하며, 대체재인 탄산음료(X)의 수요곡선이 우측으로 이동한다. 이 경우 탄산음료시장에서 거래가 증가하며 사회적 잉여가 추가로 발생할 것이다. 그러나 한계비용이 일정하므로 생산자잉여는 발생하지 않는다.

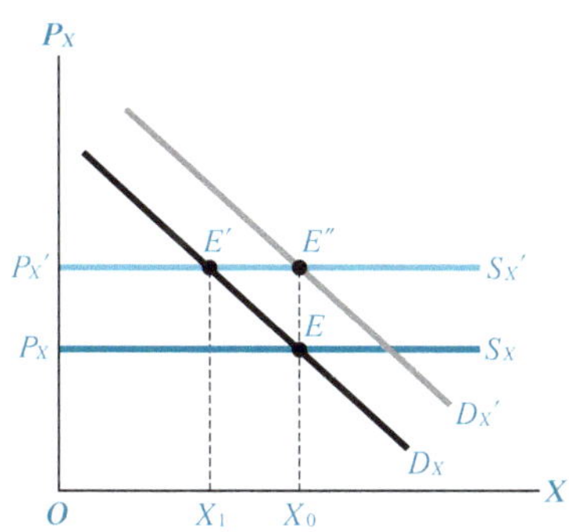

(a) 탄산음료시장

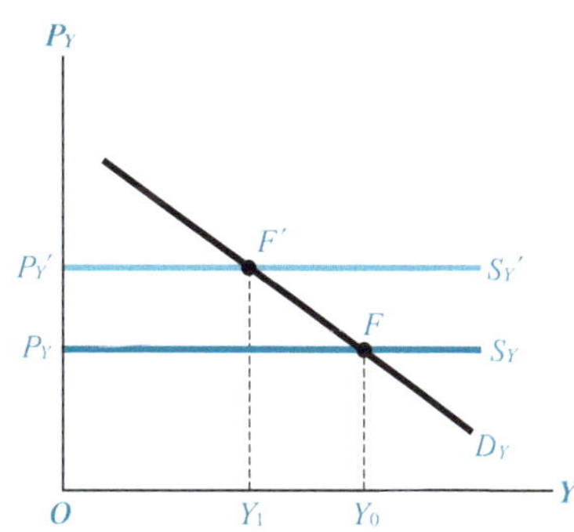

(b) 과일주스시장

정답 43 ① 44 ①

45 어느 재화에 대한 시장수요함수는 $Q_D = 1,400 - 120P$이며, 시장공급함수는 $Q_S = -400 + 200P$ (Q_D는 수요량, Q_S는 공급량, P는 가격)이다. 이 재화에 대해 정부가 공급자들에게 10%의 판매세를 부과함에 따라 공급자들은 시장에서 받은 판매수입의 10%를 정부에 납부해야 한다고 하자. 다음 설명 중 옳지 않은 것은? 2015년 공인회계사

① 세금 부과 전 균형에서 시장가격은 $5\frac{5}{8}$, 거래량은 725이다.
② 세금 부과로 이 시장의 공급곡선은 상향이동하나, 기존의 공급곡선과 평행하지는 않다.
③ 공급자가 정부에 세금을 납부한 후 받는 가격은 하락한다.
④ 세금이 부과될 때 균형 거래량은 680이다.
⑤ 소비자가 실질적으로 부담하는 단위당 세금은 공급자가 실질적으로 부담하는 단위당 세금보다 적다.

hint

1. 조세 부과 전

소비자가격 : $P_D = P$
생산자가격 : $P_S = P$

$Q_D = 1,400 - 120P$
$Q_S = -400 + 200P$

정리하면 $320P = 1,800$에서

$P_0 = 5.625 (= 5\frac{5}{8})$
$Q_0 = 725$

2. 조세 부과 후 균형

소비자가격 : $P_D = P$
생산자가격 : $P_S = (1 - t)P = 0.9P$

$Q_D = 1,400 - 120P$
$Q_S = -400 + 200 \times 0.9P$

정리하면 $300P = 1,800$에서

$P_D = P_1 = 6, \quad P_S = 0.9P = 5.4$
$Q_1 = 680$

⑤ (×), 조세 부과 후 소비자가격은 0.375 상승하였고, 생산자가격은 0.225 하락하였음.

＊ 참고사항

판매수입의 10%를 세금으로 납부하는 세금은 판매가격의 10%를 세금으로 납부하는 종가세에 해당한다. 완전경쟁시장을 가정할 때 종가세의 경우 주요 성질은 다음과 같다.

1. 종가세 부과 시 과세된 측의 곡선이 회전이동한다.
2. 종가세의 경우에도 소비자 지불가격은 상승하고, 생산자 수취가격은 하락한다.
3. 종가세의 경우에도 조세부담은 수요와 공급의 가격탄력성에 역비례한다.
4. 종가세의 경우에도 탄력성이 클수록 초과부담이 크고, 세율이 상승할 때 초과부담은 제곱에 비례하여 증가한다.
5. 판매가의 1/10을 납부하는 종가세와 공급가의 1/9을 납부하는 종가세는 동일하다.
6. 판매가의 1/10을 납부하는 종가세와 공급가의 1/10을 납부하는 종가세는 상이하다.

46 어느 재화에 대한 시장수요함수는 $Q_d = 20 - P_d$, 시장공급함수는 $Q_s = P_s$라고 하자. 이 재화에 대해 정부가 공급자들에 대해 세금을 제외하고 공급자들이 받는 가격의 50%에 해당하는 종가세를 부과했을 때 균형거래량과 조세수입을 구하면?

	균형거래량	조세수입		균형거래량	조세수입
①	7	28	②	7	20
③	8	30	④	8	32
⑤	9	32			

hint

종가세의 경우 '누구'에게 '무엇'의 '얼마'를 과세했는지를 밝혀야 하기 때문에 분석이 까다롭다. 가능한 경우의 수는 다음 4가지이다.

1. S측에 수취가격의 일정 비율 과세
2. D측에 수취가격의 일정 비율 과세
3. S측에 지급가격의 일정 비율 과세
4. D측에 지급가격의 일정 비율 과세

조세를 법에서 누구에 부과하는지는 차이를 유발하지 않으므로 1과 2, 3과 4는 동등하다. 이 문제는 1의 경우에 해당한다. 우리나라의 부가가치세도 이에 해당한다.

소비자 지급가격 : $P_d = P$

생산자 수취가격 : $(1+t)P_s = P \Rightarrow P_s = \frac{1}{1+t}P$

균형조건 : $Q_d = 20 - P = Q_s = \frac{1}{1+t}P = \frac{2}{3}P$

$\Rightarrow P_d = P_1 = 12,\ P_s = \frac{1}{1+t}P_1 = 8,\ Q_1 = 8$

$\Rightarrow$ 조세수입 : $R_1 = tP_sQ_1 = \frac{1}{2} \times 8 \times 8 = 32$

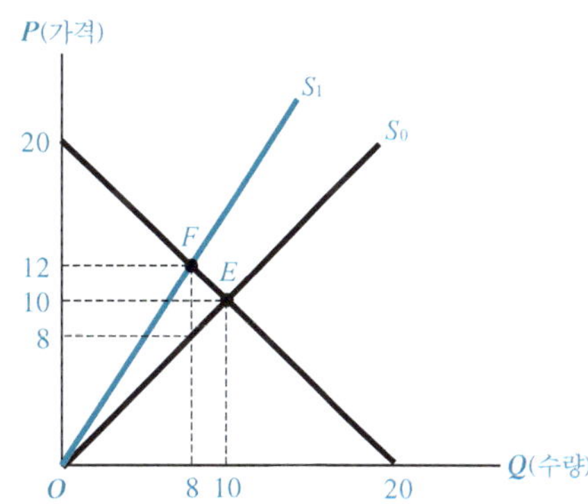

정답 45 ⑤ 46 ④

47 다음 그래프는 생산자 보조금 지급과 사회후생의 변화에 관한 것이다. 다음의 설명 중 옳지 않은 것은? (S_1 : 원래의 공급곡선, S_2 : 보조금 지급 이후의 공급곡선, D : 수요곡선, E_1 : 원래의 균형점, E_2 : 보조금 지급 이후의 균형점, P : 가격, Q : 수량) 2010년 국회 8급

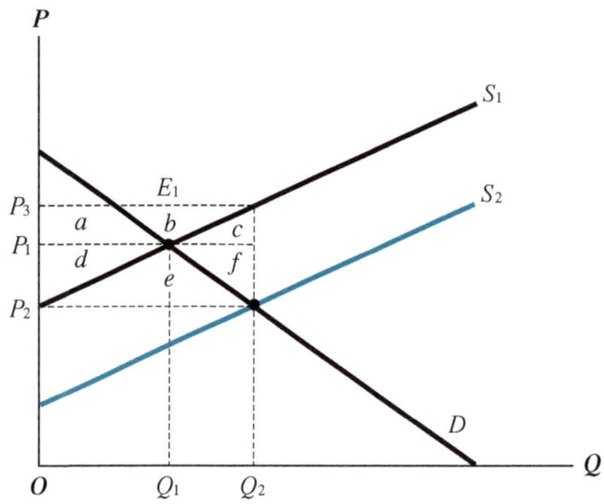

① 보조금 지급 후 생산자가 최종적으로 수취하는 가격은 P_3이다.

② 보조금 지급으로 인한 생산자잉여 증가분은 $a+b$이다.

③ 낭비된 보조금의 크기는 $c+f$이다.

④ 보조금의 크기는 $a+b+c+d+e+f$이다.

⑤ 보조금 지급으로 인한 소비자잉여의 증가분은 $d+e+f$이다.

hint

보조금 지급 이후 상태를 정리하면 다음과 같다.

수요자 지급가격 : $P_D = P_2$, 공급자 수취가격 : $P_S = P_2 + S = P_3$

소비자잉여의 변화 : $+d+e$
생산자잉여의 변화 : $+a+b$
(−)보조금 지급액 : $-a-b-c-d-e-f$

사회적 잉여의 변화 : $-c-f$

48 어느 완전경쟁시장에서 수요함수는 $Q_D = 60 - P$이며, 공급함수는 $Q_S = -20 + P$이다. 이때 정부가 시장 생산자들에게 단위당 10의 생산보조금을 지급한다. 다음 설명 중 옳은 것은? (단, Q_D, Q_S와 P는 각각 수요량, 공급량과 가격을 나타낸다.) 2022년 공인회계사

① 생산보조금 지급으로 균형가격은 단위당 10만큼 하락한다.

② 생산보조금 지급으로 거래량은 10단위 증가한다.

③ 정부의 보조금 지급으로 사회후생은 증가한다.

④ 정부의 총보조금 지급액은 250이다.

⑤ 생산자잉여는 정부의 총보조금 지급액만큼 증가한다.

hint

1. 생산자에게 T의 보조금을 지급하는 경우
   소비자 지불가격 : $P_D = P$
   생산자 수취가격 : $P_S = P + T$

2. 균형조건
   $Q = 60 - P = -20 + (P + T)$

3. 균형의 변화
   1) 보조금 지급 이전 : $T = 0 \Rightarrow P_0 = 40,\ Q_0 = 20$
   2) 보조금 지급 이후 : $T = 10 \Rightarrow P_D = P_1 = 35,\ P_S = P_1 + T = 45,\ Q_1 = 25$
   3) 보조금액 : $R = T \times Q_1 = 250\ [= b + c + d + e + f]$

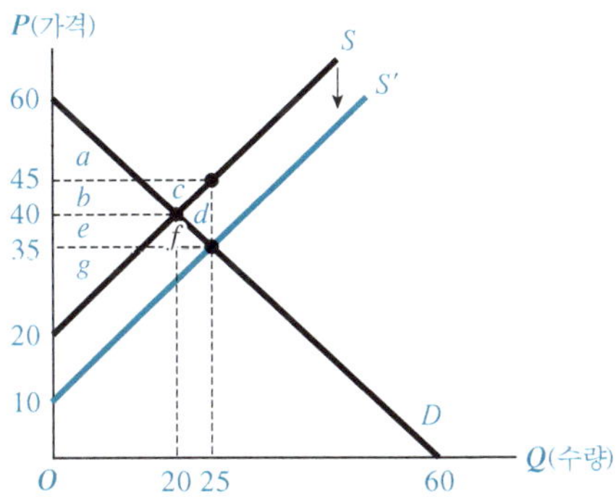

정답 47 ⑤ 48 ④

49 **X재 시장의 수요함수와 공급함수가 각각 다음과 같다.**

$$Q_D = 150 - \frac{5}{3}P$$
$$Q_S = -50 + P$$

소비자가 X재를 구매하기 위해 지출한 금액의 10%를 정부가 소비자에게 보조금으로 지급한다고 할 때 자중손실(deadweight loss)**의 크기는?** (단, Q_D, Q_S, P는 각각 수요량, 공급량, 가격을 나타낸다.)

2023년 공인회계사

① 20　② 24　③ 35　④ 40　⑤ 42

hint

1. 보조금이 없는 경우 : $P_D = P$, $P_S = P$

$Q_D = 150 - \frac{5}{3}P = Q_S = -50 + P \Rightarrow P_0 = 75,\ Q_0 = 25$ (E점)

2. 보조금이 있는 경우 : $P_D = (1-t)P = 0.9P$, $P_S = P$

$Q_D = 150 - \frac{5}{3}(0.9P) = Q_S = -50 + P \Rightarrow P_1 = 80,\ Q_1 = 30$ (F점)

비례에 맞게 그림을 그리는 것이 어려우므로 약간 왜곡해서 그림을 그리면 다음과 같다. 자중손실의 크기는 그림 상 EFG의 면적이므로 $\frac{1}{2} \times 8 \times 5 = 20$이 된다.

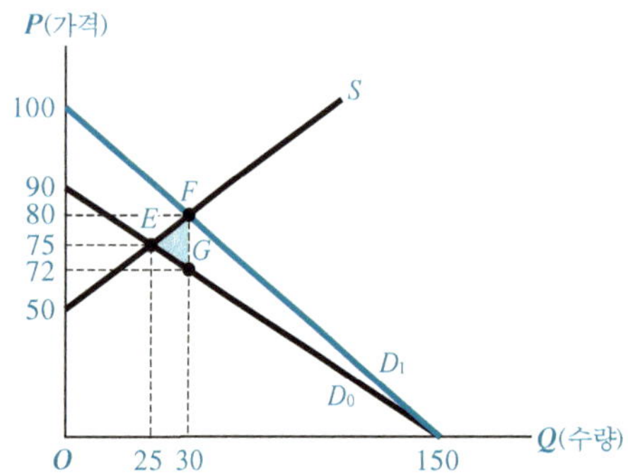

50 수요와 공급의 가격탄력성에 대한 설명으로 옳은 것을 〈보기〉에서 모두 고르면?

2018년 국회 8급

> ㄱ. 어떤 재화에 대한 소비자의 수요가 비탄력적이라면, 가격이 상승할 경우 그 재화에 대한 지출액은 증가한다.
> ㄴ. 수요와 공급의 가격탄력성이 클수록 단위당 일정한 생산보조금 지급에 따른 자중손실(deadweight loss)은 커진다.
> ㄷ. 독점력이 강한 기업일수록 공급의 가격탄력성이 작아진다.
> ㄹ. 최저임금이 인상되었을 때, 최저임금이 적용되는 노동자들의 총임금은 노동의 수요보다는 공급의 가격탄력성에 따라 결정된다.

① ㄱ, ㄴ　② ㄱ, ㄷ　③ ㄴ, ㄹ
④ ㄱ, ㄴ, ㄷ　⑤ ㄱ, ㄴ, ㄷ, ㄹ

hint

ㄱ. (O)
ㄴ. (O), '자중손실 = 단위당보조금 × 거래량 변화' 에서 보조금이 일정할 때 거래량 변화는 탄력성이 클수록 크다.
ㄷ. (×), 독점력이 강한 기업은 공급곡선이 없고 공급의 가격탄력성도 정의할 수 없다.
ㄹ. (×), 최저임금이 인상되었을 때 노동자들의 총임금은 노동의 수요의 가격탄력성에 따라 결정된다.

정답　49 ①　50 ①

제4~6장 소비자이론

Testbank for Economics [microeconomics]

핵 심 출 제 논 점

1. 무차별곡선의 성질과 한계대체율의 의미
2. 콥-더글라스 효용함수의 특징
3. 레온티에프 효용함수의 특징
4. 선형 효용함수의 특징
5. 예산선의 의미와 소비자의 최적 선택
6. 소득소비곡선과 가격소비곡선
7. 슬러츠키 방정식과 기펜재
8. 여가-소득 선택 모형
9. 사회복지제도의 이해
10. 현시선호이론과 약공리의 의미

I 무차별곡선의 성질과 한계대체율의 의미

1. 무차별곡선의 일반적 성질

① 모든 점은 그것을 지나는 하나의 무차별곡선을 갖는다. (완비성)

② 무차별곡선은 우하향하는 모양을 갖는다. (강단조성)

③ 원점에서 더 멀리 떨어진 무차별곡선일수록 더욱 높은 효용수준을 대표한다. (강단조성)

④ 서로 다른 두 무차별곡선은 교차할 수 없다. (이행성)

⑤ 무차별곡선은 원점에 대해 볼록한 모양을 갖는다. (볼록성)

* 1. 무차별곡선이론은 서수적 효용 개념을 전제로 함.
2. 즉, 효용의 주관적 측정가능성을 전제로 함. 3. 일반적 성질 중 ④ 제외 모두 예외 있음.

2. (Y재로 나타낸 X재의) 한계대체율의 의미

(1) 무차별곡선의 (−)기울기 : $MRS_{XY} = \frac{MU_X}{MU_Y}$

(2) 재화 간의 주관적 교환비율

- X재화 한 단위의 (개인적) 가치를 Y재화로 표시한 것
- X재화 한 단위를 얻기 위해 포기할 용의가 있는 Y재화의 양
- Y재화 단위로 나타낸 X재화의 상대적 선호도

3. 한계대체율 체감과 무차별곡선의 볼록성

- 무차별곡선의 기울기는 X재 소비 증가에 따라 점점 평평해진다.
- 소비자는 극단적인 상품묶음보다 평균적인 상품묶음을 선호한다.
- 소비자는 동일한 효용수준 하에서 많이 소비한 재화보다는 적게 소비한 재화를 더 소중히 여긴다.

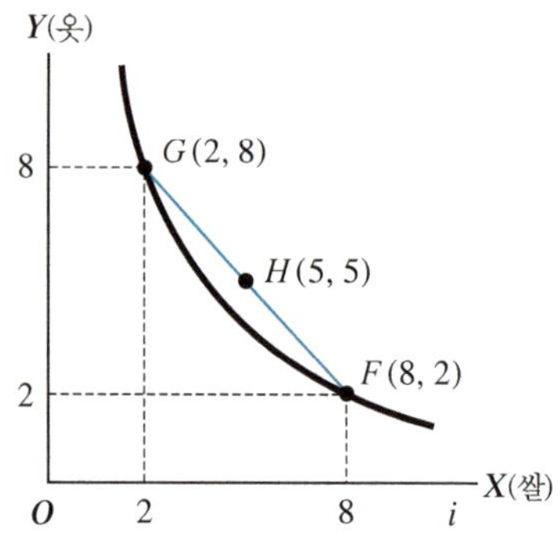

Tips ① MU 체감 ⇒ MRS 체감 (×), ② MRS 체감 ⇒ MU 체감 (×)
③ 단, 한 재화 소비가 다른 재화 한계효용에 영향을 미치지 않을 경우 모든 재화에 대해 MU 체감이면 MRS 체감

Ⅱ 예산선의 의미와 소비자의 최적 선택

1. 예산제약식

- ① $P_X X + P_Y Y = M$, ② $Y = -\frac{P_X}{P_Y}X + \frac{M}{P_Y}$
- 예산선의 (−)기울기 $\frac{P_X}{P_Y}$는 1) 시장에서 X재 한 단위와 교환되는 Y재의 양, 2) 재화 간의 객관적 교환비율, 3) Y재 단위로 나타낸 X재의 상대가격을 의미한다.

2. 최적 소비의 조건-1 : 내부해

- $MRS_{XY} = \frac{P_X}{P_Y} \Rightarrow \frac{MU_X}{P_X} = \frac{MU_Y}{P_Y}$

① 주관적 교환비율인 한계대체율(MRS_{XY})과 객관적 교환비율인 상대가격비율($\frac{P_X}{P_Y}$) 일치

② X재에 대한 상대적 선호도와 X재의 상대가격이 일치

③ 각 재화에 대한 1원당 한계효용이 일치

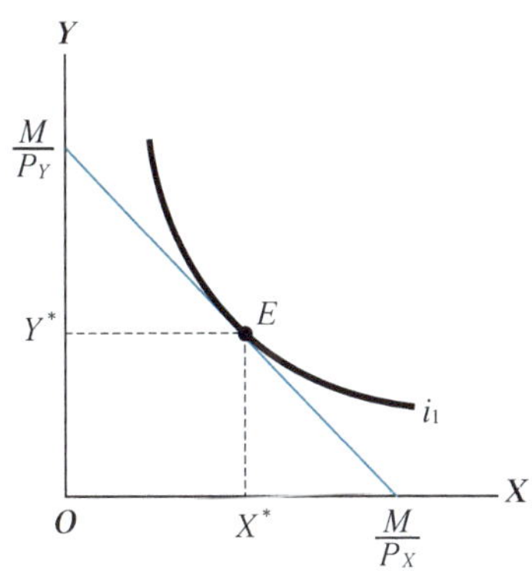

(a) 내부해를 갖는 경우

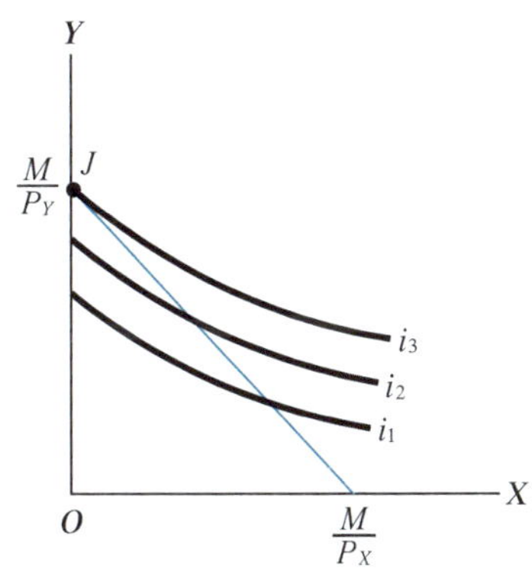

(b) 모서리해를 갖는 경우

3. 최적 소비의 조건-2 : 모서리해

(1) 모두 재화인 경우

- X재만 소비 : $MRS_{XY} \geq \frac{P_X}{P_Y} \Rightarrow X^* = \frac{M}{P_X}$, $Y^* = 0$
- Y재만 소비 : $MRS_{XY} \leq \frac{P_X}{P_Y} \Rightarrow X^* = 0$, $Y^* = \frac{M}{P_Y}$

(2) 비재화 또는 중립재가 있는 경우

- (1재화, 1중립재) 또는 (1재화, 1비재화) 시 예산선이 우하향하는 한 반드시 모서리해

4. 최적 소비(보통수요)의 중요 성질 : 0차 동차성

■ 모든 재화의 가격과 소득이 동일한 비율로 상승할 때 이는 소비자의 최적 선택에 아무런 영향을 미치지 못한다. (일반균형의 도출에 중요)

Ⅲ 소득의 변화와 소비자선택

1. 소득소비곡선과 엥겔곡선의 정의

■ 소득소비곡선(income-consumption curve ; *ICC*)이란 상대가격이 일정할 때 소득의 변화에 따른 소비자 선택점을 연결한 곡선($X-Y$ 평면)을 의미한다.

■ 엥겔곡선(Engel curve)이란 상대가격이 일정할 때 소득과 재화의 소비량 간의 관계를 나타낸 곡선($X-M$ 평면)을 의미한다.

2. 수요의 소득탄력성에 따른 *ICC*와 엥겔곡선의 형태

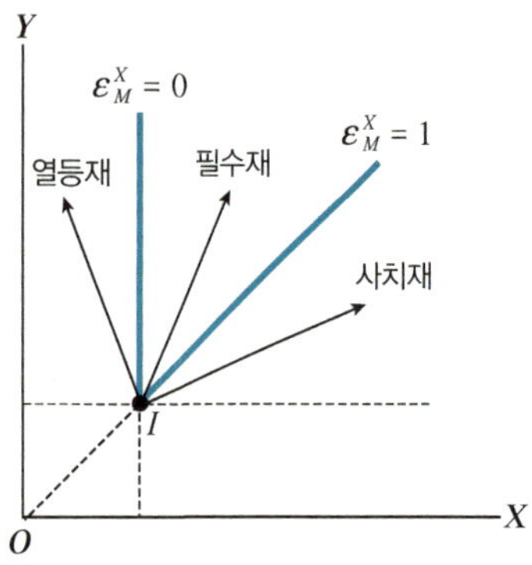

(a) 재화의 성질과 *ICC*

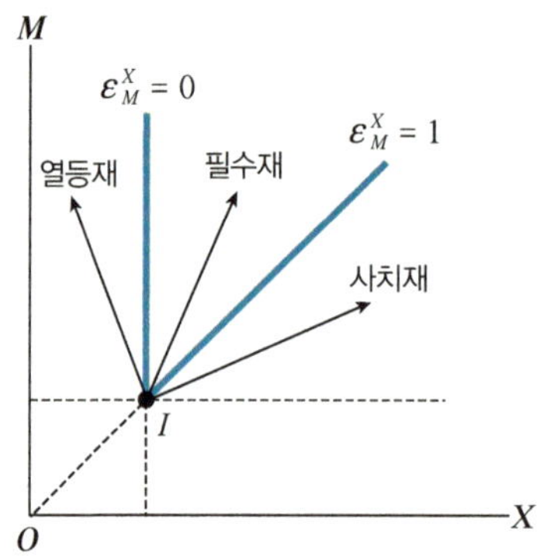

(b) 재화의 성질과 엥겔곡선

3. 엥겔의 총계조건

■ 모든 재화의 소득탄력성을 지출비율로 가중평균하면 항상 1이 된다.

■ $\frac{P_X X}{M} \cdot \varepsilon_M^X + \frac{P_Y Y}{M} \cdot \varepsilon_M^Y = 1$ 또는 $s_X \cdot \varepsilon_M^X + s_Y \cdot \varepsilon_M^Y = 1$

Tips

다음을 유의하라.

1. 모든 재화가 동시에 사치재가 될 수는 없다. (○)
2. 모든 재화가 동시에 필수재가 될 수는 없다. (○)
3. 모든 재화가 동시에 열등재가 될 수는 없다. (○)
4. 모든 재화가 동시에 정상재가 될 수는 없다. (×)

Ⅳ 가격의 변화와 소비자선택

1. 가격소비곡선과 (보통)수요곡선의 정의

- 가격소비곡선(price-consumption curve ; *PCC*)이란 명목소득이 일정할 때 가격변화에 따른 소비자 선택점을 연결한 곡선(*X*-*Y* 평면)을 의미한다.
- (보통)수요곡선(ordinary demand curve)이란 명목소득이 일정할 때 가격과 재화의 소비량 간의 관계를 나타낸 곡선(*X*-*P* 평면)을 의미한다.

2. 수요의 가격탄력성에 따른 *PCC*의 형태

	PCC	교차탄력성	재화 간의 관계	*Y*재에 대한 …
$\varepsilon_P^X > 1$	우하향	$\varepsilon_C > 0$	대체재	대체효과 > 소득효과
$\varepsilon_P^X = 1$	수평	$\varepsilon_C = 0$	독립재	대체효과 = 소득효과
$\varepsilon_P^X < 1$	우상향	$\varepsilon_C < 0$	보완재	대체효과 < 소득효과

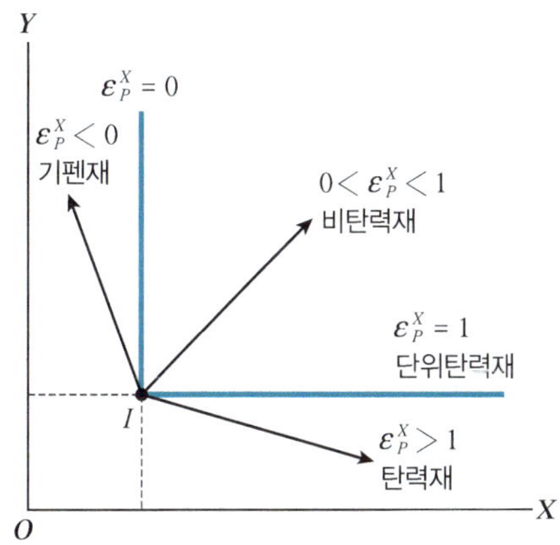

Quiz
1. 소득소비곡선(*ICC*)과 엥겔곡선의 형태를 결정짓는 것은 무엇인가?
2. 가격소비곡선(*PCC*)과 보통수요곡선의 형태를 결정짓는 것은 무엇인가?

Tips
1. 가격효과 = 0 ⇒ 보통수요곡선, 가격소비곡선이 수직
2. 대체효과 = 0 ⇒ 보상수요곡선이 수직
3. 소득효과 = 0 ⇒ 엥겔곡선, 소득소비곡선이 수직

V 슬러츠키 방정식과 기펜재의 이해

1. 형태

■ 가격효과 = 대체효과 + 소득효과

대체효과(substitution effect)	**소득효과**(income effect)
i 상 이동($E \rightarrow E''$)	i 간 이동($E'' \rightarrow E'$)
⇘	⇗*
효용(실질소득) 일정**	효용(실질소득) 변화
기울기(상대가격) 변화	기울기(상대가격) 일정

* 단, 정상재 가정

** **실질소득의 정의** : 힉스 방식(효용 기준), 슬러츠키 방식(구매력 기준)

2. 정상재와 기펜재의 비교

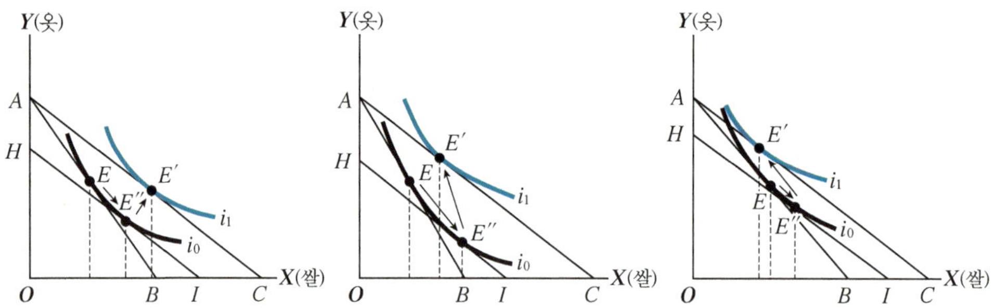

(a) 정상재　(b) 열등재-1 : 기펜재 X　(c) 열등재-2 : 기펜재 O

■ 기펜재 ⇒ ① 반드시 열등재, ② 대체효과 < 소득효과

Tips

1. 정상재의 수요곡선은 반드시 우하향한다.
2. 열등재의 수요곡선은 우하향할 수도 있고 우상향할 수도 있다.
3. 기펜재의 PCC는 가격 하락 시 좌상향하며, 수요곡선은 우상향한다.
4. 기펜재는 반드시 열등재이지만, 열등재라고 해서 반드시 기펜재인 것은 아니다.

Ⅵ 보상수요곡선, 대등변화, 보상변화

1. 보상의 의미

① 가격변화에도 불구하고 실질소득을 일정하게 유지시켜 주는 것

② 가격효과에서 소득효과를 제하여 상대가격 변화의 효과(대체효과)만을 구해내는 것

* **실질소득의 정의** : 힉스 방식(효용 기준), 슬러츠키 방식(구매력 기준)

2. 보통수요곡선과 보상수요곡선의 비교

	보통수요곡선	보상수요곡선
도출	효용극대화 모형의 해	지출극소화 모형의 해
목적식	$\max U = U(X, Y)$	$\min E = P_X X + P_Y Y$
제약식	$s.t. P_X X + P_Y Y = M$	$s.t. U(X, Y) = \overline{U}$
최적화 조건	$MRS_{XY} = \frac{P_X}{P_Y}$	
지출액(명목소득)	$E(M)$ 일정	$E(M)$ 변화
효용	U 변화	U 일정
반영하는 효과	가격효과(= 대체효과 + 소득효과)	대체효과 only (= 가격효과 − 소득효과)
형태	대체로 우하향	반드시 우하향*
장점	관측이 용이	후생변화 등을 측정하는 데 있어 이론적으로 엄밀함

* 표준적 볼록선호를 가정할 경우 예외 없이 우하향, 완전보완재(레온티에프)의 경우에는 수직

3. 보상변화와 대등변화(동등변화)

(1) 보상변화의 정의

① 가격변화(P_1)에도 불구하고 원래 효용(i_0)을 유지하기 위해 필요한 보상금의 크기

② 가격변화로 인한 효용변화를 변한 가격(P_1)으로 측정한 것

(2) 대등변화의 정의

① 원래 가격을 유지(P_0)하면서 변한 효용(i_1)을 달성하기 위해 필요한 보상금의 크기

② 가격변화로 인한 효용변화를 원래 가격(P_0)으로 측정한 것

Ⅶ 효용함수의 종류와 무차별곡선의 형태

	콥-더글라스 효용함수	레온티에프 효용함수	선형 효용함수
기본형	$U=\sqrt{XY}$	$U=\min[X,\ Y]$	$U=X+Y$
일반형	$U=X^aY^b$	$U=\min[\frac{X}{a},\ \frac{Y}{b}]$	$U=\frac{X}{a}+\frac{Y}{b}$
한계대체율 (일반형)	$MRS_{XY}=\frac{MU_X}{MU_Y}=\frac{aY}{bX}$ ① 원점에 대해 볼록 ② 원점에서 출발하는 직선 상 기울기 동일	MRS_{XY} 정의되지 않음 ① L자형 ② 완전보완재(대체효과 = 0) (가격효과 = 소득효과)	$MRS_{XY}=\frac{b}{a}$ ① 우하향 직선 ② 완전대체재
무차별곡선 형태 (일반형)	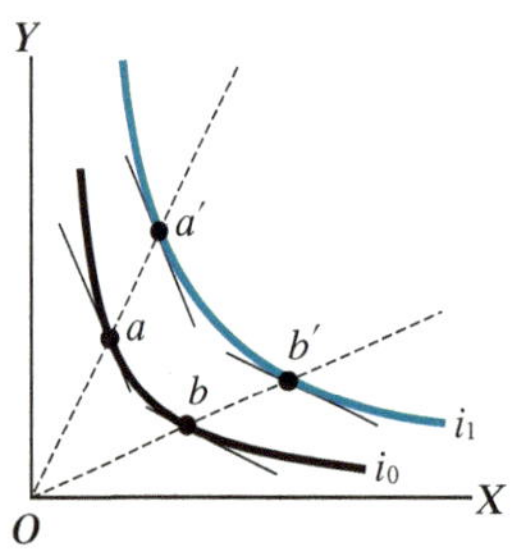	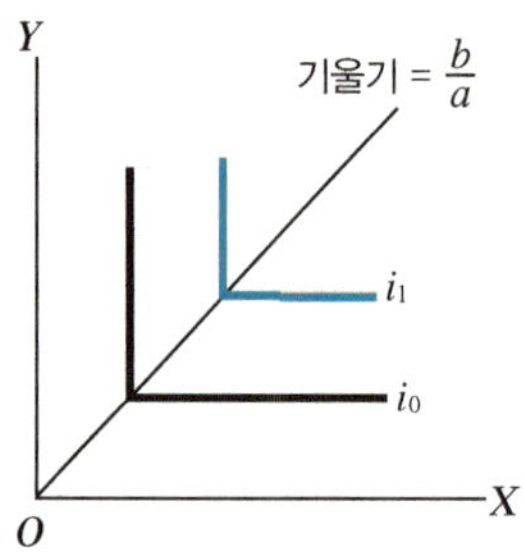	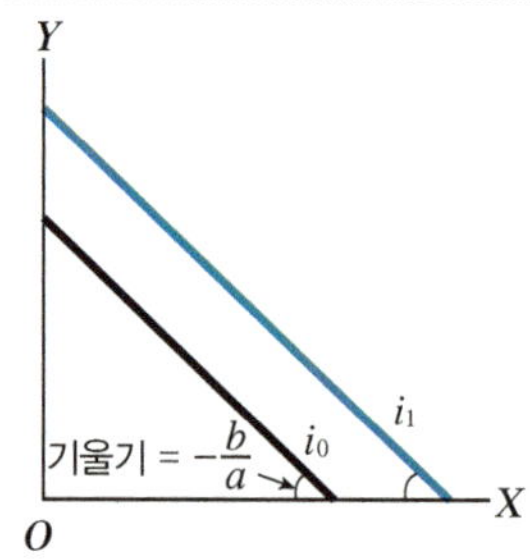
소비 특징	1. 지출액비율 일정 2. 항상 내부해 가짐 3. 가격탄력성 = 1 4. 소득탄력성 = 1 5. 교차탄력성 = 0 (*PCC* 수평, *ICC* 원점 직선) (*d* 직각쌍곡선)	1. 결합비율 일정 2. 항상 내부해 가짐 3. 가격탄력성 < 1 4. 소득탄력성 = 1 (*PCC*, *ICC* 모두 원점 출발 직선) (d_c 수직)	1. 대체비율 일정 2. 대부분 모서리해 3. 예외적으로 내부해 (이때 해가 무수히 많이 존재)
수요함수 (기본형)	$x^*=\frac{M}{2P_X}$ $y^*=\frac{M}{2P_Y}$	$x^*=\frac{M}{P_X+P_Y}$ $y^*=\frac{M}{P_X+P_Y}$	$P_X \gtreqless P_Y \Rightarrow x^*=\begin{cases}0\\0\sim M/P_Y\\M/P_X\end{cases}$
수요함수 (일반형)	$x^*=\frac{a}{a+b}\frac{M}{P_X}$ $y^*=\frac{b}{a+b}\frac{M}{P_Y}$	$x^*=\frac{aM}{aP_X+bP_Y}$ $y^*=\frac{bM}{aP_X+bP_Y}$	$P_X \gtreqless \frac{b}{a}P_Y \Rightarrow x^*=\begin{cases}0\\0\sim aM/bP_Y\\M/P_X\end{cases}$
간접효용함수 (기본형)	$V=\frac{M}{2}\frac{1}{\sqrt{P_XP_Y}}$	$V=\frac{M}{P_X+P_Y}$	$P_X \gtreqless P_Y \Rightarrow V=\begin{cases}M/P_Y\\M/P_X=M/P_Y\\M/P_X\end{cases}$
지출함수 (기본형)	$F=2\sqrt{P_XP_Y}\overline{U}$	$F=(P_X+P_Y)\overline{U}$	$P_X \gtreqless P_Y \Rightarrow F=\begin{cases}P_Y\overline{U}\\P_X\overline{U}=P_Y\overline{U}\\P_X\overline{U}\end{cases}$

Ⅷ 조세와 보조금의 분석

1. 조세의 분석

- 소득세 : $P_X X + P_Y Y = M - T$ ⇒ 예산선 평행이동, 소득효과 only
- 물품세(종량세) : $(P_X + t)X + P_Y Y = M$ ⇒ 예산선 회전이동, 소득효과 + 대체효과

2. 보조금의 분석

- 현금보조, 무조건부 보조금 : 소득효과 only
- 현물보조, 조건부 비대응보조금 : 소득효과 + 소비제약
- 현물보조, 조건부 대응보조금 : 소득효과 + 대체효과

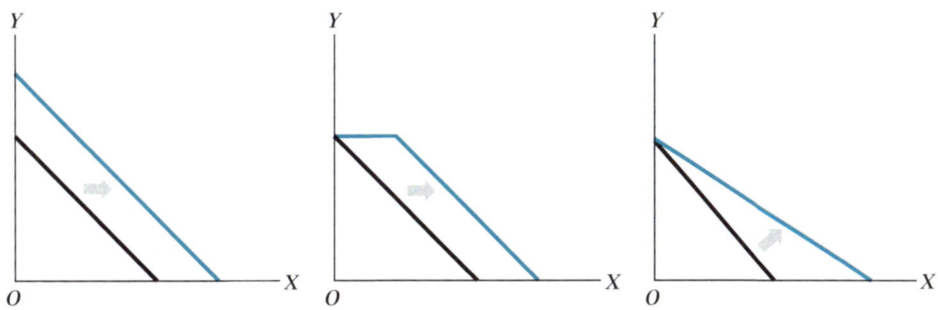

(a) 현금보조 (b) 현물보조 (c) 가격보조

- 재판매 금지 및 동일한 보조금 지급 가정 시,
  ① 수혜대상의 효용을 기준으로 평가하면 '현금보조 ≥ 현물보조 ≥ 가격보조'
  ② 바람직한 재화의 소비량을 기준으로 평가하면 '가격보조 ≥ 현물보조 ≥ 현금보조'

Ⅸ 여가-소득 선택모형 : 노동공급의 결정

▪ $max\ U = (L, M)\ \ s.t.\ M = w(\overline{H} - L) + S$ S는 비근로소득

	여가의 성질	대체효과	소득효과	총효과
임금률 상승 (근로소득)	정상재	증가	감소	증가 또는 감소
	열등재	증가	증가	반드시 증가
재산 증가 (비근로소득)	정상재	–	감소	반드시 감소
	열등재	–	증가	반드시 증가

▪ 노동공급곡선 우상향 조건 : [① 여가 열등재] or [② 여가 정상재이고 대체 > 소득]

▪ 노동공급곡선 후방굴절 조건 : 여가 정상재이고 대체 < 소득

▪ 재산 증가 시 노동공급 증가 조건 : 여가 열등재

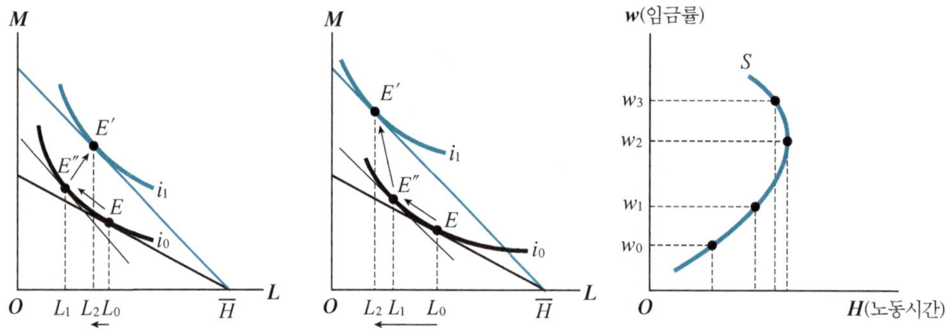

(a) 여가 정상재 : 대체 > 소득 (b) 여가 열등재 (c) 후굴노동공급곡선

Tips

1. 기펜재는 열등재라서, 후굴노동공급은 정상재라서 생기는 현상
2. 여가가 열등재인 경우 노동공급곡선은 반드시 우상향(후굴하지 않음)
3. 초과근무수당은 소득효과를 제거 또는 최소화하는 수단

X 현시선호이론(the theory of revealed preference by P. Samuelson)

1. 직접현시선호와 약공리

(1) 직접현시선호의 의미

■ 소비자가 Q_0와 Q_1이란 상품묶음을 모두 구입할 수 있는 상황에서 Q_0를 선택하였다면 Q_0가 Q_1보다 현시선호되었다고 한다.

$P_0Q_0 \geq P_0Q_1$

(2) 현시선호의 약공리(weak axiom of revealed preference ; *WARP*)

■ 만약 한 상품묶음 Q_0가 상품묶음 Q_1보다 현시선호되면 어떠한 경우에라도 Q_1은 Q_0보다 현시선호될 수 없다. 즉, Q_1을 선택할 수 있을 때 Q_0를 선택했다면, Q_0를 선택할 수 있는 한 Q_1을 선택해서는 안 된다.

$P_1Q_0 > P_1Q_1$

* 약공리 위반 ⇒ ① 무차별곡선 교차 또는 ② 효용극대화 불만족
⇒ 효용을 극대화하는 합리적 소비자는 약공리 위반하지 않음.

* 약공리 위반이면 서로가 현시선호, 현시선호가 아니면 약공리 위반도 아님.

2. 간접현시선호와 강공리

(1) 간접현시선호의 의미

■ Q_0가 Q_1보다 현시선호되고 Q_1은 다시 Q_2보다 현시선호되는 등의 관계가 Q_n까지 계속 이어진다면(비록 직접 비교가 불가능하다 하더라도) Q_0는 Q_n보다 간접적으로 현시선호되었다고 말한다.

(2) 현시선호의 강공리(strong axiom of revealed preference ; *SARP*)

■ 만약 한 상품묶음 Q_0가 상품묶음 Q_n보다 간접현시선호되면 어떠한 경우에라도 Q_n은 Q_0보다 간접현시선호될 수 없다.

* 약공리는 직접현시선호에서의 일관성 조건, 강공리는 간접현시선호에서의 일관성 조건

* 강공리 성립 시 약공리 자동 성립, 약공리 위반 시 강공리 자동 위반

XI 현물부존모형

1. 현물부존모형의 예산선

- $P_X X + P_Y Y = P_X \overline{X} + P_Y \overline{Y} \Rightarrow Y - \overline{Y} = -\frac{P_X}{P_Y}(X - \overline{X})$
- ① 가격변화 시 명목소득 변화
  ② 한 재화 가격 상승 시 초기부존점 중심 회전
  ③ 모든 재화 가격이 동일한 비율로 상승할 경우 예산선 불변

2. 재화 가격 변화의 효과 : X재 가격 상승(= Y재 가격 하락)

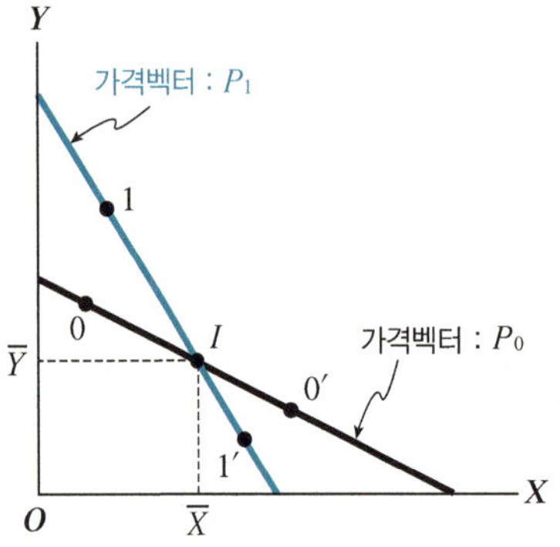

- ① X 판매자 ⇒ X 판매자(0 → 1) : 약공리 비위반, 명백한 개선
  ② X 판매자 ⇒ X 구매자(0 → 1′) : 약공리 위반
  ③ X 구매자 ⇒ X 구매자(0′ → 1′) : 약공리 비위반, 명백한 악화
  ④ X 구매자 ⇒ X 판매자(0′ → 1) : 약공리 비위반, 후생 불명확

Tips

상대가격 변화 시,

1. 슬러츠키 보상 후 선택점은 원래 선택점보다 정의상 현시선호됨.
2. 슬러츠키 보상 후 효용 증가(표준블록 선호 가정).
3. 슬러츠키 보상 후 1재화 증가, 1재화 감소(표준블록 선호 가정).

Part-1 기본 문제

01 **사과와 배에 대한 어느 소비자의 선호체계는 단조적이며**(monotonic) **강볼록이다**(strictly convex). **이 소비자는 (사과 3개, 배 5개)와 (사과 5개, 배 3개) 사이에서 아무런 차이를 느끼지 못한다고 한다. 다음 중 항상 옳은 것은?**

① 이 소비자는 (사과 4개, 배 4개)와 (사과 3개, 배 5개)에 대해 아무런 차이를 느끼지 못한다.

② 이 소비자는 (사과 4개, 배 4개)를 (사과 3개, 배 5개)보다 더 선호한다.

③ 이 소비자는 (사과 3개, 배 5개)를 (사과 4개, 배 4개)보다 더 선호한다.

④ 이 소비자는 (사과 4개, 배 4개)를 (사과 3개, 배 6개)보다 더 선호한다.

⑤ 이 소비자는 (사과 3개, 배 6개)를 (사과 4개, 배 4개)보다 더 선호한다.

hint

소비자의 선호가 단조적이며 강볼록인 경우라면 극단적인 소비보다 평균적인 소비를 선호하게 된다. 따라서 이 소비자는 (사과 3개, 배 5개)나 (사과 5개, 배 3개)보다 (사과 4개, 배 4개)를 더 선호한다.

02 **빵과 옷만을 소비하는 A씨의 선호체계는 완비성, 이행성, 연속성, 단조성을 모두 만족시킨다. A씨가 주어진 예산제약 아래 빵과 옷 두 재화만을 소비하여 효용을 극대화할 때 A씨의 빵과 옷의 소비에 대한 설명으로 옳은 것은?** 2020년 국회 8급

① A씨는 항상 빵과 옷을 모두 소비한다.

② A씨는 항상 자신의 예산을 모두 사용한다.

③ 예산제약 아래 A씨가 가장 선호하는 빵과 옷에 대한 소비량은 항상 유일하다.

④ 빵의 가격이 상승하면 A씨의 빵에 대한 소비량은 감소한다.

⑤ A씨의 소득이 증가할 때 A씨의 빵과 옷에 대한 소비량은 모두 증가한다.

hint

① (×), 모서리해가 있을 수도 있다.

② (○), 단조성이 만족되는 한 소득을 남기지 않는다.

③ (×), 복수의 해가 있을 수 있다.

④ (×), 기펜재가 존재할 수 있다.

⑤ (×), 열등재가 있을 수 있다.

정답 1 ② 2 ②

03 **다음 설명의 밑줄 친 부분에 들어갈 말로 알맞은 것은?** 2003년 감정평가사

> 소비자의 명목소득이 10%, 재화 X의 가격이 6%, 재화 Y의 가격이 9% 증가하면 예산선은 ______________.

① 바깥으로 수평이동한다.

② 바깥으로 이동하고 기울기가 변한다.

③ 두 재화의 가격이 올랐으므로 안쪽으로 이동하고 기울기가 변한다.

④ 안쪽으로 수평이동한다.

⑤ 어떻게 변할지 알 수 없다.

hint

예산선에 있어서 X축 절편이 $\frac{M}{P_X}$이고 Y축 절편이 $\frac{M}{P_Y}$인 점을 생각해 보자. 이때 두 축의 절편이 모두 늘어났으나 같은 비율로 늘어나지는 않는다. 따라서 기울기가 변하면서 바깥으로 이동한다.

04 **두 재화 X, Y를 통해 효용을 극대화하고 있는 소비자를 고려하자. 이 소비자의 소득은 50이고 X재의 가격은 2이다. 현재 X재의 한계효용은 2, Y재의 한계효용은 4이다. 만약 이 소비자가 X재를 3단위 소비하고 있다면, Y재의 소비량은?** (단, 현재 소비점에서 무차별곡선과 예산선이 접한다.) 2019년 공인회계사

① 7.4　② 11　③ 12

④ 22　⑤ 44

hint

소비자의 최적 소비는 다음 두 가지 조건을 만족시켜야 한다.

예산제약 : $P_X X + P_Y Y = M \Rightarrow 2 \times 3 + P_Y Y = 50$

접선조건 : $\frac{MU_X}{MU_Y} = \frac{P_X}{P_Y} \Rightarrow \frac{2}{4} = \frac{2}{P_Y} \Rightarrow P_Y = 4$, $Y = 11$

05 재은이는 X재와 Y재의 소비를 통해 효용을 얻으며, 재은이의 무차별곡선은 원점에 대해 볼록하다. 재은이가 현재 소비하고 있는 예산선 상의 한 점(X_1, Y_1)에서 X재의 한계효용은 2, Y재의 한계효용은 $\frac{1}{2}$이고 X재의 가격이 3, Y재의 가격이 $\frac{1}{3}$이다. 효용을 극대화하려면 재은이의 소비는 어떻게 변해야 하겠는가? 2008년 공인회계사

① X재 소비 감소, Y재 소비 증가
② X재 소비 감소, Y재 소비 감소
③ X재 소비 증가, Y재 소비 증가
④ X재 소비 증가, Y재 소비 감소
⑤ 현재 소비조합을 유지

hint

문제에서 주어진 정보를 요약하면 $MRS_{XY} = \frac{MU_X}{MU_Y} = \frac{2}{1/2} < \frac{P_X}{P_Y} = \frac{3}{1/3}$이 성립한다. 이때 X의 상대적 선호도보다 X의 상대가격이 높으므로 X 소비를 줄이고 Y 소비를 늘리는 것이 바람직하다. 현재 상태는 다음 그림의 E와 같은 점에 해당하며, 이 점에서 F와 같은 점으로 Y의 소비를 증가시켜야 함을 알 수 있다.

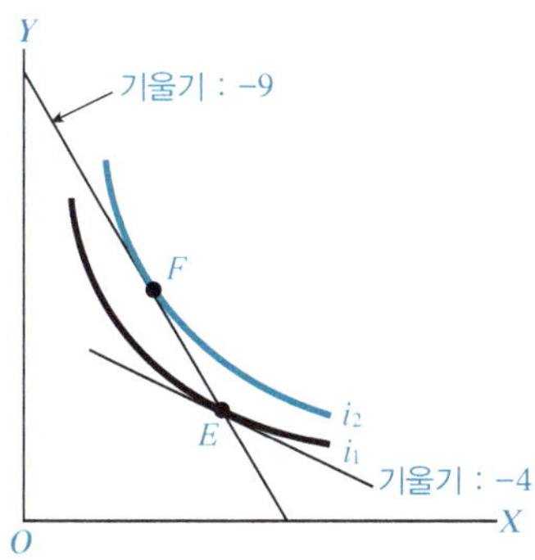

06 X재의 가격소비곡선(price-consumption curve)이 수직일 때 수요의 가격탄력성은? (X재 가로축) 2004년 감정평가사

① 1
② 1보다 작다.
③ 1보다 크다.
④ 0
⑤ 무한대

hint

PCC 수직 ⇒ d 수직 ⇒ $\varepsilon_P = 0$ ICC 수직 ⇒ EC 수직, $d = d_c$ ⇒ $\varepsilon_M = 0$
d_c 수직 ⇒ i가 L자(완전보완재) ⇒ 보상수요탄력성 = 0

정답 3 ② 4 ② 5 ① 6 ④

07 다음 중 옳은 것을 〈보기〉에서 모두 고르면? 2016년 국회 8급

ㄱ. 가격소비곡선이 우하향하는 경우 수요곡선은 우하향할 수 있다.
ㄴ. 동일한 수요곡선 상에 있는 서로 다른 재화묶음을 소비하더라도 소비자가 느끼는 만족감은 동일하다.
ㄷ. 우상향하는 엥겔곡선은 해당 재화가 열등재임을 의미한다.
ㄹ. 소득소비곡선과 엥겔곡선의 기울기는 수요의 소득탄력성의 부호에 의해 결정된다.
ㅁ. 수요곡선은 대체효과의 절댓값이 소득효과의 절댓값보다 클 경우에 우하향한다.

① ㄱ, ㄴ, ㄷ ② ㄱ, ㄷ, ㄹ ③ ㄱ, ㄹ, ㅁ
④ ㄴ, ㄹ, ㅁ ⑤ ㄷ, ㄹ, ㅁ

hint

ㄱ. (O), 기펜재가 아닌 한 수요곡선은 우하향한다.
ㄴ. (×), 수요곡선 상의 우하방으로 갈수록 효용수준이 높다.
ㄷ. (×), 엥겔곡선이 우상향하면 해당 재화는 정상재이다.
ㄹ. (O), 정상재이면 우상향하고 열등재이면 우하향한다.
ㅁ. (O), 이러한 조건이 만족될 경우 기펜재가 나타날 수 없다.

08 정상재에 대한 설명으로 옳은 것만을 〈보기〉에서 모두 고르면? 2020년 국회 8급

ㄱ. 소득과 소비량 간에 정(+)의 관계가 존재한다.
ㄴ. 가격 상승 시 대체효과는 소비량을 증가시킨다.
ㄷ. 가격 하락 시 소득효과는 소비량을 증가시킨다.
ㄹ. 가격 변화 시 소득효과와 대체효과가 반대방향으로 작용한다.

① ㄱ, ㄴ ② ㄱ, ㄷ ③ ㄴ, ㄷ
④ ㄱ, ㄴ, ㄹ ⑤ ㄱ, ㄷ, ㄹ

hint

ㄱ. (O), 이는 정상재의 정의에 해당한다.
ㄴ. (×), 대체효과란 가격이 상승한 재화의 소비를 줄이고 다른 재화의 소비를 늘리는 효과이다.
ㄷ. (O), 가격 하락 시 실질소득이 증가하면 정상재의 소비는 늘어난다.
ㄹ. (×), 예를 들어 해당 재화 가격 하락 시 소득효과와 대체효과가 모두 소비를 늘린다.

09 두 재화 X, Y만을 구매하여 효용을 극대화하는 소비자가 있다. X재는 정상재인 반면 Y재는 열등재이다. X재 가격이 상승할 때 두 재화의 구매량 변화로 옳은 것은? 2019년 공인회계사

	X재	Y재
①	증가	감소
②	감소	감소
③	감소	증가
④	감소	불확실
⑤	불확실	불확실

hint

X재 가격이 상승하면 실질소득이 감소한다는 점을 고려하면 소비 변화는 다음과 같다.

X재 가격 상승	X재 소비	Y재 소비
대체효과	감소	증가
소득효과	감소	증가
총효과	감소	증가

10 X재와 Y재만 소비하며 효용을 극대화하는 A는 X재 가격이 하락하였음에도 X재 소비량을 감소시켰다. A의 선택과 관련된 다음 설명 중 옳지 않은 것은? 2023년 공인회계사

① X재 가격 하락으로 Y재에 대한 지출액은 증가한다.

② X재에 대한 대체효과가 없었음을 알 수 있다.

③ Y재 수요의 소득탄력성은 양(+)이다.

④ X재 가격이 변하지 않고 소득이 증가했다면 X재 지출액이 감소했을 것이다.

⑤ X재 가격이 변하지 않고 Y재 가격이 하락했다면 Y재 소비량은 증가했을 것이다.

hint

X재 가격이 하락하였는데 X재 소비량이 감소했다는 것은 이 재화가 기펜재임을 의미한다.

① (○), 주어진 소득 하에서 X재에 대한 지출액이 감소하므로 Y재에 대한 지출액은 반드시 증가한다.

② (×), 대체효과와 반대로 작용하는 소득효과가 더 컸을 뿐 대체효과가 없었던 것은 아니다.

③ (○), 두 재화 중 X재가 열등재면 Y재는 정상재(사치재)일 수밖에 없다.

④ (○), 기펜재는 반드시 열등재이므로 소득이 증가할 때 소비가 감소한다.

⑤ (○), Y재는 정상재이므로 Y재 가격이 하락하면 소비가 반드시 증가한다. 즉, 기펜재일 수 없다.

정답 7 ③ 8 ② 9 ③ 10 ②

11 **다음 중 옳은 것은?** (단, 무차별곡선은 볼록하다.)

① 정상재의 보상수요곡선은 통상수요곡선에 비해 완만하다.

② 열등재의 보상수요곡선은 통상수요곡선에 비해 가파르다.

③ 보상수요곡선은 대체효과만을 담고 있으며 항상 우하향한다.

④ 보상수요곡선 상의 점에서는 지출액이 일정하다.

⑤ 통상수요곡선 상의 점에서는 효용이 일정하다.

hint

보상(compensation)이란 가격변화에도 불구하고 실질소득을 일정하게 유지시켜 주는 작업을 이야기한다. 보상수요곡선은 대체효과만을 담고 있기 때문에 무차별곡선이 볼록하다면 항상 우하향한다.

12 **甲의 효용함수는 $U(x, y) = xy$이고, X재와 Y재의 가격은 각각 1과 2이며, 甲의 소득은 100이다. 예산제약 하에서 甲의 효용을 극대화시키는 X재와 Y재의 소비량은?** (단, 甲은 X재와 Y재만 소비하고 x는 X재의 소비량, y는 Y재의 소비량이다.) 2015년 감정평가사

① $x = 20,\ y = 40$ ② $x = 30,\ y = 35$ ③ $x = 40,\ y = 30$

④ $x = 50,\ y = 25$ ⑤ $x = 60,\ y = 20$

hint

$\max U(x, y) = xy \quad \text{s.t. } x + 2y = 100$

$MRS_{XY} = \frac{y}{x} = \frac{1}{2} \Rightarrow 2y = x$, 이를 제약식에 대입하면 $x = 50,\ y = 25$가 된다.

13 **X재와 Y재만 소비하는 소비자 A의 효용함수는 $U = \min\{2X, Y\}$이다. A의 효용함수와 최적의 소비선택에 대한 설명으로 옳은 것은?** 2021년 국회 8급

① X재와 Y재를 2 : 1 비율로 소비한다.

② 어느 한 상품의 소비 증가만으로 효용이 높아진다.

③ X재 가격이 Y재 가격보다 낮으면 X재를 상대적으로 많이 소비하게 된다.

④ 한계대체율은 무차별곡선 상의 모든 점에서 일정하다.

⑤ X재와 Y재의 상대가격은 최적의 소비선택에 영향을 미치지 않는다.

hint

① (×), X재와 Y재를 1 : 2 비율로 소비한다.

② (×), 최적 소비가 이루어진 상황에서는 두 재화가 동시에 증가해야 효용이 증가한다.

③ (×), 언제나 Y재를 더 많이 소비한다.

④ (×), 이는 선형효용함수에 대한 설명이다. 레온티에프 효용함수의 무차별곡선은 L자 형태이다.

⑤ (○), 언제나 X재와 Y재를 1 : 2 비율로 소비한다.

14 소득 m으로 두 재화를 소비하는 한 소비자의 효용함수는

$$u(x, y) = \min\{x, y\}$$

이다(단, $0 < m < \infty$). y재의 가격은 1로 고정되어 있을 때, x재의 수요곡선에 대한 설명 중 옳은 것은? 2016년 공인회계사

가. 45°선을 기준으로 대칭이다.
나. 모든 점에서 연속이다.
다. 가격탄력성이 무한인 점이 존재한다.
라. 우하향한다.

① 가, 나 ② 가, 다 ③ 나, 다
④ 나, 라 ⑤ 다, 라

hint

max $u(x, y) = \min\{x, y\}$ s.t. $P_X x + P_Y y = m$

보통수요함수 : $d_X = \frac{m}{P_X + P_Y}$, $d_Y = \frac{m}{P_X + P_Y}$

여기에 $P_Y = 1$을 대입하면 $d_X = \frac{m}{P_X + 1}$이다. 따라서 X재에 대한 수요곡선은 모든 점에서 연속이며 우하향한다.

15 효용함수가 $u(x, y) = x + y$인 소비자가 있다. $p_x = 2$, $p_y = 3$일 때, 이 소비자의 소득소비곡선(income-consumption curve)을 바르게 나타낸 식은? 2017년 국가직 7급

① $x = 0$ ② $y = 0$
③ $y = \frac{2}{3}x$ ④ $y = \frac{3}{2}x$

hint

주어진 가격 조건에서 소비자는 항상 x만 수요한다. 따라서 $y = 0$에 해당하는 x축이 소득소비곡선이 된다.

정답 11 ③ 12 ④ 13 ⑤ 14 ④ 15 ②

16 두 재화 X와 Y를 통해 효용을 얻는 소비자의 효용함수가

$$u(x, y) = xy + 10x$$

이고, $I = 10$, $P_X = 1$, $P_Y = 2$일 때, 효용을 극대화하는 X재와 Y재의 소비묶음은? (단, I는 소득, P_X는 X의 가격, P_Y는 Y의 가격이다.)

2020년 공인회계사

① (0, 5)　② (2, 4)
③ (5, 2.5)　④ (6, 2)
⑤ (10, 0)

hint

이러한 효용함수에서는 내부해가 나올 수도 있고 모서리해가 나올 수도 있다. 우선 내부해를 가정하고 답을 구하기 시작해 보자.

$$\max u(x, y) = xy + 10x \text{ s.t. } x + 2y = 10$$

최적 소비조건 : $MRSxy = \frac{y+10}{x} = \frac{1}{2} \Rightarrow x = 2y + 20 \Rightarrow x = 15, y = -2.5$

이는 내부해가 아니므로 유효하지 않으며 소비자는 Y재를 소비하지 않는다. 따라서 이 경우 답은 $x^* = 10$, $y^* = 0$이 된다.

17 X재와 Y재만을 소비하는 甲의 효용함수는 $U = -\sqrt{X} + Y$이며, 예산제약식은 $3X + 2Y = 10$이다. 효용을 극대화하는 甲의 Y재에 대한 수요량은? (단, U는 효용, $X \geq 0, Y \geq 0$이다.)

2011년 감정평가사

① 0　② $\frac{2}{3}$
③ 1.5　④ 5
⑤ 10

hint

주어진 효용함수에 의하면 갑에게 X재는 비재화(bad)다. 이 경우 갑의 무차별곡선은 오른쪽 그림에서와 같이 우상향하는 형태를 갖는다. 왜냐하면 주어진 효용함수로부터 $Y = X^{0.5} + U$를 얻을 수 있기 때문이다. 따라서 갑이 효용을 극대화하기 위해서는 오직 Y재만 수요해야 한다. 주어진 가격과 소득 조건에서 갑은 $Y = 5$단위를 수요하게 된다.

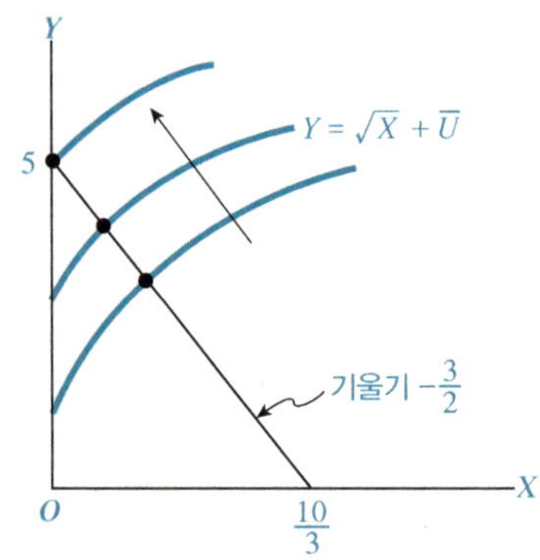

18 **소비자선택은 주어진 소득으로 효용을 극대화하는 문제로 접근**(효용극대화 접근방법)**하거나, 주어진 효용을 달성하기 위해 지출을 극소화하는 문제로 접근**(지출극소화 접근방법)**할 수 있다. 다음 설명 중 옳은 것을 모두 고르면?** 2022년 공인회계사

> 가. 효용극대화 접근방법으로 도출된 수요함수는 가격과 효용의 함수이다.
> 나. 소득 $\overline{M}$으로 효용을 극대화하는 경우 극대화된 효용이 U^*라고 하면, U^*의 효용을 달성하기 위해 극소화된 지출은 $\overline{M}$이다.
> 다. 지출극소화 접근방법으로 도출된 수요곡선은 우상향할 수 없다.

① 가
② 나
③ 다
④ 가, 나
⑤ 나, 다

hint

가. (×), 보통수요곡선은 가격과 소득의 함수이다. 가격과 효용의 함수인 것은 보상수요함수이다.

나. (○), 주어진 소득으로 달성한 최대효용을 달성하기 위한 최소지출액은 원래의 소득과 같다. 이러한 관계를 소비의 쌍대성(duality)이라고 한다. [그림을 그려보면 쉽게 확인할 수 있음]

다. (○), 지출극소화 방법으로 달성된 수요곡선은 보상수요곡선인데 보상수요곡선은 대체효과만을 반영하며 우상향할 수 없다. 이를 보상수요의 음수성(또는 비양수성)이라고 한다.

*** 참고사항**

나.에서 언급된 소비의 쌍대성은 아래 그림을 보면 직관적으로 명백히 이해할 수 있다.

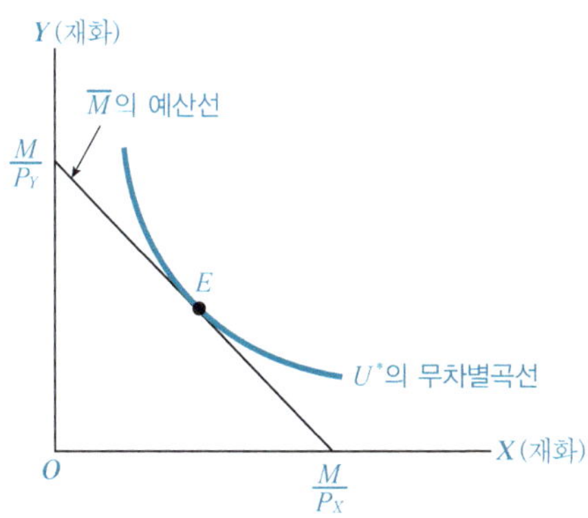

정답 16 ⑤ 17 ④ 18 ⑤

19 **병은 하루 24시간을 여가시간(l)과 노동시간(L)으로 나누어 사용한다. 효용은 노동을 통해 얻는 근로소득(Y)과 여가시간을 통해서만 결정된다고 할 때, 병의 노동공급곡선에 대한 설명으로 옳은 것은?** (단, $Y = wL$이며 w는 시간당 임금이다.) 2021년 국가직 7급

① 여가가 열등재일 경우 노동공급곡선의 후방굴절(backward bending)이 나타날 수 있다.

② 시간당 임금 상승으로 인한 대체효과는 노동공급량을 증가시킨다.

③ 여가가 정상재일 경우 시간당 임금 상승 시 소득효과가 대체효과보다 더 크면 노동공급량이 증가한다.

④ 근로소득과 여가가 완전보완관계일 경우 시간당 임금 상승 시 소득효과가 발생하지 않는다.

hint

① (×), 여가가 열등재인 경우 노동공급곡선은 '반드시' 우상향한다.

② (○)

③ (×), 여가가 정상재일 경우 시간당 임금 상승 시 소득효과가 대체효과보다 더 클 때 노동공급곡선은 후굴한다.

④ (×), 이 경우 대체효과가 발생하지 않는다.

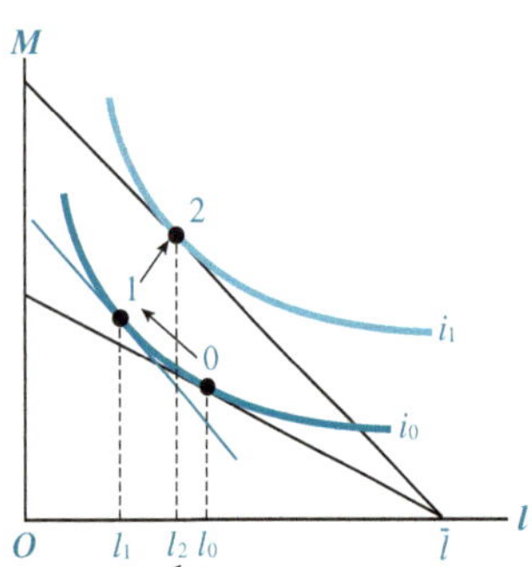

노동공급 증가 : 대체 > 소득

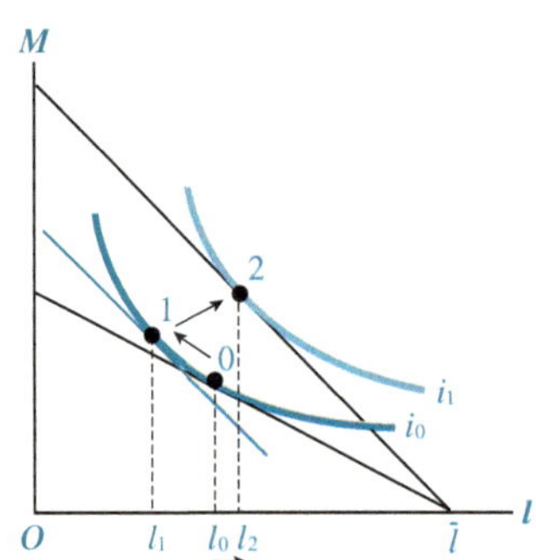

노동공급 감소 : 대체 < 소득

20 **甲의 효용함수는 $U = \sqrt{LF}$ 이며 하루 24시간을 여가(L)와 노동($24 - L$)에 배분한다. 甲은 노동을 통해서만 소득을 얻으며, 소득은 모두 식품(F)을 구매하는 데 사용한다. 시간당 임금은 10,000원, 식품의 가격은 2,500원이다. 甲이 예산제약 하에서 효용을 극대화할 때, 여가시간과 구매하는 식품의 양은?** 2018년 감정평가사

① $L = 8, F = 64$

② $L = 10, F = 56$

③ $L = 12, F = 48$

④ $L = 14, F = 40$

⑤ $L = 16, F = 32$

hint

목적식　　：$U = \sqrt{LF}$

예산제약식　：$2{,}500F = 10{,}000(24 - L) \Rightarrow 2{,}500F + 10{,}000L = 240{,}000$

최적 소비조건：$MRS_{LF} = \dfrac{F}{L} = \dfrac{w}{p} = \dfrac{10{,}000}{2{,}500} \Rightarrow 2{,}500F = 10{,}000L$

$\Rightarrow L^* = 12,\ F^* = 48$

단, p는 식품의 가격, w는 시간의 임금률을 의미한다.

21 **효용을 극대화하는 甲은 1기의 소비(c_1)와 2기의 소비(c_2)로 구성된 효용함수 $U(c_1, c_2) = c_1 c_2^2$을 가지고 있다. 甲은 시점 간 선택(inter-temporal choice) 모형에서 1기에 3,000만원, 2기에 3,300만원의 소득을 얻고, 이자율 10%로 저축하거나 빌릴 수 있다. 1기의 최적 선택에 관한 설명으로 옳은 것은?** (단, 인플레이션은 고려하지 않는다.) 2018년 감정평가사

① 1,000만원을 저축할 것이다.
② 1,000만원을 빌릴 것이다.
③ 저축하지도 빌리지도 않을 것이다.
④ 1,400만원을 저축할 것이다.
⑤ 1,400만원을 빌릴 것이다.

hint

효용극대화를 위해서는 다음 조건이 충족되어야 한다.

$$MRS_{12} = -\frac{dc_2}{dc_1} = \frac{MU_1}{MU_2} = \frac{c_2}{2c_1} = 1 + r = 1.1$$

$$\rightarrow c_2 = 2.2c_1$$

$$c_1 + \frac{c_2}{1.1} = 3{,}000 + \frac{3{,}300}{1.1} \rightarrow 3c_1 = 6{,}000$$

$$c_1^* = 2{,}000,\ c_2^* = 4{,}400$$

따라서 1기에는 1,000만원을 저축할 것이다.

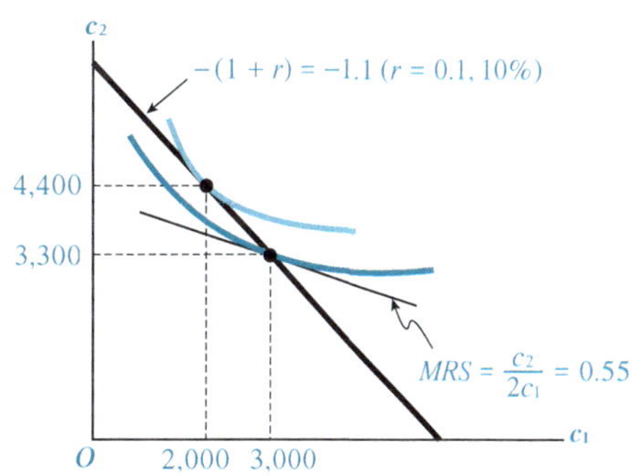

정답　19 ②　20 ③　21 ①

22 **소비자 A와 B는 자신의 모든 소득을 옷과 식료품에만 사용한다. 동일한 소비조합을 선택하고 있던 두 소비자에게 정부가 10만원의 보조금을 지급한다고 하자. 이때 A는 이 보조금을 식료품 구입에만 사용해야 하는 반면, B는 자신이 원하는 대로 사용할 수 있다. 다음 설명 중 옳은 것은?** 2015년 공인회계사

① 보조금 지급 이후 A의 새로운 예산선의 기울기는 예산선 상의 모든 점에서 동일하다.
② 보조금 지급 이후 B의 새로운 예산선의 기울기는 예산선 상의 모든 점에서 동일하다.
③ 보조금 지급으로 B의 새로운 예산선은 기존 예산선보다 완만해진다.
④ 보조금 지급으로 B의 새로운 예산선은 기존 예산선보다 가팔라진다.
⑤ 보조금 지급 이후 A의 소비조합은 B의 소비조합과 같을 수 없다.

hint

이것은 소득보조와 현물보조를 비교하는 사례에 해당한다. 오른쪽 그림에서 사다리꼴 모양의 예산집합 a는 보조금을 식료품의 구입에만 지출해야 하는 소비자 A의 예산집합이며, 예산집합 b는 보조금을 원하는 대로 사용할 수 있는 B의 예산집합을 나타낸다. 따라서 B의 예산선은 원래와 같이 일정한 기울기를 갖는다.

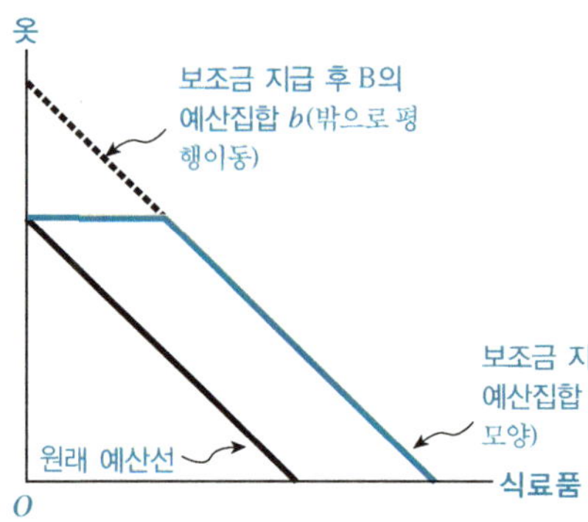

23 **재화 X, Y에 대한 소비자 갑의 예산제약선이 $P_X X + P_Y Y = M$이다. 정부가 소득에 대해 정액세(lump-sum tax) u를, X에 대해 단위당 종량세(quantity tax) t를 부과하고, Y에 대해 단위당 보조금(subsidy) s를 지급할 때, 새로운 예산제약선으로 옳은 것은?** (단, P_X, P_Y는 재화 X, Y의 가격이며, M은 소비자 갑의 소득이다.) 2022년 보험계리사

① $(P_X - t)X + (P_Y + s)Y = M - u$
② $(P_X - t)X + (P_Y + s)Y = M + u$
③ $(P_X + t)X + (P_Y - s)Y = M - u$
④ $(P_X + t)X + (P_Y - s)Y = M + u$

hint

정액세 u를 부과할 경우 가처분소득은 M에서 $M - u$로 감소
종량세 t를 부과할 경우 소비자지불가격은 P_X에서 $P_X + t$로 상승
보조금 s를 지급할 경우 소비자지불가격은 P_Y에서 $P_Y - s$로 하락
이를 반영한 새로운 예산선 : $(P_X + t)X + (P_Y - s)Y = M - u$

24 **유행효과(bandwagon effect)가 존재하는 경우 수요곡선의 특징을 설명한 것으로 가장 옳은 것은?**

① 일반적인 수요곡선보다 가파르다.
② 일반적인 수요곡선보다 완만하다.
③ 우상향하는 형태가 된다.
④ 수직의 형태가 된다.
⑤ 수평의 형태가 된다.

hint

유행효과(bandwagon effect)란 남들이 많이 소비할수록 자신도 덩달아 소비를 증가시키는 현상을 의미한다. 이러한 경우 일반적인 경우에 비해 수요곡선이 완만해지는 특성이 나타나게 된다.

25 **현시선호이론에 대한 설명으로 옳은 것을 〈보기〉에서 모두 고르면?** 2018년 국회 8급

> ㄱ. 소비자의 선호체계에 이행성이 있다는 것을 전제로 한다.
> ㄴ. 어떤 소비자의 선택행위가 현시선호이론의 공리를 만족시킨다면, 이 소비자의 무차별곡선은 우하향하게 된다.
> ㄷ. $P_0Q_0 \geq P_0Q_1$일 때, 상품묶음 Q_0가 선택되었다면, Q_0가 Q_1보다 현시선호되었다고 말한다. (단, P_0는 가격벡터를 나타낸다.)
> ㄹ. 강공리가 만족된다면 언제나 약공리는 만족된다.

① ㄱ, ㄴ
② ㄴ, ㄷ
③ ㄴ, ㄹ
④ ㄱ, ㄴ, ㄷ
⑤ ㄴ, ㄷ, ㄹ

hint

ㄱ. (×), 현시선호이론은 기존 소비자이론의 공리체계를 전제하지 않고 소비자의 행동을 설명하려는 이론이다.
ㄴ. (○), 소비자의 선택행위가 현시선호이론의 공리를 만족시킨다면 우하향하며 원점에 볼록한 무차별곡선을 도출할 수 있다.
ㄷ. (○)
ㄹ. (○), 반대로 약공리가 위반되면 언제나 강공리도 위반된다.

정답 22 ② 23 ③ 24 ② 25 ⑤

26 소득 12로 X재와 Y재만을 구매하는 소비자가 있다. 이 소비자는 X재 가격이 2, Y재 가격이 1일 때 X재 2단위, Y재 8단위를 선택하였다. X재 가격이 1, Y재 가격이 2로 바뀔 때, 현시선호이론에 입각한 설명으로 옳은 것은? 2021년 공인회계사

① $(x, y) = (2, 5)$를 선택하면 약공리가 위배된다.

② $(x, y) = (6, 3)$을 선택하면 약공리가 위배된다.

③ $(x, y) = (8, 2)$를 선택하면 약공리가 위배된다.

④ $(x, y) = (10, 1)$을 선택하면 약공리가 위배된다.

⑤ 예산선 상의 어느 점을 선택하더라도 약공리가 위배되지 않는다.

hint

변화 전 : $P_0 = (2, 1)$, $Q_0 = (2, 8)$

변화 후 : $P_1 = (1, 2)$

약공리 위반은 두 상품묶음이 서로 현시선호되는 경우이다. 위 경우 P_1의 가격 하에서 현시선호관계가 성립하지 않으므로 약공리 위반이 발생하지 않는다.

	Q_0	Q_1	현시선호	약공리
P_0	12	?	⇒ 현시선호 여부 알 수 없음	위반하지 않음
P_1	18	12	⇒ 현시선호 없음	

정답 26 ⑤

Part-2 실전 문제

01 **소비자 선호체계와 소비자선택에 관한 설명으로 옳지 않은 것은?** 2011년 감정평가사

① 효용함수가 $U = X + Y$이고 X의 가격이 Y의 가격보다 높을 때 X재만을 소비한다.

② 효용함수가 $U = \min[X, Y]$라면 항상 동일한 양의 X재와 Y재를 소비한다.

③ 한계대체율은 무차별곡선 기울기의 절댓값을 나타낸다.

④ 두 무차별곡선이 교차할 수 없다는 성질은 선호체계의 이행성으로부터 도출된다.

⑤ 효용함수가 $U = (X + Y)^2$이면 무차별곡선은 직선이다.

hint

① 완전대체재의 경우 가격이 비싸지 않은 한 재화만을 소비한다.

④ 무차별곡선이 교차한다면 이행성을 위반하게 된다.

02 **무차별곡선에 대한 다음 설명 중 옳은 것은?** 2016년 공인회계사

가. 한계대체율 체감의 법칙이 성립하면 무차별곡선은 원점에 대해서 볼록하다.
나. 서수적 효용의 개념에 기초한 효용함수는 무차별곡선으로 표현할 수 없다.
다. 가로축을 왼쪽 장갑으로, 세로축을 오른쪽 장갑으로 한 경우에 그려지는 무차별곡선은 이 두 재화가 완전보완재이므로 L자 형태이다.
라. 가로축을 5만원권으로, 세로축을 1천원권으로 한 경우에 그려지는 무차별곡선은 이 두 재화가 완전대체재이므로 원점에 대해서 강볼록(strictly convex)하면서 우하향한다.

① 가, 나　　② 가, 다　　③ 나, 다
④ 나, 라　　⑤ 다, 라

hint

효용함수는 서수적 효용에 기초하고 있다. 그렇게 때문에 동일한 선호를 나타내는 효용함수가 여럿 가능한 것이다. 가로축을 5만원권, 세로축을 1천원권으로 한 경우 두 재화는 완전대체이므로 무차별곡선은 우하향하는 직선의 형태다.

정답　1 ①　2 ②

03 지민이는 "난 사과 네 개와 배 한 개를 함께 먹는 것이나 사과 두 개와 배 세 개를 함께 먹는 것이나 똑같이 좋아해. 하지만 그보다는 사과 세 개와 배 두 개를 함께 먹는 것이 더 좋아"라고 말했다. 사과와 배에 대한 지민이의 무차별곡선 형태로 적합한 것은? 2007년 공인회계사

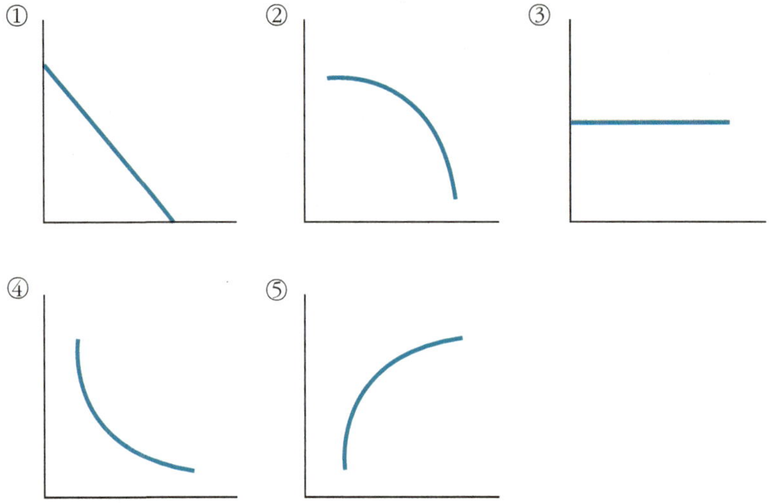

hint

지민이의 이야기로부터 그녀는 (사과, 배) = (4, 1)이나 (사과, 배) = (2, 3)에 비해 평균적인 상품묶음인 (사과, 배) = (3, 2)를 선호하고 있음을 알 수 있다. 이처럼 극단적인 상품묶음보다 평균적인 상품묶음을 선호하는 소비자의 경우에 무차별곡선은 원점에서 볼 때 볼록한 형태가 된다.

04 한 소비자가 사전편찬식 선호관계(lexicographic preference relation)를 가질 때, 이 소비자의 선호관계에 대한 설명으로 옳은 것은? 2016년 공인회계사

가. 완비성(completeness)을 위배한다.	나. 이전성(transitivity)을 위배한다.
다. 연속성(continuity)을 위배한다.	라. 선호관계를 효용함수로 나타낼 수 없다.

① 가, 나　② 가, 다　③ 나, 다
④ 나, 라　⑤ 다, 라

hint

사전편찬적 선호체계 또는 사전편찬적 선호관계는 선택대상 간에 우선순위가 있어서 우선순위가 낮은 선택대상이 아무리 변해도 우선순위가 높은 대상이 아주 약간 변한 경우보다 영향이 작다. 사전을 편찬할 때 첫 번째 자음의 우선순위와 다음에 오는 모음의 우선순위를 생각해 보면 그 의미를 알 수 있다. 사전편찬적 선호체계는 완비성과 이전성(이행성)을 만족하지만 연속성을 위배하며 효용함수로 나타낼 수 없다.

05 X재와 Y재만을 소비하는 어느 소비자가 사전편찬식 선호(lexicographic preference)를 갖는다. 즉, 두 소비묶음 $a=(x_1, y_1)$과 $b=(x_2, y_2)$에 대해 만약 $x_1 > x_2$이거나 $x_1 = x_2$이며 $y_1 > y_2$이면, a를 b보다 선호한다. 이 소비자의 X재에 대한 수요함수와 동일한 수요함수가 도출되는 효용함수는? 2021년 공인회계사

① $u(x, y) = x$　② $u(x, y) = x + y$　③ $u(x, y) = y$
④ $u(x, y) = xy$　⑤ $u(x, y) = \min\{x, y\}$

hint

사전편찬적 선호를 가지는 경우 모든 소득을 우선순위가 가장 높은 재화를 소비하는 데 사용한다. 보기 중 x재만 소비하는 경우는 x는 재화지만 y는 중립재인 ①이다.

정답　3 ④　4 ⑤　5 ①

06 **어떤 소비자에게 공산품 소비가 늘어날수록 한계효용은 감소하고, 오염물질이 증가할수록 한계비효용은 증가한다고 한다. 다음 중 이 소비자의 무차별곡선으로 옳은 것은?** (단, 한 재화의 소비는 다른 재화의 한계효용에 영향을 미치지 않는다고 가정한다.) **2015년 공인회계사 응용**

①
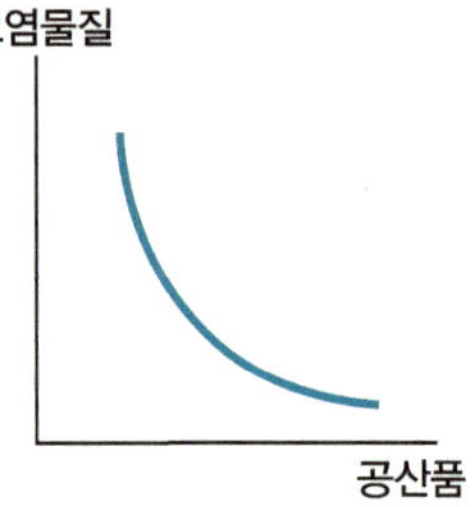

②
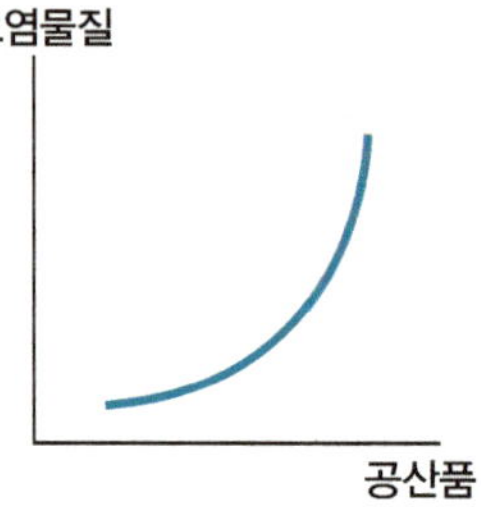

③
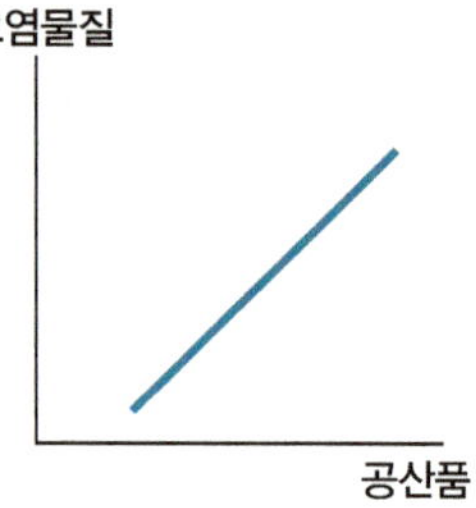

④
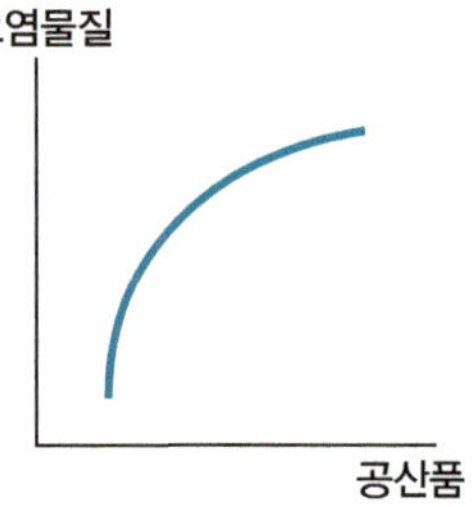

⑤
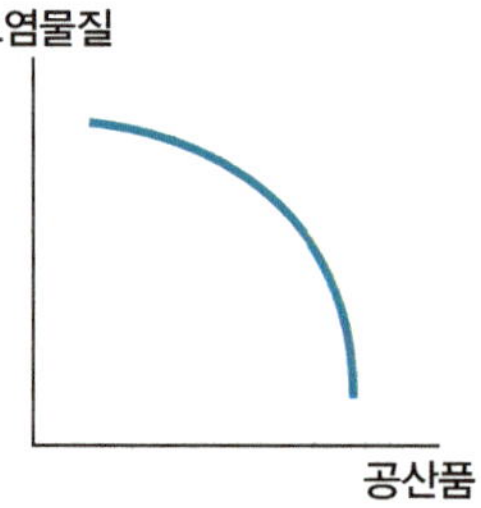

hint

일반적으로 한계효용체감과 한계대체율 체감은 수학적으로 별개의 개념이다. 그러나 한 재화의 소비가 다른 재화의 한계효용에 영향을 미치지 않을 때라면 한계효용이 체감하면 한계대체율도 체감한다. 공산품을 X, 오염물질을 Y라고 해보자.

$MRS_{XY} = \frac{MU_X}{MU_Y}$에서 $MU_X > 0$, $MU_Y < 0$이므로 $MRS_{XY} < 0$이다. 따라서 무차별곡선은 우상향한다. 또한 MU_X는 체감, MU_Y의 절댓값은 체증이므로 MRS_{XY}의 절댓값도 체감한다. 따라서 X와 Y가 모두 커질 때 아래에서 볼 때 오목한 무차별곡선이 만들어진다.

* **참고사항** : 실제 출제에서는 한 재화의 소비가 다른 재화의 한계효용에 영향을 미치지 않는다는 조건이 없었기 때문에 ②, ③, ④가 복수정답으로 인정되었다.

07 효용을 극대화하는 갑과 을의 효용함수는 각각 $U_{갑}(X, Y) = XY$, $U_{을}(X, Y) = -\frac{1}{(10+2XY)}$이다. X재의 가격 P_x와 Y재의 가격 P_y는 주어져 있으며, 갑과 을의 소득은 같다. 이에 대한 설명으로 옳은 것은?
2023년 보험계리사

① 갑과 을의 X재 수요는 같다.
② 갑의 Y재 수요는 을보다 크다.
③ 갑은 항상 자신의 선택보다 을의 선택을 선호한다.
④ 을은 항상 자신의 선택보다 갑의 선택을 선호한다.

hint

1. 갑의 한계대체율

$$MRS_{XY}^{갑} = \frac{MU_X^{갑}}{MU_Y^{갑}} = \frac{Y}{X}$$

2. 을의 한계대체율

$A = 10 + 2XY$로 두면 $U_{을} = -A^{-1}$로 나타낼 수 있다. 합성함수의 미분공식(연쇄법칙)을 사용하여 정리하면 다음과 같다.

$$MRS_{XY}^{을} = \frac{MU_X^{을}}{MU_Y^{을}} = \frac{-\frac{\partial A^{-1}}{\partial A}\frac{\partial A}{\partial X}}{-\frac{\partial A^{-1}}{\partial A}\frac{\partial A}{\partial Y}} = \frac{Y}{X}$$

두 사람의 한계대체율이 동일하며, 두 상품이 모두 재화의 성격을 가져 효용의 증가방향이 동일하므로 두 사람의 효용함수는 서수적으로 동일하다고 볼 수 있다. 즉, 동일한 조건 하에서 두 사람은 항상 동일한 선택을 한다.

정답 6 ④ 7 ①

08 두 재화 X, Y에 대한 소비자 갑의 효용함수가 $U(X, Y) = X^2 + 6XY + 9Y^2$일 때 갑의 무차별곡선으로 옳은 것은?

2023년 보험계리사

①
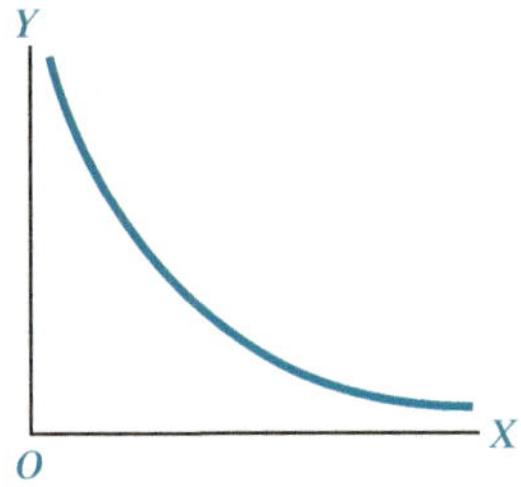

②
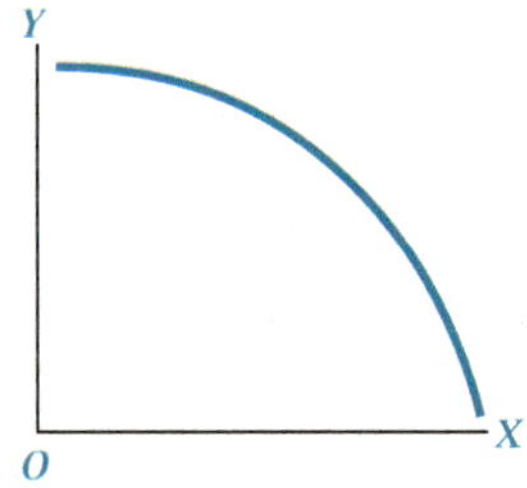

③
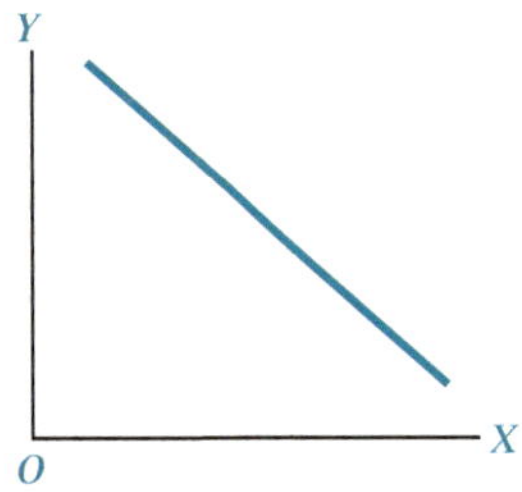

④
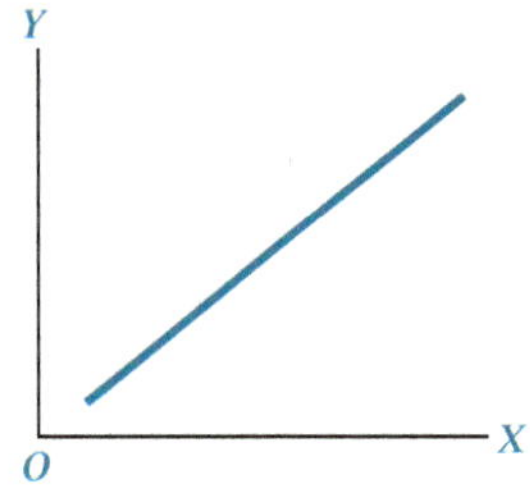

hint

$MRS_{XY}^{갑} = \frac{MU_X^{갑}}{MU_Y^{갑}} = \frac{2X + 6Y}{6X + 18Y} = \frac{1}{3}$

한계대체율이 $\frac{1}{3}$로 일정하므로 무차별곡선은 기울기 $-\frac{1}{3}$로 우하향하는 직선이 된다.

＊ 참고사항

갑의 효용함수 $U(X, Y) = (X + 3Y)^2$으로 정리되는데, 이는 $U(X, Y) = X + 3Y$를 제곱한 것과 같으므로 서수적으로 동일한 효용함수임을 확인할 수 있다.

09 **소비자 A는 X재와 Y재의 소비를 통해 효용을 얻으며, A의 무차별곡선은 원점에 대해 볼록하다. A의 효용을 극대화하는 예산선 위의 최적 소비점에서 X재의 한계효용은 2, X재의 가격은 $\frac{1}{3}$, Y재의 가격은 $\frac{1}{2}$이다. 옳은 것만을 〈보기〉에서 모두 고르면?** (단, X재와 Y재의 한계효용은 체감함.)

2023년 국회 8급

> ㄱ. 예산선 위의 소비조합에서 Y의 한계효용이 4라면 소비자 A는 효용극대화를 위해 X재 소비량을 감소시키고 Y재 소비량을 증가시켜야 한다.
>
> ㄴ. 예산선 위의 소비조합에서 Y의 한계효용이 3이라면 소비자 A는 효용극대화를 위해 X재 소비량을 증가시키고 Y재 소비량을 감소시켜야 한다.
>
> ㄷ. 예산선 위의 소비조합에서 Y의 한계효용이 2라면 소비자 A는 효용극대화를 위해 X재 소비량을 증가시키고 Y재 소비량을 감소시켜야 한다.

① ㄱ　② ㄴ　③ ㄱ, ㄴ
④ ㄱ, ㄷ　⑤ ㄴ, ㄷ

hint

최적 소비점에서 $\frac{MU_X}{P_X} = \frac{2}{1/3} = \frac{MU_Y}{P_Y} = \frac{MU_Y}{1/2} \Rightarrow MU_Y = 3$

ㄱ. (O), $MU_Y = 4$라면 $\frac{MU_X}{P_X} = \frac{2}{1/3} < \frac{MU_Y}{P_Y} = \frac{4}{1/2}$이므로 X재를 줄이고 Y재를 늘리는 것이 바람직하다.

ㄴ. (×), $MU_Y = 3$이면 $\frac{MU_X}{P_X} = \frac{2}{1/3} = \frac{MU_Y}{P_Y} = \frac{3}{1/2}$이 성립하여 최적 소비가 달성되므로 소비를 조정할 필요가 없다.

ㄷ. (O), $MU_Y = 2$라면 $\frac{MU_X}{P_X} = \frac{2}{1/3} > \frac{MU_Y}{P_Y} = \frac{2}{1/2}$이므로 X재를 늘리고 Y재를 줄이는 것이 바람직하다.

정답　8 ③　9 ④

10 X재와 Y재만을 소비하는 A의 효용함수는 $U(X,Y)=\sqrt{X}+Y$이고, 예산제약선은 $P_xX+P_yY=M$이다. A는 예산제약 하에서 효용을 극대화한다. P_x, P_y, M은 각각 X재 가격, Y재 가격 및 소득이다. $P_x=1$, $P_y=10$일 때 다음 중 옳은 것을 모두 고르면? (단, $X \geq 0$, $Y \geq 0$.)

2022년 공인회계사

가. $M=20$일 때 A는 X재만 소비한다.

나. $M \geq 30$일 때 A의 소득소비곡선은 수직이다. (단, 가로축은 X재의 소비량, 세로축은 Y재의 소비량을 나타낸다.)

다. $M \leq 20$일 때 A의 Y재 엥겔곡선은 우상향하는 직선이다.

① 가 ② 나 ③ 가, 나
④ 가, 다 ⑤ 나, 다

hint

주어진 효용함수는 준선형효용함수의 대표적인 형태로 구간에 따라 내부해가 나올 수도 있고 모서리해가 나올 수도 있다.

1. 효용극대화 문제

$\max U(X, Y) = \sqrt{X} + Y$ s.t. $P_xX + P_yY = M$

2. 내부해 가정 시

$MRS_{x,y} = \frac{1}{2}\frac{1}{\sqrt{X}} = \frac{P_x}{P_y} = \frac{1}{10} \Rightarrow X = 25, Y = \frac{M-25}{10}$ $(M > 25)$

3. 모서리해 가정 시

$X = M, Y = 0$ $(M \leq 25)$

가. (○), $M \leq 25$이면 A는 X재만 소비한다.

나. (○), $M > 25$이면 A는 X재를 25단위만 소비한다. 즉, $X=25$가 A의 소득소비곡선이 된다.

다. (×), $M \leq 25$이면 A는 Y를 소비하지 않으므로 Y재의 엥겔곡선은 수직선이 된다. (단, 소득을 수직축에 둔 경우를 가정)

11 어느 마을에 폐기물처리장이 들어설 예정이다. 주민들의 효용(u)은 일반재화 소비량(y)과 폐기물처리장 규모(x)의 함수로서 모두 $u=y-2x$로 동일하다. 폐기물처리장의 최대 가능 규모는 40이다. 개별 주민의 소득은 100, 일반재화의 가격은 1이고 폐기물처리장 규모 한 단위당 정부가 주민 각자에게 1씩을 보조해 준다고 하자. 주민들의 효용을 극대화하는 (x, y) 조합은?

2015년 공인회계사

① (0, 100) ② (10, 110) ③ (10, 130)
④ (20, 150) ⑤ (40, 140)

hint

효용함수가 $u = y - 2x$일 경우 무차별곡선은 우상향하며, 기울기는 2가 된다.
주어진 문제에서 예산제약은 $y = 100 + x$로 둘 수 있으며, 기울기는 1이다. 따라서 최선의 선택은 폐기물처리장을 유치하지 않은 A점이 된다.

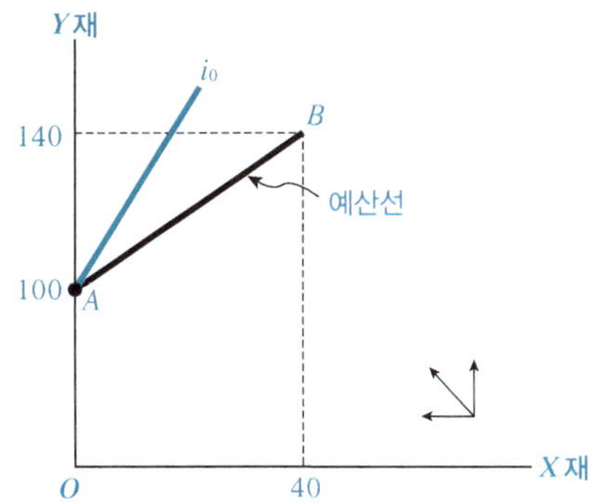

12 두 재화를 소비하는 소비자를 고려하자. 두 재화의 가격을 각각 p_1과 p_2, 소득을 m으로 나타내자. 효용극대화를 가정하는 경우 x_1재에 대해 아래와 같은 수요함수는 나타날 수 없다. 그 이유로 적당한 것은?

(가) $x_1 = m - 2p_1 + p_2$ (나) $x_1 = m + p_1 - 2p_2$ (다) $x_1 = \dfrac{2m^2}{2p_1 + p_2}$

(라) $x_1 = \dfrac{m}{2p_2 - p_1^2}$ (마) $x_1 = \dfrac{(\sqrt{m} + 1)^2}{2p_1 + p_2}$

① 수요함수의 배경이 되는 효용함수가 선호체계의 연속성을 만족시키지 못하기 때문이다.
② 수요함수의 배경이 되는 효용함수가 선호체계의 단조성을 만족시키지 못하기 때문이다.
③ 가격 상승 시에 대체효과가 (−)부호를 갖지 않기 때문이다.
④ 가격 하락 시에 소득효과가 (−)부호를 갖기 때문이다.
⑤ 소득과 모든 재화의 가격이 동일한 비율로 상승할 때 소비가 변화하기 때문이다.

hint

⑤ 2013년 공인회계사 기출문제를 응용하였다. 소득과 모든 재화의 가격이 동일한 비율로 상승하면 예산선이 변하지 않는다. 따라서 수요량도 불변이어야 한다. 이를 보통 수요함수의 0차 동차성이라고 하는데 위 어떤 함수도 이를 만족하지 못한다.

정답 10 ③ 11 ① 12 ⑤

13 두 재화 X, Y에 자신의 소득을 전부 지출하는 명호의 경우 X재의 소득탄력성을 η_X, Y재의 소득탄력성을 η_Y라고 할 때 다음 설명 중 옳은 것은? (단, 명호는 두 재화를 모두 소비한다.)

① $\eta_X > 1$, $\eta_Y > 1$인 경우도 가능하다.

② $\eta_X > 1$이면 반드시 $\eta_Y < 1$이어야 한다.

③ $\eta_X < 1$이면 $\eta_Y = 1$인 경우도 가능하다.

④ $\eta_X + \eta_Y < 3$이 항상 성립한다.

⑤ $\eta_X = 0$이고 $\eta_Y = 1$인 경우도 가능하다.

hint

소득탄력성은 '수요량의 변화율/소득의 변화율'로 측정된다. 두 개 이상의 재화를 소비하는 경우 개별 재화의 소득탄력성은 서로 무관하지 않다. 편의상 여기서와 같이 두 재화만 소비하는 경우 소득탄력성과 관련해서는 다음과 같은 법칙이 성립한다.

$$\eta_X \cdot S_X + \eta_Y \cdot S_Y = 1$$

여기서 S_X는 소득변화 이전 X재에 대한 지출액이 소득에서 차지하는 비중이다. S_Y도 같은 방식으로 적용된다. 예를 들어 현재 소득이 100만원인 사람이 X재에 40만원을 지출하고 있다면 $S_X = 0.4$이고, $S_Y = 0.6$이다. 이것은 재화가 정상재이든 열등재이든 항상 적용된다. 따라서 만약 $\eta_X > 1$이라면 반드시 $\eta_Y < 1$이 성립해야 한다. 그렇지 않으면 이 관계식이 성립하지 않기 때문이다. 그리고 만약 X재가 열등재라면 반드시 $\eta_Y > 1$이 성립해야 한다. 소득탄력성이 1보다 큰 재화를 사치재라고 한다면 이 경우 Y재는 사치재이다.

14 효용을 극대화하는 소비자 A는 X재와 Y재, 두 재화의 소비에 자신의 소득을 모두 지출한다. 이때 (   ) 안에 들어갈 용어로 옳게 묶인 것은? 2012년 공인노무사

> A의 X재에 대한 수요는 가격 비탄력적이다. 다른 조건이 일정할 때 X재의 가격이 상승하는 경우, A의 Y재 소비량은 (ㄱ)하고, X재 가격에 대한 Y재 수요의 교차탄력성은 (ㄴ)이다.

① ㄱ : 감소, ㄴ : 음(−) ② ㄱ : 감소, ㄴ : 양(+) ③ ㄱ : 증가, ㄴ : 음(−)

④ ㄱ : 증가, ㄴ : 양(+) ⑤ ㄱ : 불변, ㄴ : 영(0)

hint

X재에 대한 수요가 가격 비탄력적이라면 X재의 가격이 상승하는 경우 X재에 대한 수요는 감소하는 반면 X재에 대한 지출액은 증가한다. 이것은 곧 Y재에 대한 지출액이 감소한다는 것을 의미한다. 따라서 Y재의 가격이 불변이므로 Y재에 대한 소비는 감소한다. X재의 가격이 상승할 때 Y재의 소비가 감소하므로 두 재화는 보완재이다. 이 경우 교차탄력성($\frac{dY}{dP_X}$)은 음이다.

15 다음 설명 중 타당한 것은? 2003년 공인회계사

① 수요의 소득탄력성이 1보다 작은 재화를 열등재라 한다.

② 수요의 가격탄력성이 1보다 작은 재화를 필수재라 한다.

③ 마샬(Marshall)에 의하면 X재화가 Y재화의 대체재일 때 Y재화는 반드시 X재화의 대체재이다.

④ 필수재에 대한 엥겔곡선(Engel curve)은 우하향한다.

⑤ 어떤 재화의 가격소비곡선(PCC)이 우상향할 경우 그 재화에 대한 수요곡선은 반드시 우하향한다.

hint

① 열등재는 수요의 소득탄력성이 '0'보다 작은 재화이다.

② 필수재는 수요의 소득탄력성이 '1'보다 작은 재화이다.

③ 마샬의 통상수요는 소득효과를 포함하기 때문에 재화 간의 관계를 측정하는 데 문제가 생길 수 있다. 오른쪽 그림에서 X재 가격 하락 시에 소비가 E에서 F로 이동하며 함께 소비가 증가하기 때문에 보완재로 평가되지만, Y재 가격 하락 시에는 E에서 G로 이동하여 X를 감소시키며 Y를 늘리기 때문에 대체재로 평가될 것이다.

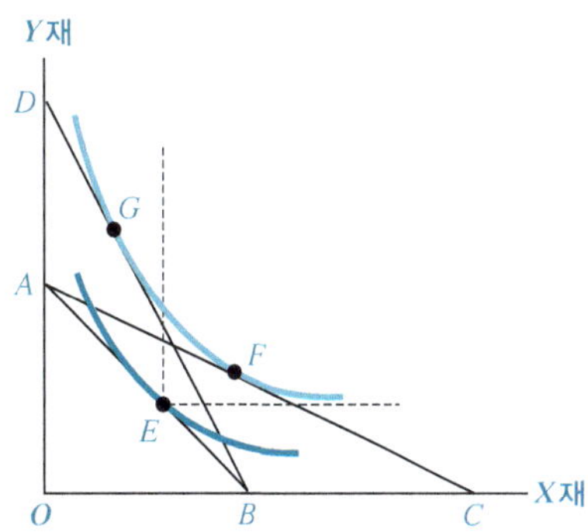

④ 필수재에 대한 엥겔곡선(Engel curve)은 우상향한다. 엥겔곡선이 우하향하는 것은 열등재의 경우이다.

⑤ 수요곡선이 우하향하지 않는 경우는 기펜재의 경우로서 이때 가격소비곡선은 우하향(좌상향)한다.

정답 13 ② 14 ① 15 ⑤

16 어느 소비자는 X재와 Y재만을 소비하고, 우하향하고 원점에 대해 볼록한 무차별곡선을 가진다. 주어진 가격에서 이 소비자의 효용극대화 소비점은 $a=(X_a, Y_a)$이다. X재의 가격이 하락하고 Y재의 가격은 변화하지 않은 경우, 효용극대화 소비점은 $b=(X_b, Y_b)$가 된다. 다음 설명 중 옳지 않은 것은? 2017년 공인회계사

① $X_a = X_b$인 경우, X재의 보통의 수요곡선은 수직선이다.

② $X_a = X_b$인 경우, X재는 열등재이다.

③ $X_a = X_b$인 경우, X재의 대체효과와 소득효과의 절댓값 크기가 동일하다.

④ 대체효과에 따른 X재의 소비량이 X_b인 경우, X재의 보상수요곡선 기울기가 보통의 수요곡선 기울기보다 가파르다.

⑤ 대체효과에 따른 X재의 소비량이 X_b인 경우, 소득소비곡선이 수직선이다.

hint

① (○), 이 경우 PCC는 수직이 된다.
② (○), 이 경우 대체효과가 소비를 증가시키므로 소득효과는 소비를 감소시킬 수밖에 없다.
③ (○)
④, ⑤ (○), 주어진 보기에 따르면 X재에 대한 소득효과는 0이며 ICC는 수직이 된다. 이러한 결과는 준선형 효용함수를 가정하였을 때 나타난다.

17 다음 그림은 가격 하락에 따른 효용극대화 소비자의 선택과정을 설명한 것이다. 이에 근거할 때, 옳지 않은 것은? (단, 직선 AB, AC, $A'C'$은 예산선이고, U_1, U_2는 무차별곡선임. 또한 E_0는 소비자의 최초 균형점, E_1, E_2는 각각 소비자 균형점임.) 2012년 보험계리사

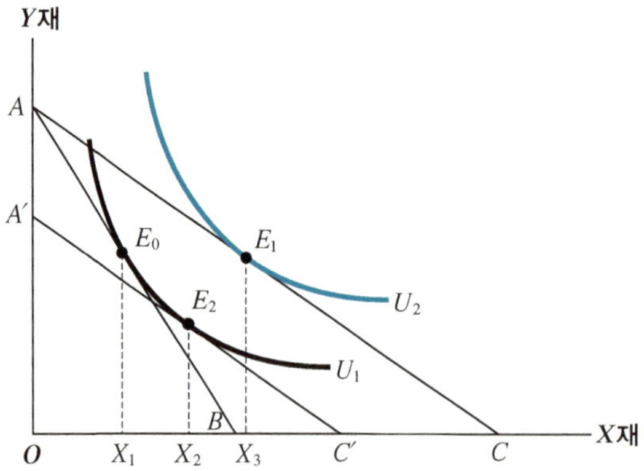

① X재는 정상재이다.

② 대체효과로 인해 효용이 증가하였다.

③ X재에 대한 가격효과는 X_3와 X_1의 차이로 계산된다.

④ 예산선 AB가 예산선 AC로 변화한 것은 X재의 가격이 하락하였기 때문이다.

hint

이 그림은 가격효과에 관한 가장 표준적인 경우를 보여준다. E_0는 원래 가격에서 효용을 극대화하는 균형점이며, E_2는 새로운 가격에서 E_0와 같은 수준의 효용을 달성하도록 해주는 균형점이고, E_1은 새로운 가격조건에서 효용을 극대화하는 균형점이다. 주지하다시피 E_0에서 E_2는 대체효과, E_2에서 E_1은 소득효과를 나타낸다. 소득효과에 의하면 두 재화 모두 정상재이다. 대체효과는 동일한 효용수준을 유지한다는 조건 하에서 측정된다.

18 지원이는 고정된 소득으로 X재와 Y재만을 소비한다고 가정하자. Y재의 가격은 일정한데 X재의 가격이 하락함에 따라 소비균형점이 E_0에서 E_1으로 이동하였다. 이로부터 알 수 있는 것은? 2012년 공인회계사

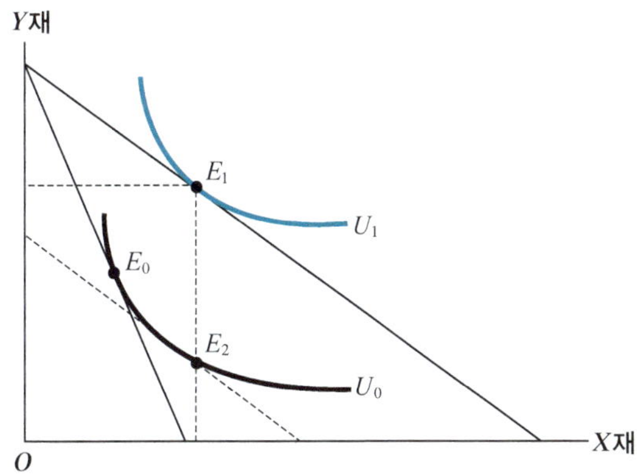

① X재는 열등재인 동시에 기펜(Giffen)재이다.

② X재의 보상수요곡선은 보통수요곡선보다 가파르다.

③ X재에 대한 대체효과와 소득효과는 반대방향으로 작용한다.

④ X재의 수요는 가격에 대해 비탄력적이다.

⑤ X재의 엥겔곡선은 우상향한다.

hint

① (×), E_1과 E_2를 잇는 선이 ICC가 된다. 이 경우 X재는 정상재도 열등재도 아니다. 열등재가 아니면 기펜재가 될 수 없다.

② (×), X재에 대한 소득효과가 0이므로 보상수요곡선과 보통수요곡선이 일치한다.

③ (×), X재에 대한 대체효과는 X재를 증가시키지만 소득효과는 X재를 변화시키지 않는다.

④ (O), E_0와 E_1을 잇는 선이 PCC가 된다. 이 경우 PCC가 우상향하므로 X재의 가격탄력성은 1보다 작다.

⑤ (×), X재에 대한 엥겔곡선은 수직이다. [단, 소득을 수직축에 둔다고 가정]

정답 16 ④ 17 ② 18 ④

19 두 재화 X, Y재를 소비하는 어떤 소비자의 선호관계가 완비성, 이행성, 연속성, 단조성, 강볼록성을 만족한다고 하자. 어떤 가격과 소득 수준에서 이 소비자의 효용극대 소비점이 $(X, Y) = (10, 10)$이라고 하자. 이제 X재의 가격만 하락하였다. 새로운 가격수준 하에서 이 소비자의 효용극대 소비점은 $(X, Y) = (20, 5)$로 변하였다. 만일, 가격 하락으로 인해 실질소득이 증가한 효과를 제거하기 위해 가격변화 이전의 효용수준에 도달하도록 소득을 조정한다면 $(X, Y) = (14, 7)$을 소비한다고 하자. 이러한 변화에 대한 다음 설명 중 옳은 것을 모두 고르면?

2013년 공인회계사

(가) Y재는 기펜재이다. (나) Y재는 열등재이다.
(다) Y재에 대한 소득효과의 절댓값이 대체효과의 절댓값보다 작다.
(라) Y재는 X재의 보완재이다.

① (가), (나) ② (가), (라) ③ (나), (다)
④ (다), (라) ⑤ (나), (다), (라)

hint

가격 하락에 따른 이 소비자의 소비점의 변화를 그림으로 나타내면 다음과 같다.

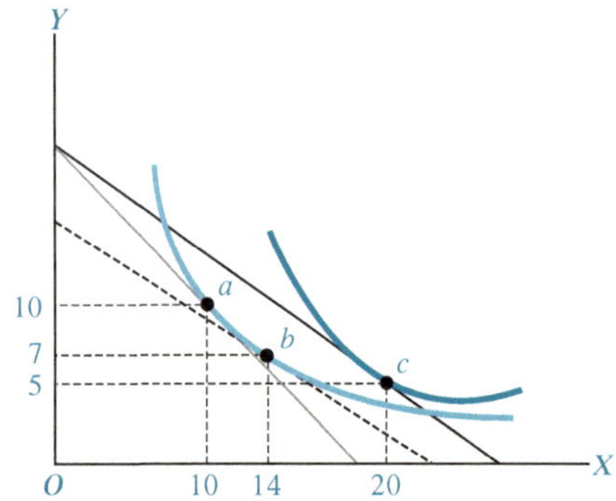

소비점 a에서 b까지의 이동은 대체효과, b에서 c까지의 이동은 소득효과를 나타낸다.

가. (×), X재 가격만 변하는 경우이므로 Y재가 기펜재인지 여부는 알 수 없다.
나. (○), 실질소득이 증가하는 소득효과에 의해 Y재 소비가 감소했으므로 Y재는 열등재이다.
다. (○), 대체효과에 의한 Y재의 변화가 3, 소득효과에 의한 Y재의 변화가 2이다.
라. (×), 전체적으로 X재 가격 변화 시 X재 소비는 증가하고 Y재 소비는 감소했다. 즉, 두 재화는 대체재이다.

20 **철수는 지난해 1,000의 소득으로 X재 50단위와 Y재 100단위를 구입하였다. 그런데 X재의 가격이 지난해 10에서 올해 15로 상승함에 따라 철수는 X재의 소비를 40단위로 줄였다. 다음 설명 중 옳은 것을 모두 고르면?** (단, 철수가 선택할 수 있는 재화는 X재와 Y재뿐이며, 모든 소득을 두 재화의 소비에 사용한다. 소득과 Y재의 가격은 지난해와 동일하다. 철수의 선호체계는 강볼록성을 만족시키며 변화가 없었다.) 2010년 공인회계사

가. Y재의 가격은 5이다.
나. 철수의 X재에 대한 수요의 가격탄력성은 1(절댓값 기준)보다 크다.
다. 두 기간에 걸친 철수의 가격소비곡선은 우상향한다.
라. 철수에게 Y재는 정상재이다.
마. 철수가 지난해 선택한 소비조합에서의 한계대체율과 올해 선택한 소비조합에서의 한계대체율은 동일하다.

① 가, 나 ② 가, 나, 다
③ 가, 다, 라 ④ 가, 라, 마
⑤ 나, 다, 마

hint

나.~다. 설문에서 PCC가 우상향한다. 이 경우 가격이 하락한 재화의 가격탄력성은 1보다 작다.
라. 대체효과에 의해 Y재의 소비가 증가한다. 그럼에도 Y의 소비가 감소한 것은 가격 상승으로 실질소득이 감소하면서 Y의 소비가 감소하였음을 의미한다. 따라서 Y는 정상재이다.
마. 상대가격이 변하였으므로 균형상태에서의 MRS도 변화하였다.

정답 19 ③ 20 ③

21 다음은 기펜재(Giffen good)에 대한 설명이다. (가)와 (나)를 바르게 짝지은 것은?

2016년 공인회계사

- 기펜재의 가격이 오르면 기펜재의 소비량은 늘고 소비자의 효용은 (가)한다.
- 두 재화를 소비하는 소비자에게 한 재화가 기펜재일 때 그 재화의 가격이 오르면 다른 재화의 수요량은 (나)한다.

	(가)	(나)		(가)	(나)
①	증가	증가	②	증가	감소
③	감소	증가	④	감소	감소
⑤	증가	불변			

hint

편의상 X재를 기펜재라 하고 다른 재화는 Y재라 하자. 그러면 소비자의 원래 예산선(l_1)과 X재 가격 상승 후의 예산선(l_2)은 아래 그림과 같다.

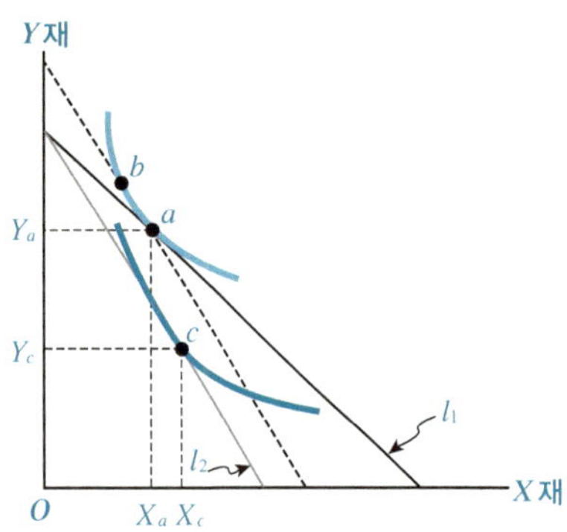

가격이 상승하면 예산집합이 축소되기 때문에 가격 상승 후 효용이 증가하는 일은 발생하지 않는다.
기펜재 가격이 상승하면 기펜재 소비량이 증가하므로 기펜재에 대한 지출액이 증가한다. 따라서 가격이 불변인 다른 재화의 소비량은 감소할 수밖에 없다.

22 어느 소비자는 두 재화를 소비하는 데 소득을 모두 지출한다. X재의 가격은 4, Y재의 가격은 6이다. 현재 이 소비자의 소득은 100이며, $(X, Y) = (10, 10)$을 소비하고 있다. 그런데 Y재의 가격이 8로 인상되어 소비조합을 $(X, Y) = (3, 11)$로 바꾸게 되었다. 다음 중 틀린 서술은?

2005년 감정평가사

① Y재는 열등재이다.

② Y재는 기펜(Giffen)재이다.

③ 대체효과에 의하면 Y재의 소비가 줄어든다.

④ 대체효과에 의하면 X재의 소비가 줄어든다.

⑤ 소득효과에 의해 Y재의 소비가 늘었다.

hint

대체효과는 한 재화의 소비를 줄이면서 다른 재화의 소비를 증가시키는 방향으로 작용한다. 따라서 이 문제는 ③과 ④ 중에 답이 있을 것임을 쉽게 예측할 수 있다. 이 문제에서 Y재의 가격이 상승했는데 Y재의 소비가 늘었다는 것은 Y재가 기펜재임을 의미한다. 따라서 Y재는 당연히 열등재이다. 그러므로 Y재의 가격 상승으로 실질소득이 줄어들면 Y재의 소비는 늘어난다. 대체효과는 가격이 상승한 재화의 소비를 줄이고 그렇지 않은 재화의 소비를 늘리는 효과를 말한다. 따라서 대체효과에 의하면 X재의 소비는 늘어야 한다.

23 **다음은 한계효용이 체감하는 X재의 보상수요곡선과 보통수요곡선에 대한 설명이다. 옳은 것만을 〈보기〉에서 모두 고르면?** 2023년 국회 8급

ㄱ. X재가 정상재라면 보통수요곡선의 기울기가 보상수요곡선의 기울기보다 더 가파르다.
ㄴ. X재가 기펜재가 아닌 열등재라면 보통수요곡선은 우하향하고, 보상수요곡선은 우상향한다.
ㄷ. X재가 기펜재가 아닌 열등재라면 보통수요곡선의 기울기가 보상수요곡선의 기울기보다 더 가파르다.
ㄹ. X재가 기펜재라면 보상수요곡선은 우하향하고, 보통수요곡선은 우상향한다.

① ㄱ, ㄴ ② ㄱ, ㄷ ③ ㄴ, ㄷ
④ ㄴ, ㄹ ⑤ ㄷ, ㄹ

hint

보통수요곡선(d)은 대체효과와 소득효과를 모두 반영하지만 보상수요곡선(d_c)은 대체효과만 반영한다. 아래 표에서 ↑는 증가를, ↓는 감소를 의미한다.

P_X 하락 시	대체효과	소득효과	보통수요	보상수요	비교
정상재	↑	↑	우하향	우하향	d가 보다 완만
기펜재 아닌 열등재	↑	↓	우하향	우하향	d_c가 보다 완만
기펜재인 열등재	↑	↓	우상향	우하향	–

정답 21 ④ 22 ④ 23 ⑤

24 두 재화 x, y를 소비하는 소비자의 효용함수는 $u(x, y) = x^{1/2} y^{1/2}$이다. 이 소비자가 효용을 극대화한다고 할 때 다음 중 옳은 것은? 2008년 감정평가사

① 소득이 2배가 되면 각 재화의 소비량이 2배보다 작게 증가한다.

② 소득이 2배가 되면 효용이 2배보다 작게 증가한다.

③ 소득소비곡선은 수평선이다.

④ 가격소비곡선은 원점을 지나는 45°이다.

⑤ x재와 y재의 가격이 같다면 x재와 y재의 소비량은 동일하다.

hint

주어진 효용함수에서 최적 소비조건은 $MRS_{xy} = \frac{y}{x} = \frac{p_x}{p_y}$ 또는 $p_x x = p_y y$가 되는데, 이를 예산식 $p_x x + p_y y = m$에 대입하면 각 재화에 대한 수요함수는 $x^* = \frac{m}{2p_x}$, $y^* = \frac{m}{2p_y}$이 된다.

①, ② 이때 소득이 2배가 되면 각 재화의 소비는 동일하게 2배가 되며 효용도 2배가 된다. ③ 주어진 수요함수에서 소득탄력성이 1이므로 소득소비곡선은 원점에서 출발하는 우상향하는 직선이 되며, ④ 가격탄력성이 1이므로 가격소비곡선은 수평 또는 수직이 된다.

25 소득 300만원으로 두 재화 X, Y재를 소비하는 어떤 소비자의 효용함수가 $u(X, Y) = X^a Y^b$라 하자$(a, b > 0)$. 이 소비자가 효용극대 상황에서 소득 중 200만원을 X재에 지출한다고 할 때, 다음 중 a와 b의 관계로 가능한 것을 모두 고르면? 2013년 공인회계사

(가) $\frac{b}{a} = 0.5$	(나) $\frac{b}{a} = 2$	(다) $a + b = 3$	(라) $a + b = 4$

① (가)
② (가), (다)
③ (나), (라)
④ (가), (다), (라)
⑤ (나), (다), (라)

hint

콥-더글라스 효용함수를 가진 소비자의 경우 각 재화에 대한 지출액은 다음 조건을 만족하는 가운데 항상 일정하다.

$$P_X X = \frac{a}{a+b} \times 300\text{만원} = 200\text{만원}$$
$$P_Y Y = \frac{b}{a+b} \times 300\text{만원} = 100\text{만원}$$

이 두 조건으로부터 $a = 2b$임을 알 수 있다. 그런데 이 조건은 단지 a와 b의 비율에 대한 제약을 의미할 뿐이지 a와 b의 절댓값에 대해서는 아무런 제약을 두지 않는다. 즉, $(a + b)$가 어떤 값이더라도 상관없다.

26 **X재와 Y재의 시장공급곡선은 완전 탄력적이며 두 재화의 현재 시장가격은 각각 $P_X = 10$**(만원), **$P_Y = 1$**(만원)**로 주어져 있다. 갑식이의 한달 소득은 110만원인데, 이 돈으로 X재와 Y재만을 소비한다고 한다. 갑식이의 X재 소비량을 x, Y재 소비량을 y라고 할 때 갑식이의 효용함수는 $U(x, y) = 3\sqrt{xy}$로 표시된다. 이때 정부가 20%의 소득세를 도입하는 동시에 X재의 거래에 대하여 10%의 물품세를 부과하였다고 하자. 이 제도가 갑식이에게 미치는 경제적 영향을 설명한 것으로 타당하지 않은 것은?** (단, X재와 Y재에 대한 수요는 상호 독립적이고 갑식이의 노동공급 변화는 없다고 가정한다.)

① 갑식이의 무차별곡선 상의 한계대체율(MRS)은 $\frac{y}{x}$로 표시된다.
② 조세 부과 이전 갑식이의 균형 소비량은 $x = 5.5$, $y = 55$이다.
③ 조세 부과 이후 갑식이의 가처분소득은 88만원으로 감소하고 X재 가격은 11만원으로 인상된다.
④ 조세 부과 이후 갑식이는 X재 소비를 1단위, Y재 소비를 10단위 줄일 것이다.
⑤ 조세 부과 이후 갑식이가 납부하는 조세는 총 26만원에 달할 것이다.

hint

1. 조세 부과 이전

예산선 : $10x + y = 110$(단위 : 만원)

최적 소비조건 : $MRS_{XY} = \frac{y}{x} = \frac{10}{1}$에서 $y = 10x$

⇒ 정리하면 $x_0 = 5.5$, $y_0 = 55$

2. 조세 부과 이후

예산선 : $11x + y = 88$(단위 : 만원)

최적 소비조건 : $MRS_{XY} = \frac{y}{x} = \frac{11}{1}$에서 $y = 11x$

⇒ 정리하면 $x_1 = 4$, $y_1 = 44$

이 경우 총 납세액은 소득세 22와 물품세 4를 합한 26이 된다.

정답 24 ⑤ 25 ④ 26 ④

27 세 재화를 소비하는 한 소비자의 효용함수가 다음과 같이 주어져 있다.

$$u(x_1, x_2, x_3) = x_1^1 \times x_2^1 \times x_3^2$$

이 소비자의 소득이 80, 각 재화의 가격이 $(p_1, p_2, p_3) = (1, 2, 4)$로 주어진 경우 효용극대화 소비량은?

① $\left(10, 20, \frac{20}{3}\right)$　② $(20, 10, 10)$　③ $(20, 5, 10)$
④ $(10, 20, 10)$　⑤ $(13, 7, 11)$

hint

설문에서 주어진 효용함수는 콥-더글라스 형의 효용함수이다. 콥-더글라스 효용함수의 중요한 특징은 각 재화에 대한 지출액의 비율이 지수의 비율과 동일하게 유지된다는 것이다. 따라서 주어진 소득이 80일 때 $p_1x_1 = 20, p_2x_2 = 20, p_3x_3 = 40$이 된다. 그런데 각 재화의 가격이 $(p_1, p_2, p_3) = (1, 2, 4)$로 주어져 있으므로 소비량 $(x_1, x_2, x_3) = (20, 10, 10)$이 된다.

28 효용함수가 $u = u(x, y) = xy$로 주어진 경우 다음 보기 중 잘못된 것을 골라라.

① 보통수요함수는 항상 우하향한다.
② x재에 대한 엥겔곡선의 기울기는 $2P_x$이다. (단, 소득을 수직축에 둠)
③ 모든 재화의 가격과 명목소득이 동일한 비율로 상승할 경우 보통수요량에 변화가 없다.
④ 간접효용함수는 $V = \frac{M^2}{4P_xP_y}$이다.
⑤ 지출함수는 $F = \sqrt{P_xP_y\bar{u}}$이다.

hint

1. 보통수요곡선의 도출 : 효용극대화 문제

$$\max\ u = u(x, y) = xy \text{ s.t. } P_xx + P_yy = M$$

최적 소비조건 : $MRS_{xy} = \frac{y}{x} = \frac{P_x}{P_y}$ 또는 $P_xx = P_yy$

최적 소비조건을 예산제약식에 대입하여 정리하면 다음과 같다.

보통수요곡선 : $x^* = \frac{M}{2P_x},\ y^* = \frac{M}{2P_y}$

이는 x재에 대한 최적 소비함수로서 보통수요함수이며 동시에 엥겔곡선이 된다. 이를 효용극대화식에 대입하면 간접효용함수를 구할 수 있다.

간접효용함수 : $V = \frac{M^2}{4P_xP_y}$

2. 보상수요곡선의 도출 : 지출극소화 문제

$\min\ E = P_x x + P_y y \ \text{ s.t. } u(x, y) = xy = \bar{u}$

최적 소비조건 : $MRS_{xy} = \frac{y}{x} = \frac{P_x}{P_y}$ 또는 $y = \frac{P_x}{P_y} x$

최적 소비조건을 효용제약식에 대입하여 정리하면 다음과 같다.

보상수요함수 : $x_c = \sqrt{\frac{P_y}{P_x}\bar{u}}$, $y_c = \sqrt{\frac{P_x}{P_y}\bar{u}}$

이를 지출극소화식에 대입하면 지출함수를 구할 수 있다.

지출함수 : $F = 2\sqrt{P_x P_y \bar{u}}$

29 X재와 Y재만을 소비하는 A의 효용함수는 $U(X, Y) = 2\sqrt{XY}$이며, A는 최소비용으로 100의 효용을 달성할 수 있도록 두 재화의 소비량을 결정한다. X재의 단위당 가격은 4, Y재의 단위당 가격은 1이다. 최적 선택에서 A가 효용 1단위를 증가시키기 위해 필요로 하는 추가 지출액은? (단, 모든 수량의 단위는 실수(real number)이다.) 2023년 공인회계사

① 0.5 ② 1 ③ 1.5

④ 2 ⑤ 4

hint

이 문제는 지출극소화 접근을 요구하고 있다. 문제의 취지에 따라 풀이하면 다음과 같다.

$\min\ E = 4X + Y \ \text{ s.t. } U = 2\sqrt{XY}$

$MRS_{XY} = \frac{Y}{X} = 4 \Rightarrow Y = 4X \Rightarrow$ 효용제약식에 대입

보상수요함수 : $X_c = \frac{U}{4}$, $Y_c = U$

지출함수 : $F = 2U$

따라서 효용 1단위를 증가시키기 위해 필요한 추가 지출액 $\frac{dF}{dU} = 2$가 된다.

정답 27 ② 28 ⑤ 29 ④

30 소득 20으로 X재와 Y재만을 소비해 효용을 극대화하는 소비자의 효용함수가 $u(x,y)=\sqrt{xy}$이다. X재, Y재의 가격은 원래 각각 1이었는데, 가격 인상으로 각각 2와 8이 되었다. 가격 인상 후 이 소비자가 원래의 효용수준을 누리기 위해 필요한 소득증가분의 최솟값은? 2021년 공인회계사

① 20 ② 30 ③ 40

④ 60 ⑤ 80

hint

이는 보상변화의 크기를 구하는 문제이다. 이 문제를 푸는 정식의 방법은 지출함수를 사용하는 것인데, 콥-더글러스 효용함수의 성질을 사용해서 다음과 같이 간단히 풀이할 수도 있다.

가격변화 전 : $1\cdot x+1\cdot y=20 \Rightarrow x_0=y_0=10,\ u_0=10$

가격변화 후 : $2\cdot x+8\cdot y=M_1$

콥-더글러스 효용함수의 성질상 $x=4y$가 된다. $\sqrt{4y^2}=u_0=10$에서 $y_1=5,\ x_1=20,\ M_1=80$이 된다.

31 재화 X와 Y에 대한 효용함수는 $U=\min(X,\frac{1}{3}Y)$이다. X재에 대한 보상수요곡선과 지출함수를 구한 것으로 옳은 것은? 단, X재 가격을 P_X, Y재 가격을 P_Y라고 한다.

	보상수요함수	지출함수
①	$X_c=U$	$F=\sqrt{2P_XP_YU}$
②	$X_c=U$	$F=(P_X+3P_Y)U$
③	$X_c=\sqrt{\frac{P_Y}{P_X}U}$	$F=\sqrt{2P_XP_YU}$
④	$X_c=\sqrt{\frac{P_Y}{P_X}U}$	$F=(P_X+3P_Y)U$
⑤	$X_c=2U$	$F=\sqrt{P_XU}$

hint

지출극소화 문제

$$\min\ E=P_XX+P_YY \quad \text{s.t. } U=\min(X,\frac{1}{3}Y)$$

최적 소비조건 $X=\frac{1}{3}Y$ 또는 $Y=3X$를 효용제약식에 대입하면 보상수요곡선이 구해진다.

보상수요곡선 : $X_c=U,\ Y_c=3U$

보상수요곡선을 목적식에 대입하면 지출함수가 구해진다.

지출함수 : $F=(P_X+3P_Y)U$

32 두 재화를 소비하는 어떤 소비자의 x재에 대한 수요함수가 $x = \frac{m}{p_x + p_y}$이라 하자. 여기서 p_x와 p_y는 각각 x재와 y재의 가격이고, m은 소득이다. 다음 진술 중 옳은 것을 모두 고르면?

2008년 국가직 7급

A. 이 소비자에게 x재는 기펜재이다.
B. 이 소비자에게 x재는 y재의 보완재이다.
C. 이 소비자에게 x재는 사치재이다.

① A ② B ③ C
④ B, C ⑤ A, B, C

hint

이러한 수요함수는 x재와 y재를 고정비율로 사용하는 레온티에프형 효용함수 $U = min[x, y]$에서 도출된다.

A. X재 가격(p_x)이 상승하면 X재 구입량이 감소하므로 이 재화는 기펜재가 아니다.
B. Y재 가격(p_y)이 상승하면 X재 구입량이 감소하므로 X재와 Y재는 보완재 관계이다.
C. 소비자의 소득(m)이 2배가 되면 X재화의 소비량도 2배가 되므로 소득탄력성은 1이다. 따라서 이 재화는 정상재이지만 사치재도 필수재도 아닌 셈이다.

정답 30 ④ 31 ② 32 ②

33 어느 소비자의 효용함수는 $U(X, Y) = \min\{2X, Y\}$이고, 소득은 M이다. 효용을 극대화하는 이 소비자에 대한 다음의 설명 중 옳은 것은? (단, $0 < M < \infty$) 2017년 공인회계사

① X재를 2단위 소비하는 경우, Y재를 1단위 소비한다.

② S원의 현금을 보조하는 경우와 S원어치의 X재를 현물로 보조하는 경우의 최적 소비점은 항상 동일하다.

③ X재의 가격소비곡선 기울기와 소득소비곡선 기울기는 동일하다.

④ X재의 수요곡선은 우하향하는 직선이다.

⑤ 소득이 2배가 되면, X재 소비량은 2배, Y재 소비량은 4배가 된다.

hint

① (×), X재를 1단위 소비하는 경우, Y재를 2단위 소비한다.

② (×), 현물제약의 보조금액이 크면 소비제약에 걸릴 수 있다.

③ (○), PCC와 ICC는 모두 $Y = 2X$가 된다.

④ (×), X재의 수요곡선은 $X^* = \dfrac{M}{P_X + 2P_Y}$으로 우하향하지만 직선은 아니다.

⑤ (×), 두 재화의 소득탄력성이 모두 1이므로 소득증가율과 소비증가율이 동일하다.

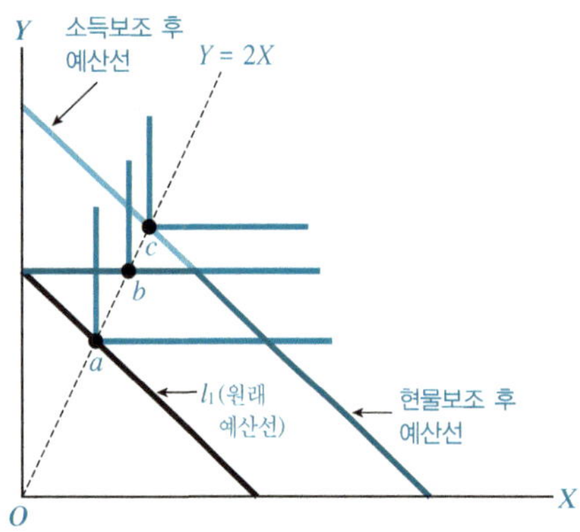

34 甲은 항상 1 : 2의 비율로 X재와 Y재만을 소비한다. X재의 가격이 P_X, Y재의 가격이 P_Y일 때 甲의 X재에 대한 엥겔곡선(Engel Curve) 기울기는? (단, 기울기 = $\frac{\text{소득 변화}}{\text{수요량 변화}}$)

2011년 공인노무사

① $2P_X$
② $3P_Y$
③ $2P_X - P_Y$
④ $P_X + 2P_Y$
⑤ $\frac{P_X}{2P_Y}$

hint

X재와 Y재를 항상 1 : 2의 비율로 소비한다는 것은 갑이 $U(X, Y) = \min\{2X, Y\}$와 같은 레온티에프 효용함수를 가지고 있음을 의미한다. 이런 경우 갑의 소득-소비곡선은 $Y = 2X$로 표현되는 원점에서 출발하는 직선의 형태를 갖는다. 동시에 이것은 갑의 가격-소비곡선이기도 하다. 레온티에프 효용함수의 경우 특이하게 두 곡선이 일치한다.

이 경우 갑의 수요곡선을 구하면 $X^* = \frac{M}{P_X + 2P_Y}$이다. 여기서 M은 소득을 나타낸다. 따라서 X재에 대한 엥겔곡선의 기울기($\frac{dM}{dX}$)는 $P_X + 2P_Y$이다.

35 세 재화를 소비하는 한 소비자의 효용함수가 다음과 같이 주어져 있다.

$$u(x_1, x_2, x_3) = \min\{2x_1, x_2, 3x_3\}$$

이 소비자의 소득이 70, 각 재화의 가격이 $(p_1, p_2, p_3) = (1, 2, 3)$으로 주어진 경우 효용극대화 소비량은?

2011년 공인회계사

① $\left(10, 20, \frac{20}{3}\right)$
② $\left(\frac{35}{3}, \frac{35}{3}, \frac{35}{3}\right)$
③ $(21, 14, 7)$
④ $\left(\frac{35}{3}, \frac{70}{3}, 35\right)$
⑤ $\left(\frac{140}{13}, \frac{70}{13}, \frac{210}{13}\right)$

hint

주어진 효용함수는 3재화 레온티에프 효용함수이다. 완전보완재의 특징상 최적 소비에서 다음 조건이 만족되어야 한다.

$x_2 = 2x_1$, $x_2 = 3x_3$

위 조건을 만족하는 보기는 ①밖에 없다.

정답 33 ③ 34 ④ 35 ①

36 **어느 대학생이 왕대박 교수와 왕소금 교수의 경제원론 강의 중 하나를 수강신청했다. 수업 첫 시간에 왕대박 교수는 중간시험과 기말시험 중 높은 점수를 최종 점수로 부여하고, 왕소금 교수는 두 시험 중 낮은 점수를 최종점수로 부여한다고 발표하였다. 이 학생은 최종 점수에만 관심이 있으며, 높은 최종 점수를 선호한다. 중간시험 점수(x)를 가로축, 기말시험 점수(y)를 세로축에 표시할 때, $(x, y) = (85, 60)$에서 이 학생의 무차별곡선의 기울기가 0이었다. 다음 설명 중 옳은 것은?** (단, 수강 변경은 없다고 가정) 2014년 공인회계사

① 이 학생은 왕소금 교수의 강의를 듣고 있다.
② 이 학생은 왕대박 교수의 강의를 듣고 있다.
③ 위의 정보로부터 이 학생이 어느 교수의 강의를 듣고 있는지 알 수 없다.
④ 이 학생의 무차별곡선은 모든 점에서 수평이다.
⑤ 어느 교수의 강의를 듣고 있더라도 (85, 60)에서 무차별곡선의 기울기는 0이다.

hint

이 학생이 왕대박 교수의 강의를 듣는 경우 효용함수는 $U(x, y) = \max\{x, y\}$의 형태이며, 왕소금 교수의 강의를 듣는 경우 효용함수는 $U(x, y) = \min\{x, y\}$의 형태이다. $(x, y) = (85, 60)$을 통과하는 두 가지 무차별곡선을 각각 Ⅰ, Ⅱ라고 하면 다음 그림과 같다.

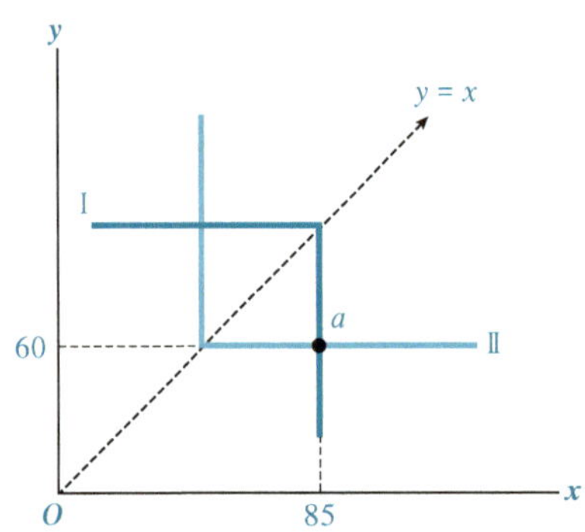

a점에서 무차별곡선의 기울기가 0이라는 것은 이 학생의 무차별곡선이 Ⅱ타입이라는 것을 의미한다. 이것은 왕소금 교수의 강의를 듣는 경우 이 학생의 무차별곡선이다.

37 두 재화 X, Y를 소비하는 인수의 효용함수는 $U(X, Y) = min\{X, Y\}$와 같다. 현재 각 재화의 가격은 $P_X = 5{,}000$원, $P_Y = 7{,}000$원이고 인수의 소득은 $M = 120$만원이다. X재 가격이 $P_X = 3{,}000$원으로 하락하는 경우 예상되는 결과에 대한 설명으로 옳지 않은 것은?

① 두 재화에 대한 수요는 각각 20단위씩 증가한다.

② 보상변화는 20만원이다.

③ 동등변화는 26만원이다.

④ 각 재화의 소득탄력성은 각각 1이다.

⑤ 보상수요곡선은 수직선이다.

hint

보상변화 : 변한 가격으로 원래 효용을 달성하려 할 때 필요한 조정금액
대등변화 : 원래 가격으로 변한 효용을 달성하려 할 때 필요한 조정금액

보통수요곡선 : $X^* = Y^* = \dfrac{M}{P_X + P_Y}$, 간접효용함수 : $V = \dfrac{M}{P_X + P_Y}$

가격의 단위를 만원으로 두고 정리하면 다음과 같다.

$P_0 = (0.5, 0.7), Q_0 = (100, 100), U_0 = 100$
$P_1 = (0.3, 0.7), Q_1 = (120, 120), U_1 = 120$

	P_X	X	P_Y	Y	M	U
P_0, U_0	0.5	100	0.7	100	120	100
P_1, U_1	0.3	120	0.7	120	120	120
P_0, U_1	0.5	120	0.7	120	144	120
P_1, U_0	0.3	100	0.7	100	100	100

P_1에서 U_0를 얻기 위해서는 100의 소득만 있으면 된다. 따라서 보상변화는 (−)20(만원)이다.
P_0에서 U_1을 얻기 위해서는 144의 소득이 있어야 한다. 따라서 동등변화는 (+)24(만원)이다. (단, 보상변화와 대등변화의 부호는 책에 따라 달리 정의하기도 하므로 주의할 것)

정답 36 ① 37 ③

38 두 재화 X와 Y를 소비하는 어떤 소비자의 무차별곡선(indifference curve)이 $3Q_X + 2Q_Y = u_0$와 같다. 여기에서 Q_X와 Q_Y는 X재와 Y재의 소비량이고, $u_0(>0)$는 소비자의 효용을 나타내는 임의의 상수이다. 다음 설명 중 옳지 않은 것은? 2004년 공인회계사

① 두 재화는 완전대체재이다.

② 선호체계는 단조성(monotonicity)을 만족한다.

③ 선호체계는 볼록성(convexity)을 만족한다.

④ X의 가격이 10원이고 Y의 가격이 5원일 경우 효용을 극대화하기 위해 X재를 전혀 소비하지 않아야 한다.

⑤ X와 Y를 동시에 소비하는 경우는 발생할 수 없다.

hint

여기서 주어진 1차 효용함수는 우하향하는 직선(기울기 $-\frac{3}{2}$)의 무차별곡선으로 나타내어진다. 이런 무차별곡선을 가진 사람의 경우 X재와 Y재의 가격비율인 $\frac{P_X}{P_Y} > \frac{3}{2}$인 경우에는 Y재만을 소비하는 것이 유리하고, $\frac{P_X}{P_Y} < \frac{3}{2}$인 경우에는 X재만을 소비하는 것이 유리하다. 그러나 $\frac{P_X}{P_Y} = \frac{3}{2}$인 경우 X와 Y의 어떤 조합도 똑같게 느끼기 때문에 예산선 상의 어떤 점을 소비해도 무관하다. 따라서 ⑤가 잘못되었다.

39 어느 소비자에게 라떼와 카푸치노는 완전대체재이다. 이 소비자는 효용을 극대화하기 위해 라떼 2잔과 카푸치노 4잔을 마셨다고 하자. 라떼 한 잔 가격은 P_L, 카푸치노 한 잔 가격은 P_C로 표현한다. 이 소비자의 선호에 대한 다음 설명 중 옳은 것은? 2014년 공인회계사

① (P_L, P_C) = (4천원, 6천원)이었다면, 라떼 한 잔을 카푸치노 한 잔보다 더 선호했다.
② (P_L, P_C) = (4천원, 6천원)이었다면, 라떼 한 잔과 카푸치노 한 잔 중 어느 것을 선호했는지 알 수 없다.
③ (P_L, P_C) = (4천원, 6천원)이었다면, 라떼 5잔과 카푸치노 2잔을 마셨더라도 이 소비자의 효용은 극대화되었다.
④ (P_L, P_C) = (4천원, 4천원)이었다면, 카푸치노 한 잔을 라떼 한 잔보다 더 선호했다.
⑤ (P_L, P_C) = (4천원, 4천원)이었다면, 라떼 한 잔을 카푸치노 한 잔보다 더 선호했다.

hint

현재 소비자는 완전대체재인 두 상품을 함께 소비하고 있다. 이는 한계대체율과 상대가격이 일치하는 경우에만 있을 수 있는 일이다.

$$MRS_{LC} = \frac{MU_L}{MU_C} = \frac{P_L}{P_C} \text{ 또는 } \frac{MU_L}{P_L} = \frac{MU_C}{P_C}$$

①~③ 현재 $P_L = 4{,}000 < P_C = 6{,}000$이므로 $MU_L < MU_C$가 성립해야 한다. 즉, 라떼 한 잔보다 카푸치노 한 잔을 더 선호한다. 완전대체재의 경우 내부해를 가지는 경우 내부해는 무수히 많다. 그림에서 (5, 2)는 E'점이고, 이 역시 예산선 상에 있으며 효용극대화가 이루어진 점이다.
④~⑤ 만약 $P_L = P_C = 4{,}000$일 때 두 재화를 모두 소비했다면 $MU_L = MU_C$가 성립해야 한다. 즉, 라떼와 카푸치노를 똑같은 정도로 좋아한다.

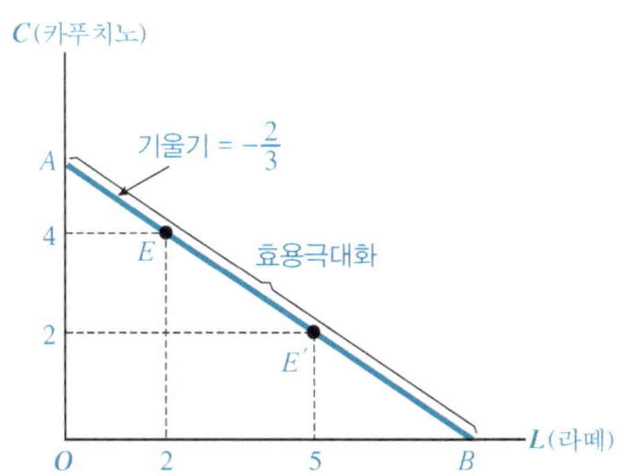

정답 38 ⑤ 39 ③

40 소득 M으로 X재와 Y재만을 소비하는 어느 소비자의 효용함수가 $u(x,y)=x+y$이다. X재의 가격은 P, Y재의 가격은 1이다. 이 소비자가 효용을 극대화할 때 다음 설명 중 옳은 것만을 모두 고르면? 2021년 공인회계사

> 가. P가 하락하면 효용은 항상 증가한다.
> 나. 효용의 변화율은 M의 변화율과 같다.
> 다. P가 2에서 0.5로 하락하면 X재에 대해 대체효과만 발생한다.

① 가 ② 나 ③ 다
④ 가, 나 ⑤ 나, 다

hint

주어진 효용함수는 선형 효용함수로 대부분 모서리해를 가지며, 예외적으로 무수히 많은 내부해를 가진다. 이 경우 수요곡선은 수직, 수평, 직각쌍곡선 구간으로 구성된다.

$$P_X=P\overset{>}{\underset{<}{=}}P_Y=1\Rightarrow\frac{P_X}{P_Y}=P\overset{>}{\underset{<}{=}}MRS_{XY}=1\Rightarrow \text{최적 소비}\begin{cases}x=0,\ y=M\\ x+y=M\\ x=\dfrac{M}{P},\ y=0\end{cases}\Rightarrow \text{효용 } u^*=\begin{cases}M\\ M\\ \dfrac{M}{P}\end{cases}$$

가. (×), Y재만 소비하는 모서리해 구간에서 P가 하락해도 효용은 불변이다.
나. (○), 어느 구간에서나 소득이 늘어난 것과 비례하여 효용이 증가한다.
다. (×), 이 경우 무차별곡선 상의 이동인 대체효과($a\to c$)와 무차별곡선 간의 이동인 소득효과($c\to d$)가 모두 발생한다.

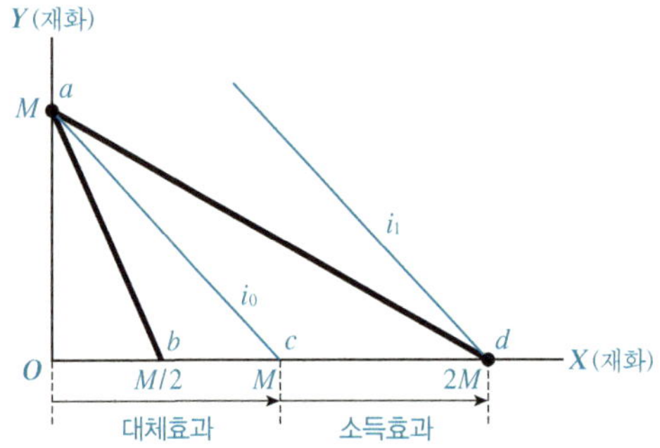

$P=2$일 때 예산선 : ab, 선택점 a
$P=0.5$일 때 예산선 : ad, 선택점 d

41 X재와 Y재를 소비하는 어느 소비자의 효용함수가 $U(X, Y) = 3X + 4Y$이고 X재 가격은 3원, Y재 가격은 1원이다. 다음에서 옳은 것을 모두 고른 것은?

ㄱ. 이 소비자는 주어진 소득으로 전부 Y재만을 소비하는 것이 최적이다.
ㄴ. 다른 조건은 불변인 채 X재 가격이 1로 하락하면 이 소비자는 X재만 소비한다.
ㄷ. Y재의 엥겔곡선(Engel curve)은 기울기가 $\frac{1}{P_Y}$인 직선이다. (단, 소득을 수평축에 둠)
ㄹ. 소득소비곡선은 원점을 통과하는 직선이다.
ㅁ. X재 수요의 소득탄력성은 1보다 작고, Y재 수요의 소득탄력성은 1보다 크다.

① ㄱ, ㄷ　　② ㄱ, ㅁ
③ ㄱ, ㄴ, ㄹ　　④ ㄱ, ㄷ, ㄹ
⑤ ㄷ, ㄹ, ㅁ

hint

ㄱ. (O), $MRS_{XY} = \frac{3}{4} < \frac{P_X}{P_Y} = 3$이므로 Y재만 소비하는 것이 최선이다.
ㄴ. (×), $MRS_{XY} = \frac{3}{4} < \frac{P_X}{P_Y} = 1$이므로 여전히 Y재만 소비하는 것이 최선이다.
ㄷ. (O), Y재만 소비하는 경우 $Y^* = \frac{M}{P_Y}$이므로 엥겔곡선은 기울기 $\frac{1}{P_Y}$인 직선이 된다.
ㄹ. (O), 소득소비곡선은 원점을 출발하는 수직선이다.
ㅁ. (×), X재는 전혀 소비하지 않고 Y재만 소비하므로 소득탄력성은 각각 0과 1이다.

정답　40 ②　41 ④

42 어느 소비자의 효용함수가 $u(x, y) = x + 2y$(x는 X재 소비량, y는 Y재 소비량)이다. Y재의 가격은 5천원이다. 효용을 극대화하는 이 소비자는 30만원을 가지고 Y재만을 소비하고 있다. 그런데 이 소비자가 어떤 회원제 마트에 회원으로 가입하면 X재를 2천원에 구입할 수 있다. 이때 이 소비자는 회원으로 가입하기 위해 최대한 얼마를 회비로 낼 용의가 있는가?

2014년 공인회계사

① 0원
② 3만원
③ 5만원
④ 6만원
⑤ 10만원

hint

주어진 자료에 의하면 이 소비자는 현재 Y재 60단위를 소비하며 효용은 $u(x, y) = 120$을 달성하고 있다. 이 경우 X재의 가격이 얼마인지 모르지만 Y재만 소비하는 것으로 미루어 $\frac{P_X}{P_Y} = \frac{P_X}{5,000} > \frac{1}{2}$이다. 한편 회원제 마트에 가입하면 X재를 2,000원에 구입할 수 있다는 것은 다음 그림에서와 같이 이 소비자는 새로운 예산제약 하에서 새로운 소비를 하게 된다는 것을 의미한다.
원래의 소비점 a와 새로운 소비점 b를 그림에 나타내면 다음과 같다. 따라서 보상변화의 논리에 의해 이 소비자가 지불할 의사가 있는 최대금액은 $(150 - 120) \times 2,000 = 60,000$원이다.

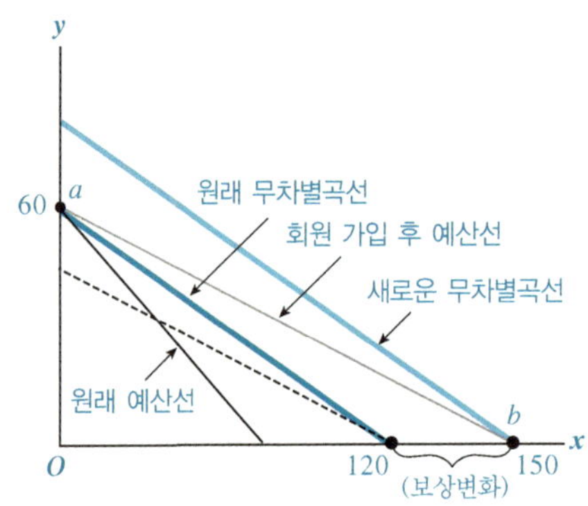

43 갑의 경우 두 재화 X, Y에 대한 수요함수가 다음과 같이 측정되었다고 할 때 다음 서술 중 타당한 것은? 여기서 M은 소득을 나타낸다.

$$X^* = \frac{P_Y}{P_X},\ Y^* = \frac{M}{P_Y} - 1$$

① 소득이 증가하면 X재에 대한 수요도 증가한다.
② Y재의 가격이 하락하면 X재에 대한 수요는 증가한다.
③ X재의 가격이 하락해도 Y재에 대한 수요에는 변화가 없다.
④ X재와 Y재는 서로 독립적이다.

⑤ X재의 가격 하락에 따른 대체효과는 0이다.

hint

이러한 수요함수는 준선형 효용함수 $U = \ln X + Y$에서 도출된 것이며, 내부해를 가지는 구간의 효용함수를 나타내고 있다.

① (×), X재의 수요는 소득에 영향을 받지 않는다. 즉, 소득효과가 0인데, 이는 준선형 효용함수의 중요한 특징이다.
② (×), Y재의 가격이 하락하면 X재의 소비는 감소한다. 즉, 두 재화는 대체재이다.
③ (○), X재의 가격변화는 Y재 소비에 영향을 미치지 않는다. 즉, 두 재화는 독립재이다.
④ (×), ②의 경우 두 재화는 대체재, ③의 경우 두 재화는 독립재이므로 서로 독립재라는 표현은 해석의 여지가 있다. 만약 양방향 모두 독립재라는 의미로 파악한다면 이는 틀린 보기가 된다.
⑤ (×), 대체효과가 0인 효용함수는 레온티에프 효용함수이다.

44 X재와 Y재만을 소비하며 소득이 1인 어느 소비자의 효용함수가 $u(x, y) = -\frac{1}{x} + y$이다. X재의 가격은 P, Y재의 가격은 1이다. 다음 설명 중 옳은 것은? 2021년 공인회계사

① 이 소비자에게 X재는 비재화이다.
② y값이 같다면 한계대체율은 x값에 관계없이 일정하다.
③ X재 수요곡선에 수평인 부분이 존재한다.
④ X재 수요곡선은 45°선을 기준으로 대칭이다.
⑤ X재에 대한 지출이 극대화되는 가격이 여러 개 존재한다.

hint

소비자의 효용극대화 문제는 다음과 같다.

$$\max u(x, y) = -\frac{1}{x} + y \text{ s.t. } Px + y = 1$$

최적 소비조건 : $MRS_{XY} = \frac{MU_X}{MU_Y} = \frac{1/x^2}{1} = \frac{1}{x^2} = P$

⇒ 내부해 : $x = \frac{1}{\sqrt{P}}$, $y = 1 - \sqrt{P}$ $(P < 1)$

⇒ 모서리해 : $x = \frac{1}{P}$, $y = 0$ $(P \geq 1)$

① (×), X재 소비가 증가할수록 효용이 증가하므로 X재화는 비재화가 아니다.
② (×), x값이 같다면 한계대체율은 y값에 관계없이 일정하다.
③ (×), X재 수요함수는 어느 경우에나 우하향한다.
④ (×), X재의 수요곡선은 2구간으로 이루어져 있으며 비대칭적이다.
⑤ (○), $P \geq 1$인 가격에서 모든 소득을 X재에 지출할 수 있다.

정답 42 ④ 43 ③ 44 ⑤

45 두 재화 X와 Y를 통해 효용을 극대화하는 소비자의 소득은 10이고 효용함수는

$$u(x, y) = 4\sqrt{x} + 2y$$

이다. Y재의 가격이 1일 때 다음 설명 중 옳은 것을 모두 고르면? 2020년 공인회계사

가. X재의 가격이 0.5일 때 X재의 소비량은 4단위이다.
나. X재의 가격이 0.5에서 0.2로 하락하면 X재의 소비량은 10단위로 증가한다.
다. X재의 가격이 0.5에서 0.2로 하락하면 대체효과만 발생하고 소득효과는 발생하지 않는다.
라. Y재의 소비가 증가할 때 Y재의 한계효용은 감소한다.

① 가, 나 ② 가, 다 ③ 나, 다
④ 나, 라 ⑤ 다, 라

hint

내부해 조건을 만족할 경우 최적 소비는 다음과 같다.

$$MRS_{XY} = \frac{2/\sqrt{x}}{2} = \frac{1}{\sqrt{x}} = P_X \Rightarrow x^* = \frac{1}{P_X^2}$$

가. (○)
나. (×), $P_X = 0.2$일 때 소비량은 25단위이다.
다. (○), $\frac{dx^*}{dM} = 0$이므로 x재에 대한 소득효과가 존재하지 않는다.
라. (×), $MU_Y = 2$로 일정하다.

*** 참고사항**
엄밀하게 말하면 다.에서 대체효과 및 소득효과가 'x재에 대한' 것이었음을 명시했어야 한다. y재에 대한 소득효과는 당연히 0이 아니기 때문이다.

46 두 재화 X재와 Y재를 소비하는 어떤 소비자의 효용함수는 $U(x, y) = f(x) + y$이다. 이에 대한 설명으로 옳은 것을 모두 고르면? (단, x는 X재 소비량, y는 Y재 소비량, $x \geq 0$, $y \geq 0$이다.)

2023년 공인회계사

가. Y재의 한계효용은 y와 상관없이 일정하다.
나. 한계대체율이 x에 의해서만 결정된다.
다. X재의 한계효용이 체감하면 Y재로 표시한 X재의 한계대체율이 체감한다.
라. $U(x, y)$는 $f(x)$의 형태와 무관하게 동조적인 효용함수이다.

① 가, 나　　② 가, 라　　③ 다, 라
④ 가, 나, 다　　⑤ 나, 다, 라

hint

가. (O), $MU_Y = 1$로 일정하다.
나. (O), $MU_X = f'(x)$이므로 y에 영향을 받지 않는다.
다. (O), $MRS_{XY} = \frac{MU_X}{MU_Y} = MU_X$이므로 한계효용체감 여부와 한계대체율 체감 여부가 일치한다.
라. (×), 동조적인 효용함수란 원점에서 출발하는 직선 상에서 무차별곡선의 기울기가 동일한 효용함수를 말한다. 콥-더글러스 효용함수가 대표적이다. 주어진 효용함수는 준선형 효용함수로 수직선 상에서 무차별곡선의 기울기가 동일하다.

47 다음의 효용함수에 대한 설명으로 옳은 것은? 2012년 공인회계사

$$U = x^{0.5} + y^{0.5}$$

가. 무차별곡선은 원점에 대하여 볼록하다.
나. 두 재화의 수요는 대체관계에 있다.
다. 각 재화는 정상재이며 소득탄력성이 1보다 큰 사치재이다.
라. x의 가격변화에 대한 가격소비곡선(PCC)은 우하향하는 직선이다.
마. 소득소비곡선(ICC)은 원점을 지나는 직선이다.

① 가, 나, 다　　② 나, 라, 마
③ 가, 나, 마　　④ 가, 라, 마
⑤ 나, 다, 라, 마

hint

가. $MRS_{XY} = \frac{MU_X}{MU_Y} = \frac{y^{0.5}}{x^{0.5}}$ ⇒ 원점에 대해 볼록
나, 라. 두 재화가 대체관계라면 PCC는 우하향한다. 그러나 PCC가 반드시 직선일 필요는 없다. 즉, '라'가 옳다면 '나'도 옳지만, 그 역은 성립하지 않는다.
다, 마. 최적 소비조건 $MRS_{XY} = \frac{MU_X}{MU_Y} = \frac{y^{0.5}}{x^{0.5}} = \frac{P_X}{P_Y}$에서 ICC는 $y = \left(\frac{P_X}{P_Y}\right)^2 x$가 된다. 즉, 원점에서 출발하는 직선이며, 이 경우 두 재화의 소득탄력성은 모두 1이다. 따라서 '마'는 옳고, '다'는 틀렸다.

정답　45 ②　46 ④　47 ③

48 **효용을 극대화하는 소비자의 효용함수는 $U(x_1, x_2) = \sqrt{x_1} + \sqrt{x_2}$이다. 재화 x_1과 x_2의 가격은 각각 2, 1이고, 예산은 200이다. 다른 조건이 일정하고, 정부가 x_2에 단위당 1의 종량세를 부과할 때 얻게 되는 조세수입은?** (단, x_i는 정상재 i의 소비량이고, $i = 1, 2$이다.) 2022년 국가직 7급

① 25 ② 50
③ 75 ④ 100

hint

종량세를 부과할 경우 예산선 : $2x_1 + 2x_2 = 200$

소비자의 효용극대화 최적 조건 : $MRS_{12} = \frac{MU_1}{MU_2} = \frac{\sqrt{x_2}}{\sqrt{x_1}} = \frac{p_1}{p_2} = 1 \Rightarrow x_1 = x_2$

정리하면 종량세를 부과할 경우 $x_1 = x_2 = 50$에서 소비하고 조세수입 $R = T \times x_2 = 1 \times 50 = 50$이 된다.

49 **소득 m을 갖는 소비자가 두 재화 X와 Y를 통해**

$$u(x, y) = x^2 + y^2$$

의 효용을 얻는다. Y재의 가격이 1일 때 효용을 극대화하는 이 소비자에 대한 다음 설명 중 옳은 것은? (단, $0 < m < \infty$.) 2020년 공인회계사

① X재 수요가 가격에 단위 탄력적인 점이 있다.
② X재의 가격이 1이면 두 재화의 소비량은 같다.
③ X재의 가격이 2에서 0.5로 떨어지면 대체효과는 $\frac{m}{2}$이다.
④ X재의 모든 가격 하에서 효용극대화 소비점은 유일하다.
⑤ 한계대체율이 X재의 가격과 같아지는 효용극대화 소비점이 존재한다.

hint

이 효용함수는 반드시 모서리해를 갖는 예이다. 대부분 유일한 모서리해를 가지며 예외적으로 복수의 모서리해를 가질 수 있으나 절대로 내부해를 가지지 않는다.

$P_X > P_Y = 1$이면 $x^* = 0,\ y^* = m$이며, $MRS_{XY} = \frac{x}{y} = 0$

$P_X < P_Y = 1$이면 $x^* = \frac{m}{P_X},\ y^* = 0$이며, $MRS_{XY} = \frac{x}{y} = \infty$

$P_X = P_Y = 1$이면 $x^* = 0,\ y^* = m$ 또는 $x^* = m,\ y^* = 0$이며, $MRS_{XY} = \frac{x}{y} = 0$ 또는 ∞

① (○), $P_X < P_Y$인 경우 $x^* = \frac{m}{P_X}$이며, 이 경우 가격탄력성이 1이 된다.
② (×), 이 효용함수는 반드시 모서리해를 갖는다.
③ (×), 가격하락 시 소비가 0에서 $2m$으로 증가하는데, 이 중 대체효과의 크기는 m이다.
④ (×), 예외적으로 2개의 모서리해를 가지는 경우가 있다.
⑤ (×), 이 효용함수는 반드시 모서리해를 가지며, 한계대체율과 가격이 일치하는 일은 나타나지 않는다.

50 두 재화 X, Y를 통해 효용을 극대화하는 소비자의 효용함수가 다음과 같다.

$$u(x, y) = -(x-a)^2 - (y-b)^2$$

a, b는 양(+)의 상수이다. 이 소비자에 대한 설명으로 옳은 것은? 2019년 공인회계사

① 두 재화가 모두 비재화(bads)인 부분이 존재한다.

② 초기부존점이 (a, b)라면 예산선 위의 모든 점에서 효용이 극대화된다.

③ 주어진 소득 수준에서 효용을 극대화하는 소비점이 여러 개 존재할 수 있다.

④ 효용함수 $u(x, y) = -|x-a| - |y-b|$도 같은 선호체계를 나타낸다.

⑤ 선호체계가 이행성(transitivity)을 위배한다.

hint

주어진 효용함수에 대한 무차별지도를 나타내면 〈그림 1〉과 같다. 무차별지도는 포만점이 존재하는 동심원 형태가 된다.

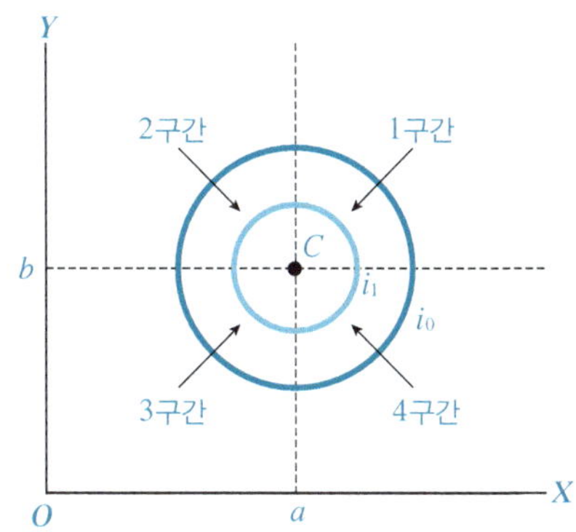

〈그림 1〉

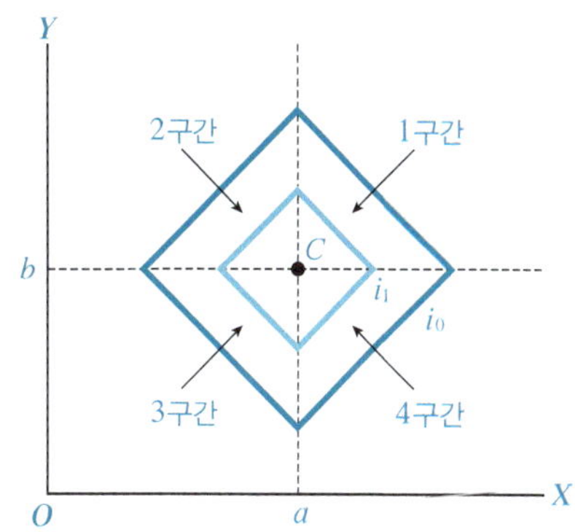

〈그림 2〉

① (O), 1구간의 경우 두 재화가 모두 비재화가 된다.

② (×), 〈그림 1〉에서 C점은 포만점이므로 그 점을 그대로 소비하는 것만이 최선이다.

③ (×), 일반적 예산선 하에서 최적 선택점은 항상 하나가 된다.

④ (×), 이러한 효용함수의 무차별지도를 나타내면 〈그림 2〉와 같다.

⑤ (×), 함수로 나타내어지는 선호체계는 이행성을 위반하지 않는다.

정답 48 ② 49 ① 50 ①

51 소득 m으로 두 재화 X_1과 X_2를 소비하는 소비자의 효용함수가

$$u(x_1, x_2) = min\{2x_1 + x_2, x_1 + 2x_2\}$$

로 주어져 있다. X_2의 가격이 1일 때, X_1의 수요곡선에 관한 설명 중 옳은 것을 모두 고르면? (단, $0 < m < \infty$이다.)

2019년 공인회계사

가. 가격탄력성이 0인 점이 있다.
나. 가격탄력성이 무한(∞)인 점이 있다.
다. 수요량은 모든 가격에서 0보다 크다.
라. 가격이 $\frac{3}{2}$에서 $\frac{2}{3}$로 하락하면 대체효과가 소득효과보다 크다.

① 가, 나　② 가, 다　③ 나, 다
④ 나, 라　⑤ 다, 라

hint

주어진 효용함수에서 다음의 관계가 성립한다.

$$x_1 \gtreqless x_2 \Rightarrow 2x_1 + x_2 \gtreqless x_1 + 2x_2 \Rightarrow u(x_1, x_2) = \begin{cases} x_1 + 2x_2 \\ 2x_1 + x_2 \end{cases} \Rightarrow MRS_{12} = \begin{cases} \frac{1}{2} \\ 2 \end{cases}$$

이에 대응되는 무차별지도를 그리면 〈그림 1〉과 같다.
이에 대응되는 수요함수를 나타내면 〈그림 2〉와 같다.

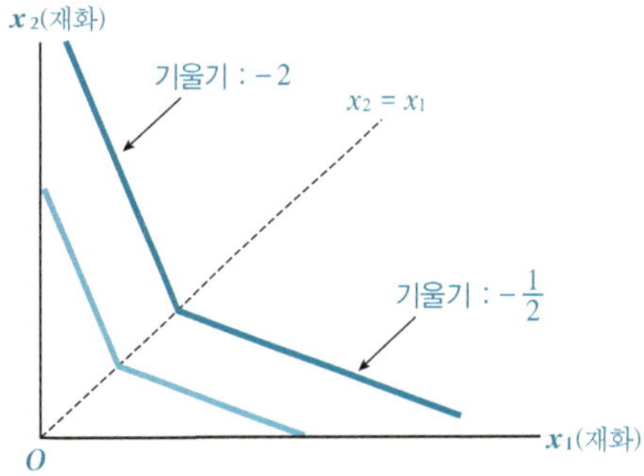

〈그림 1〉

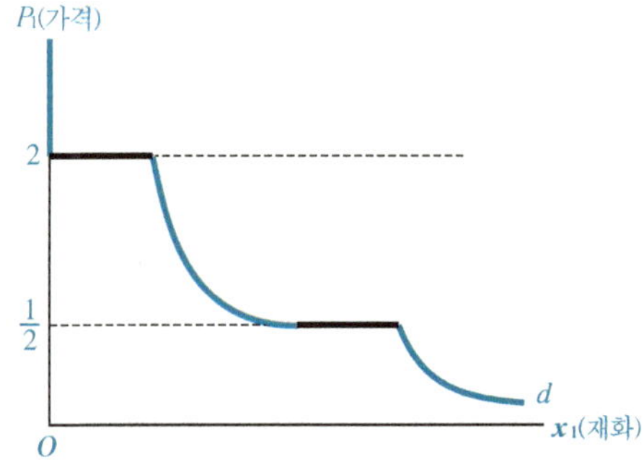

〈그림 2〉

가. (O), $P_1 > 2$인 경우 수요곡선이 수직선이므로 가격탄력성이 0이라 간주할 수 있다.
나. (O), $P_1 = 2$인 경우와 $P_1 = \frac{1}{2}$인 경우 수요곡선이 수평선이므로 가격탄력성은 무한(∞)이 된다.
다. (×), $P_1 > 2$ 수요량은 0이다.
라. (×), 가격이 $\frac{3}{2}$에서 $\frac{2}{3}$로 하락할 때의 소비 변화는 소득효과로만 이루어진다.

52 X재와 Y재만을 소비하는 어느 소비자의 효용함수가 다음과 같다.

$$u(x, y) = \max\{2x + y,\ x + 2y\}$$

Y재의 가격이 1로 주어진 경우 효용을 극대화하는 이 소비자에 대한 설명으로 옳은 것만을 모두 고르면? 2021년 공인회계사

가. X재 가격의 각 수준에 대해 효용극대점은 유일하다.
나. 두 재화의 소비량이 같은 효용극대점이 존재한다.
다. X재 수요가 단위 탄력적인 점이 존재한다.
라. X재 수요가 완전 비탄력적인 점이 존재한다.

① 가, 나 ② 가, 다 ③ 나, 다
④ 나, 라 ⑤ 다, 라

hint

$$2x + y \gtrless x + 2y \Rightarrow x \gtrless y \Rightarrow u = \begin{cases} 2x + y \\ x + 2y \end{cases} \Rightarrow MRS_{xy} = \begin{cases} 2 \\ \frac{1}{2} \end{cases}$$

이러한 효용함수를 나타내면 아래 그림과 같다. 또한 수요곡선은 수직구간과 직각쌍곡선 구간으로 이루어진다. 주의할 점은 완전대체재의 경우와 달리 수평구간을 소비하는 일은 나타나지 않는다는 점이다.

가. (×), $P_X = 1$인 경우 2개의 해가 존재한다.
나. (×), 이러한 효용함수 하에서는 내부해가 존재하지 않는다.
다. (○), 직각쌍곡선 구간에서 가격탄력성은 1이다.
라. (○), 수직인 구간에서 수요는 완전 비탄력적이다.

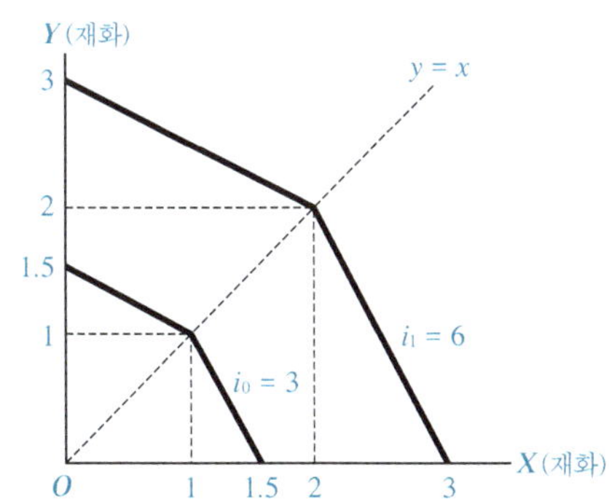

〈그림 1〉 무차별곡선

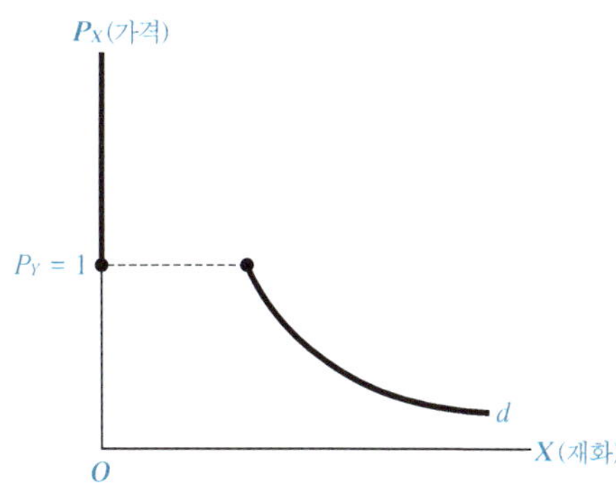

〈그림 2〉 수요곡선

정답 51 ① 52 ⑤

53 **X와 Y 두 재화만을 소비하는 어떤 소비자는 한계대체율이 체감하는 무차별곡선을 가지고 있다. Y재로 표시한 X재의 상대가격은 2이다. 이 소비자는 Y재 10단위를 살 수 있는 현금을 보조금으로 받고 있다. $(X, Y) = (30,10)$은 이 소비자의 예산선 상의 한 점이며, 이 점에서 소비자는 X재 한 단위와 Y재 한 단위를 교환하여도 같은 만족도를 얻는다. 이제 정부가 이 보조금을 Y재 10단위의 현물로 지급하는 방식으로 제도를 바꾸었다고 하자**(단, 지급된 현물을 현금으로 바꾸는 것은 금지되어 있다.)**. 이 제도 변화로 인한 효과를 가장 적절하게 설명한 것은?**

2005년 공인회계사

① 소비자의 효용수준은 증가한다.
② 소비자의 효용수준은 감소한다.
③ 소비자의 효용수준은 변하지 않는다.
④ 소비자는 X재의 소비를 늘려 효용을 증가시킬 수 있다.
⑤ 소비자는 Y재의 소비를 늘려 효용을 증가시킬 수 있다.

hint

먼저 Y재 10단위를 살 수 있는 현금보조 하의 예산선은 $(X, Y) = (30, 10)$, 즉 E점을 통과하는 기울기가 -2인 직선으로서 CD에 해당한다. 따라서 아무런 현금보조가 없다면 예산선은 AB와 같다. 여기에 Y재 10단위를 현물로 보조한다면 AB에 비해 Y축으로 10단위만큼 평행이동한 CEB가 새로운 예산선이 된다. 그런데 (30, 10)에서의 한계대체율은 1로서 가격비율 2보다 작다($MRS_{XY} < \frac{P_X}{P_Y}$). 그러므로 현금보조든 현물보조든 효용극대화는 F에서 이루어지므로 효용수준에 차이가 없다.

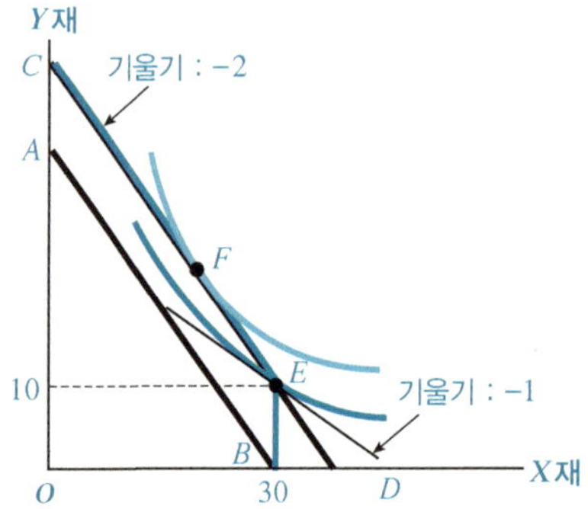

54 두 재화 X, Y를 소비하는 인수의 효용함수는 $U(X, Y) = XY$이고 진수의 효용함수는 $U(X, Y) = \min\{X, Y\}$이다. 정부는 이들을 위해 소득보조와 X재에 대한 가격보조를 고려하고 있다. 정부의 보조금액이 동일하다는 조건 하에서 다음 설명 중 옳은 것은?

① 인수와 진수 모두에게 소득보조가 더 유리하다.

② 인수에게는 소득보조가 유리하고 진수에게는 가격보조가 유리하다.

③ 인수에게는 가격보조가 유리하고 진수에게는 소득보조가 유리하다.

④ 인수에게는 소득보조가 유리하고 진수에게는 두 방법이 차이가 없다.

⑤ 인수에게는 두 방법이 차이가 없지만 진수에게는 소득보조가 더 유리하다.

hint

정부가 극빈자들을 보조하는 대표적인 방법으로는 소득보조(현금보조)와 가격보조가 있다. 소득보조는 소비자의 예산선을 밖으로 평행이동시킨다. 따라서 이 경우에는 소득효과만 작용한다. 한편 가격보조는 예산선의 기울기를 변화시킴으로써 소득효과와 대체효과가 모두 작용한다. 원점에 대해 볼록한 무차별곡선을 가진 일반적인 소비자의 경우 왼쪽 그림에서와 같이 정부의 보조금액이 동일하다면 항상 소득보조가 유리하다. 그 이유는 대체효과가 작용하지 않기 때문이다. 원래의 소비점은 a인데 가격보조 이후에는 소비점이 b로 이동한다. 그렇지만 소득보조에 따른 소비점은 c로서 b보다 높은 후생수준을 나타낸다. 여기서 핵심 포인트는 가격보조 이후의 소비점 b가 소득보조 이후의 예산선 상에 위치한다는 것과 이 소비점에서는 $MRS_{XY} < \frac{P_X}{P_Y}$가 성립한다는 사실이다. 단, 여기서 X재는 가격보조가 이루어지는 재화라고 간주한다.

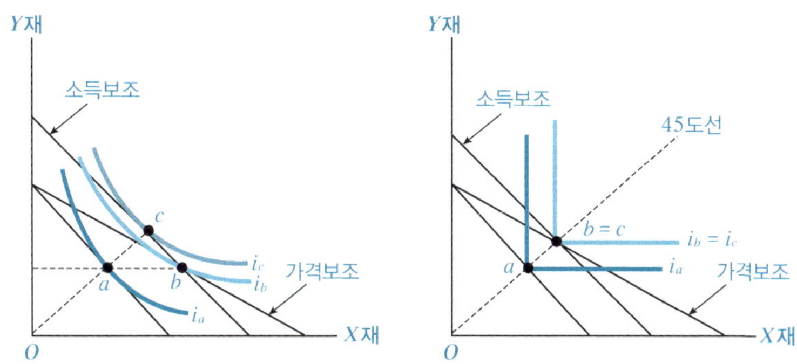

원점에 대해 볼록한 무차별곡선의 경우　　　　L자형 무차별곡선의 경우

오른쪽 그림은 대체효과가 0인 L자형의 무차별곡선의 경우 가격보조와 소득보조의 영향을 비교하고 있다. 앞의 경우와는 달리 소득보조 이후의 소비점과 가격보조 이후의 소비점이 $b = c$로 일치한다. 따라서 이 경우 양자의 차이는 없다. 문제에서 인수는 원점에 대해 볼록한 무차별곡선을 가지고 있고 진수는 L자형의 무차별곡선을 가지고 있다. 따라서 인수에게는 소득보조가 유리한 반면 진수에게 양자는 차이가 없다. 이로부터 우리는 다음과 같은 사실을 알 수 있다. 만약 가격보조를 실시하더라도 대체효과가 0인 경우에는 대체효과가 작용하지 않고 단지 소득효과만 작용한다. 그렇다면 소득보조와 가격보조의 차이는 사라진다.

정답　53 ③　54 ④

55 소득 1,200만원으로 X재와 Y재만을 소비하는 소비자가 있다. 이 소비자의 효용함수는 $U(X, Y) = \sqrt{XY}$이고, 각 재화의 가격은 각각 1만원이다. 정부는 이 소비자의 생계를 보조하기 위해 다음 세 가지 지원정책을 계획하고 있다. 이 소비자가 선호하는 지원정책 순서는? (단, ≻는 소비자가 부호의 왼쪽에 있는 정책을 부호의 오른쪽에 있는 것보다 더 선호하고 있다는 의미이며, ~는 소비자가 두 정책 사이에 무차별하다는 의미이다.) 2023년 공인회계사

가. 300만원의 현금을 보조하는 경우
나. 300만원어치 X재를 현물로 보조하는 경우
다. 30만원어치 X재를 15만원에 구입할 수 있는 쿠폰을 20매 제공하는 경우

① 가~나~다 ② 가≻나≻다 ③ 가~나≻다
④ 다~나≻가 ⑤ 다≻나≻가

hint

보조 이전의 예산선은 ab이며, 보조 이후 예산선은 각각 다음과 같다. [금액 단위 : 만원]

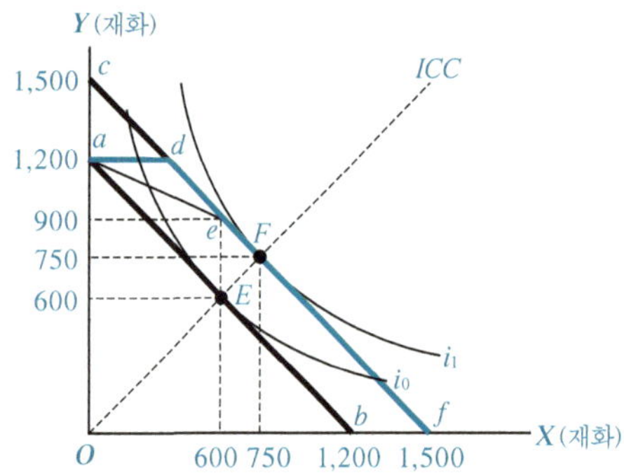

가. 현금보조 시 ⇒ cf
$X + Y = 1{,}500$
나. 현물보조 시 ⇒ adf
$X + Y = 1{,}500$, 단 $X \geq 300$
다. (유한) 가격보조 시 ⇒ aef
$\frac{1}{2}X + Y = 1{,}200 (X \leq 600)$
$X + Y = 1{,}500 (X > 600)$

일반적인 경우라면 현금보조를 현물보조나 가격보조보다 선호한다. 그러나 주어진 경우에는 최초 선택점이 E이고 동조적 효용함수의 성질상 보조 이후 모든 경우 동일하게 F점을 선택하므로 아무런 차이가 없다.

56 정부는 휘발유 소비를 억제하기 위해 휘발유에 부과되는 특별소비세를 리터당 100원씩 인상하는 대신 이로 인해 소비자가 추가로 부담하는 금액만큼을 되돌려주는 환불정책(rebate policy)을 실시하려고 한다. 인철은 자신의 소득을 휘발유(X)와 식료품(Y)에 지출한다고 할 때 특별소비세 인상 전과 후 인철의 후생수준의 변화에 관한 설명으로 옳은 것은? 단, 인철의 효용함수는 $U(X, Y) = X^{0.5}Y^{0.5}$이다.

① 인철의 후생수준에는 변화가 없다.
② 인철의 후생수준은 하락한다.

③ 인철의 후생수준은 증가한다.

④ 인철의 후생수준은 증가할 수도 있고 하락할 수도 있다.

⑤ 이것만으로는 비교할 수 없다.

hint

이 문제의 핵심은 환불정책의 경제적 의미를 정확하게 이해하는 데 있다. 특별소비세를 리터당 100원 인상하면 오른쪽 그림에서와 같이 예산선이 가팔라진다. 인철은 콥-더글라스 효용함수를 가지고 있다. 따라서 특별소비세 인상으로 X재의 가격이 상승하더라도 X재에 대한 총지출액은 변하지 않는다. 이것은 특별소비세 인상 후 인철의 Y재 소비도 변하지 않는다는 것을 의미한다. 따라서 원래의 소비점이 a라면 특별소비세 인상 후 새로운 소비점은 b이다.

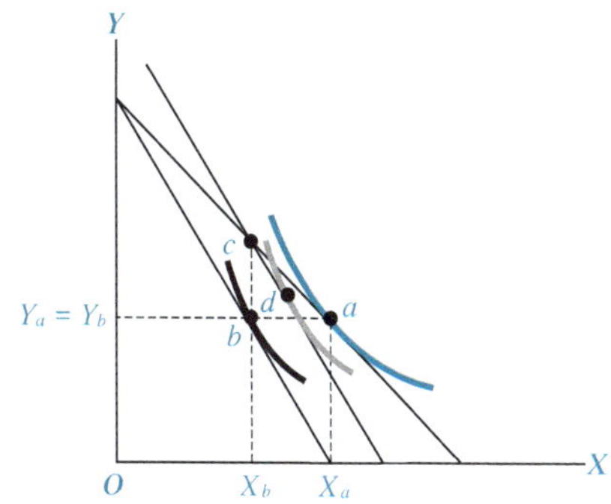

환불 이후의 새로운 예산선이 소비점 c를 통과한다면 인철은 효용을 극대화하기 위해 아래 그림에서 소비점 d를 선택할 것이다. 그러므로 특별소비세 인상 전과 비교해 인철의 효용수준은 감소한다.

57 서울에서 대학에 다니고 있는 민아는 항상 두 종류의 재화(사과와 귤)만을 소비하는 소비자이다. 민아는 다음 달에 교환학생으로서 제주에 갈 예정이다. 사과의 가격은 서울과 제주 모두 500원이며 귤의 가격은 서울 300원, 제주 200원이다. 한편 민아의 부모님은 민아가 제주에 있는 동안 서울에 있을 때와 동일한 수준의 효용을 얻을 수 있을 정도의 용돈을 민아에게 주기로 약속하였다. 이 경우 민아가 제주에 있는 동안 사과와 귤의 소비량에 관해서 바르게 서술한 것은? 단, 민아가 제주에 가더라도 두 재화 간 한계대체율이 체감하는 그녀의 선호(preference)는 변하지 않는다. 2016년 보험계리사

① 사과의 소비량은 증가, 귤의 소비량은 감소한다.

② 사과의 소비량은 감소, 귤의 소비량은 증가한다.

③ 사과의 소비량은 변화가 없으며 귤의 소비량만 증가한다.

④ 사과의 소비량과 귤의 소비량 모두 증가한다.

hint

동일한 효용이 달성되도록 용돈이 지급된다는 것은 힉스기준의 보상이 이루어져서 소득효과가 발생하지 않고 대체효과만 발생한다는 것을 의미한다. 서울에 비해 제주도에서 귤의 상대가격이 낮기 때문에 민아는 사과소비를 귤소비로 대체하려 할 것이다.

정답 55 ① 56 ② 57 ②

58 혜진은 휴대폰을 이용한 통화(X)와 기타 소비(Y)로부터 효용을 얻고 있다. 혜진은 현재 기본요금 5만원을 내면 100통화까지는 무료이고, 그 다음 통화부터는 통화당 $P_X = 1,000$원을 내야 한다. 그리고 통화의 기본 단위는 10분이다. 기타 소비는 화폐량으로 측정하므로 가격은 $P_Y = 1$로 간주하면 된다. 혜진의 한 달 용돈은 50만원인데 현재 X재에 35만원, Y재에 15만원을 지출하고 있다. 그런데 혜진은 기본요금을 10만원 내면 100통화까지 무료이고 그후에는 통화당 500원만 내면 되는 새로운 요금제도로 변경할지 여부를 놓고 고민하고 있다. 혜진은 원점에 대해 볼록한 무차별곡선을 가지고 있다고 할 때 다음 설명 중 옳은 것은?

① 원래의 요금제도를 이용하는 것이 혜진에게 유리하다.
② 새로운 요금제도로 변경하는 것이 혜진에게 유리하다.
③ 어느 요금제도를 선택하든 혜진에게 차이가 없다.
④ 혜진의 상황에 따라 원래 요금제도가 유리할 수도 있고 새로운 요금제도가 유리할 수도 있다.
⑤ 이것만으로는 혜진에게 어느 요금제도가 유리한지 비교할 수 없다.

hint

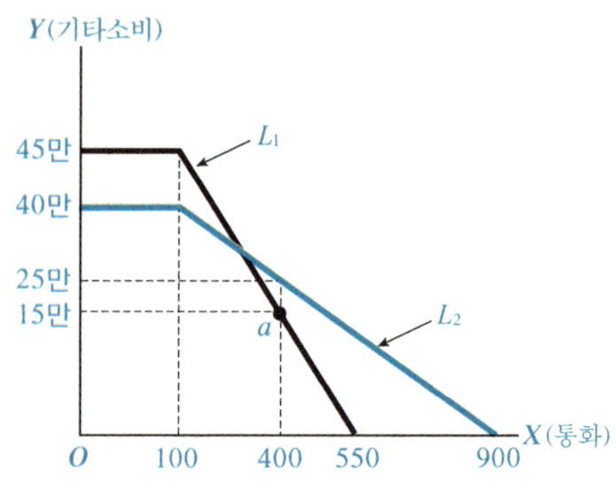

이 문제의 핵심은 요금제도 변경에 따른 예산집합의 변화를 정확하게 이해하는 데 있다. 원래의 요금제도와 새로운 요금제도에 입각한 예산선을 비교하면 오른쪽 그림과 같다. 여기서 L_1은 원래의 예산선을, L_2는 새로운 예산선을 나타낸다.

어느 요금제도가 유리한지 판단하는 기준은 원래의 소비점이 새로운 예산집합의 안에 있는지 아니면 밖에 있는지 여부이다. 혜진은 원래의 요금제도 하에서 통화료로 35만원을 지불하고 있다. 기본요금 5만원을 제하면 30만원을 통화료로 지불한 것이니 혜진의 총 400통화를 이용한 셈이다. 그런데 새로운 요금제도에 가입하면 400통화에 소요되는 요금이 기본료 10만원 + 통화료 15만원 = 25만원이면 된다. 따라서 기타 재화에 25만원을 지출할 수 있다. 이것은 혜진의 원래 소비점 a가 새로운 예산선 L_2 안에 위치한다는 것을 뜻한다. 따라서 혜진은 새로운 요금제도로 변경함으로써 더 좋아질 수 있다.

59 김 씨는 매월 정부로부터 100만원의 보조금을 받고 있는 극빈자이다. 그는 두 재화 X(쌀)와 Y(의류)를 소비한다. 작년 두 재화의 가격이 $P_X = 20{,}000$원, $P_Y = 10{,}000$원일 때 그는 X재 30단위, Y재 40단위를 소비했다. 그런데 올해 두 재화의 가격이 각각 $P_X = 25{,}000$원, $P_Y = 8{,}000$원으로 변하였다. 정부는 김 씨가 생활수준을 유지할 수 있도록 보조금액을 조정하려고 한다. 다음 설명 중 옳은 것은? 단, 김 씨는 원점에 대해 볼록한 무차별곡선을 가지고 있다고 가정한다.

① 보조금을 100만원으로 유지하더라도 김 씨의 생활수준은 나빠지지 않는다.
② 보조금을 120만원으로 인상해야 김 씨는 작년의 생활수준을 유지할 수 있다.
③ 보조금을 90만원으로 줄여도 김 씨는 작년의 생활수준을 유지할 수 있다.
④ 보조금을 107만원으로 인상하면 김 씨는 작년의 생활수준 이상을 유지할 수 있다.
⑤ 보조금을 적어도 110만원으로 인상해야 김 씨는 작년의 생활수준을 유지할 수 있다.

hint

김 씨는 작년에 오른쪽 그림에서 a점과 같이 소비하고 u_a의 효용수준을 달성하고 있었다.
그런데 올해 가격이 변동하였으므로 김 씨의 최적 소비도 변하게 된다. u_a 수준의 효용을 올해의 가격조건에서 최소의 지출로 달성하기 위해서는 b점과 같이 소비해야 한다. 주어진 자료로서는 b점에서의 지출이 얼마인지 알 수 없다. 물론 김 씨 자신은 이것을 알 수 있다. 그런데 객관적으로 확인할 수 있는 것은 작년의 소비점인 a와 같은 상품묶음을 올해의 가격으로 소비하기 위해서는 107만원의 소득이 필요하다는 사실이다. 따라서 정부가 김 씨에 대한 보조금을 107만원으로 인상한다면 김 씨는 c점과 같이 소비함으로써 작년의 생활수준 이상을 달성할 수 있다. 이런 의미에서 107만원은 과잉보조에 해당한다.

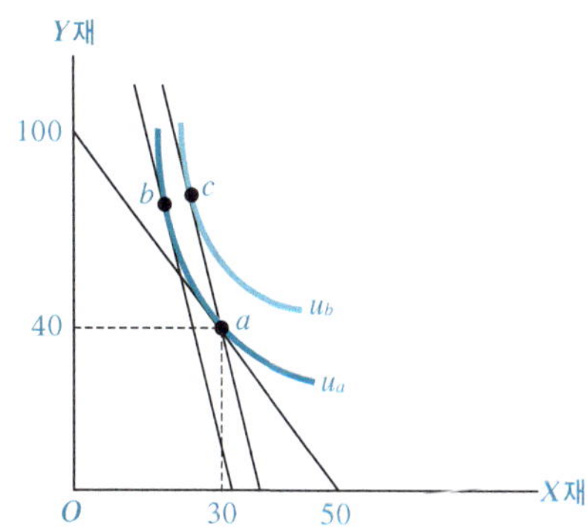

정답 58 ② 59 ④

60 〈보기〉와 같은 상황에서 2015년의 연금지급액이 200이었다면 2016년에 대한 설명으로 옳은 것은? 2016년 국회 8급

> ▪ X와 Y 두 재화만을 소비하는 연금수령자가 2015년 현재 $P_x = P_y = 1$에서 X와 Y를 각각 100단위씩 소비하고 있다.
> ▪ 연금수령자의 효용함수는 $U(X, Y) = \sqrt{XY}$ 이며, 연금수령자는 매기 효용을 극대화한다.
> ▪ 2016년에는 P_y는 그대로인데 $P_x = 1.1$로 상승함에 따라 정부가 연금지급액을 조정한다.

① 연금수령자가 이전과 동일한 소비량을 유지하기 위해서는 연금지급액이 220으로 증가해야 한다.
② 연금수령액이 200에서 213으로 증가할 경우 연금수령자는 이전과 동일한 소비량을 선택할 것이다.
③ 연금수령액이 200에서 220으로 증가할 경우 연금수령자는 이전과 동일한 소비량을 선택할 것이다.
④ 연금수령자에 대한 소비자물가지수(CPI)는 2015년을 기준연도로 할 때 2016년에는 107이 된다.
⑤ 연금수령자가 이전과 동일한 효용을 유지하기 위해서는 연금지급액이 200과 210 사이의 값으로 증가해야 한다.

hint

① (×), 연금수령자가 이전과 동일한 소비량을 유지하기 위해서는 연금지급액이 210으로 증가해야 한다.
② (×), 상대가격과 실질소득이 모두 변했으므로 동일한 소비량을 선택하지 않는다.
③ (×), 상대가격과 실질소득이 모두 변했으므로 동일한 소비량을 선택하지 않는다.
④ (×), 연금수령자에 대한 소비자물가지수(CPI)는 2015년을 기준연도로 할 때 2016년에는 105가 된다.
⑤ (○), 2016년에 연금수령자가 210을 지급받는다면 효용이 증가한다. 따라서 동일한 효용을 유지하기 위해서는 200과 210 사이의 어떤 값으로 증가해야 한다.

[이 문제는 계산을 통해 풀 수도 있겠으나 계산을 사용하지 않고도 풀 수 있다면 더욱 바람직하다.]

61 월소득 10으로 두 재화 X, Y만을 구매하는 소비자가 있다. 이 소비자가 이용하는 상점에서 두 재화의 가격은 각각 1인데, 이번 달은 사은행사로 X재를 6단위 이상 구입하는 소비자에게는 2단위의 Y재가 무료로 지급된다. 다음 설명 중 옳지 않은 것은? 2019년 공인회계사

① 지난 달에 X재 1단위 소비의 기회비용은 Y재 1단위이다.

② 행사로 인해 예산집합의 면적이 8 증가한다.

③ 이번 달 예산선의 우하향하는 부분의 기울기는 지난 달 예산선의 기울기와 같다.

④ 이 소비자의 선호가 단조성을 만족하면, 이번 달에 X재 5단위를 구입하는 것은 최적 선택이 될 수 없다.

⑤ 이 소비자의 효용함수가 $u(x, y) = xy$라면, 이번 달 이 소비자의 X재 소비량은 Y재 소비량보다 크다.

hint

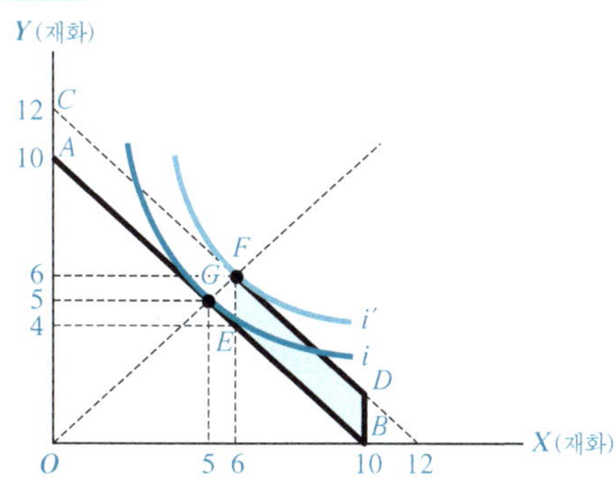

사은행사 전 예산선 : AB
사은행사 후 예산선 : $AEFDB$

① (O), 사은행사 전 예산선의 기울기는 −1이다.
② (O), 사은행사로 늘어난 면적은 사다리꼴 $EFDB$이다.
③ (O), 이러한 사은행사는 조건부 현물보조이므로 예산선의 기울기는 영향을 받지 않는다.
④ (O), X재를 5단위 소비한 점은 (5, 5)인데 이보다 명백히 선호되는 점들, 예를 들어 (6, 6)이 새로운 예산선 상에 있으므로 X재를 5단위 소비하는 선택은 최적 선택이 아니다.
⑤ (×), 사은행사와 무관하게 최적 소비조건은 $MRS_{XY} = \frac{Y}{X} = \frac{P_X}{P_Y} = 1$ 또는 $Y = X$이다. 이를 만족하는 점은 G점과 F점인데 이 중 보다 선호되는 F점을 선택할 것이다.

정답 60 ⑤ 61 ⑤

62 근로소득세를 인하함으로써 노동공급량을 증가시키려는 정책이 실패할 것이라는 전망의 근거로 적절한 것을 모두 고른 것은? 2005년 감정평가사

(1) 현재의 노동시장 균형은 노동공급곡선이 후방으로 굴절된 부분에 있는 것으로 확인되었다.
(2) 근로소득세의 인하로 세후 임금이 증가할 때 소득효과의 크기가 대체효과의 크기보다 작을 것으로 예상된다.
(3) 근로소득세의 인하로 세후 임금이 증가할 때 여가에 대한 수요는 더욱 커질 것으로 전망된다.
(4) 노동공급의 임금탄력성이 1보다 큰 것으로 확인되었다.

① (1), (2) ② (1), (3) ③ (1), (4)
④ (1), (2), (3) ⑤ (2), (3), (4)

hint

(1) (○), 이 경우 근로소득세 인하로 세후수취임금이 상승하면 노동공급이 감소한다.
(2) (×), 세후수취임금 상승 시 대체효과는 노동공급량을 증가시키고 소득효과는 노동공급량을 감소시킨다. 후자가 작다면 노동공급량은 증가한다.
(3) (○), 여가에 대한 수요가 증가한다는 것은 노동공급이 감소했음을 의미한다.
(4) (×), 노동공급의 임금탄력성이 0보다 크다면 세후수취임금 상승 시 노동공급이 증가한다. 노동공급의 임금탄력성이 1보다 크다는 것은 노동공급이 탄력적으로 증가한다는 것을 의미한다.

63 효용을 극대화하는 근로자 甲은 여가와 근로소득을 선택한다. 다음 중 관찰될 수 있는 경우를 모두 고른 것은? (단, 甲에게 여가는 정상재이다.) 2014년 감정평가사

ㄱ. 시간당 임금이 상승했는데, 甲의 노동공급이 감소했다.
ㄴ. 시간당 임금이 상승했는데, 甲의 노동공급이 증가했다.
ㄷ. 시간당 임금에 근로소득세를 부과했더니, 甲의 노동공급이 증가했다.
ㄹ. 甲에게 비근로소득이 생겨 노동공급이 증가했다.

① ㄱ, ㄴ ② ㄴ, ㄹ ③ ㄱ, ㄴ, ㄷ
④ ㄱ, ㄷ, ㄹ ⑤ ㄴ, ㄷ, ㄹ

hint

여가가 정상재라면 시간당 임금이 상승하는 경우 대체효과에 의해 여가에 대한 수요가 감소(노동공급의 증가)하고 소비수요가 증가하며, 소득효과에 의해 여가에 대한 수요가 증가(노동공급의 감소)한다. 따라서 대체효과

에 의한 노동공급의 증가와 소득효과에 의한 노동공급의 감소 중 어떤 효과가 더 큰가에 따라 최종적으로 노동공급이 증가할 수도, 감소할 수도 있다. 임금에 근로소득세가 부과되는 경우에도 마찬가지 논리가 성립한다. 즉, 대체효과에 의해 여가에 대한 수요가 증가(노동공급의 감소)하는 반면 소득효과에 의해 여가에 대한 수요가 감소(노동공급의 증가)가 이루어지므로, 어떤 효과가 더 큰가에 따라 최종적으로 노동공급이 결정된다. 그런데 비근로소득이 생기는 경우 당연히 여가에 대한 수요가 증가하므로 노동공급은 감소한다.

64 여가(L) 및 복합재(Y)에 대한 甲의 효용은 $U(L, Y) = \sqrt{L} + \sqrt{Y}$이고, 복합재의 가격은 1이다. 시간당 임금이 w일 때 甲의 여가시간이 L이면, 소득은 $w(24 - L)$이 된다. 시간당 임금 w가 3에서 5로 상승할 때 효용을 극대화하는 甲의 여가시간 변화는? 2020년 감정평가사

① 1만큼 증가한다. ② 2만큼 증가한다. ③ 변화가 없다.
④ 2만큼 감소한다. ⑤ 1만큼 감소한다.

hint

max $U(L, Y) = \sqrt{L} + \sqrt{Y}$ s.t. $Y = w(24 - L)$

$w = 3$일 때 : $MRS_{LY} = \dfrac{\sqrt{Y}}{\sqrt{L}} = w = 3 \Rightarrow Y = 9L = 3(24 - L) \Rightarrow L_1 = 6$

$w = 5$일 때 : $MRS_{LY} = \dfrac{\sqrt{Y}}{\sqrt{L}} = w = 5 \Rightarrow Y = 25L = 5(24 - L) \Rightarrow L_2 = 4$

65 효용을 극대화하는 갑(甲)의 효용함수는 $U = C \times L$, 시간당 임금은 2만원이고 주당 40시간을 일하거나 여가를 사용할 수 있다. 한편 정부는 근로자 한 명당 주당 32만원의 보조금을 주지만 근로소득의 20%를 소득세로 징수하는 제도를 시행 중이다. 이때 갑(甲)의 주당 근로시간은? (단, C는 상품에 지출하는 금액, L은 여가시간이다.) 2023년 공인노무사

① 10 ② 24 ③ 30
④ 36 ⑤ 40

hint

max $U = C \times L$

s.t. $C = (1 - 0.2)20{,}000(40 - L) + 320{,}000 = 16{,}000(40 - L) + 320{,}000$

최적 소비조건 : $MRS_{LC} = \dfrac{C}{L} = (1 - t)w = 16{,}000 \Rightarrow C = 16{,}000L$

최적 소비조건을 제약식에 대입하면 다음과 같다.

$C = 16{,}000L = 16{,}000(40 - L) + 320{,}000 \Rightarrow 32{,}000L = 960{,}000 \Rightarrow L = 30$

40시간 중 여가로 30시간을 사용하므로 근로시간은 10시간이다.

정답 62 ② 63 ③ 64 ④ 65 ①

66 여가시간 R과 소비재 C로부터 효용을 얻는 노동자 A의 효용함수는 $U(R, C) = R^{\frac{1}{2}} C^{\frac{1}{2}}$이다. 소비재 C의 가격은 1, 시간당 임금은 w, 총가용시간은 24시간일 때 효용을 극대화하는 A의 노동공급에 관한 설명 중 옳지 않은 것은? 2021년 보험계리사

① 비근로소득이 0이라면 임금이 상승하더라도 노동공급은 변화하지 않는다.

② 비근로소득이 증가할 때 노동공급은 감소한다.

③ 후방굴절형 노동공급곡선을 갖는다.

④ 정부의 정액 소득지원은 노동공급을 감소시킨다.

hint

노동자의 효용극대화 문제는 다음과 같다. 단, N은 비근로소득이다.

$$\max U(R, C) = R^{\frac{1}{2}} C^{\frac{1}{2}} \text{ s.t. } C = w(24 - R) + N$$

1계 최적 조건 : $MRS_{RC} = \frac{C}{R} = w \Rightarrow C = wR$

이를 예산제약식에 대입하여 정리하면 다음과 같다.

여가시간 : $R = 12 + \frac{N}{2w}$, 노동시간 : $L = 24 - R = 12 - \frac{N}{2w}$

① (○), 비근로소득이 0이라면 노동공급은 12로 일정하다.

② (○), 비근로소득 증가 시 소득효과만 발생한다. 이 경우 노동을 줄이고 여가를 늘린다는 것은 노동자 A에게 여가가 정상재임을 의미한다.

③ (×), N의 부호가 결정되면 $\frac{dL}{dw}$의 부호도 하나로 결정되므로 후굴하는 일은 발생하지 않는다.

④ (○), $\frac{dL}{dN} < 0$이 성립한다.

67 갑의 효용함수는 $U(m, l) = ml$이고, 예산제약식은 $w(24 - l) + A = m$이다. 갑이 효용을 극대화할 때 이에 관한 설명으로 옳지 않은 것은? (단, m은 소득, l은 여가, $(24 - l)$은 근로시간, A는 보조금, w는 시간당 임금이다.) 2020년 보험계리사

① 보조금이 증가하면 근로시간은 감소한다.

② 보조금이 시간당 임금의 두 배이면 최적 여가는 13이다.

③ 보조금이 존재할 때 시간당 임금이 상승하면 여가는 감소한다.

④ 보조금이 없을 때 근로시간은 시간당 임금에 비례하여 증가한다.

hint

$$\max U(m, l) = ml \text{ s.t. } w(24 - l) + A = m$$

최적 선택 조건 : $MRS_{lm} = \frac{m}{l} = w \Rightarrow m = wl \Rightarrow$ 이를 예산제약식에 대입하여 정리하면,

$w(24 - l) + A = wl \Rightarrow 24w + A = 2wl$

$\Rightarrow$ 최적 여가시간 : $l^* = 12 + \frac{A}{2w}$, 최적 근로시간 : $24 - l^* = 12 - \frac{A}{2w}$

① (O), A가 증가하면 여가시간은 증가하고 근로시간은 감소한다. 즉, 여가는 정상재이다.
② (O), $A = 2w$를 대입하면 $l^* = 13$이다.
③ (O), $A > 0$인 경우 w가 상승하면 여가시간은 감소하고 노동시간은 증가한다.
④ (×), $A = 0$인 경우 근로시간은 12로 일정하다.

68 **효용함수가 $U = Ly$인 A는 매주 주어진 80시간을 노동과 여가에 배분하여 효용을 극대화한다. 시간당 임금은 1주일에 40시간까지는 1만원이고, 40시간을 초과한 시간에 대해서는 2만원이다. 효용이 극대화될 때 A의 1주일간 노동소득은?** (단, L은 여가, y는 소득이며, A에게 노동소득을 제외한 다른 소득은 없다.) 2019년 국가직 7급

① 30만원 ② 40만원
③ 50만원 ④ 60만원

hint

1. 노동시간이 40시간 이하인 경우($L \geq 40$)

$max\ \ U = Ly$

$s.t.\ \ y = 10{,}000(80 - L) \Rightarrow 10{,}000L + y = 800{,}000$: 예산선 AB

최적 조건 : $MRS_{Ly} = \dfrac{y}{L} = w = 10{,}000 \Rightarrow y = 10{,}000L$

$\Rightarrow y_1 = 400{,}000,\ L_1 = 40$ (B점), 노동시간 40시간

2. 노동시간이 40시간 초과인 경우($L < 40$)

이 경우 40시간까지는 10,000원의 임금을 받고 그 이상 부분에 대해서는 20,000원의 임금을 받는다.

$s.t.\ \ y = 10{,}000 \times 40 + 20{,}000(40 - L) \Rightarrow 20{,}000L + y = 1{,}200{,}000$: 예산선 BC

최적 조건 : $MRS_{Ly} = \dfrac{y}{L} = w = 20{,}000 \Rightarrow y = 20{,}000L$

$\Rightarrow y_2 = 600{,}000,\ L_2 = 30$ (D점), 노동시간 50시간 $\Rightarrow$ D점의 효용이 높으므로 A는 D점을 선택하고 60만원의 소득을 얻는다.

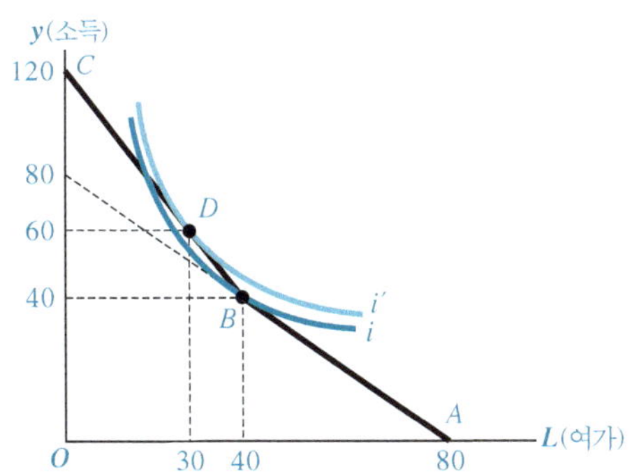

정답 66 ③ 67 ④ 68 ④

69 베짱이는 잠자는 8시간을 제외한 하루 16시간을 노래 부르기와 진딧물 사냥으로 보낸다. 베짱이는 시간당 30마리의 진딧물을 사냥할 수 있다. 또한 매일 아침 개미가 베짱이에게 진딧물 60마리를 공짜로 제공한다. 베짱이는 노래 부르기와 진딧물 소비로

$$u(s,b) = s^{2/3}b^{1/3}$$

의 효용을 얻는다. (단, s는 노래 부르는 시간, b는 소비한 진딧물의 숫자를 의미한다.) 효용을 극대화하는 베짱이의 노래 부르는 시간과 진딧물 소비량은? 2016년 공인회계사

	노래 부르는 시간(s)	진딧물 소비량(b)
①	8	300
②	8	240
③	12	180
④	12	120
⑤	16	60

hint

이 문제에서 베짱이는 개미에게 60단위의 진딧물을 현물보조 받는 것과 같다.

보조 이전 예산제약 : $b = 30(16 - s)$
보조 이후 예산제약 : $b = 30(16 - s) + 60$ 또는 $30s + b = 540$ [단, $b \geq 60$]

따라서 베짱이는 다음과 같은 효용극대화 문제에 직면하고 있다.

효용함수 : $u(s, b) = s^{2/3}b^{1/3}$
제약식 : $30s + b = 540$ [단, $b \geq 60$]

이 문제의 극대화 조건은 다음과 같다.

$MRS_{sb} = \frac{2b}{s} = 30$ 또는 $b = 15s$

이를 제약식에 대입하면 $s = 12$, $b = 180$이 되며, 이는 $b \geq 60$을 만족하므로 유효한 답이 된다.

70 소득-여가 선택모형에서 A의 효용함수가 $U = Y + 2L$이고, 총가용시간은 24시간이다. 시간당 임금이 변화할 때, A의 노동공급시간과 여가시간에 관한 설명으로 옳은 것을 모두 고른 것은? (단, U = 효용, Y = 소득, L = 여가시간이다.) 2018년 공인노무사

ㄱ. 시간당 임금의 상승은 언제나 노동공급시간을 증가시킨다.
ㄴ. 시간당 임금이 1이면 노동공급시간은 3이다.
ㄷ. 시간당 임금이 3이면 여가시간은 0이다.
ㄹ. 시간당 임금이 3에서 4로 상승하면 임금 상승에도 불구하고 노동공급시간은 더 이상 증가하지 않는다.

① ㄱ, ㄴ ② ㄴ, ㄷ ③ ㄷ, ㄹ
④ ㄱ, ㄴ, ㄷ ⑤ ㄴ, ㄷ, ㄹ

hint

이는 여가와 소득이 완전대체재인 특수한 여가-소득 선택 문제이다.

$$\max U = Y + 2L \quad \text{s.t.} \quad Y = w(24 - L)$$

$$\Rightarrow MRS_{LY} = 2 \gtreqless w \Rightarrow L = \begin{cases} 24 \\ 24\sim0 \\ 0 \end{cases} \Rightarrow \text{여가수요곡선은 수직-수평-수직의 형태가 된다.}$$

ㄱ. (×), 노동공급곡선에 수직구간이 존재한다.
ㄴ. (×), $w = 1$이면 노동공급시간은 0이다.
ㄷ. (○), $w = 3$이면 노동공급시간은 24이다.
ㄹ. (○), $w > 2$일 경우 노동공급시간은 24로 일정하다.

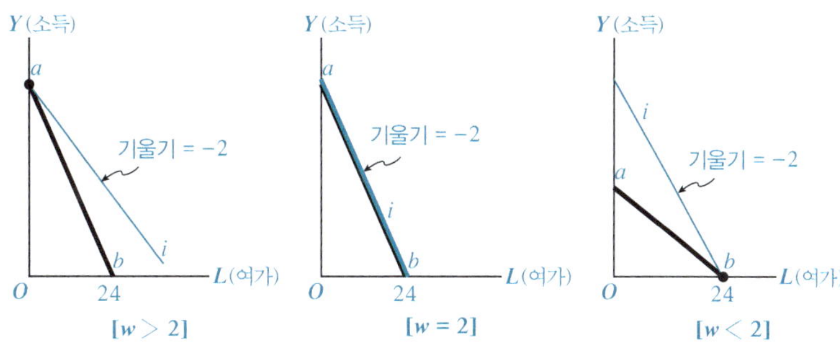

〈그림 1〉 소비자 최적 선택

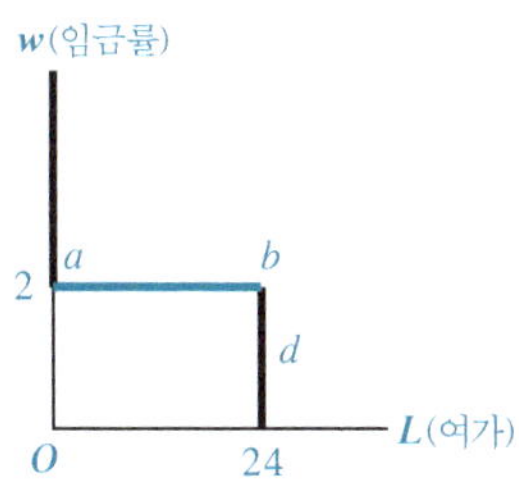

〈그림 2〉 여가수요함수

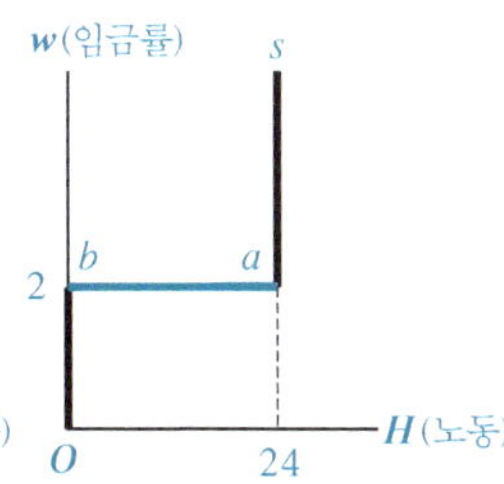

〈그림 3〉 노동공급함수

정답 69 ③ 70 ③

71 2기간 생존하는 소비자의 효용함수가 $u(c_1, c_2) = \sqrt{c_1 c_2}$라고 하자. 여기서 c_1과 c_2는 각각 1기와 2기 소비를 나타낸다. 이 소비자의 1기와 2기 소득은 각각 100과 330이고 시장이자율이 10%일 때 다음 중 옳은 것을 모두 고르면? 2013년 공인회계사

> (가) 1기와 2기의 최적 소비는 각각 200과 220이다.
> (나) 2기 소득의 증가는 1기와 2기의 최적 소비를 모두 증가시킨다.
> (다) 1기 소득 1단위 증가가 1기 소비에 미치는 영향은 1기 소득과 2기 소득 각각 1단위 증가가 1기 소비에 미치는 영향보다 더 작다.
> (라) 주어진 시장이자율로 자유롭게 저축을 할 수 있으나 차입은 100까지만 가능할 때 시장이자율이 9%이면, 이러한 차입제약은 유효하지 않다.

① (가), (나)　② (다), (라)
③ (가), (나), (다)　④ (나), (다), (라)
⑤ (가), (나), (다), (라)

hint

2기 모형에서 시장이자율이 10%인 경우 예산제약식이 다음과 같다. 단, 시장이자율은 실질이자율로 해석해야 한다.

$$c_1 + \frac{c_2}{1.1} = 100 + \frac{330}{1.1} = 100 + 300 = 400$$

콥-더글라스 효용함수의 특징을 이용하면 효용극대화의 조건은 다음과 같다.

$$MRS_{12} = \frac{c_2}{c_1} = 1.1 \Rightarrow c_2 = 1.1c_1$$

이 조건을 예산제약에 대입하면 $c_1 = 200$, $c_2 = 220$이다. 그리고 2기의 소득이 증가하는 경우 총체적으로 소득이 증가하므로 소득효과에 의해 1, 2기의 소비가 모두 증가한다. 또한 소득효과에 의해 (다)는 당연히 맞다. 이자율이 9%로 낮아지면서 100까지만 차입할 수 있는 제약이 있는 경우 오른쪽 그림에서와 같이 차입제약이 영향을 미친다.

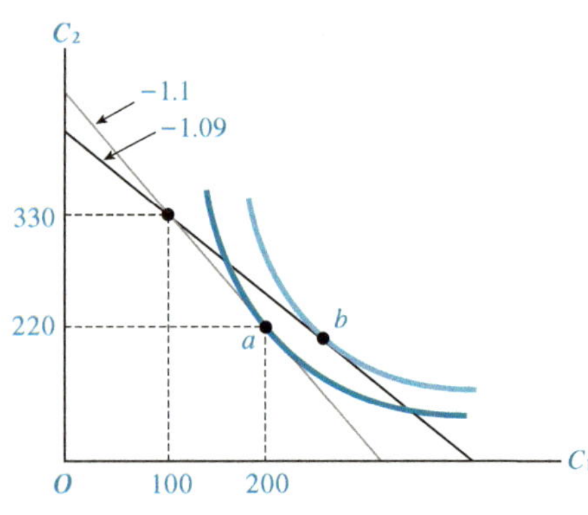

이자율이 하락하는 것은 곧 가격선의 기울기가 완만해진다는 것을 의미한다. 따라서 새로운 균형점은 원래의 균형점 a에서 b로 이동한다. 소득효과와 대체효과에 의해 현재의 소비가 200 이상으로 증가하므로 100까지만 차입할 수 있다면 새로운 균형점 b로 이동할 수 없다. 이것은 차입제약이 영향을 미친다는 것을 의미한다.

72 **소비자 A는 가격벡터가 P_0일 때 Q_0이라는 상품묶음을 선택하였으며, 가격벡터가 P_1일 때 Q_1 이라는 상품묶음을 선택하였다고 하자. 다음 상황 중 A의 선택이 현시선호이론의 약공리를 위배하지 않는 경우를 모두 고르면?** (단, 두 벡터의 곱 P_iQ_j는 P_i의 가격벡터 하에서 Q_j의 상품묶음을 선택할 때 지출액을 나타낸다. 즉, n개의 상품이 존재하고, p_i^k와 q_j^k가 각각 P_i의 가격벡터 하에서 k번째 상품의 가격과 Q_j의 상품묶음에서 k번째 상품 수량을 나타낼 때 $P_iQ_j = \sum_{k=1}^{n} p_i^k q_j^k$이다.)

2023년 공인회계사

가. $P_0Q_0 > P_0Q_1$이고 $P_1Q_0 > P_1Q_1$이다.
나. $P_0Q_0 = P_0Q_1$이고 $P_1Q_0 > P_1Q_1$이다.
다. $P_0Q_0 > P_0Q_1$이고 $P_1Q_0 = P_1Q_1$이다.
라. $P_0Q_0 < P_0Q_1$이고 $P_1Q_0 > P_1Q_1$이다.

① 가, 나　② 나, 라　③ 다, 라
④ 가, 나, 다　⑤ 가, 나, 라

hint

상품묶음이 2개일 때 약공리를 위반하는 경우는 상호 현시선호가 성립하는 경우이다.

가. 약공리 비위반, Q_0는 Q_1에 현시선호되지만, Q_1은 Q_0에 현시선호되지 않음
나. 약공리 비위반, Q_0는 Q_1에 현시선호되지만, Q_1은 Q_0에 현시선호되지 않음
다. 약공리 위반, Q_0는 Q_1에 현시선호되고, Q_1도 Q_0에 현시선호됨
라. 약공리 비위반, 어느 쪽도 현시선호되지 않음

정답　71 ③　72 ⑤

73 오른쪽 그림은 예산선이 P_A에서 P_B로 변화되었을 때 소비자의 선택이 P_A에 있는 $\{A_1, A_2, A_3\}$ 중의 어느 한 점에서 P_B에 있는 $\{B_1, B_2, B_3\}$ 중의 어느 한 점으로 이동하는 것을 보여준다. 다음 중 현시선호이론에 의해 정당화될 수 없는 것은?

2001년 공인회계사

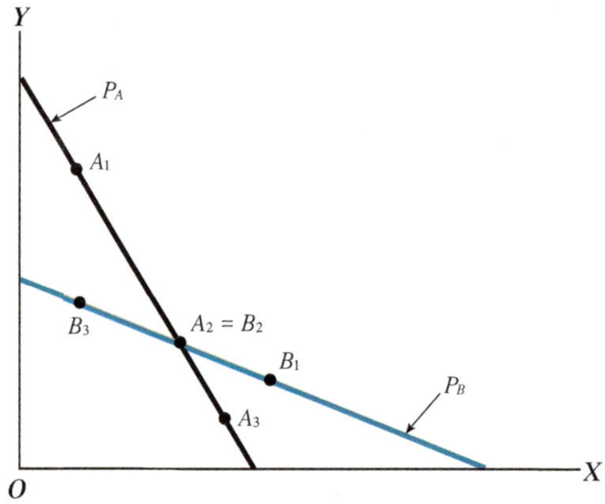

① A_1에서 B_1으로 이동 ② A_1에서 B_2로 이동 ③ A_2에서 B_2로 이동
④ A_3에서 B_1으로 이동 ⑤ A_3에서 B_3로 이동

hint

이 문제는 현시선호의 약공리(weak axiom)에 관한 것이다. 약공리는 "한 소비선택 A가 다른 소비선택 B보다 현시적으로 선호되었다면 B는 결코 A보다 현시적으로 선호될 수 없다"는 것을 의미한다. 예산선이 P_A일 때 A_3를 선택했다면 예산선 안에 있는 어떤 소비점도 A_3보다 선호되지 않는다는 것을 의미한다. B_3도 그 가운데 하나이다. 그런데 예산선이 P_B일 때 B_3를 현시적으로 선호하였다면 이것은 약공리를 위반한다. 왜냐하면 이 경우 A_3는 예산선 P_B 안에 있으므로 A_3보다 B_3를 현시적으로 선호한다는 것을 의미하기 때문이다.

74 영희는 지난해 예산선 상에서 의류를 50단위 소비하였고 식료품을 100단위 소비하였다. 올해 의류 가격은 변화가 없으나 식료품 가격이 상승하였다고 하자. 올해 영희의 예산선 상에 작년의 소비묶음이 있다고 할 때 다음 설명 중 가장 옳지 않은 것은? 단, 영희의 선호체계에는 변함이 없고 재화는 의류와 식료품뿐이다.

2009년 공인회계사

① 식료품 소비를 늘린다면 영희가 효용을 극대화한다고 볼 수 없다.
② 영희의 소득은 작년보다 증가하였다.
③ 의류가 열등재이고 영희가 효용을 극대화한다면 의류소비가 줄어들 수 있다.
④ 현시선호의 공리에 따르면, 영희의 올해 식료품 소비량이 늘어서는 안 된다.
⑤ 영희의 후생은 작년과 같거나 더 높을 것이다.

hint

①, ③, ④ 영희가 작년에 선택한 상품묶음을 Q_0라고 하고 올해 선택한 상품묶음을 Q_1이라고 할 때, 두 상품묶음은 모두 올해의 예산선 상의 점에 해당한다. 이 경우 약공리가 성립되기 위해서는 반드시 식료품 소비를 줄이고 의류소비를 늘려야 한다. 이는 의류가 열등재인지의 여부와 무관하다. ② 식료품 가격 상승에도 불구하고 동일한 소비묶음을 소비할 수 있다는 것은 영희의 소득이 작년보다 증가하였음을 의미한다. ⑤ 영희는 작년에 선택한 상품묶음을 여전히 소비할 수 있으므로 후생이 감소할 수는 없다.

75 **두 재화 X와 Y의 가격이 제1기에 $P_X = 10$, $P_Y = 40$이었으며, 甲은 재화소비조합점 $(x, y) = (60, 20)$을 선택하였다. 현시선호이론에 관한 다음 설명 중 옳은 것만을 모두 고른 것은?** (단, x, y는 각각 X재와 Y재의 소비량, P_X와 P_Y는 각각 X재와 Y재의 가격) 2011년 감정평가사

ㄱ. 제2기에 가격이 $P_X = 20$, $P_Y = 30$으로 변화했을 때, 甲이 재화소비조합점 (65, 15)를 선택했다면 甲의 선택은 약공리를 위배하지 않는다.
ㄴ. 제2기에 가격이 $P_X = 20$, $P_Y = 20$으로 변화했을 때, 甲이 재화소비조합점 (50, 30)을 선택했다면 甲의 선택은 약공리를 위배한다.
ㄷ. 강공리가 성립하면 약공리는 항상 성립한다.

① ㄱ ② ㄱ, ㄴ
③ ㄴ, ㄷ ④ ㄱ, ㄷ
⑤ ㄱ, ㄴ, ㄷ

hint

ㄱ. (O)
제1기 : $P_1 = (10, 40)$, $Q_1 = (60, 20)$
제2기 : $P_2 = (20, 30)$, $Q_2 = (65, 15)$

	Q_1	Q_2	
P_1	1,400*	1,250	⇒ Q_1이 Q_2보다 직접현시선호됨
P_2	1,800	1,750	⇒ Q_2가 Q_1보다 직접현시선호되지 않음
			⇒ 약공리 위반하지 않음

ㄴ. (×)
제1기 : $P_1 = (10, 40)$, $Q_1 = (60, 20)$
제2기 : $P_2 = (20, 20)$, $Q_2 = (50, 30)$

	Q_1	Q_2	
P_1	1,400*	1,700	⇒ Q_1이 Q_2보다 직접현시선호되지 않음
P_2	1,600	1,600	⇒ Q_2가 Q_1보다 직접현시선호됨
			⇒ 약공리 위반하지 않음

ㄷ. 항상 (O)

정답 73 ⑤ 74 ③ 75 ④

76 세 개의 재화를 소비하는 어느 소비자의 행동이 다음과 같이 관찰되었다. 다음 보기 중 옳은 것을 골라라.

	P_1	P_2	P_3	X_1	X_2	X_3
경우 1	2	2	2	2	2	2
경우 2	1	3	2	3	1	2
경우 3	2	1.5	5	4	1	1.5

① 약공리와 강공리 모두 위반한다.

② 약공리와 강공리 모두 충족한다.

③ 강공리는 충족되지만 약공리는 충족하지 않는다.

④ 약공리는 충족되지만 강공리는 충족하지 않는다.

⑤ 약공리는 충족되지만 강공리의 충족 여부는 불명확하다.

hint

$p = (P_1, P_2, P_3)$을 나타내는 가격벡터이고, $x = (X_1, X_2, X_3)$을 나타내는 수량벡터라고 하자. 이 경우 주어진 표를 정리하면 다음과 같다. (표 안의 값은 주어진 가격벡터 하에서 해당 수량벡터를 구입하기 위한 지출액, *은 실제 실현된 경우를 표시함)

	x_1	x_2	x_3
p_1	12*	12	13
p_2	12	10*	10
p_3	17	17.5	17*

비교 1 : p_1 하에서 x_1은 x_2에 대해 현시선호됨

비교 2 : p_2 하에서는 x_2가 x_3에 대해 현시선호됨

비교 3 : p_3 하에서는 x_3가 x_1에 대해 현시선호됨

이상에서 약공리를 위반하는 사례는 없다. 그러나 비교 1 및 비교 2에서 x_1은 x_3에 대해 간접현시되었는데, 비교 3에서 x_3가 x_1에 대해 현시선호되었으므로 강공리를 위반한다.

77 두 재화 X와 Y만을 소비하는 사람이 있다. 기준연도 $t=0$에서의 가격은 $P^0=(P_X^0, P_Y^0)=(12, 25)$이고, 소비는 $(X^0, Y^0)=(20, 10)$이었다. 비교연도 $t=1$에서의 가격은 $P^1=(P_X^1, P_Y^1)=(15, 15)$이고, 소비는 $(X^1, Y^1)=(15, 12)$이었다면 이 사람의 후생은 어떻게 평가할 수 있는가? 2020년 국회 8급

① 비합리적인 소비행동을 보여주고 있다.
② 비교연도에 비해 기준연도의 후생수준이 높았다.
③ 기준연도에 비해 비교연도의 후생수준이 높았다.
④ 기준연도와 비교연도의 후생수준을 비교할 수 없다.
⑤ 기준연도와 비교연도의 후생수준에는 아무런 차이가 없다.

hint

$Q^0=(X^0, Y^0)=(20, 10)$, $Q^1=(X^1, Y^1)=(15, 12)$라 두고 정리하면 다음과 같다.

	Q^0	Q^1	현시선호	약공리
P^0	490*	480	⇒ Q^0 현시선호	비위반
P^1	450	405*	⇒ 현시선호 없음	

이 소비자의 행동은 약공리를 위반하지 않으므로 비합리적이라고 볼 근거가 없으며 지금까지 관측에 의하면 기준연도의 후생수준이 더 높았을 것으로 추정된다.

정답 76 ④ 77 ②

78 두 재화만을 소비하는 소비자 T의 각 재화에 대한 한계효용은 항상 0보다 크다. 효용을 극대화하는 소비자 T의 최적 소비에 관한 옳은 설명만을 〈보기〉에서 고른 것은? 2017년 보험계리사

> 가. 모든 소비점에서 한계대체율의 절댓값이 1로 동일할 때 가격이 싼 재화만을 소비한다.
> 나. 한 재화가 열등재라면 다른 재화의 소득탄력성은 1보다 크다.
> 다. 한 재화의 가격이 상승하고, 다른 재화의 가격이 하락한 후, 변화 이전의 최적 소비묶음을 구입할 수 없다면, 이 소비자의 효용은 반드시 감소한다.

① 가　　② 가, 나
③ 나, 다　　④ 가, 나, 다

hint

가. (○), 보다 정확히는 비싸지 않은 재화만을 소비한다.
나. (○), 한 재화가 열등재라면 다른 재화는 사치재가 될 수밖에 없다.
다. (×), 표준적인 볼록선호 하에서 슬러츠키 보상이 이루어지는 경우라면 효용은 반드시 개선된다. 그러나 그보다 낮은 소득수준 하에서는 효용을 판단할 수 없다.

정답　78 ②

제7장 불확실성 하에서의 소비자선택

Testbank for Economics [microeconomics]

핵 심 출 제 논 점

1. 기대소득과 기대효용
2. 폰노이만-모겐스턴 효용함수와 위험기피 성향
3. 확실성등가와 위험프리미엄
4. 위험기피 성향과 위험부담 행위(복권, 내기)
5. 위험기피 성향과 위험회피 행위(보험)
6. 평균-분산 분석 : 포트폴리오 모형

I 불확실성 하에서의 분석을 위한 기초 개념

1. 기대소득(expected income)

- 불확실성 하에서 기대되는 소득의 크기, 즉 소득의 기대치
- $E(W) = \sum p_i W_i$

2. 기대효용(expected utility)

- 불확실성 하에서 기대되는 효용의 크기, 즉 효용의 기대치
- $EU(W) = E[U(W)] = \sum p_i U_i (= \sum p_i U(W_i))$

3. 기대소득의 효용(utility of expected income)

- 불확실성 하에서 기대되는 소득이 주는 효용
- $U[E(W)] = U[\sum p_i W_i]$

4. 확실성 대등액(certainty equivalent)

- 위험한 기회로부터 예상되는 기대효용과 동일한 효용을 가져다주는 확실한 금액을 확실성 등가, 또는 확실성 대등액이라고 한다.
- 확실성 대등액(C_E)은 다음 조건을 만족하는 값이다.

  $U(C_E) = EU(W)$

5. 위험프리미엄(risk premium)

① '불확실한 금액을 확실한 금액으로 바꾸기 위하여 지불할 용의가 있는 최대금액' 또는 '위험의 가격'을 의미한다.

② '위험한 기회를 선택하도록 유도하기 위해서 필요한 최소한의 추가보상'

$rp = E(W) - C_E$

6. (보험수리적) 공정성(actuarial fairness)

- 내기 또는 보험에 응하더라도 어느 한쪽의 '기대소득'이 증가하거나 감소하지 않고 일정하게 유지되는 경우, 즉 내기나 보험의 '순기대소득'이 0인 경우

Ⅱ 폰노이만-모겐스턴 효용함수와 위험기피 성향의 이해

1. 위험성향에 따른 특징

	위험기피자	위험중립자	위험애호자
기대소득의 효용과 기대효용	$U[E(W)] > EU(W)$	$U[E(W)] = EU(W)$	$U[E(W)] < EU(W)$
기대소득과 확실성등가	$E(W) > C_E$	$E(W) = C_E$	$E(W) < C_E$
위험프리미엄	$rp > 0$	$rp = 0$	$rp < 0$
효용함수(아래에서 볼때)	오목	직선	볼록
공정한 내기	불참	무차별	참여
공정한 보험	가입	무차별	비가입

2. 폰노이만-모겐스턴 효용함수 : 기수성 + 서수성

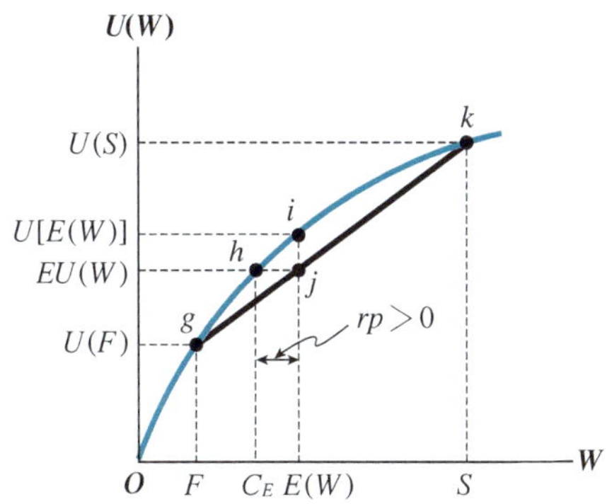

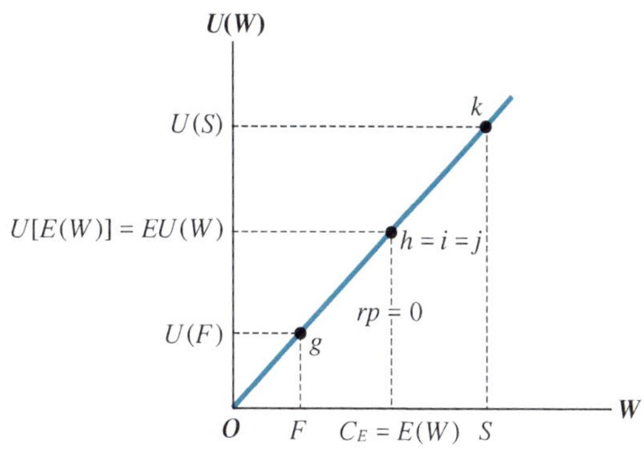

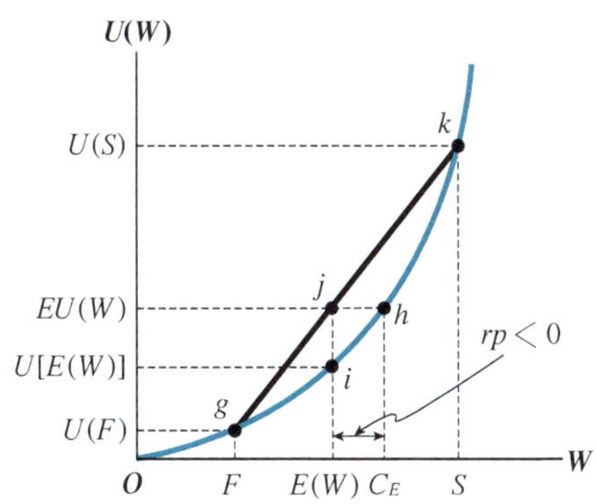

Ⅲ 위험기피 성향에 따른 선택의 비교

1. 내기(위험부담 행위)에 대한 선택

	위험기피자	위험중립자	위험애호자
유리	참여 또는 불참*	참여(all)	참여(all)
공정	불참(no)	무차별	참여(all)
불리	불참(no)	불참(no)	참여 또는 불참*

*로 표시된 경우에는 다양한 경우가 있을 수 있음.

2. 보험(위험회피 행위)에 대한 선택

	위험기피자	위험중립자	위험애호자
유리	가입(all)	가입(all)	가입 또는 비가입*
공정	가입(all)	무차별	비가입(no)
불리	가입 또는 비가입*	비가입(no)	비가입(no)

*로 표시된 경우에는 다양한 경우가 있을 수 있음.

3. 유의사항

- 위험기피자가 유리한 내기에 참여하는지의 여부와 참여규모는 ① 게임이 유리한 정도와 ② 개인의 위험기피도에 영향을 받는다.
- 위험기피자가 불리한 보험에 가입하는지의 여부와 가입규모는 ① 보험이 불리한 정도와 ② 개인의 위험기피도에 영향을 받는다.

Tips

1. 위험기피자는 공정한 내기에 불참하고, 공정한 보험에 가입한다.
2. 위험기피자는 수익률이 동일한 자산 중 무위험자산을 선택한다.
3. 위험중립자는 위험과 무관하게 기대소득(또는 수익률)에만 근거해 투자를 결정한다.
4. 확실성 하 $rp = 0$ (○)
5. 위험중립자 $rp = 0$ (○)
6. 위험애호자 $rp = 0$ (×)

Ⅳ 완전보험, 공정보험, 최대보험

1. 보험의 기초

	확률	보험가입 전 소득	보험가입 후 소득
사고 시	p	$W_f = F$	$W_f = F + K - I$
비사고 시	$1 - p$	$W_n = S$	$W_n = S - I$

- 단, K는 사고 시 지급되는 보험금, I는 계약 시 납부하는 보험료
- 보험금에 대한 보험료의 비율, 즉 보험료/보험률 = I/K = 보험료율(또는 프리미엄률)

2. 완전한 보험(full insurance)

① 사고피해액($S - F$) 전액을 보상(K)해 주는 보험

② 가입자가 위험에서 완전히 벗어날 수 있는(risk-free) 보험

③ 완전보험의 경우 소비자는 어느 경우가 실현되는지와 무관하게 $S - I$를 얻는다.

3. 공정보험(fair insurance)

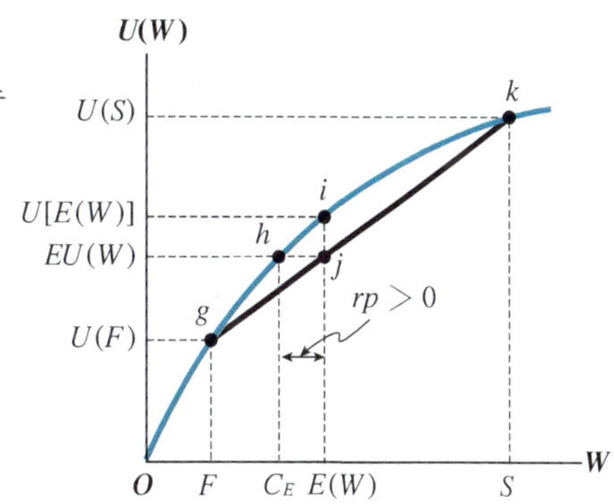

① 보험가입 전후 '기대소득을 똑같게 유지해 주는' 보험구조

② '공정보험료율'은 '사고확률'과 일치($r = p$)

③ 보험사의 이윤이 0이 되는 보험구조

④ 완전보험 전제 시 공정보험료는 다음과 같다.

$$S - I = E(W) \Rightarrow I_{fair} = S - E(W)$$

4. 최대보험(maximum insurance)

① 보험사의 이윤을 극대화하는 보험구조

② 보험가입 전과 '기대효용을 똑같게 유지해 주는' 보험구조

③ 완전보험 전제 시 최대보험료는 다음과 같다.

$$S - I = C_E \Rightarrow I_{fair} = S - C_E$$

Part-1 기본 문제

01 **다음 중 위험기피자(risk averter)에 관련된 표현으로서 옳지 않은 것은?**

① 확실한 금액이 주는 효용이 불확실한 금액이 주는 효용보다 크다.

② 위험프리미엄(risk premium)이 0보다 크다.

③ 확실성 대등액(certainty equivalent)이 기대소득보다 작다.

④ 공정한 도박에는 참여하지 않지만 공정한 보험에는 가입한다.

⑤ 한계효용이 일정한 효용함수를 가진다.

hint

위험기피자의 효용함수는 한계효용이 체감하는 구조, 즉 아래에서 볼 때 오목한 형태가 된다. 그 외 위험기피 성향과 이와 관련된 특징을 정리하면 다음과 같다.

	위험기피자	위험중립자	위험애호자
기대소득의 효용과 기대효용	$U[E(X)] > EU(X)$	$U[E(X)] = EU(X)$	$U[E(X)] < EU(X)$
기대소득과 확실성등가	$E(X) > C_E$	$E(X) = C_E$	$E(X) < C_E$
위험프리미엄	$rp > 0$	$rp = 0$	$rp < 0$
효용함수(아래에서 볼때)	오목	직선	볼록
무차별곡선(원점에서 볼때)	볼록	직선	오목
공정한 내기	불참	무차별	참여
공정한 보험	가입	무차별	비가입

02 **기대효용이론에 관한 설명으로 옳은 것은?** (단, U는 효용수준, M은 자산액) 2011년 감정평가사

① 폰 노이만-모겐스턴(Von Neuman-Morgenstern) 효용함수에서 효용은 서수적 의미만 갖는다.

② 갑이 가지고 있는 복권 상금의 기대가치는 500이고 이 복권을 최소 450에 팔 용의가 있다면, 50을 갑의 위험프리미엄(risk premium)으로 볼 수 있다.

③ 위험기피자는 순기대가치가 0인 복권을 구입할 것이다.

④ 위험선호자는 순기대가치가 0인 보험에 가입할 것이다.

⑤ 을의 폰 노이만-모겐스턴 효용함수가 $U = M^{1.5}$로 주어졌다면 을은 위험기피자이다.

hint

① 폰 노이만-모겐스턴 효용함수는 기수적 성질과 서수적 성질을 동시에 갖는다.

② 갑은 불확실한 500원을 확실한 값으로 바꾸기 위해 최대 50원을 지불할 용의가 있다. 즉, 50을 갑의 위험프리미엄(risk premium)으로 볼 수 있다.

③ 위험기피자는 순기대가치가 0인 공정한 내기에 응하지 않는다.

④ 위험선호자는 순기대가치가 0인 공정한 보험에 가입하지 않는다.

03 갑은 사업안 A와 B를 고려하고 있다. 두 안의 성공 및 실패에 따른 수익과 확률은 다음과 같다. 이에 대한 설명으로 옳은 것만을 모두 고르면? (단, 위험은 분산으로 측정한다.)

2020년 지방직 7급

구분 사업안	성공		실패	
	확률	수익(만원)	확률	수익(만원)
A	0.9	+100	0.1	+50
B	0.5	+200	0.5	−10

ㄱ. A안의 기대수익은 95만원이다.
ㄴ. B안의 기대수익은 95만원이다.
ㄷ. 갑이 위험을 회피하는(risk averse) 사람인 경우 A안을 선택할 가능성이 더 크다.
ㄹ. A안의 기대수익에 대한 위험은 B안의 기대수익에 대한 위험보다 더 크다.

① ㄱ, ㄴ, ㄷ
② ㄱ, ㄴ, ㄹ
③ ㄱ, ㄷ, ㄹ
④ ㄴ, ㄷ, ㄹ

hint

분산은 편차의 제곱의 평균이다.

$E_A = 0.9 \times 100 + 0.1 \times 50 = 95$, $Var_A = 0.9 \times (100-95)^2 + 0.1 \times (50-95)^2 = 225$

$E_B = 0.5 \times 200 + 0.5 \times (-10) = 95$, $Var_B = 0.5 \times (200-95)^2 + 0.5 \times (-10-95)^2 = 11{,}025$

정답 1 ⑤ 2 ② 3 ①

04 **w원에 대한 A의 효용함수는 $U(w)=\sqrt{w}$이다. A는 50%의 확률로 10,000원을 주고, 50%의 확률로 0원을 주는 복권 L을 가지고 있다. 다음 중 옳은 것은?** 2015년 국가직 7급

① 복권 L에 대한 A의 기대효용은 5,000이다.

② 누군가 현금 2,400원과 복권 L을 교환하자고 제의한다면, A는 제의에 응하지 않을 것이다.

③ A는 위험중립적인 선호를 가지고 있다.

④ A에게 40%의 확률로 100원을 주고, 60%의 확률로 3,600원을 주는 복권 M과 복권 L을 교환할 수 있는 기회가 주어진다면, A는 새로운 복권 M을 선택할 것이다.

hint

복권 L의 기대소득 : $E(w)=\frac{1}{2}\times 10{,}000+\frac{1}{2}\times 0=5{,}000$

복권 L의 기대효용 : $EU(w)=\frac{1}{2}\times\sqrt{10{,}000}+\frac{1}{2}\times\sqrt{0}=50$

① (×)

② (○), 복권 L의 기대효용이 2,400원의 효용 $\sqrt{2{,}400}$보다 크다.

③ (×), A는 위험기피자이다.

④ (×), 복권 M의 기대효용 : $EU(w)=0.6\times\sqrt{3{,}600}+0.4\times\sqrt{100}=40<50$

05 **투자자 A와 B의 w원에 대한 폰노이만-모겐스턴(von Neumann-Morgenstern) 효용함수는 각각 $u_A(w)=w^{0.5}$, $u_B(w)=2w$이다. 현재 두 사람은 각각 100만원의 투자자금으로 자금조달에 어려움을 겪고 있는 어떤 기업에 대한 투자를 고려하고 있다. 이 기업이 자금난을 극복하지 못하고 부도가 나면 투자한 금액을 전혀 돌려받지 못하나 자금난을 극복하고 새로운 기술개발에 성공하게 되면 이 기업의 주가는 1주당 10,000원으로 상승할 것으로 예상된다. 기업이 부도날 확률이 0.5인 경우 다음 설명 중 옳은 것을 모두 고르면?** (단, 투자자는 투자금액 전액을 이 기업의 주식에만 투자할 것을 고려하고 있으며, 주식거래 관련 거래비용은 없다.) 2022년 공인회계사

가. 투자기회에 대한 확실성등가는 A가 B보다 크다.
나. 투자 시 A의 기대소득은 확실성등가보다 크다.
다. 투자 시 B의 위험프리미엄은 확실성등가와 같다.
라. 주가가 현재 5,000원인 경우, A는 이 기업의 주식에 투자하지 않을 것이다.

① 가, 나
② 가, 라
③ 나, 다
④ 나, 라
⑤ 다, 라

hint

$E(w) = \frac{1}{2} \times 10{,}000 + \frac{1}{2} \times 0 = 5{,}000$

가. (×), A는 위험기피자이므로 확실성등가가 기대소득보다 작고, B는 위험중립자이므로 확실성등가가 기대소득과 같다.

나. (○)

다. (×), B는 위험중립자이므로 기대소득이 확실성등가와 같고 위험프리미엄은 0이다.

라. (○), 위험기피자는 기대소득상 공정한 내기에 응하지 않는다.

위험기피 성향에 따른 위험부담 행위

	위험기피자	위험중립자	위험애호자
유리	참여 또는 불참*	참여(all)	참여(all)
공정	불참(no)	무차별	참여(all)
불리	불참(no)	불참(no)	참여 또는 불참*

*로 표시된 경우에는 다양한 경우가 있을 수 있음.

06 다음 중 보험가입자의 선택에 대한 설명으로 가장 옳은 것은?

① 위험기피자는 공정한 보험에 반드시 가입한다.

② 위험기피자는 불리한 보험이라도 가입할 수 있다.

③ 위험중립자는 공정한 보험에 가입할 수 있다.

④ 위험애호자는 유리한 보험에 가입할 수 있다.

⑤ ①, ②, ③, ④ 모두 옳다.

hint

위험기피 성향에 따른 보험가입 여부를 나타내어 보면 다음과 같다.

위험기피 성향에 따른 위험회피 행위

	위험기피자	위험중립자	위험애호자
유리	가입(all)	가입(all)	가입 또는 비가입*
공정	가입(all)	무차별	비가입(no)
불리	가입 또는 비가입*	비가입(no)	비가입(no)

*로 표시된 경우에는 다양한 경우가 있을 수 있음.

정답 4 ② 5 ④ 6 ⑤

07 **甲의 소득은 1,600만원이지만, 사고가 발생하면 1,200만원의 비용을 지출해야 한다. 甲의 효용함수는 $U(I) = \sqrt{I}$이고, 사고를 당할 확률은 25%이다. 甲이 완전한 보험**(full insurance)**에 가입하는 경우, 보험회사가 받을 수 있는 최대 보험료는?** (단, I는 甲의 소득이다.)

2022년 국가직 7급

① 365만원 ② 370만원

③ 375만원 ④ 380만원

hint

보험가입 이전 기대효용 : $EU_0 = \frac{3}{4}\sqrt{1,600만} + \frac{1}{4}\sqrt{400만} \approx 3,500$

완전한 보험이란 사고 시 1,200만원의 비용을 모두 보상해 주는 보험을 의미한다. 이 경우 보험료를 p라고 할 때 기대효용은 다음과 같다.

보험가입 후 기대효용 : $EU_1 = \sqrt{1,600만 - p}$

보험가입 후의 기대효용이 보험가입 전의 기대효용보다 낮지 않아야 한다.

보험가입 조건 : $\sqrt{1,600만 - p} \geq 3,500 \Rightarrow p \leq 375만$

* **참고사항**

이 값은 비사고 시 소득인 1,600만원에서 확실성대등액을 뺀 것과 동일하다.

정답 7 ③

Part-2 실전 문제

01 투자자 甲은 100으로 기업 A, B의 주식에만(기업 A에 x, 기업 B에 $100-x$) 투자한다. 표는 기업 A의 신약 임상실험 성공 여부에 따른 기업 A, B의 주식투자 수익률이다. 임상실험의 결과와 관계없이 동일한 수익을 얻을 수 있도록 하는 x는? 2018년 감정평가사

기업 A의 임상실험 성공 여부 / 주식투자 수익률	성공	실패
기업 A	30%	0%
기업 B	-10%	10%

① 20 ② 25 ③ 30
④ 40 ⑤ 50

hint

성공 시 총수익 : $R_1 = 30\% \times x + (-10\%) \times (100 - x) = -10 + 40\% \times x$
실패 시 총수익 : $R_2 = 0\% \times x + 10\% \times (100 - x) = 10 - 10\% \times x$
$R_1 = R_2$에서 정리하면 $x = 40$이 된다.

02 갑의 효용함수는 $U(w) = w^{0.5}$이고 을의 효용함수는 $U(w) = w^{0.25}$라고 할 때, 위험 하에서 두 사람의 태도에 관한 다음 서술 중 타당한 것은?

① 갑은 어떤 위험한 기회에 대해서도 항상 을보다 위험을 더 기피한다.
② 을은 어떤 위험한 기회에 대해서도 항상 갑보다 위험을 더 기피한다.
③ 갑은 위험을 기피하지만 을은 위험에 대해 중립적이다.
④ 을은 위험을 기피하지만 갑은 위험에 대해 중립적이다.
⑤ 갑과 을 두 사람 모두 위험을 애호하지만 누가 더 애호하는지는 알 수 없다.

hint

$w^{0.25} = (w^{0.5})^{0.5}$으로서 을의 효용함수는 갑의 효용함수를 더욱 오목하게 한 것이다. 이것은 을의 한계효용이 더욱 빠른 속도로 체감한다는 것을 의미한다. 이런 경우 을은 어떤 경우에도 갑보다 더 위험을 기피한다. 일반적으로 $U(w) = w^{\alpha}$으로 주어졌을 때, 다음의 관계가 성립한다.

$\alpha < 1$ ⇒ 위험기피자이며, 그 값이 작을수록 위험기피도가 높음. $\alpha = 1$ ⇒ 위험중립자
$\alpha > 1$ ⇒ 위험애호자이며, 그 값이 클수록 위험선호도가 높음.

정답 1 ④ 2 ②

03 위험 하에서 투자활동을 하는 진호는 소득이 w인 경우 $U(w) = 2w^{0.5}$와 같이 효용을 부여한다. 그런데 진호의 효용함수가 $V(w) = 100 + 4w^{0.5}$로 바뀌었다고 하자. 이 경우 다음 설명 중 옳은 것은?

① 진호는 덜 위험한 기회에 투자하려고 할 것이다.
② 진호는 더 위험한 기회에 투자하려고 할 것이다.
③ 진호의 투자활동에는 아무런 변화가 없을 것이다.
④ 진호는 원래 위험을 기피하므로 위험한 기회를 멀리 할 것이다.
⑤ 이것만으로는 어떤 결론을 내릴 수 없다.

hint

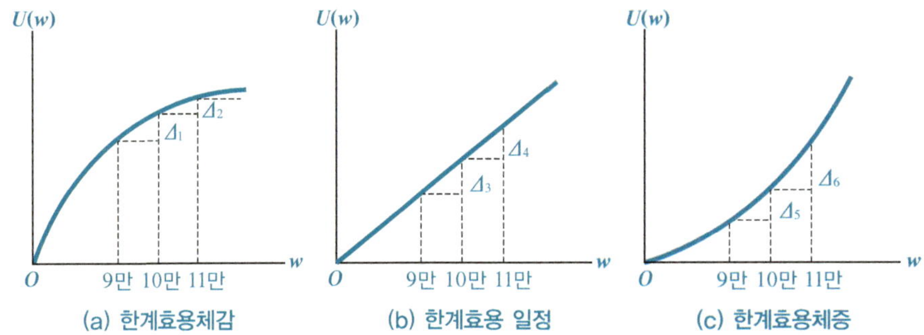

〈위험에 대한 태도와 한계효용〉

위험 하에서 어떤 기회에 투자하는가는 전적으로 위험에 대한 태도에 달려 있다. 원래의 효용함수에 의하면 소득의 한계효용이 체감하므로 진호는 위험기피적이다. 그런데 효용함수가 바뀌어 소득의 한계효용이 체감하는 정도에 변화가 있으면 진호의 위험에 대한 태도도 바뀌게 된다. 그런데 여기서와 같이 효용함수가 변하는 경우에는 한계효용이 체감하는 정도에는 차이가 없다. (이처럼 원래의 효용함수에 일정한 상수를 곱한 후 다른 상수를 더하는 경우 위험한 기회에 대한 서열을 결정하는 데 아무 차이가 없다.)

04 위험프리미엄에 대한 설명으로 옳지 않은 것은?

① 이것은 오직 위험기피적인 사람에게만 해당한다.
② "위험프리미엄 = 기대수익 - 확실성등가"의 공식이 성립한다.
③ 위험을 더 기피하는 사람일수록 더 큰 위험프리미엄을 요구한다.
④ 위험기피자를 전제하면 투자대상의 위험이 증가할수록 더 큰 위험프리미엄이 요구된다.
⑤ 확실한 세계에서는 위험프리미엄이 0이 된다.

hint

위험프리미엄(risk premium)이란 간단히 위험의 가격, 또는 위험의 대가라고 말할 수 있다. 즉, 이것은 '위험한 기회에 참여하도록 유도하기 위해 지불해야 하는 최소한의 추가보상'에 해당한다. 확실성등가(certainty equivalent) 또는 확실성 대등액은 기대효용과 같은 크기의 효용을 가져다 주는 확실한 소득을 말한다. 이제 위험한 기회로부터 예상되는 기대수익을 $E(X)$라고 하고 확실성등가를 C_E라고 나타낸다면 위험프리미엄 rp 간에는 다음과 같은 관계가 성립한다.

$rp = E(X) - C_E$ 또는 $rp + C_E = E(X)$

다른 조건들은 동일하다는 전제 하에서 위험에 대한 태도와 위험프리미엄 간의 관계를 정리하면 다음과 같다.

	위험기피자	위험중립자	위험애호자
기대소득과 확실성등가	$E(X) > C_E$	$E(X) = C_E$	$E(X) < C_E$
위험프리미엄	$rp > 0$	$rp = 0$	$rp < 0$

05 다음 그림은 철수가 자신의 소득수준에 따라 느끼는 효용을 나타낸다. 철수는 0.5의 확률로 3만원을 받고 0.5의 확률로 9만원을 받는 상황에 직면해 있다고 하자. 철수가 이러한 위험을 안게 됨으로써 발생하는 비용을 화폐가치로 나타내면 무엇과 같은가? 2006년 서울시 7급

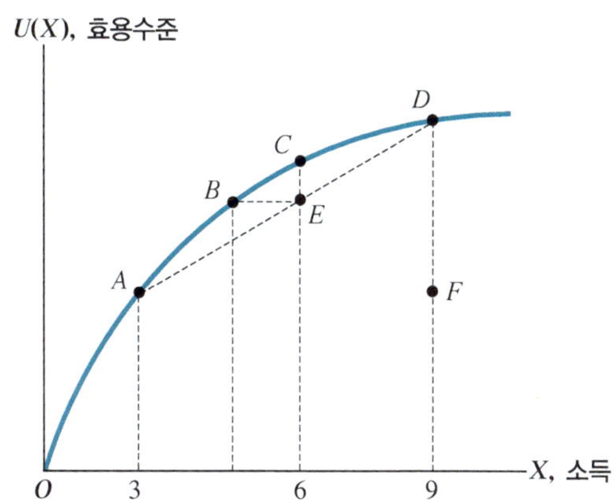

① 점 A부터 점 F까지의 거리
② 점 A부터 점 D까지의 거리
③ 점 B부터 점 E까지의 거리
④ 점 C부터 점 E까지의 거리
⑤ 점 A부터 점 E까지의 거리

hint

위험을 안게 됨으로써 발생하는 비용은 곧 위험을 회피하기 위하여 경제주체가 최대로 지불할 용의가 있는 금액이므로 위험프리미엄(risk premium)을 의미한다. 위험프리미엄은 기대소득과 확실성등가 간의 차이를 의미한다. 설문에서 E점은 기대소득을 나타내며, 이와 동일한 효용을 주는 B가 확실성등가를 나타낸다.

정답 3 ③ 4 ① 5 ③

06 영화배우 A씨는 영화제작사와 새 영화에 출연하는 대가로 1,600만원의 기본급과 영화가 성공할 경우 추가로 2,000만원, 실패할 경우 0원을 받는 출연계약을 맺었다. 영화가 성공할 확률은 0.5라고 한다. A씨의 돈(m)에 대한 기대효용함수는 $U(m) = \sqrt{m}$이라고 한다. 만약 A씨가 동료 영화배우 B씨에게 이 출연계약을 이전할 수 있다면 최소한 얼마를 요구하겠는가?

2011년 공인회계사

① 2,000만원
② 2,500만원
③ 2,600만원
④ $(1{,}600 + 0.5\sqrt{2{,}000})$만원
⑤ 3,600만원

hint

이 문제는 불확실한 출연계약을 확실한 금액으로 바꾼다면 얼마를 요구할지, 즉 확실성등가를 묻고 있다. 확실성등가는 다음의 조건을 만족하는 C_E값이다.

$$\sqrt{C_E} = EU(m) = 0.5 \times \sqrt{3{,}600\text{만}} + 0.5 \times \sqrt{1{,}600\text{만}} = 5{,}000 \Rightarrow C_E = 2{,}500\text{만(원)}$$

07 두 명의 자녀를 두고 있는 이 교수는 매달 각자에게 똑같은 액수의 용돈을 주었다. 그런데 이 교수는 앞으로 다른 방식으로 용돈을 주기로 했다. 각자 동전을 던져 앞면이 나오면 100만원을 받고 뒷면이 나오면 30만원을 받는 방안을 도입하려고 한다. 그런데 첫째딸 도경과 둘째딸 선경 모두 이 방법에 강한 불만을 표시하였다. 그래서 이 교수는 이런 방법으로 용돈을 받는 경우 각자 얻는 기대효용과 같은 정도의 효용을 얻을 수 있는 금액이 얼마인지 말하면 그 금액을 줄 수도 있다고 하였다. 물론 두 사람은 정직하게 금액을 말하는 것으로 가정한다. 그랬더니 도경은 50만원이라고 하였고 선경은 45만원이라고 하였다. 이와 관련해 다음 설명 중 옳은 것은? 단, 동전의 앞면과 뒷면이 나올 확률은 정확하게 반반이라고 가정한다.

① 도경은 위험중립적이고 선경은 위험기피적이다.
② 도경의 위험프리미엄은 15만원이고 선경의 위험프리미엄은 10만원이다.
③ 도경보다 선경이 위험을 더 기피한다.
④ 두 사람 모두 확실한 것만을 좋아한다.
⑤ 선경보다 도경이 위험을 더 기피한다.

hint

도경과 선경이 확실한 소득 w를 얻을 때의 효용을 각각 $U_D(w)$, $U_S(w)$라고 하자. 그러면 이 문제의 경우 다음과 같은 등식이 성립한다.

$$U_D(50\text{만원}) = 0.5 \times U_D(100\text{만원}) + 0.5 \times U_D(30\text{만원})$$
$$U_S(45\text{만원}) = 0.5 \times U_S(100\text{만원}) + 0.5 \times U_S(30\text{만원})$$

즉, 도경의 확실성등가는 50만원이고 선경의 확실성등가는 45만원이다. 그런데 동전을 던져 용돈을 받는 경우 기대소득은 65만원이다. 따라서 도경의 위험프리미엄은 15만원이고 선경의 위험프리미엄은 20만원이다. 이와 같이 위험프리미엄이 모두 0보다 크므로 두 사람 모두 위험기피적이라는 사실을 알 수 있다. 그런데 똑같은 위험한 기회에 대한 도경과 선경의 위험프리미엄이 다르다. 그 이유는 선경이 도경보다 위험을 더 기피하기 때문이다. 달리 말하면 똑같은 위험한 기회에 대한 확실성등가가 더 작은 사람이 위험을 더 기피한다고 말할 수 있다.

08 **어느 지역의 주민들은 보유하고 있는 화폐액이 증가함에 따라 효용수준도 높아지는데, 그 형태는 다양하다. 이들은 모두 불확실한 미래의 각 경우에 주어지는 화폐액으로부터 얻는 효용수준과 그 확률을 곱하여 모든 경우를 더해 산출되는 기대효용을 극대화하려고 한다. 이제 가격이 1만원인 복권을 판매하려고 하는데, 복권의 당첨확률은 0.001%이고, 당첨금은 9억원이라고 한다. 물론 당첨되지 않으면 아무것도 얻을 수 없다. 이에 대한 설명으로 옳은 것은?**

2006년 공인회계사

① 이 복권은 기대치가 가격보다 적으므로, 복권의 의미가 없다.
② 이 복권은 기대치가 가격보다 적으므로, 아무도 사지 않을 것이다.
③ 이 복권은 기대치가 가격보다 크므로, 누구나 살 것이다.
④ 아래에서 볼 때 볼록한 효용함수를 갖는 주민만 이 복권을 살 것이다.
⑤ 아래에서 볼 때 오목한 효용함수를 갖는 주민만 이 복권을 살 것이다.

hint

이 복권의 기대치를 구하면 9억원 × $\frac{1}{10만}$ = 9,000원으로 복권의 가격보다 낮다. 따라서 이것은 불리한 도박에 해당한다. 이런 복권을 구입할 수 있는 유일한 사람은 위험을 애호하는 사람이다.

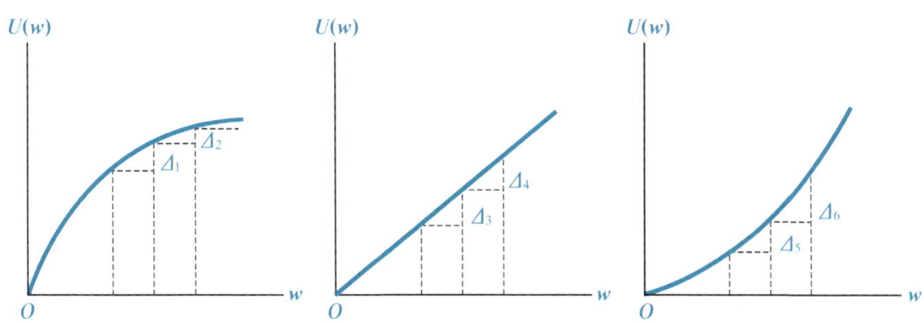

(a) 위험기피자 : 오목　　(b) 위험중립자 : 선형　　(c) 위험애호자 : 볼록

정답　6 ②　7 ③　8 ④

09 당첨될 확률은 p이고 당첨되는 경우의 상금은 K원인 복권의 가격은 pK원이다. 다음 설명 중 옳은 것을 모두 고르면?

> ㉠ 위험중립자는 이 복권을 얼마를 구입해도 효용수준이 동일하다.
> ㉡ 위험기피자는 소득의 일부만을 복권구입에 지불한다.
> ㉢ 위험선호자는 이 복권을 구입하지 않는다.
> ㉣ 이 복권을 구입하는 것은 공정한 도박(fair gamble)이다.

① ㉠, ㉣ ② ㉠, ㉡ ③ ㉡, ㉣
④ ㉠, ㉢ ⑤ ㉢, ㉣

hint

복권의 기대치 $E(X) = p \times k + (1-p) \times 0 = pk$이므로 공정한 도박이다. 공정한 투자기회에 대해 위험기피자는 불참, 위험중립자는 무차별, 위험애호자는 참여한다.

위험기피 성향에 따른 위험부담 행위

	위험기피자	위험중립자	위험애호자
유리	참여 또는 불참*	참여(all)	참여(all)
공정	불참(no)	무차별	참여(all)
불리	불참(no)	불참(no)	참여 또는 불참*

*로 표시된 경우에는 다양한 경우가 있을 수 있음.

10 소비자의 위험에 대한 태도에 관한 옳은 설명을 모두 고른 것은? 2005년 공인회계사

> a) 위험기피적(risk-avert)인 소비자는 복권가격이 복권의 기대상금액보다 높으면 복권을 사지 않지만, 같으면 복권을 산다.
> b) 복권가격이 복권의 기대상금과 같을 때, 위험중립적(risk-neutral)인 소비자는 복권을 살 때와 사지 않을 때 동일한 기대효용을 얻는다.
> c) 위험애호적(risk-loving)인 소비자의 기대효용함수는 아래로 오목한 형태를 갖는다.

① a) ② b) ③ a), b)
④ a), c) ⑤ a), b), c)

hint

복권가격과 기대상금이 같다면 이것은 공정한 도박에 해당한다. 따라서 위험기피적인 소비자는 이런 복권을 구입하지 않는다. 위험중립적인 소비자는 오직 기대치에만 관심이 있으므로 복권가격과 복권의 기대상금이 같다면 무차별적이다. 그리고 위험애호적인 소비자의 기대효용함수를 무차별곡선으로 나타내면 원점에 대해 오

목한 형태가 되며, 효용함수 자체의 형태는 아래에서 볼 때 볼록한 형태가 된다. 따라서 c)는 정확한 표현이 아니다.

11 경제 내에 두 자산만 존재한다. 하나는 무위험자산이고 다른 하나는 위험자산인데 두 자산의 기대수익률은 동일하다고 한다. 투자자 A는 무위험자산에만 투자하고 있고, 투자자 B는 위험자산에만 투자하고 있다고 하자. 기대효용이론에 따를 때 두 투자자의 위험에 대한 선호를 나타내는 효용함수의 그래프 조합이 될 수 없는 것은? 2008년 공인회계사

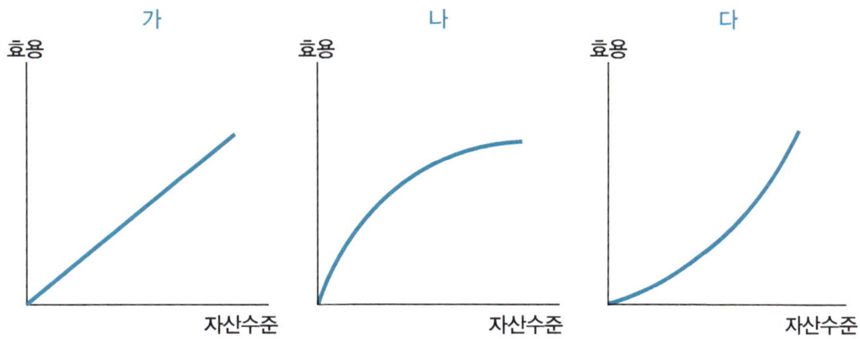

	투자자 A	투자자 B
①	가	가
②	가	다
③	나	가
④	다	나
⑤	나	다

hint

A가 수익률이 동일할 때 무위험자산에 투자한다는 것은 위험기피자 또는 위험중립자임을 의미한다. (그림 나 또는 가)

B가 수익률이 동일할 때 위험자산에 투자한다는 것은 위험애호자 또는 위험중립자임을 의미한다. (그림 다 또는 가)

정답 9 ① 10 ② 11 ④

12 **동전을 던져 앞면이 나오면 9,000원을 따고, 뒷면이 나오면 10,000원을 잃는 도박이 있다. 甲은 위험기피자, 乙은 위험애호자, 丙은 위험중립자인 경우 다음 설명으로 옳은 것은?**

2012년 감정평가사

① 甲의 도박에의 참여 여부는 위험기피도에 따라 결정될 것이다.

② 도박에 참여하는 대가로 500원을 준다 해도, 甲은 도박에 참여하지 않을 것이다.

③ 丙은 이 도박에 반드시 참여할 것이다.

④ 乙은 이 도박에 반드시 참여할 것이다.

⑤ 앞면이 나올 때 따는 금액을 1,000원 올려 10,000원으로 하고, 뒷면이 나올 때 잃는 금액을 1,000원 내려 9,000원으로 하면 甲, 乙, 丙 모두 이 도박에 반드시 참여할 것이다.

hint

이것은 불리한 도박의 경우에 해당한다. 따라서 위험기피자와 위험중립자는 무조건 이 도박에 참여하지 않는 것이 유리하다. 위험애호자는 불리한 정도 및 위험애호의 정도에 따라 참여할 수도 있고 그렇지 않을 수도 있다.

①번 보기 : 갑은 위험기피자이므로 불리한 도박에는 무조건 참여하지 않는다.

②번 보기 : 도박에 참여하는 대가로 500원을 준다면 앞면이 나오면 9,500원을 따고 뒷면이 나오면 9,500원을 잃는 공정한 도박에 해당한다. 따라서 갑은 참여하지 않는다.

③번 보기 : 위험중립적인 병은 불리한 도박에는 참여하지 않는다.

④번 보기 : 위험애호적인 을은 공정한 도박에는 반드시 참여한다. 그렇지만 여기서와 같이 불리한 도박의 경우에는 위험애호의 정도, 도박의 불리한 정도에 따라 참여할 수도 있고 그렇지 않을 수도 있다.

⑤번 보기 : 이와 같이 금액이 달라지는 경우 유리한 도박이다. 을과 병은 무조건 이 도박에 참여하겠지만 위험기피적인 갑은 위험프리미엄이 충분하면 참여할 수도 있고 그렇지 않을 수도 있다. 즉, 위험기피의 정도와 도박의 유리한 정도에 따라 갑의 참여 여부가 결정된다.

따라서 정답은 ②가 된다.

13 갑과 을은 친구인 병의 사업에 각각 100만원씩 투자하는 것을 검토하고 있다. 병의 제안에 의하면 사업이 성공하는 경우에는 1년 후 140만원, 실패하는 경우에는 60만원만을 돌려줄 수 있다고 한다. 그리고 성공 확률은 80%, 실패 확률은 20%로 추정된다고 하자. 그런데 병의 사업에 투자하는 경우 갑과 을의 확실성등가(certainty equivalent)는 각각 98만원, 108만원인데 이것은 갑과 을 본인들만 알고 있는 수치이다. 한편 갑과 을은 병의 사업에 투자하지 않는다면 은행에 연 5%의 확정 이자율로 정기예금을 하려고 한다고 할 때 다음 서술 중 옳은 것은?

① 갑과 을 모두 병의 사업에 투자하는 것이 효용상 유리하다.
② 갑과 을 모두 위험을 기피하지만 을이 더 기피한다.
③ 갑은 정기예금을 하고 을은 병의 사업에 투자하는 것이 효용상 유리하다.
④ 갑은 병의 사업에 투자하고 을은 정기예금을 하는 것이 효용상 유리하다.
⑤ 갑과 을 모두 정기예금을 하는 것이 효용상 유리하다.

hint

확실성등가란 위험한 기회(병의 사업)에 투자하는 경우 예상되는 기대효용과 동일한 효용을 가져다주는 확실한 소득을 말한다. 위험한 기회로부터의 기대소득($E(w)$)과 확실성등가(C_E), 그리고 위험프리미엄(R_P) 간에는 항상 다음 관계가 성립한다.

$$E(w) = R_P + C_E \rightarrow R_P = E(w) - C_E$$

확실성등가는 위험프리미엄과 역의 관계에 있으므로 투자자의 위험성향을 파악하는 데도 이용된다. 여기서의 경우 $E(w)$ = 124만원, 갑의 C_E = 98만원, 을의 C_E = 108만원이므로 갑의 R_P = 26만원, 을의 R_P = 16만원이 된다. 이것은 두 사람 모두 위험을 기피하며, 둘 중 갑이 더 위험을 기피한다는 것을 의미한다.
그리고 확실성등가는 투자 여부를 결정하는 데 기준으로 사용된다. 투자 원금이 100만원인 경우 투자 여부만을 판단한다면 $C_E >$ 100만원이면 투자하고, $C_E <$ 100만원이면 투자하지 않는 것이 효용상 유리하다. 그런데 여기서는 위험한 기회에 투자하는 데 대한 대안으로 정기예금이 가능하므로 $C_E >$ 105만원이면 투자하고 $C_E <$ 105만원이면 정기예금을 하는 것이 효용상 유리하다.

정답 12 ② 13 ③

14 친구 사이인 인철과 준호는 각각 여유자금을 1,000만원씩 가지고 있다. 이들의 대학동창으로 펀드 매니저인 진수는 앞으로 주식시장이 호황일 것이라고 진단하면서 자신이 관리하고 있는 펀드에 투자할 것을 권유하고 있다. 현재 1년 만기 정기예금의 이자율이 5%임을 감안할 때 인철은 펀드 수익률이 연간 적어도 25%는 되어야 투자할 의향이 있고, 준호는 적어도 20%는 되어야 투자할 의향이 있다고 할 때 다음 설명 중 옳은 것은? 단, 예금이든 펀드든 세금을 비롯한 다른 수수료는 없다고 가정한다.

① 인철은 위험을 기피하고 준호는 위험중립적이다.
② 두 사람 모두 위험을 기피하며 둘 중 준호가 더 위험기피적이다.
③ 두 사람 모두 위험을 기피하지만 누가 더 기피하는지 알 수 없다.
④ 두 사람 모두 위험을 기피하며 둘 중 인철이 더 위험기피적이다.
⑤ 인철은 위험을 애호하고 준호는 위험을 기피한다.

hint

위험프리미엄은 위험한 기회에 참여하도록 하기 위해 필요한 최소한의 추가보상이다. 이것은 금액의 관점이든 수익률의 관점이든 차이가 없다. 여기서는 수익률의 관점에서 위험프리미엄을 비교하면 된다. 이 경우 "기대수익률 = 확실성등가 + 위험프리미엄"의 관계가 성립한다. 여기서 정기예금 이자율 5%가 확실성등가에 해당한다. 인철이 기대수익률이 적어도 25%는 되어야 펀드에 투자할 의향이 있다는 것은 그의 위험프리미엄이 20%에 해당한다는 것을 의미한다. 마찬가지로 준호의 위험프리미엄은 15%에 해당한다. 따라서 이 경우 인철의 위험프리미엄이 더 크므로 위험을 더 기피한다고 해석할 수 있다.

15 여름 한철 우산장사는 비가 올 때와 햇볕이 날 때 이익이 각각 40,000원과 10,000원이고, 선풍기장사는 정반대로 비가 올 때 10,000원, 햇볕이 날 때 40,000원의 이익이 생긴다고 한다. 두 사업에 필요한 사업자금은 동일하며 분산투자가 가능하다고 할 때 위험기피자라면 어떻게 투자할 것인가? 단, 비가 올 확률과 햇볕이 날 확률은 각각 1/2로 동일하다고 가정한다.

2006년 보험계리사

① 사업자금을 우산장사나 선풍기장사 둘 중 하나에 전액 투자한다.
② 사업자금의 1/4을 우산장사에, 나머지 3/4을 선풍기장사에 투자한다.
③ 사업자금의 1/2을 우산장사에, 나머지 1/2을 선풍기장사에 투자한다.
④ 사업자금의 3/4을 우산장사에, 나머지 1/4을 선풍기장사에 투자한다.

hint

우산장사에 전 재산의 x, 선풍기장사에 $1-x$를 투자한 경우를 정리하면 다음과 같다.

	확률	보수
비가 올 때(r)	$p = 1/2$	$C_r = 40{,}000x + 10{,}000(1-x) = 10{,}000 + 30{,}000x$
햇볕이 날 때(d)	$1-p = 1/2$	$C_d = 10{,}000x + 40{,}000(1-x) = 40{,}000 - 30{,}000x$

기대소득은 $E(C) = \frac{1}{2} \times (10{,}000 + 30{,}000x) + \frac{1}{2} \times (40{,}000 - 30{,}000x) = 25{,}000$으로 x와 무관하다. 그런데 $x = \frac{1}{2}$이면 항상 $C_r = C_d = 25{,}000$이 되어 위험을 완전히 제거할 수 있다. 따라서 위험기피자는 두 사업에 $\frac{1}{2}$씩을 투자할 것이다.

16 병규는 100만원을 다음과 같은 두 가지 위험한 사업 중 하나에 투자할 것을 검토하고 있다. 성공, 실패에 따라 각 사업으로부터 예상되는 수입은 다음과 같다. 괄호 안의 숫자는 확률을 나타낸다.

	성공	실패
사업 I	160만원(0.5)	80만원(0.5)
사업 II	220만원(0.4)	60만원(0.6)

병규는 두 가지 사업을 검토한 후 사업 I에 투자하기로 결정했다고 할 때 다음 서술 중 옳은 것은?

① 병규는 위험기피적이다.
② 병규는 위험중립적이다.
③ 병규는 위험애호적이다.
④ 병규는 위험중립적이거나 위험애호적이다.
⑤ 병규는 위험중립적이거나 위험기피적이다.

hint

사업 I의 기대치는 120만원이고, 사업 II의 기대치는 124만원이다. 병규가 위험중립적이라면 사업 II에 투자할 것이다. 그런데 병규가 사업 I에 투자하기로 했다는 것은 사업 I의 확실성등가가 사업 II의 확실성등가보다 크다는 것을 의미한다. 이것은 병규의 한계효용이 체감하는 경우에만 성립한다. 따라서 병규는 위험기피적이다.

정답 14 ④ 15 ③ 16 ①

17 어느 취업준비생은 다음의 두 가지 직업 중 하나를 선택할 수 있다. 첫째는 기업에 월급노동자로 취업하는 것이고, 둘째는 스스로 창업하여 사업소득자가 되는 것이다. 각각의 선택에서 성공과 실패할 확률, 그때의 소득은 다음과 같다. 이에 대한 설명 중 옳지 않은 것은? 단, 위험은 분산으로 측정한다고 가정한다. 2014년 보험계리사

구분 / 직업	성공		실패	
	확률	소득	확률	소득
월급노동자	90%	130만원	10%	80만원
사업소득자	30%	300만원	70%	50만원

① 월급노동자를 선택할 경우 이 사람의 기대소득은 125만원이다.

② 사업소득자를 선택할 경우 이 사람의 기대소득은 125만원이다.

③ 이 사람의 효용함수가 소득에 대해 오목(concave)하다면 이 사람은 월급노동자를 선택할 것이다.

④ 이 사람이 위험기피자라면 사업소득자를 선택할 것이다.

hint

① (○), 월급노동자의 기대소득 : $E_1(w) = 0.9 \times 130$만 $+ 0.1 \times 80$만 $= 125$만(원)

② (○), 사업소득자의 기대소득 : $E_2(w) = 0.4 \times 300$만 $+ 0.7 \times 50$만 $= 125$만(원)

③ (○), 두 직업의 기대소득은 동일하다. 그러나 사업소득자를 선택한 경우 소득의 편차가 훨씬 크기 때문에 분산도 클 것이다. 따라서 위험기피자라면 월급노동자를 선택할 것이다.

④ (×)

18 甲의 효용함수는 $u(x) = \sqrt{x}$로 표현된다. 甲은 현재 소득이 0원이며, $\frac{1}{3}$의 당첨 확률로 상금 100원을 받는 복권을 갖고 있다. 상금의 일부를 포기하는 대신에 당첨될 확률을 $\frac{2}{3}$로 높일 수 있을 때, 甲이 포기할 용의가 있는 최대 금액은? (단, x는 원으로 표시된 소득이다.)

2018년 국가직 7급

① $\frac{100}{3}$원 ② 50원

③ $\frac{200}{3}$원 ④ 75원

hint

1. 현재상태

복권의 기대가치 : $E_1(x) = \frac{1}{3} \times 100 + \frac{2}{3} \times 0 = \frac{100}{3}$

기대효용 : $Eu_1(x) = \frac{1}{3} \times \sqrt{100} + \frac{2}{3} \times \sqrt{0} = \frac{10}{3}$

2. 변화 이후 : 상금 중 y를 포기할 경우

기대효용 : $Eu_2(x) = \frac{2}{3} \times \sqrt{100-y} + \frac{1}{3} \times \sqrt{0}$

⇒ $Eu_2(x) \geq Eu_1(x)$의 조건을 만족하는 변화에 동의할 것이며 최대지급액은 등호가 성립하는 경우의 y값이다.

⇒ $Eu_2(x) = \frac{2}{3} \times \sqrt{100-y} = Eu_1(x) = \frac{10}{3} \Rightarrow y_{max} = 75$

19 A는 두 종류의 일자리를 제안받았고, 다음과 같은 상황에 처해 있다. A가 두 번째 일자리를 선택하기 위한 연간 보수 X의 최솟값은? 2021년 국회 8급

- A의 효용함수 : $U = 2\sqrt{Y}$(단, Y는 연간 보수)
- 첫 번째 일자리에는 일시해고가 없으며, 연간 보수는 4,900만원이다.
- 두 번째 일자리에는 일시해고에 대한 불확실성이 존재한다.
- 두 번째 일자리에서 전체의 1/4에 해당하는 연도는 경기가 좋아 일시해고가 되지 않으며, 이때의 연간 보수는 X이다.
- 두 번째 일자리에서 전체의 3/4에 해당하는 연도는 경기가 좋지 않아 일시해고가 되며, 이때의 연간 보수는 3,600만원이다.

① 1억원
② 1억 2,100만원
③ 1억 4,400만원
④ 1억 6,900만원
⑤ 1억 9,600만원

hint

1. 첫 번째 일자리 선택 시 기대효용 : $EU_1 = 2\sqrt{4,900만} = 14,000$
2. 두 번째 일자리 선택 시 기대효용 : $EU_2 = \frac{1}{4} \cdot 2\sqrt{X} + \frac{3}{4} \cdot 2\sqrt{3,600만} = \frac{\sqrt{X}}{2} + 9,000$

$\frac{\sqrt{X}}{2} + 9,000 \geq 14,000 \Rightarrow X \geq$ 1억원

정답 17 ④ 18 ④ 19 ①

20 100의 재산을 가지고 있는 A가 $\frac{2}{5}$의 확률로 주차위반에 적발되면 75의 범칙금을 내야 한다. 정부는 예산절감을 위해 단속인력을 줄이고자 하나 이 경우 적발확률은 $\frac{1}{3}$로 낮아진다. A의 재산 w에 대한 기대효용함수가 $\sqrt{w}$일 때 만약 정부가 A의 주차위반 행위를 이전과 같은 수준으로 유지하려면 책정해야 할 주차위반 범칙금은? 2020년 공인회계사

① 64 ② 75 ③ 84

④ 91 ⑤ 96

hint

단속인원 감축 이전 기대효용 : $EU_0 = \frac{2}{5}\sqrt{100-75} + \frac{3}{5}\sqrt{100} = 8$

단속인원 감축 이후 기대효용 : $EU_1 = \frac{1}{3}\sqrt{100-T} + \frac{2}{3}\sqrt{100}$

$EU_0 = EU_1$이 성립하기 위해서는 $T = 84$가 되어야 한다.

21 최근 해외투자가 급증하고 있는 가운데 투자자들은 투자 포트폴리오의 미래가치에 대한 분산(불확실성)을 최소화하고자 한다. 세 프로젝트 중 2개에 동일한 비중으로 투자할 때, 불확실성을 최소화하기 위한 포트폴리오는? (단, 각 프로젝트에서 발생할 수 있는 수익은 동일하고 프로젝트 간 분산 및 공분산 행렬(variance covariance matrix)은 아래와 같다.) 2015년 지방직 7급

구분	중동	동남아	남미
중동	0.4	–	–
동남아	0.5	0.6	–
남미	0.25	0.4	0.2

① 프로젝트 중동과 동남아

② 프로젝트 중동과 남미

③ 프로젝트 동남아와 남미

④ 세 프로젝트 모두 차이가 없음

hint

포트폴리오의 분산을 최소화하기 위해서는 각 투자대상의 분산이 낮고, 투자대상 간 공분산이 낮아야 한다. 이 조건을 만족하는 것은 중동과 남미의 조합이다.

22 **기대효용을 극대화하는 소비자가 5%의 확률로 발생하는 자연재해로 인하여 3,000만원의 손실을 입는 위험에 처하여 있다. 다음 설명 중 가장 옳지 않은 것은?** 2009년 공인회계사

① 이 소비자가 위험기피적이라면 재해손실의 위험에서 벗어나기 위하여 150만원을 기꺼이 지불할 용의가 있다.

② 재해 발생 시 1만원을 보상하는 보험의 공정보험료는 500원이다.

③ 공정보험이 제공될 때 위험기피적 소비자는 완전보험에 가입한다.

④ 공정보험이 제공되더라도 위험애호적인 소비자는 보험에 가입하지 않는다.

⑤ 보험회사가 양의 이윤을 얻도록 보험료율이 책정된다면 위험중립적인 소비자는 완전보험을 들지 않고 부분적으로만 보험에 든다.

hint

① 위험기피 성향에 따른 보험가입 여부를 나타내어 보면 다음과 같다.

위험기피 성향에 따른 위험회피 행위

	위험기피자	위험중립자	위험애호자
유리	가입(all)	가입(all)	가입 또는 비가입*
공정	가입(all)	무차별	비가입(no)
불리	가입 또는 비가입*	비가입(no)	비가입(no)

*로 표시된 경우에는 다양한 경우가 있을 수 있음.

공정한 보험의 조건은 사고확률과 보험료율이 일치하여 기대소득이 일정하게 유지되는 것이다. 3,000만원의 피해를 보상하는 보험료가 150만원일 때 보험료율 $r = \frac{1,500,000\text{원}}{30,000,000\text{원}} = 0.05$로 공정한 보험이다. 따라서 위험기피자인 소비자는 이 보험에 기꺼이 가입할 것이다. ② 재해 발생 시 1만원을 보상하는 보험의 보험료가 500원이라면 보험료율 $r = \frac{500\text{원}}{10,000\text{원}} = 0.05$로 사고확률과 동일하여 공정한 보험이 된다. ⑤ 보험회사가 양의 이윤을 얻도록 보험료율이 책정된다는 것은 이 보험이 가입자에게 불리한 구조를 가지고 있음을 의미한다. 위험중립적인 소비자는 기대소득에 근거해 가입 여부를 결정하므로 불리한 보험에 가입하지 않는다.

정답 20 ③ 21 ② 22 ⑤

23 어느 사회에 위험기피자와 위험선호자가 존재하고, (순)기대치가 0인 복권과 보험이 각각 존재한다. 옳은 설명을 모두 고르면? 2007년 공인회계사

> 가. 위험기피자 모두와 위험선호자 일부가 복권을 산다.
> 나. 위험선호자 모두와 위험기피자 일부가 보험에 가입한다.
> 다. 위험기피자는 모두 보험에 가입하고, 위험선호자는 모두 가입하지 않는다.
> 라. 위험선호자는 모두 복권을 사고, 위험기피자는 모두 사지 않는다.
> 마. 위험기피자와 위험선호자 모두 보험에 가입하지도 복권을 사지도 않는다.

① 가, 나 ② 가, 다 ③ 나, 라
④ 다, 라 ⑤ 마

hint

기대치가 0인 복권은 공정한 도박에 해당하고, 기대치(보험회사의 기대이윤)가 0인 보험은 공정한 보험에 해당한다. 위험기피적인 사람은 공정한 도박에 참여하지 않는 대신 공정한 보험에는 가입하는 것이 바람직하다. 반면 위험선호적인 사람들은 공정한 도박에는 참여하는 대신 공정한 보험에는 가입하지 않는 것이 바람직하다.

24 다음 불확실성(uncertainty)과 위험(risk)에 관한 설명 중 옳은 것은?

① '위험' 을 사고 파는 시장은 존재하지 않는다.
② 화재확률이 2천분의 1이고 재산손실이 5억원일 경우 화재발생 시 20만원의 보험료를 내면 5억의 보험금을 지급하는 경우는 공정보험(fair insurance)이다.
③ 두 자산의 수익률이 음(−)의 상관관계를 가질 경우에는 분산투자를 통하여 위험의 정도를 줄일 수 없다.
④ 공정도박(fair gambling)이란 도박에 참가한 사람이 건 금액보다 상금의 기대치가 큰 경우를 말한다.
⑤ 공정보험이란 프리미엄률(보험료/보험금)이 사고가 날 확률과 일치하는 경우를 말한다.

hint

① (×), 위험을 사고파는 대표적인 시장이 복권과 보험이다.
② (×), 사고확률(p) = $\frac{1}{2,000}$ > 보험료율(r) = $\frac{1}{2,500}$이므로 유리한 보험이다.
③ (×), 수익률이 음의 상관관계를 갖는 경우 분산보유의 효과가 크게 나타난다.
④ (×), 공정도박이란 참가비와 기대상금이 일치하는 도박을 말한다.
⑤ (○)

* **참고사항** : 보험 관련 주요사항
1. 완전보험의 조건 : 보험금 = 사고피해액

2. 공정보험의 조건 : 사고확률 = 보험료율, 완전보험 시 보험료 = 사고확률 × 사고피해액
3. 최대보험의 조건 : 완전보험 시 보험료 = 공정보험료 + 위험프리미엄

25 **$U = \sqrt{Y}$의 효용함수를 갖는 소비자가 100만원의 가치가 있는 자전거를 소유하고 있다. 자전거의 도난확률이 0.5일 때 다음 중 옳지 않은 것은?** (단, Y는 재화가치이다.) 2014년 감정평가사

① 위험한 기회를 다른 사람에게 전가할 때 지급할 최대 추가보상액은 50만원이다.
② 현재 이 소비자의 기대효용수준은 500이다.
③ 손실액 전액을 보상해 주는 보험의 경우 공정한 보험료는 50만원이다.
④ 손실액 전액을 보상해 주는 보험에 대해 이 소비자는 최대 75만원까지 지불할 용의가 있다.
⑤ 이 소비자는 위험기피자이다.

hint

기대소득 : $E(Y) = \frac{1}{2} \times 100$만 $+ \frac{1}{2} \times 0 = 50$만(원)
기대효용 : $E(Y) = \frac{1}{2} \times \sqrt{100\text{만}} + \frac{1}{2} \times \sqrt{0} = 500$
확실성등가 : $\sqrt{CE} = EU(Y) = 500 \Rightarrow CE = 25$만(원)
위험프리미엄 : $rp = E(Y) - CE = 25$만(원)

① (×), 불확실한 50만원을 확실한 금액으로 바꿀 수 있다면 25만원을 포기할 용의가 있다. 이 금액은 위험프리미엄을 의미한다.
② (○)
③ (○), $I_{공정} = S - E(Y) = 100$만(원) $- 50$만(원) $= 50$만(원), 단 S는 비사고 시 재산규모
④ (○), $I_{최대} = S - CE = 100$만(원) $- 25$만(원) $= 75$만(원)
⑤ (○)

정답 23 ④ 24 ⑤ 25 ①

26 **어느 소비자의 기대효용함수가 $U = min[C_1, C_2]$로 주어졌다. 사고가 발생할 확률은 0.01이고 그 경우 1억원의 손해를 본다. 사고발생 시 K원을 보상하는 보험에 드는 경우 보험료로 $0.02K$원을 내야 한다. 다음 설명 중 옳은 것은?** (단, C_1은 사고가 발생하지 않을 경우의 소득이고, C_2는 사고가 발생한 경우의 소득이다.)

① 소비자에게 유리한 보험이므로 K를 1억원보다 크게 결정한다.
② 소비자에게 불리한 보험이므로 K를 1억원보다 작게 결정한다.
③ 소비자에게 불리한 보험이지만 K를 1억원으로 결정한다.
④ 공정한 계약이므로 K를 1억원보다 크게 결정한다.
⑤ 이 소비자는 위험애호자이므로 K를 0으로 결정한다.

hint

일반적으로 보험계약이란 계약 시 I의 보험료를 납부하면 사고 시 K의 보험금을 지급하는 계약을 의미한다. 보험가입 전의 소득을 M이라고 하고 정리하면 다음과 같다.

	확률	보험가입 전 소득	보험가입 후 소득
사고 시	p	$C_2 = M - 1$	$C_2 = M - 1 + K - I$
비사고 시	$1 - p$	$C_1 = M$	$C_1 = M - I$

이 보험은 보험료율 0.02가 사고발생 확률 0.01보다 높기 때문에 불리한 보험이다. 그러나 기대효용함수가 $U = min[C_1, C_2]$로 주어졌다는 것은 이 소비자가 극단적으로 위험을 싫어하는 성향을 가졌다는 것을 의미하므로, 이 소비자는 가장 안전한 $C_1 = C_2$가 성립하는 상태를 선택할 것이다. $C_1 = M - I = C_2 = M - 1 + K - I$를 풀면 $K = 1$이 도출된다. 즉, 이 소비자는 극단적으로 위험에 대해 기피적이기 때문에 불리한 보험임에도 불구하고 사고피해액 전액을 보장하는 보험에 가입할 것이다.

27 **자산이 100인 갑은 $\frac{1}{2}$의 확률로 도난에 따른 손실 51을 입을 위험에 처해 있다. 자산액을 m이라 할 때 갑의 효용은 $\sqrt{m}$이다. 갑이 가격이 19인 보험상품을 구입하면 도난 발생 시 손실의 $(\alpha \times 100)\%$를 보상받는다. 기대효용을 극대화하는 갑이 보험상품을 구입하기 위한 α의 최솟값은?** (단, 구입과 비구입 간에 무차별하면 갑은 보험상품을 구입한다.) **2021년 공인회계사**

① $\frac{1}{7}$　　② $\frac{1}{3}$　　③ $\frac{2}{3}$
④ $\frac{3}{4}$　　⑤ $\frac{4}{5}$

hint

	확률	비가입 시 자산	가입 시 자산
비도난	$\frac{1}{2}$	100	$100 - 19$
도난	$\frac{1}{2}$	$100 - 51$	$100 - 51 - 19 + 51 \times \alpha$

비가입 시 기대효용 : $EU_0 = \frac{1}{2}\sqrt{100} + \frac{1}{2}\sqrt{49} = \frac{17}{2}$

가입 시 기대효용 : $EU_1 = \frac{1}{2}\sqrt{81} + \frac{1}{2}\sqrt{30 + 51 \times \alpha} \geq \frac{17}{2} \Rightarrow \alpha \geq \frac{34}{51} = \frac{2}{3}$

28 다음 중 위험회피적인 사람이 자산가치의 위험을 줄이기 위해 사용할 수 있는 방법을 모두 고른 것은? 2005년 감정평가사

(a) 확정수익률을 보장하는 금융상품에 투자한다.
(b) 연금보험에 가입한다.
(c) 기대수익률이 가장 높은 금융상품에 투자한다.
(d) 개별 주식보다 주가지수상품에 투자한다.

① (a), (b), (c)
② (a), (b), (d)
③ (a), (c), (d)
④ (b), (c), (d)
⑤ (a), (b), (c), (d)

hint

위험을 회피하는 방법으로는 1. 보험가입, 2. 분산보유, 3. 목표수익률의 하향조정 등이 있다. (d)의 주가지수상품 투자는 시장 전체에 분산투자하는 효과가 있다. (c)는 3.과 반대되는 전략이다.

29 포트폴리오 이론에 대한 설명으로 옳은 것은? 2010년 국가직 7급

가. 자산수익률 간의 상관계수가 0이면 위험분산의 효과가 전혀 없다.
나. 분산투자를 통해 자산선택에서 발생하는 체계적인 위험을 모두 제거할 수 있다.

① 가
② 나
③ 가, 나
④ 가, 나 모두 옳지 않다.

hint

자산수익률 간의 상관계수(correlation coefficient)는 −1과 +1 사이의 값을 갖는다. 상관계수가 −1에 가까울수록 위험분산의 효과가 커지고 +1에 가까울수록 위험분산의 효과가 작아진다. 따라서 상관계수가 0이더라도 위험분산의 효과는 존재한다. 나아가 분산투자를 통해 제거할 수 있는 것은 비체계적인 위험(non-systematic risk)뿐이다. 체계적인 위험은 분산투자를 통해 제거할 수 있는 위험이 아니다.

정답 26 ③ 27 ③ 28 ② 29 ④

30 **자본자산가격결정모형**(Capital Asset Pricing Model)**에서 자본시장선**(Capital Market Line)**의 기울기를 결정하는 요소가 아닌 것은?** 2013년 지방직 7급

① 시장포트폴리오의 기대수익률

② 시장포트폴리오 수익률의 표준편차

③ 무위험자산의 수익률

④ 개별 자산수익률의 시장수익률에 대한 민감도지수인 베타

hint

자본자산가격결정모형(Capital Asset Pricing Model)에서 자본시장선은 다음과 같다.

$$E(R_P) = R_f + \frac{E(R_m) - R_f}{\sigma_M} \times \sigma_P$$

자본시장선은 포트폴리오의 표준편차(σ_P)를 수평축에, 포트폴리오의 기대수익률($E(R_P)$)을 수직축에 나타내므로 기울기에 영향을 미치는 요인은 ① 시장포트폴리오의 기대수익률($E(R_m)$), ② 시장포트폴리오 수익률의 표준편차(σ_M), ③ 무위험자산의 수익률(R_f)이다.

31 **현재 자본시장은 균형상태에 있으며, A주식의 기대수익률은 14%, 무위험자산의 수익률은 2%이다. 이 경우 시장포트폴리오**(market portfolio)**의 기대수익률은?** (단, A주식과 시장포트폴리오의 공분산은 6%이며, 시장포트폴리오의 분산은 5%이다.) 2014년 국가직 7급

① 8% ② 10%

③ 12% ④ 14%

hint

자산가격결정 모형에 의할 때 특정 주식 A의 기대수익률($E(R_A)$)은 다음과 같이 결정된다.

$$E(R_A) = R_f + (E(R_m) - R_f) \times \beta_A,\ \ \beta_A = \frac{\sigma_{mA}}{\sigma_m^2}$$

여기서 $E(R_m)$은 시장포트폴리오의 기대수익률, σ_m^2은 시장포트폴리오의 분산, σ_{mA}는 시장포트폴리오의 수익률과 자산 A의 수익률 간의 공분산(covariance)을 나타낸다. 그리고 R_f는 무위험자산의 수익률을 나타낸다. 이 식에 문제에서 주어진 숫자를 대입하면 $E(R_m) = 12\%$이다.

32 **효율적 시장가설**(Efficient Market Hypothesis)**에 대한 설명으로 옳은 것은?** 2010년 국가직 7급

① 자본시장이 효율적이라면 금융자산의 가격에는 이미 공개된 모든 정보가 반영되어 있다.

② 시장에서 오랫동안 주식투자를 하면 지속적으로 초과수익을 얻을 수 있다.

③ 계속 6개월 이상 하락했던 주식의 가격은 조만간 올라갈 것이라고 예상된다.

④ 금융자산의 가격추세에 따라 투자하면 지속적으로 초과수익을 얻을 수 있다.

hint

시장에 입수된 정보가 즉시 가격에 반영되는 것을 시장이 효율적이라고 할 때, 효율적 시장에서는 추가적 정보를 통한 투자로는 초과수익을 거둘 수 없다는 주장을 효율적 시장가설(Efficient Market Hypothesis)이라 한다. 이처럼 시장에서 입수된 정보가 즉시 주식가격에 반영되는 경우 우리는 주식가격의 변화를 예측할 수 없다. 즉, 주식가격은 랜덤워크하하며, 미래 주식가격의 가장 좋은 예측치는 현재 주식가격이다. 효율적 시장가설은 다시 역사적 정보를 통해 초과수익을 거둘 수 없다는 약형(weak form), 공개된 정보로는 초과수익을 거둘 수 없다는 준강형(semi strong form), 공개되지 않은 내부정보를 통해서도 초과수익을 거둘 수 없다는 강형(strong form)의 3단계로 구분할 수 있다.

33 자원개발에 집중하고 있는 A사는 우리나라 근해의 무인도에서 금광을 개발해 100억원 상당의 금을 확보했다. A사는 이 금을 본사로 반입하려 한다. A사는 배를 이용해 금을 운송해야 하는데 배가 침몰하면 금을 모두 잃게 된다. 그런데 무인도 주변은 파고가 높아 배가 침몰할 확률이 20%나 되는 것으로 알려져 있다. A사는 금을 배 한 척에 모두 운송할 수도 있고 여러 척에 나누어 운송할 수도 있다. 여러 척에 나누어 운송하는 경우 배의 운명은 독립적이며 운송비는 무시할 수 있다 할 때 다음 서술 중 옳은 것은?

① 배 한 척으로 운송하나 여러 척으로 운송하나 A사의 기대수익은 80억원, 위험의 척도인 표준편차는 40억원으로 일정하다.

② 배 한 척으로 운송하는 경우와 비교해 배의 숫자를 늘릴수록 기대수익은 80억원 이상으로 점점 커지고 위험의 척도인 표준편차는 점점 작아진다.

③ 배 한 척으로 운송하는 경우와 비교해 배의 숫자를 늘릴수록 기대수익은 80억원 이하로 점점 작아지고 위험의 척도인 표준편차는 점점 커진다.

④ 배 한 척으로 운송하는 경우와 비교해 배의 숫자를 늘리더라도 기대수익은 80억원으로 일정하지만 위험의 척도인 표준편차는 점점 작아진다.

⑤ 배 한 척으로 운송하는 경우와 비교해 배의 숫자를 늘릴수록 기대수익과 위험의 척도인 표준편차가 모두 점점 작아진다.

hint

배가 침몰해 금을 모두 잃는 것은 비체계적 위험, 즉 분산 가능한 위험에 해당한다. 마코위츠(H. Markowitz)가 개발한 포트폴리오 이론의 핵심은 여러 개의 자산에 분산 투자함으로써 일정한 위험 하에서 기대수익을 극대화하거나 일정한 기대수익 하에서 위험을 극소화하는 것이다. 이 문제의 경우 배의 숫자가 증가하는 경우 기대수익은 80억원으로 일정하지만 비체계적 위험의 척도인 표준편차는 점점 작아진다.

정답 30 ④ 31 ③ 32 ① 33 ④

제8~10장 생산자이론

Testbank for Economics [microeconomics]

핵 심 출 제 논 점

1. 한계생산과 규모수익
2. 대체탄력성과 등량곡선의 형태
3. 콥-더글라스 생산함수의 성질
4. 비용의 기초 개념 : 회계적 비용과 경제적 비용
5. 비용극소화와 생산의 최적 조건
6. 장 · 단기 비용함수의 도출
7. 장 · 단기 비용곡선 간의 관계
8. 규모의 경제와 범위의 경제

I 총생산, 한계생산, 평균생산 간의 관계

1. 총생산과 한계생산의 관계

- $MP > 0 \Rightarrow TP$ 증가
- $MP = 0 \Rightarrow TP$ 불변
- $MP < 0 \Rightarrow TP$ 감소

2. 한계생산과 평균생산 간의 관계

- $MP > AP \Rightarrow AP$ 증가(역도 성립)
- $MP < AP \Rightarrow AP$ 감소(역도 성립)
- MP는 AP의 극점을 통과한다.

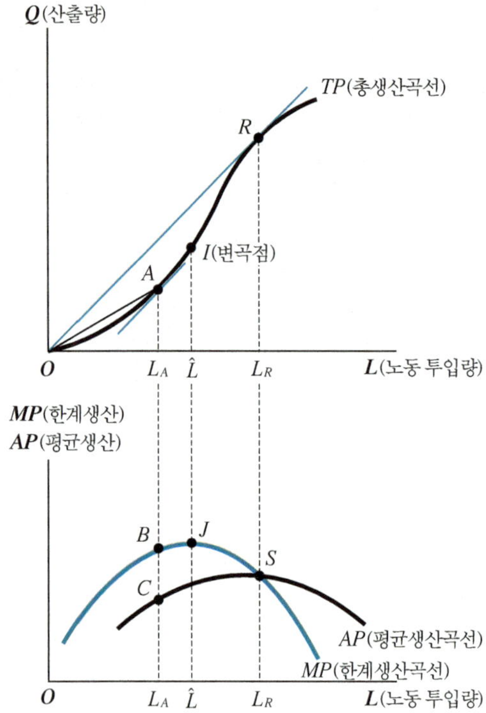

Quiz

1. 한계생산이 감소하면 총생산이 감소한다. (O, ×)
2. 한계생산이 일정하면 평균생산도 일정하다. (O, ×)
3. 평균생산이 일정할 때 한계생산도 일정하다. (O, ×)

Ⅱ 소비자이론과 생산자이론의 비교

소비자이론	생산자이론
효용극대화	비용극소화(이윤극대화)
효용함수, 무차별곡선 $U = U(X, Y)$	생산함수, 등량선 $Q = f(L, K)$
예산선 $P_X X + P_Y Y = M$	등비용선 $wL + rK = \overline{C}$
한계효용 $MU_X = \dfrac{\Delta U}{\Delta X}$	한계생산 $MP_L = \dfrac{\Delta Q}{\Delta L}$
한계대체율 $MRS_{XY} = \dfrac{MU_X}{MU_Y}$	한계기술대체율 $MRTS_{LK} = \dfrac{MP_L}{MP_K}$
최적화 조건 : $MRS_{XY} = \dfrac{P_X}{P_Y}$	최적화 조건 : $MRTS_{LK} = \dfrac{w}{r}$
최적화 조건 : $\dfrac{MU_X}{P_X} = \dfrac{MU_Y}{P_Y}$	최적화 조건 : $\dfrac{MP_L}{w} = \dfrac{MP_K}{r}$
의미 : 소득 1원당 한계효용이 일치	의미 : 비용 1원당 한계생산이 일치
소득소비곡선	확장경로

* 1. 비용극소화는 이윤극대화의 필요조건

2. 등량선은 무차별곡선과 성질상 유사. 단, 무차별곡선은 서수적, 등량선은 기수적

Ⅲ 대체탄력성

1. 정의

■ $$\sigma = \frac{d\left(\frac{K}{L}\right) / \left(\frac{K}{L}\right)}{dMRTS_{LK} / MRTS_{LK}} = \frac{d\left(\frac{K}{L}\right) / \left(\frac{K}{L}\right)}{d\left(\frac{w}{r}\right) / \left(\frac{w}{r}\right)}$$

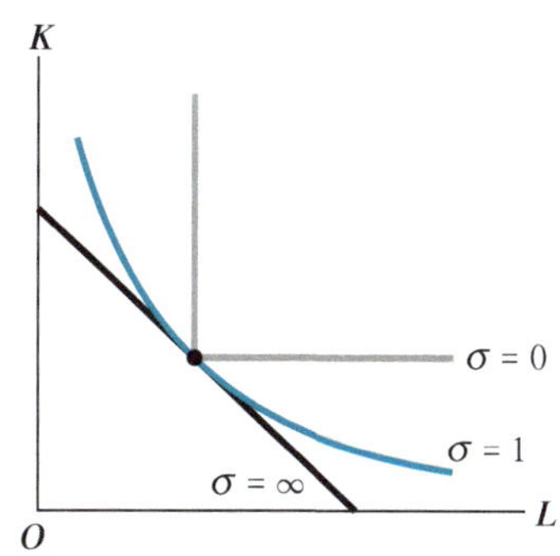

2. 특징

① 요소상대가격이 변할 때 비싼 요소를 값싼 요소로 얼마나 쉽게 대체할 수 있는지를 나타내는 지수

② 대체탄력성이 클수록 등량선이 직선에 가까워지고, 대체탄력성이 작을수록 등량선이 L자에 가까워진다.

Ⅳ 동차함수, 규모수익, 규모의 경제, 범위의 경제

1. 한계생산(returns to L or K) : 단기

■ 다른 생산요소의 투입이 일정할 때 한 요소의 투입만 증가시키는 경우 산출량은?

$$\Rightarrow MP_L = \frac{dQ}{dL} \Rightarrow \frac{dMP_L}{dL} \begin{matrix} > \\ = \\ < \end{matrix} 0 \Rightarrow \text{한계생산 } \begin{matrix} \text{체증} \\ \text{불변} \\ \text{체감} \end{matrix}$$

2. 규모수익(returns to scale) : 장기

■ 모든 생산요소를 h배로 늘린 경우 산출량은?

$$\Rightarrow f(hL, hK) \begin{matrix} > \\ = \\ < \end{matrix} hf(L, K) \Rightarrow \text{규모수익 } \begin{matrix} \text{체증} \\ \text{불변} \\ \text{체감} \end{matrix}$$

3. 규모의 경제(economy of scale)

■ 한 상품의 산출량을 증가시킴에 따라 (장기)평균비용은 어떻게 변할 것인가?

$$\Rightarrow \frac{dLAC}{dQ} \begin{matrix} > \\ < \end{matrix} 0 \Rightarrow \text{규모의 } \begin{matrix} \text{불경제} \\ \text{경제} \end{matrix}$$

4. 범위의 경제(economy of scope)

■ 여러 상품을 함께 생산하는 경우 비용은 어떻게 변할 것인가?

$$\Rightarrow ES = \frac{c(x) + c(y) - c(x, y)}{c(x, y)} \begin{matrix} > \\ < \end{matrix} 0 \Rightarrow \text{범위의 } \begin{matrix} \text{경제} \\ \text{불경제} \end{matrix}$$

5. k차 동차함수의 경우

$k > 1$ ⇒ 규모수익 체증 ⇒ 장기평균비용 감소(규모의 경제) ⇒ 분배량 > 산출량

$k = 1$ ⇒ 규모수익 불변 ⇒ 장기평균비용 일정 ⇒ 분배량 = 산출량

$k < 1$ ⇒ 규모수익 체감 ⇒ 장기평균비용 증가(규모의 불경제) ⇒ 분배량 < 산출량

6. 동차함수의 성질

■ 모든 항의 차수의 합이 동일한 함수, 동차함수는 항상 동조성 만족

Tips

1. 규모수익 체증(체감) 시 등량선 사이의 간격은 좁아진다(넓어진다).
2. 규모의 경제 ⇔ (장기)평균비용 하락 ⇔ (장기)한계비용 < (장기)평균비용
3. 규모수익은 규모의 경제와 밀접한 관련을 갖지만 동일한 것은 아니다.
4. 범위의 경제와 규모의 경제 간에는 일관된 관계가 없다.
5. 1요소의 경우 한계생산체감 여부는 규모수익 체감 여부와 동일

V 장 · 단기 비용함수의 도출

1. 장 · 단기 비용함수의 형태

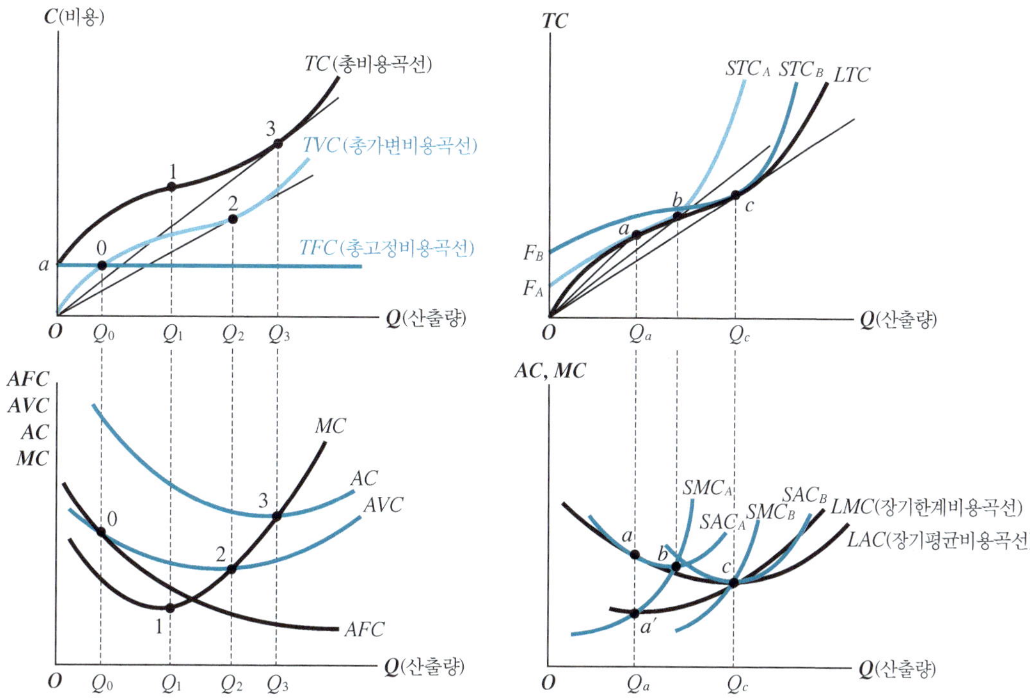

2. 단기비용곡선 간의 관계

- 총고정비용(*TFC*)은 일정하다(수평이다).
- 총비용곡선(*TC*)과 총가변비용곡선(*TVC*)의 형태는 일치하고 높이만 다르다.
- 총비용곡선(*TC*)과 총가변비용곡선(*TVC*)의 접선의 기울기는 모두 한계비용(*MC*)과 일치한다.
- 평균고정비용(*AFC*)은 직각쌍곡선 형태를 갖는다(항상 우하향).
- (일정 조건 하에) 한계비용곡선(*MC*)과 평균가변비용곡선(*AVC*)은 우상향한다.
- 평균총비용곡선(*AC*)은 U자 모양을 갖는다.
- 평균총비용곡선(*AC*)의 최저점은 평균가변비용곡선(*AVC*)의 최저점보다 반드시 우측에 위치한다.
- 한계비용곡선(*MC*)은 평균가변비용곡선(*AVC*)과 평균총비용곡선(*AC*)의 최저점을 지난다.

3. 장기비용곡선과 단기비용곡선 간의 관계

- 장기총비용곡선(LTC)은 단기총비용곡선(STC)의 포락선이다.
- 장기평균비용곡선(LAC)은 단기평균비용곡선(SAC)의 포락선이다.
- 장기한계비용곡선(LMC)은 단기한계비용곡선(SMC)의 포락선이 아니다.
- 장기한계비용곡선(LMC)은 장기평균비용곡선(LAC)의 최저점을 지난다.
- 장기총비용곡선(LTC)이 단기총비용곡선(STC)과 접할 때, 장기평균비용곡선(LAC)도 단기평균비용곡선(SAC)도 접하며, 장기한계비용(LMC)과 단기한계비용(SMC)도 일치한다.
- 장기평균비용곡선(LAC)은 단기평균비용곡선(SAC)의 최저점을 모은 것이 아니라 각각의 Q에 대응되는 최저의 단기평균비용(SAC)을 모은 것이다.

4. 단기비용함수의 표현

① 경쟁시장에서 SMC의 상승은 MP_L의 하락을 반영한 것이다.

$$SMC = \frac{dSTC}{dQ} = \frac{dTVC}{dQ} = \frac{dwL}{dQ} = \frac{w}{dQ/dL} = \frac{w}{MP_L}$$

② 경쟁시장에서 AVC의 상승은 AP_L의 하락을 반영한 것이다.

$$AVC = \frac{TVC}{Q} = \frac{wL}{Q} = \frac{w}{Q/L} = \frac{w}{AP_L}$$

Tips

고득점을 위한 (O, ×) 문제-1

1. TVC는 항상 원점에서 출발한다. (O)
2. MC가 일정하면 AC도 일정하다. (×)
3. MC가 일정하면 AVC도 일정하다. (O or ×)
4. AC가 일정하면 MC도 일정하다. (O)
5. AVC가 일정하면 MC도 일정하다. (O)

Tips

고득점을 위한 (O, ×) 문제-2

1. MP_L이 일정하면 SMC가 일정하다. (O)
2. AP_L이 일정하면 AVC가 일정하다. (O)
3. AP_L이 일정하면 SAC가 일정하다. (×)
4. AP_L이 일정하면 SAC가 우하향한다. (O)
5. AVC가 우하향하면 SAC가 우하향한다. (O)
6. SAC가 우하향하면 AVC가 우하향한다. (×)
7. AVC가 수평이면 SAC가 우하향한다. (O)

Ⅵ 생산함수의 종류와 비용함수

	콥-더글라스 생산함수	레온티에프 생산함수	선형 생산함수
기본형	$Q=\sqrt{LK}$	$Q=\min[L,\ K]$	$Q=L+K$
일반형	$Q=L^aK^b$	$Q=\min[\frac{L}{a},\ \frac{K}{b}]$	$Q=\frac{L}{a}+\frac{K}{b}$
한계기술대체율 (일반형)	$MRTS_{LK}=\frac{MP_L}{MP_K}=\frac{aK}{bL}$	$MRTS_{LK}$ 정의되지 않음	$MRTS_{LK}=\frac{b}{a}$
단기생산함수 (기본형)	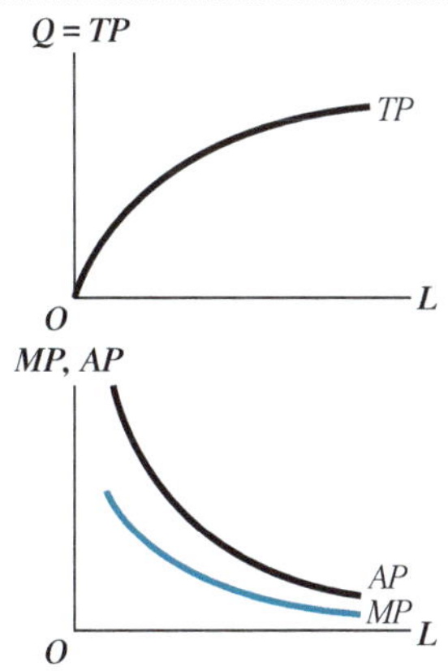	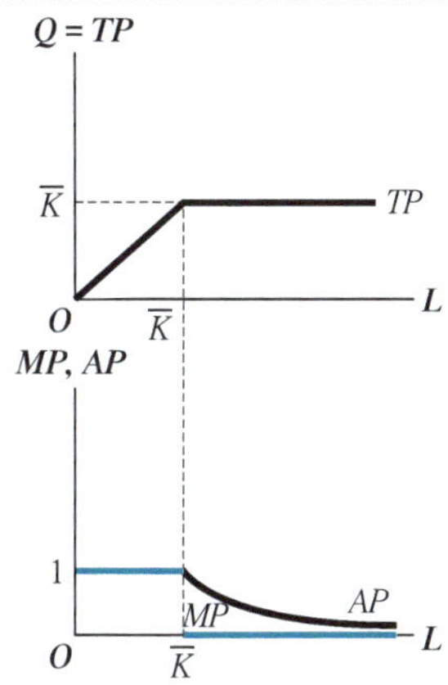	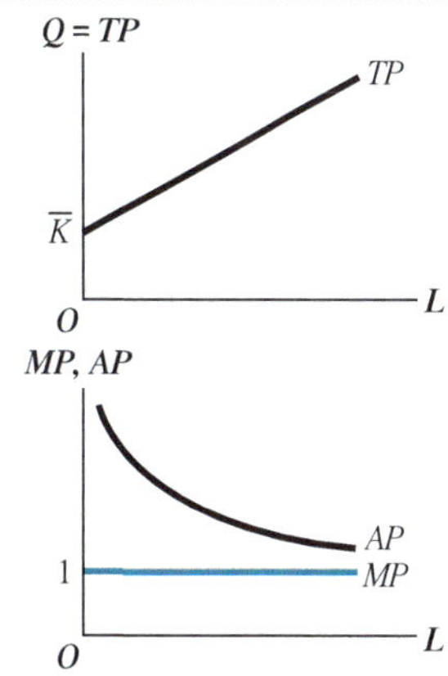
등량선과 **대체탄력성** (σ)	1. 원점에 대해 볼록 2. 원점직선 상 기울기 일정 3. $\sigma=1$*	1. L자형 2. 완전보완관계 3. $\sigma=0$	1. 우하향직선 2. 완전대체관계 3. $\sigma=\infty$
규모수익 (기본형)	불변**	불변	불변
확장경로	원점에서 출발하는 직선	원점에서 출발하는 직선	모서리해 : 수평축 또는 수직축 내부해 : 형태 정해지지 않음
생산의 특징	1. 지출액비율 일정 2. 항상 내부해 가짐	1. 결합비율 일정 2. 항상 내부해 가짐	1. 대체비율 일정 2. 대부분 모서리해, 예외적으로 내부해
장기비용함수*** (기본형)	$C=2\sqrt{wr}Q$	$C=(w+r)Q$	$C=\min(w,\ r)Q$

* CES 생산함수 : 대체탄력성이 일정한 생산함수

** 규모수익 불변 = 1차 동차 = 평균비용 일정

*** 장기비용함수 도출과정은 지출함수 도출과정과 동일

Tips

콥-더글라스 생산함수의 특징

1. 요소 간 분배액(비용) 비율이 각각에 대한 지수의 비율로 일정
2. 원점에서 나오는 직선 상 등량선 기울기 일정(동조성)
3. 대체탄력성이 1로 일정
4. $a > 1$ 또는 $b > 1$이면 각 요소의 한계생산 체증, $a = 1$ 또는 $b = 1$이면 각 요소의 한계생산 일정, $a < 1$ 또는 $b < 1$이면 각 요소의 한계생산 체감이 성립한다.
5. $a + b > 1$이면 규모수익 체증, $a + b = 1$이면 규모수익 불변, $a + b < 1$이면 규모수익 체감이 성립한다.
6. 완전분배정리의 성립(1차 동차인 경우) : 분배량 = 생산량

Ⅶ 기술진보의 유형

MP_L 증가율	$>$	MP_K 증가율 ⇒	원점에서 출발하는 직선 상	$MRTS_{LK}$	상승	⇒	자본절약적	기술진보
	$=$				불변		중립적	
	$<$				하락		노동절약적	

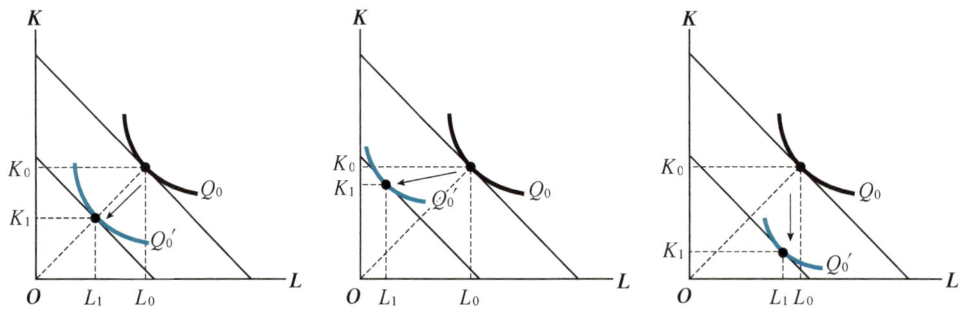

(a) 중립적 기술진보 (b) 노동절약적 기술진보 (c) 자본절약적 기술진보

Part-1 기본 문제

01 어느 기업의 생산함수는 $Q = \sqrt{L} + 2\sqrt{K}$이다. 노동의 단위당 임금은 2, 자본의 단위당 임대료는 1인 경우, 이 기업이 양(+)의 목표 생산량을 최소의 비용으로 생산하기 위한 최적 생산요소 투입량 비율 $\frac{L}{K}$은? (단, Q, L, K는 각각 생산량, 노동투입량, 자본투입량을 나타낸다.)

2023년 공인회계사

① $\frac{1}{16}$　② $\frac{1}{4}$　③ $\frac{1}{2}$
④ 4　⑤ 16

hint

최적 생산조건 : $MRTS_{LK} = \frac{MP_L}{MP_K} = \frac{\frac{1}{2}\frac{1}{\sqrt{L}}}{\frac{1}{\sqrt{K}}} = \frac{\sqrt{K}}{2\sqrt{L}} = \frac{w}{r} = 2 \Rightarrow \frac{\sqrt{K}}{\sqrt{L}} = 4 \Rightarrow \frac{L}{K} = \frac{1}{16}$

02 다음 중 생산함수에 대한 설명 중 잘못된 것은?

① 한계생산은 체감하더라도 규모수익은 체증할 수 있다.
② 규모수익 체증의 경우 등량선의 간격이 점점 넓어진다.
③ 대체탄력성이 작을수록 등량선은 L자에 가깝다.
④ 동조생산함수는 원점에서 나오는 직선 상 등량선의 기울기가 동일하다.
⑤ 콥-더글라스 생산함수의 대체탄력성은 1이다.

hint

규모수익 체증(increasing returns to scale)이란 모든 요소를 동시에 h배 했을 때 생산량이 h배 이상으로 증가하는 현상을 의미한다. 규모수익과 등량선 간의 간격, 규모의 경제 간에는 다음의 관계가 있다.

$f(hL, hK) > hf(L, K)$ ⇒ 규모수익 체증 ⇒ 등량선 간격 좁아짐 ⇒ 평균비용 하락(규모의 경제)
$f(hL, hK) = hf(L, K)$ ⇒ 규모수익 불변 ⇒ 등량선 간격 일정함 ⇒ 평균비용 일정
$f(hL, hK) < hf(L, K)$ ⇒ 규모수익 체감 ⇒ 등량선 간격 넓어짐 ⇒ 평균비용 상승(규모의 불경제)

정답　1 ①　2 ②

03 어떤 기업이 전력(E)과 노동(L)을 투입하여 일정한 양의 제품을 생산한다. 최근의 유가상승으로 전력 가격이 20% 상승하였음에도 불구하고 이 기업의 총비용에서 전력요금이 차지하는 비중은 일정하게 유지된다고 한다. 생산량을 Q로 표시할 때 다음 중 이 기업의 생산함수가 될 수 있는 것은? 2008년 공인회계사

① $Q = min(E, \frac{L}{2})$　② $Q = E + 2L$　③ $Q = \sqrt{E} + L$
④ $Q = E + \sqrt{L}$　⑤ $Q = E^{0.1}L^{0.9}$

hint

요소가격의 변화에도 불구하고 각 요소에 대한 지출액이 일정하게 유지되는 것은 콥-더글라스 생산함수의 중요한 특징 중 하나이다. 설문 중 콥-더글라스 생산함수에 해당하는 것은 ⑤이다. 설문과 같이 1차 동차인 콥-더글라스 생산함수의 주요 성질은 다음과 같다.

1. 완전분배정리의 성립
2. 요소 간 분배액(비용) 비율이 각각에 대한 지수의 비율로 일정
3. 원점에서 나오는 직선 상 등량선 기울기 일정
4. 대체탄력성이 1로 일정

04 다음 생산함수 중에서 1차 동차 생산함수임과 동시에 노동(L)과 자본(K)의 대체탄력성이 0인 생산함수는? 2003년 공인노무사

① $Q = 100LK$　② $Q = 3L + 2K$　③ $Q = \min\{2L, K\}$
④ $Q = (LK)^{0.5}$　⑤ $Q = 5LK$

hint

①과 ⑤는 2차 동차 생산함수이고 ②, ③, ④는 모두 1차 동차 생산함수이다. 이 가운데 ②의 등량선은 직선이므로 대체탄력성이 무한대이다. ④의 등량선은 원점에 대해 볼록한 형태로 대체탄력성은 항상 1이다. 한편 레온티에프 생산함수인 ③의 등량선은 L자형으로 대체탄력성이 0이다.

05 $q = AL^aK^b$ $(A, a, b > 0)$**의 형태를 갖는 생산함수에 대한 설명으로 옳지 않은 것은?**

① 이것은 $(a+b)$차의 동차 생산함수이다.

② 규모에 대한 수익이 체증하더라도 반드시 수확체증이 성립하지는 않는다.

③ 규모에 대한 수익이 불변이라도 반드시 수확체감이 성립하지는 않는다.

④ 규모에 대한 수익이 체감하는 경우 반드시 수확체감이 성립한다.

⑤ 원점에서 출발하는 직선 상에서 한계기술대체율은 일정하다.

hint

주어진 콥-더글라스 생산함수에서 $a+b>1$이면 규모수익 체증, $a+b=1$이면 규모수익 불변, $a+b<1$이면 규모수익 체감이 성립한다.

$a>1$ 또는 $b>1$이면 각 요소의 한계생산 체증, $a=1$ 또는 $b=1$이면 각 요소의 한계생산 일정, $a<1$ 또는 $b<1$이면 각 요소의 한계생산 체감이 성립한다.

그 외 콥-더글라스 생산함수의 주요 성질은 다음과 같다.

1. 완전분배정리의 성립(1차 동차인 경우),
2. 요소 간 분배액(비용) 비율이 각각에 대한 지수의 비율로 일정
3. 원점에서 나오는 직선 상 등량선 기울기 일정(동조성)
4. 대체탄력성이 1로 일정
5. 한계기술대체율 체감

정답 3 ⑤ 4 ③ 5 ③

06 등량선이 아래의 그림과 같이 우하향하는 직선의 형태($Q = \alpha L + \beta K$)를 취하는 경우, 한계기술대체율과 생산요소의 대체탄력성에 대한 설명으로 옳은 것을 〈보기〉에서 모두 구하면?

2011년 국회 8급

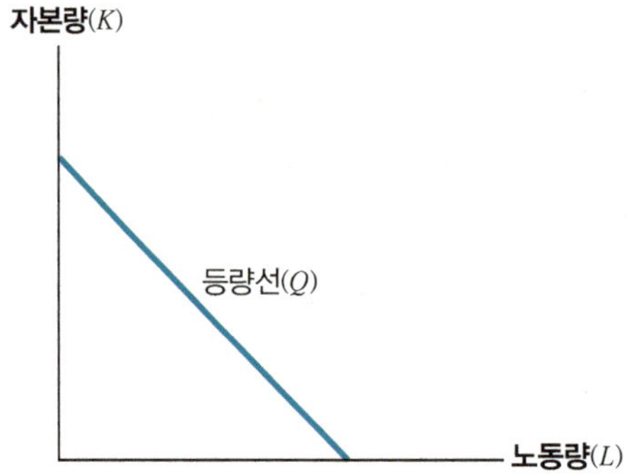

ㄱ. 한계기술대체율이 0이다.
ㄴ. 한계기술대체율이 0보다 크며, 일정하다.
ㄷ. 한계기술대체율이 체감한다.
ㄹ. 생산요소 간 대체탄력성이 0이다.
ㅁ. 생산요소 간 대체탄력성이 ∞이다.

① ㄱ, ㄹ　② ㄴ, ㄹ　③ ㄴ, ㅁ
④ ㄷ, ㄹ　⑤ ㄷ, ㅁ

hint

선형 생산함수의 경우,

1. 한계대체율이 일정(이 문제의 경우 $MRTS_{LK} = \dfrac{\alpha}{\beta}$)
2. 대체탄력성이 무한대
3. 요소 중 1원당 한계생산이 큰(작지 않은) 요소만 사용

07 전직 프로골퍼인 어떤 농부가 있다. 이 농부는 골프 레슨으로 시간당 3만원을 벌 수 있다. 어느 날 이 농부가 15만원어치 씨앗을 사서 10시간 파종하였는데 그 결과 30만원의 수확을 올렸다면, 이 농부의 회계학적 이윤(또는 손실)과 경제적 이윤(또는 손실)은 각각 얼마인가?

2015년 서울시 7급

① 회계학적 이윤 30만원, 경제적 이윤 30만원
② 회계학적 이윤 15만원, 경제적 손실 15만원
③ 회계학적 손실 15만원, 경제적 손실 15만원
④ 회계학적 손실 15만원, 경제적 이윤 15만원

hint

회계적 이윤 : 30만원 − 15만원 = 15만원
경제적 이윤 : 30만원 − [15만원 + 10시간 × 3만원/시간] = −15만원

08 노동의 한계생산물을 MP_L, 자본의 한계생산물을 MP_K, 노동에 대한 단위당 가격(임금)을 w, 자본의 단위당 가격(이자율)을 r이라 하자. 주어진 노동량과 자본량 하에서 $\frac{MP_L}{MP_K} < \frac{w}{r}$라고 한다면 완전경쟁기업이 비용을 극소화하기 위하여 가장 적절한 방법은?

2002년 감정평가사

① 노동 투입량을 증가시키고, 자본 투입량을 감소시켜야 한다.
② 노동 투입량을 감소시키고, 자본 투입량을 증가시켜야 한다.
③ 노동 투입량을 감소시키고, 자본 투입량도 감소시켜야 한다.
④ 노동 투입량을 증가시키고, 자본 투입량도 증가시켜야 한다.
⑤ 노동 투입량을 증가시키고, 자본 투입량은 고정해야 한다.

hint

문제의 식을 정리하면 $\frac{MP_L}{w} < \frac{MP_K}{r}$가 된다. 즉, 자본의 1원당 한계생산이 노동의 1원당 한계생산보다 크기 때문에 자본 투입량을 증가시키고 노동 투입량을 감소시키면 더욱 효율적인 생산이 가능하다.

정답 6 ③ 7 ② 8 ②

09 **확장경로(expansion path)에 대한 다음의 서술 중 타당하지 않은 것은 ?**

① 확장경로 상의 모든 점들은 비용극소화를 만족하고 있다.

② 확장경로의 기울기가 음(陰)인 경우는 성립할 수 없다.

③ 동차 생산함수의 경우 확장경로는 원점에서 출발하는 직선의 형태를 취한다.

④ 확장경로 상의 한 점에서 이윤을 극대화하는 요소에 대한 수요를 구할 수 있다.

⑤ 확장경로 상의 모든 점들은 생산극대화를 만족하고 있다.

hint

확장경로는 다양한 수준의 등량선 상에서 비용을 극소화하는 요소조합점들을 연결한 궤적을 말한다. 또는 등비용곡선을 평행이동시키는 과정에서 생산을 극대화하는 요소조합점들을 연결한 궤적을 말한다. 생산과 비용의 쌍대성으로 인해 어떤 방법을 이용하든 동일한 확장경로를 얻게 된다. 확장경로의 특징은 생산함수의 특징에 의해 결정된다. 생산함수가 동차함수(넓게는 동조함수)인 경우 확장경로는 원점에서 출발하는 직선의 형태를 갖는다. 이것은 두 요소의 결합비율이 항상 일정하다는 것을 의미한다. 그리고 비용극소화는 이윤극대화의 필요조건이므로 이윤을 극대화하는 요소조합은 반드시 확장경로 상에 있어야 한다. 만약 생산요소 가운데 열등요소가 있다면 확장경로는 음의 기울기를 가질 수도 있다. 이것은 생산을 늘리는 과정에서 열등요소에 대한 수요가 감소할 수 있기 때문이다.

10 **노동(L)과 자본(K)을 이용해 Y재를 생산하는 어느 기업의 생산함수가 다음과 같다.**

$$y = L^{\frac{1}{2}} K^{\frac{1}{2}}$$

노동과 자본의 가격은 모두 1로 동일하다. 이 기업의 한계비용함수는? 2021년 공인회계사

① $2y$ ② $\sqrt{2}\,y$ ③ 2

④ $\sqrt{2}$ ⑤ $\frac{1}{\sqrt{2}}$

hint

1. 비용극소화 문제

$\min C = wL + rK = L + K \;\; \text{s.t.} \;\; y = L^{\frac{1}{2}} K^{\frac{1}{2}}$

2. 최적 생산조건

$MRTS_{LK} = \frac{K}{L} = \frac{w}{r} = 1 \Rightarrow$ 조건부 요소수요 : $L^* = K^* = y$

3. 비용함수

$C = 2y \Rightarrow MC = AC = 2$

11 표준적인 U자 형의 장단기평균비용곡선을 가지는 생산관계에 대한 설명으로 옳은 것만을 〈보기〉에서 모두 고르면? 2021년 국회 8급

ㄱ. 단기평균비용곡선이 상승할 때 단기한계비용곡선은 단기평균비용곡선보다 위에 있다.
ㄴ. 장기평균비용곡선이 하락할 때 장기한계비용곡선은 장기평균비용곡선보다 아래에 있다.
ㄷ. 특정 규모의 단기한계비용곡선이 장기한계비용곡선과 교차할 때 단기평균비용은 장기평균비용보다 크다.
ㄹ. 장기평균비용곡선의 최소점에서 해당 규모의 단기한계비용곡선과 장기한계비용곡선은 교차한다.

① ㄱ, ㄴ
② ㄱ, ㄴ, ㄷ
③ ㄱ, ㄴ, ㄹ
④ ㄱ, ㄷ, ㄹ
⑤ ㄴ, ㄷ, ㄹ

hint

ㄱ. (O), 평균이 상승하면 한계는 그보다 위에 위치한다.
ㄴ. (O), 평균이 하락할 때 한계는 그보다 아래에 위치한다.
ㄷ. (×), 단기한계비용과 장기한계비용이 교차할 때 단기평균비용과 장기평균비용은 접한다.
ㄹ. (O)

정답 9 ② 10 ③ 11 ③

12 **A기업의 총비용곡선이 $C = 100 + Q^2$일 때, 옳은 것은?** (단, Q는 생산량)

① 평균가변비용곡선은 U자 모양을 갖는다.

② 평균고정비용곡선은 수직선이다.

③ 한계비용곡선은 수평선이다.

④ 생산량이 10일 때 평균비용과 한계비용은 같다.

⑤ 평균비용의 최솟값은 10이다.

hint

$TFC = 100$, $TVC = Q^2$

$AFC = \frac{100}{Q}$, $AVC = Q$, $MC = 2Q$

$AC = \frac{100}{Q} + Q$

① (×), AVC는 원점에서 출발하는 직선임

② (×), AFC는 직각쌍곡선임

③ (×), MC는 원점에서 출발하는 직선임

④ (○)

⑤ (×), $\frac{dAC}{dQ} = 100 - \frac{1}{Q^2} = 0$에서 $Q^* = 10$, $AC^* = 20$이다.

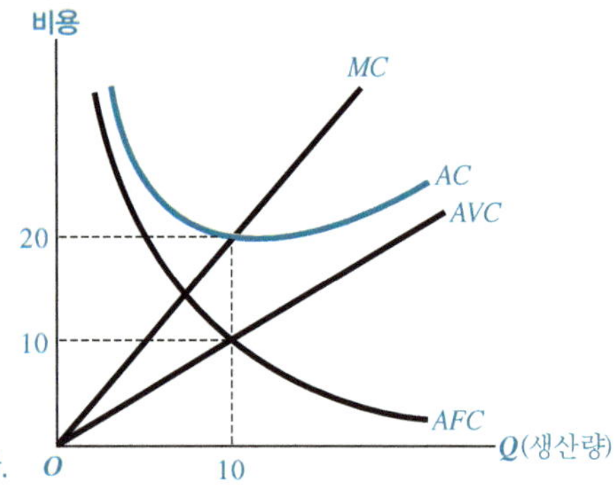

13 **기업의 생산함수가 $Y = \min\left\{\frac{L}{2}, K\right\}$**($Y$는 생산량, L은 노동 투입량, K는 자본 투입량)**이다. 노동의 단위당 임금이 100, 자본의 단위당 임대료가 50인 경우에 이 기업의 한계비용은?**

2014년 공인회계사

① 50　② 100

③ 150　④ 200

⑤ 250

hint

레온티에프 생산함수인 경우 비용을 극소화하려면 다음 조건이 충족되어야 한다.

$$Y = \frac{L}{2} = K \rightarrow C(w, r, Y) = wL + rK = 2wY + rY = (2w + r)Y$$

따라서 $w = 100$, $r = 50$인 경우 한계비용은 $200 + 50 = 250$이다.

14 생산비용곡선과 관련된 다음의 서술 중 빈칸에 들어갈 용어를 옳게 고른 것은? 2011년 보험계리사

> 한계비용곡선과 장 · 단기평균비용곡선이 U자 형태를 취할 때 한계비용곡선이 우상향하는 것은 수확이 (가)하기 때문이고, 장기평균비용곡선이 우상향하는 것은 규모에 대한 보수가 (나)하기 때문이다.

	가	나		가	나
①	체감	감소	②	체감	증가
③	체증	감소	④	체증	증가

hint

수확체감 또는 체증은 단기 생산함수의 특징을 나타내는 용어이고, 규모에 대한 보수의 증가, 감소 및 불변은 장기 생산한수의 특징을 나타내는 용어이다. 단기한계비용이 증가한다는 것은 곧 한계생산이 체감한다는 것을 의미하며, 이것은 수확체감에 해당한다. 반면 장기평균비용곡선은 규모에 대한 보수의 특성을 반영하는데, 이 곡선이 상승한다는 것은 규모에 대한 보수가 감소한다는 것을 의미하며, 이 곡선이 하락하면 규모에 대한 보수 증가, 일정하면 규모에 대한 보수 불변을 의미한다.

15 장기와 단기의 비용함수에 관한 설명이다. 옳지 않은 것은?

① 단기평균비용곡선과 장기평균비용곡선이 접하는 산출량에서 단기와 장기의 한계비용은 일치한다.
② 장기한계비용곡선은 단기한계비용곡선의 포락선(envelope curve)이다.
③ 장기평균비용곡선의 최저점은 반드시 단기평균비용곡선의 최저점과 일치한다.
④ 장기평균비용곡선은 각 단기평균비용곡선의 오직 한 점에 접하는 곡선이다.
⑤ 어떤 산출량 수준에서나 장기총비용곡선은 단기총비용곡선보다 아래에 있거나 접한다.

hint

② *LAC*가 *SAC*의 포락선이지만 *LMC*와 *SMC*는 교차하므로 포락선의 형태를 갖지 않는다. 아래 그래프를 살펴보면 비용곡선 간의 관계를 쉽게 이해할 수 있다.

정답 12 ④ 13 ⑤ 14 ① 15 ②

16 **범위의 경제(economies of scope)에 대한 설명으로 옳지 않은 것은?** 2021년 국가직 9급

① 결합생산물(joint products)은 범위의 경제가 발생할 수 있는 사례이다.
② 한 기업이 여러 제품을 동시에 생산함으로써 비용상 이점이 생기는 경우를 말한다.
③ 어떤 한 제품을 생산하는 과정에서 부산물이 생길 때 범위의 경제가 발생할 수 있다.
④ 생산과정에서 규모의 불경제(diseconomies of scale)가 존재하면 범위의 경제가 발생하지 않는다.

hint

④ (×), 범위의 경제와 규모의 경제는 별개의 개념이다. 공통의 초기비용이 있어서 규모의 경제가 있을 때 범위의 경제가 발생할 수도 있고, 규모수익 체증이 있어서 규모의 경제가 있을 때는 범위의 불경제가 발생할 수도 있다.

17 **기술진보가 발생하는 경우에 나타나는 현상으로 옳은 것은?** 2009년 국가직 7급

① 생산가능곡선과 등량곡선 모두 원점으로부터 멀어진다.
② 생산가능곡선은 원점을 향하여 가까이 이동하고 등량곡선은 원점으로부터 멀어진다.
③ 생산가능곡선은 원점으로부터 멀어지고 등량곡선은 원점을 향하여 가까이 이동한다.
④ 생산가능곡선과 등량곡선 모두 원점을 향하여 가까이 이동한다.

hint

기술진보는 자본절약적 기술진보, 노동절약적 기술진보 및 중립적 기술진보로 분류된다. 어떤 경우에도 생산가능성곡선은 원점으로부터 멀어진다. 이것은 주어진 자원을 가지고 모든 재화를 더 많이 생산할 수 있음을 의미한다. 반면 등량선은 원점에 가깝게 이동한다. 왜냐하면 기술진보로 인해 동일한 자원을 투입해 더 많이 생산할 수 있기 때문이다.

정답 16 ④ 17 ③

Part-2 실전 문제

01 **어느 기업의 확장경로(expansion path)는 원점을 지나는 직선의 형태로 나타나는데, 총생산량 Q를 100단위씩 증가시켜 600단위까지 늘려감에 따라 원점으로부터의 거리를 표시하면 아래 표와 같다. 생산량 증가에 따른 규모에 대한 수익(returns to scale)은?** 2007년 공인회계사

Q	100	200	300	400	500	600
거리	6	11	15	17	22	29

① 불변이다가 체감한다.
② 체감하다가 불변이 된다.
③ 체증하다가 불변이 된다.
④ 체감하다가 체증한다.
⑤ 체증하다가 체감한다.

hint

확장경로가 직선인 경우 생산함수는 동차함수이거나 동조함수(homothetic function)에 해당한다. 이런 경우 원점과 등량선 간의 거리에 의해 요소 투입의 증가율이 결정된다. 따라서 요소 투입의 증가율과 생산량의 증가율을 비교할 수 있다. 이 문제에서 생산량이 100에서 400으로 증가할 때까지는 생산요소 투입의 증가율보다 생산량의 증가율이 더 빠르다. 따라서 규모에 대한 수익 체증이 성립한다. 그런데 생산량이 400을 초과하면서부터는 생산요소 투입의 증가율이 생산량의 증가율보다 더 빠르다. 따라서 이 구간에서는 규모에 대한 수익 체감이 성립한다.

정답 1 ⑤

02 다음 중 규모에 대한 보수 증가의 경우는? 2005년 국가직 7급

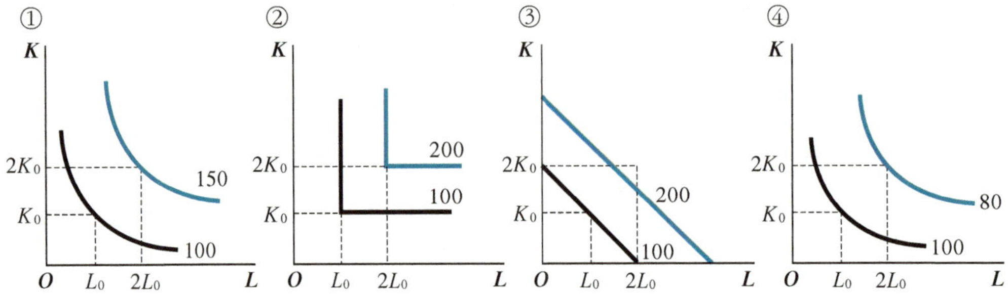

hint

①의 그림은 노동과 자본이 모두 2배로 증가할 때 생산량은 2배 미만으로 증가하였으므로 규모에 대한 수익이 체감하는 경우이다. ②는 노동과 자본이 모두 2배로 증가하면 생산량도 정확히 2배로 증가하므로 규모에 대한 보수가 불변하는 경우이다. 보기 ③은 노동과 자본이 2배보다 적게 투입되더라도 생산량이 2배로 증가하므로 규모에 대한 보수가 체증한다. ④는 생산요소 투입량이 2배로 증가할 때 오히려 생산량이 감소하므로 규모수익이 음(-)인 경우이다.

03 생산요소의 투입량과 생산량 간의 관계가 다음과 같다면 알 수 있는 것은? 2003년 국가직 7급

	노동 = 1	노동 = 2	노동 = 3
자본 = 1	60	90	110
자본 = 2	80	120	150
자본 = 3	90	140	180

① 규모에 대한 수확체감, 한계생산성 체감

② 규모에 대한 수확체감, 한계생산성 불변

③ 규모에 대한 수확불변, 한계생산성 체감

④ 규모에 대한 수확불변, 한계생산성 불변

⑤ 위 정보만으로는 알 수 없다.

hint

주어진 자료에 의하면 노동과 자본을 각각 2배, 3배 늘리는 경우 생산량도 각각 2배, 3배 늘어난다. 따라서 이 자료에 의하면 이 생산함수는 규모에 대한 수익 불변의 성격을 갖는다. 반면 자본 투입을 1에 고정시키든, 2나 3에 고정시키든 노동의 한계생산성은 점점 감소한다. 이것은 노동을 1이나 2 또는 3에 고정시키고 자본의 한계생산성을 측정해도 마찬가지이다.

04 기업의 생산기술과 생산비용에 대한 다음 설명 중 옳은 것을 모두 고르면? 2010년 공인회계사

가. 규모에 대한 수확체증(increasing returns to scale)과 규모의 경제(economies of scale)는 동일한 개념이다.
나. 노동 투입량이 동일하더라도 자본 투입량의 크기에 따라 노동의 한계생산이 변화할 수 있다.
다. 노동의 한계생산과 노동의 평균생산의 차이를 알고 있으면, 노동 투입량 증가에 따라 노동의 평균생산이 증감하는지 여부를 알 수 있다.
라. 원점으로부터 등량곡선의 거리가 2배가 된다는 것은 생산량도 2배가 됨을 의미한다.

① 가, 다　② 가, 라　③ 나, 다
④ 나, 라　⑤ 나, 다, 라

hint

규모에 대한 수확과 규모의 경제는 밀접한 관련이 있지만 동일한 개념은 아니다. 규모에 대한 수확체증은 모든 생산요소들을 동일한 비율로 증가시키는 경우 성립하는 개념인 반면, 규모의 경제는 비용극소화원리에 따른 평균비용이 하락하는 경우 성립하는 개념이다. 노동의 한계생산은 자본의 투입량에 따라 변하는 것이 일반적이다. 노동의 한계생산이 평균생산보다 크면 평균생산은 증가하고 그 역도 성립한다. 원점으로부터 등량곡선의 거리가 2배 될 때 생산량도 2배가 되는 것은 오직 규모에 대한 수익 불변의 경우이다.

정답　2 ③　3 ③　4 ③

05 **규모수익 불변의 생산기술을 나타내는 생산함수를 모두 고르면?** (단, $0 < \alpha < 1$이다.)

2019년 공인회계사

가. $f(x_1, x_2) = x_1^{\alpha} + x_2^{1-\alpha}$
나. $f(x_1, x_2) = x_1^{\alpha} x_2^{1-\alpha}$
가. $f(x_1, x_2) = \sqrt{\alpha x_1 + (1-\alpha) x_2}$
나. $f(x_1, x_2) = (\alpha\sqrt{x_1} + (1-\alpha)\sqrt{x_2})^2$

① 가, 나　　② 가, 다　　③ 나, 다
④ 나, 라　　⑤ 다, 라

hint

가. 1차 미만 비동차 ⇒ 규모수익 체감 (단, $\alpha = \frac{1}{2}$인 경우 0.5차 동차)
나. 1차 동차 ⇒ 규모수익 불변
다. 0.5차 동차 ⇒ 규모수익 체감
라. 1차 동차 ⇒ 규모수익 불변

*** 참고사항**
생산함수의 성질을 바로 알아내기 어려운 경우 숫자를 대입해 볼 것을 권한다. 예를 들어 보기 라.의 경우 $x_1 = x_2 = 1$을 대입하면 1이 구해지고, $x_1 = x_2 = 2$를 대입하면 2가 구해지므로 규모수익 불변일 것으로 추정할 수 있다.

06 **甲은 영화를 관람하는데 20,000원의 가치를 느낀다. 영화관람권을 5,000원에 구입하였지만 영화관에 들어가기 전에 분실하였다. 영화관람권을 5,000원에 다시 구입하고자 한다. 이 시점에서의 매몰비용과 영화관람권 재구입에 따른 기회비용은 각각 얼마인가?** (단, 분실된 영화관람권의 재발급이나 환불은 불가능하다.)

2010년 감정평가사

	매몰비용	기회비용		매몰비용	기회비용
①	5,000원	5,000원	②	5,000원	10,000원
③	10,000원	5,000원	④	10,000원	10,000원
⑤	20,000원	5,000원			

hint

매몰비용이란 생산활동을 중단하더라도 회수할 수 없는 비용이므로, 영화를 보지 않기로 결정하더라도 5,000원은 회수할 수 없으므로 이것이 매몰비용이다. 영화관람권을 재구입하는 이유는 영화관람의 가치가 20,000원으로서 영화관람권을 다시 구입하더라도 여전히 유리하기 때문이다. 재구입의 기회비용은 5,000원을 그대로 보유하는 것이므로 여전히 5,000원이다.

07 비용에 관한 설명으로 옳은 것을 모두 고른 것은? 2017년 감정평가사

ㄱ. 기회비용은 어떤 선택을 함에 따라 포기해야 하는 여러 대안들 중에 가치가 가장 큰 것이다.

ㄴ. 생산이 증가할수록 기회비용이 체감하는 경우에는 두 재화의 생산가능곡선이 원점에 대해 볼록한 형태이다.

ㄷ. 모든 고정비용은 매몰비용이다.

ㄹ. 동일한 수입이 기대되는 경우, 기회비용이 가장 작은 대안을 선택하는 것이 합리적이다.

① ㄱ, ㄴ　　② ㄱ, ㄹ　　③ ㄴ, ㄷ

④ ㄱ, ㄴ, ㄹ　　⑤ ㄴ, ㄷ, ㄹ

hint

ㄱ. (O)
ㄴ. (O)
ㄷ. (×), 매몰비용은 모두 고정비용의 일부지만 고정비용이라고 해서 모두 매몰비용인 것은 아니다.
ㄹ. (O)

08 어느 한 기업의 지난해 수입이 7억원, 회계적 비용(accounting cost)이 4억원, 잠재적 임금(implicit wage)이 2억원, 정상이윤(normal profit)이 2억원이었다. 이 기업의 퇴출 여부에 대한 설명 중 옳은 것은? 2006년 공인회계사

① 정상이윤이 양(+)이므로 퇴출하지 않는다.

② 회계적 이윤(accounting profit)이 양(+)이다. 따라서 퇴출하지 않는다.

③ 회계적 이윤이 음(-)이다. 따라서 퇴출한다.

④ 경제적 이윤(economic profit)이 양(+)이다. 따라서 퇴출하지 않는다.

⑤ 경제적 이윤이 음(-)이다. 따라서 퇴출한다.

hint

‘회계적 이윤 > 암묵적 비용’ 또는 ‘경제적 이윤 > 0’ ⇒ 신규 기업 진입
‘회계적 이윤 = 암묵적 비용’ 또는 ‘경제적 이윤 = 0’ ⇒ 균형(무차별)
‘회계적 이윤 < 암묵적 비용’ 또는 ‘경제적 이윤 < 0’ ⇒ 기존 기업 퇴출

정답　5 ④　6 ①　7 ④　8 ⑤

09 이윤극대화를 추구하는 K기업이 100단위의 노동과 50단위의 자본을 사용하여 200개의 재화를 생산하고 있다. 노동의 가격은 단위당 10원이며, 자본의 가격은 단위당 5원이다. 노동의 한계생산은 2이고, 자본의 한계생산은 5이다. 이 기업의 상황에 대한 설명으로 옳은 것은?

2012년 보험계리사

① K기업은 최대한의 재화를 생산하고 있다.

② 노동을 더 사용하고 자본을 덜 사용하면 생산비용을 낮출 수 있다.

③ 자본을 더 사용하고 노동을 덜 사용하면 추가비용 없이 생산량을 증가시킬 수 있다.

④ 노동과 자본을 같은 비율로 더 사용하여야 한다.

hint

등량선을 이용해 이 기업의 현재 상황을 나타내면 오른쪽 그림과 같다.
생산극대화 조건 $MRTS_{LK} = \frac{MP_L}{MP_K} = \frac{w}{v}$는 이윤극대화를 위한 필요조건이다. 그런데 현재 이 기업은 그림의 a점과 같은 상태에 있다. 즉, a에서는 $MRTS_{LK} = \frac{2}{5} < \frac{w}{v} = 2$이다. 따라서 이 기업은 L의 투입을 줄이고 K의 투입을 늘린다면 같은 비용으로 더 많이 생산할 수 있다.

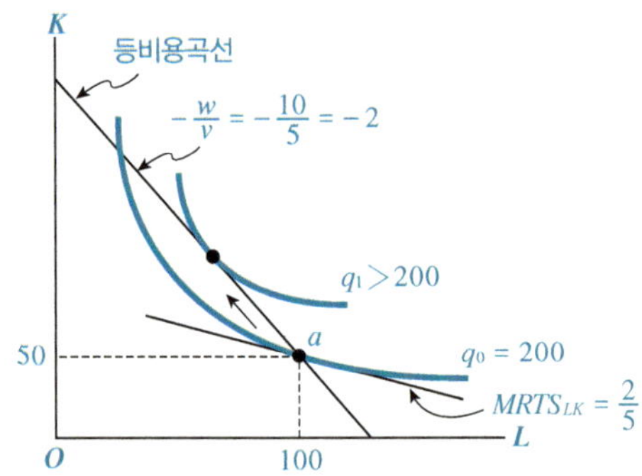

10 기업의 생산요소의 고용에 관한 다음 설명 중 옳은 것을 모두 고른 것은? 2005년 감정평가사

> a. 등량곡선과 등비선이 접하는 모든 점에서 이윤극대화가 이루어진다.
> b. 노동의 한계생산력이 자본의 한계생산력보다 큰 경우 노동고용을 늘리고 자본 투입을 줄이는 것이 비용을 감소시킨다.
> c. 임금과 자본의 임대료가 같은 경우 비용을 최소화하려면 노동과 자본의 한계생산력이 같도록 노동과 자본을 고용해야 한다.

① a ② b ③ c

④ b, c ⑤ a, b, c

hint

a는 비용극소화 조건에 해당한다. 비용극소화가 이루어진 수많은 점 중에 $MR = MC$를 만족하는 점만이 이윤극대화가 이루어진다. 즉, 비용극소화는 이윤극대화의 필요조건일 뿐이다. b에는 요소가격에 대한 정보가 빠져 있으며, c가 정확한 표현이다.

11 **A기업의 단기 생산비용에 대한 정보는 다음 표와 같다. 괄호 안의 값의 크기를 옳게 비교한 것은?** (단, Q는 생산량, TC는 총비용, MC는 한계비용, ATC는 평균총비용, AVC는 평균가변비용, AFC는 평균고정비용, FC는 고정비용)

Q	*TC*	*MC*	*ATC*	*AVC*	*AFC*	*FC*
3	60	–		(ㄱ)	10	30
4		(ㄴ)	18			30
5		(ㄷ)		11		30

① ㄱ < ㄴ < ㄷ ② ㄴ < ㄱ < ㄷ ③ ㄱ < ㄷ < ㄴ
④ ㄷ < ㄴ < ㄱ ⑤ ㄷ < ㄱ < ㄴ

hint

주어진 표를 완성하면 다음과 같다.

Q	*TC*	*MC*	*ATC*	*AVC*	*AFC*	*FC*
3	60	–	20	10	10	30
4	72	12	18	10.5	7.5	30
5	85	13	17	11	6	30

(ㄱ) = 10, (ㄴ) = 12, (ㄷ) = 13이 성립한다.

정답 9 ③ 10 ③ 11 ①

12 다음 표는 완전경쟁시장에서 생산활동을 하고 있는 어떤 기업의 비용을 나타낸 것이다. 이 표를 이용하여 평균비용곡선과 평균가변비용곡선을 그렸더니 그림과 같이 U자 형태로 나타났다. 이 기업의 조업중단가격을 B라고 할 때, 사각형 $ABCD$의 면적은 얼마인가?

2018년 공인회계사

생산량	총비용	가변비용
1	30	16
2	36	22
3	44	30
4	56	42
5	72	58
6	92	78
7	116	102

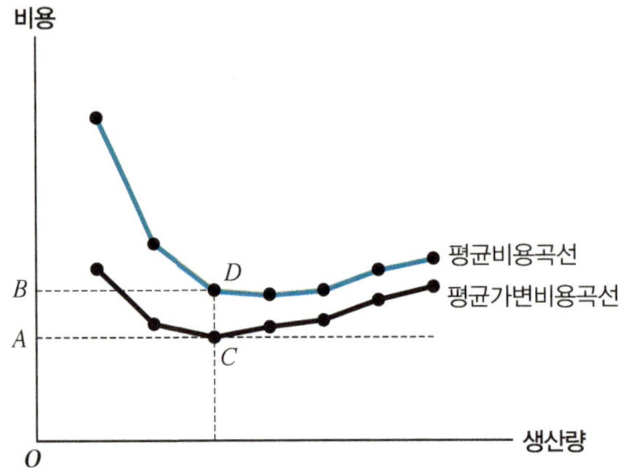

① 10 ② 12 ③ 14
④ 16 ⑤ 30

hint

$ABCD$의 면적은 총비용과 가변비용의 차이로서 총고정비용이다. 이는 모든 생산량 수준에서 총비용과 가변비용의 차이인 14와 같다.

13 다음 그림은 완전경쟁시장에서 조업하는 어느 기업의 총비용곡선을 나타낸다. 다음 설명 중 옳지 않은 것은?

2019년 공인회계사

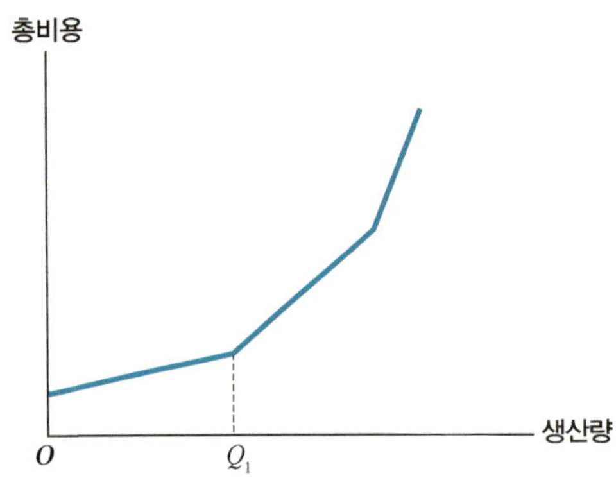

① 장기가 아닌 단기의 비용곡선을 나타낸다.
② 규모의 경제가 발생하는 구간이 존재한다.

③ 생산량이 Q_1보다 작은 구간에서 생산량이 증가함에 따라 평균가변비용이 증가한다.

④ 평균비용은 Q_1에서 최소가 된다.

⑤ 조업중단가격은 생산량이 Q_1보다 작은 구간에서의 한계비용과 일치한다.

hint

① (O), 고정비용이 양(+)이므로 단기비용함수를 나타낸다고 볼 수 있다.

② (O), Q_1에 이르기 전까지는 평균비용이 분명히 감소한다.

③ (×), Q_1에 이르기 전까지는 평균가변비용이 일정하다.

④ (O)

⑤ (O), 조업중단가격은 평균가변비용의 최솟값과 일치한다. Q_1에 이르기 전까지는 평균가변비용이 일정하며 한계비용도 이와 일치한다. 그 이후로 평균가변비용이 상승한다.

[주의사항]

②에 대하여 : 일반적으로 규모의 경제는 장기평균비용이 하락하는 현상을 의미하지만 단기비용에 적용하는 경우도 있다.

⑤에 대하여 : 이 문제에서 고정비용은 모두 매몰비용의 성격을 갖는 것으로 가정되어 있다. 그렇지 않다면 조업중단가격은 평균비매몰비용의 최저값이 되는데 그렇게 되면 이 문제에서 그 값을 정확히 알 수 없게 된다.

14 비용곡선에 대한 다음 설명 중 옳은 것을 모두 고르면?

2009년 공인회계사

> 가. 한계비용이 평균비용보다 작은 구간에서 생산량을 감소시키면 평균비용이 감소한다.
> 나. 고정비용이 없는 경우에 한계비용이 일정하면 평균비용과 한계비용은 일치한다.
> 다. 노동이 유일한 가변요소인 단기에서 한계비용과 노동의 한계생산은 역의 관계가 있다.
> 라. 고정비용이 증가하면 한계비용도 증가한다.
> 마. 장기평균비용곡선이 우하향하는 구간에서는 규모의 경제(economies of scale)가 존재한다.

① 가, 라 ② 다, 마 ③ 가, 나, 다
④ 나, 다, 마 ⑤ 나, 라, 마

hint

가. 한계가 평균보다 작은 구간에서는 평균이 우하향한다. 따라서 생산량을 감소시키면 평균비용은 상승한다.

나. 한계비용이 일정한 비용함수의 일반형인 $C = \overline{C} + cQ$에서 $AC = \frac{\overline{C}}{Q} + c$이며, $MC = c$가 된다. 이 경우 고정비용 $\overline{C} = 0$이면 $AC = MC$가 성립한다.

다. 주어진 조건 하에서 $MC = \frac{\Delta TVC}{\Delta Q} = \frac{w\Delta L}{\Delta Q} = \frac{w}{\Delta Q/\Delta L} = \frac{w}{MP_L}$가 성립한다. 즉, 한계비용과 노동의 한계생산은 역의 관계가 있다.

라. 고정비용은 정의상 생산량과 무관히 일정한 비용이므로 한계비용에는 영향을 미치지 못한다.

정답 12 ③ 13 ③ 14 ④

15 자본은 고정요소이고 노동은 가변요소라고 가정하자. 임금수준과 단기총생산함수는 알려져 있다. 이로부터 얻을 수 있는 정보가 아닌 것은? 2007년 공인회계사

① 노동의 한계생산
② 노동의 평균생산
③ 단기한계비용
④ 평균가변비용
⑤ 단기평균비용

hint

임금수준(w)과 단기총생산함수($Q = TP_L$)는 알려져 있으므로 노동의 한계생산(MP_L)과 평균생산(AP_L)을 알 수 있으며, 이로부터 단기한계비용($SMC = \frac{w}{MP_L}$)과 평균가변비용($AVC = \frac{w}{AP_L}$)은 알 수 있다. 그러나 고정비용을 결정하는 자본의 가격을 알지 못하기 때문에 단기평균비용($SAC = AFC + AVC$)을 알 수는 없다.

16 소규모 기업인 A기업의 생산함수가 $Y = L^2$로 주어져 있다고 하자. 이에 대한 설명으로 맞지 않는 것은? (단, L은 노동, Y는 생산량을 나타냄) 2013년 국회 8급

① 규모의 경제가 나타난다.
② 노동 투입이 증가함에 따라서 노동의 한계생산은 증가한다.
③ 생산요소시장이 완전경쟁적일 때, 평균비용은 우하향한다.
④ 생산요소시장이 완전경쟁적일 때, 한계비용은 우하향한다.
⑤ 한계비용이 평균비용을 통과하는 점에서 효율적 생산량이 존재한다.

hint

생산요소가 하나인 경우에도 규모의 경제를 따질 수 있다.

평균생산 : $AP_L = L \Rightarrow$ 평균가변비용 : $AVC = \frac{w}{AP_L} = \frac{w}{L} = \frac{w}{\sqrt{Y}}$

한계생산 : $MP_L = 2L \Rightarrow$ 한계비용 : $MC = \frac{w}{MP_L} = \frac{w}{2L} = \frac{w}{2\sqrt{Y}}$

① (○), AVC와 AFC 모두 우하향하므로 AC도 항상 우하향한다.
② (○)
③ (○)
④ (○)
⑤ (×), 평균비용이 전 구간에서 우하향하며, 한계비용은 항상 평균비용보다 아래에 있다.

17 다음 보기 중 맞는 것을 모두 고르면?

> 가. 한계비용이 증가하더라도 평균총비용은 감소할 수 있다.
> 나. 평균가변비용이 최저가 되는 생산량에서 평균가변비용은 한계비용과 일치한다.
> 다. 평균총비용이 감소하는 영역에서는 한계비용이 평균총비용보다 작다.
> 라. 평균고정비용은 생산량이 증가함에 따라 항상 감소한다.
> 마. 한계비용이 생산량과 상관없이 일정하면 평균총비용도 마찬가지로 일정하다.

① 가 ② 가, 나 ③ 가, 나, 다
④ 가, 나, 다, 라 ⑤ 가, 나, 다, 라, 마

hint

가. (O), 나. (O), 다. (O), 라. (O)
마. 한계비용이 일정하더라도 고정비용이 존재한다면 평균총비용은 감소한다. (ex. $TC = a + bQ$일 때 한계비용은 b로 일정하지만 평균비용은 감소함)

18 평균비용곡선이 U자형인 어느 기업이 현재 100단위를 생산하고 있으며, 이때 한계비용은 50, 평균비용은 60이라고 한다. 다음 설명 중 옳은 것을 모두 고르면? 2015년 공인회계사

> 가. 이 기업의 한계수입이 판매량에 관계없이 50이면, 이 기업은 100단위를 판매하여 양(+)의 이윤을 얻을 수 있다.
> 나. 이 기업이 생산량을 감소시키면, 평균비용은 증가한다.
> 다. 평균비용곡선의 최저점에서 생산량은 100보다 크다.
> 라. 생산량이 100일 때 평균가변비용이 50이라면 총고정비용은 1,000이다.

① 가, 나 ② 나, 라 ③ 가, 다, 라
④ 나, 다, 라 ⑤ 가, 나, 다, 라

hint

가. (×), $P = AR = MR = MC = 50 < AC = 60$이므로 손실이 발생한다.
나. (O), 현재 $MC < AC$이므로 생산을 늘리면 평균비용이 하락하고, 생산을 줄이면 평균비용이 증가한다.
다. (O), 현재 $MC < AC$이므로 평균비용의 우하향하는 구간에 있다. 따라서 AC의 최저점에서의 생산량은 현재 생산량인 100보다 크다.
라. (O), $TC = TVC + TFC \Rightarrow 60 \times 100 = 50 \times 100 + 1{,}000$

정답 15 ⑤ 16 ⑤ 17 ④ 18 ④

19 장기와 단기의 비용 및 비용곡선들에 대한 다음의 설명 중 옳지 않은 것은?

① 주어진 산출량에서 단기평균비용이 장기평균비용보다 적게 되는 경우는 존재하지 않는다.

② 장기한계비용곡선은 단기한계비용곡선들의 포락선(envelope curve)이 아니다.

③ 단기평균비용곡선이 장기평균비용곡선에 접하는 산출량에서 장기와 단기의 한계비용은 같다.

④ 장기평균비용곡선이 수평선의 형태를 취하는 경우 장기평균비용곡선은 장기한계비용곡선과 완전히 일치한다.

⑤ 장기평균비용곡선이 U자형의 형태를 취하는 경우 장기평균비용곡선은 단기평균비용곡선의 최저점들의 궤적이다.

hint

*LAC*가 *SAC*의 포락선이기는 하지만 최저점들의 궤적이 아니라는 점을 유의해야 한다. 또한 장기한계비용곡선은 단기한계비용곡선들의 포락선이 아니라는 점도 자주 출제되므로 유의할 필요가 있다.

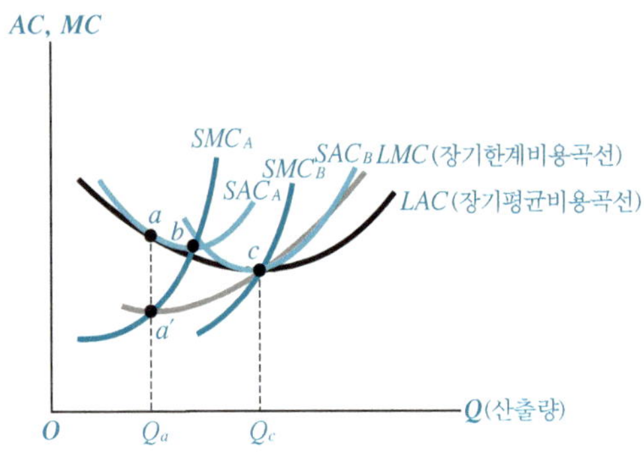

20 다음은 규모에 대한 수익과 비용곡선에 관한 설명이다. 〈보기〉 중 옳지 않은 것은 모두 몇 개인가?

2014년 국회 8급

> ㄱ. 규모에 대한 수익 불변의 경우 모든 생산요소 가격이 일정하게 유지된다면 생산요소 투입량이 3배로 증가할 때 총비용도 3배로 증가한다.
>
> ㄴ. 생산기술이 규모에 대한 수익 불변이면 규모의 불경제가 발생할 수 없다.
>
> ㄷ. 장기한계비용곡선은 단기한계비용곡선의 포락선이다.
>
> ㄹ. 규모에 대한 수익 불변의 경우 모든 생산요소 가격이 일정하게 유지된다면 생산량과 총비용이 정비례하므로 장기평균비용곡선이 수직선이다.
>
> ㅁ. 생산량의 증가로 요소수요가 증가할 때 생산요소 가격이 상승한다면 단위당 생산비용이 상승하게 되므로 장기평균비용곡선은 우상향의 형태가 된다.

① 1개　② 2개　③ 3개
④ 4개　⑤ 5개

hint

ㄱ. (○)
ㄴ. (○), 생산기술이 규모수익 불변이면 LAC는 수평이 된다.
ㄷ. (×)
ㄹ. (×), 주어진 조건 하에 LAC는 '수평선'이 된다.
ㅁ. (×), 원칙적으로 생산요소가격의 변화는 LAC곡선 상의 이동이 아닌 LAC곡선의 이동을 유발한다. 따라 생산요소가격의 변화로 LAC곡선의 형태를 설명하는 것은 잘못된 접근이다.

* 주의사항

1. 대량규모 시 요소가격이 상승하거나 하락하는 경우는 원칙적으로 비용곡선 상의 이동이 아닌 비용곡선의 이동이다. 따라서 이를 규모의 불경제로 볼 것인지의 문제에 대해 혼선이 있다.
2. 요소가격 상승 시 우상향하는 것은 '기업평균비용곡선'이 아니라 '시장장기공급곡선'이다.

21 **어느 기업의 장기총비용곡선은 우상향하는 곡선이고, 장기평균비용곡선과 단기평균비용곡선은 U자형이다. 현재 생산량에서 장기평균비용이 60이고, 장기한계비용이 60이다. 그리고 생산량과 관계없이 생산요소 가격은 일정하다. 이 기업에 대한 다음 설명 중 옳은 것을 모두 고르면?** 2017년 공인회계사

가. 현재 생산량에서 장기평균비용곡선은 단기평균비용곡선의 최저점에서 접한다. 나. 생산량이 현재의 2배가 되면, 총비용은 현재의 2배보다 크다. 다. 생산량이 현재의 0.5배가 되면, 총비용은 현재의 0.5배보다 크다. 라. 모든 생산량에서 장기총비용은 단기총비용보다 작거나 같다.

① 가, 나　② 가, 라　③ 가, 나, 다
④ 나, 다, 라　⑤ 가, 나, 다, 라

hint

가. (○), LAC와 LMC가 일치하는 점은 LAC의 최저점밖에 없다. LAC의 최저점에서는 LAC와 SAC가 접한다.
나. (○), 현재보다 생산량이 많은 구간에서는 규모의 불경제가 나타난다. 따라서 생산량이 현재의 2배가 되면, 총비용은 현재의 2배보다 크다.
다. (○), 현재보다 생산량이 적은 구간에서는 규모의 경제가 나타난다. 따라서 생산량이 현재의 0.5배가 되면, 총비용은 현재의 0.5배보다 크다.
라. (○), LAC는 SAC의 포락선이므로 모든 생산량에서 LAC는 SAC보다 작거나 같다.

정답　19 ⑤　20 ③　21 ⑤

22 **어느 기업의 평균비용곡선과 한계비용곡선은 U자형이라고 한다. 옳지 않은 것은?**

2007년 공인회계사

① 장기평균비용곡선의 최저점에서는 단기평균비용, 단기한계비용, 장기한계비용이 모두 같다.

② 장기평균비용의 최저점이 되는 생산량보다 많은 생산량 수준에서는 장기한계비용곡선은 항상 단기평균비용곡선보다 높은 곳에서 단기한계비용곡선과 만난다.

③ 단기한계비용곡선은 장기한계비용곡선보다 항상 가파른 기울기를 가진다.

④ 단기한계비용곡선은 항상 단기평균비용곡선이 최저가 되는 생산량 수준에서 장기한계비용곡선과 만난다.

⑤ 단기평균비용곡선은 주어진 자본량이 최적 자본량과 일치하는 경우에만 장기평균비용곡선과 접한다.

hint

③ 장기에는 새로운 기업이 진입할 수 있고 기존 기업이 설비를 조정할 수 있기 때문에 장기한계비용곡선은 단기한계비용곡선보다 항상 완만하다.

④ 단기한계비용곡선은 단기평균비용의 최저점이 아닌 단기평균비용곡선이 장기평균비용곡선과 접하는 생산량 수준에서 장기한계비용곡선과 만난다(접하지는 않는다).

23 **이윤극대화를 추구하는 어떤 기업의 생산함수가 $Y = AN^{\alpha}K^{\beta}$(단, $A > 0$, $K > 0$, $N > 0$)로 주어진다고 하자. 여기에서 Y = 생산량, N = 노동시간, K = 자본 투입량이며, A는 총요소생산성을 나타내는 상수이다. 이 생산함수와 부합하는 것은?**

A. $\alpha + \beta > 1$이면 규모수익이 체증한다.
B. $\alpha + \beta = 1$이면 규모수익이 일정하다.
C. 이러한 생산함수에서 대체탄력성은 항상 일정하다.
D. $\alpha > 1$인 경우라도 노동의 한계생산이 체감할 수 있다.
E. 총생산 중 노동에 대한 분배몫은 $\dfrac{\alpha}{\alpha+\beta}$가 된다.

① A, B ② A, B, C ③ B, C, D
④ A, B, C, D ⑤ A, B, C, E

hint

설문과 같은 콥-더글라스 생산함수에서 $\alpha + \beta > 1$이면 규모수익 체증, $\alpha + \beta = 1$이면 규모수익 불변, $\alpha + \beta < 1$이면 규모수익 체감이 성립한다.

$\alpha > 1$ 또는 $\beta > 1$이면 각 요소의 한계생산 체증, $\alpha = 1$ 또는 $\beta = 1$이면 각 요소의 한계생산 일정, $\alpha < 1$ 또는 $\beta < 1$이면 각 요소의 한계생산 체감이 성립한다.

그 외 콥-더글라스 생산함수의 주요 성질은 다음과 같다.

1. 완전분배정리의 성립(1차 동차인 경우)
2. 요소 간 분배액(비용) 비율이 각각에 대한 지수의 비율로 일정
3. 원점에서 출발하는 직선 상 등량선 기울기 일정(동조성)
4. 대체탄력성이 1로 일정
5. 한계기술대체율 체감

24 기업 A는 자본(K)과 노동(L)만을 생산요소로 투입하여 최종 산출물(Q)을 생산하며, 생산함수는 $Q = K^{\frac{1}{2}} L^{\frac{1}{2}}$이다. K와 L의 가격이 각각 r과 w일 때 다음 설명 중 옳은 것을 모두 고르면?

2020년 공인회계사

> 가. 생산함수는 규모수익 불변이다.
> 나. 비용(C)과 노동은 $C = 2wL$을 만족한다.
> 다. 비용극소화 조건은 $K = \frac{r}{w}L$로 표현할 수 있다.
> 라. r은 100, w는 1이고, 목표산출량이 50이라면 최적 요소투입량은 노동 500단위, 자본 6단위이다.

① 가, 나　② 가, 다　③ 나, 다
④ 나, 라　⑤ 다, 라

hint

가. (○), 1차 동차 생산함수는 규모수익 불변이다.
나. (○), 콥-더글라스 생산함수에서 지출비율은 지수비율과 같으므로 $\frac{wL}{C} = \frac{1}{2}$이다.
다. (×), $MRTS_{LK} = \frac{K}{L} = \frac{w}{r}$에서 정리하면 $K = \frac{w}{r}L$이 된다.
라. (×), r은 100, w는 1이면 $K = \frac{1}{100}L$이므로 노동과 자본은 100 : 1의 비율로 투입되어야 한다. 이를 생산함수에 대입하면 $50 = \left(\frac{1}{100}L\right)^{\frac{1}{2}} L^{\frac{1}{2}} = \frac{1}{10}L$에서 $L^* = 500$, $K = 5$가 된다.

정답　22 ④　23 ⑤　24 ①

25 A사는 노동(L)과 자본(K)을 사용하여 자동차를 생산하고 있으며, A사의 생산기술은 $Q = K\sqrt{L}$로 주어져 있다. 단기에서 A사의 자본량은 $K = 4$로 고정되어 있고, 자동차의 가격 p는 0보다 크다. 노동의 가격은 $w = 2$로 주어져 있으며 자본의 가격은 $r = 1$로 주어져 있다. 〈보기〉에서 옳은 것만을 모두 고르면? 2020년 국회 8급

ㄱ. 단기에서 A사는 이윤극대화를 달성할 수 있다.
ㄴ. 단기에서 A사는 자동차의 가격이 너무 낮으면 생산을 하지 않을 것이다.
ㄷ. 장기에서 A사는 이윤극대화를 달성할 수 있다.

① ㄱ ② ㄴ ③ ㄱ, ㄴ
④ ㄱ, ㄷ ⑤ ㄱ, ㄴ, ㄷ

hint

1. 단기비용함수

$$\min\ C = wL + rK \ \text{s.t.}\ Q = K\sqrt{L},\ K = 4,\ w = 2,\ r = 1$$

정리하면 $L = \frac{Q^2}{16}$이므로 $STC = \frac{Q^2}{8} + 4$가 된다. 이 경우 $SMC = \frac{Q}{4} > AVC = \frac{Q}{8}$가 성립한다.

2. 장기비용함수

$$\min\ C = wL + rK \ \text{s.t.}\ Q = K\sqrt{L},\ w = 2,\ r = 1$$

최적 생산조건 : $MRTS_{LK} = \frac{1}{2}\frac{K}{L} = \frac{w}{r} = 2 \Rightarrow K = 4L$

조건부 요소수요 : $L_c = \left(\frac{Q}{4}\right)^{\frac{2}{3}},\ K_c = 4\left(\frac{Q}{4}\right)^{\frac{2}{3}} \Rightarrow LTC = 6\left(\frac{Q}{4}\right)^{\frac{2}{3}},\ LMC = \left(\frac{Q}{4}\right)^{-\frac{1}{3}}$

ㄱ. (○)
ㄴ. (×), 이 경우 모든 수량에서 $P = SMC = \frac{Q}{4} > AVC = \frac{Q}{8}$가 성립하므로 조업중단은 발생하지 않는다.
ㄷ. (×), 완전경쟁시장에서 이윤극대화가 성립하기 위해서는 $P = AR = MR = LMC$가 성립하고(1계 조건), LMC가 우상향해야 한다(2계 조건). 그러나 이 경우 LMC가 지속적으로 하락하므로 이윤극대화 생산량이 존재하지 않는다.

26 노동(L), 자본(K), 및 에너지(E)를 투입하는 기업 A의 생산함수가 $q = L^{0.4}K^{0.6}E^{0.2}$로 추정된다고 할 때 다음 설명 중 옳지 않은 것은?

① 규모에 대한 수익 체증을 실현한다.
② 장기한계비용은 일정하다.
③ 자본과 에너지의 투입을 고정시키는 경우 수확체감이 발생한다.
④ 생산과정에서 각 생산요소가 기여하는 비율은 지수에 의해 결정된다.

⑤ 에너지의 투입을 고정시키는 경우 등량선은 원점에 대해 볼록하다.

hint

콥-더글라스 생산함수의 경우 투입되는 요소의 종류가 몇 가지이든 동차 생산함수의 성질을 유지하며, 동차성은 지수의 합에 의해서 결정된다. 또한 각 지수의 크기는 생산과정에서 개별 생산요소가 기여하는 정도를 나타낸다. 기업 A의 경우 1.2차의 동차 생산함수를 가지고 있으므로 규모에 대한 수익 체증을 실현하며, 장기평균비용과 장기한계비용은 전반적으로 하락한다.

27 **생산함수가 $Q = LK$의 형태로 주어져 있다고 하자. 이 경우 기업의 단기평균비용 및 장기평균비용곡선의 형태를 설명한 것으로 옳은 것은?** (단, 단기에 K는 고정요소, L은 가변요소라 가정한다.)

① 단기평균비용곡선 : 수평, 장기평균비용곡선 : 수평
② 단기평균비용곡선 : 우상향, 장기평균비용곡선 : 우상향
③ 단기평균비용곡선 : 우상향, 장기평균비용곡선 : 우하향
④ 단기평균비용곡선 : 우하향, 장기평균비용곡선 : 수평
⑤ 단기평균비용곡선 : 우하향, 장기평균비용곡선 : 우하향

hint

1. 단기비용함수의 형태

$SAC = AVC + AFC = \frac{wL}{Q} + AFC = \frac{w}{AP_L} + AFC$

주어진 생산함수에서 $AP_L = \frac{LK}{L} = K$(일정)이므로 AVC는 일정하고 AFC는 우하향하므로 SAC는 우하향한다.

2. 주어진 생산함수는 2차 동차 생산함수이다. 동차 생산함수의 경우 다음의 관계가 성립한다.

1차 이상 동차 생산함수 ⇒ 규모수익 체증 ⇒ LAC 우하향
1차 동차 생산함수 ⇒ 규모수익 불변 ⇒ LAC 수평
1차 이하 동차 생산함수 ⇒ 규모수익 체감 ⇒ LAC 우상향

*** 참고사항**

주어진 생산함수에 대한 단기 및 장기 비용함수를 실제 구하면 다음과 같다.

1. 단기비용함수

$\min C = wL + rK$ s.t. $Q = LK$

단기에 $K = \overline{K}$이며 $L = \frac{Q}{\overline{K}}$이므로 이를 대입하면 $C = \frac{wQ}{\overline{K}} + r\overline{K} \Rightarrow AC = \frac{w}{\overline{K}} + \frac{r\overline{K}}{Q}$: 우하향

2. 장기비용함수

$C = 2\sqrt{wrQ} \Rightarrow AC = 2\sqrt{wr}\frac{1}{\sqrt{Q}}$

정답 25 ① 26 ② 27 ⑤

28 기업의 비용함수가 $C=(2w+r)Q$로 주어졌다고 하자. 이러한 비용함수가 도출될 수 있는 생산함수로 적당한 것은? 단, w는 노동(L)의 가격, r은 자본(K)의 가격, Q는 산출량이라고 한다.

① $Q=2L+K$ ② $Q=\frac{L}{2}+K$
③ $Q=\min[L, K]$ ④ $Q=\min[2L, K]$
⑤ $Q=\min[\frac{L}{2}, K]$

hint

설문의 비용함수는 생산물 1단위를 만들기 위해 노동 2단위와 자본 1단위를 고정비율로 투입해야 함을 의미하고 있다. 따라서 이에 적당한 생산함수는 ⑤가 된다.

29 기업 A의 생산함수가 $Q=[\min\{3L, 5K\}]^{\frac{2}{3}}$라고 한다. 기업 A의 생산활동과 관련된 다음 설명 중 옳은 것은? (단, Q는 생산량, L은 노동투입량, K는 자본투입량이다.) 2023년 공인회계사

① 노동의 한계생산은 지속적으로 체감한다.
② 자본의 한계생산은 지속적으로 체증한다.
③ 등량곡선은 원점에 대해 볼록하다.
④ 생산량이 기존 생산량의 2배가 되면, 원점으로부터 최적 생산요소 투입조합까지의 거리는 기존 거리의 3배가 된다.
⑤ 규모에 대한 수익 불변이다.

hint

주어진 생산함수는 레온티에프 생산함수의 한 형태로 최적 생산 시 노동과 자본이 5 : 3의 비율로 투입되며, $\frac{2}{3}$차 동차 생산함수이므로 규모수익 체감이 성립한다. 최적 생산 시 다음 관계가 성립한다.

$Q=(3L)^{\frac{2}{3}}=(5K)^{\frac{2}{3}}$ ⇒ 조건부 요소수요 : $L_c=\frac{1}{3}Q^{\frac{3}{2}}$, $K_c=\frac{1}{5}Q^{\frac{3}{2}}$

① (×), 노동의 한계생산은 일정한 양의 상수이다가 0이 된다.
② (×), 자본의 한계생산은 일정한 양의 상수이다가 0이 된다.
③ (○), 등량곡선은 L자형이다. L자형도 볼록성을 만족한다.
④ (×), 생산량이 2배가 되면 각 요소의 투입량은 $2^{\frac{3}{2}}$(≒ 2.83)배씩 늘어난다.
⑤ (×), 규모에 대한 수익 체감이 성립한다.

30 세 가지 생산요소 노동(L), 자본(K) 및 에너지(E)를 사용하는 기업 A는 노동 2단위, 자본 1단위, 그리고 에너지 1단위 비율로 투입하여 생산물 1단위를 생산할 수 있다고 할 때 다음 설명 중 옳지 않은 것은?

① 기업 A는 규모에 대한 수익 불변을 실현한다.

② 기업 A의 비용함수는 생산량(q)의 일차함수이다.

③ 자본과 에너지의 투입이 각각 $K = 100$, $E = 100$에 고정된 경우 생산량 $q = 100$까지 단기 평균비용은 지속적으로 하락한다.

④ 에너지 투입이 $E = 200$에 고정된 경우 $q = 200$까지 단기한계비용은 일정하다.

⑤ 이런 생산함수를 가진 기업들로 구성된 경쟁적인 시장에서 장기균형가격은 시장수요에 의해 결정된다.

hint

이 조건을 만족하는 것은 레온티에프 생산함수로서 $q = \min\{\frac{L}{2}, K, E\}$와 같다. 이것은 1차 동차 생산함수로서 규모에 대한 수익 불변의 성질을 갖는다. 그리고 생산요소의 가격을 각각 w, v, u라 할 때 기업 A의 비용함수는 $C(w, v, u, q) = (2w + v + u)q$로서 q의 1차함수이다. 세 개의 생산요소 가운데 하나 또는 두 개의 생산요소의 투입이 일정 수준에 고정된 경우는 단기에 해당한다. 이런 경우 이 생산함수의 특성으로 인해 일정 생산량까지 단기평균비용은 지속적으로 하락하는 반면 단기한계비용은 일정하다. 이런 생산함수를 가진 기업들로 구성된 시장에서 개별 기업의 장기한계비용이 일정하므로 장기시장공급곡선은 수평선의 형태를 갖는다. 따라서 장기균형가격은 장기공급곡선에 의해 결정되며, 시장수요는 단지 거래량에 영향을 미칠 뿐이다.

31 **두 가지 생산요소 x_1과 x_2를 사용하는 어느 기업의 생산함수가 $Q = \sqrt{x_1 + x_2}$이다. 생산요소시장과 생산물시장은 모두 완전경쟁적이다. 이윤을 극대화하는 이 기업은 현재 $x_1 = 40$, $x_2 = 60$을 사용하여 10단위를 생산하고 있다. 이와 관련된 다음 설명 중 옳은 것은?** (단, Q는 생산량)

2009년 공인회계사

① 등량곡선은 원점에 대해 볼록한 곡선의 형태를 띤다.

② x_1을 10단위 덜 사용하는 대신 x_2를 10단위 더 사용하면 이 기업의 이윤은 감소한다.

③ 생산요소시장에서 x_1의 가격이 조금만 올라도 이 기업은 x_2만을 사용한다.

④ 생산요소 사이의 대체탄력성이 1이다.

⑤ 생산물 가격이 오른 경우, x_1과 x_2의 투입비율($\frac{x_1}{x_2}$)이 변화하면 이윤이 극대화되지 않는다.

hint

① 주어진 생산함수에서 x_1과 x_2는 완전대체적이며, 등량선은 우하향하는 기울기 (−)1의 직선형태이다. ②~③ 비용을 극소화하는 기업은 완전대체적인 두 요소 중 비싸지 않은 요소만을 사용한다. 현재 상태에서 두 요소를 모두 사용하고 있으므로 두 요소의 가격은 일치한다. 이 경우 두 요소를 바꾸어 사용해도 이윤은 변하지 않는다. 따라서 x_1의 가격이 조금만 올라도 이 기업은 x_2만을 사용한다. ④ 두 요소가 완전대체적일 때 대체탄력성은 ∞가 된다. ⑤ 현재 상태에서 생산물 가격의 변화와 무관하게 요소가격만 현재와 동일하다면 x_1과 x_2의 투입비율($\frac{x_1}{x_2}$)이 변화하여도 이윤에 영향을 미치지 않는다.

정답 28 ⑤ 29 ③ 30 ⑤ 31 ③

32 **A 기업의 생산함수는 $Y = \sqrt{K+L}$ 이다. 이에 관한 설명 중 옳은 것은?** (단, Y는 생산량, K는 자본, L은 노동, $K \geq 0$, $L \geq 0$)

2011년 보험계리사

① 이 기업의 생산함수는 규모에 대한 수확불변을 나타낸다.

② 자본과 노동의 완전보완관계이다.

③ 이윤극대화를 위해 자본과 노동 중 하나만 사용해도 된다.

④ 등량곡선(iso-quant curve)은 원점에 대해 볼록하다.

hint

① (×), 규모수익 체감

② (×), 자본과 노동은 완전대체관계임

③ (○), 두 생산요소는 완전대체적이므로 하나만 사용해도 되는 경우가 일반적이다.

④ (×), 등량곡선은 직선이므로 강볼록하지 않다.

33 **어느 기업의 생산함수는 $Q = \sqrt{L+2K}$ 이다. Q는 생산량, L은 노동투입량, K는 자본투입량이다. 노동과 자본의 단위당 가격이 각각 w와 r이다. 다음 설명 중 옳지 않은 것은?**

2022년 공인회계사

① 생산함수는 규모에 대한 수익 체감을 나타낸다.

② 생산요소 간 대체탄력성이 1이다.

③ 한계기술대체율은 일정하다.

④ $w = 1, r = 3$인 경우 총비용함수는 $TC(Q) = Q^2$이다.

⑤ $w = 2, r = 1$인 경우 총비용함수는 $TC(Q) = \frac{1}{2}Q^2$이다.

hint

① (○), 주어진 생산함수는 $\frac{1}{2}$차 동차 생산함수이므로 규모수익 체감이 성립한다.

② (×), 선형 생산함수의 대체탄력성은 ∞이다.

③ (○), $MRTS_{LK} = \frac{1}{2}$로 일정하다.

④ (○), $MRTS_{LK} = \frac{1}{2} > \frac{w}{r} = \frac{1}{3} \Rightarrow L$만 사용 $\Rightarrow Q = \sqrt{L} \Rightarrow TC = wL = Q^2$

⑤ (○), $MRTS_{LK} = \frac{1}{2} < \frac{w}{r} = 2 \Rightarrow K$만 사용 $\Rightarrow Q = \sqrt{2K} \Rightarrow TC = rK = \frac{1}{2}Q^2$

34 노동과 자본을 사용하여 100단위의 제품을 생산해야 하는 기업이 비용최소화를 위해 현재 노동 10단위와 자본 20단위를 사용하고 있다. 노동의 단위당 임금과 자본의 단위당 임대료는 각각 20, 10으로 일정하다. 이 기업에게 노동과 자본은 완전대체 가능하다. 다음 설명 중 옳은 것은? 2015년 공인회계사

① 노동과 자본의 가격변화가 없을 때 노동 8단위와 자본 24단위를 사용해도 동일한 생산비용으로 100단위를 생산할 수 있다.

② 자본의 단위당 가격이 상승하면 노동 12단위, 자본 16단위를 사용하는 것이 최적이 될 수 있다.

③ 노동의 단위당 가격이 상승하면 노동 7단위, 자본 25단위를 사용하는 것이 최적이 될 수 있다.

④ 현재 노동의 한계생산과 자본의 한계생산은 동일하다.

⑤ 주어진 정보로부터 노동의 한계생산과 자본의 한계생산의 비율을 알 수 없다.

hint

노동과 자본은 완전대체가 가능하므로 생산함수는 $Q = aL + bK$의 형태를 가져야 한다. 그런데 노동의 가격 $w = 20$, 자본의 가격 $v = 10$인 조건에서 $L = 10$단위, $K = 20$단위를 사용하고 있다는 것은 등량선의 기울기와 요소 상대가격의 기울기가 일치한다는 것을 의미한다. 그렇지 않다면 자본과 노동 중 한 가지만 사용되어야 하기 때문이다. 즉, $\frac{a}{b} = \frac{w}{v} = 2$가 되어야 하므로 $a = 2b$가 성립한다. 그리고 $L = 10$, $L = 20$일 때 $Q = 100$이므로 $a = 2b$와 이 조건으로부터 $a = 5$, $b = 2.5$가 되어야 한다는 것을 알 수 있다.

등량곡선 : $5L + 2.5K = 100$

① (O), 위 등량곡선에 (8, 24)를 대입하면 등식이 성립함을 알 수 있다.
②, ③ (×), 요소가격이 약간만 변하더라도 한 요소만을 사용할 것이다.
④, ⑤ (×), 노동의 한계생산이 자본의 한계생산보다 2배 크다.

정답 32 ③ 33 ② 34 ①

35 두 생산요소 x_1, x_2로 구성된 기업 A의 생산함수가 $Q=\max\{2x_1, x_2\}$다. 생산요소의 가격이 각각 w_1과 w_2일 때, 비용함수는? 2018년 감정평가사

① $(2w_1+w_2)Q$　② $\frac{(2w_1+w_2)}{Q}$　③ $(w_1+2w_2)Q$

④ $\min\left\{\frac{w_1}{2}, w_2\right\}Q$　⑤ $\max\left\{\frac{w_1}{2}, w_2\right\}Q$

hint

$$\frac{w_1}{2} \gtrless w_2 \Rightarrow \begin{cases} x_1=0,\ \ x_2=Q \\ x_1=\frac{Q}{2}, x_2=0 \end{cases} \Rightarrow C=w_1x_1+w_2x_2=\begin{cases} w_2Q \\ \frac{w_1}{2}Q \end{cases}=\min\left\{\frac{w_1}{2}, w_2\right\}Q$$

* **참고사항** : 생산함수가 max{ }의 꼴일 때 등량선은 한글 '기역'자 형태가 된다. 이 경우 생산은 완전대체재의 경우와 사실상 동일하며 유일한 차이는 내부해가 존재할 수 없다는 점이다.

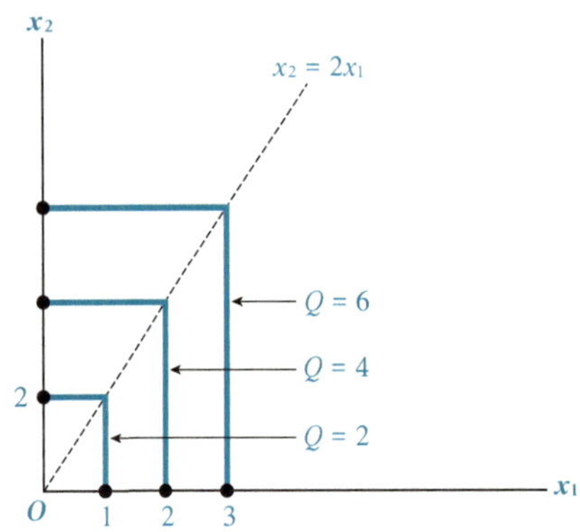

36 어느 기업의 생산함수가 $q = \min\{2x_1 + x_2,\ x_1 + 2x_2\}$와 같다고 할 때 다음 서술 중 옳은 것은? x_1, x_2는 생산요소를 나타낸다.

① 등량선은 L자 형태를 갖는다.

② 생산요소 가격이 주어지면 비용을 극소화하는 요소의 조합은 유일하게 결정된다.

③ 생산요소 가격에 따라 두 생산요소 가운데 하나만 투입하는 것이 유리한 경우도 발생한다.

④ 이윤을 극대화하는 생산요소의 조합을 확정하기 어렵다.

hint

1. 등량선의 형태

$$x_1 \gtreqless x_2 \Rightarrow 2x_1 + x_2 \gtreqless x_1 + 2x_2 \Rightarrow q = \begin{cases} x_1 + 2x_2 \\ x_1 + 2x_2 = 2x_1 + x_2 \\ 2x_1 + x_2 \end{cases} \Rightarrow \text{기울기} = \begin{cases} -\frac{1}{2} \\ -2 \end{cases}$$

이를 나타내면 다음 그림과 같다.

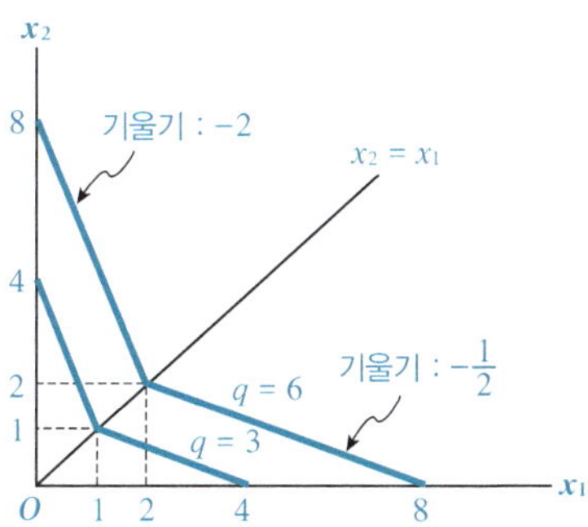

2. 최적 생산

주어진 생산함수는 2개의 선형 생산함수가 결합된 형태이다. 각 요소의 가격을 w_1, w_2라고 할 때 다음과 같은 생산이 이루어진다.

$\frac{1}{2} > \frac{w_1}{w_2} \Rightarrow x_1$만 사용, $\frac{w_1}{w_2} > 2 \Rightarrow x_2$만 사용, $\frac{1}{2} < \frac{w_1}{w_2} < 2 \Rightarrow x_1$과 x_2를 1 : 1로 사용

단, $\frac{w_1}{w_2} = \frac{1}{2}$인 경우와 $\frac{w_1}{w_2} = 2$인 경우는 무수히 많은 내부해뿐만 아니라 모서리 해도 가질 수 있다.

정답 35 ④ 36 ③

37 두 생산요소 L과 K를 이용하여 Y재를 생산하는 기업의 생산함수가

$$y = \min\left\{2L, \frac{1}{2}(L+K), 2K\right\}$$

일 때, 이 기업의 등량곡선의 모양으로 옳은 것은? 2019년 공인회계사

①
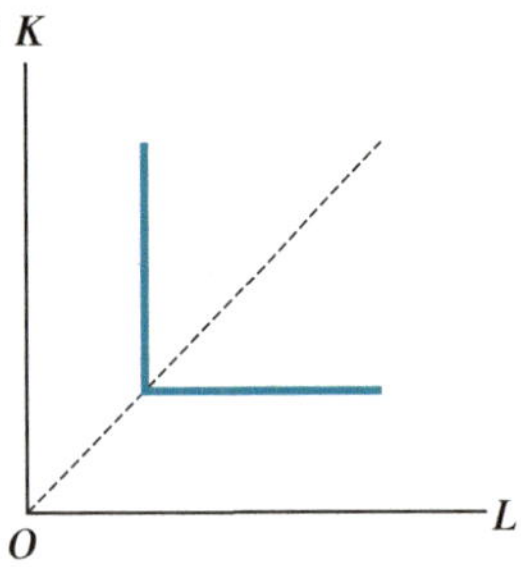

②
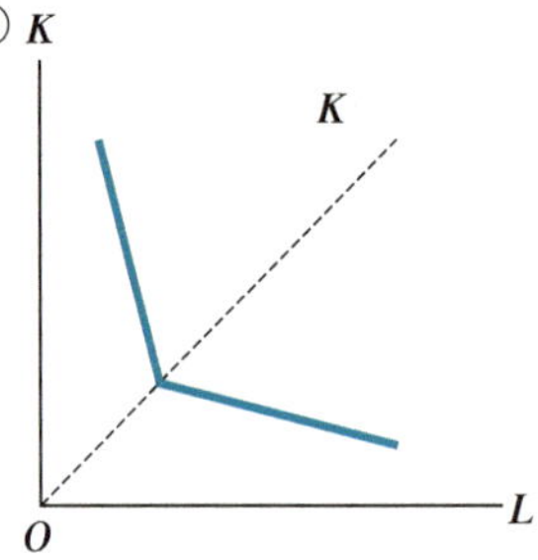

③
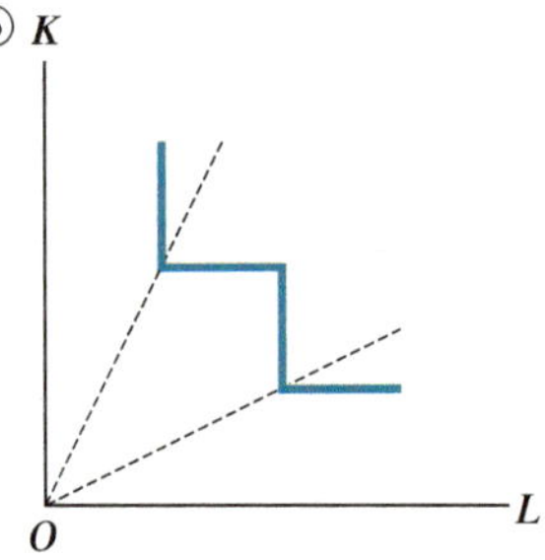

④
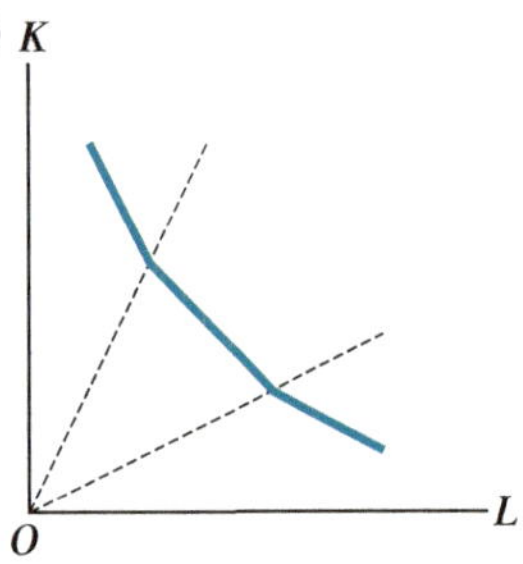

⑤
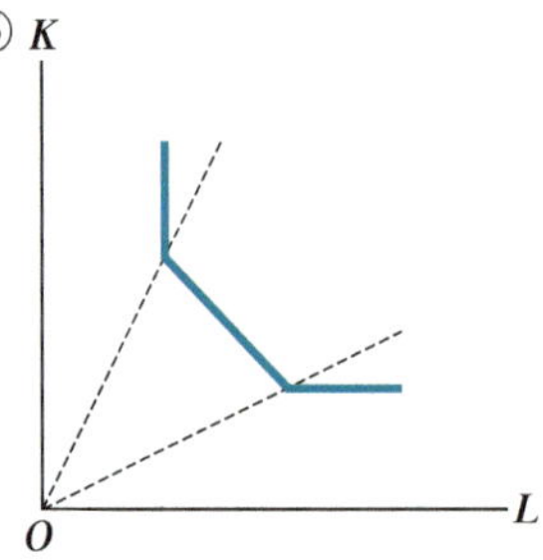

hint

1. **$Q = 2L$이 될 조건** : 이를 위해 $2L < \frac{1}{2}(L+K)$이고 $2L < 2K$가 성립해야 한다. 이를 정리하면 $K > 3L$이 된다. 이 구간에서 생산은 K에 영향을 받지 않으므로 등량곡선은 수직선이 된다.
2. **$Q = \frac{1}{2}(L+K)$가 될 조건** : 이를 위해 $2L > \frac{1}{2}(L+K)$이고 $\frac{1}{2}(L+K) < 2K$가 성립해야 한다. 이를 정리하면 $\frac{1}{3}L < K < 3L$이 된다. 이 구간에서 두 요소는 1 : 1의 비율로 완전대체적(perfect substitute)이다.
3. **$Q = 2K$가 될 조건** : 이를 위해 $\frac{1}{2}(L+K) > 2K$이고 $2L > 2K$가 성립해야 한다. 이를 정리하면 $K < \frac{1}{3}L$이 된다. 이 구간에서 생산은 L에 영향을 받지 않으므로 등량곡선은 수평선이 된다. 이상의 조건에 따라 생산량 Q_0에 대한 등량곡선을 그려보면 〈그림 1〉과 같다.

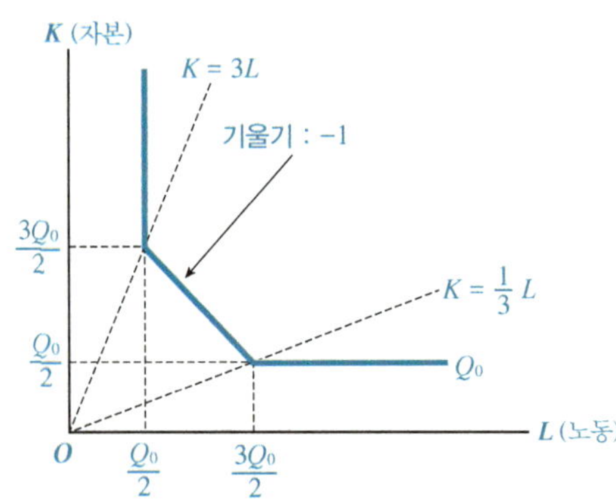

〈그림 1〉 등량곡선의 형태

38 노동(L)과 자본(K)을 이용해 상품 Y를 생산하는 기업이 다음과 같은 세 가지 생산공정을 가지고 있다. 2021년 공인회계사

- 공정 1 : $y = \min\left\{L, \frac{K}{3}\right\}$
- 공정 2 : $y = \min\left\{\frac{2}{3}L, \frac{2}{3}K\right\}$
- 공정 3 : $y = \min\left\{\frac{L}{3}, K\right\}$

노동과 자본의 가격이 각각 w와 r일 때 다음 설명 중 옳은 것은?

① $w > r$이면 공정 1만 사용된다.
② $w < r$이면 공정 2만 사용된다.
③ $w = r$이면 공정 2와 공정 3이 동시에 사용될 수 있다.
④ 규모수익이 증가한다.
⑤ 이 기업의 비용함수는 선형이다.

hint

3가지 공정의 등량선을 동시에 나타내면 다음과 같다.

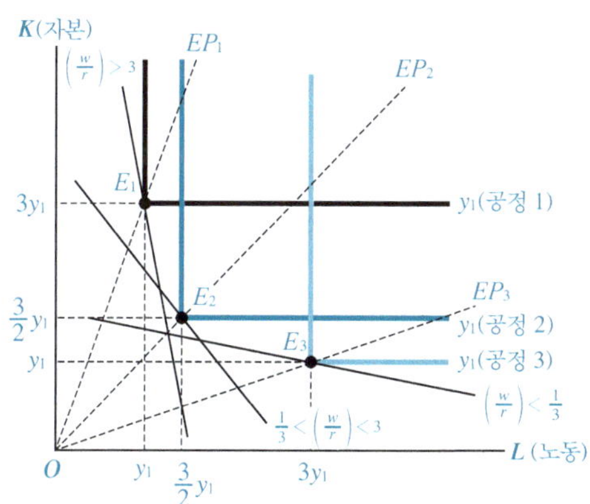

⇒ 공정 1 선택 조건 : $w > 3r$ 또는 $\frac{w}{r} > 3$
⇒ 공정 2 선택 조건 : $\frac{1}{3}r < w < 3r$ 또는 $\frac{1}{3} < \frac{w}{r} < 3$
⇒ 공정 3 선택 조건 : $w < \frac{1}{3}r$ 또는 $\frac{w}{r} < \frac{1}{3}$

3가지 공정이 모두 규모수익 불변이므로 이들로 구성된 비용함수는 한계비용이 일정한 선형의 형태가 된다.

정답 37 ⑤ 38 ⑤

39 한 기업이 임금률 w인 노동(L), 임대율 r인 자본(K)을 고용하여 재화 y를 다음과 같이 생산하고 있다. 2016년 공인회계사

$$y(L, K) = \sqrt{L} + \sqrt{K}$$

y의 가격이 p로 주어진 경우 이 기업의 이윤극대화 생산량은?

① $\frac{w+r}{2wr}p$　② $\frac{2wr}{w+r}p$　③ $\frac{w+r}{wr}p$
④ $\frac{wr}{w+r}p$　⑤ $\frac{wr}{2(w+r)}p$

hint

1. 비용극소화 문제

$\min C = wL + rK$ s.t. $y = \sqrt{L} + \sqrt{K}$

2. 비용함수의 도출

최적 생산조건 $MRTS_{LK} = \left(\frac{K}{L}\right)^{\frac{1}{2}} = \frac{w}{r}$에서 정리하면 $K = \left(\frac{w}{r}\right)^2 L$이 된다. 이를 생산제약식에 대입하면 조건부요소수요함수를 얻는다.

조건부요소수요함수 : $L^* = \left(\frac{r}{w+r}\right)^2 y^2$, $K^* = \left(\frac{w}{w+r}\right)^2 y^2$

조건부요소수요함수를 목적식에 대입하면 비용함수를 도출할 수 있다.

총비용함수 : $C(w, r, y) = \frac{wr}{w+r} y^2$

40 완전경쟁시장에서 한 기업의 단기비용함수는 $C = 5q^2 - 2kq + k^2$이다. 장기에 자본량을 변경할 때에 조정비용은 없다. 이 기업의 장기비용함수는? (단, C는 비용, q는 생산량, k는 자본량이다.) 2016년 공인회계사 응용

① $C = 2q^2$　② $C = 4q^2 + 8q$　③ $C = 4q^2$
④ $C = 8q^2 + 4q$　⑤ $C = 8q^2 + 16$

hint

기업은 각각의 생산량을 최소의 비용으로 생산할 수 있는 시설규모를 선택할 것이다. 따라서 주어진 q에 대해 비용을 극소화하는 시설규모를 구하기 위해 단기비용함수를 k로 미분하면 다음과 같다.

$\frac{dC}{dk} = -2q + 2k = 0 \Rightarrow k^* = q$ ······································ (1)

조건 (1)을 단기비용함수에 대입하면 $C = 5q^2 - 2q^2 + q^2 = 4q^2$이다.

* **참고사항** : 원문에는 비용함수가 $C = 5q^2 - 2kq + k^2 + 16$으로 주어졌고 답이 $C = 4q^2 + 16$으로 발표되었다. 그러나 이렇게 되면 장기비용함수에 상수항(고정비용)이 포함되는 모순이 발생된다. 위 문제에서는 이러한 모순을 없애기 위해 상수항을 삭제하였다.]

41 동일한 재화를 공장 1, 공장 2에서 생산하려는 기업이 있다. 각 공장의 비용함수는 다음과 같다.

2019년 공인회계사

$$\text{공장 1}: C_1(q) = \begin{cases} 0 & q = 0 \text{ 인 경우} \\ 2q^2 + 200 & q > 0 \text{인 경우} \end{cases}$$

$$\text{공장 2}: C_2(q) = \begin{cases} 0 & q = 0 \text{ 인 경우} \\ q^2 + 1{,}300 & q > 0 \text{인 경우} \end{cases}$$

이 기업이 최소비용으로 30단위를 생산할 때 공장 1의 생산량은?

① 0　② 10　③ 15
④ 20　⑤ 30

hint

1. 공장 1만 가동하는 경우
$C_1(30) = 1{,}800 + 200 = 2{,}000$

2. 공장 2만 가동하는 경우
$C_2(30) = 900 + 1{,}300 = 2{,}200$

3. 공장 1과 공장 2를 모두 가동하는 경우
$q = q_1 + q_2 = 30$, $q_2 = 2q_1$에서 $q_1 = 10$, $q_2 = 20$이 된다.

$C_3(30) = C_1(10) + C_2(20) = (200 + 200) + (400 + 1{,}300) = 400 + 1{,}700 = 2{,}100$

따라서 공장 1만 가동하는 것이 최선이며 최소화된 비용은 2,200이 된다.

[주의사항 : 고정비용이 있는 다공장기업의 경우 생산분산의 효율성 이득이 고정비용 추가분보다 클 때만 분산 생산함]

정답　39 ①　40 ③　41 ⑤

42 어느 기업의 생산함수가 $q = f(L, K) = 5L^2 + 10K^2$으로 측정되었다고 할 때 다음 서술 중 타당하지 않은 것은?

① 규모에 대한 수익 체증을 만족한다.

② 규모의 경제를 만족한다.

③ 범위의 경제를 만족한다.

④ 장기한계비용이 지속적으로 하락한다.

⑤ 단기한계비용이 지속적으로 하락한다.

hint

이 생산함수는 2차 동차함수이다. $f(\lambda L, \lambda K) = \lambda^2(5L^2 + 10K^2)$이 성립하기 때문이다. 따라서 이 기업은 규모에 대한 수익 체증을 보이며, 동차함수이므로 이것은 곧 규모의 경제가 성립한다는 것을 의미한다. 그리고 평균비용과 한계비용 간의 관계에 의해 장기평균비용이 지속적으로 하락하므로 장기한계비용은 그보다 아래에 위치한다. 그리고 한계생산(MP_L)이 $MP_L = 10L$로 지속적으로 증가하므로 쌍대성에 의해 단기한계비용은 지속적으로 하락한다. 범위의 경제는 두 가지 이상의 생산물을 고려하는 경우에만 성립하는 개념이다.

43 다음 중 노동절약적 기술진보의 조건으로 옳은 것을 모두 고른 것은?

> 가. MP_L의 증가율과 MP_K의 증가율이 동일하다.
> 나. MP_L의 증가율보다 MP_K의 증가율이 높다.
> 다. MP_L의 증가율보다 MP_K의 증가율이 낮다.
> 라. 원점에서 출발하는 직선 상 등량선의 기울기가 일정하게 유지된다.
> 마. 원점에서 출발하는 직선 상 등량선의 기울기가 완만해진다.
> 바. 원점에서 출발하는 직선 상 등량선의 기울기가 가팔라진다.

① 가, 다　　② 가, 라　　③ 나, 라
④ 나, 마　　⑤ 다, 마

hint

MP_L 증가율		MP_K 증가율	⇒	원점에서 출발하는 직선 상	$MRTS_{LK}$		⇒		
	$>$					상승		자본절약적	기술진보
	$=$					불변		중립적	
	$<$					하락		노동절약적	

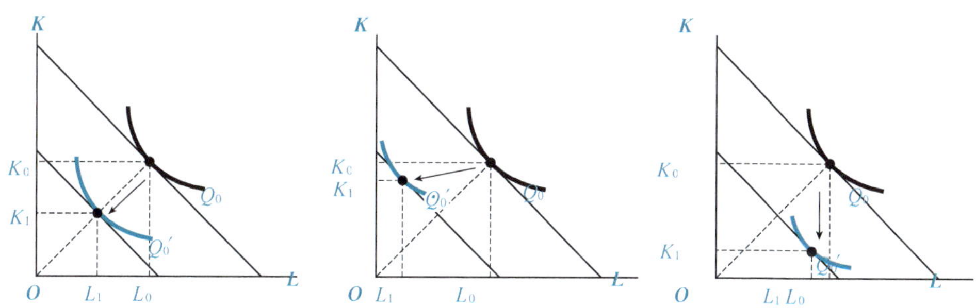

(a) 중립적 기술진보　(b) 노동절약적 기술진보　(c) 자본절약적 기술진보

정답　42 ③　43 ④

제11장 완전경쟁시장

Testbank for Economics [microeconomics]

핵 심 출 제 논 점

1. 완전경쟁시장의 특징
2. 공급곡선의 도출
3. 완전경쟁시장의 단기균형
4. 완전경쟁시장의 장기균형
5. 장기무이윤가설 논쟁

I 시장 형태에 따른 특징의 비교

	완전경쟁(가격수용자)	**독점적 경쟁**(제품차별화)	**과점**(상호의존성)	**독점**(가격설정자)
		공통적인 특성		
기업의 목표	이윤극대화	이윤극대화	이윤극대화	이윤극대화
이윤극대화 조건	$MR = MC$	$MR = MC$	$MR = MC$	$MR = MC$
단기초과이윤	가능	가능	가능	가능
기업이 직면하는 수요의 탄력성	1보다 큼(∞)	1보다 큼	1보다 큼	1보다 큼*
		비교되는 속성들		
기업의 수	다수	다수	소수	하나
제품의 동질성	동질	차별	동질 또는 차별	단일 재화
가격설정력	없음	약간	약간	강함
공급곡선	있음	없음	없음	없음
기업이 직면하는 수요곡선	수평	우하향	우하향	우하향
가격	$P = MC$	$P > MC$	$P > MC$(예외 있음)**	$P > MC$
산출량	최적 생산	과소생산	과소생산(예외 있음)	과소생산
진입가능성(장기)	가능	가능	불가능(예외 있음)	불가능
장기초과이윤	불가능	불가능	가능	가능
시장수요의 탄력성	1보다 클 수도 작을 수도 있음	1보다 클 수도 작을 수도 있음	1보다 클 수도 작을 수도 있음	1보다 큼
장기균형 조건	$D = S$ $P = LMC$ $P = LAC$	– $P > LMC$ $P = LAC$	– $P > LMC$ $P > LAC$	

* 단, $MC > 0$ 가정.

** 예외는 동질적 베르뜨랑 모형, 경합시장 모형.

Tips

완전경쟁시장 주의사항

1. 완전경쟁시장의 조건 : 무수히 많은 기업, 동질적 상품, 진입 · 이탈 자유, 완전정보
2. 단기이윤 가능, 장기이윤 불가
3. 장기 및 단기와 무관하게 생산자잉여는 음수 불가
4. 공급곡선은 완전경쟁시장에만 존재하며 4종류 존재

Ⅱ 가격수용자와 가격설정자의 비교

1. 기업이 인식하는 수요곡선

- 가격수용자의 경우 : 기업이 인식(직면)하는 수요곡선이 수평

⇒ ① 약간이라도 가격을 올리면 수요가 0이 됨, ② 주어진 가격에 얼마든지 판매 가능

- 가격설정자의 경우 : 기업이 인식(직면)하는 수요곡선이 우하향

⇒ ① 가격을 올려도 수요가 0이 되지 않음, ② 판매를 늘리기 위해서는 가격을 인하해야 함

2. 총수입, 평균수입, 한계수입

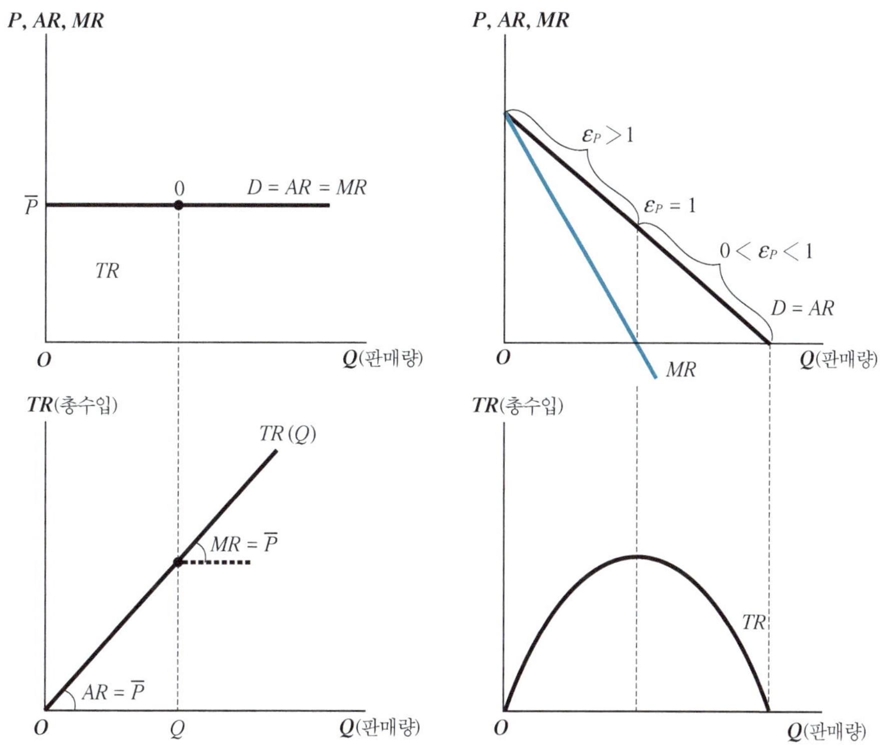

- 수요곡선 : $P = \overline{P}$ (수평)

$TR(Q) = \overline{P}Q$

$AR = \overline{P}$

$MR = \overline{P}$

수요곡선 : $P = a - bQ$(우하향)

$TR(Q) = aQ - bQ^2$

$AR = a - bQ\ (= P)$

$MR = a - 2bQ\ (< P)$

3. Amoroso-Robinson 공식과 독점도

- $MR(Q) = P\left[1 - \frac{1}{\varepsilon_P}\right] \Leftrightarrow MR \gtreqless 0$이면 $\varepsilon_P \gtreqless 1$

- 러너의 독점도 : $d_L = \frac{P - MC}{P}$
- 힉스의 독점도 : $d_H = \frac{1}{\varepsilon_P}$

4. 기업의 이윤극대화 : 가격수용자 vs 가격설정자

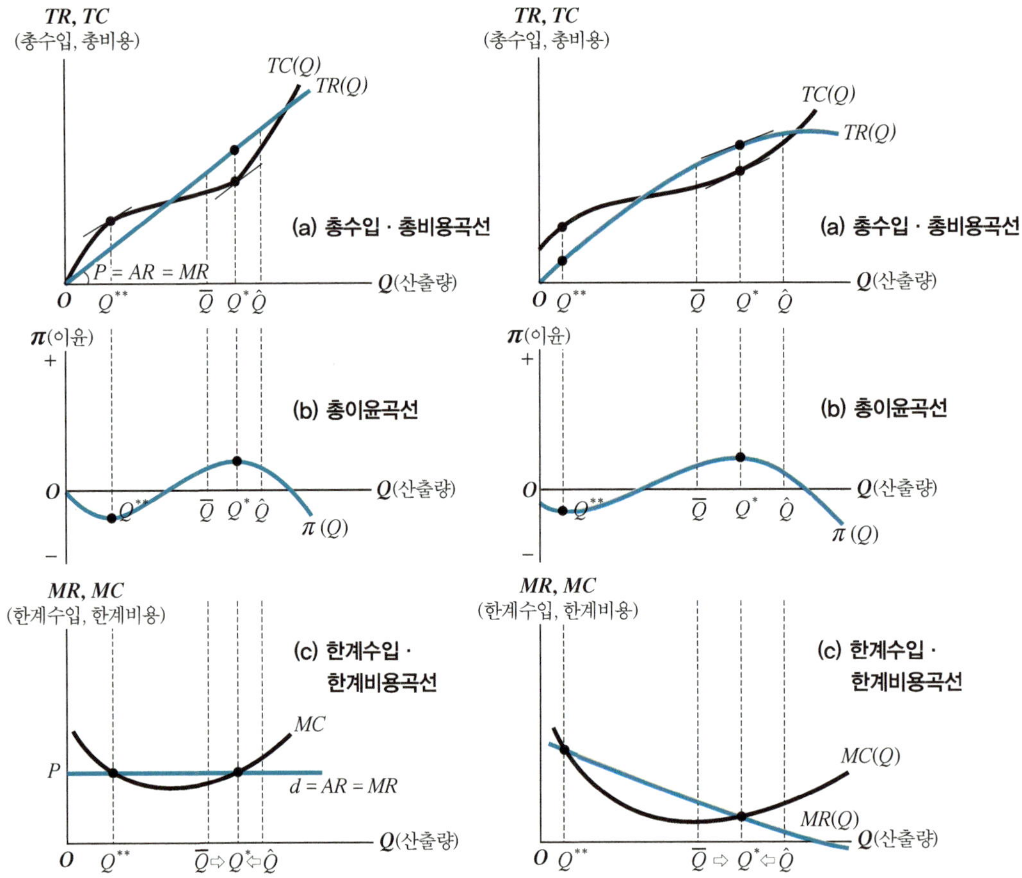

이윤극대화의 1계 조건	2계 조건
1. 총수입과 총비용 사이의 차이 극대 2. 총수입과 총비용의 기울기 일치 3. 한계수입과 한계비용 일치	한계비용의 기울기 > 한계수입의 기울기 (한계비용곡선이 한계수입곡선을 아래에서 위로 관통)

Ⅲ 완전경쟁시장의 균형

1. 이윤극대화 조건

■ 단기 : $P = AR = MR = SMC \gtreqless SAC$, 장기 : $P = AR = MR = LMC = LAC$

2. 단기조업(생산) 유지 조건

■ $TR \geq NSC = TC - SC$ ⇒ 고정비용 모두 매몰 가정 시 : $TR \geq TVC$

⇒ 고정비용 모두 비매몰 가정 시 : $TR \geq TC$

SC는 매몰비용, NSC는 비매몰비용

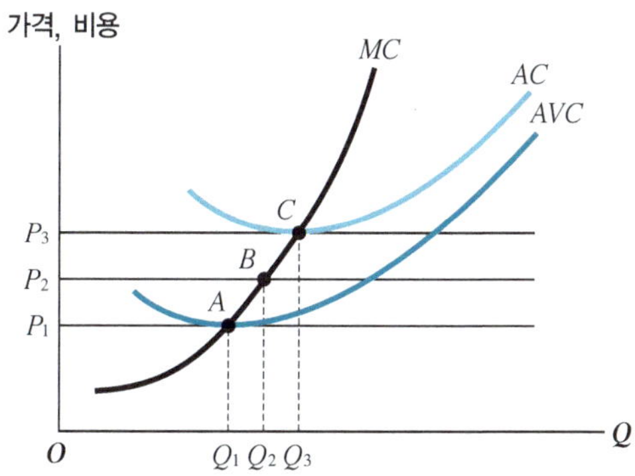

3. 완전경쟁시장의 공급곡선

	기업	산업
단기공급곡선	s_i = AVC 위에 있는 SMC (단, 고정비용 모두 매몰 가정)	s_i의 수평 합
장기공급곡선	s_i = LAC 위에 있는 LMC	1. 수평 : 요소가격 불변, 그리고 비용 동질 2. 우상향 : 요소가격 상승 또는 비용 이질 3. 우하향 : 요소가격 하락

■ 단기조업 조건 : $TR \geq TVC$ 또는 $P \geq AVC$

■ 장기조업 조건 : $TR \geq TC$ 또는 $P \geq AC$

* 산업장기공급곡선은 기업장기공급곡선의 수평 합(×)

* 산업장기공급곡선은 산업단기공급곡선보다 반드시 완만함(○)

4. 완전경쟁시장의 장기균형 : 장기무이윤

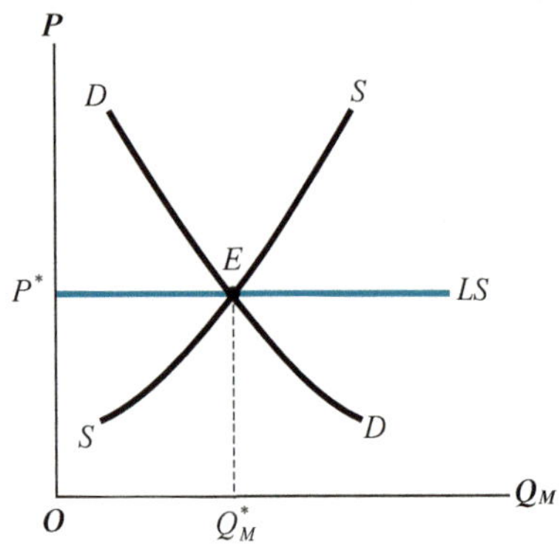

(a) 시장균형

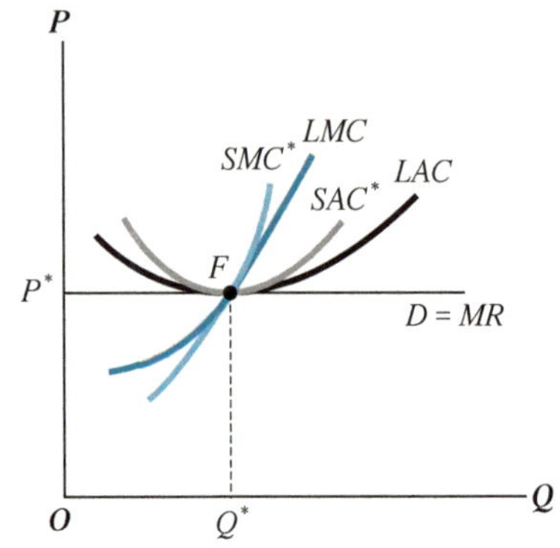

(b) 개별 기업의 이윤극대화

- 장기균형의 정의 : 모든 것이 변할 수 있지만 어떤 것도 더 이상 변할 필요가 없어진 상태
- 생산량, 시설규모, 기업의 수 등이 더 이상 변할 필요가 없기 위해서는 *LAC*의 최저점에서 생산이 이루어져야 함

5. 주의사항

① *MR* 아래 면적 *TR* (○)

② *MC* 아래 면적 *TVC* (○), *MC* 아래 면적 *TC* (×, ○)

③ $PS = TR - TVC$ (○)

④ 이윤은 음(-)일 수 있으나 *PS*는 어떤 경우에도(비록 단기에도) 음(-)일 수 없다. (○)

⑤ *SC*는 항상 *FC*이지만, *FC*라고 해서 항상 *SC*인 것은 아님. (○)

⑥ *FC* all *SC*인 경우 조업중단점 *AVC* 최저, *FC* no *SC*인 경우 조업중단점 *AC* 최저 (○)

⑦ 완전경쟁시장에서 장기지대는 있을 수 있지만 장기이윤은 있을 수 없다. (○)

⑧ 장기 기업의 최대손실은 0, 단기 기업의 최대손실은 (−)*SC* (○)

⑨ 산업장기공급곡선은 기업장기공급곡선의 수평 합 (×)

⑩ 산업장기공급곡선은 산업단기공급곡선보다 반드시 완만함. (○)

Part-1 기본 문제

01 **다음 중 완전경쟁시장의 특징이 아닌 것은?**

① 시장의 수요곡선은 우하향하지만 개별 기업이 직면하는 수요는 수평이다.
② 가격과 한계수입이 일치한다.
③ 기업들은 동질적인 상품을 공급한다.
④ 기업은 단기적으로 이윤을 얻을 수 없다.
⑤ 기업은 장기적으로 이윤을 얻을 수 없다.

hint

완전경쟁의 특징을 정리하면 다음과 같다.

1. 수많은 수요자와 공급자
2. 동질적인 상품
3. 자원의 완전한 이동성(진입과 탈퇴가 자유롭다.)
4. 완전한 정보

1, 2의 조건으로 인해 개별 수요자와 공급자는 '가격수용자'로 행동하게 되며, 3의 조건으로 인해 '장기무이윤'의 결론이 도출된다.

02 **이윤을 최대로 하는 기업은 (A)와 (B)의 차이를 최대로 하고자 한다. 이를 위하여 기업은 (C)와 (D)가 일치하도록 생산량을 조절한다. A, B, C, D에 들어갈 말로 맞는 것은?**

2006년 감정평가사

① A : 총수입 B : 한계비용 C : 한계수입 D : 한계비용
② A : 총수입 B : 총비용 C : 한계수입 D : 한계비용
③ A : 평균수입 B : 평균비용 C : 한계수입 D : 한계비용
④ A : 평균수입 B : 평균비용 C : 가격 D : 한계비용
⑤ A : 평균수입 B : 평균비용 C : 가격 D : 한계수입

hint

'경제적 이윤 = 총수입 − 총비용'이고, 이윤극대화의 조건은 '한계수입 = 한계비용'이 성립하도록 생산하는 것이다.

정답 1 ④ 2 ②

03 영희는 하루에 아이스크림을 100개 팔고 있다. 영희의 하루 총비용은 100,000원이고, 이 중 고정비용은 10,000원이다. 완전경쟁시장에서 이윤극대화를 추구하는 영희가 단기에는 이 아이스크림 가게를 운영하지만 장기에는 폐업해야 하는 아이스크림 1개당 가격(P)의 구간으로 다음 중 가장 적절한 것은? 2008년 감정평가사

① 600원 $< P <$ 700원 ② 700원 $< P <$ 800원
③ 800원 $< P <$ 900원 ④ 900원 $< P <$ 1,000원
⑤ 1,000원 $< P <$ 1,100원

hint

단기에 완전경쟁기업은 총수입으로 총가변비용을 충당할 수 있을 때($TR \geq TVC$), 즉 가격이 평균가변비용보다 높을 때($P \geq AVC$) 결손을 보더라도 조업을 지속한다. 반면 장기에는 총수입으로 총비용을 충당할 수 있을 때($TR \geq TC$), 즉 가격이 평균가변비용보다 높을 때($P \geq AC$)에만 조업을 지속한다.
설문에서 평균가변비용 $AVC = \frac{100,000 - 10,000}{100} = 900$ 원이며, 평균비용은 $AC = \frac{100,000}{100} = 1,000$ 원이므로 이 사이의 구간에서는 당분간 아이스크림가게를 운영하지만 장기에는 폐업을 하는 것이 바람직할 것이다.
(단, 이 문제의 경우 현재 구해진 AVC값과 AC값이 최저점에서의 값이라는 보장이 없기 때문에 이 문제는 부정확하다고 본다. 그러나 실전에서는 이 외에 답을 찾을 수 있는 어떠한 힌트도 없기 때문에 발표 정답인 ④를 답으로 골랐어야 한다고 본다.)

04 건전지의 시장수요량과 시장공급량은 가격에 대해 다음과 같은 관계를 갖는다고 하자.

2005년 공인노무사

가 격	0	1	2	3	4	5
수요량	20	18	16	14	12	10
공급량	2	4	6	9	12	15

건전지 시장이 완전경쟁시장이라면, 개별 기업의 한계수입은 얼마인가?

① 1 ② 2 ③ 3
④ 4 ⑤ 5

hint

수요량 = 공급량이 성립하는 수량과 가격을 찾는다. 완전경쟁시장에서는 $P = MR$이 성립하므로 균형가격이 동시에 한계수입이 된다.

05 **완전경쟁기업의 단기공급곡선에 관한 다음 설명 중 가장 옳은 것은?** 2016년 보험계리사

① 한계비용곡선 중 우상향하는 부분이다.

② 한계비용곡선 중 평균비용곡선의 위쪽에 위치하는 부분이다.

③ 한계비용곡선 중 평균가변비용곡선의 위쪽에 위치하는 부분이다.

④ 한계비용곡선 중 평균고정비용곡선의 위쪽에 위치하는 부분이다.

hint

고정비용이 모두 매몰비용인 경우 공급곡선은 AVC 위쪽의 MC
고정비용이 모두 비매몰비용인 경우 공급곡선은 AC 위쪽의 MC

[본 문제의 경우 고정비용의 성격을 밝히지 않았으므로 불완전 출제에 해당한다. 그러나 출제 관행상 이런 경우 매몰비용이 모두 고정비용의 성격을 갖는 것으로 전제하는 경우가 많다는 점을 주의하기 바란다.]

06 **한 시장에서 각 소비자의 수요곡선은**

$$D = \begin{cases} 30 - P\,(P < 30) \\ 0 \qquad (P \geq 30) \end{cases}$$

이고, 소비자는 5명이다. 그리고 공급곡선은 $S = 20P$이다. 다음 설명 중 옳지 않은 것은? (단, D는 각 소비자의 수요량, S는 공급량, P는 가격이다.) 2016년 공인회계사

① $P = 4$일 때, 초과수요가 발생한다.

② $P = 5$일 때, 소비자잉여와 생산자잉여의 합은 최대가 된다.

③ $P = 20$일 때, 초과공급이 발생한다.

④ $P = 60$일 때, 소비는 발생하지 않는다.

⑤ 공급곡선이 $S = P$로 바뀌면 시장의 균형거래량은 변화한다.

hint

개별 수요곡선을 수평으로 더해 시장수요곡선을 구하면 $P = 30 - \frac{Q_D}{5}$이다. Q_D는 시장수요를 나타낸다. 따라서 수요와 공급을 일치시키는 균형가격을 구하면 $P^* = 6$, 균형거래량은 $Q^* = 120$이다. 따라서 균형가격 $P^* = 6$일 때 소비자잉여와 생산자잉여의 합이 최대가 된다.

정답 3 ④ 4 ④ 5 ③ 6 ②

07 **X재 시장은 완전경쟁적이며, 각 기업의 장기총비용함수와 X재에 대한 시장수요곡선은 다음과 같다. X재 시장의 장기균형에서 시장균형가격과 진입하여 생산하는 기업의 수를 옳게 짝지은 것은?** (단, P는 가격이고, q는 각 기업의 생산량이며, 모든 기업들의 비용함수 및 비용 조건은 동일하다) 2020년 국가직 7급

- 장기총비용함수 : $TC(q) = 2q^3 - 12q^2 + 48q$
- 시장수요곡선 : $D(P) = 600 - 5P$

	장기시장균형가격	기업의 수		장기시장균형가격	기업의 수
①	20	100	②	20	120
③	30	150	④	30	180

hint

시장수요량을 Q, 기업의 수를 n이라고 할 때 장기균형의 조건은 다음과 같다.

$P = LMC = 6q^2 - 24q + 48 = LAC = 2q^2 - 12q + 48 \Rightarrow q^* = 3,\ p^* = 30,\ Q^* = 450,\ n^* = 150$

08 **완전경쟁적인 어떤 산업이 비용불변의 특징을 가지고 있다. 시장수요가 증가하는 경우 장기적으로 균형가격과 생산량**(거래량)**은 어떻게 변하겠는가?**

① 가격은 낮아지고 생산량은 증가한다.

② 가격과 생산량 모두 증가한다.

③ 가격은 불변이고 생산량은 증가한다.

④ 가격은 상승하고 생산량은 불변이다.

⑤ 가격과 생산량 모두 불변이다.

hint

비용불변인 산업의 경우 장기적으로 시장공급곡선은 수평선이다. 따라서 시장수요가 증가하면 수요곡선이 우측으로 이동하므로 거래량은 증가하지만 가격은 변하지 않는다.

09 **공급의 가격탄력성이 ∞로 주어져 있다고 하자. 이 경우 시장의 가격 및 거래량 결정에 대한 설명으로 가장 옳은 것은?**

① 가격은 수요에 의해 결정되고, 공급은 거래량에만 영향을 미친다.

② 가격은 공급에 의해 결정되고, 수요는 거래량에만 영향을 미친다.

③ 가격과 거래량 모두 수요에 의해 결정된다.

④ 가격과 거래량 모두 공급에 의해 결정된다.

⑤ 공급량은 공급에 의해 결정되고, 수요는 가격에만 영향을 미친다.

hint

공급의 가격탄력성이 ∞라는 것은 공급곡선이 수평임을 의미한다. 이 경우 가격은 전적으로 공급에 의해 결정되며, 수요는 거래량에만 영향을 미친다.

10 **시장구조와 균형에 관한 다음 설명 중 옳지 않은 것은?** (단, 기업의 평균비용곡선은 U자형이라고 가정)

2015년 공인회계사

① 완전경쟁시장에서 기업은 가격 수용적이다.

② 완전경쟁시장의 단기균형에서 가격은 평균비용과 같다.

③ 독점시장의 장기균형에서 가격은 한계비용보다 크다.

④ 독점적 경쟁시장의 장기균형에서 가격은 한계비용보다 크다.

⑤ 독점적 경쟁시장의 장기균형에서 초과이윤은 0이다.

hint

완전경쟁시장의 단기균형에서 가격은 한계비용과 같다. 따라서 가격은 평균비용보다 높을 수도 있고(초정상이윤을 얻는 경우), 평균비용보다 낮을 수도(손실은 보지만 생산자잉여는 0보다 큰 경우) 있다.

정답 7 ③ 8 ③ 9 ② 10 ②

Part-2 실전 문제

01 **완전경쟁기업에 관한 설명 중 가장 옳지 않은 것은?** 2015년 보험계리사

① 완전경쟁기업의 이윤극대화점은 기업의 한계비용곡선이 상승하는 부분에서 한계수입곡선과 교차하는 점이다.

② 완전경쟁기업의 단기공급곡선은 단기한계비용곡선 중 단기평균비용곡선을 상회하는 부분이다.

③ 생산요소의 공급이 비탄력적일수록 완전경쟁기업의 단기공급곡선은 기울기가 가파르게 된다.

④ 장기평균비용곡선의 최저점과 접하는 단기평균비용곡선에 상응하는 시설규모를 최적 시설규모라고 한다.

hint

① (O), $P = AR = MR = MC$이므로 1계 조건이 만족되며, 한계비용이 상승하므로 2계 조건도 만족된다.

② (×), 일반적 관행에 따라 고정비용이 모두 매몰비용이라고 가정할 때, 단기공급곡선은 단기한계비용곡선 중 단기평균가변비용을 상회하는 부분이다.

③ (O), 생산요소의 공급이 비탄력적이면 생산이 쉽게 늘어나지 못하므로 단기공급곡선도 가파르다.

④ (O), '최적 시설규모'는 몇 가지 다른 의미로 쓰이기도 하는데 이 경우가 가장 일반적인 의미로 사용된 것이다.

02 **완전경쟁 하에 있는 개별 기업에 대한 설명으로 옳은 것은?** 2006년 서울시 7급

① 한계수입과 한계비용이 일치하는 점에서 이윤극대화 생산량을 결정하게 되고, 이 점에서 가격과 평균수입도 한계비용과 일치하게 된다.

② 단기의 공급곡선은 총비용곡선의 최저점보다 높은 단기한계비용곡선으로 나타나게 된다.

③ 장기의 공급곡선은 총비용곡선의 최저점보다 높은 장기한계비용곡선이 되며, 따라서 우상향하는 공급곡선을 가지게 된다.

④ 개별 기업이 직면하는 시장수요곡선은 수요의 법칙이 성립되는 우하향의 곡선이 된다.

⑤ 완전경쟁시장의 기업들은 비록 단기라 하더라도 이윤을 얻을 수 없다.

hint

옳지 않은 보기를 바르게 고치면 각각 다음과 같다.

② 단기공급곡선은 AVC 최저점보다 상방에 위치한 한계비용곡선이다. (단, 고정비용은 모두 매몰비용이라고 가정)

③ 장기공급곡선은 LAC 최저점보다 상방에 위치한 한계비용곡선이다.
④ 완전경쟁의 경우 개별 기업이 직면하는 수요곡선은 수평선의 형태이다.
⑤ 완전경쟁시장의 기업들이라도 단기에는 이윤을 얻을 수 있다.

03 기업의 이윤극대화에 관한 설명으로 옳지 않은 것은?

① 한계수입(MR)과 한계비용(MC)이 일치하도록 생산하면 항상 이윤을 극대화할 수 있다.
② 비용을 극소화하는 것은 언제나 이윤극대화를 위한 필요조건이다.
③ 시장지배력이 있는 기업의 경우 한계비용이 0이 아니라면 이윤을 극대화하는 생산량은 수입을 극대화하는 생산량보다 항상 적다.
④ 이윤을 극대화하는 요소의 결합은 기업의 확장경로 상의 한 점에서 선택된다.
⑤ 요소가격이 변하면 이윤을 극대화하는 요소의 결합도 달라진다.

hint

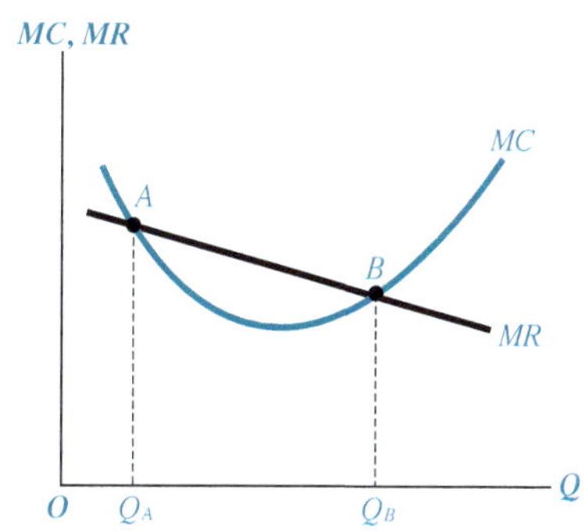

기업의 궁극적인 목표는 이윤을 극대화하는 데 있다. 이윤을 극대화하기 위해 기업이 충족해야 하는 조건은 한계수입과 한계비용이 일치하도록 생산하는 것이다. 그런데 이것은 필요조건에 해당한다. 충분조건은 한계수입곡선의 기울기가 한계비용곡선의 기울기보다 작아야 한다는 것이다. 오른쪽 그림에서 A와 B는 모두 $MR = MC$를 만족하지만 A에서는 한계수입곡선의 기울기 > 한계비용곡선의 기울기가 성립하며, 이 경우 오히려 손실이 극대화된다.
또한 $MR = MC$라는 이윤극대화 조건은 항상 이윤극대화를 위한 요소결합 조건으로 환원해서 나타낼 수 있다는 사실을 유의하라. 생산요소에 대한 수요란 결국 이윤극대화를 위한 요소수요를 의미하며, 이것은 반드시 확장경로 상의 한 점에 해당한다. 나아가 요소가격이 변하면 확장경로도 변하며, 이윤극대화를 위한 요소결합점도 변하게 된다.

정답 1 ② 2 ① 3 ①

04 **이윤극대화 선택에 관한 다음 설명 중 옳지 않은 것은?** (단, 이윤함수의 제2계 도함수는 음(-)의 값을 갖는다.) 2007년 국가직 7급

① 한계수입이 한계비용에 비해서 크다면 산출량을 증가시킴으로써 이윤을 높일 수 있다.
② 한계수입과 한계비용이 같아지는 점에서 산출량을 증가시키면 한계이윤도 증가한다.
③ 이윤극대화를 추구하는 기업은 생산활동에 있어서 수입과 비용을 동시에 고려해야 한다.
④ 이윤극대화 산출량 수준에서는 산출량을 증가시키든 감소시키든 항상 이윤이 감소한다.
⑤ 생산요소의 가격이 변화되면 이윤극대화 산출량도 변화한다.

hint

이윤함수의 제2계 도함수가 음의 값을 갖는다는 조건이 있으므로 이윤극대화 점에서 한계비용곡선의 기울기는 한계수입곡선의 기울기보다 크다. 이런 경우 산출량을 증가시키면 오히려 이윤이 감소한다.

05 **완전경쟁시장의 한 기업이 단기적으로 초과이윤을 내고 있다고 하자. 이 기업의 이윤극대화 행동으로부터 유추할 수 있는 사실로 적절한 것은?** 2005년 감정평가사

① 이 기업은 장기적으로도 초과이윤을 낼 것이다.
② 이 기업이 산출량을 늘리면 총평균비용이 감소할 것이다.
③ 이 기업이 산출량을 늘리면 한계비용이 증가할 것이다.
④ 시장가격은 이 기업의 현재 한계비용보다 높다.
⑤ 이 기업의 현재 한계비용은 총평균비용과 같다.

hint

① (×), 완전경쟁기업은 장기에 이윤을 얻을 수 없다.
② (×), 현재 상황에서 $P = AR = MR = MC > AC > AVC$가 성립한다. 즉, 평균비용보다 한계비용이 높기 때문에 평균비용은 증가한다.
③ (○), 이윤극대화가 이루어질 때 MC곡선은 수평인 MR곡선을 아래에서 위로 통과한다.
④ (×)
⑤ (×)

06 **어느 산업에 동질적 재화를 생산하는 200개의 기업이 있다. 각 기업의 고정비용은 1,000원이고 평균가변비용은 다음 표와 같다. 시장가격이 1,000원일 경우에 대한 설명으로 옳은 것은?** 2021년 국회 8급

생산량	평균가변비용
1	300원
2	400원
3	500원
4	600원
5	700원
6	800원

① 각 기업은 4개를 생산하고, 전체 생산량은 800개이다. 장기적으로 동일한 비용 구조를 가진 기업들이 이 시장에 진입하거나 이 시장에서 퇴출할 수 있다면, 이 시장에는 진입이 발생한다.

② 각 기업은 3개를 생산하고, 전체 생산량은 600개이다. 장기적으로 동일한 비용 구조를 가진 기업들이 이 시장에 진입하거나 이 시장에서 퇴출할 수 있다면, 이 시장에는 진입이 발생한다.

③ 각 기업은 4개를 생산하고, 전체 생산량은 800개이다. 장기적으로 동일한 비용 구조를 가진 기업들이 이 시장에 진입하거나 이 시장에서 퇴출할 수 있다면, 이 시장에는 퇴출이 발생한다.

④ 각 기업은 3개를 생산하고, 전체 생산량은 600개이다. 장기적으로 동일한 비용 구조를 가진 기업들이 이 시장에 진입하거나 이 시장에서 퇴출할 수 있다면, 이 시장에는 퇴출이 발생한다.

⑤ 각 기업은 4개를 생산하고, 진입도 퇴출도 발생하지 않는다.

hint

생산량	평균가변비용	총가변비용	총비용	한계비용	이윤
1	300원	300	1,300	300	−300
2	400원	800	1,800	500	200
3	500원	1,500	2,500	700	500
4*	600원	2,400	3,400	900	600*
5	700원	3,500	4,500	1,100	500
6	800원	4,800	5,800	1,300	200

기업이 4개를 생산할 때까지 $P > MC$가 성립하고 5개부터 $P < MC$이므로 기업은 4개를 생산하고 산업의 총 생산량은 800개가 된다. 기업이 양(+)의 이윤을 얻기 때문에 장기적으로 진입이 이루어질 수 있다.

정답 4 ② 5 ③ 6 ①

07 아래 그림은 이윤극대화를 추구하는 어떤 기업의 단기에서의 한계수입(MR), 한계비용(MC) 및 평균비용(AC)을 표시한 그래프이다. 다음 중 각각의 생산량 수준인 점 a, b, c, d에 대한 설명으로 옳은 것을 〈보기〉에서 모두 고르면? 2016년 국회 8급

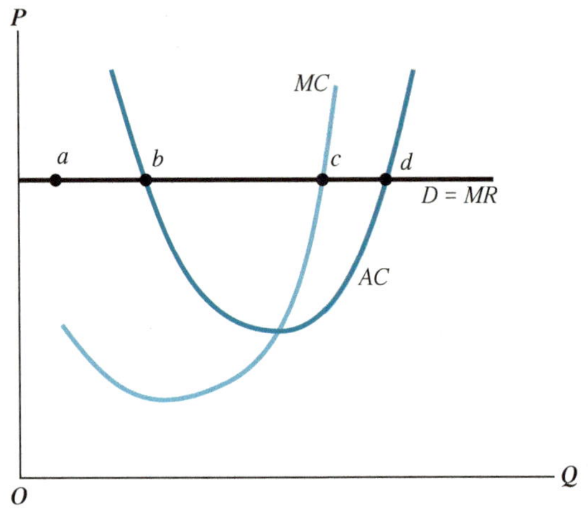

* 재화의 판매가격이 일정하여 한계수입곡선은 수평으로 표시된다.

> ㄱ. 해당 기업은 손익분기점인 점 c의 생산량을 선택할 것이다.
> ㄴ. 점 c에서 이윤이 최대가 된다.
> ㄷ. 점 d에서 초과이윤이 발생한다.
> ㄹ. 점 a, b, c, d 중에서 점 b의 순수익이 가장 크다.
> ㅁ. 점 a, b, c, d 중에서 점 a의 순수익이 가장 적다.

① ㄱ, ㄴ ② ㄴ, ㄷ ③ ㄴ, ㅁ
④ ㄱ, ㄴ, ㅁ ⑤ ㄴ, ㄹ, ㅁ

hint

ㄱ. (×), c점에서는 (+)의 이윤이 발생한다.
ㄴ. (○)
ㄷ. (×), d점을 생산한다면 0의 이윤이 발생한다.
ㄹ. (×)
ㅁ. (○), a점에서는 (−)의 이윤, b점과 d점은 0의 이윤, c점은 (+)의 이윤

08 아래의 그림은 어느 기업의 평균수입과 평균비용을 나타낸 것이다. 이에 대한 설명으로 옳은 것은? 2011년 국회 8급

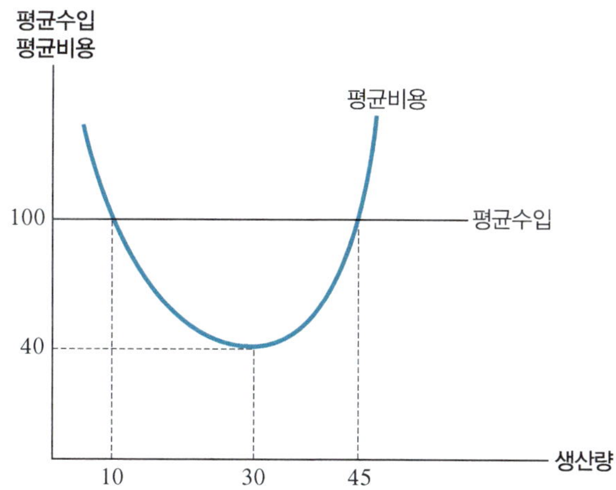

① 생산량이 증가함에 따라 가격은 떨어진다.

② 평균비용이 감소하는 구간에서는 생산량을 늘릴수록 이윤이 증가한다.

③ 최대이윤은 1,800이다.

④ 생산량을 44에서 45로 늘리면 이윤은 증가한다.

⑤ 생산량이 30일 때 한계비용은 한계수입보다 크다.

hint

① 기업에 있어 $P = AR$이므로 생산량이 증가하여도 가격은 일정하다. 즉, 기업은 가격수용자이다.

② 평균비용이 감소하는 구간에서는 단위당 이윤과 생산량이 모두 늘어나므로 생산량을 늘릴수록 이윤이 증가한다.

③ 현재 그림에서 한계비용곡선이 그려지지 않았으므로 최적 생산량과 최대이윤은 알 수 없다.

⑤ 생산량이 30일 때 한계비용은 평균비용과 일치하는 40이다. 그리고 한계수입은 평균수입과 일치하는 100이다.

정답 7 ③ 8 ②

09 **완전경쟁시장에서 생산하고 있는 한 기업의 한계비용(MC)과 평균고정비용(AFC)이 다음과 같다.** (Q는 이 기업의 생산량이다.) 2008년 공인회계사

$$MC = Q^2 - 5Q + 6,\ \ AFC = \frac{1}{Q}$$

시장균형가격이 6일 때 다음 설명 중 옳지 않은 것은?

① 평균수입은 6이다.
② 고정비용은 1이다.
③ 생산량이 증가하면 평균고정비용은 감소한다.
④ 생산량 $Q = 4$에서 이윤극대화가 달성된다.
⑤ 한계수입은 6이다.

hint

①, ⑤ 완전경쟁시장에서 가격은 평균수입과 일치하며, 한계수입과도 일치한다. ② $TFC = AFC \times Q = 1$, ④ $P = MC$를 만족하는 생산량은 $Q = 5$와 $Q = 0$인데, 이 중 $Q = 5$의 이윤이 더 크다.

* **참고사항** : 생산은 자원을 소모시키기 때문에 한계비용은 어떤 경우에도 0보다 작을 수 없다는 사실을 명심하라. 이 문제에서 $Q = 2 \sim 3$의 구간에서 MC를 구해 보면 음수의 값이 나오기 때문에 엄격하게 말하면 이 문제는 출제오류이다. 그러나 아무도 이 문제를 지적하지 않아 이 문제의 정답은 ④번으로 처리되었다. 물론 시험장에 가서는 답지에 출제오류라고 적을 수는 없으므로 ④번에 기표해야 하는 것은 당연한 일일 것이다.

10 **완전경쟁산업의 어느 기업은 U자형의 단기평균가변비용곡선과 단기평균비용곡선을 갖는다. 그리고 단기평균가변비용곡선은 상품 500개를 생산할 때 5,000원으로 최솟값을 갖고, 단기평균비용곡선은 600개를 생산할 때 7,000원으로 최솟값을 갖는다. 이 기업의 단기의사결정에 관한 옳은 설명을 모두 고른 것은?** 2007년 공인회계사

가. 상품의 시장가격이 8,000원이면, 이 기업은 양의 이윤이 발생하여 조업을 계속한다.
나. 상품의 시장가격이 6,000원이면, 이 기업은 손실(음의 이윤)이 발생하지만 조업은 계속한다.
다. 상품의 시장가격이 6,000원이면, 이 기업은 손실(음의 이윤)이 발생하기 때문에 조업을 중단한다.
라. 상품의 시장가격이 4,000원이면, 이 기업은 손실(음의 이윤)이 발생하지만 조업은 계속한다.
마. 상품의 시장가격이 4,000원이면, 이 기업은 손실(음의 이윤)이 발생하기 때문에 조업을 중단한다.

① 나, 라 ② 가, 나, 라
③ 가, 나, 마 ④ 가, 다, 라
⑤ 가, 다, 마

hint

가격이 단기평균가변비용의 최저 수준보다 낮아지면 조업을 중단해야 하며, 가격이 그보다는 높고 단기평균비용의 최저 수준보다 낮은 경우에는 고정비용의 일부에 해당하는 손실을 보지만 여전히 조업을 하는 것이 유리하다. 단, 이 문제는 고정비용이 모두 매몰비용이라고 전제한다.

11 완전경쟁기업의 총비용이 $TC = Q^3 - 6Q^2 + 12Q + 32$와 같을 때 기업이 단기적으로 손실을 감수하면서도 생산을 계속하는 시장가격의 구간은? 2011년 국회 8급

① 2 ~ 6 ② 2 ~ 8
③ 3 ~ 10 ④ 3 ~ 8
⑤ 3 ~ 12

hint

주어진 총비용곡선은 단기비용곡선이다. 이로부터 한계비용곡선, 평균비용곡선 및 평균가변비용곡선을 구하면 다음과 같다.

$$MC(Q) = 3Q^2 - 12Q + 12$$
$$AC(Q) = Q^2 - 6Q + 12 + \frac{32}{Q}$$
$$AVC(Q) = Q^2 - 6Q + 12$$

이 기업이 단기적으로 손실을 감수하면서도 생산을 계속하는 경우는 시장가격이 평균가변비용의 최저수준보다 크고 평균비용의 최저수준보다 작을 때다. 각 비용의 최저수준을 구하면 다음과 같다.

$$\frac{dAC(Q)}{dQ} = 2Q - 6 - \frac{32}{Q^2} = 0 \rightarrow Q^2(Q-3) = 16 \rightarrow Q_{AC} = 4 \text{일 때 평균비용의 최저}$$
$$\frac{dAVC(Q)}{dQ} = 2Q - 6 = 0 \rightarrow Q_{AVC} = 3 \text{일 때 평균가변비용의 최저}$$

$Q_{AVC} = 3$에 해당하는 가격은 3이고, $Q_{AC} = 4$에 해당하는 가격은 12이다. 따라서 가격이 3보다 크고 12보다 작은 경우에 기업은 손실을 보는 가운데 생산을 한다.
그리고 이 사실은 MC곡선이 AVC곡선과 AC곡선의 최저점을 통과한다는 사실을 이용해 확인할 수 있다.
단, 고정비용은 모두 매몰비용의 성격을 가진다고 가정한다.

정답 9 ④ 10 ③ 11 ⑤

12 어떤 기업의 비용은 생산량 Q의 함수인데, 평균가변비용이 $2Q+3$, 고정비용이 5라고 한다. 이 기업이 완전경쟁시장 내의 한 기업이고, 단기에 시장가격이 7로 주어졌을 때, 다음 설명 중 옳지 않은 것을 모두 고르면? 2010년 공인회계사

> 가. 이 기업의 공급함수는 $4Q+8$이다.
> 나. 이 기업의 총비용함수는 $2Q^2+3Q+5$이다.
> 다. 이 기업의 이윤극대화(손실극소화) 산출량은 1이다.
> 라. 이 기업의 이윤극대화(손실극소화) 산출량 수준에서 순손실이 발생한다.
> 마. 이 기업은 생산을 중단하는 편이 낫다.

① 가, 나 ② 가, 마 ③ 나, 다
④ 다, 라 ⑤ 라, 마

hint

주어진 정보로부터 비용함수를 구하면 다음과 같다.

$AVC=2Q+3,\ TVC=2Q^2+3Q,\ TFC=5,\ TC=2Q^2+3Q+5,\ MC=4Q+3$

가. (×), 공급곡선은 $P=MC=4Q+3$이 된다.
나. (○)
다. (○), $P=MR=MC$, 즉 $7=4Q+3$에서 $Q^*=1$이 된다.
라. (○), $\pi=7\times1-10=-3$
마. (×), 3의 손실이 나지만 생산을 하지 않으면 5의 손실을 본다. 따라서 생산을 지속하는 것이 바람직하다.
[단, 이 문제에서 고정비용은 모두 매몰비용임을 전제하고 있다.]

13 아래 표와 같이 완전경쟁기업의 비용구조가 주어졌다.

생산량	0	1	2	3	4	5	6	7	8	9	10
총비용	100	130	150	160	172	185	210	240	280	330	390

이 기업의 고정비용은 100이다. 이때 다음 두 가지 질문의 답으로 옳은 것은? 2013년 국회 8급

(Ⅰ) 현재 생산품의 시장가격은 30이다. 이윤극대화를 달성할 때의 기업의 이윤은?
(Ⅱ) 이 기업이 조업을 중단하게 되는 시장가격은?

	Ⅰ	Ⅱ		Ⅰ	Ⅱ
①	−40	17	②	−30	17
③	0	17	④	−40	13
⑤	−30	13			

hint

생산량	0	1	2	3	4	5	6	7	8	9	10
TC	100	130	150	160	172	185	210	240	280	330	390
MC	–	30	20	10	12	13	25	30	40	50	60
TVC		30	50	60	72	85	110	140	180	230	290
AVC	–	30	25	20	18	17	18.3	20	22.5	25.6	29

(Ⅰ) 이윤극대화 1계 조건 $P = MC$를 만족하는 $Q = 1$과 $Q = 7$ 중 한계비용이 상승하는 것은 $Q = 7$이다. 이 경우 이윤은 $7 \times 30 - 240 = -30$이다. 즉, 기업은 손실을 보지만 조업을 중단했을 때의 손실 -100보다는 적기 때문에 조업을 지속한다.

(Ⅱ) AVC의 최저수준이 조업중단 가격이 된다. 따라서 조업중단 가격은 17이다.

[**주의사항** : 조업중단점을 구하는 대부분의 문제들은 고정비용이 모두 매몰비용적 성격을 갖는다고 전제하고 있다. 그러나 고정비용 중 일부 또는 모두가 비매몰비용이라면 조업중단점이 달라진다. 예를 들어 고정비용이 모두 비매몰비용이라면 평균비용곡선의 최저점이 조업중단점이 된다.]

14 **완전경쟁시장에서 조업하고 있는 A기업의 생산함수는 $Q = L^{0.5}K^{0.5}$이고, 단기적으로 자본을 2단위 투입한다. 이 기업의 손익분기점에서 시장가격은 얼마인가?** (단, 노동과 자본의 가격은 각각 1이다.)

2014년 감정평가사

① 1　　② 2
③ 3　　④ 4
⑤ 5

hint

주어진 문제를 정리하면 다음과 같다.

극소화　: $C = wL + rK$

제약조건 : $Q = L^{0.5}K^{0.5}$, $K = 2$, $w = r = 1$

제약조건을 정리하면 $L = \frac{Q^2}{2}$가 된다. 이를 극소화 식에 대입하면 단기총비용함수 $C = \frac{Q^2}{2} + 2$를 얻을 수 있다. 따라서 $AC = \frac{Q}{2} + \frac{2}{Q}$이다. 손익분기점은 AC의 최저점이므로 $\frac{dAC}{dQ} = \frac{1}{2} - \frac{2}{Q^2} = 0$에서 $Q = 2$일 때 손익분기 가격 $P = 2$이다.

정답　12 ②　13 ②　14 ②

15 **노동과 자본을 생산요소로 사용하고 있는 어떤 완전경쟁기업의 생산함수는 $q = \sqrt{LK}$이다. 자본 투입량이 일정 수준으로 고정되어 있을 때, 주어진 요소가격 하에서 이 기업의 단기비용함수는 $C^S(q) = \frac{q^2}{4} + 16$이다. 이 기업의 단기의사결정에 관한 다음 설명 중 옳은 것은?** (단, q는 생산량, L은 노동 투입량, K는 자본 투입량이다.)

2013년 공인회계사

① 생산물의 시장가격이 5인 경우, 이 기업은 0의 이윤을 얻는다.

② 생산량이 일정 수준 이하이면, 동일한 생산량에 대하여 이 기업의 단기평균가변비용은 단기한계비용보다 높다.

③ 이 기업의 단기공급곡선은 단기한계비용곡선과 동일하지 않다.

④ 생산물의 시장가격이 0을 초과하는 한 이 기업은 생산을 중단하지 않는다.

⑤ 노동의 단위당 가격이 상승하더라도 생산물의 시장가격이 변하지 않으면, 이 기업의 단기 생산량은 변하지 않는다.

hint

이 기업의 단기한계비용은 $MC^S(Q) = \frac{q}{2}$이다. 그리고 단기평균비용은 $AC^S(q) = \frac{q}{4} + \frac{16}{q}$, 단기가변비용은 $AVC^S(q) = \frac{q}{4}$이다. 이들 비용곡선을 그래프로 나타내면 다음 그림과 같다.

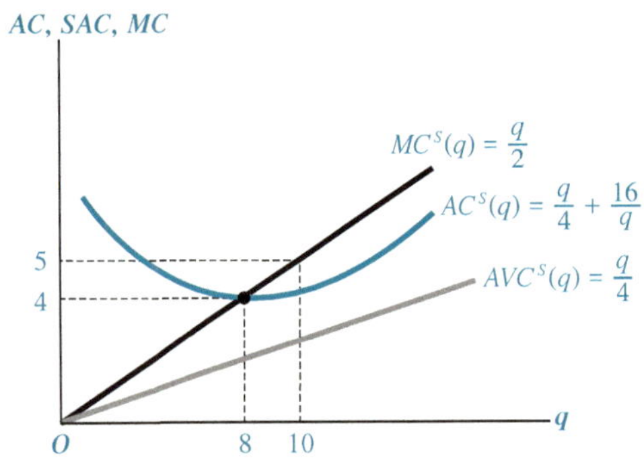

① (×), $p = 5$인 경우 이 기업은 초과이윤을 얻는다.

② (×), 단기가변비용은 항상 단기한계비용보다 작다.

③ (×), 단기공급곡선은 단기한계비용곡선과 일치한다.

④ (○), 이 기업은 생산물 가격이 0보다 큰 경우 생산을 중단하지 않는다.

⑤ (×), 노동의 단위당 가격이 상승하면 단기한계비용곡선이 위로 이동하므로 이윤을 극대화하는 생산량은 적어진다.

[단, 이 문제는 고정비용이 모두 매몰비용이라고 전제한다.]

16 가격수용자인 기업의 단기평균비용곡선이 $AC(Q) = \frac{300}{Q} + 12 + 3Q$이다. 다음 〈보기〉의 설명 중 옳은 것만을 모두 고르면? (단, Q는 생산량이다.) 2020년 국회 8급

> ㄱ. 생산물의 가격이 132인 경우 이 기업의 이윤은 450이다.
> ㄴ. 생산물의 가격이 132에서 66으로 하락하는 경우 이 기업은 계속하여 제품을 생산하는 것이 유리하다.
> ㄷ. 생산물의 가격이 12 이하인 경우 이 기업은 조업을 중단한다.

① ㄱ ② ㄴ ③ ㄱ, ㄷ
④ ㄴ, ㄷ ⑤ ㄱ, ㄴ, ㄷ

hint

ㄱ. (×), $TC(Q) = 300 + 12Q + 3Q^2$이며 $MC(Q) = 12 + 6Q$이므로 $P = 132 = MC = 12 + 6Q$에서 $Q_0 = 20$이 된다. 이 경우 이윤 $\pi_0 = 132 \times 20 - (300 + 12 \times 20 + 3 \times 20^2) = 900$이 된다.

ㄴ. (○), $Q > 0$인 모든 구간에서 $MC = 12 + 6Q > AVC = 12 + 3Q$가 성립하므로 $P > 12$인 한 생산을 지속한다.

ㄷ. (○)

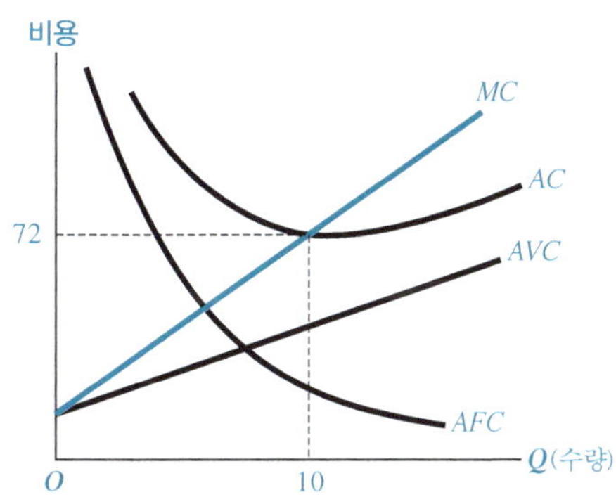

정답 15 ④ 16 ④

17 **생산함수가 $y=\sqrt{x}$이고, 상품 한 단위의 가격은 p이며, 원재료 한 단위의 가격은 1이라고 할 때 다음 중 옳지 않은 것은?** (단, y는 생산량, x는 원재료의 양, $y>0$, $x>0$이다.) 2013년 보험계리사

① 공급함수는 $y=\frac{p}{2}$이다.
② 이윤함수는 $py-y^2$이다.
③ 비용함수는 $C(y)=y^2$이다.
④ 탄력성은 $\frac{1}{2}$이다.

hint

1. 비용함수의 도출

$\min C = wx$ s.t. $w=1$, $y=\sqrt{x}$

제약식을 목적식에 대입하면 $c(y)=y^2$이 된다.

2. 공급함수의 도출

$\max \pi = py - y^2 \Rightarrow \frac{d\pi}{dy} = p - 2y = 0$

$\Rightarrow$ 공급함수 : $y=\frac{p}{2}$ $\Rightarrow$ 공급함수가 원점에서 출발하는 직선이므로 가격탄력성은 1로 일정하다.

18 **두 생산요소 자본 K와 노동 L을 투입하는 A기업의 생산함수가 $Q=(\min\{L,\ 3K\})^{0.5}$로 주어져 있다. 산출물의 가격은 p, 노동의 가격은 $w=4$, 자본의 가격은 $r=6$인 경우, 이윤을 극대화하는 A기업의 공급(Q_S)곡선은?** (단, 생산물시장과 생산요소시장은 완전경쟁적이다.)

2013년 감정평가사

① $Q_S = p\times\min\{w,\ 3r\}$
② $Q_S = \frac{p}{12}$
③ $Q_S = p\times\max\{w,\ 3r\}$
④ $Q_S = 6p$
⑤ $Q_S = \frac{p}{6}$

hint

레온티에프 생산함수로부터 유도되는 비용함수는 일반적으로 생산량의 1차함수이다. 이 문제에서 비용극소화를 달성하기 위해서는 항상 $L=3K$를 유지해야 한다. 그리고 생산량과 생산요소 투입량 간의 관계는 $Q=L^{0.5}=(3K)^{0.5}$이다. 따라서 비용함수는 다음과 같은데, 생산량의 2차함수인 이유는 생산함수가 변형된 레온티에프 생산함수이기 때문이다.

$$C=(w,\ r,\ q)=4L+6K=6L=6Q^2$$

비용함수가 정의되면 다음과 같이 이 기업의 이윤(Π)을 정의할 수 있다.

$$\Pi = pQ - C(w,\ r,\ q) = pQ - 6Q^2$$
$$\rightarrow \frac{d\Pi}{dQ} = p - 12Q = 0$$
$$\rightarrow Q_S = \frac{p}{12}$$

19 어떤 기업의 생산함수는 다음과 같다.

$$q = \begin{cases} 0, & 0 \le x \le 1 \\ \sqrt{x} - 1, & x > 1 \end{cases}$$

여기서 q는 산출량, x는 생산요소의 투입량을 나타낸다. 생산요소의 단위당 가격이 1인 경우, 다음 중 이 기업이 양의 이윤을 얻을 수 있는 제품의 시장가격 p의 범위를 바르게 나타낸 것은? 2016년 보험계리사

① $p > 1$ ② $p > 2$
③ $p > 3$ ④ $p > 4$

hint

$x > 1$을 가정할 때 비용극소화 문제는 다음과 같다.

$\min C(q) = x$ s.t. $q = \sqrt{x} - 1$
조건부요소수요 : $x = (q+1)^2$
⇒ 총비용함수 : $C(q) = (q+1)^2$

양의 이윤을 얻기 위한 최저의 가격이 손익분기 가격이며, 이는 AC곡선의 최저점에 해당하는 가격이다.

$P = MC(q) = 2q + 2 = AC(q) = q + 2 + \frac{2}{q}$
⇒ 손익분기점 : $q = 1$, $p = 4$

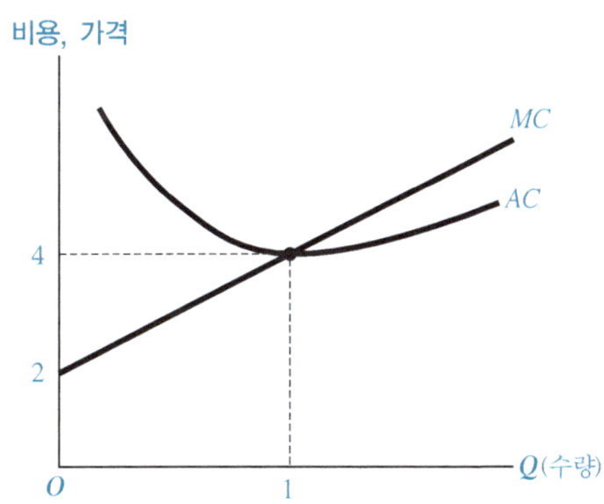

정답 17 ④ 18 ② 19 ④

20 완전경쟁시장에서 조업하고 있는 100개의 기업들이 다음과 같은 동일한 생산함수를 가지고 있다고 하자.

$$q = \min\{\frac{L}{2}, K, \frac{E}{4}\}$$

여기서 L은 노동, K는 자본, E는 에너지를 나타내는데 K = 200단위, E = 400단위로 고정되어 있다고 하자. 노동의 가격은 w = 5,000원, 생산물의 가격은 P = 12,000원으로 형성되어 있다고 할 때 다음 서술 중 옳은 것은?

① 개별 기업은 생산을 중단하는 것이 가장 유리하다.
② 개별 기업은 각각 50단위씩 생산하는 것이 가장 유리하다.
③ 개별 기업은 각각 100단위씩 생산하는 것이 가장 유리하다.
④ 개별 기업은 각각 150단위씩 생산하는 것이 가장 유리하다.
⑤ 주어진 조건만으로는 개별 기업이 생산 결정을 내릴 수 없다.

hint

$K = 200$, $E = 400$으로 고정된 경우 단기생산함수는 $q = \min\{\frac{L}{2}, 200, 100\}$이다. 따라서 비용극소화 조건은 다음과 같다.

* $L \leq 200$인 경우 : $q = \frac{L}{2}$
* $L > 200$인 경우 : 노동을 추가 투입해도 생산량에는 변화가 없으므로 비용만 증가한다.

따라서 단기비용함수는 다음과 같다.

$c(w, q) = 2wq + F$($q \leq 100$인 경우), F = 고정비용

$q > 100$ 이상 생산이 불가능하며, L을 200단위 이상 투입하면 생산량은 일정한 가운데 비용만 증가한다. $q \leq 100$인 범위에서 단기평균가변비용($SAVC$) = 단기한계비용(SMC) = $2w$ = 10,000원이다.
그런데 P = 12,000원 > $SMC = SAVC$ = 10,000원이므로 개별 기업은 최대 $q = 100$을 생산함으로써 이윤을 극대화한다. 단, 고정비용은 모두 매몰비용의 성격을 가진다고 가정한다.

21 완전경쟁시장에서 기업의 단기 이윤극대화에 대한 설명으로 옳지 않은 것은? 2013년 국가직 7급

① 개별 기업의 수요곡선은 수평이며 한계수입곡선이다.

② 이윤극대화를 위해서는 한계수입과 한계비용이 같아야 한다.

③ 고정비용이 전부 매몰비용일 경우 생산중단점은 평균비용곡선의 최저점이 된다.

④ 투입요소들의 가격이 불변일 경우 시장 전체의 공급곡선은 개별 기업의 공급곡선을 수평으로 더하여 구할 수 있다.

hint

③ 고정비용이 모두 매몰비용 ⇒ $TR > TVC$ 조건 하에 조업 지속 ⇒ AVC 최저점이 조업중단점이 됨(일반적인 가정)
고정비용이 모두 비매몰비용 ⇒ $TR > TC$ 조건 하에 조업 지속 ⇒ AC 최저점이 조업중단점이 됨

22 완전경쟁시장의 단기균형의 특징에 대한 설명으로 옳지 않은 것은?

① 어떤 기업은 초정상이윤을 얻는 반면 다른 기업은 손실을 볼 수도 있다.

② 단기균형에서는 사회한계편익(SMB)과 사회한계비용(SMC)이 일치한다.

③ 고비용기업의 경우 생산자잉여가 0보다 작을 수도 있다.

④ 고정비용이 모두 비매몰비용이 아닌 경우 손익분기점과 조업중단점은 다르다.

⑤ 시장수요의 규모에 의해 균형가격이 영향을 받는다.

hint

완전경쟁시장에서 활동하는 기업들의 경우 단기에는 단기비용곡선에 근거해 최적의 생산결정을 내린다. 그런데 시장수요가 충분히 크지 않아 균형가격이 낮은 경우 기업의 비용구조에 따라 손익분기점(평균비용의 최저수준)보다 낮은 가격에 생산활동을 해야 하는 경우도 발생할 수 있다. 이런 기업은 손실을 감수하게 된다. 그렇지만 여전히 조업을 하는 이유는 고정비용 가운데 일부라도 회수할 수 있기 때문이다. 이런 결정을 내리는 데는 고정비용의 성격이 중요한 역할을 한다. 고정비용이 조업을 중단해도 회수할 수 없는 매몰비용인 경우 가격이 평균가변비용의 최저수준 이하로 하락하는 경우에는 조업을 중단하는 것이 유리하다. 고정비용 가운데 일부만이 매몰비용인 경우에는 이를 감안해 조업중단 여부를 결정해야 한다. 그리고 고정비용이 모두 비매몰비용(non-sunk cost)인 경우에는 고정비용과 가변비용을 구분할 이유가 사라지므로 가격이 평균비용의 최저수준 이하인 경우에는 조업을 중단하는 것이 유리하다. 이런 경우에는 손익분기점과 조업중단점이 일치하며, 그 외의 경우에는 일치하지 않는다. 따라서 고비용기업인 경우에는 균형가격이 어떻게 형성되더라도 손실을 볼 수 있지만 고정비용의 성격을 감안해 조업 여부를 판단할 것이기 때문에 생산자잉여는 결코 0보다 작을 수 없다.

정답 20 ③ 21 ③ 22 ③

23 **완전경쟁시장에서 이윤을 극대화하는 기업 A가 하나의 공장**(공장 1)**에서 17단위를 생산하고 있다. 이제 기업 A가 새로운 공장**(공장 2)**의 건설 · 운영 여부를 검토하고 있으며, 각 공장에서의 생산비용은 다음과 같다.**

$$C_1 = 30q_1 + 5q_1^2$$
$$C_2 = 20q_2 + 6q_2^2 + f$$

기업 A가 공장 2를 건설 · 운영할 때 공장 2로부터 손실이 발생하지 않는 f 의 최댓값은? (단, C_i는 공장 i에서의 생산비용, q_i는 공장 i에서의 생산량, f는 상수로서 공장 2를 건설 · 운영하는 경우 발생하는 고정비용이다.) **2023년 공인회계사**

① 750　② 900　③ 1,200
④ 1,350　⑤ 1,420

hint

완전경쟁시장에서 다공장 기업의 이윤극대화 조건은 $P = MR = MC_1 = MC_2$이다.

1. 공장 1의 이윤극대화
   $P = MC_1 = 30 + 10q_1 = 200$
2. 공장 2의 이윤극대화
   $P = MC_2 = 20 + 12q_2 = 200 \Rightarrow q_2 = 15$
   $\pi_2 = TR_2 - C_2 = 200 \times 15 - (300 + 1{,}350 + f) = 1{,}350 - f \geq 0$

따라서 손실이 발생하지 않는 f의 최댓값은 1,350이다.

24 생산자잉여에 대한 다음의 서술 중 타당하지 않은 것은 ?

① 단기에서 "생산자잉여 = 기업의 총수입 − 총가변비용" 이다.

② 장기에서 "생산자잉여 = 경제적 이윤" 이다.

③ 장기든 단기든 생산자잉여는 0보다 작을 수 없다.

④ 완전경쟁시장의 장기균형에서 생산자잉여는 항상 0이다.

⑤ 완전경쟁시장의 단기균형에서 생산자잉여는 0보다 작을 수 있다.

hint

생산자잉여(producer surplus)는 생산자로서 기업이 생산활동을 통해 얻는 이익을 나타낸다. 그런데 기업의 생산활동 과정에서 발생하는 비용의 성격은 단기와 장기에 따라 차이가 있다. 한마디로 매몰비용(sunk cost)은 더 이상 비용으로 간주되지 않으며 생산 결정에 영향을 미치지 않는다. 그런데 장기에서는 매몰비용이라는 개념 자체가 성립하지 않는다. 따라서 이 경우 "경제적 이윤 = 총수입 − 총비용"이면서 동시에 "경제적 이윤 = 생산자잉여"가 성립한다. 그러나 단기에서는 사정이 달라진다. 일반적으로 고정비용은 생산을 중단하더라도 회수할 수 없는 매몰비용에 해당한다. 따라서 단기에 생산결정 과정에서 고려해야 하는 비용은 총가변비용이다. 그러므로 "생산자잉여 = 총수입 − 총가변비용"이라는 관계가 성립한다. 단기에서 기업은 생산자잉여가 0보다 큰 경우에만 생산활동을 한다.

25 완전경쟁시장의 단기균형과 장기균형에 관한 설명으로 가장 옳지 않은 것은? 2015년 보험계리사

① 단기균형에서 개별 기업은 초과이윤을 얻을 수 있지만 장기균형에서는 정상이윤만을 얻는다.

② 단기균형에서의 기업의 수와 장기균형에서의 기업의 수는 일반적으로 다르다.

③ 단기균형에서는 생산자잉여와 이윤이 일치하지만 장기균형에서는 그렇지 않다.

④ 완전경쟁시장은 단기에서뿐만 아니라 장기에서도 사회적 잉여가 극대화되는 시장 형태이다.

hint

③ (×),

이윤 : $\pi = TR - TC$

생산자잉여 : $PS = TR - TVC$

장기에는 고정비용이 없기 때문에 이윤과 생산자잉여가 일치한다. 그러나 단기에는 이윤과 생산자잉여가 상이하다.

④ (○), 단기든 장기든 $MB = MC$가 성립하기 때문에 사회후생이 극대화된다는 점에서는 차이가 없다. 단, 외부성이 존재하지 않음을 전제한다.

정답 23 ④ 24 ⑤ 25 ③

26 **완전경쟁 산업이 다음 그림에서와 같이 장기균형 상태에 있다고 할 때 다음 서술 중 옳은 것은?**

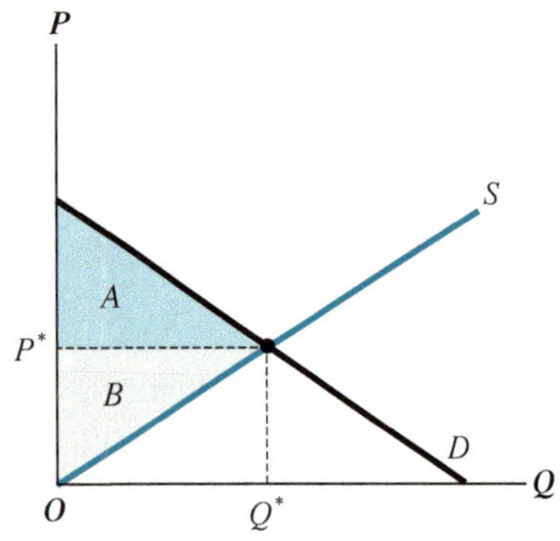

① 면적 B에 해당하는 잉여는 이 산업에서 활동하는 기업들이 얻는 이윤의 총합을 나타낸다.

② 면적 B에 해당하는 잉여는 우월한 능력을 제공하는 생산요소의 소유자들에 대한 경제적 지대를 나타낸다.

③ 면적 B는 소비자잉여를 나타낸다.

④ 면적 $A+B$는 소비자들과 기업들이 얻는 잉여의 총합, 즉 사회적 잉여를 나타낸다.

⑤ 면적 $A+B$는 소비자잉여를 나타낸다.

hint

완전경쟁시장이 장기균형 상태에 있다는 것은 P^* = SAC의 최저 = LAC의 최저 = SMC = LMC의 관계가 성립한다는 것을 의미한다. 따라서 개별 기업은 정상이윤만을 얻으므로 경제적 이윤 = 생산자잉여 = 0이다. 그런데 그림에서 면적 B는 마치 단기에서 생산자잉여와 같이 간주될 수 있다. 그렇지만 이것은 장기균형에서는 모든 기업의 생산자잉여 = 0이라는 사실과 모순이다. 따라서 면적 B는 결코 생산자잉여가 될 수 없다. 이에 대한 유일한 합리적인 설명은 면적 B는 시장 평균에 비해 우월한 생산요소를 제공하는 사람들에 대한 추가 보상, 즉 경제적 지대로 해석해야 한다. 예를 들면 유능한 CEO, 탁월한 기술자들에 대해 추가적으로 지급되는 보수를 말한다. 이런 보수들을 모두 더하면 면적 B에 해당하는 잉여가 발생한다고 해석할 수 있다.

27 **완전경쟁인 X재 시장에 참여하고 있는 모든 기업의 장기총비용함수는 $LTC = q^3 - 10q^2 + 35q$로 동일하다. X재의 시장수요가 $Q_D = 400 - 10P + M$인 경우 다음 (가), (나)에 대한 답으로 옳은 것은?** (단, LTC는 개별 기업의 장기총비용, q는 개별 기업의 생산량이다. Q_D는 시장수요량, P는 가격, M은 상수이다.)

2022년 공인회계사

(가) $M = 100$인 경우 장기균형에서 기업의 수는?

(나) $M = 200$으로 증가하는 경우 새로운 장기균형에서의 시장가격은?

	(가)	(나)		(가)	(나)
①	80개	10	②	80개	20
③	60개	20	④	40개	15
⑤	40개	10			

hint

1. 장기균형 조건

$P = LMC = 3q^2 - 20q + 35 = LAC = q^2 - 10q + 35 \Rightarrow q = 5,\ P = 10$

2. $M = 100$인 경우

$Q_0 = 400 \Rightarrow Q = n \times q \Rightarrow n_0 = 80$

3. $M = 200$인 경우

이 경우 균형가격을 알기 위해서는 비용체증 또는 비용체감 여부를 알아야 한다. 그런데 문제에서 총비용 함수가 변했다는 언급이 없으므로 비용불변 산업을 가정하여 장기균형가격이 $P = 10$으로 유지될 것으로 판단하는 것이 합리적이다.

28 재화 X의 시장은 완전경쟁적이고, 동질적인 기업들로 구성되어 있다. 이 시장에 속한 기업의 한계비용(MC)은 그 기업의 산출량이 q일 때 $MC(q) = 2q$로 나타낼 수 있다. 이 시장은 현재 장기균형(long run equilibrium) 상태에 있으며, 각 기업의 산출량은 10이다. 각 기업의 총고정비용(total fixed cost)은 100달러이다. 각 기업의 평균가변비용(average variable cost)은?

2021년 서울시 7급

① 5달러　　② 10달러
③ 15달러　　④ 20달러

hint

완전경쟁시장의 장기균형 조건은 다음과 같다.

$$P = MC = 20 = LAC = SAC = AFC + AVC$$

$AFC(10) = 10$이므로 $AVC(10) = 10$이 된다.

* 참고사항

문제의 설정상 장기균형 상태인데 고정비용이 있다는 것은 모순이라 여겨질지 모른다. 그러나 우연히 현재 시설규모가 최적 시설규모인데 기업이 주어진 시설규모 하에서 생산량을 결정하려 한다면 시설비용을 고정비용이라 인식할 수도 있다.

정답　26 ②　27 ①　28 ②

29 **완전경쟁시장에서 모든 기업에게 일정 금액의 세금이 부과되었다고 하자. 이 경우 개별 기업의 단기균형생산량 및 장기균형생산량을 설명한 것으로 옳은 것은?** (단, 이 기업은 장 · 단기 모두 생산을 포기하지 않는다고 가정한다.)

① 단기생산량 : 불변, 장기생산량 : 불변

② 단기생산량 : 불변, 장기생산량 : 증가

③ 단기생산량 : 증가, 장기생산량 : 불변

④ 단기생산량 : 불변, 장기생산량 : 감소

⑤ 단기생산량 : 감소, 장기생산량 : 불변

hint

일정 금액의 조세 부과로 고정비용이 상승하면 한계비용은 불변이지만 평균비용은 상승한다. 이 경우 기업의 단기공급곡선이 불변이므로 시장균형가격도 불변이다. 따라서 기업의 단기생산량은 불변이다($a=b$). 그러나 장기적으로는 평균비용이 상승함에 따라 일부 기업이 이탈하며 시장균형가격이 상승한다. 이로 인해 시장에 잔류한 기업들의 생산량은 오히려 증가한다(c).

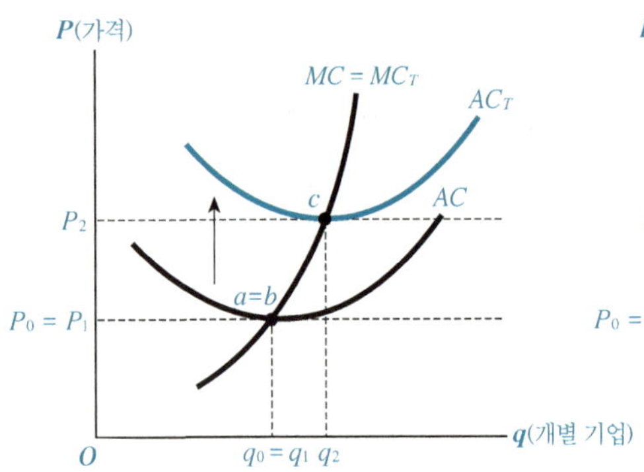

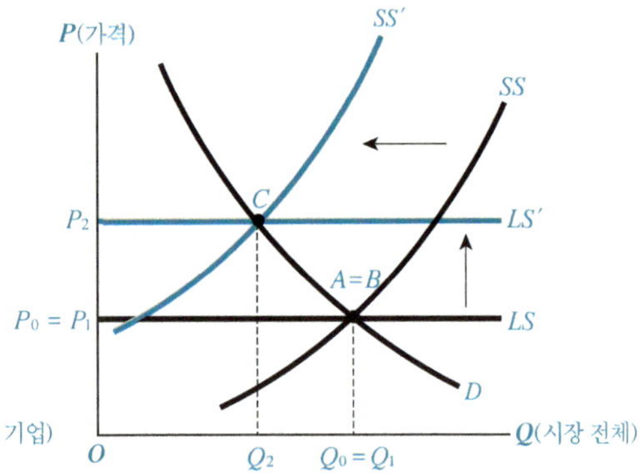

30 아래의 그림은 완전경쟁시장에서 어떤 개별 기업의 한계비용(marginal cost)과 평균비용(average cost)을 나타낸다. 현재 시장가격이 P_0라고 할 때 다음 설명에서 옳은 것을 모두 고른 것은? 2012년 국회 8급

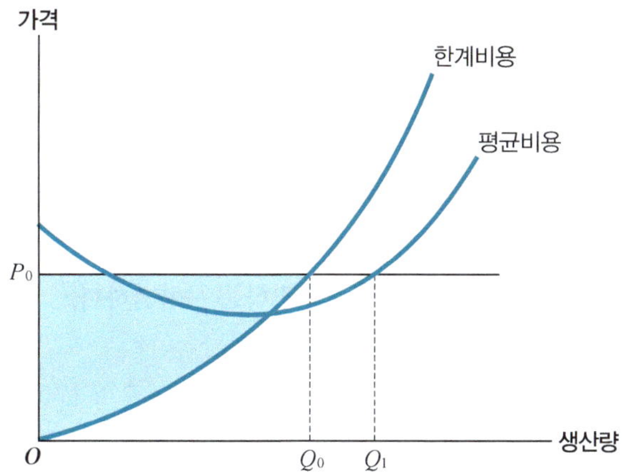

ㄱ. 장기적으로 이 시장에서의 총공급량은 지금보다 증가한다.
ㄴ. 장기적으로 이 시장에서의 개별 기업의 공급량은 지금보다 증가한다.
ㄷ. 이 시장의 현재 총수요량은 Q_1이다.
ㄹ. 이 기업의 이윤은 앞의 색칠한 부분과 같다.

① ㄱ　② ㄱ, ㄷ
③ ㄱ, ㄹ　④ ㄴ, ㄹ
⑤ ㄱ, ㄷ, ㄹ

hint

ㄱ. (O), 현재 기업은 양(+)의 이윤을 얻는다. 따라서 새로운 기업이 진입하고 시장공급곡선이 우측으로 이동하면 시장 공급량은 증가한다.
ㄴ. (×), 기업의 생산량은 평균비용 최저점으로 이동할 것이므로 개별 기업 공급량은 감소한다.
ㄷ. (×), 이 시장의 총수요량은 시장수요곡선의 위치를 모르는 한 알 수 없다.
ㄹ. (×), 색칠된 부분은 총수입에서 총가변비용을 뺀 생산자잉여의 크기이며, 단기에 생산자잉여가 이윤보다 크다.

정답　29 ②　30 ①

31 **완전경쟁시장에서 활동하는 기업들이 장기의 관점에서는 모두 동일한 규모에 대한 수익 불변의 생산함수를 가지고 있다고 하자. 이 경우 완전경쟁시장의 장기균형의 특징에 대한 설명으로 옳지 않은 것은?**

① 생산자잉여가 0이므로 사회잉여는 모두 소비자잉여로 구성된다.

② 균형가격은 공급곡선의 특성에 의해 결정되며, 균형거래량은 수요곡선의 기울기와 위치에 의해 결정된다.

③ 모든 기업은 정상이윤만을 얻고 있으며 기업의 진입과 퇴출이 일어나지 않는다.

④ 기업의 생산함수의 특징으로 인해 시장균형이 다수 존재하며 그중 일부는 비효율적이다.

⑤ 개별 기업의 입장에서는 생산량을 얼마로 결정하든 무차별하다.

hint

기업들이 동일한 생산함수를 가지고 있고 규모에 대한 수익 불변의 성질을 보인다면 장기에서 시장공급곡선은 다음 그림에서와 같이 수평선의 형태를 갖는다. 여기서 수평선의 높이는 곧 장기한계비용(= 장기평균비용)에 해당한다.

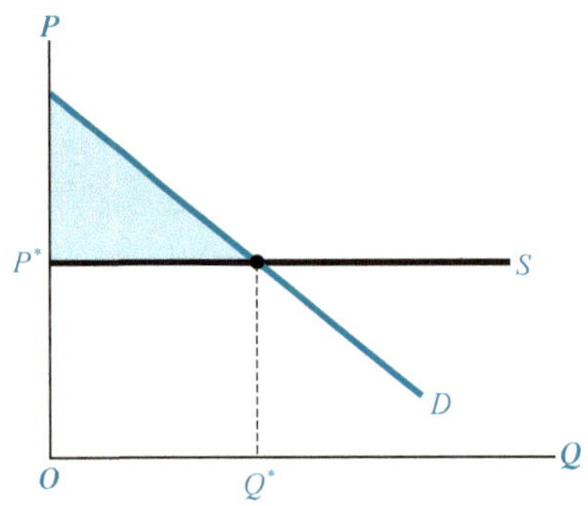

이 그림에서 알 수 있듯이 수요곡선의 특성에 따라 균형거래량은 달라지지만 균형가격은 P^*로 일정하며, 이는 장기한계비용에 해당한다. 반면 균형거래량은 수요곡선의 기울기와 위치에 의해 결정된다. 수요곡선이 완만할수록 또는 오른쪽으로 이동할수록 균형거래량은 증가한다. 이 경우 생산자잉여는 0이고, 사회잉여는 모두 소비자잉여로 구성된다.

32 어떤 완전경쟁 기업의 생산량 중 일부는 불량품이다. 불량품은 생산 이후에 식별이 가능하고, 판매가 불가능하다. 이 기업의 불량률(= $\frac{\text{불량품 수량}}{\text{생산량}}$)과 이윤극대화에 관한 설명 중 옳은 것은?

2012년 공인회계사

① 생산량이 증가함에 따라 한계비용이 증가하면, 불량률이 올라갈수록 이윤은 증가한다.

② 생산량이 증가함에 따라 한계비용이 증가하면, 불량률이 올라갈수록 이윤극대화 생산량은 감소한다.

③ 생산량이 증가함에 따라 한계비용이 증가하면, 불량률이 올라갈수록 이윤극대화 생산량은 증가한다.

④ 생산량이 증가함에 따라 한계비용이 감소하면, 불량률이 올라갈수록 이윤은 증가한다.

⑤ 불량률에 상관없이 이윤극대화 생산량은 한계비용이 시장가격과 일치하는 수준에서 결정된다.

hint

② 불량률이 높아지는 것은 기업의 총수입 및 한계수입이 감소하는 것과 같다. 따라서 불량률이 올라갈수록 최적 생산량은 감소하고 이윤은 감소한다.

⑤ 불량률을 고려한 한계수입은 시장가격보다 낮을 것이다. 따라서 한계비용도 시장가격보다 낮을 것이다.

정답 31 ④ 32 ②

제12장 독점시장

Testbank for Economics [microeconomics]

핵 심 출 제 논 점

1. 독점의 발생원인과 자연독점
2. 순수독점시장의 장 · 단기 균형
3. 차별적 독점자의 가격설정 방식
4. 다양한 형태의 가격차별(이부가격, 묶어팔기 등)
5. 이윤극대화와 수입극대화의 비교
6. 독점의 가격규제
7. 독점의 조세규제

I 순수독점(단일가격 독점)의 자원배분

1. 독점의 발생원인 : 진입장벽의 존재

(1) 기업이 만든 진입장벽

(2) 정부가 만든 진입장벽

(3) 자연발생적인 진입장벽

2. 독점기업의 이윤극대화 문제

① 독점기업의 공급곡선은 존재하지 않는다.

② 독점기업이 인식하는 수요곡선은 시장의 수요곡선과 동일하다.

③ 독점기업은 시장수요곡선 상에서 가장 유리한 점을 선택한다.

④ 독점기업은 항상 시장수요가 탄력적인 영역에서 생산한다(단, $MC > 0$ 가정).

⑤ 시장수요가 비탄력적일수록 독점력(가격설정력)이 높아진다.

⑥ 독점이윤이 크다고 반드시 후생손실이 큰 것은 아니다.

⑦ 비록 독점기업이라 하더라도 단기에 손실을 볼 수 있으며, 완전경쟁기업이라 하더라도 단기에는 이윤을 얻을 수 있다.

3. 이윤극대화 조건 및 유의사항

- 단기 : $P = AR > MR = SMC,\ P \gtreqless SAC$, 장기 : $P = AR > MR = LMC,\ P \geq LAC$
- 시장수요탄력성이 클수록 독점도 감소 (○)
- 시장수요탄력성이 클수록 자중손실 감소 (×)

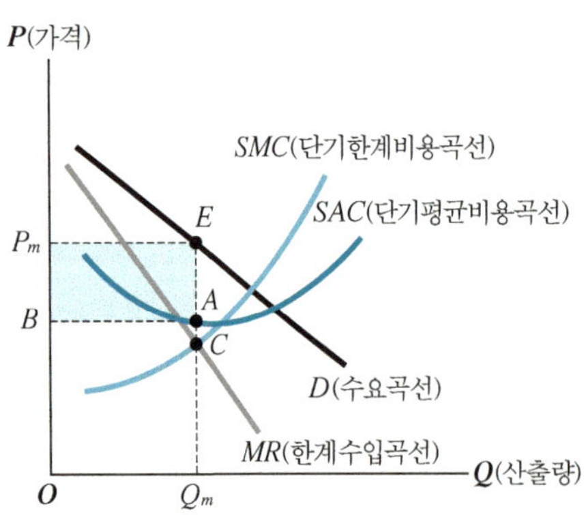

(a)

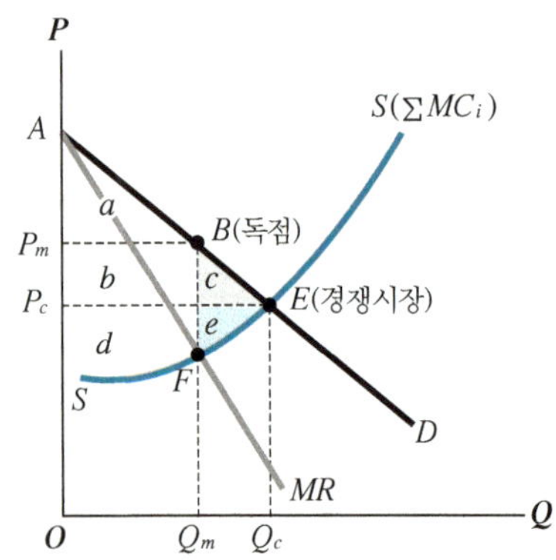

(b)

Ⅱ 가격차별과 다공장 독점

1. 가격차별(price discrimination)의 의미

- 가격차별이란 (동일 비용의) 동일 상품에 대해 다른 가격을 받는 행위를 의미한다.

2. 가격차별의 분류기준

- 1급 가격차별 : 소비자별, 무수히 많은 가격
- (구)2급 가격차별 : 소비자별, 다수의 가격
- (신)2급 가격차별 : 불완전정보(비대칭정보) 하의 가격차별
- 3급 가격차별 : 그룹별, 1개 가격

* 비대칭정보와 밀접한 관련을 갖는 것은 (신)2급 가격차별

* 구간가격설정은 (구)2급 가격차별의 대표적 예 ⇒ 구간 증가 시 π↑, CS↓, SW↑(1급 가격차별에 근접해 감)

* 3급의 가격차별은 누가 높은 가격을 낼 것인지를 판매자가 결정하지만 2급의 가격차별에서는 누가 높은 가격을 낼지가 소비자에 의해 결정된다.

* D 직선, MC 수평 시 n구간 2급 가격차별 : 구간별 생산량 $\frac{1}{n+1}Q_c$, 총생산량 $\frac{n}{n+1}Q_c$

3. 가격차별이 가능할 조건

- 조건 1 : 시장이 특성이 상이한 소비자들로 이루어져 있으며, 이를 직 · 간접적으로 구분할 수 있어야 한다.
- 조건 2 : 상이한 시장 간에 재판매(전매)가 불가능해야 한다.
- 조건 3 : 시장분리를 위한 추가비용보다, 시장분리를 통한 추가수입이 커야 한다.

이 외에도 공급자가 시장지배력을 가질 것, 각 시장 간 수요의 가격탄력성이 달라야 함 등을 조건으로 제시하고 있는 교과서도 있다.

4. 3급 가격차별자의 이윤극대화 조건

- 조건 1 : $MR_A = MR_B = MC$

  ⇒ 모든 분리된 시장에서의 한계수입과 생산의 한계비용을 일치시킴.
- 조건 2 : $\varepsilon_P^A < \varepsilon_P^B$이면 $P_A > P_B$

  ⇒ 가격탄력성이 낮은 시장일수록 높은 가격 부과(역탄력성 규칙)

5. 가격차별의 후생효과 : 순수독점과 제1급 가격차별의 비교

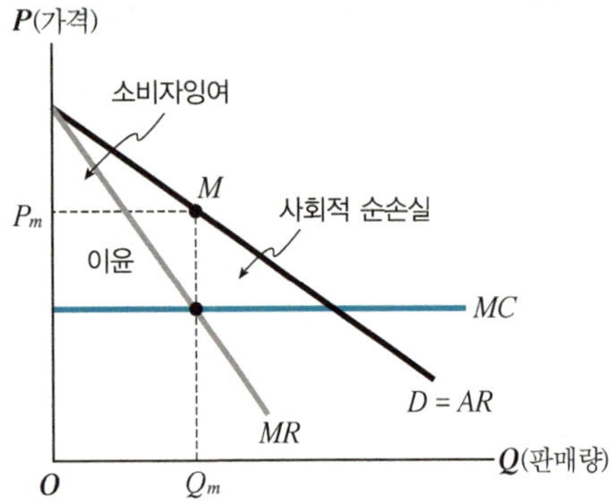

(a) 순수독점

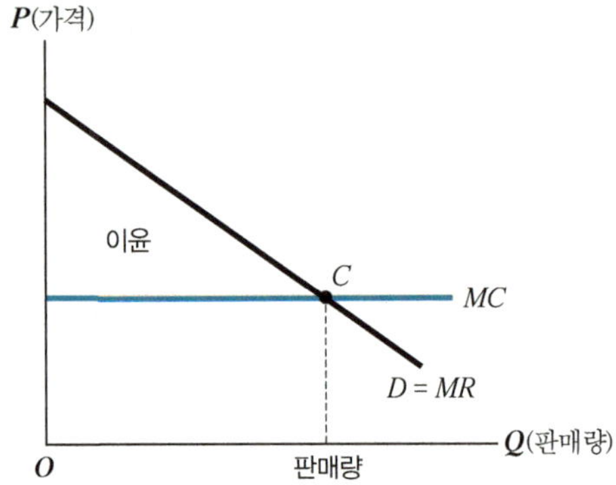

(b) 제1급 가격차별

- 1급의 가격차별은 순수독점에 비해 항상 산출량과 사회적 잉여를 증가시킨다.
- 1급의 가격차별로 인해 소비자잉여는 사라지고 생산자잉여는 최대가 된다.

> **Tips**
>
> **1급 가격차별**(완전 가격차별)**의 주요 특징**
>
> 1. 수요곡선이 평균수입곡선이 아닌 한계수입곡선이 된다.
> 2. 생산량은 완전경쟁시장의 생산량과 일치한다.
> 3. 소비자잉여는 0이 된다.

6. 가격차별의 다양한 형태

(1) **장애물을 이용한 가격차별** : 신문, 인터넷의 쿠폰, 백화점의 바겐세일

(2) **시점 간 가격차별** : 개봉관과 재개봉관 입장료 차별, 양장판 교재와 보급판 교재의 차별

(3) **과부하가격 설정** : 낮과 밤의 전기요금의 차이

(4) **묶어팔기** : 지급의사 간 음(−)의 상관관계가 있는 경우

(5) **이부요금** : 사용요금 = 한계비용, 가입비 = 소비자잉여

(6) **그 외** : 극장표, 비행기 요금, 철도주중할인요금제, 장학금, 수량할인, 수출품 역수입 금지, 다양한 이동통신요금

7. 다공장 독점의 이윤극대화 조건

- $MR = MC_1 = MC_2$ ⇒ 다수 공장에서의 한계비용과 시장에서의 한계수입을 일치시킴.

Ⅲ 독점에 대한 규제

1. 한계비용에 근거한 가격상한제 실시(*MC* pricing)

(1) 가격규제의 목표

- 효율성 조건 : $(MB =) P = MC$　■ 비결손 조건 : $(AR =) P \geq AC$

(2) 가격상한의 설정방식

- 규제기관이 수요곡선과 *MC*곡선이 만나는 점에 해당하는 P_c를 가격상한으로 설정하면, 이윤극대화 기업은 스스로 Q_c의 생산량을 결정한다.

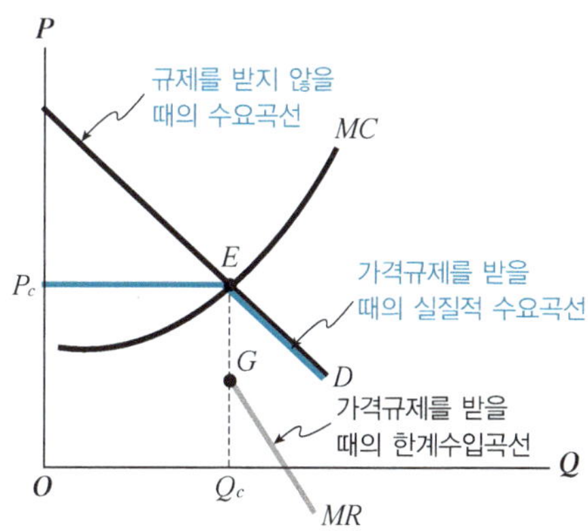

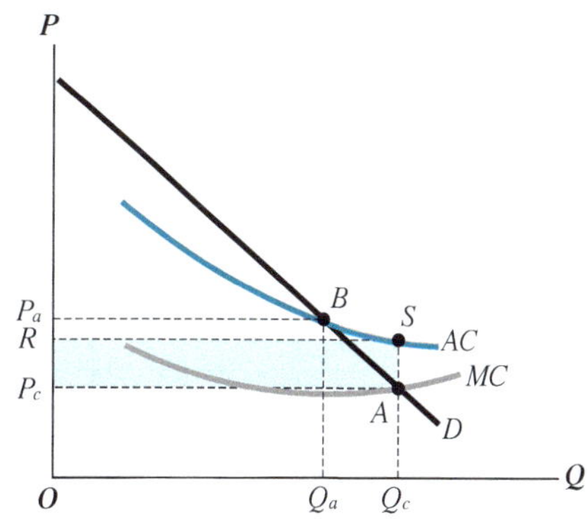

2. 자연독점 하에서의 가격규제 한계 : 독점규제의 딜레마

(1) 한계비용가격 설정

- 자연독점 하에서는 평균비용이 하락하기 때문에 한계비용은 평균비용보다 낮다. 따라서 한계비용가격 설정 시 가격이 평균비용보다 낮아 반드시 결손이 발생한다.

(2) 평균비용에 근거한 가격설정(*AC* pricing)

- 수요곡선과 *AC*곡선이 만나는 Q_a를 찾아 이에 해당하는 가격 P_a를 설정
- 이 경우 독점기업은 0의 이윤을 얻지만 산출량이 감소하고 가격이 한계비용을 초과하기 때문에($MB = P > MC$) 비효율성을 유발한다.

(3) 평가

- 자연독점 하에서 단일가격을 부과하는 경우 효율적인 자원배분과 예산균형을 동시에 달성할 수 있는 방법은 없다.

(4) 문제의 해결방안

① 보조금의 지급 : 한계비용에 의한 가격상한을 설정한 후 발생한 손실만큼을 보조금으로 지급하는 방안. 그러나 보조금은 세금에서 나오고 세금은 추가적인 후생 상실과 비효율성을 유발한다.

② 이부가격제의 도입 : 결손액을 사용자 수로 나누어 가입비로 부과함으로써 결손을 메울 수 있다.

③ 가격차별의 도입(이중가격 설정) : 자연독점 하의 독점기업에게 일종의 가격차별을 허용하여 적정 이윤을 보장한다.

Quiz
1. 단일가격을 결정하는 자연독점기업은 항상 결손에 직면한다. (×)
2. MC 가격규제를 받는 자연독점기업은 반드시 결손에 직면한다. (○)

3. 독점의 조세규제

		산출량*	퇴출 유발 가능성
간접세	종량세	감소	있음
	종가세	감소	있음
직접세	이윤세	불변	없음
	정액세(총괄세)	불변	있음

* 이때 산출량은 기업이 조업을 유지하는 경우를 전제로 하였다.

* 어느 경우건 조세규제는 독점의 과소생산을 심화시킬 뿐 자원배분을 개선시키지는 못한다.

* 종량세 T 부과 시 ① D 직선, MC 일정(수평) ⇒ 가격 $T/2$ 상승,

② $\varepsilon_P = 2$ 일정, MC 일정(수평) ⇒ 가격 $2T$ 상승

4. 독점의 긍정적 측면

■ 독점이 어느 경우에나 항상 부정적인 것은 아니다. 새로운 시장을 형성하거나 기술혁신을 촉진하는 경우, 규모의 경제를 달성하는 경우에는 긍정적인 경우도 있다.

Ⅳ 이윤극대화 vs 총수입극대화

	이윤극대화	총수입극대화
성립조건	$MR = MC(\geq 0)$	$MR = 0$
기업이 인식하는 수요의 탄력성	$\varepsilon_P \geq 1$	$\varepsilon_P = 1$
산출량	수입극대화 시의 생산량이 작지 않음($\hat{Q} \leq \overline{Q}$)	
가격	수입극대화 시의 가격이 높지 않음($\hat{P} \geq \overline{P}$)	

* 이윤극대화 기업은 항상 탄력성이 1보다 큰 영역에서 생산하므로 총수입 증가를 위해 가격을 인하해야 한다(단, $MC > 0$ 가정).

* 이윤극대화와 총수입극대화의 비교는 가격설정자인 경우에만 유의미

* $MC = 0$이면 이윤극대화와 총수입극대화는 동일

Part-1 기본 문제

01 **독점시장에 관한 설명으로 옳지 않은 것은?** (단, 수요곡선은 우하향하고 생산량은 양(+)이다.)

2013년 감정평가사

① 독점기업은 시장지배력을 이용하여 가격을 인상하면서 판매량을 늘릴 수 있다.

② 수요의 가격탄력성이 1일 때 독점기업의 한계수입은 0이다.

③ 생산량이 증가함에 따라 평균비용곡선이 지속적으로 우하향하는 산업에서는 자연독점이 발생한다.

④ 독점기업의 한계수입곡선은 수요곡선보다 아래에 위치한다.

⑤ 독점기업의 이윤극대화 가격은 한계비용보다 높다.

hint

① 독점기업은 주어진 수요곡선 상에서 자신의 이윤을 극대화시키는 점을 선택한다. 따라서 비록 독점기업이라고 하더라도 가격을 인상시키면서 판매량을 늘릴 수는 없다.

02 **독점에 관한 다음 서술 중 옳은 것을 모두 고른 것은?** 2016년 보험계리사

㉠ 독점시장의 경우 자원배분의 비효율성이 나타날 수 있다.
㉡ 독점기업이라고 하더라도 반드시 초과이윤을 얻는 것은 아니다.
㉢ 규모의 경제가 있는 경우 자연독점이 초래될 수 있다.

① ㉠, ㉡　　② ㉡, ㉢

③ ㉠, ㉢　　④ ㉠, ㉡, ㉢

hint

㉠ (O)
㉡ (O), 비록 독점기업이라 하더라도 단기에 손실을 얻는 경우가 있다.
㉢ (O)

03 **독점기업의 시장독점력에 관한 다음 서술 중 옳은 것을 모두 고른 것은?** 2016년 보험계리사

㉠ 수요가 가격에 더 탄력적일수록 이윤극대생산량에서 가격 대비 한계비용의 비율이 커진다.
㉡ 러너(Lerner)지수는 기업의 독점력을 나타내는 지수 중 하나이다.

① ㉠　　② ㉡
③ ㉠, ㉡　　④ 모두 옳지 않다.

hint

㉠, ㉡ (O), 러너(Lerner)지수 $\frac{P-MC}{P}=\frac{1}{\varepsilon_P}$의 관계가 성립한다.

04 독점기업인 자동차 회사 A가 자동차 가격을 1% 올렸더니 수요량이 4% 감소하였다. 자동차의 가격이 2,000만원이라면 자동차 회사 A의 한계수입은? 2013년 국가직 7급

① 1,000만원　　② 1,500만원
③ 2,000만원　　④ 2,500만원

hint

독점기업의 경우 $MR=P(1-\frac{1}{\varepsilon})$의 관계를 이용해 한계수입($MR$)을 구할 수 있다. 이 경우 가격탄력성 $\varepsilon=4$이므로 공식에 대입하면 한계수입 = 1,500만원임을 알 수 있다.

05 다음 세 가지 경우의 가격탄력성(절댓값 기준) A, B, C 크기를 올바르게 비교한 것은? (단, Q_D는 수요량, P는 가격을 나타낸다.) 2022년 공인회계사

> 경우 1 : 한계비용이 10으로 일정한 독점기업이 이윤극대화를 위해 가격을 20으로 책정하였다. 이윤극대화 가격에서 시장수요의 가격탄력성(A)
>
> 경우 2 : 시장수요가 $Q_D=50-2P$인 시장에서 $P=10$이다. 이 가격에서 시장수요의 가격탄력성(B)
>
> 경우 3 : 소비자 갑의 X재에 대한 지출액은 X재 가격에 관계없이 일정하다. X재에 대한 소비자 갑의 수요의 가격탄력성(C)

① $A>B>C$　　② $A>C>B$　　③ $B>A>C$
④ $B>C>A$　　⑤ $C>B>A$

hint

경우 1 : $MC=P\left(1-\frac{1}{\varepsilon}\right) \Rightarrow 10=20\left(1-\frac{1}{\varepsilon}\right) \Rightarrow A=2$

경우 2 : $\varepsilon=-\frac{dQ}{dP}\frac{P}{Q}=2\cdot\frac{10}{30}=\frac{2}{3} \Rightarrow B=\frac{2}{3}$

경우 3 : 지출액이 일정할 경우 탄력성은 $1 \Rightarrow C=1$

정답　1 ①　2 ④　3 ③　4 ②　5 ②

06

이윤극대화를 추구하는 독점기업 M이 직면한 수요곡선은 $P = 10,000 - 2Q^d$이고, 비용곡선은 $TC = 2,000Q$라고 한다(단, P는 가격, Q^d는 수요량, TC는 총비용, Q는 생산량임). 이 M기업의 ㉠ 독점가격, ㉡ 독점 공급량, 및 ㉢ 소비자잉여, ㉣ 독점으로 인한 사회적 손실이 알맞게 짝지어진 것은? 2011년 보험계리사

	㉠	㉡	㉢	㉣
①	2,000	6,000	8,000,000	8,000,000
②	6,000	2,000	4,000,000	4,000,000
③	2,000	6,000	4,000,000	4,000,000
④	6,000	2,000	8,000,000	8,000,000

hint

1. 이윤극대화 생산량 및 가격은 다음과 같다.

$MR = 10,000 - 4Q = MC = 2,000 \Rightarrow Q^* = 2,000,\ P^* = 6,000$

2. 소비자잉여는 색칠한 a의 면적, 자중손실은 색칠한 c의 면적과 같다.

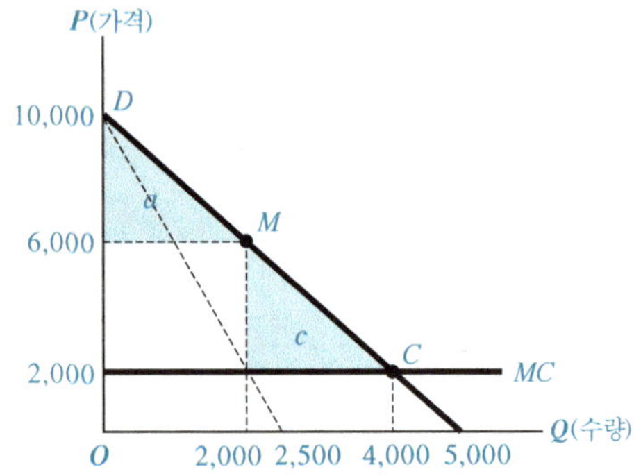

07

독점기업의 가격차별에 관한 설명으로 옳지 않은 것은? 2020년 공인노무사

① 가격차별을 하는 경우의 생산량은 순수독점의 경우보다 더 작아진다.

② 가격차별을 하는 독점기업은 가격탄력성이 더 작은 시장에서의 가격을 상대적으로 더 높게 책정한다.

③ 가격차별은 소득재분배효과를 가져올 수 있다.

④ 소비자의 재판매가 가능하다면 가격차별이 유지되기 어렵다.

⑤ 완전가격차별의 사회적 후생은 순수독점의 경우보다 크다.

hint

① (×), 가격차별이 이루어지는 경우, 예외적으로 생산량이 불변인 경우는 있어도 생산량이 감소하는 일은 발생하지 않는다.

08 가격차별의 사례가 아닌 것은?

2018년 감정평가사

① 영화관 일반 요금은 1만원, 심야 요금은 8천원이다.

② 놀이공원 입장료는 성인 5만원, 청소년 3만원이다.

③ 동일한 롱패딩 가격은 겨울에 30만원, 여름에 20만원이다.

④ 동일한 승용차 가격은 서울에서 2,000만원, 제주에서 1,500만원이다.

⑤ 주간 근무자 수당은 1만원, 야간 근무자의 수당은 1만 5천원이다.

hint

생산물시장에서 가격차별은 동일 비용, 동일 상품을 다른 가격에 판매하는 것이다. 이와 유사하게 생산요소시장에서 동일 비용, 동일한 요소를 상이한 가격에 구입한다면 수요측 가격차별이 된다. 그러나 ⑤의 경우는 주간과 야간의 근무자가 느끼는 비효용이 다르기 때문에 이에 대한 보상으로 더 높은 수당이 지급된 것으로 볼 수 있다. 이를 보상적 임금격차(compensating wage differential)라고 한다.

09 독점기업의 1급 가격차별에 관한 설명으로 옳지 않은 것은?

① 독점기업이 소비자들의 지불의사에 대해 완전한 정보를 가지고 있는 경우에만 실행할 수 있는 가격차별정책이다.

② 가장 극단적인 가격차별로서 독점으로 인한 비효율을 극대화한다.

③ 소비자잉여는 모두 독점기업에 귀속된다.

④ 2급 가격차별에 비해 독점기업이 더 많은 이윤을 얻을 수 있는 정책이다.

⑤ 독점기업은 소비자의 지불의사와 자신의 한계비용을 비교해 생산에 대한 결정을 내린다.

hint

1급 가격차별은 완전한 가격차별이라고도 하며, 재화 1단위마다 다른 가격을 책정하는 가격차별을 말한다. 1급 가격차별은 사회잉여의 합을 극대화하지만 잉여가 모두 생산자에게 귀속되어 불공평하다는 평가를 받는다.

1. 자원배분의 효율성
   1) 사회잉여 극대화(완전경쟁과 동일)　　2) 효율적 산출량 달성(완전경쟁과 동일)
2. 사회잉여 배분의 불공평성
   1) 생산자잉여 극대　　2) 소비자잉여 = 0

정답　6 ②　7 ①　8 ⑤　9 ②

10 X재를 생산하는 어느 독점기업의 한계생산비용은 생산량과 상관없이 4이고 고정비용은 없다. 이 기업은 X재를 A국과 B국에 수출하고 있는데, 두 국가 간에는 무역이 단절되어 있다. 각국에서의 X재 수요함수는 다음과 같다. 이 기업이 이윤을 극대화할 때, 다음 설명 중 옳지 않은 것은?

2017년 공인회계사

> ▪ A국의 수요함수 : $Q_A = 50 - \frac{1}{2}P_A$ ▪ B국의 수요함수 : $Q_B = 40 - P_B$
> (단, P_A는 A국에서의 가격, P_B는 B국에서의 가격, Q_A는 A국에서의 수요량, Q_B는 B국에서의 수요량이다.)

① 이 기업은 B국보다 A국에 더 많이 수출한다.

② P_A가 P_B보다 크다.

③ 각국에 동일한 생산량을 수출하는 경우, A국에서의 한계수입이 B국에서의 한계수입보다 항상 더 크다.

④ 균형소비량에서 A국의 수요가 B국의 수요보다 가격에 더 탄력적이다.

⑤ 두 국가에 동일한 가격으로 제품을 수출하는 것보다 차별적인 가격으로 제품을 수출하는 것이 이윤을 증가시킨다.

hint

$Q_A = 50 - \frac{1}{2}P_A \Rightarrow P_A = 100 - 2Q_A \Rightarrow MR_A = 100 - 4Q_A$

$Q_B = 40 - P_B \Rightarrow P_B = 40 - Q_B \Rightarrow MR_B = 40 - 2Q_B$

이윤극대화 조건 : $MR_A = 100 - 4Q_A = MR_B = 40 - 2Q_B = MC = 4$

정리하면 $Q_A = 24,\ Q_B = 18,\ P_A = 52,\ P_B = 22$

① (O) ② (O)

③ (O) ④ (×), $P_A > P_B$이므로 $\varepsilon_A < \varepsilon_B$

⑤ (O), 가격차별 기업은 동일한 가격에 판매할 수 있음에도 다른 가격에 판매하므로 가격차별 후 이윤이 감소하는 일은 발생하지 않음

11 다음 상황에서 기업 A가 선택하는 기본요금과 단위당 사용료를 바르게 연결한 것은?

2021년 국가직 7급

독점기업 A의 비용함수는 $C(Q) = 20Q$이고 개별 소비자의 수요함수는 모두 동일하게 $Q = 100 - P$(Q : 수량, P : 가격)이다. 이 기업은 이부가격제(two-part tariff)를 이용해 이윤을 극대화하려고 한다.

	기본요금	단위당 사용료		기본요금	단위당 사용료
①	2,250	60	②	2,800	60
③	3,000	20	④	3,200	20

hint

동질적 소비자를 대상으로 하는 이부가격제의 최적 가격은 사용요금을 한계비용과 일치시키고 기본요금으로 소비자잉여를 모두 받아내는 것이다. 기본요금의 크기는 그림에서 색칠된 T의 면적과 같다.

사용요금 : $P = MC = 20$, 기본요금 : $T = \frac{1}{2} \times 80 \times 80 = 3{,}200$

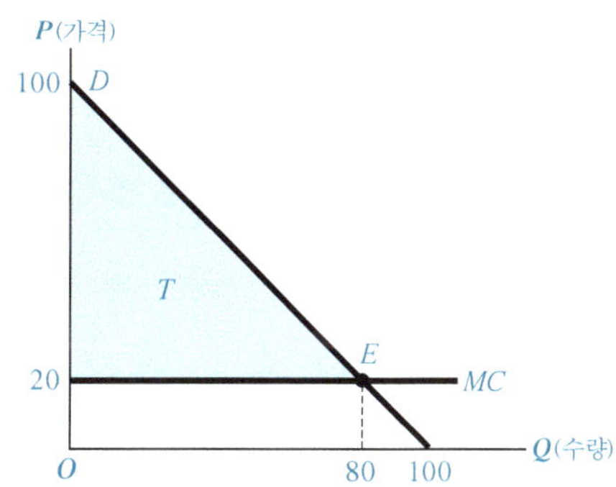

정답 10 ④ 11 ④

12 모든 생산량에서 평균비용이 감소하는 재화를 공급하는 자연독점기업이 있다. 정부는 이 재화의 가격에 대해서 한계비용 가격 규제와 평균비용 가격 규제를 고려하고 있다. 다음 설명 중 옳은 것은? 2016년 공인회계사

① 한계비용 가격 규제를 실시할 때의 거래량은 평균비용 가격 규제를 실시할 때의 거래량보다 적다.

② 한계비용 가격 규제를 실시하면, 사회적 순손실이 발생하고 그 크기는 완전경쟁의 경우보다 크다.

③ 한계비용 가격 규제를 실시하면, 독점의 이윤이 발생하고 이 이윤의 크기는 가격규제를 하지 않을 때보다 크다.

④ 평균비용 가격 규제를 실시하면, 사회적 순손실이 발생하고 그 크기는 한계비용 가격 규제를 할 때의 사회적 순손실보다 작다.

⑤ 평균비용 가격 규제를 실시하면, 기업의 이윤은 0이다.

hint

전형적인 자연독점기업은 아래 그림과 같은 평균비용곡선과 한계비용곡선을 갖고 있으므로 주어진 시장수요곡선을 감안해 가격규제를 실시한다면 한계비용 가격 규제는 실시하기 어렵다. 왜냐하면 이 경우 자연독점기업은 그림의 a점에서 생산을 하고 가격을 책정해야 하므로 순손실을 보게 된다. 반면 평균비용 가격 규제를 실시한다면 그림의 b점에서 생산을 하고 가격을 책정해야 하므로 정상이윤만을 얻게 된다. 즉, 이 기업의 이윤은 0이다.

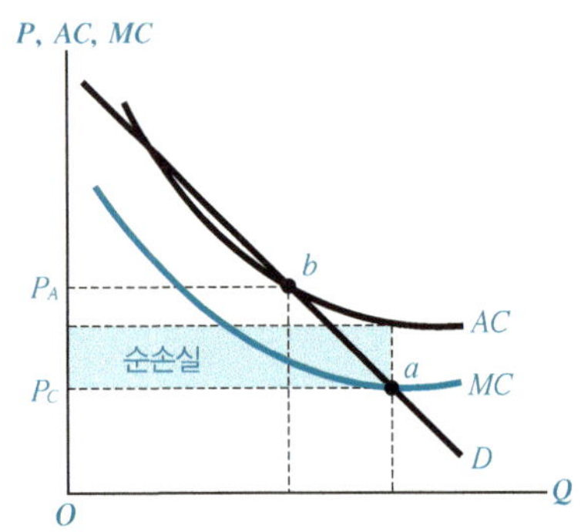

13 독점기업 甲의 시장수요함수는 $P = 1,200 - Q_D$이고, 총비용함수는 $C = Q^2$이다. 정부가 甲기업에게 제품 한 단위당 200원의 세금을 부과할 때 甲기업의 이윤극대화 생산량은? (단, P는 가격, Q는 생산량, Q_D는 수요량이다.)

2015년 감정평가사

① 200 ② 250 ③ 300
④ 350 ⑤ 400

hint

1. 조세 부과 이전 균형

$P = 1,200 - Q$

$MR = 1,200 - 2Q = MC = 2Q$

$Q_0 = 300,\ P_0 = 900$

2. 조세 부과 이후 균형

$MR = 1,200 - 2Q = MC = 2Q + 200$

$Q_1 = 250,\ P_1 = 950$

14 다음 중 매출(총수입)을 극대화하는 기업에 대한 설명으로 옳지 않은 것은?

① 이윤을 극대화하는 기업에 비해 낮은 가격을 설정한다.
② 이윤을 극대화하는 기업에 비해 많은 수량을 판매한다.
③ 이윤을 극대화하는 기업에 비해 이윤은 적다.
④ 이윤을 극대화하는 기업에 비해 탄력성이 높은 구간에서 생산한다.
⑤ 매출이 극대화될 조건은 한계수입(MR)이 0이 되는 것이다.

hint

매출이 극대화될 조건은 한계수입(MR)이 0이 되는 것이다. 이때 Amoroso-Robinson 공식에 의하면 탄력성은 1이 된다.

이윤극대기업(MC는 양수 가정)	매출극대기업
$MR = MC\ (>0)$	$MR = 0$
$\varepsilon_P > 1$	$\varepsilon_P = 1$
매출극대기업의 생산량이 더 많음	
이윤극대기업의 가격이 더 높음	

정답 12 ⑤ 13 ② 14 ④

Part-2 실전 문제

01 다음은 시장의 수요곡선과 그 시장의 공급자인 기업이 바라보는 수요곡선에 관하여 서술한 것이다. 맞는 것을 모두 다 고른 것은? 2006년 감정평가사

> A. 그 기업이 독점기업인 경우, 시장의 수요곡선이 곧 그 기업이 바라보는 수요곡선이다.
> B. 이 시장의 공급자가 많아서 완전경쟁이 이루어질 경우, 시장의 수요곡선을 기업의 수만큼 수평적으로 분할한 곡선이 개별 기업이 바라보는 수요곡선이다.
> C. 이 시장의 공급자가 많아서 완전경쟁이 이루어질 경우, 각 기업이 바라보는 수요곡선은 시장의 균형가격을 지나는 수평선이다.
> D. 독점기업이든 완전경쟁기업이든 기업이 바라보는 수요곡선은 시장의 수요곡선이다.

① A와 B
② A와 C
③ A와 D
④ B만 맞는 서술이다.
⑤ D만 맞는 서술이다.

hint

A. (O)
B.~C. 완전경쟁기업은 주어진 가격에서 원하는 만큼 판매할 수 있으므로 완전경쟁기업이 인식하는 수요곡선은 시장의 균형가격 수준에서 수평선이다. (B.에 따르면 기업이 바라보는 수요곡선은 매우 가파른 형태가 되어야 한다.)
D. 잘못됨

02 시장구조에 관련된 다음 설명 중 옳은 것을 모두 고르면? 2009년 공인회계사

> 가. 완전경쟁기업의 공급곡선은 독점기업의 공급곡선보다 기울기가 완만하다.
> 나. 완전경쟁시장의 균형에서 시장가격은 시장에 참여한 모든 기업의 한계비용과 같다.
> 다. 독점기업이 이윤을 극대화하고 있다면, 이 독점가격에서 수요는 가격 비탄력적이다.
> 라. 독점기업이 직면하는 수요가 가격 탄력적일수록 독점가격은 완전경쟁가격에 가깝다.

① 가, 다
② 가, 라
③ 나, 라
④ 가, 나, 다
⑤ 나, 다, 라

hint

가. 가격설정자인 독점기업에는 공급곡선이 존재하지 않는다.

나. 가격수용자로 이루어진 완전경쟁시장의 균형에서 다음이 성립한다.

$\forall_{i,j}\ MB_i = P = MC_j$ (단, i는 개별 소비자, j는 개별 기업을 의미)

다. 이윤을 극대화하는 독점기업은 항상 수요가 탄력적인 영역에서 생산한다.

라. 독점기업이 직면하는 수요가 가격 탄력적일수록 가격 인상 시 수요가 큰 폭으로 줄어들기 때문에 독점력이 하락한다. 이는 아모로조-로빈슨 공식 $MC = MR = P\left(1 - \frac{1}{\varepsilon_P}\right)$에서 탄력성이 증가할 때 P와 MC가 가까워짐을 통해서도 확인할 수 있다.

03 탄력성에 관한 설명으로 틀린 것은? 2015년 보험계리사 응용

① 공급이 비탄력적일수록 수요의 변화에 따른 가격변동 폭이 작아진다.

② 완전경쟁시장에서 개별 기업이 직면하는 수요곡선은 완전 탄력적이다.

③ 독점기업의 이윤극대 생산량에서는 수요가 반드시 탄력적이다.

④ 어떤 재화의 생산에 필요한 생산요소의 공급이 비탄력적일수록 해당 재화의 공급은 비탄력적이 된다.

⑤ 독점의 정도는 수요의 가격탄력성이 낮을수록 커진다.

hint

① (×), 예를 들어 공급이 완전탄력적인 경우에는 수요의 변동에 따른 가격변화가 없다.

② (○), 완전경쟁시장에서 기업이 직면하는 수요곡선은 수평이다.

③ (○), 일반적으로 맞는 보기로 인정된다. 단, $MC > 0$임을 가정한다.

④ (○)

⑤ (○), 수요의 가격탄력성이 높을 경우 가격을 인상한다면 수요량이 크게 줄어들 것이다.

정답 1 ② 2 ③ 3 ①

04 독점기업이 8,000개의 상품을 판매하고 있다. 이때 상품가격은 1만원, 평균총비용은 1만 2,000원, 평균가변비용은 8,000원이며, 한계비용과 한계수입은 6,000원으로 같다. 현재의 단기적인 상황에 관한 설명으로 옳은 것은? 2013년 감정평가사

① 총수입은 9,600만원이다.

② 총비용은 8,000만원이다.

③ 상품 단위당 4,000원의 손실을 보고 있다.

④ 생산을 중단하면 3,200만원의 손실이 발생한다.

⑤ 생산을 중단하는 것이 손실을 최소화한다.

hint

주어진 조건을 정리하면 다음과 같다.

$$AC = 12,000 > P = AR = 10,000 > AVC = 8,000 > MR = MC = 6,000$$

① (×), $TR = PQ = 10,000 \times 8,000 = 80,000,000$(원)

② (×), $TC = AC \times Q = 12,000 \times 8,000 = 96,000,000$(원)

③ (×), 상품 1단위당 $AC - P = 12,000 - 10,000 = 2,000$(원)의 손실을 보고 있다.

④ (○), 고정비용이 모두 매몰비용이라면 고정비용 전체가 손실이 된다.
즉, $TFC = (AC - AVC) \times Q = (12,000 - 8,000) \times 8,000 = 32,000,000$(원)의 손실을 본다.

⑤ (×), 비록 손실을 보더라도 $P > AVC$인 경우에는 생산을 지속하는 것이 손실을 줄일 수 있다.

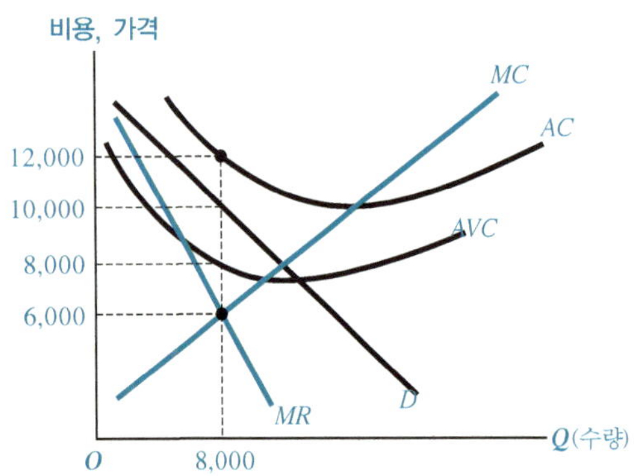

* 주의사항

1. 이 문제는 단기에 비록 독점기업이라고 하더라도 손실을 볼 수 있음을 보여준다.
2. 이 문제는 고정비용이 모두 매몰비용임을 전제하고 있다.

05 어느 독점기업이 직면하는 시장수요의 가격탄력성은 4이다. 독점기업의 한계비용은 30원, 독점기업은 이윤극대화 가격을 설정한다고 할 때, 만일 독점기업의 한계비용이 50% 상승한다면 가격변화는 어떻게 될까? 2007년 서울시 7급

① 한계비용 상승 전-50, 한계비용 상승 후-75

② 한계비용 상승 전-60, 한계비용 상승 후-90

③ 한계비용 상승 전-30, 한계비용 상승 후-45

④ 한계비용 상승 전-40, 한계비용 상승 후-60

⑤ 한계비용 상승 전-45, 한계비용 상승 후-60

hint

독점기업의 이윤극대화 조건에 의해 한계비용 상승 전에는 $MR = P \times (1 - \frac{1}{\varepsilon}) = P \times 0.75 = 30$이 성립한다. 따라서 한계비용 상승 전 가격은 40이고, 상승 후 가격은 60이다.

06 **이윤을 극대화하는 甲은 동네에서 사진관을 독점적으로 운영하고 있다. 사진을 찍으려는 수요자 8명, A~H의 유보가격은 다음과 같으며, 사진의 제작비용은 1명당 12로 일정하다. 다음 중 옳지 않은 것은?** (단, 甲은 단일가격을 책정한다.) 2021년 보험계리사

수요자	A	B	C	D	E	F	G	H
유보가격	50	46	42	38	34	30	26	22

① 甲은 5명까지 사진을 제작한다.

② 8명의 사진을 제작하는 것이 사회적으로 최적이다.

③ 이윤을 극대화하기 위해 甲이 책정하는 가격은 34이다.

④ 甲이 이윤을 극대화할 때 소비자잉여는 45이다.

hint

수요자	A	B	C	D	E*	F	G	H
유보가격	50	46	42	38	34	30	26	22

가격	50	46	42	38	34*	30	26	22
총수입	50	92	126	152	170	180	182	176
한계수입	50	42	34	26	18	10	2	−6

① (O), 기업은 $MR > MC$인 한 판매를 지속하므로 34의 가격에 5개를 판매한다.

② (O), 사회적으로는 $P > MC$인 한 판매를 지속하는 것이 나으므로 8개를 판매하는 것이 최적이다.

④ (×), 이윤극대화가 이루어지는 경우 소비자잉여는 $16 + 12 + 8 + 4 + 0 = 40$이다.

정답 4 ④ 5 ④ 6 ④

07 어느 상품에 대한 수요함수 $Q = 700 - P$와 비용함수 $C = \frac{Q^2}{2} + 400Q$는 분리된 두 도시 A와 B에 각각 동일하다(단, Q는 상품의 수량, P는 가격, C는 총생산비용). 그런데 시장형태는 도시 A에서는 독점, 도시 B에서는 완전경쟁이다. 두 시장을 비교한 설명으로 옳은 것을 모두 고르면?

2007년 공인회계사

가. 도시 A의 시장균형가격은 600원으로, 도시 B의 시장균형가격 550원보다 높다.
나. 도시 A의 시장균형거래량은 100개로, 도시 B의 시장균형거래량 150개보다 적다.
다. 도시 A의 소비자잉여는 5,000원으로, 도시 B의 소비자잉여 11,250보다 적다.
라. 도시 A의 생산자잉여는 5,000원으로, 도시 B의 생산자잉여 11,250보다 적다.
마. 도시 A의 사회적 잉여는 10,000원으로, 도시 B의 사회적 잉여 22,500원보다 적다.

① 가, 나 ② 다, 라, 마 ③ 가, 나, 다
④ 가, 나, 다, 라 ⑤ 가, 나, 다, 라, 마

hint

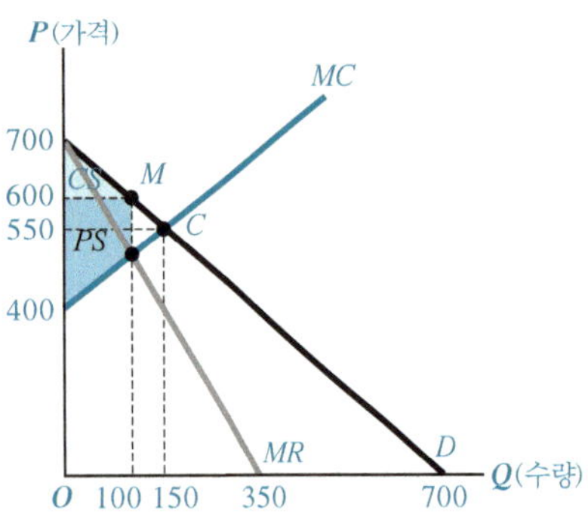

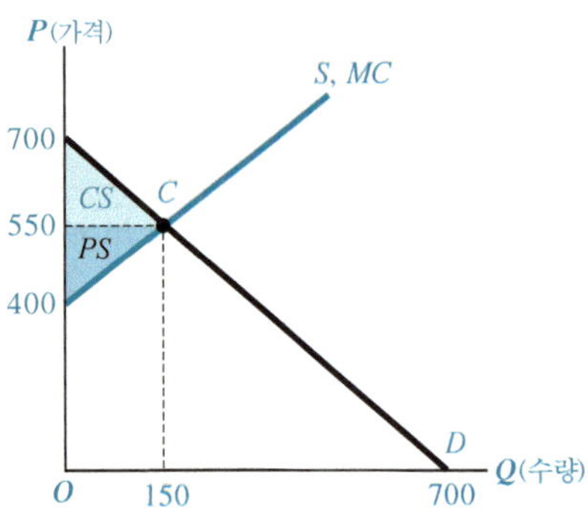

	도시 A		도시 B
가격	600	>	550
수량	100	<	150
소비자잉여	5,000	<	11,250
생산자잉여	15,000	>	11,250
사회적 잉여	20,000	<	22,500

이상에서 완전경쟁에 비해 독점이 가격은 높고, 산출량은 적고, 소비자잉여는 줄고, 생산자잉여는 늘고, 사회적 잉여는 감소함을 알 수 있다. (이때 자중손실의 크기는 사회적 잉여의 감소폭인 2,500이 된다.)

08 어느 독점기업이 직면하는 시장수요가 $Q = 100 - P$로 주어져 있다. 이 독점기업의 한계비용이 60에서 40으로 하락할 때, 이에 따른 자중손실(deadweight loss)의 변화는?

2019년 공인회계사

① 변화가 없다.
② 125만큼 감소한다.
③ 125만큼 증가한다.
④ 250만큼 감소한다.
⑤ 250만큼 증가한다.

hint

비용 하락 이전	비용 하락 이후
$P = 100 - Q$ $MR = 100 - 2Q$ $MC_1 = 60$ $\Rightarrow MR = 100 - 2Q = MC_1 = 60$ $\Rightarrow Q_1 = 20,\ P_1 = 80$ (b점) $\Rightarrow$ 자중손실 : $\frac{1}{2} \times 20 \times 20 = 200$ (삼각형 abc의 면적)	$P = 100 - Q$ $MR = 100 - 2Q$ $MC_2 = 40$ $\Rightarrow MR = 100 - 2Q = MC_2 = 40$ $\Rightarrow Q_2 = 30,\ P_2 = 70$ (b'점) $\Rightarrow$ 자중손실 : $\frac{1}{2} \times 30 \times 30 = 450$ (삼각형 $a'b'c'$의 면적)

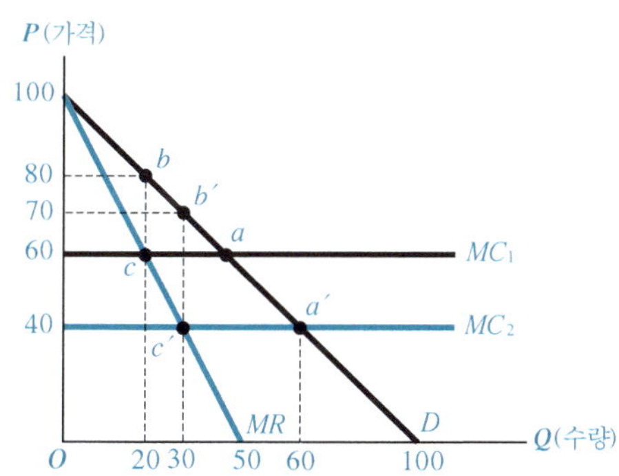

[주의사항 : 비용 하락 이후 자중손실이 증가하였지만 소비자잉여와 생산자잉여도 모두 증가하였기 때문에 사회후생은 개선되었다. 즉, 자중손실이 커진다고 반드시 사회후생이 악화되는 것은 아니다.]

정답 7 ③ 8 ⑤

09 **수요곡선이 $P = 24 - Q$이며 기업의 한계비용은 16인 완전경쟁시장이 기업 간의 합병을 통해 독점시장으로 변하였다. 다음 중 합병 후 가격이 하락할 필요충분조건은?** (단, X는 합병된 독점기업의 한계비용이다.)

2013년 보험계리사

① X가 8보다 작다.
② X가 10보다 작다.
③ X가 12보다 작다.
④ X가 16보다 작다.

hint

완전경쟁시장인 경우 균형가격과 생산량은 $P = 24 - Q = MC = 16$으로부터 $P^* = 16$, $Q^* = 8$이다. 이 시장이 독점시장으로 변하는 경우 독점기업의 한계수입곡선은 $MR = 24 - 2Q$이므로 독점기업의 한계비용을 x라 할 때 이윤극대화의 조건은 $MR = 24 - 2Q = x$이다. 따라서 $Q_M = 12 - \frac{x}{2}$이다. $P_M = 24 - (12 - \frac{x}{2}) = 12 + \frac{x}{2} < 16$이 성립하기 위해서는 $x < 8$이 성립해야 한다.

10 **이윤극대화를 추구하는 독점기업 M은 수요곡선이 $P = 100 - Q^D$이고 총비용함수가 $C = 40Q$이다. 이 M이 새로운 생산기술을 구매하여 도입하면 총비용함수가 $C = 20Q$로 변화된다. 이 독점기업은 새로운 생산기술을 구매하기 위하여 최대 얼마나 지불할 용의가 있는가?** (단, P는 가격, Q^D는 수요량, C는 총비용, Q는 생산량이고 $Q > 0$임.)

2012년 보험계리사

① 700
② 800
③ 900
④ 1,000

hint

이 기업의 한계수입(MR)은 $MR = 100 - 2Q$이다. 따라서 $C = 40Q$인 경우 이 기업은 $MR = MC$를 만족하는 $Q^* = 30$를 생산해 $P^* = 70$에 판매하는 것이 가장 유리하다. 이 경우 독점이윤은 900이다.
반면 새로운 기술을 도입하면 $C = 20Q$로 감소하므로 $MR = MC$를 만족하는 $Q^* = 40$을 생산해 $P^* = 60$에 판매하는 것이 가장 유리하다. 이 경우 독점이윤은 1,600으로 증가한다. 따라서 이 기업은 기술도입을 위해 700까지 지불할 용의가 있다.

11 **독점기업 A의 수요함수는 $Q^d = P^{-\theta}$이다. 이 기업이 이윤극대화를 할 때 마크업**(가격/한계비용)**은?** (단, $\theta > 1$이다.)

① $\theta - 1$
② $\dfrac{1}{\theta - 1}$
③ $\dfrac{\theta}{\theta - 1}$
④ $\dfrac{\theta - 1}{\theta}$

hint

수요함수가 지수형인 경우 아모르조-로빈슨 공식을 활용하면 문제를 쉽게 풀 수 있다.

$$\varepsilon_p = -\frac{dQ}{dP}\frac{P}{Q} = -(-\theta P^{-\theta-1})\frac{P}{P^{-\theta}} = \theta$$

이윤극대화 조건 : $MR = P\left(1 - \dfrac{1}{\varepsilon_p}\right) = P\left(\dfrac{\theta - 1}{\theta}\right) = MC \Rightarrow \dfrac{P}{MC} = \dfrac{\theta}{\theta - 1}$

12 **다음은 독점기업에 대한 설명이다. 이 중 옳지 않은 것은?** 2006년 서울시 7급

① 일반적으로 높은 진입장벽은 독과점적 시장구조를 초래한다.
② 규모의 경제가 발생함으로써 형성되는 독점을 자연독점(natural monopoly)이라 한다.
③ 슘페터(Schumpeter)는 기술혁신이 독점기업보다는 완전경쟁산업에서 더 높게 나타난다고 주장하였다.
④ 독점기업은 이윤을 극대화하기 위해 한계수입과 한계비용이 일치하는 수준에서 생산량을 결정한다.
⑤ 일반적으로 독점기업의 가격은 완전경쟁기업의 가격보다 높게 책정된다.

hint

슘페터는 독점기업은 막대한 초과이윤을 얻기 때문에 기술개발투자를 할 수 있는 여력이 크다고 주장한다. 즉, 슘페터는 독점의 경우에 오히려 기술혁신이 더 잘 이루어진다고 주장한다.

정답 9 ① 10 ① 11 ③ 12 ③

13 가격차별과 관련된 다음 설명 중 옳지 않은 것은? 2010년 국회 8급

① 제2급 가격차별은 정보의 비대칭성과 무관하다.

② 소비자를 수요의 가격탄력성 등 특성에 따라 집단별로 구분하지 못하면 가격차별을 할 수 없다.

③ A, B 두 시장에서 가격차별로 이윤극대화를 하려면 $MR_A = MR_B = MC$의 조건이 만족되어야 한다. (MR_A : A시장에서의 한계수입, MR_B : B시장에서의 한계수입, MC : 한계비용)

④ 제1급 가격차별 하에서 소비자잉여는 전혀 존재하지 않는다.

⑤ 가격차별이 반드시 나쁜 것은 아니고 경우에 따라서는 가격차별로 인해 사회후생이 증대될 수도 있다.

hint

① (×), 현대적 구분방식에 의하면 비대칭정보 하에서 실시되는 가격차별은 모두 제2급 가격차별로 분류된다.

② (○), 직접 구분이 이루어지면 제1급, 제3급 가격차별이 되고, 간접적으로 구분하면 제2급 가격차별이 된다.

③ (○)

④ (○)

⑤ (○), 예를 들어 제1급 가격차별의 경우 완전경쟁의 경우와 동일한 생산이 이루어지며, 사회후생의 합도 일치한다.

14 독점기업이 동일한 제품을 여러 가지 가격으로 판매하는 가격차별을 실시하는 경우가 있다. 이러한 현상에 대한 설명으로 가장 옳지 않은 것은? 2005년 공인회계사

① 독점기업이 기본료와 함께 사용료를 부과하는 이부가격제(two-part tariff)를 실시하면 소비자잉여가 독점기업으로 이전되어 이윤이 증가한다.

② 모든 개별 소비자의 지불용의 가격을 알고 있다면, 독점기업은 완전 가격차별을 실시하여 모든 소비자잉여를 독점기업의 이윤으로 차지하며, 이 경우 효율적인 자원배분이 이루어진다.

③ 재판매가 불가능해야 가격차별이 성립된다.

④ 3차 가격차별은 1차 가격차별에 비해서 사중손실(자중손실, dead weight loss)이 더 크다.

⑤ A소비자 집단의 수요가 B소비자 집단의 수요보다 더 가격탄력적이라면, 독점기업은 B소비자 집단보다 A소비자 집단에 더 높은 가격을 부과한다.

hint

3급 가격차별의 기본 원칙은 더 탄력적인 시장에 낮은 가격을 부과하고 덜 탄력적인 시장에 높은 가격을 부과하는 것이다. 완전 가격차별에 해당하는 1급 가격차별은 오히려 효율적인 자원배분을 달성한다는 사실을 명심해야 한다.

15 **국내에서만 자동차를 생산하는 독점기업이 국내시장과 해외시장에서 자동차를 판매하고 있다. 옳은 설명을 모두 고른 것은?** 2006년 공인회계사

가. 소비자가 어느 한 시장에서 구입하여 다른 시장으로 운송하는 비용이 두 시장의 가격차이보다 더 커야 하는 것이 독점기업이 가격차별화를 시도할 수 있는 필요조건이다.
나. 두 시장에서 수요의 가격탄력도가 동일하고, 이 기업이 자동차를 운송하는 비용이 양(+)이면, 해외시장에서 자동차의 가격이 더 높다.
다. 이 기업이 자동차를 운송하는 비용은 없고, 해외시장 자동차 수요의 가격탄력도가 국내시장보다 높으면, 해외시장에서 자동차의 가격이 더 낮다.

① 가 ② 가, 나 ③ 가, 다
④ 나, 다 ⑤ 가, 나, 다

hint

3급 가격차별이 성립하기 위한 조건은 보통 재판매 금지와 두 시장에서 수요의 가격탄력도가 달라야 한다는 것이다. 국내외 시장이 분리된 경우 재판매를 불가능하게 만드는 요인은 운송비다. 운송비를 부담하면서도 가격이 낮은 시장에서 구입해 비싼 시장에서 판매하는 것이 유리하다면 가격차별은 실패한다. 반면 운송비가 없다면 가격탄력도가 상대적으로 높은 해외시장에서 가격을 낮게 책정하는 경우 이것을 비용 없이 수입해 국내에서 재판매할 수 있으므로 가격차별은 성공할 수 없다.

정답 13 ① 14 ⑤ 15 ⑤

16 두 섬을 상대로 제품을 판매하는 독점기업이 있다. 편의상 두 섬을 각각 섬 1, 섬 2라고 하자. 각 섬의 수요곡선은 다음과 같이 추정되었다. 가격의 단위는 "원"이고, 수량의 단위는 "개"다.

$$P_1 = 10{,}000 - Q_1,\ P_2 = 14{,}000 - 2Q_2$$

이 기업은 두 섬을 상대로 가격차별을 실시하려고 한다. 이 기업의 한계비용은 MC = 2,000원으로 일정하다. 그리고 섬 주민들이 배를 이용해 제품을 운반하는 데는 개당 2,500원이 소요된다고 할 때 다음 설명 중 옳은 것은?

① 운반비 때문에 가격차별을 실시해도 성공할 수 없다.

② P_1 = 6,000원, P_2 = 8,000원으로 책정하면 이윤을 극대화할 수 있다.

③ P_1 = 8,000원, P_2 = 6,000원으로 책정하면 이윤을 극대화할 수 있다.

④ $P_1 = P_2$ = 6,000원으로 책정하는 것이 가장 유리하다.

⑤ $P_1 = P_2$ = 8,000원으로 책정하는 것이 가장 유리하다.

hint

각 섬의 수요곡선으로부터 한계수입곡선을 유도하면 $MR_1 = 10{,}000 - 2Q_1$, $MR_2 = 14{,}000 - 4Q_2$이다. 따라서 이윤극대화를 위한 가격차별의 조건 $MR_1 = MR_2 = MC$에 대입하면 각 섬에서의 가격은 P_1 = 6,000원, P_2 = 8,000원이다. 그런데 사람들이 가격이 싼 섬 1에서 제품을 구입해 섬 2에 팔려면 개당 8,500원의 비용이 든다. 따라서 사람들이 섬 1에서 구입해 섬 2에 재판매할 인센티브가 없다. 그러므로 독점기업의 3급 가격차별은 성공할 수 있다. 만약 운반비가 개당 2,000원 미만으로 하락한다면 재판매가 가능하기 때문에 여기서와 같은 가격차별은 성공할 수 없으므로 다른 방법을 강구해야 한다.

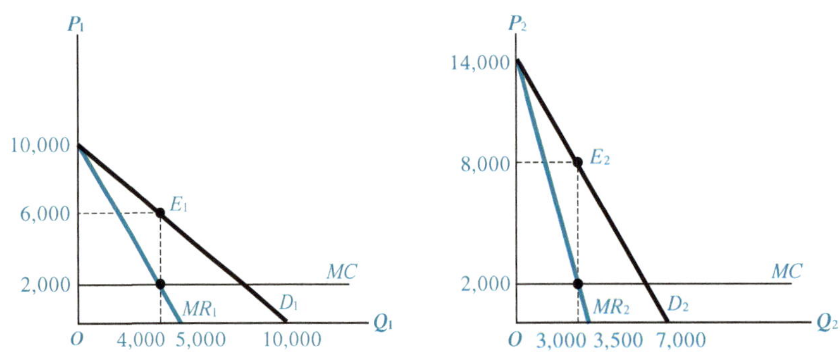

(a) 시장 1　　(b) 시장 2

17 **독점기업이 생산하여 판매하는 X재를 두 개의 지역시장으로 나누어 가격차별을 실시할 때 독점기업이 당면하는 시장 1과 시장 2에서의 수요함수와 총비용함수는 다음과 같다. 기업의 이윤을 극대화시키는 각 시장에서의 가격을 바르게 연결한 것은?** (단, 소비자 간의 차익거래는 금지되어 있고, P_i는 시장 i의 X재 가격, Q_i는 시장 i의 X재 수요량이며, $i = 1, 2$이다.) 2022년 국가직 7급

- 시장 1 : $P_1 = 55 - Q_1$
- 시장 2 : $P_2 = -\frac{1}{2}Q_2 + 35$
- 총비용함수 : $TC = \frac{1}{2}Q^2 + 5Q + 10$ (단, $Q = Q_1 + Q_2$)

	P_1	P_2		P_1	P_2
①	44	34	②	43	33
③	42	32	④	41	31

hint

독점기업이 3급 가격차별을 할 때 최적화 조건은 다음과 같다.

$$MR_1 = MR_2 = MC \Rightarrow MR_1 = 55 - 2Q_1 = MR_2 = 35 - Q_2 = MC = Q_1 + Q_2 + 5$$

두 식을 연립하면 $Q_1 = 14,\ Q_2 = 8,\ P_1 = 41,\ P_2 = 31$이 된다.

18 **어떤 독점기업이 동일한 상품을 수요의 가격탄력성이 다른 두 시장에서 판매한다. 가격차별을 통해 이윤을 극대화하려는 이 기업이 상품의 가격을 A시장에서 1,500원으로 책정한다면 B시장에서 책정해야 하는 가격은?** (단, A시장에서 수요의 가격탄력성은 3이고, B시장에서는 2이다.) 2018년 서울시 7급

① 1,000원 ② 1,500원
③ 2,000원 ④ 2,500원

hint

3급 가격차별 독점자의 가격설정 원리는 가격탄력성이 낮은 그룹일수록 높은 가격을 설정하는 것이다. 그러나 가격탄력성과 가격이 정확히 반비례(反比例, inverse proportional)하는 것은 아니라는 점을 주의해야 한다.

$$P_A\left(1 - \frac{1}{\varepsilon_A}\right) = 1{,}500\left(1 - \frac{1}{3}\right) = P_B\left(1 - \frac{1}{\varepsilon_B}\right) = 2{,}000\left(1 - \frac{1}{2}\right)$$

이 경우 A시장의 가격탄력성은 $\frac{\varepsilon_A}{\varepsilon_B} = \frac{3}{2}$배지만 가격은 $\frac{P_A}{P_B} = \frac{1{,}500}{2{,}000} = \frac{3}{4}$가 됨을 확인할 수 있다.

정답 16 ② 17 ④ 18 ③

19 **동일한 상품에 대해 다른 가격을 설정하는 가격차별에 대한 설명으로 옳지 않은 것은?**

① 가격차별이 있을 경우 가격차별을 하지 않은 경우에 비해 생산량이 줄어들지 않는다.

② 소비자의 수요곡선을 완전히 알고 있는 기업이 개별 소비자마다 최대로 지불할 의사가 있는 가격을 설정하는 것을 1차 가격차별이라 한다.

③ 제품 구매량에 따라 구간을 나누어 다른 가격을 설정하는 것은 2차 가격차별의 대표적인 예이다.

④ 한 그룹이 다른 그룹보다 탄력성이 2배 높다면, 다른 그룹에 비해 $\frac{1}{2}$의 가격을 설정한다.

⑤ 3급 가격차별이 실시된 경우 소비자잉여의 합은 증가할 수도 있고 감소할 수도 있다.

hint

① 가격차별이 있을 경우 생산이 불변일 수는 있지만 줄어드는 일은 발생하지 않는다.

④ 가격차별의 원리에 의하면 탄력성이 높은 그룹에 낮은 가격을 붙이는 것이 맞지만 정확히 역비례관계가 성립하는 것은 아니다. 예를 들어 $\varepsilon_1 = 4$, $\varepsilon_2 = 2$라고 하자. 이윤극대화 조건 $P_1\left(1-\frac{1}{\varepsilon_1}\right) = P_2\left(1-\frac{1}{\varepsilon_2}\right)$를 정리하면 $\frac{P_1}{P_2} = \left(1-\frac{1}{2}\right) / \left(1-\frac{1}{4}\right) = \frac{2}{3}$가 된다. 즉, 탄력성은 2배지만 $\frac{2}{3}$의 가격이 설정된다.

⑤ 3급 가격차별이 실시된 경우 소비자잉여의 합은 증가할 수도 있고 감소할 수도 있다.

20 **어느 독점기업이 3급 가격차별**(third-degree price discrimination)**을 할 수 있다고 하자. 첫 번째 집단의 수요의 역함수는 $P_1 = 500 - Q_1$이고, 두 번째 집단의 수요의 역함수는 $P_2 = 500 - 2Q_2$이다. 두 집단에 판매되는 제품은 동일하며, 어느 집단에 판매하는지는 생산비용에 영향을 미치지 않는다. 이와 관련된 다음 설명 중 옳지 않은 것은?** (단, P_1과 P_2는 각각 첫 번째 집단과 두 번째 집단에 대한 가격, Q_1과 Q_2는 각각 첫 번째 집단과 두 번째 집단의 수요량)

2009년 공인회계사

① 이 독점기업은 두 집단으로부터 발생하는 한계수입이 일치하도록 각 집단에 대한 가격을 책정한다.

② $Q_1 = Q_2$인 점(단, $0 < Q_1 < 250$, $0 < Q_2 < 250$)에서 첫 번째 집단의 수요가 더 가격탄력적이다.

③ $P_1 = P_2$인 점(단, $0 < P_1 < 500$, $0 < P_2 < 500$)에서 두 집단의 수요의 가격탄력성은 동일하다.

④ 이 독점기업은 이윤극대화를 위해 $P_1 < P_2$가 되도록 가격을 책정한다.

⑤ 이 독점기업의 이윤은 가격차별화가 불가능해지더라도 변화가 없다.

hint

3급 가격차별의 경우 이윤극대화 조건은 $MR_1 = MR_2 = MC$이다. $MR_1 = 500 - 2Q_1$, $MR_2 = 500 - 4Q_2$이므로 $Q_1 = 2Q_2$가 성립한다. 가격차별이 불가능한 경우 $P = P_1 = 500 - Q_1 = P_2 = 500 - 2Q_2$이므로 역시 $Q_1 = 2Q_2$가 성립한다. 따라서 가격차별을 하나 하지 않나 독점기업의 이윤극대화 조건에는 차이가 없다. 그리고 각 시장에서의 가격탄력성을 구하면 $\varepsilon_1 = -\frac{P_1}{Q_1}\frac{dQ_1}{dP_1} = \frac{P_1}{Q_1}$, $\varepsilon_2 = -\frac{P_2}{Q_2}\frac{dQ_2}{dP_2} = \frac{P_2}{2Q_2}$이다. 따라서 $Q_1 = Q_2$인 경우 $P_1 > P_2$이므로 $\varepsilon_1 > \varepsilon_2$이다. 또한 $P_1 = P_2$인 경우 $Q_1 = 2Q_2$이다. 이것을 대입하면 $\varepsilon_1 = \varepsilon_2$이다.

정답 19 ④ 20 ④

21 **한 기업이 2개의 시장을 독점하고 있으며, 2개의 시장은 분리되어 있다. 시장 1의 수요곡선은 $P_1 = 84 - 4x_1$, 시장 2의 수요곡선은 $P_2 = 20 - 5x_2$, 기업의 한계비용함수는 $MC = 2X + 4$이다. 이 기업이 이윤극대화를 할 때, 각 시장에 대한 공급량은?** (단, P_1은 시장 1에서의 재화 가격, P_2는 시장 2에서의 재화 가격, x_1은 시장 1의 수요량, x_2는 시장 2의 수요량, MC는 한계비용, X는 총생산량이다.)

2016년 공인회계사

	시장 1	시장 2		시장 1	시장 2
①	8	2	②	8	0
③	4	4	④	4	2
⑤	4	0			

hint

이것은 전형적인 3급 가격차별 문제로서 이 경우 이윤극대화의 공식 $MR_1 = MR_2 = MC$를 이용하면 된다.

$MR_1 = 84 - 8x_1$

$MR_2 = 20 - 10x_2$

$MC = 2X + 4 = 2(x_1 + x_2) + 4$

이 세 조건을 연립해 풀면 다음 두 관계식을 얻는다.

$10x_1 + 2x_2 = 80$ ······ (1)

$2x_1 + 12x_2 = 16$ ······ (2)

이 관계식을 동시에 만족하는 값은 $x_1 = 8$, $x_2 = 0$이다. 이것은 가격차별을 통해 이윤극대화를 추구하는 경우 시장 1에만 초점을 맞추고 시장 2는 완전히 무시한다는 것을 의미한다. 그 이유는 시장 2의 규모가 작고 상대적으로 가격탄력성이 크기 때문에 차라리 이 시장을 무시하고 시장 1에 초점을 맞추는 것이 더 유리하기 때문이라고 해석할 수 있다. 또한 단일한 가격으로 두 시장을 상대로 판매하는 것보다 이렇게 가격차별을 실시하는 것이 더 유리하기 때문이다.

22 분리 가능한 두 시장 A, B에서 하나의 독점기업이 3급 가격차별을 하려 한다. 두 시장에서의 역수요함수가 각각 다음과 같다. 2021년 공인회계사

$$p_A = 30 - y_A,\ p_B = 40 - 2y_B$$

이 독점기업의 한계비용이 4이며, 생산시설의 한계로 생산량이 10을 넘지 못할 때 시장 A에서의 판매량은? (단, p_i와 y_i는 각각 시장 i에서의 가격과 수량을 나타낸다.)

① 4 ② 5 ③ 6
④ 7 ⑤ 8

hint

이 문제의 경우 생산량 제한이 존재하므로 다음과 같이 풀이한다.

최적 배분조건 : $MR_A = 30 - 2y_A = MR_B = 40 - 4y_B \Rightarrow y_A - 2y_B = -5$
수량제약조건 : $y_A + y_B = 10$

정리하면 $y_A = 5,\ y_B = 5$가 된다.

23 독점기업의 1급 가격차별에 관한 설명으로 옳지 않은 것은?

① 독점기업이 소비자들의 지불의사에 대해 완전한 정보를 가지고 있는 경우에만 실행할 수 있는 가격차별정책이다.
② 가장 극단적인 가격차별로서 독점으로 인한 비효율을 극대화한다.
③ 소비자잉여는 모두 독점기업에 귀속된다.
④ 2급 가격차별에 비해 독점기업이 더 많은 이윤을 얻을 수 있는 정책이다.
⑤ 독점기업은 소비자의 지불의사와 자신의 한계비용을 비교해 생산에 대한 결정을 내린다.

hint

1급 가격차별은 완전한 가격차별이라고도 하며, 재화 1단위마다 다른 가격을 책정하는 가격차별을 말한다. 1급 가격차별은 사회잉여의 합을 극대화하지만 잉여가 모두 생산자에게 귀속되어 불공평하다는 평가를 받는다.

1. 자원배분의 효율성
 1) 사회잉여 극대화(완전경쟁과 동일) 2) 효율적 산출량 달성(완전경쟁과 동일)
2. 사회잉여 배분의 불공평성
 1) 생산자잉여 극대 2) 소비자잉여 = 0

정답 21 ② 22 ② 23 ②

24 시장수요곡선은 $P = 30 - Q$로 주어져 있고, 한계비용은 6으로 일정하며, 고정비용은 0이라고 하자. 이윤을 극대화하는 독점기업을 가정할 때 옳은 것으로 이루어진 보기는?

> 가. 단일가격 독점 시 생산량은 완전 가격차별 시 생산량의 $\frac{1}{2}$이다.
> 나. 완전 가격차별 시의 생산량은 완전경쟁시장 생산량의 $\frac{1}{2}$이다.
> 다. 2개의 구간으로 이루어진 2급 가격차별이 이루어지는 경우 총생산량은 단일가격 독점 시 생산량보다 많다.
> 라. 2개의 구간으로 이루어진 2급 가격차별 시 가격이 낮은 구간에서 가격이 단일가격 독점 시 가격과 일치한다.
> 마. 2개의 구간으로 이루어진 2급 가격차별 시 자중손실의 크기는 단일가격 독점 시보다 크다.

① 가, 다 ② 가, 라 ③ 나, 라
④ 나, 마 ⑤ 다, 마

hint

1. 단일가격 독점의 경우

$MR = 30 - 2Q = MC = 6$에서 $Q = 12$가 되고, 이를 수요곡선에 대입하면 $P = 18$이 된다. 이는 〈그림 1〉에서 1점에 해당한다. 또 이때의 이윤은 색칠한 사각형의 면적인 $\pi = 144$가 되며, 자중손실은 DWL로 표시된 삼각형 영역인 72가 된다.

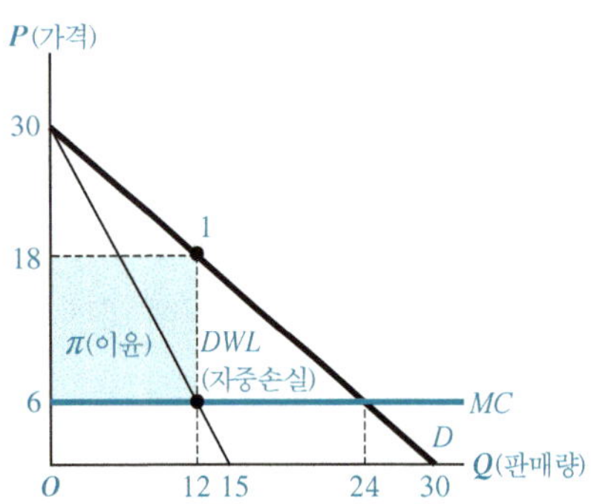

〈그림 1〉 단일가격 독점 하에서의 균형

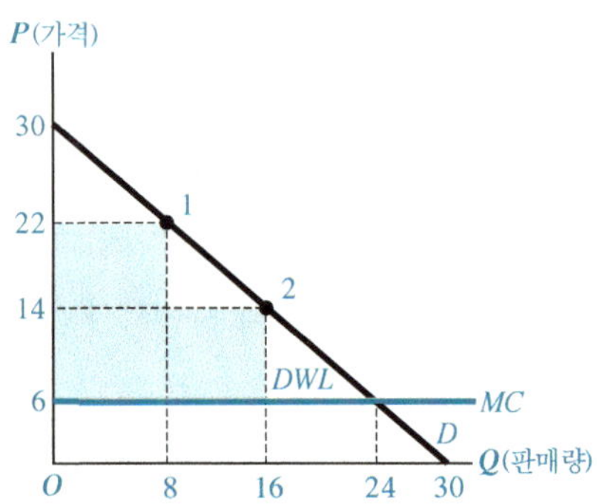

〈그림 2〉 2구간 가격차별의 경우

2. 완전 가격차별의 경우

$MR = 30 - Q = MC = 6$에서 $Q = 24$, $P = 30 \sim 6$, 이윤은 $\pi = 288$이 되며 자중손실은 0이다.

3. 2개의 구간을 설정하는 제2급 가격차별

독점기업이 $O \sim Q_1$까지의 구간에서는 P_1을 부과하고, $Q_1 \sim Q_2$에는 P_2를 부과한다고 하자.

$\max \pi = TR_1 + TR_2 - TC = (30 - Q_1)Q_1 + (30 - Q_2)(Q_2 - Q_1) - 6Q_2$

1계 조건 : $\frac{\partial \pi_2}{\partial Q_1} = 30 - 2Q_1 - 30 + Q_2 = 0$, $\frac{\partial \pi_2}{\partial Q_2} = 30 - 2Q_2 + Q_1 - 6 = 0$

정리하면, $Q_1 = 8$, $Q_2 = 16$, $P_1 = 22$, $P_2 = 14$가 되며, 이는 〈그림 2〉의 각 1과 2점에 해당한다. 또한 이때의 이윤은 색칠한 면적인 $\pi = 192$가 되며, 자중손실은 DWL로 표시된 삼각형 영역인 32가 된다.

가. (○) 나. (×), 완전 가격차별 시의 생산량은 완전경쟁시장 생산량과 일치하는 24이다.

다. (○), 2개의 구간으로 이루어진 2급 가격차별의 생산량은 16으로, 단일가격 독점 시 생산량인 12보다 많다.

라. (×), 2개의 구간으로 이루어진 2급 가격차별 시 가격이 낮은 구간의 가격은 14이며, 이는 단일가격 독점 시 가격인 18과 다르다.

마. (×), 2개의 구간으로 이루어진 2급 가격차별 시 자중손실은 32로, 이는 단일가격 독점 시 자중손실인 72보다 작다.

25 다음에 대한 설명으로 옳지 않은 것은?

2013년 감정평가사

두 위인전 A와 B에 대한 독점 판매권을 갖고 있는 출판사가 있다. 각 위인전에 대한 소비자는 두 유형 H와 L로서 각각 50명이며, 지불용의 가격은 다음과 같다.

위인전 \ 소비자 유형	H	L
A	800원	400원
B	400원	600원

출판사의 한계비용은 0원이다. 출판사는 위인전 A와 B를 개별 판매할지, A와 B를 함께 묶어 결합판매할지를 고려하고 있다.

① 개별 판매만 하는 경우 판매수입을 극대화하기 위한 가격은 A = 800원, B = 600원이다.
② A = 400원, B = 400원으로 가격을 책정하여 개별 판매할 경우 소비자잉여가 발생한다.
③ 결합판매만 하는 경우 두 권 묶음의 가격을 1,000원으로 책정할 때 판매수입이 극대화된다.
④ 두 권 묶음의 가격을 1,000원으로 책정할 때 소비자잉여는 H 유형에만 발생한다.
⑤ 결합판매의 최대 판매수입은 개별 판매의 최대 판매수입보다 더 많다.

hint

① (×), 개별 판매 시 판매수입 극대화를 목표로 할 때 A에 대해서는 800원과 400원 중 아무 가격이나 무관하며, B에 대해서는 400을 부과해야 한다. 이 경우 최대수입은 8만원이다.
② (○), 이 경우 A에 대해서는 H가, B에 대해서는 L이 소비자잉여를 얻는다.
③ (○), 결합판매 시 최선은 1,000의 가격을 부과하여 10만원의 수입을 얻는 것이다.
④ (○), L의 경우에는 지급의사의 총합과 묶음의 가격이 동일하므로 소비자잉여가 없다.
⑤ (○)

정답 24 ① 25 ①

26 의류 판매업자인 A씨는 아래와 같은 최대지불용의금액을 갖고 있는 두 명의 고객에게 수영복, 수영모자, 샌들을 판매한다. 판매전략으로 묶어팔기(Bundling)를 하는 경우, 수영복과 묶어 팔 때가 따로 팔 때보다 이득이 더 생기는 품목과 해당 상품을 수영복과 묶어 팔 때 얻을 수 있는 최대 수입은? 2017년 국회 8급

구분	최대지불용의금액		
	수영복	수영모자	샌들
고객 (ㄱ)	400	250	150
고객 (ㄴ)	600	300	100

① 수영모자, 1,300 ② 수영모자, 1,400 ③ 샌들, 1,000
④ 샌들, 1,100 ⑤ 샌들, 1,200

hint

1. 묶어팔기를 해서 이득이 발생하는 것은 지급의사 간에 음(−)의 상관관계가 있는 경우이다. 수영복에 대해 지급의사가 높은 고객 (ㄴ)은 수영모자에 대해서도 지급의사가 높지만 샌들에 대해서는 지급의사가 낮다. 따라서 묶어팔기를 해야 할 상품은 샌들이다.
2. 묶어팔기 시 최대수입은 550의 가격을 부과했을 때 얻을 수 있는 1,100의 수입이다.

27 **독점 방송사가 공급하는 프로그램에 대한 수요함수는 $Q = 100 - 5P$이다. 고정비용인 프로그램의 조달비용은 200이며, 그 밖에 다른 비용은 발생하지 않는다고 가정한다. 독점 방송사는 아래의 두 가지 전략 중 하나를 선택할 수 있다. 다음의 설명 중 옳지 않은 것은?** (단, Q는 시청자 수, P는 시청요금이다.)

2017년 공인회계사

> **〈전략 1〉** 광고를 판매하지 않고 이윤극대화를 위한 독점 시청요금을 부과한다.
> **〈전략 2〉** 시청요금을 부과하지 않고 광고주에게 광고를 판매하여 시청자 1인당 6의 이윤을 얻는다. 단, 광고시청으로 인한 시청자의 비효용(disutility)은 없다고 가정한다.

① 독점 방송사가 〈전략 1〉을 선택하면 양(+)의 이윤을 얻는다.
② 독점 방송사가 〈전략 2〉를 선택하면 양(+)의 이윤을 얻는다.
③ 독점 방송사는 〈전략 1〉을 선택하면 〈전략 2〉에서보다 더 많은 이윤을 얻는다.
④ 독점 방송사가 〈전략 1〉을 선택하면 자중손실(deadweight loss)이 발생한다.
⑤ 〈전략 2〉에서의 시청자의 잉여가 〈전략 1〉에서보다 더 크다.

hint

1. 〈전략 1〉을 택할 경우

$AR = P = 20 - \frac{1}{5}Q$

$MR = 20 - \frac{2}{5}Q = MC = 0 \Rightarrow Q_1 = 50,\ P_1 = 10,\ \pi_1 = 500 - 200 = 300$ (E_1점)

2. 〈전략 2〉를 택할 경우

별도의 시청료를 부과하지 않으므로 소비자는 한계편익이 0이 될 때까지 소비할 것이다.

$MB = P = 20 - \frac{1}{5}Q = 0 \Rightarrow Q_2 = 100,\ P_2 = 0,\ \pi_2 = 600 - 200 = 400$ (E_2점)

비교컨대 〈전략 2〉를 선택한 경우가 이윤이 더 크고 시청자의 잉여도 더 크다.

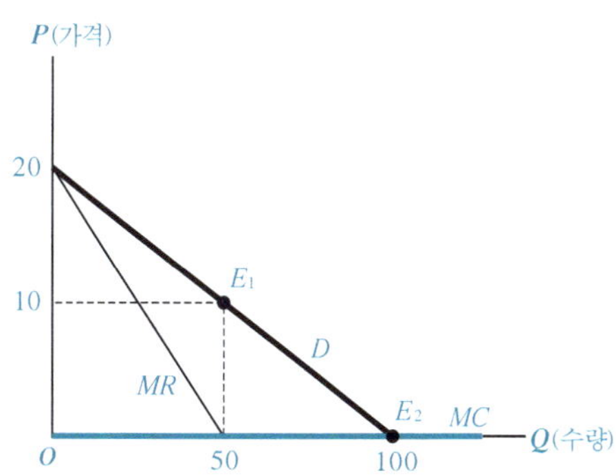

정답 26 ④ 27 ③

28 **영화 제작과 상영을 겸하는 독점기업이 직면한 영화에 대한 수요함수는 $Q=100-2P$이다.** (여기에서 Q는 관람객 수, P는 관람요금이다.) **고정비용인 영화제작 비용은 1,000이며, 그 밖에 다른 비용은 발생하지 않는다고 가정한다. 아래의 두 사례에 대한 설명 중 옳지 않은 것은?**

2012년 공인회계사

> **〈사례 1〉**
> 독점기업은 영화 공급에 따른 이윤을 극대화한다.
>
> **〈사례 2〉**
> 독점기업은 영화를 공급할 뿐만 아니라 극장 내에서 팝콘도 판매한다. 관람객 1인은 1봉지의 팝콘을 구매하며, 독점기업은 1봉지당 5의 이윤을 얻는다. 극장 내에서 판매하는 팝콘 1봉지의 가격은 외부에서 판매하는 팝콘 1봉지의 가격과 관람요금의 합보다 작다고 가정한다.

① 〈사례 2〉에서 독점기업은 양(+)의 이윤을 얻을 수 있다.

② 〈사례 1〉에서 위 영화는 공급되지 않을 것이다.

③ 〈사례 2〉에서 독점기업이 책정하는 관람요금은 〈사례 1〉에서 책정하는 관람요금보다 더 낮다.

④ 〈사례 1〉에서 독점기업의 이윤을 극대화하기 위해 관람요금을 책정하면 자중손실(deadweight loss)이 발생한다.

⑤ 〈사례 2〉에서 독점기업의 이윤을 극대화하기 위한 관람요금을 책정하는 경우 〈사례 1〉에서보다 영화 상영에서 발생하는 자중손실은 더 작다.

hint

〈사례 1〉의 경우

수요곡선 : $P=50-\frac{1}{2}Q$ ⇒ 이윤극대화 조건 : $MR=50-Q=MC=0$

$Q_0=50,\ P_0=25,\ \pi_0=TR-TC=25\times50-1{,}000=250$

〈사례 2〉의 경우

한 단위 판매당 한계수입이 5씩 상승한 것과 같다. (한계비용이 −5로 하락한 것으로 볼 수도 있다)

이윤극대화 조건 : $MR=55-Q=MC=0$

$Q_1=55,\ P_1=22.5,\ \pi_0=TR-TC=22.5\times55+5\times55-1{,}000=512.5$

② (×), 〈사례 1〉에서도 (+)의 이윤이 발생하므로 영화가 공급된다.

29 다음 글에 따를 때 기업이 설정하는 단일가격제도 하에서의 단일요금, 이부가격제도 하에서의 회원권 가격과 회원전용요금으로 옳은 것은? 2022년 국회 8급

> 어느 지역에서 콘도를 독점하고 있는 기업이 있다. 이 독점기업의 총비용함수는 $TC(Q)=20Q$이다. 이 콘도를 이용하는 사람들의 수요함수는 $Q=250-\frac{1}{2}P$로 동일하다. 이 기업은 현재 1박당 일정액의 요금만 부과하는 단일가격제도를 시행하고 있는데, 회원권 판매와 1박당 회원전용요금을 부과하는 형태의 이부가격제도로 변경하고자 한다. 독점기업이 이부가격제도를 시행하는 경우 회원권을 소지한 회원만 숙박서비스를 이용할 수 있다. (단, Q, P는 각각 숙박일 수, 1박당 가격이다.)

	단일요금	회원권 가격	회원전용요금
①	20	28,800	260
②	130	28,800	130
③	260	57,600	260
④	260	28,800	20
⑤	260	57,600	20

hint

1. 단일요금 결정 시

$MR=\frac{dTR}{dQ}=500-4Q=MC=20$

$\Rightarrow Q^*=120,\ P^*=260$ [E점]

2. 이부가격제 시행 시

독점기업은 회원전용요금은 한계비용수준으로 설정하고 회원권 가격을 책정하여 소비자잉여를 전부 흡수할 수 있다.

회원전용요금 : $P=MC=20$

회원권 가격 : $T=\frac{1}{2}\times240\times480=57,600$

이때 회원권 가격은 그림의 색칠된 면적과 일치한다.

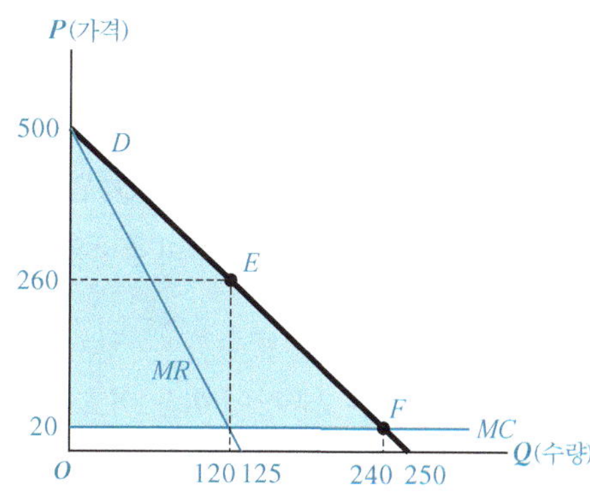

정답 28 ② 29 ⑤

30 **독점기업 A는 동일한 상품을 생산하는 두 개의 공장을 가지고 있다. 두 공장의 비용함수와 A기업이 직면한 시장수요곡선이 다음과 같을 때 A기업의 이윤을 극대화하는 각 공장의 생산량을 옳게 짝지은 것은?** (단, P는 가격, Q는 총생산량, Q_1은 공장 1의 생산량, Q_2는 공장 2의 생산량이다.)

> ▪ 공장 1의 비용함수 : $C_1(Q_1) = 40 + Q_1^2$
> ▪ 공장 2의 비용함수 : $C_2(Q_2) = 90 + 6Q_2$
> ▪ 시장수요곡선 : $P = 200 - Q$

	Q_1	Q_2		Q_1	Q_2
①	3	94	②	4	96
③	5	98	④	6	100

hint

다공장 문제는 완전경쟁인지 독점인지, 유고정비용인지 무고정비용인지에 따라 풀이방법이 상이하다. 이 문제의 경우 유고정비용이며 독점을 전제한다. 고정비용이 있는 경우 원래 두 공장을 모두 가동할지 한 공장만 가동할지를 고려해야 하는데 보기를 보면 0이 없기 때문에 두 공장을 모두 가동하는 경우만 고려한다.

최적 생산배분 : $MC_1 = 2Q_1 = MC_2 = 6$

따라서 $Q_1 = 3$까지는 공장 1에서 모두 생산하고 그 이상은 모두 2번 공장에서 생산하는 것이 비용효율적이다.

31 **한 기업이 두 개의 공장을 운영하여 하나의 시장에 공급하고 있다. 1공장과 2공장의 비용함수가 각각 $TC_1 = Q_1^2$, $TC_2 = 0.5Q_2^2$인 경우 이 기업의 비용함수에 대한 설명 중 옳은 것은?** (여기에서 TC_i와 Q_i는 각각 i공장의 총비용과 생산량이고, $Q(= Q_1 + Q_2)$는 기업의 생산량이다.)

2012년 공인회계사

① 1공장은 2공장에 비해 비효율적이므로 공장을 폐쇄한다.
② 100단위를 생산하는 데 필요한 비용은 4,500이다.
③ 1공장의 생산량은 2공장 생산량의 $\frac{1}{2}$수준에서 결정된다.
④ 일정 생산량 수준 이하에서는 2공장만 운영하다가 그 이상에서는 1공장도 가동한다.
⑤ 이 기업의 비용함수는 $0.3Q^2$이다.

hint

이 경우 이윤극대화 조건은 $MC_1 = MC_2 = MR \Rightarrow 2Q_1 = Q_2 = MR$이다. 따라서 한계수입($MR$)이 얼마든 항상 1공장의 생산량은 2공장의 생산량의 절반에서 결정된다. 그리고 $Q = Q_1 + Q_2 = 3Q_1$이므로 $Q_1 = \frac{Q}{3}$, $Q_2 = 2Q_1 = \frac{2Q}{3}$를 주어진 두 공장의 비용함수에 대입한 후 더하면 다음과 같은 결과를 얻는다. $TC = TC_1 + TC_2 =$

$\frac{Q^2}{9}+\frac{2Q^2}{9}=\frac{Q^2}{3}$. 따라서 100단위를 생산하는 데 필요한 비용은 $\frac{10,000}{3}$이다. 이와 같이 두 공장의 비용에 차이가 있는 경우에는 비용 면에서 유리한 공장만 가동하는 것이 아니라 한계비용의 차이를 감안해 적절하게 생산을 안배하는 것이 핵심이다.

32 다음 그림에서 D, MR, MC는 각각 가격규제가 이루어지기 전 독점기업의 수요곡선, 한계수입곡선, 한계비용곡선을 나타낸다. 한계비용 가격규제가 이루어지는 경우 기업이 인식하는 한계수입곡선이 지나는 점들을 연결한 것으로 옳은 것은?

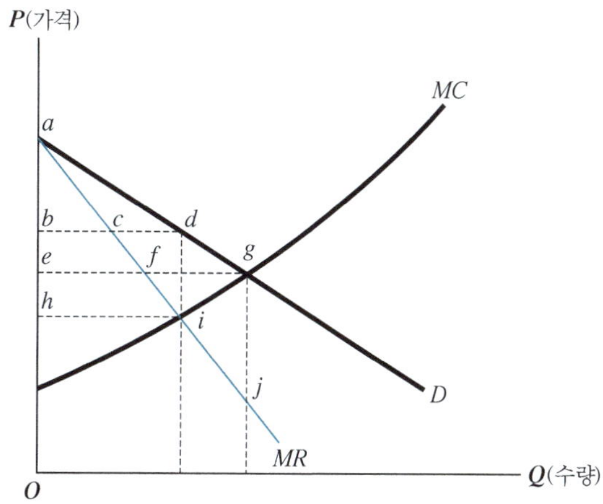

① $bcdg$　　② $bcfi$　　③ $efgj$
④ $efij$　　⑤ hij

hint

한계비용 가격상한 규제가 이루어지는 경우,
가격은 시장수요곡선과 한계비용이 만나는 수준에서 결정되고,
기업이 인식하는 수요곡선은 수평-우하향($efgD$)의 형태가 되며,
기업이 인식하는 한계수입곡선은 수평-수직-우하향($efgjMR$)의 형태가 된다.

정답　30 ①　31 ③　32 ③

33 시장수요가 $Q = 120 - 2P$이며 총비용이 $C = 0.5Q^2 + 50$인 독점기업이 현재 규제에 의해 가격과 한계비용이 일치하도록 가격을 설정하고 있다. 로비에 의해 이런 규제를 없앨 수 있다고 할 때 이 기업이 로비를 위해 지불할 용의가 있는 최대 금액으로 옳은 것은? 2020년 국회 8급

① 50　② 75　③ 100
④ 125　⑤ 150

hint

1. 가격규제 시

$P = 60 - \frac{1}{2}Q = MC = Q \Rightarrow Q_0 = 40,\ P_0 = 40,\ \pi_0 = 1{,}600 - 850 = 750$

2. 비규제 시

$MR = 60 - Q = MC = Q \Rightarrow Q_1 = 30,\ P_1 = 45,\ \pi_1 = 1{,}350 - 500 = 850$

따라서 기업은 규제철폐로 인한 이윤증가분인 100만큼을 로비로 지급할 용의가 있을 것이다.

34 아래 그림은 독점기업이 직면한 수요곡선(D), 한계수입곡선(MR), 한계비용곡선(MC) 및 평균비용곡선(AC)을 나타내고 있다. 이 그림에 대한 설명 중 옳지 않은 것은? 2011년 공인회계사

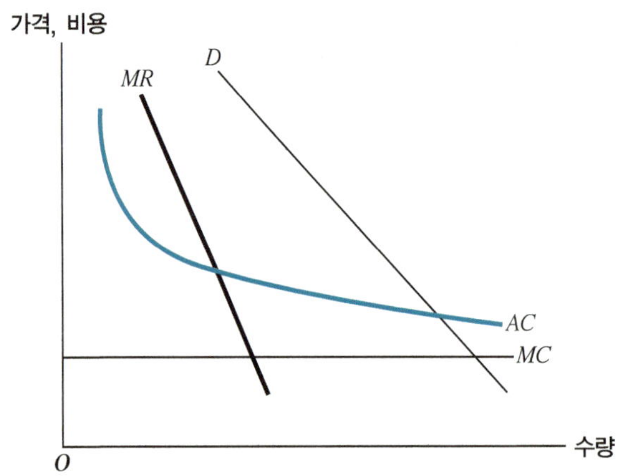

① 독점기업의 이윤을 극대화하기 위한 가격에서 자중손실이 발생한다.
② 독점기업의 생산에는 규모의 경제(economies of scale)가 작용한다.
③ 한계비용과 일치하는 가격을 책정하는 경우 독점기업에게 손실이 발생한다.
④ 이윤극대화 가격을 책정하는 독점기업은 기술혁신으로 한계비용이 하락하면 생산량을 증가시킨다.
⑤ 독점기업으로 하여금 평균비용과 일치하는 가격을 책정하도록 규제를 부과하면 균형 생산량은 이윤극대화를 위한 가격을 책정할 때보다 작다.

hint

독점기업의 평균비용곡선이 하락하므로 규모의 경제를 실현하고 있다. 여기서 한 가지 주의할 점은 단기비용(총비용, 평균비용 및 한계비용)은 측정할 수 있지만 장기비용은 그렇지 않다는 사실이다. 왜냐하면 장기비용은 가능한 모든 생산요소들의 조합을 고려한 후에 얻을 수 있는 비용이기 때문이다. 그런데 규모의 경제는 기본적으로 장기비용에 근거한 개념이다. 따라서 단기비용에 근거해 규모의 경제 여부를 판단하는 것은 올바른 방법이 아니다. 그렇지만 실질적으로 단기비용만을 관찰할 수 있는 경우에도 장기적 관점에서 규모의 경제 여부를 판단할 수 있다. 그 이유는 장기비용이 단기비용의 포락선이라는 사실에서 찾을 수 있다. 단기평균비용곡선이 하락하는 경우 장기비용곡선은 반드시 단기비용곡선의 아래에 위치하므로 장기비용곡선도 하락하지 않을 수 없다. 규모의 경제가 있는 기업을 가격으로 규제하는 유일한 방법은 평균비용가격설정(ACP)이다. 이 경우 독점기업은 규제 없이 이윤극대화를 추구할 때보다 더 많이 생산한다.

35 다음과 같은 비용체감산업 하의 자연독점이 있다.

> 수요곡선 : $P = -3Q + 80$
> 평균비용곡선 : $AC = -Q + 60$

이 자연독점기업이 이윤극대화를 추구할 때 최대로 얻을 수 있는 이윤의 크기는 얼마인가? 만일 정부가 자원의 최적 배분을 가져오는 가격설정을 요구한다면 적자가 발생하므로 정부의 보조가 필요하다. 이때 보조액은 얼마가 되는가?

	이윤	보조금		이윤	보조금
①	40	350	②	50	400
③	55	350	④	50	300
⑤	60	400			

hint

설문에서 $TR = -3Q^2 + 80Q$, $TC = -Q^2 + 60Q$이다.

1. 최대이윤의 도출

이윤극대화 문제 : $\pi = TR - TC = -3Q^2 + 80Q - (-Q^2 + 60Q) = -2Q^2 + 20Q$

1계 조건 : $\frac{d\pi}{dQ} = (-6Q + 80) - (-2Q + 60) = 0$

정리하면 $Q = 5$, $\pi = 50$, 즉 규제가 없을 때 기업이 최대로 얻을 수 있는 이윤의 크기는 50이다.

2. 보조금액의 결정

위 비용함수에서 $MC = -2Q + 60$이므로 최적 자원배분조건 $MC = P$, 즉 $-2Q + 60 = -3Q + 80$을 정리하면 $Q = 20$이 도출된다. $Q = 20$일 때 $\pi = -400$이므로 정부는 400만큼 보조해 주어야 한다.

정답 33 ③ 34 ⑤ 35 ②

36 **소프트웨어 제작 기업이 직면한 수요함수는 소프트웨어 개발비용의 크기에 따라 아래와 같이 주어진다. 소프트웨어 개발비용 이외의 비용은 0이라고 가정할 때 다음 설명 중 옳은 것은?** (단, P는 가격, Q는 수량을 나타낸다.) 2011년 공인회계사

개발비용이 1,000일 때 : $Q = 100 - P$
개발비용이 2,700일 때 : $Q = 150 - P$

① 규제에 의해 소프트웨어 가격이 40으로 결정되면 위 기업은 소프트웨어 개발비용으로 2,700을 투자한다.

② 규제에 의해 소프트웨어 가격이 40으로 결정될 때 위 기업이 소프트웨어 개발비용으로 1,000을 투자하면 음(–)의 이윤을 얻는다.

③ 규제에 의해 소프트웨어 가격이 30으로 결정될 때 위 기업이 소프트웨어 개발비용으로 2,700을 투자하면 음(–)의 이윤을 얻는다.

④ 규제에 의해 소프트웨어 가격이 30으로 결정되면 위 기업은 소프트웨어 개발비용으로 2,700을 투자한다.

⑤ 규제에 의해 소프트웨어 가격이 30으로 결정될 때 위 기업이 소프트웨어 개발비용으로 1,000을 투자하면 음(–)의 이윤을 얻는다.

hint

규제에 의해 소프트웨어 가격이 $P = 40$으로 결정되는 경우 이 기업의 이윤은 개발비용에 따라 다음과 같이 결정된다.

개발비용이 1,000인 경우 : 이윤 = 총수입 − 개발비용 = 2,400 − 1,000 = 1,400
개발비용이 2,700인 경우 : 이윤 = 총수입 − 개발비용 = 4,400 − 2,700 = 1,700

한편, 소프트웨어 가격이 $P = 30$으로 결정되는 경우 이 기업의 이윤은 개발비용에 따라 다음과 같이 결정된다.

개발비용이 1,000인 경우 : 이윤 = 총수입 − 개발비용 = 2,100 − 1,000 = 1,100
개발비용이 2,700인 경우 : 이윤 = 총수입 − 개발비용 = 3,600 − 2,700 = 900

따라서 규제에 의해 가격이 40으로 결정되는 경우에는 개발비용으로 2,700을 투자하는 것이 최선이고, 가격이 30으로 결정되는 경우에는 개발비용으로 1,000을 투자하는 것이 최선이다.

37 **양(+)의 이윤을 얻고 있는 독점기업에 정부가 T1 ~ T4의 과세 방안을 고려 중이다. 한계비용은 모든 생산량에서 일정하고, 시장수요곡선은 우하향한다. 다음 설명 중 옳은 것은?** (단, 납세 후에도 이윤은 양(+)이다.) 2020년 공인회계사

- T1 : 생산량에 관계없이 일정액의 세금을 부과
- T2 : 단위 생산량에 일정액의 세금을 부과
- T3 : 가격에 일정 비율의 세금을 부과
- T4 : 이윤에 일정 비율의 세금을 부과

① T1에 의해 생산량이 감소한다.

② T2는 생산량을 감소시키지 않는다.

③ T3에 의해 생산량이 감소한다.

④ 양(+)의 조세수입을 얻는 한 T4로 인한 자중손실(deadweight loss)이 T1～T3보다 크다.

⑤ T1～T4 모두 조세의 전가는 나타나지 않는다.

hint

T1 : 정액세, T2 : 종량세, T3 : 종가세, T4 : 이윤세

		산출량*	이탈 유발 가능성
간접세	종량세(T2)	감소	있음
	종가세(T3)	감소	있음
직접세	이윤세(T4)	불변	없음
	정액세(T1)	불변	있음

* 이때 산출량은 기업이 조업을 유지하는 경우를 전제로 하였다.

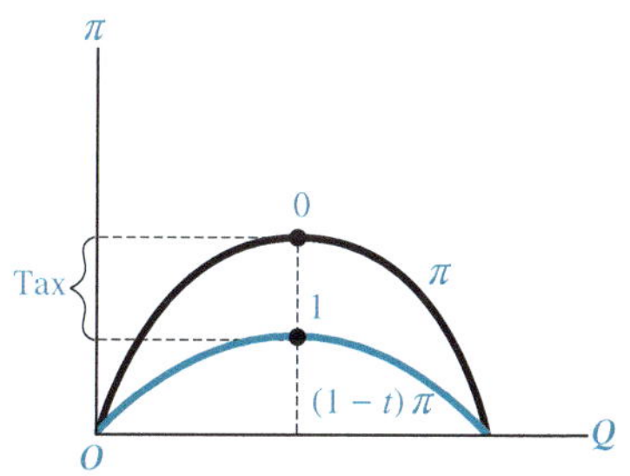

〈그림 1〉 이윤세 : 축소이동

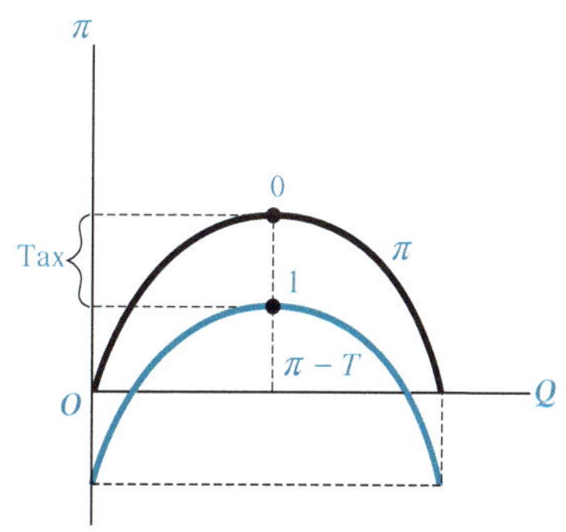

〈그림 2〉 총괄세 : 평행이동

① (×), T1은 정액세이며, 생산량은 불변이다.
② (×), T2는 종량세이며, 생산량은 감소한다.
③ (○), T3은 종가세이며, 생산량은 감소한다.
④ (×), T4는 이윤세이며, 생산이 감소하지 않아 자중손실이 T1과 같으며 T2 및 T3보다는 작다.
⑤ (×), T1과 T4는 전가가 나타나지 않지만 T2와 T3은 전가가 나타난다.

정답 36 ① 37 ③

38 **이윤극대화를 하는 A기업에 조세를 부과할 때 이에 관한 설명으로 옳은 것을 모두 고르면?**
(단, A기업이 당면한 수요곡선은 우하향하는 직선이며, 한계비용곡선은 우상향하는 직선)

2018년 보험계리사

가. 정액세(lump-sum tax)를 부과하면 한계비용이 상승하고 생산량이 감소
나. 정액세를 부과하면 평균가변비용이 상승하고 생산량이 감소
다. 물품세(excise tax)를 부과하면 한계비용이 상승하여 생산량이 감소하고 가격이 상승
라. 물품세를 부과하면 평균비용곡선이 상향 이동

① 가, 나 ② 가, 다
③ 나, 다 ④ 다, 라

hint

가. (×), 정액세는 한계비용에 영향을 미치지 않으므로 가격, 수량에 영향을 미치지 않는다.
나. (×), 정액세는 고정비용에 영향을 미친다.
다. (○), 예를 들어 종량세는 한계비용곡선과 평균비용곡선을 모두 상방으로 평행이동시킨다.
라. (○)

* **참고사항** 1 : 종량세 부과 시 비용함수의 변화

세전	세후
$TC = C(Q)$	$TC_T = C(Q) + TQ$
$AC = \dfrac{C(Q)}{Q}$	$AC_T = \dfrac{C(Q)}{Q} + T$ ⇒ 평행상방이동
$MC = \dfrac{dC(Q)}{dQ}$	$MC_T = \dfrac{dC(Q)}{dQ} + T$ ⇒ 평행상방이동

* **참고사항 2** : 단, 물품세는 비용측에 반영할수도 있고 수요측에 반영할 수도 있는데 이 문제는 비용측에 반영하는 것을 암묵적으로 전제하고 있다.

39 **독점시장에서 거래되는 어떤 상품에 대한 시장수요함수(Q_D)와 독점기업의 단기총비용함수(TC)가 다음과 같은 식으로 표시된다고 하자.** (단, Q_D는 수요량, Q_S는 생산량, P는 가격)

> 시장수요함수 : $Q_D = 220 - P$
> 단기총비용함수 : $TC = 100Q_S + 50$

정부가 이 상품의 출고 시 한계비용의 10%에 해당하는 부가가치세를 부과할 경우 나타나는 현상으로 옳은 것은? 2010년 공인회계사

① 과세 후 독점기업의 이윤극대화 생산량은 10만큼 감소할 것이다.
② 이 상품으로부터 징수되는 부가가치세 총수입은 600이 될 것이다.
③ 생산자와 소비자는 세금을 단위당 5씩 동일하게 분담할 것이다.
④ 과세 후 소비자잉여는 25만큼 감소할 것이다.
⑤ 과세 후 독점기업의 이윤은 550만큼 감소할 것이다.

hint

부가가치세를 부과하기 전 독점시장에서 균형가격은 $P_M = 160$, 균형거래량은 $Q_M = 60$이다. 10%의 부가가치세를 부과하는 경우 한계비용이 100에서 110으로 상승하므로 균형가격은 165로 상승하고, 균형거래량은 55로 감소한다.

* **주의사항** : 이 문제에서 부가가치세는 일반적인 부가가치세와 달리 종량세의 성격을 갖는다.

40 **독점기업의 산출량에 대한 수요는 14,400을 가격의 제곱으로 나눈 것과 같고, 독점기업의 한계비용(MC)은 6원으로 일정하다고 하자. 만약 정부가 이 독점기업의 생산량 1단위당 12원의 세금을 부과한다면 이 기업의 가격은 얼마나 상승하겠는가?** 2003년 국가직 7급

① 12원 ② 20원
③ 24원 ④ 36원

hint

수요곡선 : $Q_d = \frac{14,400}{P^2} \Rightarrow \varepsilon_p = 2$로 일정

이윤극대화 조건 : $MR = P\left(1 - \frac{1}{\varepsilon_p}\right) = \frac{P}{2} = MC \Rightarrow P = 2MC$

세전 가격 : $P_0 = 2MC = 12$, 세후 가격 : $P_1 = 2(MC + T) = 36$

정답 38 ④ 39 ③ 40 ③

41 시장을 독점하고 있는 기업 A의 한계비용은 생산량에 상관없이 8로 일정하며, 시장수요는 $Q = 50 - P$이다. 이 기업은 매출액의 20%를 세금으로 부담하여야 한다. 독점이윤을 극대화하기 위해 이 기업은 가격을 얼마로 책정해야 하는가? 2004년 공인회계사

① 10 ② 20 ③ 21

④ 29 ⑤ 30

hint

1. 세전 균형

$\pi_1 = TR_1 - TC_1 = (50 - Q)Q - 8Q$

$\Rightarrow \frac{d\pi_1}{dQ} = MR_1 - MC_1 = (50 - 2Q) - 8 = 0 \Rightarrow Q_1 = 21,\ P_1 = 29$

2. 세후 균형

$\pi_2 = TR_2 - TC_2 = 0.8(50 - Q)Q - 8Q$

$\Rightarrow \frac{d\pi_2}{dQ} = MR_2 - MC_2 = 0.8(50 - 2Q) - 8 = 0 \Rightarrow Q_2 = 20,\ P_2 = 30$

42 현재 이윤을 극대화하고 있는 독점기업이 있다고 하자. 이 기업이 만약 매출액(총수입)을 증가시키려고 할 때 적절한 가격정책은?

① 가격을 높인다.
② 가격을 낮춘다.
③ 현재가격을 유지하는 것이 최선이다.
④ 수요곡선의 형태에 따라 다르므로 알 수 없다.
⑤ 비용곡선의 형태에 따라 다르므로 알 수 없다.

hint

Amoroso-Robinson 공식에서 $P(1 - \frac{1}{\varepsilon_P}) = MR = MC$가 0보다 크다면 $(1 - \frac{1}{\varepsilon_P})$도 0보다 커야 한다. 즉, ε_P는 1보다 크기 때문에 가격을 낮출 경우 판매량이 크게 증가하여 총수입도 증가한다.

이윤극대기업(MC는 양수 가정)	매출극대기업
$MR = MC\ (>0)$	$MR = 0$
$\varepsilon_P > 1$	$\varepsilon_P = 1$
매출극대기업의 생산량이 더 많음	
이윤극대기업의 가격이 더 높음	

43 독점 방송사가 공급하는 프로그램에 대한 수요함수는 $Q = 100 - 5P$이다. 고정비용인 프로그램의 조달비용은 200이며 그 밖에 다른 비용은 발생하지 않는다고 가정한다. 독점 방송사는 아래의 두 가지 전략 중 하나를 선택할 수 있다. 다음의 설명 중 옳지 않은 것은? (단, Q는 시청자 수, P는 시청요금이다.)

2017년 공인회계사

〈전략 1〉
광고를 판매하지 않고 이윤극대화를 위한 독점 시청요금을 부과한다.
〈전략 2〉
시청요금을 부과하지 않고 광고주에게 광고를 판매하여 시청자 1인당 6의 이윤을 얻는다. 단, 광고시청으로 인한 시청자의 비효용(disutility)은 없다고 가정한다.

① 독점 방송사가 〈전략 1〉을 선택하면 양(+)의 이윤을 얻는다.
② 독점 방송사가 〈전략 2〉를 선택하면 양(+)의 이윤을 얻는다.
③ 독점 방송사는 〈전략 1〉을 선택하면 〈전략 2〉에서보다 더 많은 이윤을 얻는다.
④ 독점 방송사가 〈전략 1〉을 선택하면 자중손실(deadweight loss)이 발생한다.
⑤ 〈전략 2〉에서의 시청자의 잉여가 〈전략 1〉에서보다 더 크다.

hint

1. 〈전략 1〉을 택할 경우

$AR = P = 20 - \frac{1}{5}Q$

$MR = 20 - \frac{2}{5}Q = MC = 0 \Rightarrow Q_1 = 50,\ P_1 = 10,\ \pi_1 = 500 - 200 = 300$

2. 〈전략 2〉를 택할 경우

별도의 시청료를 부과하지 않으므로 소비자는 한계편익이 0이 될 때까지 소비할 것이다.

$MB = P = 20 - \frac{1}{5}Q = 0 \Rightarrow Q_2 = 100,\ P_2 = 0,\ \pi_2 = 600 - 200 = 400$

정답 41 ⑤ 42 ② 43 ③

44 기업 A는 X재를 독점 생산하고 있다. X재 시장의 역수요함수가 $p_X = 100 - X$이고, X재 한 단위 생산에는 Y재 한 단위만이 투입되며 다른 생산비용은 없다. 기업 B는 Y재를 기업 A에게 독점가격 p_Y로 공급하고 한계비용은 0이다. 각 기업이 이윤을 극대화할 때, p_Y의 값은?

2018년 공인회계사

① 10 ② 25 ③ 50

④ 75 ⑤ 100

hint

가격설정자인 기업 B가 Y재를 공급하면 기업 A는 Y를 구입하여 X의 생산량을 결정한다. 역진귀납법에 의하면 기업 A의 의사결정을 먼저 살펴보아야 한다.

1. 기업 A의 이윤극대화

$$\max \pi_A = p_X X - p_Y X = (100 - X)X - p_Y Y \Rightarrow \frac{d\pi_X}{dX} = (100 - 2X) - p_Y = 0$$

$$\Rightarrow X = \frac{100 - p_Y}{2} \text{ 또는 } p_Y = 100 - 2Y \text{ [단, } Y = X \text{ 반영]}$$

2. 기업 B의 이윤극대화

$$\max \pi_B = p_Y Y = (100 - 2Y)Y \Rightarrow \frac{d\pi_Y}{dY} = 100 - 4Y = 0,\ X = Y = 25,\ P_Y = 50$$

[고정비용은 없다고 두었으나 있어도 결과는 동일]

정답 44 ③

제13장 과점시장

Testbank for Economics [microeconomics]

핵 심 출 제 논 점

1. 과점시장의 특징
2. 꾸르노 모형
3. 슈타켈버그 모형
4. 동질적 베르뜨랑 모형
5. 차별적 베르뜨랑 모형
6. 가격선도 모형
7. 굴절수요 모형
8. 카르텔과 담합이론

I 과점시장의 주요 이론

1. 과점시장의 특징 : 상호의존성

■ 불완전경쟁시장의 한 예인 과점시장에서의 기업들은 서로의 의사결정이 연결되어 있는 상호의존성(interdependence)을 갖고 있다.

2. 과점시장의 분류

1. 협조와 비협조	2. 전략변수 및 선택 순서	3. 제품 이질성
1. 독자적 행동 모형 : 꾸르노 모형, 베르뜨랑 모형, 슈타켈버그 모형, 굴절수요 모형 2. 불완전한 담합 : 가격선도 모형 3. 완전한 담합 : 카르텔 모형	1. 수량추종자 모형 : 꾸르노 모형 2. 수량선도자 모형 : 슈타켈버그 모형 3. 가격추종자 모형 : 베르뜨랑 모형 4. 가격선도자 모형	1. 동질 과점(순수과점) 2. 차별 과점

* 기타 이론 : 비용할증이론, 경합시장이론

3. 꾸르노 모형에서 반응곡선의 기본형

$P = a - bQ,\ Q = q_1 + q_2,\ C_1(q_1) = cq_1 \Rightarrow$ 반응곡선 : $q_1 = \dfrac{a - c - bq_2}{2b}$

4. 슈타켈버그 모형

■ 선도자의 반응곡선은 없고 추종자의 반응곡선 상에서 가장 유리한 점을 선택

■ 꾸르노 모형 대비 총생산 증가, 가격 하락, 선도자이윤 증가, 추종자이윤 감소

5. 암기사항

■ ① 수요곡선 직선, ② MC 수평, ③ 상품 동질, ④ 기업 간 비용 동일 성립 시 다음 관계 성립(단, 괄호 안은 완전경쟁생산량을 1로 둘 경우의 비율)

완전경쟁(1) = 베르뜨랑(1) > 슈타켈버그($\frac{3}{4}$) > 꾸르노($\frac{2}{3}$) > 독점 또는 카르텔($\frac{1}{2}$)
(단, 슈타켈버그 모형은 선도자-추종자로 이루어진 경우이며, 선도자가 $\frac{1}{2}$, 추종자가 $\frac{1}{4}$을 생산함)

* 1. 꾸르노 vs 슈타켈버그 ⇒ 선택 순서에 따라 자원배분 달라짐

* 2. 꾸르노 vs 베르뜨랑 ⇒ 전략변수에 따라 자원배분 달라짐

* 3. n기업 꾸르노 : $q_i = \dfrac{1}{n+1},\ Q = \dfrac{n}{n+1}$ [단, 완전경쟁 시 생산량을 1로 가정 시]

6. 과점시장 참고사항

- 베르뜨랑 역설 : 동질적 + 비협조적 + 가격추종자 + 비용 동일 ⇒ $P_1 = P_2 = MC$
- 굴절수요 모형 : 추측된 변화의 비대칭성, MR 곡선 불연속 또는 수직구간 존재
- 비용할증 모형 : 고정비용 상승도 가격에 영향 미침
- 경합시장 모형 : 기업의 수보다 진입 · 이탈의 자유가 중요

Part-1 기본 문제

01 **불완전경쟁시장에서는 기업들이 우하향하는 수요곡선에 직면한다고 말한다. 이는 다음 무엇을 의미하는가?** 2003년 공인노무사

① 기업들이 어느 정도 가격의 설정능력이 있다.
② 기업이 느끼는 수요곡선이 완전 탄력적이다.
③ 기업이 느끼는 수요곡선이 완전 비탄력적이다.
④ 기업은 시장에서 가격수용자로 행동할 수밖에 없다.
⑤ 기업은 항상 0의 이윤을 얻는다.

hint

수요곡선이 수평이 아니고 우하향한다는 것은 가격을 어느 정도 인상해도 수요가 0이 되지 않는다는 것을 의미한다.

02 **어떤 산업의 수요함수가 $P = 90 - Q$이고 기업 1의 한계비용(MC_1)과 기업 2의 한계비용(MC_2)이 $MC_1 = MC_2 = 30$일 때, 카르텔이 성립된 경우와 꾸르노 균형에서의 시장생산량은 얼마인가?** 2002년 입시 응용

	카르텔	꾸르노 균형		카르텔	꾸르노 균형
①	30	30	②	30	40
③	30	45	④	40	45
⑤	45	0			

hint

완전한 카르텔이 형성된다면 기업들이 하나의 기업(독점)처럼 행동하려 할 것이므로 완전경쟁산출량의 $\frac{1}{2}$을 생산할 것이다. 2개의 기업이 독자적으로 행동하는 꾸르노 모형에서는 각 기업이 완전경쟁산출량의 $\frac{1}{3}$을 생산하여 총생산량은 완전경쟁산출량의 $\frac{2}{3}$가 된다. 단, 수요곡선이 우하향하는 직선이고 한계비용이 일정할 때를 가정한다. 이러한 가정 하에 다음의 관계가 성립한다. (괄호 안은 완전경쟁균형에서의 산출량이 1이라고 할 때 산출량의 비율)

완전경쟁(1) = 동질적 베르뜨랑(1) > 슈타켈버그($\frac{3}{4}$) > 2기업 꾸르노($\frac{2}{3}$) > 독점 또는 카르텔($\frac{1}{2}$)

03 **수요가 $y = 15 - p$인 시장에서 두 기업 A와 B가 쿠르노 경쟁을 한다. 기업 A와 B의 한계비용이 각각 1과 2일 때 내쉬균형에서 시장가격은?** (단, p는 시장가격, y는 시장수요량을 나타낸다.)

2021년 공인회계사

① 3 ② 4 ③ 5
④ 6 ⑤ 7

hint

기업 A의 반응곡선 : $y_A = \frac{14 - y_B}{2}$, 기업 B의 반응곡선 : $y_B = \frac{13 - y_A}{2}$
두 식을 연립하면 $y_A = 5$, $y_B = 4$, $p = 6$이 된다.

04 **두 기업 A, B만이 존재하는 복점시장의 수요가 $y = 10 - p$로 주어져 있다. 두 기업의 한계비용이 1일 때 다음 중 옳지 않은 것은?**

2018년 공인회계사

① 두 기업이 완전경쟁적으로 행동한다면 시장공급량은 9이다.
② 두 기업이 꾸르노 경쟁(Cournot competition)을 한다면 시장공급량은 6이다.
③ 기업 A가 선도자, 기업 B가 추종자로서 슈타켈베르그 경쟁(Stackelberg competition)을 한다면 시장공급량은 6.25이다.
④ 두 기업이 카르텔을 형성하여 독점기업처럼 행동한다면 시장공급량은 4.5이다.
⑤ 두 기업이 베르뜨랑 경쟁(Bertrand competition)을 한다면 시장공급량은 9이다.

hint

이 문제의 경우 1. 수요 직선, 2. MC 수평의 조건을 만족한다.

① (O), $p_c = MC = 1$, $y_c = 10 - 1 = 9$
② (O), 각 기업은 y_c의 $\frac{1}{3}$인 3을 생산하며, 합계 생산량은 6이 된다.
③ (×), 선도자는 y_c의 $\frac{1}{2}$인 4.5를 생산하고, 추종자는 y_c의 $\frac{1}{4}$인 2.25를 생산하여 합계 생산량은 6.75가 된다.
④ (O), 카르텔 또는 독과점 생산량은 y_c의 $\frac{1}{2}$인 4.5가 된다.
⑤ (O), 비용우열이 없는 동질적 베르뜨랑 모형의 생산량은 y_c가 된다.

정답 1 ① 2 ② 3 ④ 4 ③

05 버트란드(Bertrand) 복점기업 A, B가 직면한 시장수요곡선은 $P = 56 - 2Q$이다. 두 기업의 한계비용이 각각 20일 때 균형가격과 기업 A의 생산량은? 2022년 보험계리사

	균형가격	기업 A의 생산량		균형가격	기업 A의 생산량
①	20	9	②	20	12
③	32	9	④	32	12

hint

재화가 동질적이라면 버트란드 경쟁 하에서 가격균형은 $P = MC = 20$으로 수렴된다.
복점기업들이 모두 존속하는 균형 하에서 수요량 $Q = 18 = Q_A + Q_B$이다. 이를 복점기업들이 반분한다면 정답은 ①이 된다.

06 과점시장의 굴절수요곡선 이론에 관한 설명으로 옳지 않은 것은? 2017년 공인노무사

① 한계수입곡선에는 불연속한 부분이 있다.
② 굴절수요곡선은 원점에 대해 볼록한 모양을 갖는다.
③ 한 기업이 가격을 내리면 나머지 기업들도 같이 내리려 한다.
④ 한 기업이 가격을 올리더라도 나머지 기업들은 따라서 올리려 하지 않는다.
⑤ 기업은 한계비용이 일정 범위 내에서 변해도 가격과 수량을 쉽게 바꾸려 하지 않는다.

hint

① (○)
② (×), 스위지의 가정에 의하면 굴절수요곡선은 전반적으로 오히려 원점에 대해 오목한 모양을 갖는다.
③ (○), 따라서 이 구간의 기울기는 가파르다.
④ (○), 따라서 이 구간의 기울기는 완만하다.
⑤ (○), 굴절수요 모형은 담합이 없더라도 가격의 경직성이 유발될 수 있음을 보인 점에 의의가 있다.

07 **불완전경쟁 시장구조에 관련된 설명으로 옳은 것은?**

① 독점적 경쟁시장은 장기적으로 평균비용이 최저가 되는 점에서 생산한다.

② 시장수요의 탄력성이 클수록 독점가격과 한계수입의 차이가 증가한다.

③ 꾸르노(Cournot) 모형에서 각 기업은 경쟁기업이 현 가격을 그대로 유지할 것이라는 전제 하에 행동한다.

④ 동질적 상품을 생산하는 베르뜨랑(Bertrand) 모형에서 가격은 한계비용보다 높다.

⑤ 슈타켈버그(Stackelberg) 모형에서 두 기업 중 하나 또는 둘 모두가 산출량에 관해 추종자가 아닌 선도자의 역할을 한다.

hint

① 독점적 경쟁시장은 장기적으로 평균비용이 최저가 되는 점보다 좌측에서 생산한다.
② 시장수요의 탄력성이 클수록 독점기업은 가격을 쉽게 끌어올릴 수 없다.
③ 꾸르노(cournot) 모형에서 각 기업은 경쟁기업이 현 산출량을 그대로 유지할 것이라는 전제 하에 행동한다.
④ 동질적 상품을 생산하는 베르뜨랑(Bertrand) 모형에서 가격은 한계비용과 일치한다.
⑤ 슈타켈버그(Stackelberg) 모형에서 두 기업 중 하나 또는 둘 모두가 산출량에 관해 추종자가 아닌 선도자의 역할을 한다.

정답 5 ① 6 ② 7 ⑤

Part-2 실전 문제

01 **A, B 두 기업이 존재하는 어떤 과점시장의 시장수요곡선은 $P = a - b(q_A + q_B)$이다. 여기서 a, b는 상수이고 P는 가격, q_A는 A기업의 생산량, q_B는 B기업의 생산량이다. 이 시장이 꾸르노(Cournot) 모형에서 달성되는 균형상태일 때 나타날 수 있는 현상에 대한 다음 설명 중 옳은 것은?** (단, 각 기업의 생산비는 0이라고 가정한다.) 2012년 국회 8급

① 시장가격은 $\frac{2a}{3}$이다.
② 시장거래량은 $\frac{2}{3b}$이다.
③ 각 기업의 생산량은 $\frac{a}{3b}$이다.
④ A기업의 생산량은 $\frac{a}{3}$이다.
⑤ B기업의 생산량은 $\frac{b}{3}$이다.

hint

이것은 전형적인 꾸르노 균형을 구하는 문제다. 각 기업의 이윤은 다음과 같이 정의된다.

$$\Pi_A = Pq_A = (a - bq_A - bq_B)q_A$$
$$\Pi_B = Pq_B = (a - bq_A - bq_B)q_B$$

각 기업의 이윤을 극대화하는 생산량을 구해 정리하면 다음과 같다. 이것이 각 기업의 반응함수(reaction function)에 해당한다.

$$q_A = \frac{a - bq_B}{2b},\ q_B = \frac{a - bq_A}{2b}$$

두 식을 동시에 만족하는 값을 구하면 $q_A = q_B = \frac{a}{3b}$를 얻는다.

*** 참고사항**

수요곡선이 우하향하는 직선이고 한계비용이 일정하면 다음의 관계가 성립한다(괄호 안은 완전경쟁균형에서의 산출량이 1이라고 할 때 산출량의 비율).

1) 관계 1
완전경쟁(1) = 동질적 베르뜨랑(1) > 슈타켈버그($\frac{3}{4}$) > 2기업 꾸르노($\frac{2}{3}$) > 독점 또는 카르텔($\frac{1}{2}$)
(단, 슈타켈버그 모형은 선도자-추종자로 이루어진 경우이며 선도자가 $\frac{1}{2}$, 추종자가 $\frac{1}{4}$을 생산함)

2) 관계 2
'꾸르노 모형의 총산출량 = $\frac{N}{N+1}$ × 완전경쟁 시 산출량(N : 기업 수)'
'꾸르노 모형의 개별 기업 산출량 = $\frac{1}{N+1}$ × 완전경쟁 시 산출량'을 이용해 계산할 수 있다.

02 X재 시장의 역수요함수는 $P = 20 - Q$이다. X재 생산기술은 규모수익 불변이며, 단위당 비용은 8이다. X재 시장의 기업이 이윤극대화를 추구할 때 X재 시장에 대한 설명으로 옳지 않은 것은? (단, P는 가격, Q는 수요량이다.) 2023년 보험계리사

① 슈타켈버그 모형의 복점이면, 추종기업(Stackelberg follower) 생산량은 4이다.

② 슈타켈버그 모형의 복점이면, 선도기업(Stackelberg leader) 생산량은 6이다.

③ 버트란드(Bertrand) 모형의 복점이면, 한 기업의 생산량은 6이다.

④ 독점이면, 생산량은 6이다.

hint

수요곡선 직선, MC 수평, 상품 동질, 기업 간 비용 동일 성립 시 다음 관계 성립(단, 괄호 안은 완전경쟁생산량을 1로 둘 경우의 비율)

완전경쟁(1) = 버트란드(1) > 슈타켈버그($\frac{1}{2}+\frac{1}{4}$) > 꾸르노($\frac{1}{3}+\frac{1}{3}$) > 독점 또는 카르텔($\frac{1}{2}$)

① (×), 슈타켈버그 모형의 추종기업은 완전경쟁생산량인 12의 $\frac{1}{4}$인 3을 생산한다.
② (○), 슈타켈버그 모형의 선도기업은 완전경쟁생산량인 12의 $\frac{1}{2}$인 6을 생산한다.
③ (○), 버틀란드 모형의 생산량은 완전경쟁생산량과 일치한다. 또한 일반적으로 두 기업이 같은 양을 생산한다고 가정하는 경우가 많다.
④ (○), 독점기업의 생산량은 완전경쟁생산량인 12의 $\frac{1}{2}$인 6이 된다.

정답 1 ③ 2 ①

03 어떤 복점시장의 수요함수와 두 기업의 비용함수가 아래와 같이 주어진다고 하자. 다음 중 이 시장에서 꾸르노 복점의 내쉬균형에 대한 설명으로 옳은 것은? 2022년 국회 8급

- 수요함수 : $P = a - Q$
- 기업 1의 비용함수 : $C_1 = c_1 \times Q_1$
- 기업 2의 비용함수 : $C_2 = c_2 \times Q_2$
- $Q_1 + Q_2 = Q$
- $c_1 < c_2$

(단, 여기서 P, Q_1, Q_2, C_1, C_2는 각각 가격, 기업 1의 생산량, 기업 2의 생산량, 기업 1의 생산비용, 기업 2의 생산비용을 나타내며, a, c_1, c_2는 각각 0보다 큰 상수이다.)

① 기업 1이 생산량 Q_1을 1만큼 늘린다면 기업 2는 Q_2를 1만큼 줄일 것이다.
② 기업 2가 생산량 Q_2를 1만큼 늘린다면 기업 1은 Q_1을 1보다 더 큰 폭으로 줄일 것이다.
③ c_1이 하락하면 Q_1과 Q_2 모두 증가한다.
④ 내쉬균형을 만족하는 (Q_1, Q_2)의 조합은 두 개다.
⑤ 내쉬균형에서 $Q_1 > Q_2$가 된다.

hint

$\max \pi_1 = PQ_1 - c_1Q_1 = (a - Q_1 - Q_2)Q_1 - c_1Q_1$

1계 최적 조건 : $\frac{d\pi_1}{dQ_1} = a - 2Q_1 - Q_2 - c_1 = 0$

⇒ 기업 1의 반응함수 : $Q_1 = \frac{a - c_1 - Q_2}{2}$, 같은 식으로 기업 2의 반응함수 : $Q_2 = \frac{a - c_2 - Q_1}{2}$

꾸르노 내쉬균형 : $Q_1 = \frac{a - 2c_1 + c_2}{3}$, $Q_2 = \frac{a - 2c_2 + c_1}{3}$

① (×), 기업 2의 반응함수에서 Q_1을 1만큼 늘리면 Q_2는 $\frac{1}{2}$만큼 줄어든다.
② (×), 기업 1의 반응함수에서 Q_2를 1만큼 늘리면 Q_1은 1보다 더 작은 폭(1/2)으로 줄어든다.
③ (×), c_1이 하락하면 Q_1은 증가하고 Q_2은 감소한다.
④ (×), 내쉬균형은 유일하다.
⑤ (○)

04 **어떤 국가의 통신시장은 2개의 기업(A와 B)이 복점의 형태로 수량경쟁을 하며 공급을 담당하고 있다. 기업 A의 한계비용은 $MC_A = 2$, 기업 B의 한계비용은 $MC_B = 4$이고, 시장수요곡선은 $P = 36 - 2Q$이다. 다음 설명 중 옳은 것을 〈보기〉에서 모두 고르면?** (단, P는 시장가격, Q는 시장의 총공급량이다.)

2018년 국회 8급

> ㄱ. 균형 상태에서 기업 A의 생산량은 6이고 기업 B의 생산량은 4이다.
> ㄴ. 균형가격은 14이다.
> ㄷ. 균형 상태에서 이 시장의 사회후생은 243이다.
> ㄹ. 균형 상태에서 이 시장의 소비자잉여는 100이다.
> ㅁ. 균형 상태에서 이 시장의 생산자잉여는 122이다.

① ㄱ, ㄹ　　② ㄴ, ㄷ　　③ ㄱ, ㄹ, ㅁ
④ ㄴ, ㄷ, ㅁ　　⑤ ㄴ, ㄹ, ㅁ

hint

1. 기업 A의 이윤극대화 문제

$\max\ \pi_A = (36 - 2Q_A - 2Q_B)Q_A - 2Q_A$

1계 조건 : $\frac{\partial \pi_A}{\partial Q_A} = (36 - 4Q_A - 2Q_B) - 2 = 0 \Rightarrow$ 기업 A의 반응곡선 : $Q_A = \frac{17 - Q_B}{2}$

2. 기업 B의 이윤극대화 문제

$\max\ \pi_B = (36 - 2Q_A - 2Q_B)Q_B - 4Q_B$

1계 조건 : $\frac{\partial \pi_B}{\partial Q_B} = (36 - 2Q_A - 4Q_B) - 4 = 0 \Rightarrow$ 기업 B의 반응곡선 : $Q_B = \frac{16 - Q_A}{2}$

ㄱ. (×), 두 반응곡선을 연립하면 $Q_A^* = 6$, $Q_B^* = 5$가 된다.
ㄴ. (○), 총생산량 $Q^* = 11$을 수요곡선에 대입하면 $P^* = 14$가 된다.
ㄷ. (○), 균형 상태에서 이 시장의 사회후생은 소비자잉여와 생산자잉여의 합인 243이다.
ㄹ. (×), 균형 상태에서 이 시장의 소비자잉여는 121이다.
ㅁ. (○), 균형 상태에서 이 시장의 생산자잉여는 122이다.
[편의상 고정비용이 0이라 가정하였으나 고정비용이 있더라도 문제의 결과는 동일함]

정답　3 ⑤　4 ④

05 **시장수요의 역함수가 $P = 30 - Q$인 복점시장에서 두 기업 A와 B가 동시에 자신의 생산량을 결정하는 꾸르노(Cournot) 경쟁을 한다. 두 기업의 비용함수가 각각 다음과 같을 때 내쉬균형(Nash equilibrium)에서 기업 A의 생산량은?** (단, P는 시장가격, $Q = q_A + q_B$, q_i는 기업 i의 생산량이다.)

2022년 공인회계사

기업 A의 총생산비용(C_A) : $C_A = q_A^2$ 기업 B의 총생산비용(C_B) : $C_B = 5q_B$

① 2 ② 3 ③ 5

④ 7 ⑤ 10

hint

1. 기업 A의 반응함수

$$\pi_A = Pq_A - C_A = (30 - q_A - q_B)q_A - q_A^2 \Rightarrow \frac{d\pi_A}{dq_A} = (30 - 2q_A - q_B) - 2q_A = 0 \Rightarrow 4q_A + q_B = 30$$

2. 기업 B의 반응함수

$$\pi_B = Pq_B - C_B = (30 - q_A - q_B)q_B - 5q_B \Rightarrow \frac{d\pi_B}{dq_B} = (30 - q_A - 2q_B) - 5 = 0 \Rightarrow q_A + 2q_B = 25$$

3. 꾸르노 내쉬균형

두 반응함수를 연립하면 $q_A = 5,\ q_B = 10$

06 **수요함수가 $q = 10 - p$로 주어진 생산물시장에서 두 기업 1과 2가 꾸르노 경쟁**(Cournot competition)**을 하고 있다. 기업 1의 비용함수는 $c_1(q_1) = 3q_1$이고 기업 2의 비용함수는 $c_2(q_2) = 2q_2$라 할 때, 다음 설명 중 옳은 것은?** (단, p는 시장가격, q는 시장생산량, q_i는 기업 i의 생산량이다. $i = 1, 2$)

2011년 공인회계사

① 균형에서 시장생산량은 5이다.

② 균형에서 기업 1의 생산량은 기업 2의 생산량의 절반이다.

③ 만약 기업 1이 독점기업이면 시장생산량은 4이다.

④ 만약 두 기업이 완전경쟁기업으로 행동한다면 시장생산량은 6이다.

⑤ 만약 두 기업이 베르뜨랑 경쟁(Bertrand competition)을 한다면 기업 1이 모든 시장수요를 차지할 것이다.

hint

이것은 전형적인 꾸르노 모형에 해당한다. 따라서 각 기업의 반응함수(reaction function)를 구한 후 이를 이용해 꾸르노 균형을 구하면 된다. 각 기업의 반응함수는 다음과 같이 이윤극대화 문제로부터 구할 수 있다.

기업 1의 이윤극대화 : $\Pi_1 = pq_1 - 3q_1 = (10 - q_1 - q_2)q_1 - 3q_1$

$$\rightarrow \frac{d\Pi_1}{dq_1} = 7 - q_2 - 2q_1 = 0$$

$$\rightarrow q_1 = \frac{7 - q_2}{2} \qquad (1)$$

기업 2의 이윤극대화 : $\Pi_2 = pq_2 - 3q_2 = (10 - q_1 - q_2)q_2 - 2q_2$

$$\rightarrow \frac{d\Pi_2}{dq_2} = 8 - q_1 - 2q_2 = 0$$

$$\rightarrow q_2 = \frac{8 - q_1}{2} \qquad (2)$$

(1)과 (2)를 연립해서 풀면 $q_1^* = 2$, $q_2^* = 3$을 구할 수 있다. 따라서 균형에서 시장생산량은 5이다. 그리고 기업 1이 독점기업이라면 시장생산량은 3.5이고, 두 기업이 완전경쟁기업으로 행동한다면 기업 2의 한계비용에 의해 시장생산량은 8이고 두 기업이 베르뜨랑 경쟁을 한다면 한계비용이 낮은 기업 2가 시장을 모두 장악하게 된다.

정답 5 ③ 6 ①

07 **기업 1과 기업 2가 동질적 생산물시장에서 각자 자신의 생산량 q_1과 q_2를 동시에 선택하는 꾸르노 경쟁을 상정하자. 시장수요함수는 $q = 12 - p$이며, 기업 1의 비용함수는 $c_1(q_1) = \alpha q_1$이고, 기업 2의 비용은 0이다**($0 < \alpha < 6$). **다음 설명 중 옳은 것은?** (단, p는 시장가격이고 $q = q_1 + q_2$는 시장생산량이다.)

2013년 공인회계사

① 균형에서 기업 2의 시장점유율은 기업 1의 시장점유율보다 높다.
② 기업 1의 한계비용이 상승하면, 균형에서 시장가격은 상승하고 기업 1과 기업 2의 생산량은 모두 감소한다.
③ 기업 1의 한계비용이 상승하면, 균형에서 기업 2의 이윤은 감소한다.
④ 만약 고비용 기업인 기업 1이 시장에서 철수한다면 향후 균형 시장가격은 하락한다.
⑤ 두 기업이 생산량 경쟁 대신 동시에 각자의 가격을 정하는 가격경쟁을 시행한다면, 균형 시장가격은 기업 2의 한계비용인 0까지 하락한다.

hint

각 기업의 이윤은 다음과 같이 표시된다.

$$\Pi_1 = (12 - q_1 - q_2)q_1 - \alpha q_1$$
$$\Pi_2 = (12 - q_1 - q_2)q_2$$

이윤극대화 조건으로부터 각 기업의 반응함수를 구하면 다음과 같다.

$$q_1 = \frac{(12 - \alpha) - q_2}{2}$$
$$q_2 = \frac{12 - q_1}{2}$$

두 반응함수를 연립해 풀면 $q_1^* = 4 - \frac{2\alpha}{3}$, $q_2^* = 4 + \frac{\alpha}{3}$를 얻는다. 따라서 균형가격은 $p^* = 4 + \frac{\alpha}{3}$이다. 따라서 기업 1의 한계비용이 상승하면(α값이 커지면) 가격은 상승하지만 기업 2의 생산량은 증가한다. 그리고 기업 2의 이윤은 $(4 + \frac{\alpha}{3})^2$이므로 기업 1의 한계비용이 상승하면 이윤은 증가한다. 기업 1이 철수하면 시장은 독점화될 것이므로 균형가격은 $p_M = 6$이 되므로 현재보다 상승한다. 그리고 베르뜨랑 모형에서와 같이 가격경쟁을 하는 경우 기업 2는 기업 1의 한계비용보다 조금 낮으면서 기업 1이 손해를 보는 수준에서 가격을 책정함으로써 기업 1의 퇴출을 유도할 것이다. 그 결과 과점시장의 구조에서 독점으로 이행할 것이므로 가격은 기업 2의 한계비용인 0에 가까운 수준에서 결정되지 않는다.

08 **역수요함수가 $p = 84 - y$인 시장에서 선도기업 1과 추종기업 2가 슈타켈버그 경쟁**(Stackelberg competition)**을 한다. 기업 1과 기업 2의 한계비용이 각각 21과 0일 때 기업 1의 생산량은?**

2020년 공인회계사

① 7　② 10.5　③ 21
④ 31.5　⑤ 63

hint

슈타켈버그 모형은 순차게임의 대표적인 예로 역진귀납을 통해 답을 구해낸다. 선도자는 추종자의 반응곡선(최적 대응곡선) 상에서 이윤이 극대화되는 점을 찾는다.

1. 기업 2의 이윤극대화 문제

$\max \pi_2 = (84 - y_1 - y_2)y_2 \Rightarrow \frac{\partial \pi_2}{\partial y_2} = 84 - y_1 - 2y_2 = 0 \Rightarrow$ 기업 2의 반응곡선 : $y_2 = \frac{84 - y_1}{2}$

2. 기업 1의 이윤극대화 문제

$\max \pi_1 = (84 - y_1 - y_2)y_1 - 21y_1 \text{ s.t. } y_2 = \frac{84 - y_1}{2}$

$\Rightarrow \max \pi_1 = \left(84 - y_1 - \frac{84 - y_1}{2}\right)y_1 - 21y_1$

$\Rightarrow \frac{d\pi_1}{dy_1} = 84 - 2y_1 - 42 + y_1 - 21 = 0 \Rightarrow y_1^* = 21,\ y_2^* = \frac{63}{2}$

09 수요곡선은 우하향하며, 다수의 기업이 존재하는 시장이다. 시장의 경쟁 상태에 따른 균형에 대한 설명 중 옳은 것을 모두 고른 것은? 단, 기업들의 생산기술은 서로 다르며, 모든 시장균형은 존재한다. 2016년 보험계리사

㉠ 평균비용곡선이 U 형태라면, 독점적 경쟁시장의 장기균형가격은 완전경쟁시장의 장기균형가격보다 반드시 높다. ㉡ 수량경쟁을 하는 과점시장(Cournot 경쟁시장)의 균형가격은 완전경쟁시장의 장기균형가격보다 낮을 수 없다. ㉢ 가격경쟁을 하는 과점시장(Bertrand 경쟁시장)의 균형가격은 완전경쟁시장의 장기균형가격과 동일하다.

① ㉠, ㉡ ② ㉠, ㉢

③ ㉡, ㉢ ④ ㉠, ㉡, ㉢

hint

㉠ (O), 독점적 경쟁시장의 장기균형은 LAC의 최저점보다 좌측에 나타난다.

㉡ (O)

㉢ (×), 예를 들어 2개의 기업이 있는 경우 완전경쟁균형가격은 비용이 낮은 기업의 한계비용과 같아지지만 베르뜨랑 경쟁시장의 균형가격은 (일정한 가정 하에) 비용이 높은 기업의 한계비용과 같아진다.

정답 7 ① 8 ③ 9 ①

10 **어느 복점시장에서 시장수요의 역함수는 $P = 130 - 2Q$이며, 두 기업 모두에게 고정비용은 없고, 한계비용은 10으로 일정하다. 다음 설명 중 가장 옳지 않은 것은?** (단, P는 시장가격, Q는 두 기업 생산량의 합)

2009년 공인회계사

① 베르뜨랑(Bertrand) 균형에서 $P = 10$, $Q = 60$이다.

② 베르뜨랑 균형에서 사회적 잉여가 극대화된다.

③ 베르뜨랑 모형에서는 두 기업이 자신의 가격을 독립적으로 동시에 결정하며, 꾸르노(Cournot) 모형에서는 두 기업이 자신의 생산량을 독립적으로 동시에 결정한다.

④ 꾸르노 모형에서 두 기업의 반응곡선은 모두 우하향한다.

⑤ 꾸르노 균형에서의 시장거래량은 베르뜨랑 균형에서의 시장거래량보다 많다.

hint

두 기업의 한계비용이 10으로 동일하기 때문에 두 기업 모두 $P_1 = P_2 = 10$으로 결정하는 것만이 유일한 베르뜨랑 균형이다. 따라서 두 기업이 가격을 전략변수로 이용하는 베르뜨랑 모형에서 균형가격은 $P = 10$이고, 균형생산량은 $Q = 60$으로서 각 기업은 $Q_1 = Q_2 = 30$을 생산한다. 반면 두 기업이 생산량을 전략변수로 이용하는 경우 균형가격은 $P = 50$이고, 균형생산량은 $Q_1 = Q_2 = 20$이다. 개별 기업의 한계비용이 동일하므로 베르뜨랑 균형은 곧 완전경쟁균형과 일치하므로 사회적 잉여가 극대화된다.

11 서울과 제주도 간 노선을 운항하는 두 항공사 1, 2가 있는데, 각 항공사는 다음과 같은 수요곡선에 직면해 있다 하자. 이 두 항공사 이외에는 이 노선을 운항하는 항공사가 없다고 할 때 다음 설명 중 옳은 것은? 단, P_1, P_2는 왕복요금을 나타내며 Q_1, Q_2는 승객 수를 나타낸다. 그리고 승객당 한계비용은 두 항공사 모두 10이라고 가정한다. 다음 보기 중 옳은 것은?

$$Q_1 = 1{,}000 - 2P_1 + P_2$$
$$Q_2 = 1{,}000 - 2P_2 + P_1$$

① 두 항공사의 서비스는 완전한 대체재이다.
② 두 항공사가 승객 수를 가지고 경쟁하는 경우에는 파레토 효율적인 결과를 달성한다.
③ 두 항공사가 가격을 가지고 경쟁하는 경우와 승객 수를 가지고 경쟁하는 경우 균형가격은 다르지만 균형거래량은 차이가 없다.
④ 두 항공사가 가격을 가지고 경쟁하는 경우와 승객 수를 가지고 경쟁하는 경우 균형거래량은 다르지만 균형가격은 차이가 없다.
⑤ 두 항공사가 가격을 가지고 경쟁하는 경우와 승객 수를 가지고 경쟁하는 경우 균형가격과 균형거래량이 달라진다.

hint

1. 베르뜨랑 균형

$\max\ \pi_1 = P_1(1{,}000 - 2P_1 + P_2) - 10(1{,}000 - 2P_1 + P_2)$

1계 조건 : $\dfrac{\partial \pi_1}{\partial P_1} = 1{,}000 - 4P_1 + P_2 + 20 = 0$

$\Rightarrow$ 기업 1의 반응곡선 : $P_1 = \dfrac{1{,}020 + P_2}{4}$, 같은 식으로 기업 2의 반응곡선 : $P_2 = \dfrac{1{,}020 + P_1}{4}$

$\Rightarrow P_1 = P_2 = 340,\ Q_1 = Q_2 = 660,\ \pi_1 = \pi_2 = 217{,}800$

2. 꾸르노 균형

주어진 수요함수들을 역수요함수의 형태로 정리하면 다음과 같다.

$P_1 = 1{,}000 - \frac{2}{3}Q_1 - \frac{1}{3}Q_2$

$\pi_1 = \left(1{,}000 - \frac{2}{3}Q_1 - \frac{1}{3}Q_2\right)Q_1 - 10Q_1 \Rightarrow$ 1계 조건 : $\dfrac{\partial \pi_1}{\partial Q_1} = 1{,}000 - \frac{4}{3}Q_1 - \frac{1}{3}Q_2 - 10$

$\Rightarrow$ 기업 1의 반응곡선 : $Q_1 = \dfrac{2{,}970 - Q_2}{4}$, 같은 식으로 기업 2의 반응곡선 : $Q_2 = \dfrac{2{,}970 - Q_1}{4}$

$\Rightarrow Q_1 = Q_2 = 594,\ P_1 = P_2 = 406,\ \pi_1 = \pi_2 = 235{,}224$

정답 10 ⑤ 11 ⑤

12 한 마을에 빵가게와 떡가게가 서로 경쟁하고 있다. 빵(x)과 떡(y)의 가격이 각각 p_x와 p_y일 때, 빵과 떡의 수요 q_x, q_y는 다음과 같다.

$$q_x = 9 - 2p_x + p_y \quad q_y = 9 - 2p_y + p_x$$

빵과 떡 한 단위 생산에 각각 3의 비용이 든다. 이윤을 극대화하는 두 가게가 동시에 가격을 결정할 때, 다음 설명 중 옳은 것은? 2016년 공인회계사

가. 두 가게의 최적 대응함수(best response function)는 상대방 선택에 대해 비선형(non-linear)이다.
나. 두 가게의 최적 대응함수를 그리면 45°선을 기준으로 대칭이다.
다. 내쉬균형에서 두 가게는 모두 가격을 6으로 설정한다.
라. 두 가게가 담합하면 더 큰 이윤을 얻을 수 있다.

① 가, 나　　② 가, 다　　③ 나, 다
④ 나, 라　　⑤ 다, 라

hint

이것은 가격을 전략변수로 하는 베르뜨랑 모형에 해당한다. 이 경우 각 기업의 이윤은 다음과 같이 정의된다.

$$\Pi_x = p_x \cdot q_x - 3q_x = (p_x - 3)(9 - 2p_x + p_y)$$
$$\Pi_y = p_y \cdot q_y - 3q_y = (p_y - 3)(9 - 2p_y + p_x)$$

각 기업의 이윤극대화 조건은 다음과 같다.

$$\frac{d\Pi_x}{dp_x} = 15 - p_y - 4p_x = 0 \rightarrow p_x = \frac{15 + p_y}{4}$$
$$\frac{d\Pi_y}{dp_y} = 15 - p_x - 4p_y = 0 \rightarrow p_y = \frac{15 + p_x}{4}$$

이 두 조건을 동시에 만족하는 가격을 구하면 $p_x = p_y = 5$이다. 그리고 두 최적 대응함수는 45°선을 기준으로 대칭임을 알 수 있다.

두 기업이 담합하여 결합이윤을 극대화하려 할 때 이윤극대화 문제는 다음과 같다.

$$\max \Pi_{x+y} = p_x(9 - 2p_x + p_y) + p_y(9 - 2p_y + p_x) - 3(9 - 2p_x + p_y) - 3(9 - 2p_y + p_x)$$
$$\frac{\partial \Pi_{x+y}}{\partial p_x} = 9 - 4p_x + p_y + p_y + 6 - 3 = 0$$
$$\frac{\partial \Pi_{x+y}}{\partial p_y} = p_x + 9 - 4p_y + p_x - 3 + 6 = 0$$

정리하면 $p_x = p_y = 6$, $q_x = q_y = 3$, $\Pi_{x+y} = 18$

13 어느 복점시장에서 차별화된 재화를 생산하는 두 기업(A, B)이 동시에 자신의 가격을 결정한다. 두 기업의 수요함수와 비용함수는 다음과 같다.

$$Q_A = \alpha_0 - \alpha_1 P_A + \alpha_2 P_B$$
$$Q_B = \beta_0 - \beta_1 P_B + \beta_2 P_A$$
$$TC_A = c_A Q_A$$
$$TC_B = c_B Q_B$$

다음 설명 중 옳지 않은 것을 모두 고르면? (단, Q_i, P_i, TC_i는 각각 기업 i가 생산하는 재화의 수량, 가격, 비용을 나타낸다. α_0, α_1, α_2, β_0, β_1, β_2, c_A, c_B는 모두 0보다 큰 상수이다.)

2023년 공인회계사

가. (P_A, P_B) 평면에서 두 기업의 반응곡선은 모두 우하향한다.
나. 두 기업 모두 양(+)의 이윤을 얻는 것은 어느 경우에도 불가능하다.
다. $c_A < c_B$이면 균형에서 기업 B의 이윤은 항상 0이다.

① 가 ② 나 ③ 다
④ 나, 다 ⑤ 가, 나, 다

hint

구체적인 계산을 해서 푸는 문제는 아니고 차별적 베르뜨랑 모형에 대한 기본 지식을 확인하는 문제이다.

가. (×), 차별화 베르뜨랑 모형에서 반응곡선은 모두 우상향한다.
나. (×), 차별화 베르뜨랑 모형에서는 일반적으로 두 기업이 모두 양(+)의 이윤을 얻는다.
다. (×), 차별화 베르뜨랑 모형에서는 약간의 비용상 열위가 있어도 양(+)의 이윤을 얻을 수 있다. (만약 동질적 베르뜨랑 모형이라면 이는 옳은 명제가 된다.)

정답 12 ④ 13 ⑤

14 **차별적 과점시장에서 활동하는 두 기업 1, 2가 직면하는 수요곡선은 다음과 같다. 두 기업은 가격을 전략변수로 이용하며, 기업 1이 먼저 가격을 책정하면 기업 2는 이를 관찰한 후 가격을 정한다. 두 기업의 균형가격을 옳게 짝지은 것은?** (단, Q_1은 기업 1의 생산량, Q_2는 기업 2의 생산량, P_1은 기업 1의 가격, P_2는 기업 2의 가격이고, 각 기업의 한계비용과 고정비용은 0이다.)

2020년 국가직 7급

- 기업 1의 수요곡선 : $Q_1 = 20 - P_1 + P_2$
- 기업 2의 수요곡선 : $Q_2 = 32 - P_2 + P_1$

	P_1	P_2		P_1	P_2
①	34	32	②	36	34
③	38	36	④	40	38

hint

이 문제는 독자적 행동 가격선도자 모형으로서 슈타켈버그 모형의 일종으로 볼 수 있다. 일반적으로 슈타켈버그 모형은 수량을 전략변수로 사용하지만 슈타겔버그가 전략변수를 수량으로 제한하지 않았기 때문에 가격으로 경쟁하는 순차게임 역시 슈타켈버그 모형의 일종으로 볼 수 있다. 이름이야 뭐라고 하든 이 문제도 역진귀납법을 통해 답을 찾으면 된다. 즉, 기업 2의 반응곡선 상에서 기업 1의 이윤이 극대화되는 점을 찾으면 된다.

1. 기업 2의 이윤극대화 문제

$$\max\ \pi_2 = (32 - P_2 + P_1)P_2 \Rightarrow \frac{\partial \pi_2}{\partial P_2} = 32 - 2P_2 + P_1 = 0 \Rightarrow \text{기업 2의 반응곡선} : P_2 = \frac{32 + P_1}{2}$$

2. 기업 1의 이윤극대화 문제

$$\max\ \pi_1 = (20 - P_1 + P_2)P_1 \text{ s.t. } P_2 = \frac{32 + P_1}{2}$$

$$\Rightarrow \max\ \pi_1 = \left(20 - P_1 + \frac{32 + P_1}{2}\right)P_1 \Rightarrow \frac{d\pi_1}{dP_1} = 20 - 2P_1 + 16 + P_1 = 0 \Rightarrow P_1^* = 36,\ P_2^* = 34$$

15 **여러 기업들이 활동하는 과점시장에서 한 기업이 다른 기업에 비해 압도적인 시장지배력을 가진 경우를 분석하는 것이 지배적 기업 모형**(Dominant firm model)**이다. 시장지배력을 가진 기업을 지배적 기업, 나머지 기업을 추종기업이라고 한다. 이 모형에 대한 설명으로 옳은 것은?**

① 지배적 기업은 시장수요곡선으로부터 한계수입곡선을 유도한 후 가격을 책정한다.

② 추종기업들은 지배적 기업이 가격을 책정하면 이 가격을 그대로 수용하는 가격수용자로 행동한다.

③ 지배적 기업은 추종기업들과 함께 가격을 책정한다.

④ 추종기업들이 가격을 책정하면 지배적 기업은 이를 수용하거나 거부할 수 있다.

⑤ 가격선도 모형의 일종으로서 나중에 가격을 책정하는 기업들이 유리하다.

hint

지배적 기업 모형은 과점시장의 협조적 모형 가운데 하나이다. 또한 이 모형은 가격선도 모형(price leadership model)의 일종이다. 지배적 기업은 나머지 추종기업들이 가격수용자로서 행동할 것이라는 사실을 알고 있다. 따라서 자신이 얼마의 가격을 책정하든 이들에 의해 공급되는 수량을 계산할 수 있다. 이 공급량을 시장수요로부터 공제해 얻는 것이 바로 자신에 대한 시장수요, 즉 잔여수요(residual demand)이다. 지배적 기업은 잔여수요곡선으로부터 한계수입곡선을 유도한 후 자신의 한계비용곡선과 교차하는 수준에서 가격을 책정하고 생산량을 결정한다. 그러면 추종기업들은 지배적 기업이 책정한 가격을 그대로 수용하면서 지배적 기업이 공급한 수량을 제외한 나머지를 공급함으로써 시장균형이 성립한다.

16 다음의 경제에서 재화의 가격은 얼마에 설정되는가? 2014년 국회 8급

> 어느 재화에 대한 시장수요함수가 $P = 60 - 2Q$이다. 이 재화를 생산하는 지배적 기업이 하나 있고 나머지 군소기업들은 지배적 기업이 결정한 가격을 따른다. 지배적 기업을 제외한 군소기업들의 재화의 공급함수는 $P = 2Q_F$이고 지배적 기업의 한계비용함수는 $MC = Q_D$이다. (Q_D : 지배적 기업의 생산량, Q_F : 나머지 군소기업들의 생산량, P : 가격, MC : 한계비용, Q : 시장산출량($Q_D + Q_F$))

① 10　② 20
③ 24　④ 30
⑤ 36

hint

지배적 기업 모형(dominant firm model)에서는 시장수요에서 가격수용적인 추종자들의 공급을 제외해 자신에 대한 잔여수요곡선(residual demand curve)를 유도해야 한다. 잔여수요는 시장 전체 수요에서 추종자들의 공급량을 공제한 후 다음과 같이 구한다.

$$Q_D = Q - Q_F = 30 - \frac{P}{2} - \frac{P}{2} = 30 - P \rightarrow P = 30 - Q_D$$

잔여수요곡선으로부터 지배적 기업의 한계수입곡선 $MR_D = 30 - 2Q_D$를 구할 수 있다. 따라서 지배적 기업의 이윤극대화 조건은 $MR_D = 30 - 2Q_D = MC = Q_D$이다. 그러므로 지배적 기업은 $Q_D = 10$만큼 생산하며, 이때 가격을 $P_D = 20$으로 책정한다. 그러면 이 가격에 추종자들은 $Q_F = 10$단위를 생산함으로써 시장수요 20단위와 균형을 이룬다.

정답　14 ②　15 ②　16 ②

17 **과점시장을 설명하는 모형 중 하나인 굴절수요곡선 모형에 대한 설명으로 옳지 않은 것은?**

① 개별 기업이 직면하는 수요곡선과 시장수요곡선 모두 동일한 가격수준에서 굴절된다.

② 자신이 가격을 인하하는 경우 다른 기업도 가격을 인하한다고 가정한다.

③ 자신이 가격을 인상하는 경우 다른 기업은 가격을 고수한다고 가정한다.

④ 자신의 한계비용이 어느 정도 변하더라도 균형가격이나 균형생산량은 변하지 않는다.

⑤ 과점기업의 한계수입곡선은 불연속적인 곡선의 특징을 갖는다.

hint

굴절수요곡선(kinked demand curve) 모형은 과점시장을 설명하는 가장 오래된 모형이다. 이 모형은 역사적으로 과점시장에서는 비용의 변화가 있음에도 왜 가격이 안정적으로 유지되는가를 설명하기 위해 고안되었다. 그러나 이 모형은 몇 가지 한계가 있다. 우선 이 모형은 꾸르노 모형이나 베르뜨랑 모형과 같이 균형의 존재를 보여주는 모형이 아니라 기존의 균형이 왜 안정적인가를 설명하는 모형이다. 둘째 굴절수요곡선 모형은 개별 기업의 행동에 대한 특정한 가정을 전제로 한다. 특정한 가정이란 자신이 가격을 인상하면 다른 기업은 가격을 고수하고($dP_2/dP_1=0$), 자신이 가격을 인하하면 다른 기업도 같이 인하한다($dP_2/dP_1>0$)는 것을 말한다. 이로 인해 개별 기업은 자신의 제품에 대한 수요곡선이 현재의 균형점을 중심으로 기울기가 비대칭인 굴절수요곡선의 형태를 갖게 된다고 믿는다. 그 결과 개별 기업의 한계수입곡선은 불연속적인 구간을 포함하는 곡선이 되며, 이로 인해 한계비용이 어느 정도 변하더라도 $MR=MC$를 만족하는 균형점에는 변화가 없게 된다. 그러나 이것은 다른 기업의 반응에 대해 형성할 수 있는 수많은 가능성 가운데 하나일 뿐이다.

18 **보몰과 윌릭 등이 주장한 경합시장이론(contestable market theory)은 독점규제정책에 있어 중요한 영향을 미친 이론이다. 경합시장이론이 설명하는 바를 잘 설명한 것은?**

① 독점기업의 가격차별을 금지해야 한다.

② 과점기업의 담합을 금지해야 한다.

③ 기업들이 수량경쟁을 하는 경우보다 가격경쟁을 하는 경우 자원배분이 효율적이다.

④ 규모의 경제가 있을 때 독점기업을 규제하기는 힘들다.

⑤ 독점규제의 기준은 기업의 수가 아닌 진입장벽 여부가 되어야 한다.

hint

경합시장은 진입과 퇴거장벽이 전혀 존재하지 않는 시장으로 개별 기업은 $P=MC$에서 생산하므로 자원배분이 효율적이다. 즉, 산업정책적인 측면에서 직접적인 규제보다 진입장벽을 낮추는 정책을 통해 효율적인 자원배분이 가능함을 시사한다.

19 다음 중 과점시장에 대한 설명으로 가장 잘못된 것은?

① 꾸르노 모형과 베르뜨랑 모형은 동시진행게임의 일종이다.
② 슈타켈버그 모형은 순차게임의 일종이다.
③ 스위지의 굴절수요곡선 모형에서 한계수입곡선은 수직인 구간이 나타난다.
④ 비용할증 모형의 경우 고정비용이 상승해도 가격은 영향을 받지 않는다.
⑤ 굴절수요곡선 모형은 불완전한 대체재 및 비협조적 행동을 전제한다.

hint

③ (O), 굴절이 이루어지는 수량에서는 한계수입곡선이 수직으로 나타내어질 수도 있고 비어 있는 구간으로 나타내어질 수도 있다.
④ (×), 비용할증 모형의 경우 고정비용이 상승해도 평균비용이 상승하므로 가격이 상승한다.
⑤ (O), 만약 완전대체재를 가정했다면 약간만 가격이 높아도 수요가 0이 되었을 것이다.

정답 17 ① 18 ⑤ 19 ④

제14장 독점적 경쟁시장

Testbank for Economics [microeconomics]

핵 심 출 제 논 점

1. 독점적 경쟁시장의 특징

2. 독점적 경쟁시장의 장 · 단기 균형

I 독점적 경쟁시장

1. 성립조건

■ ① 다수 공급자, ② (수평적) 제품차별화, ③ 자원의 완전이동성(자유로운 진입과 이탈)

2. 이윤극대화 조건

■ 단기 : $P = AR > MR = SMC,\ P \gtreqless SAC$ 장기 : $P = AR > MR = LMC,\ P = LAC$

3. 장기균형의 비교 (완전경쟁 vs 독점적 경쟁)

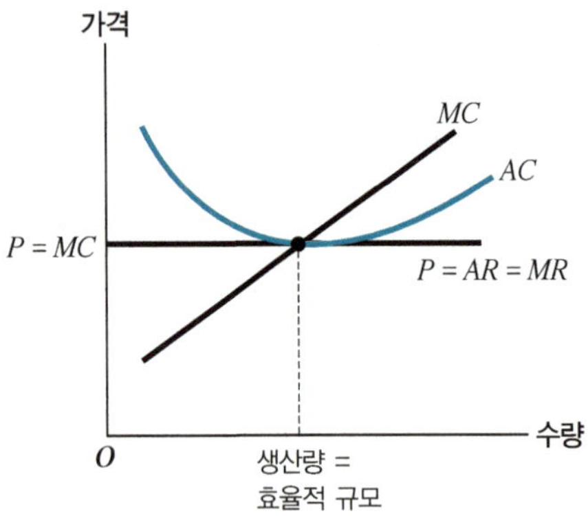

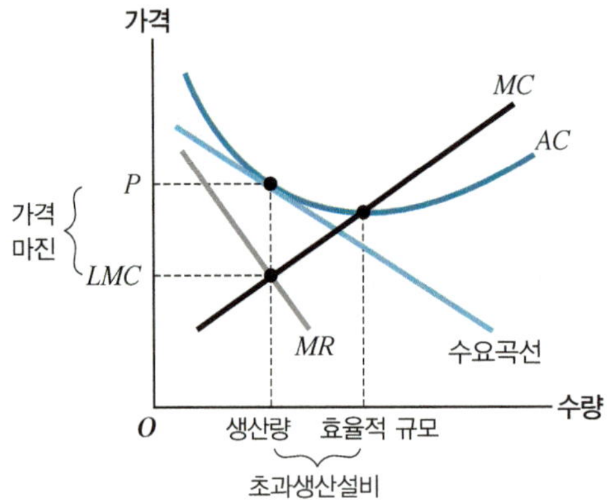

4. 독점적 경쟁시장과 기업의 수 : *PP*-*CC* 모형

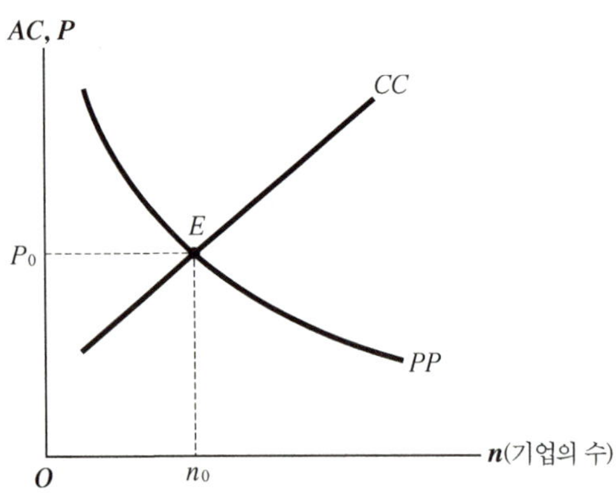

■ *PP*곡선 : 기업의 수 증가 ⇒ 경쟁 심화 ⇒ 가격설정력 하락

■ *CC*곡선 : 기업의 수 증가 ⇒ 기업당 생산량 감소 ⇒ 규모의 경제 미실현 ⇒ 평균비용 상승

5. 자원배분에 대한 평가

- ① $P > MC$이므로 자중손실 유발, ② $P > \min LAC$, ③ 유휴설비의 존재,

  ④ 기업의 수(제품의 수)가 적절하다는 보장이 없음(과소차별화, 과잉차별화).

  그러나 제품다양화 이득이 존재하므로 완전경쟁보다 반드시 후생이 낮다는 평가는 불가

Part-1 기본 문제

01 독점적 경쟁시장의 장기균형 상태를 가장 잘 표현한 것은?

① $LMC = MR = AR = LAC$
② $LMC < MR = AR = LAC$
③ $LMC = MR < AR = LAC$
④ $LMC = MR < AR < LAC$
⑤ $LMC < MR = AR < LAC$

hint

개별 기업은 장기균형에서 이윤을 극대화하지만 단지 정상이윤만을 얻는다. 이런 조건이 충족되기 위해서는 $LMC = MR < AR = LAC$가 성립해야 한다. $LMC = MR$은 이윤극대화의 조건이고, $AR = LAC$는 정상이윤의 조건이다. $MR < AR$(= 수요곡선)인 것은 수요곡선이 우하향하기 때문이다. (단, $P = AR$이기 때문에 동일한 문제를 AR 대신 P를 사용하여 출제할 수도 있음에 유의하자.)

02 독점적 경쟁시장에 대한 설명으로 옳지 않은 것은? 2014년 국가직 7급

① 진입장벽이 존재하지 않기 때문에 기업의 진입과 퇴출이 자유롭다.
② 개별 기업은 차별화된 상품을 공급하며, 우하향하는 수요곡선에 직면한다.
③ 개별 기업은 자신의 가격책정이 다른 기업의 가격결정에 영향을 미친다고 생각하면서 행동한다.
④ 개별 기업은 단기에는 초과이윤을 얻을 수 있지만, 장기에는 정상이윤을 얻는다.

hint

기업 간의 상호의존성은 과점시장의 가장 큰 특징이다. 독점적 경쟁시장은 다음과 같은 특징을 갖고 있다.

1. 차별화된 상품
2. 다수의 기업
3. 진입과 퇴출의 자유로움
4. 장기무이윤(정상이윤만이 존재)
5. 가격마진의 존재로 인한 비효율성
6. LAC 최저점보다 좌측에서 생산
7. 유휴설비의 존재
8. 광고, 판촉 등 비가격경쟁이 활발함

03 **시장구조를 비교하여 요약 · 정리한 표이다. (ㄱ)~(ㅁ) 중 옳지 않은 것은?** (단, MR은 한계수입, MC는 한계비용, P는 가격이다.)

2022년 감정평가사

속성	완전경쟁시장	독점적 경쟁시장	독점시장
이윤극대화 조건	(ㄱ)$MR = MC$	$MR = MC$	(ㄴ)$MR = MC$
균형가격	(ㄷ)$P = MC$	(ㄹ)$P = MC$	$P > MC$
상품 성격	동질적	(ㅁ)이질적	동질적

① ㄱ ② ㄴ ③ ㄷ
④ ㄹ ⑤ ㅁ

hint

④ (×), 독점적 경쟁시장에서 $P > MC$가 성립한다.

04 **독점적 경쟁시장의 특성에 해당하는 것을 모두 고른 것은?** (단, 독점적 경쟁시장의 개별 기업은 이윤극대화를 추구한다.)

2016년 감정평가사

ㄱ. 개별 기업은 한계수입이 한계비용보다 높은 수준에서 산출량을 결정한다.
ㄴ. 개별 기업은 한계수입이 가격보다 낮은 수준에서 산출량을 결정한다.
ㄷ. 개별 기업이 직면하는 수요곡선은 우하향한다.
ㄹ. 개별 기업의 장기적 이윤은 0이다.

① ㄱ, ㄴ ② ㄱ, ㄷ ③ ㄷ, ㄹ
④ ㄱ, ㄴ, ㄹ ⑤ ㄴ, ㄷ, ㄹ

hint

ㄱ. (×), 이러한 경우라면 기업은 생산을 늘릴 것이다.
ㄴ. (○), 이윤극대화 상태에서 $P = AR > MR = MC$가 성립한다.
ㄷ. (○), 제품이 차별화되어 있으므로 개별 기업은 가격을 어느 정도 인상하더라도 수요량이 0이 되지 않는다.
ㄹ. (○)

정답 1 ③ 2 ③ 3 ④ 4 ⑤

05 완전경쟁시장과 독점적 경쟁시장에 공통으로 해당하는 설명을 모두 고르면?

2012년 공인회계사 응용

가. 가격이 한계비용과 같다.
나. 단기균형에서 기업의 초과이윤은 0이다.
다. 산업에의 진입 및 탈퇴가 자유롭다.
라. 장기균형에서 기업의 초과이윤은 0이다.
마. 장기평균비용이 최소가 되는 점에서 생산이 일어난다.

① 가, 나
② 가, 마
③ 나, 다, 마
④ 나, 라
⑤ 다, 라

hint

완전경쟁시장에서는 가격 = 한계비용에서 시장균형이 성립하지만, 독점적 경쟁시장에서는 가격 > 한계비용이다. 단기에서 완전경쟁시장에서는 개별 기업이 초과이윤을 얻을 수도 있고 손실을 볼 수도 있다. 독점적 경쟁시장에서 개별 기업은 일반적으로 초과이윤을 얻지만 시장점유율이 낮은 경우에는 손실을 볼 수도 있다. 산업의 진입 및 탈퇴가 자유롭다는 점과 장기에서는 정상이윤을 얻는다는 점은 두 시장에서 공통적이다.

정답 5 ⑤

Part-2 실전 문제

01 독점적 경쟁의 특징으로 맞는 것은? 2007년 국가직 7급

가. 기업들이 소비자의 성향에 따라 제품을 차별화한다.
나. 산출량 수준이 비효율적이다.
다. 유휴설비가 존재한다.
라. 상품의 질, AS 등의 비가격경쟁을 한다.
마. 이윤극대화보다 판매극대화 전략의 영업전략을 세운다.

① 가, 나, 다 ② 가, 라, 마 ③ 가, 나, 다, 마
④ 가, 나, 다, 라 ⑤ 나, 다, 라, 마

hint

가, 나, 다, 라는 독점적 경쟁시장에서 활동하는 기업이 취하는 전형적인 행동이다. 이런 기업도 이윤극대화를 추구한다는 사실에는 변함이 없다. 독점적 경쟁시장의 특징을 정리하면 다음과 같다.

1. 차별화된 상품
2. 다수의 기업
3. 진입과 퇴출의 자유로움
4. 장기무이윤(정상이윤만이 존재)
5. 가격마진의 존재로 인한 비효율성
6. LAC 최저점보다 좌측에서 생산
7. 유휴설비의 존재
8. 광고, 판촉 등 비가격경쟁이 활발함

정답 1 ④

02 독점적 경쟁산업에서 차별화된 TV를 생산하고 있는 한 기업의 제품 가격이 높아질 때 그 제품에 대한 수요량의 변화에 대한 설명이다. 옳은 설명을 모두 고른 것은? 2006년 공인회계사

가. TV 구입을 포기하는 소비자들이 발생하여 수요량이 감소한다.
나. 다른 속성을 가진 TV로 대체하려는 소비자들이 발생하여 수요가 감소한다.
다. 다른 기업이 생산하는 제품의 가격도 같이 높아져 수요량은 감소하지 않는다.

① 가 ② 나 ③ 다
④ 가, 나 ⑤ 나, 다

hint

기업 간의 전략적인 상호의존관계는 과점시장의 가장 중요한 특징이다. 독점적 경쟁시장의 기업들은 한 기업이 제품 가격을 높일 때 다른 기업도 이에 대응해 가격을 높이거나 낮출 것으로 기대하지 않는다. 따라서 자신의 제품에 대한 수요가 감소할 것이며, 이런 소비자들은 다른 대체품으로 이동할 것이다.

03 독점적 경쟁기업의 독점력에 대한 다음의 서술 중 타당하지 않은 것은?

① 기업의 수가 증가할수록 독점력은 감소한다.
② 개별 기업이 직면하는 수요곡선의 기울기가 완만할수록 독점력이 작다는 것을 의미한다.
③ 기업의 진입과 퇴출이 자유로울수록 독점력은 감소한다.
④ 상품들이 서로 밀접한 대체관계에 있을수록 독점력은 감소한다.
⑤ 소비자가 상품에 대한 정보를 많이 갖는 것과 독점력은 무관하다.

hint

독점적 경쟁시장은 독점의 요소와 경쟁의 요소를 동시에 가지고 있는 다소 모호한 시장조직의 한 종류다. 독점적 경쟁기업의 경우 독점력은 곧 이 기업의 시장점유율과 밀접하게 관련되어 있다. 이 시장에서 활동하는 기업이 증가한다는 것은 곧 개별 기업의 시장점유율이 점점 감소한다는 것을 의미하며, 이것은 독점력이 약화된다는 것을 의미한다. 그리고 이것은 이 기업이 직면하는 수요곡선의 기울기가 점점 완만해진다는 것을 의미한다. 이와 같이 개별 기업의 독점력은 기업의 수가 증가할수록, 즉 대체재가 많아질수록 감소하게 된다. 그런데 이 시장에 어떤 기업들이 활동하는가에 대한 정보가 부족하다면 여전히 독점력을 유지할 수 있다. 이 경우에도 정보는 중요하다.

04 독점적 경쟁시장에 관한 설명으로 옳지 않은 것은? 2013년 공인노무사

① 시장에 다수의 기업이 존재한다.

② 상품의 형태나 모양으로는 차별화할 수 없다.

③ 장기균형에서 초과생산설비가 존재한다.

④ 장기균형에서 경제적 이윤이 발생하지 않는다.

⑤ 균형에서의 가격이 한계비용보다 높다.

hint

형태, 모양 등에 의한 차별화를 수평적 차별화, 품질수준에 따른 차별화를 수직적 차별화라고 한다. 독점적 경쟁시장에서 전제하는 차별화는 수평적 차별화이다.

05 다음에서 독점적 경쟁에 관한 설명으로 옳은 것을 모두 고르면? 2011년 국회 8급

ㄱ. 독점적 경쟁기업은 장기에는 정상이윤만을 얻는다.

ㄴ. 시장 진입과 퇴거가 자유롭다.

ㄷ. 수요곡선이 한계비용곡선에 접할 때 장기균형점에 도달한다.

ㄹ. 각 기업이 생산하는 재화의 이질성이 높을수록 초과설비 규모가 커진다.

ㅁ. 상품에 대한 수요는 순수독점기업일 때보다는 덜 탄력적이고 완전경쟁기업일 때보다는 더 탄력적이다.

ㅂ. 독점적 경쟁기업이 생산하는 재화는 서로 대체성이 높으므로 각 기업이 생산하는 재화 간의 교차탄력성은 0보다 크다.

① ㄴ, ㄹ　② ㄱ, ㄷ, ㅁ, ㅂ　③ ㄱ, ㄴ, ㄷ, ㄹ, ㅁ

④ ㄱ, ㄴ, ㄹ, ㅂ　⑤ ㄱ, ㄴ, ㄷ, ㄹ, ㅂ

hint

잘못된 보기들을 바로잡으면 다음과 같다.

ㄷ. 수요곡선이 장기평균비용곡선에 접할 때 장기균형점에 도달한다.

ㅁ. 기업이 직면하는 수요는 순수독점기업일 때보다는 더 탄력적이고 완전경쟁기업일 때보다는 덜 탄력적이다.

정답　2 ④　3 ⑤　4 ②　5 ④

06 한 산업 내에 제품들이 서로 다양하게 차별화되어 있고 각 제품들은 한 기업에 의해서만 공급되는 시장을 독점적 경쟁시장이라고 한다. 다음 중 독점적 경쟁시장에 관한 설명으로 가장 타당하지 않은 것은? 2006년 공인노무사

① 각 기업들은 단기적으로 이윤을 볼 수 있다.

② 시장 진입과 탈퇴가 자유스럽게 이루어지는 장기에서는 각 기업들은 가격과 한계비용을 일치시키도록 생산하게 되고 이윤도 제로(0)가 된다.

③ 장기적으로 각 기업들은 단위 생산원가를 최저수준으로 하는 최적 생산규모에 비해 생산은 더 적게 한다.

④ 독점적 경쟁시장에서는 생산비 이외에 과다한 홍보 경쟁으로 과다한 광고비 지출이 이루어질 수 있다.

⑤ 독점적 경쟁시장이 비용 면에서는 부정적이지만 소비자 수요의 다양성을 충족시킨다는 면에서는 긍정적이다.

hint

① (○), 단기적으로는 모든 시장에 초과이윤이 발생할 수 있다.

② (×), 독점적 경쟁시장에서 장기적으로 $P = LAC > LMC$가 성립한다.

③ (○), 각 기업은 LAC곡선의 우하향하는 구간에서 생산한다.

④ (○)

⑤ (○)

07 독점적 경쟁시장에 참여하는 기업이 장기균형에서 Q^*개의 상품을 생산하고 있다고 하자. Q^*에 대한 설명으로 옳은 것은? (단, 생산요소시장은 완전경쟁적이다.) 2008년 감정평가사

① Q^*는 가격과 한계비용이 같은 생산량 수준보다 작다.

② Q^*는 한계수입과 한계비용이 같은 생산량 수준보다 크다.

③ Q^*는 한계비용과 평균총비용이 같은 생산량 수준보다 크다.

④ Q^*는 수요곡선과 평균총비용이 접하는 생산량 수준보다 작다.

⑤ Q^*는 평균총비용이 최소화되는 생산량 수준보다 크다.

hint

독점적 경쟁시장에서의 장기균형은 오른쪽 그림에서처럼 수요곡선과 장기평균비용곡선이 접하는 곳에서 이루어진다.

따라서 독점적 경쟁시장의 시장의 장기균형 상태에서는 $P = LAC > MR = LMC$가 성립한다.

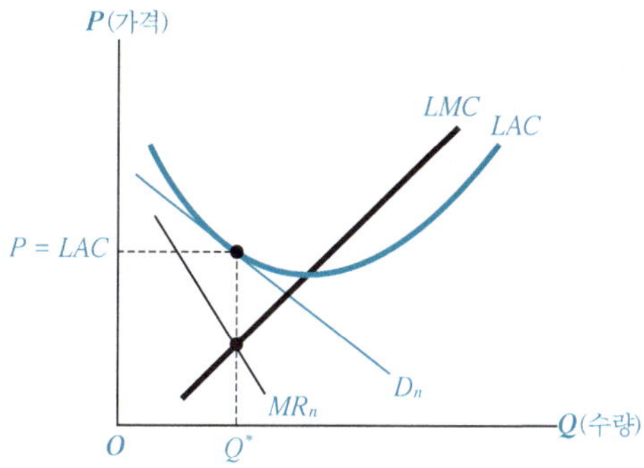

08 시장구조에 대한 다음 설명 중 옳은 것을 모두 고르면?

2022년 공인회계사

가. 완전경쟁기업의 경우 생산요소의 공급이 비탄력적일수록 단기공급곡선의 기울기가 가파르다.

나. 수요의 가격탄력성이 1일 때 독점기업의 한계수입은 0이다. (단, 수요곡선은 우하향한다.)

다. 독점기업이 직면하는 수요가 가격탄력적일수록 독점가격은 완전경쟁가격에 가깝다.

라. 독점적 경쟁시장에 참여하는 기업의 장기균형생산량은 평균총비용이 최소화되는 생산량 수준에서 결정된다.

① 가, 나　② 나, 라　③ 다, 라
④ 가, 나, 다　⑤ 가, 다, 라

hint

가. (O)

나. (O), $MR = P\left(1 - \frac{1}{\varepsilon}\right)$에서 $\varepsilon = 1$이면 $MR = 0$이다.

다. (O), $\frac{P - MC}{P} = \frac{1}{\varepsilon}$에서 ε이 클수록 P가 MC와 가까워진다.

라. (×), 독점적 경쟁시장의 장기균형 조건 $P = AR = LAC > MR = LMC$에서 LAC가 우하향하는 구간에서 생산이 이루어진다.

정답　6 ②　7 ①　8 ④

09 독점적 경쟁시장과 관련된 다음 설명 중 맞는 것을 모두 고른 것은?

> a. 장기균형 상태에서 가격은 평균비용의 최저수준과 일치하는 경우도 있다.
> b. 단기균형에서 개별 기업들은 항상 초정상이윤을 얻는다.
> c. 소비자들이 제품에 대한 정보를 많이 가질수록 개별 기업의 시장지배력은 감소한다.
> d. 장기균형 상태에서 사회적으로 바람직한 제품차별화가 이루어진다는 보장이 없다.
> e. 단기든 장기든 개별 기업은 다른 기업의 행동을 고려해 전략적으로 행동하지 않는다.
> f. 완전경쟁시장에 비해 사회후생이 항상 낮다.

① a, b, c　② b, c, d, e
③ c, d, e　④ b, c, d
⑤ a, b, c, d, e

hint

잘못된 내용들을 정정하면 다음과 같다.

a. 장기균형 상태에서 가격은 평균비용의 최저수준보다 항상 높다.
b. 단기균형에서 개별 기업들은 항상 초정상이윤을 얻을 수도 있고 손실을 얻을 수도 있다.
f. 제품차별화로 인한 이익이 있지만 독점적 경쟁의 비효율성도 있기 때문에 완전경쟁시장과 독점적 경쟁시장의 후생을 일률적으로 비교할 수는 없다.

10 독점적 경쟁시장에서 조업하는 A기업의 비용함수는 $C(Q)=Q^2+2$이다. 이 시장의 기업 수가 n일 때 A기업이 직면하는 개별 수요함수가 $Q=\frac{100}{n}-P$이면, 이 시장의 장기균형에서 기업의 수 n은? 2019년 공인회계사

① 16　② 25　③ 36
④ 49　⑤ 64

hint

장기균형에서 개별 기업이 동일한 수량을 생산한다고 가정하자. 장기균형에서는 다음 두 가지 조건이 성립해야 한다.

개별 수요함수 : $P=\frac{100}{n}-Q$
이윤극대화 조건 : $MR=MC \Rightarrow \frac{100}{n}-2Q=2Q \Rightarrow \frac{100}{n}=4Q$
무이윤 조건 : $P=AR=AC \Rightarrow P=\frac{100}{n}-Q=Q+\frac{2}{Q}$

정리하면 $Q^*=1,\ P^*=3,\ n^*=25$

11 독점적 경쟁시장의 장기균형을 설명하는 $PP-CC$ 모형을 구성하는 함수가 다음과 같다고 하자.

$$PP\text{곡선} : P = 10 + \frac{10}{n}$$
$$CC\text{곡선} : P = 10 + \frac{n}{10}$$

이 모형에서 P는 가격, n은 기업의 수를 의미하며, 각 기업은 1개의 제품을 생산하므로 n은 제품의 수이기도 하다. 다음 중 이 모형에 대한 설명으로 옳은 것은?

① PP곡선은 우하향하는데, 이는 기업의 수가 늘어날수록 기업의 가격설정력이 높아짐을 의미한다.

② CC곡선은 우상향하는데, 이는 기업의 수가 늘어날수록 규모의 경제로 인해 평균비용이 하락함을 반영한다.

③ 장기균형가격은 10이며, 이는 한계비용을 반영한다.

④ 장기균형가격은 11이며, 이는 한계비용보다 높다.

⑤ 진입-이탈의 장벽이 없다면 무수히 많은 기업이 진입할 것이다.

hint

균형조건 : $P = 10 + \frac{10}{n} = 10 + \frac{n}{10}$

⇒ 기업의 수 : $n^* = 10$, 균형가격 : $P^* = 11$

① (×), PP곡선이 우하향하는 것은 기업의 수가 늘어날수록 기업의 가격설정력이 낮아짐을 의미한다.

② (×), CC곡선이 우상향하는 것은 기업의 수가 늘어날수록 규모의 경제를 누릴 수 없음을 반영한다.

③ (×), 장기균형가격은 11이다.

④ (O), 독점적 경쟁의 장기균형에서는 가격이 한계비용보다 높다.

⑤ (×), 이 모형의 장기균형에서 이윤이 0이므로 11개 이상의 기업이 진입하지 않는다.

정답 9 ③ 10 ② 11 ④

제15장 게임이론

Testbank for Economics [microeconomics]

핵 심 출 제 논 점

1. 내쉬균형과 우월전략균형
2. 순차게임과 완전균형

I 게임이론의 기초

1. 우월전략과 열등전략

- 강우월전략 : 다른 어떤 전략과 비교해도 항상 보수가 큰 전략
- 약우월전략 : 다른 어떤 전략과 비교해도 보수가 작은 경우는 없고 큰 경우는 있는 전략
- 강열등전략 : 상대방이 어떤 전략을 선택하는지에 관계없이 자신의 보수를 더 크게 만드는 다른 전략이 존재하는 전략

2. (순수전략)내쉬전략과 내쉬균형

① 각 경기자가 상대방의 주어진 전략에 대해 최선의 전략을 선택하여 어떤 경기자도 자신의 전략을 수정할 유인이 없어진 상태

② 내쉬균형에서는 상대방이 먼저 전략(행동)을 변화시키지 않는 한 내가 먼저 전략(행동)을 변화시킬 유인이 없어진다. (내쉬조건)

③ 우월전략은 상대의 모든 전략에 대해 최선이 되어야 하지만 내쉬균형을 이루는 전략은 주어진 전략에 대해서만 최선이면 된다. 따라서 우월전략균형은 항상 내쉬균형이지만, 내쉬균형이라고 항상 우월전략균형이 되는 것은 아니다.

④ 내쉬균형은 여러 개 존재할 수도 있다.

⑤ 내쉬균형이 반드시 효율적이라는 보장은 없다.

⑥ 순수전략만을 고려할 때 내쉬균형은 존재하지 않을 수도 있다.

3. 혼합전략과 혼합전략 (내쉬)균형

① 여러 개의 순수전략을 확률에 따라 무작위로 선택하는 전략을 혼합전략이라고 하고 이러한 전략의 짝을 혼합전략 균형이라고 한다.

② 혼합전략 하에서는 각 순수전략을 선택하는 확률이 전략이 된다.

③ 혼합전략 하에서의 최적 전략은 결과적으로 상대방이 어떤 선택을 하든지 상대방의 기대보수를 일정하게 유지시키는 전략과 일치한다.

④ 달리 표현하면, 혼합전략 내쉬균형에서 특정 경기자가 양(+)의 확률로 선택할 가능성이 있는 행동들은 해당 경기자에게 동일한 기대보수를 가져다준다.

⑤ 순수전략에 의한 내쉬균형이 존재하지 않더라도 혼합전략 (내쉬)균형은 반드시 존재한다.

4. 최소극대화 전략(maximin strategy)

- 자기가 얻을 수 있는 보수의 최솟값을 극대화하는 전략
- 최소극대화의 해는 내쉬균형과 일치한다는 보장이 없다. 단, 게임이 정합게임(fixed sum game)인 경우에는 최소극대화의 해는 자동적으로 내쉬균형이 된다.

5. 순차게임

- 한 경기자가 먼저 어떤 행동을 취한 다음 다른 경기자가 이를 보고 자신의 행동을 취하게 되는 게임
- 내쉬균형의 존재 정리 : 순수전략 하에서 내쉬균형이 존재하지 않는 경우라 하더라도, 혼합전략 하에서는 내쉬균형이 반드시 존재한다.
- 해의 정제(refinement of solutions) : 내쉬균형이 복수로 존재할 때 바람직한 균형을 찾아내는 과정
- 신뢰성(credibility) : 자신의 선택 순서에서 자신이 약속한 대로 행동하는 것이 스스로에게 유리할 조건
- 완전균형(subgame perfect Nash equilibrium ; SPNE) : 내쉬균형 중 신뢰성 조건을 만족시키는 균형
- 역진귀납(backward induction) : 순서대로 진행되는 일의 결과를 체계적으로 파악하기 위해 가능한 결과를 마지막부터 되짚어 돌아오는 방식

Ⅱ 게임이론의 응용

1. 용의자의 딜레마와 협조의 진화

(1) 정의

- 협력이 이루어진다면 서로에게 유리한 결과를 얻게 됨에도 불구하고 현실적으로 협력이 이루어지지 못하는 상황
- 비협조적 게임의 중요한 특징, 비협조적 경쟁의 한계점을 지적함
- '분권화된 개인의 이기적인 의사결정이 반드시 사회적으로 바람직한 결과를 가져오는 것은 아니라' 는 것을 보인 점에서 전통적 경제학에서의 '보이지 않는 손' 의 한계를 지적
- 사례 : 카르텔의 불안정성, 자유무역의 불안정성, 공공재의 과소공급, 공유자원의 문제

(2) 용의자의 딜레마 해결

① 구속력 있는 협정의 체결

② 정부, 국제기관 등 제3자의 개입

③ 안정된 환경 하에서의 게임의 반복(협조의 진화) ⇒ 게임이 무한 반복되고, 시간할인률이 낮은 경우 협조적 결과 가능

2. 경매이론

- 경매의 유형 구분-1 : ① 개인가치경매, ② 공통가치경매
- 경매의 유형 구분-2 : ① 공개경매(영국식 , 네덜란드식), ② 비공개경매(최고가격 , 제2가격)

* 승자의 불행(winner' s curse)은 공통가치경매에서만 발생

* **동등수입정리** : 일정한 가정 하에 어떤 방식으로 경매를 진행하더라도 경매수입은 평균적으로 동일하다. (결과가 동일 ×, 기대수입이 동일 ○)

3. 행동경제학 주요 이론 : 비합리적 · 비이기적 · 비일관적 행동 연구

① 전망이론 : 가치함수, 손실회피이론

② 틀짜기 효과 ③ 닻내림 효과

④ 기준점 효과

⑤ 최후통첩 게임, 독재자 게임, 공공재 게임

Part-1 기본 문제

01 **다음 보수행렬(payoff matrix)을 갖는 게임에 대한 설명으로 옳은 것은?** (단, A와 B는 각 경기자의 전략이며, 괄호 안의 첫 번째 숫자는 경기자 1의 보수를, 두 번째 숫자는 경기자 2의 보수를 나타낸다.)

2017년 공인회계사

		경기자 2	
		A	B
경기자 1	A	(7, 7)	(4, 10)
	B	(10, 4)	(3, 3)

① 모든 경기자에게 우월전략(dominant strategy)이 존재한다.
② 내쉬균형이 존재하지 않는다.
③ 내쉬균형은 두 경기자가 모두 A전략을 선택하는 것이다.
④ 내쉬균형은 두 경기자가 모두 B전략을 선택하는 것이다.
⑤ 내쉬균형에서 두 경기자는 서로 다른 전략을 선택한다.

hint

경기자의 최적 대응을 *로 표시하면 다음과 같다. 이 경우 (A, B), (B, A) 2개의 내쉬균형이 존재한다.

		경기자 2	
		A	B
경기자 1	A	(7, 7)	(4*, 10*)
	B	(10*, 4*)	(3, 3)

정답 1 ⑤

02 **게임이론에서 우월전략균형**(dominant strategy equilibrium)**과 내쉬균형**(Nash equilibrium)**에 관한 설명 중 옳지 않은 것은?** 2011년 보험계리사

① 우월전략균형은 하나이지만 내쉬균형은 2개가 될 수도 있다.

② 게임의 보수를 모두 2배로 늘려도 우월전략균형과 내쉬균형은 변하지 않는다.

③ 우월전략균형은 파레토 최적을 보장하지만 내쉬균형은 파레토 최적을 보장하지 않는다.

④ 모든 우월전략균형은 내쉬균형이 되지만 내쉬균형이 우월전략균형이 되지는 않는다.

hint

우월전략균형은 모든 경기자들이 우월전략을 가지고 있는 경우에 성립하며, 유일하다. 반면 내쉬균형은 유일하지 않은 경우가 일반적인데, 이것은 혼합전략을 고려하는 경우 더욱 그러하다. 우월전략균형은 내쉬균형의 특수한 경우지만 그 반대의 경우가 항상 성립하지는 않는다. 또한 어떤 내쉬균형이라도 파레토 최적의 결과를 달성한다는 보장이 없으며, 이 점은 우월전략균형에 국한하는 경우라도 마찬가지이다. 용의자의 딜레마는 전형적인 우월전략균형이지만 결코 파레토 최적의 결과를 달성하지 못한다는 점을 기억하면 된다.

03 **A국과 B국이 어떤 무역정책을 선택하는가에 따라 두 국가의 보수는 다음 표와 같이 결정된다. 보수를 극대화하려는 두 국가가 취할 전략에 관한 설명으로 옳은 것을 모두 고른 것은?** (단, 각 보수쌍에서 왼쪽은 A국의 보수이고, 오른쪽은 B국의 보수이다.) 2010년 감정평가사

		B국의 선택	
		자유무역	보호무역
A국의 선택	자유무역	(100, 100)	(−100, 200)
	보호무역	(200, −100)	(−50, −50)

ㄱ. 내쉬(Nash)균형은 두 국가가 모두 보호무역을 선택하는 것이다.

ㄴ. 두 국가가 모두 자유무역협정(FTA)을 시행하는 것은 파레토 효율적이다.

ㄷ. A국이 보호무역을 선택하는 것은 우월전략이다.

ㄹ. 두 국가가 보호무역 상태에서 어느 한 국가가 무역정책을 변경하면 두 국가 모두 보수가 커진다.

① ㄱ, ㄴ ② ㄱ, ㄷ ③ ㄷ, ㄹ

④ ㄱ, ㄴ, ㄷ ⑤ ㄴ, ㄷ, ㄹ

hint

A, B국 모두 보호무역이 우월전략인 용의자의 딜레마에 처해 있다. 용의자의 딜레마의 특징은 자유무역이 두 국가 모두에게 파레토 우월한 전략이지만 이들은 결코 이 전략을 선택하지 않는다는 데 있다.

04 **다음의 게임이론과 관련된 내용 중 틀린 것은?** 2006년 서울시 7급

① 우월전략을 찾을 수 없는 경우에도 내쉬균형전략은 찾을 수 있다.

② 내쉬균형전략이란 상대방의 전략이 주어져 있을 때 자신의 입장에서 최적인 전략을 뜻한다.

③ 완전균형이란 내쉬조건을 충족시키는 전략의 짝을 뜻한다.

④ 우월전략이란 상대방이 어떤 전략을 선택하느냐에 관계없이 자신에게 언제나 더 유리한 결과를 가져다주는 전략이다.

⑤ 내쉬조건은 상대방이 현재의 전략을 그대로 유지한다고 할 때, 자신만 일방적으로 전략을 바꿈으로써 이득을 볼 수 없다는 조건이다.

hint

게임이론에서 완전균형(perfect equilibrium)이란 순차적으로 전략을 선택하는 순차게임에 적용되는 균형 개념이다. 완전균형은 내쉬조건과 신뢰성 조건을 동시에 만족시키는 균형이며 후방귀납(역진귀납이라고도 함 : backward induction)을 통해 구해진다. 내쉬조건은 자신의 선택을 변경할 유인이 없어지는 것을 의미하며, 신뢰성 조건이란 자신의 차례에서 실제 자신이 약속한 것과 같이 행동하는 것이 스스로에게도 유리할 조건을 말한다.

05 ***X*재화의 시장에 A와 B 두 경쟁기업만 있다. 각 기업의 광고 여부에 따른 예상 매출액은 다음 표와 같다. 각 기업은 자신의 예상 매출액만 알고 경쟁기업의 예상 매출액은 모른다고 할 때, 주어진 조건 하에서 각 기업의 광고 여부에 대한 설명으로 옳은 것은?** (단, 표의 사선 아래는 A기업, 사선 위는 B기업의 예상 매출액이며, 두 기업은 광고 등 주요 전략에 대해 협력관계에 있지 않다)

2021년 지방직 7급

		B기업	
		광고함	광고 안 함
A기업	광고함	40 \ 30	60 \ 20
	광고 안 함	30 \ 50	50 \ 40

① A기업은 광고를 하며, B기업은 광고를 하지 않을 것이다.

② B기업은 광고를 하며, A기업은 광고를 하지 않을 것이다.

③ A기업과 B기업 모두 광고를 하지 않을 것이다.

④ A기업과 B기업 모두 광고를 할 것이다.

hint

이 경우 유일한 내쉬균형이자 우월전략균형은 (광고함, 광고함)이다. 만약 협조가 이루어진다면 모두에게 유리한 (광고 안 함, 광고 안 함)이 선택될 수 있으나 이를 달성하지 못하므로 용의자의 딜레마의 예에 해당한다.

정답 2 ③ 3 ④ 4 ③ 5 ④

06 **아래의 그림은 기업 A와 B의 의사결정에 따른 이윤을 나타낸다. 두 기업은 모든 선택에 대한 이윤을 사전에 알고 있다. A사가 먼저 선택하고, B사가 A사의 결정을 확인하고 선택을 하게 된다. 두 회사 간의 신빙성 있는 약속이 없을 때 각 기업이 얻게 되는 이윤의 조합은?** (단, 괄호 안은 A사가 얻는 이윤, B사가 얻는 이윤을 나타낸다.) 2017년 서울시 7급

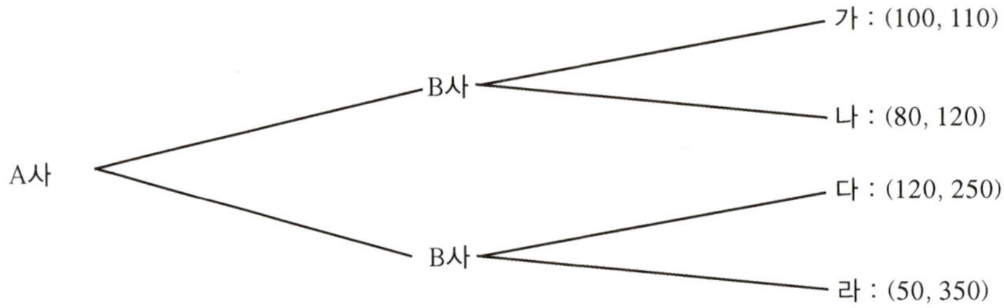

① 가　　② 나
③ 다　　④ 라

hint

역진귀납법에 의하면

2단계 : B사는 나 또는 라를 선택한다.
1단계 : A사는 B의 선택을 고려하여 나를 선택한다.

정답　6 ②

Part-2 실전 문제

01 **기업 A는 a1과 a2라는 두 가지 전략을 가지고 있으며, 기업 B는 b1과 b2라는 두 가지 전략을 가지고 있다. 두 기업이 전략을 동시에 선택하는 게임의 보수행렬이 다음과 같을 때, 이 게임의 내쉬(Nash)균형을 모두 찾으면?** (단, 보수행렬에서 첫 번째 숫자는 기업 A의 보수이며, 두 번째 숫자는 기업 B의 보수이다.) 2013년 보험계리사 응용

		기업 B	
		b1	b2
기업 A	a1	(3, 2)	(4, 1)
	a2	(3, 2)	(3, 2)

① {a2, b1}

② {a2, b1}, {a1, b1}

③ {a2, b1}, {a1, b1}, {a2, b2}

④ {a2, b1}, {a1, b1}, {a2, b2}, {a1, b2}

hint

각 경기자의 최적 대응을 *로 나타내면 다음과 같다.

		기업 B	
		b1	b2
기업 A	a1	(3*, 2*)	(4*, 1)
	a2	(3*, 2*)	(3, 2*)

두 경기자의 최적 대응의 조합이 내쉬균형이므로 위 보수행렬에는 2개의 내쉬균형 {a1, b1}, {a2, b1}이 존재한다.

정답 1 ②

02 **두 경기자 갑, 을의 전략과 보수는 다음 표와 같다. 두 경기자가 독립적으로 전략을 선택하는 경우, 다음 설명 중 옳은 것은?** (단, ( )의 왼쪽 값은 경기자 갑의 보수, 오른쪽 값은 경기자 을의 보수)

2009년 공인회계사

		경기자 을		
		전략 L	전략 C	전략 R
경기자 갑	전략 U	(1, 1)	(2, 0)	(1, 1)
	전략 M	(1, 2)	(3, 2)	(2, 3)
	전략 D	(0, 0)	(4, 3)	(2, 4)

① 경기자 갑에게 전략 M은 전략 U보다 우월하므로 내쉬(Nash)균형에서 경기자 갑은 전략 U를 선택하지 않는다.

② 순수전략(pure strategy) 내쉬균형은 3개가 있다.

③ 두 경기자의 보수의 합이 가장 큰 전략조합은 내쉬균형 중 하나이다.

④ 경기자 을에게 전략 C보다 우월한 전략은 없다.

⑤ 경기자 을이 전략 L을 선택하는 내쉬균형은 존재하지 않는다.

hint

		경기자 을		
		전략 L	전략 C	전략 R
경기자 갑	전략 U	(1*, 1*)	(2, 0)	(1, 1*)
	전략 M	(1*, 2)	(3, 2)	(2*, 3*)
	전략 D	(0, 0)	(4*, 3)	(2*, 4*)

보수행렬에서 *로 표시한 것은 상대의 전략에 대해서 최선이 되는 보수를 표시한 것이다. 따라서 두 경기자에게 모두 최선이 되는 (U, L), (M, R), (D, R)이 순수전략에 의한 내쉬균형이 된다.

03 **두 명의 경기자 A와 B는 어떤 업무에 대해 '태만'**(노력수준 = 0)**을 선택할 수도 있고, '열심'**(노력수준 = 1)**을 선택할 수도 있다. 단, '열심'을 선택하는 경우 15원의 노력비용을 감당해야 한다. 다음 표는 사회적 총 노력수준에 따른 각 경기자의 편익을 나타낸 것이다. 두 경기자가 동시에 노력수준을 한 번 선택해야 하는 게임에서 순수전략 내쉬**(Nash)**균형은?** 2015년 국가직 7급

사회적 총 노력수준 (두 경기자의 노력수준의 합)	0	1	2
각 경기자의 편익	1원	11원	20원

① 경기자 A는 '열심'을, 경기자 B는 '태만'을 선택한다.
② 경기자 A는 '태만'을, 경기자 B는 '열심'을 선택한다.
③ 두 경기자 모두 '태만'을 선택한다.
④ 두 경기자 모두 '열심'을 선택한다.

hint

두 사람이 직면한 상황을 보수행렬로 나타내면 다음과 같다. (태만, 태만)의 경우보다 (열심, 열심)의 경우가 각 경기자의 보수가 더 크지만 내쉬균형(우월전략균형)은 (태만, 태만)이 된다는 점에서 용의자의 딜레마에 해당한다.

B의 전략 / A의 전략	열심	태만
열심	(5, 5)	(−4, 11*)
태만	(11*, −4)	(1*, 1*)

단. *는 상대의 전략에 대한 최적 대응을 나타냄.

정답 2 ② 3 ③

04 **다음 보수행렬**(payoff matrix)**을 갖는 용의자의 딜레마**(prisoner's dilemma) **게임에 대한 설명으로 옳지 않은 것은?** (단, C와 D는 각 경기자의 전략이며, 괄호 안의 첫 번째 숫자는 경기자 1의 보수를, 두 번째 숫자는 경기자 2의 보수를 나타낸다.) 2011년 공인회계사

		경기자 2	
		C	D
경기자 1	C	(−5, −5)	(−1, −10)
	D	(−10, −1)	(−2, −2)

① 모든 경기자에게 우월전략(dominant strategy)이 존재한다.

② 유일한 내쉬균형이 존재한다.

③ 합리성이 효율성(Pareto efficiency)을 보장하지 않는다.

④ 게임을 반복할 경우에도 균형은 달라지지 않는다.

⑤ 암묵적 담합의 불안정성을 설명할 수 있다.

hint

이것은 전형적인 용의자의 딜레마 게임에 해당한다. 이 경우 두 경기자 모두 C가 우월전략인 것은 자명하다. 개인적으로는 우월전략을 사용하는 것이 합리적이지만 결과적으로 모두 효용이 감소하므로 파레토 비효율적이다. 이것이 바로 용의자의 딜레마의 핵심 메시지에 해당한다. 개인적으로 최선을 다하지만 사회적으로는 모두 효용이 감소하는 딜레마에서 빠져나오지 못하는 것이다. 또한 우월전략이 존재하므로 순수전략만이 아니라 혼합전략을 고려하더라도 이 게임의 내쉬균형은 유일하다. 그리고 상대방에 대한 완벽한 신뢰가 없는 경우에는 이런 상황을 피할 수 없다는 점에서 암묵적 담합이 왜 불안정할 수밖에 없는지 설명하는 데 유용한 모형이다. 그런데 동일한 게임을 반복한다면 경기자의 최선의 전략에는 변화가 발생하게 된다. 즉, 게임의 충분한 반복이 이루어지고 경기자들이 미래지향적이라면 협조가 이루어질 수 있다.

05 과점시장을 지배하는 두 기업 1, 2의 전략은 협조(C) 또는 배신(B)이라 하자. 각 기업이 어떤 전략을 선택하는가에 따라 각 기업이 예상하는 이윤이 다음의 보수행렬과 같이 예상된다고 하자. 앞의 숫자는 기업 1의 이윤을 나타낸다.

		기업 2	
		C	B
기업 1	C	100, 120	30, 150
	B	140, 40	40, 50

이제 기업 1이 전략 C, 기업 2가 전략 B를 택하는 경우 기업 2의 이윤이 150이 아니라 110으로 예상된다고 할 때 다음 서술 중 옳은 것은?

① 두 기업은 여전히 우월전략을 가지고 있으므로 원래의 내쉬균형 (B, B)는 변화가 없다.
② 두 기업 모두 우월전략이 없으며 이 경우 (C, C)가 내쉬균형이다.
③ 기업 1은 우월전략이 없지만 내쉬균형은 여전히 (B, B)이다.
④ 기업 2는 우월전략이 없지만 내쉬균형은 여전히 (B, B)이다.
⑤ 기업 2는 우월전략이 없으므로 내쉬균형은 (C, B)로 변한다.

hint

일반적으로 비협조적 게임에서 용의자의 딜레마가 성립하기 위해서는 모든 경기자들이 우월전략을 가지고 있어야 한다는 것이 필요조건처럼 간주된다. 그렇지만 이것은 사실이 아니다. 이 문제에서와 같이 기업 2의 보수 중 일부가 150에서 110으로 변하는 경우 기업 1은 여전히 우월전략을 갖지만, 기업 2는 더 이상 우월전략을 갖지 않는다. 그렇지만 이 게임의 내쉬균형은 여전히 (B, B)이며, 이것은 용의자의 딜레마를 벗어나지 못한다는 것을 의미한다.

정답 4 ④ 5 ④

06 갑과 을이 동시에 1, 2, 3 중 하나의 숫자를 선택한다. 둘이 선택한 숫자가 다를 경우 더 작은 수를 선택한 사람이 자신이 선택한 숫자의 2배를 상금으로 받고 다른 사람은 상금을 전혀 받지 못한다. 둘이 같은 숫자를 선택한 경우 둘 다 자신이 선택한 값을 상금으로 받는다. 다음 중 이 게임의 내쉬균형을 모두 고르면? 2021년 공인회계사

가. 갑, 을 모두 1을 선택한다.
나. 갑, 을 모두 2를 선택한다.
다. 갑, 을 모두 3을 선택한다.
라. 한 사람이 다른 사람보다 1 큰 숫자를 선택한다.

① 가, 나 ② 가, 다 ③ 나, 다
④ 나, 라 ⑤ 다, 라

hint

주어진 문제를 보수행렬로 나타내면 다음과 같다. *는 상대의 전략에 대한 최적 전략을 나타낸다.

		을		
		1	2	3
갑	1	1*, 1*	2*, 0	2, 0
	2	0, 2*	2*, 2*	4*, 0
	3	0, 2	0, 4*	3, 3

내쉬균형인 전략조합은 (1, 1)과 (2, 2)의 2개이다.

07 세계시장에서 대형 항공기를 만드는 기업은 A국의 X사와 B국의 Y사만 있으며, 이 두 기업은 대형 항공기를 생산할지 혹은 생산하지 않을지를 결정하는 전략적 상황에 직면해 있다. 두 기업이 대형 항공기를 생산하거나 생산하지 않을 경우 다음과 같은 이윤을 얻게 된다고 가정하자. 즉, 두 기업 모두 생산을 하게 되면 적자를 보게 되지만, 한 기업만 생산을 하게 되면 독점 이윤을 얻게 된다. 이제 B국은 Y사가 대형 항공기 시장의 유일한 생산자가 되도록 Y사에 보조금을 지급하려고 한다. 이때 B국이 Y사에 지급해야 할 최소한의 보조금은? (단, X사가 있는 A국은 별다른 정책을 사용하지 않는다고 가정한다.) 2016년 지방직 7급

(단위 : 백만 달러)

		Y사	
		생산	생산 않음
X사	생산	(−1, −2)	(24, 0)
	생산 않음	(0, 20)	(0, 0)

주 : (,) 안의 숫자는 (X사의 보수, Y사의 보수)를 말한다.

① 1백만 달러 초과 ② 20백만 달러 초과
③ 2백만 달러 초과 ④ 24백만 달러 초과

hint

이 문제는 국제무역론의 전략적 무역정책을 나타낸 것이며, 현재의 보수행렬은 치킨게임의 형태에 해당한다. B국이 Y사에 S의 보조금을 지급한 경우 보수행렬은 다음과 같다.

		Y사	
		생산	생산 않음
X사	생산	(−1, −2 + S*)	(24*, 0)
	생산 않음	(0*, 20 + S*)	(0, 0)

*는 각 경기자가 최선의 선택을 한 상태를 나타낸다. Y사만 생산하는 것이 유일한 내쉬균형이 되기 위해서는 $-2+S>0$이 성립해야 한다. 즉, S는 2백만 달러를 초과해야 한다. (주의사항 : $S=2$인 경우에는 Y사의 생산여부가 무차별하여 X사만 생산하는 내쉬균형도 실현될 수 있음)

정답 6 ① 7 ③

08 **보수행렬이 아래와 같은 전략형 게임(strategic form game)에서 보수 a값의 변화에 따른 설명으로 옳은 것은?** (단, 보수행렬의 괄호 안 첫 번째 값은 甲의 보수, 두 번째 값은 乙의 보수이다.)

2020년 감정평가사

		乙	
		인상	인하
甲	인상	(a, a)	(−5, 5)
	인하	(5, −5)	(−1, −1)

① $a > 5$이면, (인상, 인상)이 유일한 내쉬균형이다.

② $-1 < a < 5$이면, 인상은 甲의 우월전략이다.

③ $a < -5$이면, 내쉬균형이 두 개 존재한다.

④ $a < 5$이면, (인하, 인하)가 유일한 내쉬균형이다.

⑤ $a = 5$인 경우와 $a < 5$인 경우의 내쉬균형은 동일하다

hint

① (×), $a > 5$이면 (인상, 인상)과 (인하, 인하)가 모두 내쉬균형이 된다.
② (×), $-1 < a < 5$이면 인하가 우월전략이 된다.
③ (×), $a < -5$이면 (인하, 인하)가 유일한 내쉬균형이 된다.
④ (○)
⑤ (×), $a = 5$인 경우에는 (인상, 인상)과 (인하, 인하)가 모두 내쉬균형이 된다.

*** 참고사항**

주어진 보수행렬에서 a값의 크기와 무관하게 (인하, 인하)는 내쉬균형이 된다. 따라서 ①과 ②를 쉽게 제외할 수 있다.

09 **다음의 보수행렬로 나타낼 수 있는 전략형 게임에서 순수전략 내쉬균형**(Nash equilibrium)**이 1개만 존재하는 경우의 값으로 옳지 않은 것은?** (단, U와 D는 경기자 1의 전략이고, L, C와 R은 경기자 2의 전략이다. 괄호 안의 첫 번째 숫자는 경기자 1의 보수를, 두 번째 숫자는 경기자 2의 보수를 나타낸다.)

2022년 공인회계사

		경기자 2		
		L	C	R
경기자 1	U	(1, 2)	(5, 3)	(3, a)
	D	(4, 1)	(2, 4)	(3, 3)

① 1　② 2　③ 3　④ 4　⑤ 5

hint

일단 최적 여부를 판단할 수 있는 경우를 *로 표시하면 다음과 같다.

		경기자 2		
		L	C	R
경기자 1	U	(1, 2)	(5*, 3)	(3*, a)
	D	(4*, 1)	(2, 4*)	(3*, 3)

a = 1 또는 2인 경우 (U, C)가 유일한 내쉬균형
a = 3인 경우 (U, C)와 (U, R)이 동시에 내쉬균형
a = 4 또는 5인 경우 (U, R)이 유일한 내쉬균형

정답　8 ④　9 ③

10 두 정당이 상호 대립되는 두 의안 중—A안, B안이라 부르자—하나를 통과시키기 위해 고심하고 있다. 편의상 각 정당을 하나의 경기자(player)로 간주하자. 각 정당의 효용함수는 $u(w)=\sqrt{w}$ 이다. 여기서 w는 각 정당이 얻게 되는 금전적 이득이다. 각 정당은 폰노이만-모겐스턴(von Neumann-Morgenstern) 기대효용함수를 가지고 있다. 만일 두 정당 모두 A안에 찬성한다면 A안이 채택되게 되고, 이 경우 정당 1은 40,000원의 이득을 정당 2는 10,000원의 이득을 얻게 된다. 만일 두 정당 모두 B안에 찬성한다면, B안이 채택되게 되고 정당 1은 10,000원의 이득을 정당 2는 40,000원의 이득을 얻게 된다. 만일 두 정당이 각기 안을 지지한다면 어느 안도 채택되지 못하고 각 정당이 얻게 되는 금전적 이득은 0이다. 이 게임에서 두 정당은 서로 상대가 지지하는 안을 모르는 상황에서 자신이 지지할 안을 결정한다고 하자. 다음 보기 중 옳은 것은?

① 순수전략에 의한 내쉬균형은 존재하며 유일하다.
② 순수전략에 의한 내쉬균형에서 각 경기자는 전략을 변경시킬 유인을 갖는다.
③ 순수전략 내쉬균형이 존재하므로 혼합전략 내쉬균형은 존재하지 않는다.
④ 순수전략에 의한 내쉬균형에서 정당 1이 더 높은 기대효용을 얻는다.
⑤ 혼합전략에 의한 내쉬균형에서 정당 1은 A안을 $\frac{2}{3}$의 확률로 선택한다.

hint

주어진 문제를 보수행렬로 나타내면 다음과 같다.

		정당 2	
		A안	B안
정당 1	A안	(200, 100)	(0, 0)
	B안	(0, 0)	(100, 200)

이 경우 (A, A), (B, B)의 2개의 순수균형이 존재한다.
혼합전략을 고려한다면 정당 1은 정당 2가 어떤 안을 선택하는 것이 유리한지 모르게 만들어야 한다. 정당 1이 A안을 선택하는 확률을 p라고 할 때,

정당 2가 A안을 선택한 경우 정당 2의 기대보수 : $p\times100+(1-p)\times0=100p$
정당 2가 B안을 선택한 경우 정당 2의 기대보수 : $p\times0+(1-p)\times200=200-200p$

위 조건을 만족하는 $p=\frac{2}{3}$가 된다. 같은 식으로 정당 2가 A안을 선택할 확률은 $q=\frac{1}{3}$이 된다.

11 다음은 갑과 을의 전략 선택에 따라 결정되는 보수 구조이다. 갑이 전략 A를 선택할 확률을 p, 을이 전략 C를 선택할 확률을 q라고 하자. 혼합전략 내쉬균형 하에서의 p, q로 옳은 것은? (단, 보수행렬의 괄호 안 첫 번째는 갑의 보수, 두 번째는 을의 보수를 나타낸다.) 2022년 국회 8급

		을	
		C	D
갑	A	(50, 50)	(80, 20)
	B	(90, 10)	(20, 80)

	p	q
①	0.7	0.6
②	0.6	0.7
③	0.4	0.3
④	0.5	0.5
④	0.3	0.4

hint

혼합전략 균형에서는 각 경기자가 어떤 순수전략을 선택하든 기대보수가 동일해진다는 성질을 활용한다.

갑이 A를 선택 시 기대보수 : $q \times 50 + (1-q) \times 80 = 80 - 30q$
갑이 B를 선택 시 기대보수 : $q \times 90 + (1-q) \times 20 = 20 + 70q$ $\Rightarrow q = 0.6$

을이 C를 선택 시 기대보수 : $p \times 50 + (1-p) \times 10 = 10 + 40p$
을이 D를 선택 시 기대보수 : $p \times 20 + (1-p) \times 80 = 80 - 60p$ $\Rightarrow p = 0.7$

정답 10 ⑤ 11 ①

12 초콜릿시장에 두 기업이 있다. 각 기업은 질이 좋은 제품이나 질이 떨어지는 제품 중 하나를 선택하여 생산할 수 있다. 선택에 따른 이윤은 아래의 보수표로 주어졌다.

		기업 2	
		질 낮은 제품	질 좋은 제품
기업 1	질 낮은 제품	−20, −30	900, 600
	질 좋은 제품	100, 800	50, 50

두 기업의 경영진 모두가 보수적이어서 최소최대화전략을 따른다고 한다면 어떤 결과가 나타나는가?

① 두 기업 모두 질 낮은 제품을 생산한다.

② 두 기업 모두 질 좋은 제품을 생산한다.

③ 기업 1은 질 낮은 제품을, 기업 2는 질 좋은 제품을 생산한다.

④ 기업 1은 질 좋은 제품을, 기업 2는 질 낮은 제품을 생산한다.

⑤ 최소최대화전략의 해는 동시에 내쉬균형이 된다.

hint

최소최대화전략이란 자신이 얻을 수 있는 보수의 최솟값을 극대화하는 전략을 택하는 선택을 말한다. 기업 1의 경우 질 낮은 제품을 생산한다면 최악의 경우 −20의 보수를 얻을 수 있지만 질 좋은 제품을 생산한다면 최악의 경우에도 50을 얻을 수 있다. 반면 기업 2의 경우 질 낮은 제품을 생산한다면 최악의 경우 −30의 보수를 얻을 수도 있지만 질 좋은 제품을 생산하면 최소한 50의 보수를 얻을 수 있다.

13 **이윤을 극대화하는 기업 A와 B의 생산량과 이윤행렬은 다음과 같다. A는 슈타켈버그(Stackelberg) 모형의 선도자, B는 추종자로 행동할 때 A와 B의 생산량(Q_A, Q_B)은?** (단, 이윤행렬의 괄호 안의 수에서 왼쪽은 A의 이윤이고, 오른쪽은 B의 이윤이다.) 2014년 감정평가사

		기업 B의 생산량		
		15	20	30
기업 A의 생산량	15	(450, 450)	(375, 500)	(225, 450)
	20	(500, 375)	(400, 400)	(200, 300)
	30	(450, 225)	(300, 200)	(0, 0)

① (15, 15) ② (20, 15) ③ (20, 20)
④ (30, 15) ⑤ (30, 20)

hint

선도자-추종자 모형은 순차적 게임의 관점에서 이해하면 된다. 이 경우 선도자인 기업 A가 먼저 전략을 선택하면, 추종자인 기업 B는 이것을 관찰한 후 자신에게 최선의 전략을 선택한다. 그 결과 어떤 기업도 자신의 전략을 변경할 의사가 없으면 슈타켈버그 균형이 성립한다. 여기서 핵심사항은 기업 A는 기업 B가 기업 A의 전략에 최선으로 대응할 것이라는 점을 처음부터 고려하는 가운데 전략을 선택한다는 사실이다. 이런 논리에 의하면 기업 A는 30, 기업 B는 15를 선택할 때 슈타켈버그 균형이 성립한다. 구체적으로는 기업 A가 15를 선택하는 경우 기업 B의 최선의 대응은 20, 기업 A가 20인 경우 기업 B의 최선의 대응은 20, 기업 A가 30인 경우 기업 B의 최선의 대응은 15이다. 따라서 기업 A의 입장에서 가장 유리한 것은 30을 선택하는 것임을 알 수 있다. 이에 대해 확실하게 이해하고 싶은 사람은 게임나무를 이용해 이 게임을 묘사한 후 후방귀납법(backward induction)을 적용해 이 게임의 균형을 찾으면 된다.

정답 12 ② 13 ④

14 다음 게임에 대한 설명으로 옳지 않은 것은? 2014년 국회 8급

> 잠재적 진입기업 A는 기존 기업 B가 독점하고 있는 시장으로 진입할지 여부를 고려하고 있다. A가 진입하지 않으면 A와 B의 보수는 각각 0과 2이다. A가 진입을 하면 B는 반격을 하거나 공생을 할 수 있다. B가 반격을 할 경우 A와 B의 보수는 각각 −1과 0이다. 반면 공생을 할 경우 두 기업이 시장을 나눠 가져 각각 1의 보수를 얻는다.

① 이 게임의 순수전략 내쉬균형은 하나이다.
② A가 진입하지 않으면 B는 어떤 전략을 택하든 무차별하다.
③ 부분게임완전균형에서 A는 진입을 한다.
④ A가 진입하는 경우 B는 공생하는 것이 최선의 대응이다.
⑤ A가 진입하면 반격하겠다는 B의 전략은 신빙성이 없다.

hint

① (×), 이 게임을 동시진행게임의 형태로 나타내면 다음과 같고 내쉬균형은 (진입, 공생), (포기, 반격)의 2개이다.

		B기업(기존)	
		반격	공생
A기업(신규)	진입	(−1, 0)	(1*, 1*)
	포기	(0*, 2*)	(0, 2*)

② (○), A가 진입하지 않으면 B는 어떤 전략을 택하든 2를 얻는다.
③ (○), 이 게임을 순차게임의 형태로 나타내면 오른쪽 그림과 같고 부분게임완전균형, 즉 내쉬조건과 신빙성 조건을 모두 만족하는 균형은 (진입, 공생)이 된다.
④ (○)
⑤ (○), A가 진입할 때 반격하면 공생하는 경우보다 보수가 작아진다. 따라서 이러한 전략은 신빙성이 없다.

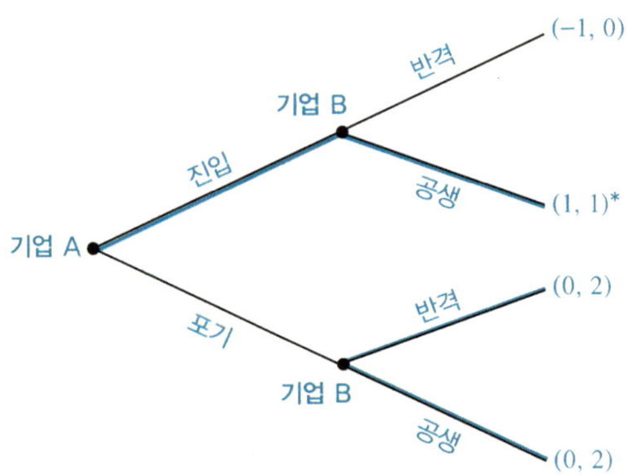

15 과점시장에서 서로 적대적으로 행동하고 있는 두 기업 1, 2는 두 개의 전략 L, R 중 하나를 선택하려 한다. 두 기업이 동시에 전략을 선택하는 경우 각 기업의 이윤은 다음의 보수행렬로 요약된다고 하자. 앞의 숫자는 기업 1의 이윤을 나타낸다.

		기업 2	
		L	R
기업 1	L	300, 120	40, 80
	R	60, 30	160, 200

그런데 두 기업 가운데 한 기업이 먼저 전략을 선택하면 다른 기업은 이것을 확인한 후 전략을 선택하는 경우도 고려할 수 있다. 이 경우 각 기업의 이윤은 보수행렬과 동일하다고 가정할 때 다음 설명 중 옳은 것은?

① 두 기업이 동시에 전략을 선택하는 경우 내쉬균형은 (L, L)과 (R, L)이다.
② 기업 1이 먼저 전략을 선택하는 경우 내쉬균형은 (L, L)이다.
③ 기업 2가 먼저 전략을 선택하는 경우 내쉬균형은 (L, R)이다.
④ 어느 기업이 먼저 전략을 선택하든 내쉬균형에는 변함이 없다.
⑤ 두 기업이 동시에 전략을 선택하든 순차적으로 선택하든 내쉬균형은 존재하지 않는다.

hint

두 기업이 동시에 전략을 선택하는 경우 내쉬균형은 (L, L)과 (R, R)이다. 즉, 복수의 내쉬균형이 존재한다. 그런데 기업 1이 먼저 전략을 선택하는 순차게임의 경우 후방귀납법(backward induction)에 의하면 내쉬균형은 오직 (L, L)뿐이다. 이 경우 (R, R)은 더 이상 순차게임의 내쉬균형이 아니다. 마찬가지 논리로 기업 2가 먼저 전략을 선택하는 순차게임에서 내쉬균형은 오직 (R, R)뿐이다. (L, L)은 더 이상 순차게임의 내쉬균형이 아니다. 이와 같이 게임의 규칙이 조금 바뀌는 경우 내쉬균형도 달라질 수 있다.

정답 14 ① 15 ②

16 기존의 기업(기업 2)이 지배하는 시장에 새로운 기업(기업 1)이 진입하려고 한다. 기업 1의 전략은 진입(E)과 진입 포기(S) 두 가지이다. 반면 기업 2는 기업 1의 진입 여부를 관찰한 후 맞대응(R)과 순응(A)이라는 두 가지 전략 중에서 선택할 수 있다. 이와 같은 순차게임을 전개형(extensive form)으로 나타내면 다음과 같다. 괄호 안의 숫자 가운데 앞의 숫자는 기업 1의 이윤을, 뒤의 숫자는 기업 2의 이윤을 나타낸다고 할 때 다음 설명 중 옳은 것은?

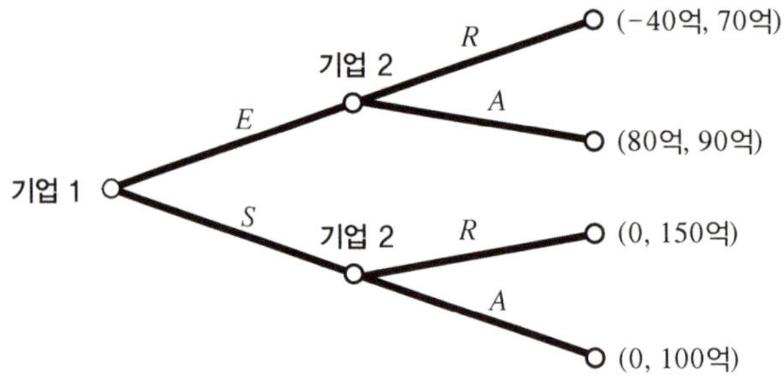

① 이 게임에서 예측되는 결과는 (E, A)이다.

② 이 게임에서 예측되는 결과는 (S, R)이다.

③ 이 게임에는 균형이 존재하지 않는다.

④ 기업 2는 기업 1의 전략을 관찰한 후 행동하므로 항상 유리하다.

⑤ 두 기업은 용의자의 딜레마에 빠지게 된다.

hint

순차적으로 전략을 선택하는 경우 내쉬균형이 성립하기 위해서는 내쉬조건(Nash condition) 이외에 신뢰성 조건(credibility condition)이 추가되어야 한다. 신뢰성은 '자신이 약속한 대로 행동하는 것이 자기 스스로에게도 유리한 경우' 달성될 수 있다. 순차게임에서 균형은 역진귀납법 또는 후방귀납법(backward induction)이라고 부르는 방법에 의해 도출할 수 있다. 이 문제에서 나중에 전략을 선택하는 것은 기존의 기업 2이다. 기업 2는 자신이 전략을 선택할 시점에 자신에게 가장 유리한 행동이 무엇인지 결정한다. 이 예에서 만약 기업 1이 전략 E를 택한다면 기업 2의 최선의 대응은 전략 A를 택하는 것이다. 그리고 만약 기업 1이 전략 S를 택한다면 기업 2의 최선의 대응은 전략 R를 택하는 것이다. 그러면 이제 기업 1의 입장에서 어떤 전략을 택하는 것이 최선인지 판단할 수 있다. 기업 1은 자신이 E를 택하면 기업 2는 A를 택할 것이고 자신이 S를 택하면 기업 2는 R을 택할 것임을 알고 있다. 따라서 자신의 이윤을 비교한 후 기업 1은 E를 택할 것이고 기업 2는 A를 택할 것이다. 이것만이 신뢰성 조건을 만족하는 유일한 내쉬균형이다. 기업 2의 전략 R은 신뢰성 조건을 만족하지 못하므로 결코 균형전략의 일부가 될 수 없다.

17 **다음 표는 기업 A, B의 광고 여부에 따른 두 기업의 보수를 나타낸 것이다. 두 기업이 광고 여부를 동시에 결정할 때, 이에 대한 설명으로 옳은 것은?** (단, 괄호에서 앞의 숫자는 기업 A의 보수, 뒤의 숫자는 기업 B의 보수이다) 2019년 국가직 7급

		기업 B	
		광고	광고 안 함
기업 A	광고	(10, 10)	(20, 5)
	광고 안 함	(5, 20)	(15, 15)

① 이 게임의 우월전략균형과 순수전략 내쉬균형은 다르다.

② 이 게임의 내쉬균형은 파레토 효율적이다.

③ 기업 A가 먼저 결정을 내리고 기업 B가 이를 관찰한 후 결정을 내리는 경우에도 각 기업의 결정은 변하지 않는다.

④ 이 게임이 2회 반복되면 파레토 효율적인 상황이 균형으로 달성될 수 있다.

hint

① (×), 이 게임은 용의자의 딜레마의 전형적인 예이다. 유일한 내쉬균형은 (광고, 광고)이며 동시에 우월전략균형이다.

② (×), (광고 안 함, 광고 안 함)으로 이동하면 파레토 개선이 가능하므로 파레토 효율적이지 않다.

③ (○), A가 먼저 선택을 내리는 경우에도 결과는 바뀌지 않는다. 참고로 이 문제와 같이 우월전략균형이 존재하는 경우에는 선택의 순서와 무관하게 균형이 바뀌지 않는다. 이를 나타내면 아래 게임나무와 같다.

④ (×), 완전한 합리성을 전제할 때 유한반복게임에서는 반복회수와 무관하게 협조가 이루어질 수 없다.

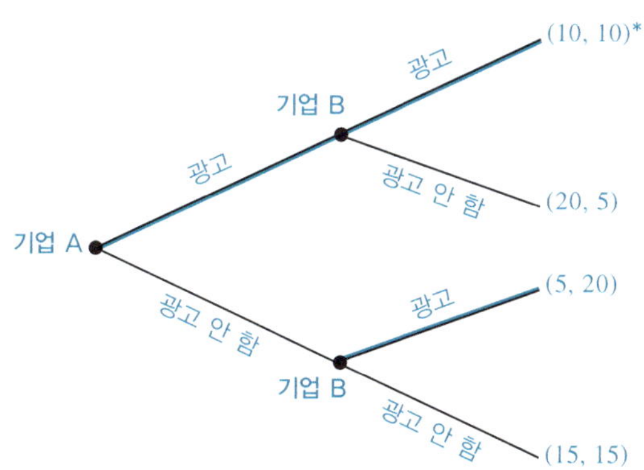

정답 16 ① 17 ③

18 **기업 1은 현재 기업 2가 4의 독점이윤을 얻고 있는 시장에 진입할지 말지를 선택하려 한다. 기업 1의 시장진입에 기업 2가 협조적으로 반응하면 각각 2의 이윤을 얻지만, 경쟁적으로 반응하면 각각 -1의 이윤을 얻는다. 이 게임에 대한 다음 설명 중 옳지 않은 것은?** (단, 순수전략만을 고려한다.)

① 유일한 부분게임(subgame)을 갖는다.

② 역진귀납(backward induction)에 의해 얻는 전략조합은 유일하다.

③ 기업 2의 경쟁적 반응은 공허한 위협(empty threat)에 해당한다.

④ 복수의 내쉬균형(Nash equilibrium)을 갖는다.

⑤ 유일한 부분게임완전균형(subgame perfect Nash equilibrium)을 갖는다.

hint

객관식 출제 수준에 맞지 않는 문제로 보인다. ①을 이해하기 어려우니 나머지 보기가 맞는지를 통해 답을 찾는 것이 현실적이다.

① (×), 부분게임이란 전체 게임의 일부로서 그 자체로 완결된 형태를 가지는 것을 말한다. 이 게임에는 2개의 부분게임이 존재한다.

②, ⑤ (○), 역진귀납으로 찾아진 (진입, 협조)가 유일한 부분게임완전균형이 된다.

③ (○), 기업 1이 진입하는 경우 기업 2는 협조하는 경우의 보수가 더 크다.

④ (○), 순차게임을 동등한 정보를 갖는 보수행렬로 전환한 것을 동등전략형 게임이라고 한다. 이 경우 내쉬균형은 (진입, 협조), (포기, 경쟁)의 2가지가 존재한다.

〈그림 1〉 게임나무

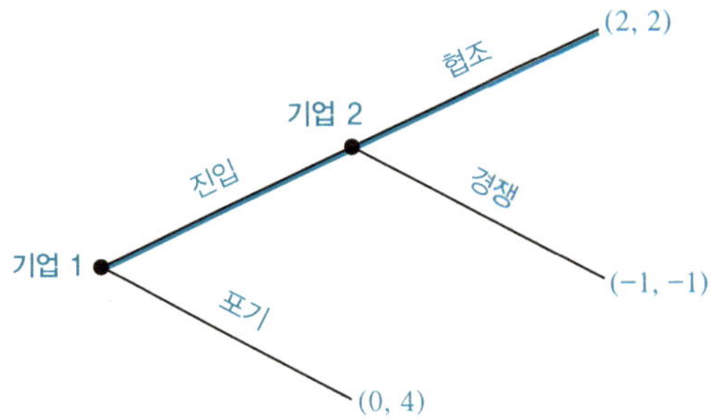

〈그림 2〉 동등전략형 게임

		기업 2	
		협조	경쟁
기업 1	진입	(2*, 2*)	(−1, −1)
	포기	(0, 4*)	(0*, 4*)

19 두 경기자가 8만원을 나누어 갖는 게임을 가정하자. 두 경기자는 각각 만원 단위로 자기가 원하는 금액을 동시에 발표한다. 만약 두 경기자가 발표한 금액의 합이 8만원 이하이면, 각자 발표한 금액을 받는다. 반면, 두 경기자가 발표한 금액의 합이 8만원을 초과하면 적은 금액을 발표한 사람이 자신이 발표한 금액을 받고, 많은 금액을 발표한 사람은 나머지 금액만을 받는다. 단, 두 경기자가 발표한 금액의 합이 8만원을 초과하면서 같은 금액을 발표하면 각자 4만원씩을 받는다. 다음 설명 중 옳지 않은 것은? 2010년 공인회계사

① 내쉬균형에서는 두 경기자가 발표한 금액의 합이 8만원 미만이 될 수 없다.
② 내쉬균형에서는 두 경기자가 발표한 금액의 합이 8만원을 초과할 수 없다.
③ 한 경기자가 6만원을 발표하는 것은 내쉬균형이 될 수 없다.
④ 두 경기자가 모두 4만원을 발표하는 것은 내쉬균형 중 하나이다.
⑤ 모든 내쉬균형에서는 두 경기자가 각각 4만원씩을 받는다.

hint

1. **첫 번째 방법** : 보수행렬 그리기
   0만원부터 8만원까지 9개의 전략 간 조합으로 이루어진 보수행렬(81칸)을 작성하는 것이다. 첫 번째 방식의 풀이가 원칙이지만 때로는 다음 두 가지 중 한 가지를 택해야 하는 경우도 있을 것이다.

2. **두 번째 방법** : 게임의 특성 파악하기
   모든 경기자는 상대가 4만원 이하의 값을 부르면 8만원에서 4만원을 뺀 값을 부름으로써, 상대가 5만원 이상의 값을 부르면 상대가 부른 값보다 1만원 작은 값을 부름으로써 최소한 4만원을 얻을 수 있다. 따라서 균형이 존재할 경우 어떤 경기자도 4만원 미만을 얻을 수 없다. 따라서 어느 경기자의 균형보수에 3만원 이하가 들어갈 수 없으며, 5만원 이상도 들어갈 수 없다. 따라서 모든 내쉬균형에서의 보수는 (4만원, 4만원)이 된다.

3. **세 번째 방법** : 보기를 하나씩 따져보기
   ① (○), 발표한 금액의 합이 8만원 미만이면 어떤 경기자든 더 큰 금액을 불러서 보수를 늘릴 수 있다.
   ② (×), 예를 들어 두 경기자가 모두 5만원을 부르는 경우 두 경기자가 모두 4만원을 받는 균형이 성립할 수 있다.
   ③ (○), 경기자 1이 6만원을 부르면 경기자 2는 5만원을 불러서 5만원을 받고 경기자 1은 3만원을 받는다. 이는 내쉬균형이 아니다.
   ④ (○), 이 경우 어떤 경기자도 자신의 선택을 바꾸어 보수를 늘릴 수 없다.
   ⑤ (○), 두 경기자가 모두 4만원 미만을 받지 않을 방법이 있다. 따라서 균형에서는 모든 경기자가 4만원을 받는다.

정답 18 ① 19 ②

20 다음은 세 경기자(1, 2, 3)의 전략 선택에 따라 결정되는 보수구조이다. 개별 경기자가 선택할 수 있는 전략이 L과 H라고 할 때 아래 전략형 게임의 순수전략 내쉬균형은 몇 개인가? (단, 보수행렬의 괄호 안 첫 번째 숫자는 경기자 1의 보수, 두 번째 숫자는 경기자 2의 보수, 세 번째 숫자는 경기자 3의 보수를 나타낸다.)

2023년 공인회계사

경기자 3이 L을 선택할 때 게임의 보수행렬

		경기자 2	
		L	H
경기자 1	L	(2, 2, 2)	(2, 5, 2)
	H	(5, 2, 2)	(5, 5, 2)

경기자 3이 H를 선택할 때 게임의 보수행렬

		경기자 2	
		L	H
경기자 1	L	(2, 2, 5)	(2, 5, 5)
	H	(5, 2, 5)	(0, 0, 3)

① 0 ② 1 ③ 2
④ 3 ⑤ 4

hint

각 경기자의 최적 대응 시 보수에 *를 표시하면 다음과 같다.

경기자 3이 L을 선택할 때 게임의 보수행렬

		경기자 2	
		L	H
경기자 1	L	(2, 2, 2)	(2, 5*, 2)
	H	(5*, 2, 2)	(5*, 5*, 2)

경기자 3이 H를 선택할 때 게임의 보수행렬

		경기자 2	
		L	H
경기자 1	L	(2, 2, 5*)	(2*, 5*, 5*)
	H	(5*, 2*, 5*)	(0, 0, 3*)

따라서 내쉬균형은 전략조합 (L, H, H)와 (H, L, H)이다.

21 **9명의 개별 경기자가 존재하는 어느 경제에서 공공재 공급에 필요한 기금을 모으기 위해 기여금을 낼지의 여부를 동시에 비협조적으로 결정하는 게임을 한다. 9명 중 5명 이상이 기여금을 내면 공공재 공급이 이루어지며, 5명 미만이면 공공재 공급이 이루어지지 않는다. 납부한 기여금은 공공재 공급이 이루어지지 않더라도 돌려받지 못한다. 모든 경기자의 선호체계가 다음과 같을 때 게임의 결과에 대한 설명으로 옳은 것은?** 2021년 국회 8급

- 1순위 : 공공재 공급이 이루어지고 자신은 기여금을 내지 않은 상황
- 2순위 : 공공재 공급이 이루어지고 자신은 기여금을 낸 상황
- 3순위 : 공공재 공급이 이루어지지 않고 자신은 기여금을 내지 않은 상황
- 4순위 : 공공재 공급이 이루어지지 않고 자신은 기여금을 낸 상황

① 순수전략 내쉬균형은 하나만 존재한다.
② 모든 순수전략 내쉬균형에서 공공재 공급은 이루어진다.
③ 9명 모두 기여금을 내는 것도 순수전략 내쉬균형에 해당한다.
④ 9명 모두 기여금을 내지 않는 것도 순수전략 내쉬균형에 해당한다.
⑤ 순수전략 내쉬균형에서 1순위의 선호를 얻는 경기자는 존재하지 않는다.

hint

편의상 1순위의 보수를 4, 2순위의 보수를 3, 3순위의 보수를 2, 4순위의 보수를 1이라고 하자. 주어진 조건에 따를 때 기여자 수에 따른 기여자의 보수 및 비기여자의 보수를 나타내면 다음과 같다.

기여자 수	0	1	2	3	4	5	6	7	8	9
기여자 보수	–	1	1	1	1	3*	3	3	3	3
비기여자 보수	2*	2*	2*	2*	2	4*	4*	4*	4*	–

예를 들어 기여자의 수가 4명인 경우 기여자는 1을, 비기여자는 2를 얻는다. 이 경우 기여자는 비기여자가 되면 기여자의 수가 3명인 상태에서의 비기여자가 되므로 2의 보수를 얻는다. 반면 비기여자가 기여자가 되면 기여자의 수가 5명인 상태에서 기여자가 되므로 3의 보수를 얻는다. 기여자와 비기여자 모두 벗어날 유인이 있으므로 이는 내쉬균형이 아니다.
표의 *표시는 각 상태에서 경기자가 자신의 선택을 바꿀 유인이 없음을 나타낸다. 결국 내쉬균형은 5명이 기여를 선택한 경우와 전원 비기여를 선택한 경우 2가지이다.

정답 20 ③ 21 ④

22 **7명의 사냥꾼이 동시에 사냥에 나섰다. 각 사냥꾼은 사슴을 쫓을 수도 있고, 토끼를 쫓을 수도 있다. 사슴을 쫓을 경우에는 7명의 사냥꾼 중 3명 이상이 동시에 사슴을 쫓을 때에만 사슴사냥에 성공하여 1마리의 사슴을 포획하게 되고, 사냥꾼들은 사슴을 동일하게 나누어 갖는다. 만약 3명 미만이 동시에 사슴을 쫓으면 사슴을 쫓던 사냥꾼은 아무것도 얻지 못하게 된다. 반면 토끼를 쫓을 때에는 혼자서 쫓더라도 언제나 성공하며 각자 1마리의 토끼를 포획하게 된다. 모든 사냥꾼들은 사슴 1/4마리를 토끼 1마리보다 선호하고, 사슴이 1/4마리보다 적으면 토끼 1마리를 선호한다. 이 게임에서 내쉬균형을 〈보기〉에서 모두 고르면?** (단, 사냥터에서 사냥할 수 있는 사슴과 토끼는 각각 1마리, 7마리임)

2013년 국회 8급

ㄱ. 모든 사냥꾼이 토끼를 쫓는다.
ㄴ. 모든 사냥꾼이 사슴을 쫓는다.
ㄷ. 3명의 사냥꾼은 사슴을, 4명의 사냥꾼은 토끼를 쫓는다.
ㄹ. 4명의 사냥꾼은 사슴을, 3명의 사냥꾼은 토끼를 쫓는다.

① ㄱ ② ㄱ, ㄷ ③ ㄱ, ㄹ
④ ㄴ, ㄹ ⑤ ㄱ, ㄷ, ㄹ

hint

다른 경기자들의 전략을 주어진 것으로 간주할 때 어느 누구도 자신의 전략을 변경할 의사가 없는 경우에 내쉬균형이 성립한다. 이 문제는 이 균형조건을 만족하는지 여부를 가지고 접근할 수 있다. 각 사냥꾼의 전략은 사슴을 쫓는 것이거나 토끼를 쫓는 것이다. 우선 모든 사냥꾼이 사슴을 쫓는 전략은 내쉬균형이 될 수 없다. 사슴은 1마리이므로 각자 1/7마리의 사슴을 갖게 되는데, 이것보다는 토끼 1마리를 선호하기 때문이다. 3명의 사냥꾼은 사슴을, 4명의 사냥꾼은 토끼를 쫓는 것도 내쉬균형이 될 수 없다. 사냥꾼들은 토끼 1마리보다 1/3마리의 사슴을 선호하므로 사슴을 쫓는 것으로 전략을 변경하고 싶어할 것이기 때문이다. 4명의 사냥꾼은 사슴을, 3명의 사냥꾼은 토끼를 쫓는 전략은 내쉬균형이다. 왜냐하면 이 경우 어떤 사냥꾼도 자신의 전략을 변경할 의사가 없기 때문이다. 사슴을 쫓는 사냥꾼이 토끼를 쫓는 것으로 전략을 변경할 이유도 없고 그 반대도 마찬가지이다. 여기서 문제는 모두 토끼를 쫓는 전략이다. 이 경우 나머지 사냥꾼들이 모두 토끼를 쫓는 전략을 채택한다는 조건 하에서 자신만 사슴을 쫓는 것으로 전략을 변경하면 아무것도 얻을 수 없다. 따라서 이 경우 어느 누구도 토끼를 쫓는 전략을 변경할 이유가 없으므로 내쉬균형에 해당한다.

23 **두 사람이 평균값 맞추기 게임을 한다. 1부터 10까지의 자연수 중 하나를 동시에 선택하면 그 평균과의 차이만큼을 10만원에서 뺀 값을 상금으로 제공한다. 다시 말해, 경기자 i가 a_i를 선택하면 i의 상금은 $\left(10-\left|\frac{a_1+a_2}{2}-a_i\right|\right)$만원이 된다. 다음 설명 중 옳은 것은?** (단, $i = 1, 2$)

2018년 공인회계사

가. 우월전략이 존재한다.
나. 복수의 내쉬균형(Nash equilibrium)이 존재한다.
다. 내쉬균형에서 각 경기자의 상금은 서로 같다.
라. 경기자가 셋이 되면 내쉬균형에서 각 경기자의 상금은 동일하지 않다.

① 가, 나　② 가, 다　③ 나, 다
④ 나, 라　⑤ 다, 라

hint

가. (×), 2인 경기에서 각 개인은 상대와 같은 금액을 부르는 것이 최선이다. 즉, 상대의 선택에 따라 자신의 최적 선택이 달라지므로 우월전략은 존재하지 않는다.
나. (○), 2인 경기에서 $a_1 = a_2$인 모든 조합이 내쉬균형이 된다.
다. (○), 모든 내쉬균형에서 각 개인은 10의 보수를 얻는다.
라. (×), 3인 경기에서도 $a_1 = a_2 = a_3$인 모든 조합이 내쉬균형이 되며 각 개인은 10의 보수를 얻는다.

*** 주의사항**

이 문제는 약간의 표현상의 문제가 있는데 '평균과의 차이만큼을 10만원에서 뺀 값을' 부분을 '평균과의 차이만큼을 10에서 뺀 값에 10,000을 곱한 금액을'로 수정하는 것이 바람직하다.

정답　22 ③　23 ③

24 **유권자들이 다음과 같은 정치성향을 갖는 선거구가 있다.**

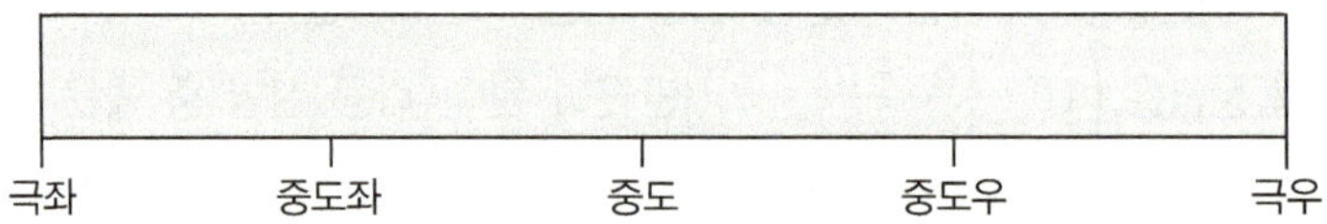

무수히 많은 유권자의 정치성향은 극좌에서 극우까지 동일한 비율(회색부분의 높이)**로 고르게 분포되어 있다. 후보자들은 5가지의 정치성향 중 하나만을 공표할 수 있고, 유권자는 자신의 정치성향과 가장 가까운 후보자에게 투표한다. 극좌, 중도좌, 중도, 중도우, 극우 간의 간격은 동일하다. 승자가 다수결로 결정되는 경우 다음 설명 중 옳은 것은?** (단, 동일한 위치의 후보자가 둘 이상이면 득표를 균등하게 나눠 갖는다. 또한 최다 득표자가 두 명 이상이면 임의로 승자를 결정한다.)

2011년 공인회계사

① 후보자가 두 명인 경우, 모든 후보자가 '중도'를 선택하는 것이 순수내쉬균형(pure Nash equilibrium)이다.

② 후보자가 세 명인 경우, 모든 후보자가 '중도'를 선택하는 것이 순수내쉬균형이다.

③ 후보자가 두 명인 경우, 두 개 이상의 순수내쉬균형이 존재한다.

④ 후보자가 세 명인 경우, 세 후보자가 (극좌, 중도, 극우)를 선택하는 것이 순수내쉬균형이다.

⑤ 후보자가 세 명인 경우, 순수내쉬균형은 존재하지 않는다.

hint

경기자가 2명인 경우 25가지 경우의 수가 있으며, 경기자가 3명인 경우 125가지 경우의 수가 있다. 주어진 시간에 모든 경우를 따지는 것은 힘들므로 주어진 보기의 옳고 그름만을 따져보기로 하자.

① (○), 두 경기자는 50%씩을 얻고 아무도 이탈할 유인이 없다.

② (×), 모든 경기자가 '중도'를 선택하면 모두 33.33%를 얻는다. 이 경우 어느 한 경기자가 '중도좌' 또는 '중도우'로 이동하면 37.5%를 얻어 승리한다.

③ (×), 두 경기자는 '중도'를 선택하여 패배하지 않을 수 있으므로 그 외의 균형이 존재하지 않는다.

④ (×), 이 경우 '중도'를 선택한 경기자가 50%를 얻어 승리한다. 이 경우 예를 들어 '극좌'를 선택한 경기자가 '중도좌'를 선택하면 37.5%를 얻어 공동 승자가 될 수 있다.

⑤ (×), '중도좌, 중도, 중도우'의 전략조합이 내쉬균형이 된다. 이 경우 '중도좌'를 선택한 경기자와 '중도우'를 선택한 경기자가 37.5%를 얻어 공동 승자가 된다. '중도'를 선택한 경기자는 어느 위치로 이동해도 현재보다 높은 득표를 할 수 없다.

25 **다음 중 경매(auction)와 관련된 설명으로 잘못된 것은?**

① 승자의 저주는 비공개경매에서는 발생하지 않는다.

② 제2가격 경매는 영국식 올려부르기 경매와 결과 및 수입 측면에서 동등하다.

③ 최고가격 경매는 네덜란드식 내려부르기 경매와 결과 및 수입 측면에서 동등하다.

④ 개인가치경매란 개인의 취향(taste) 차이에 의해 지불의사의 차이가 발생하는 경우를 말한다.

⑤ 공통가치경매에서는 경매대상물의 객관적인 가치가 존재한다.

hint

승자의 저주는 공통가치경매에서 발생하는 현상으로 개인가치경매에서는 발생하지 않는다. 비공개경매(입찰)의 경우라 하더라도 경매가 공통가치경매의 성격을 갖는 경우에는 승자의 저주 현상이 발생할 수 있다.

정답 24 ① 25 ①

26 어떤 판매자가 경매(auction)를 통해 물건 100개를 판매하려고 한다. 경매방식은 '구매자는 원하는 가격과 물량을 동시에 제시하고, 판매자는 입찰 가격을 높은 가격부터 낮은 가격 순으로 나열하여 높은 가격을 제시한 참가자들에게 물건 100개를 소진할 때까지 판매' 하는 형식이다. 이때 100번째 물건이 판매되는 참가자의 입찰 가격이 유일한 낙찰 가격으로 판매 가격이 되고, 각각의 입찰자는 자신이 제시한 입찰 물량을 낙찰 가격에 구매한다. 모든 참가자는 이러한 절차와 방식을 알고 있다. 다음 표는 판매자가 참가자들로부터 동시에 입찰을 받아 정리한 결과이다. 입찰 결과에 대한 설명으로 옳은 것은? 2016년 지방직 7급

참가자	입찰 가격(원)	입찰 물량(개)
A	11,200	5
B	11,000	10
C	10,500	20
D	10,300	20
E	9,900	40
F	9,800	10
G	9,600	30

① 낙찰 가격은 9,900원이다.

② 구매자가 진정한 가격을 입찰한다(truth-revealing)는 전제 하에 구매자잉여는 47,000원이다.

③ 참가자 G는 낙찰되어 제시한 30개 물량 중 10개를 배정받아 스스로 제시한 개당 9,600원에 구입한다.

④ 참가자 7명 중 2명은 하나의 물량도 낙찰받지 못한다.

hint

주어진 표를 확장하면 다음과 같다.

참가자	입찰 가격(원)	입찰 물량(개)	누적 입찰 물량(개)	구입자잉여
A	11,200	5	5	7,000
B	11,000	10	15	12,000
C	10,500	20	35	14,000
D	10,300	20	55	10,000
E	9,900	40	95	4,000
F	9,800*	10(5개 구입)*	105*	0
G	9,600	30	135	0

참가자 A, B, C, D, E는 입찰 물량을 모두 낙찰받고, F는 입찰 물량 중 5개를 낙찰받는다.

① (×), 낙찰 가격은 9,800원이다.
② (○)
③ (×), 참가자 G는 낙찰받지 못한다.
④ (×), 하나의 물량도 낙찰받지 못하는 것은 G가 유일하다.

27 **최근 행태경제학에서는 다양한 게임들의 이론적 예측과 실제 소비자의 행동이 동일한지를 확인하기 위해 다양한 실험기법을 사용하고 있다. 최후통첩게임**(ultimatum game)**과 독재자게임**(dictatorship game)**에 관한 다음의 설명에서 적합하지 않은 것은?**

① 제의를 하는 사람은 독재자게임에서도 상대방의 보복에 신경을 써야 한다.
② 최후통첩게임에서 제의를 하는 사람이 상대방에게 어느 정도의 금액을 나눠주는 것은 공정성을 의식한 행동이라고 볼 수 있다.
③ 최후통첩게임에서 상대방은 불공정하다고 생각되는 제의를 거부할 수 있다.
④ 독재자게임의 실험도 사람들이 완전하게 이기적으로 행동하지는 않는다는 사실을 보여주고 있다.
⑤ 전통적 경제이론에 의하면 최후통첩게임에서 제의를 하는 사람은 자신이 거의 전부를 갖는 방식으로 나눌 것을 제의한다.

hint

최후통첩게임 : 제안자가 몫을 나누는 비율을 정하면 상대방이 이를 수락 또는 거부한다. 거부하면 양쪽 다 아무것도 얻지 못한다. 따라서 공정성에 근거한 비합리적 거부가 나타날 수 있다.
독재자게임 : 독재자가 몫을 나누면 그대로 결정되는 게임이므로 상대의 보복을 두려워할 필요가 없다.

① (×), 독재자게임에서는 두 사람 간의 몫을 제안자가 마음대로 정할 수 있기 때문에 보복 또는 거부를 우려할 필요가 없다.

정답 26 ② 27 ①

28 다음 중 행태경제학(behavioral economics) 분야의 주장을 모두 고르면? 2015년 공인회계사

> 가. 처음에 설정된 가격이나 첫인상에 의해 의사결정이 영향을 받는다.
> 나. 기준점(reference point)과의 비교를 통해 의사결정을 내린다.
> 다. 이득의 한계효용이 체증한다.
> 라. 동일한 금액의 이득과 손실 중 손실을 더 크게 인식한다.

① 가, 나　② 나, 라
③ 가, 나, 다　④ 가, 나, 라
⑤ 가, 나, 다, 라

hint

행태경제학 또는 행동경제학은 경제주체의 비합리적 행동을 다룬다. 행태경제학의 창시자라 할 수 있는 대니얼 카너먼(Daniel Kahnemen)과 아모스 트버스키(Amos Tversky)는 다양한 실험을 통해 인간이 얼마나 비합리적으로 행동하는지 보여주었다. 원래 그들이 의도한 것은 도박을 하는 상황에서 인간의 비합리적인 행동을 규명하는 것이었으며, 이들은 도박에 대한 인간의 행동을 관찰해서 얻은 결과를 일상적인 경우로 확대할 수 있었다. 예를 들면 이들은 실험을 통해 닻내림효과(anchoring effect)가 존재한다는 것을 발견했다. 사람들은 자신이 직면한 문제와 무관함에도 불구하고 의사결정 전에 얻는 정보에 의해 영향을 받는다는 것이다. 그리고 도박을 하는 경우처럼 현재 자신이 어떤 위치에 있는가에 따라 의사결정이 영향을 받는다. 도박의 경우 시작할 때 판돈이 얼마인가에 따라 달리 행동한다. 이들이 발견한 대표적인 특징은 사람들이 같은 금액의 이득과 손실 중 손실에 대해 더 큰 의미를 부여한다는 것이다. 이것을 손실회피(loss aversion)라 한다. 예컨대 도박에서 100달러를 딸 때 느끼는 만족보다 100달러를 잃었을 때 느끼는 상실감이 더 크다는 것이다. 두 사람은 손실회피를 근거로 가치함수(value function)를 제안했다. 이것은 폰노이만과 모겐슈테른의 기대효용함수를 대신하고자 제안한 것이다. 그렇지만 이들의 노력에도 불구하고 아직도 가치함수보다는 기대효용함수가 더 널리 사용되고 있다.

29 사람들이 어떤 재화를 일단 소유하게 되면 그 재화에 더 큰 가치를 부여하게 되는 현상과 가장 밀접한 개념은? 2022년 공인회계사

① 부존효과(endowment effect)

② 심적회계방식(mental accounting)

③ 확실성효과(certainty effect)

④ 쌍곡선형 할인(hyperbolic discounting)

⑤ 닻내림효과(anchoring effect)

hint

① 대상물의 소유 여부에 따라 다른 가치를 부여하는 현상

② 소비자가 같은 금액이라도 돈의 출처나 예상 용도에 따라 다른 가치를 부여하는 현상

③ 확실하다는 것에 대해 상당히 높은 가치를 두는 현상, 예를 들어 성공확률을 50%에서 51%로 바꾸는 것에 비해 99%에서 100%로 바꾸는 데 훨씬 더 높은 가치를 두는 현상

④ 기간당 할인율이 일정하지 않고 의사결정 시점에서 멀어질수록 기간당 할인율이 낮아지는 현상

⑤ 처음에 인상적이었던 숫자나 사물이 기준점이 되어 그후의 판단에 왜곡 혹은 편파적인 영향을 미치는 현상

정답 28 ④ 29 ①

제16장 생산요소시장

Testbank for Economics [microeconomics]

핵 심 출 제 논 점

1. 요소시장의 기초 개념
2. 경쟁적 요소시장의 균형
3. 수요독점적 요소시장의 균형
4. 수요독점적 요소시장과 최저임금제
5. 공급독점적 요소시장과 노동조합
6. 전용수입, 지대, 준지대
7. 투자안의 평가기법

I 요소시장의 균형식

1. 주요 개념

(1) ***VMP***(Value of Marginal Product) : 한계생산물가치, 한계생산물의 시장가치

- $VMP_L = P \times \frac{dQ}{dL} = P \times MP_L$

(2) ***MRP***(Marginal Revenue Product) : 한계수입생산, 추가적 노동 투입을 통한 총수입의 증가

- $MRP_L = \frac{dTR}{dL} = \frac{dTR}{dQ} \times \frac{dQ}{dL} = MR \times MP_L$ ⇒ 재화시장이 경쟁적인 경우 VMP와 일치

(3) ***MFC***(Marginal Factor Cost) : 한계요소비용, 추가적인 노동 투입을 위한 총요소비용의 증가

- $MFC_L = \frac{dTFC_L}{dL}$ ⇒ 요소시장이 경쟁인 경우 AFC와 일치

(4) ***AFC***(Average Factor Cost) : 평균요소비용, 요소단위당 평균적인 비용으로 요소가격과 일치

- $AFC_L = \frac{TFC_L}{L} = \frac{wL}{L} = w(= P_f)$

2. 이윤극대화 기본 조건

- 추가적인 한 단위 요소의 투입을 통해 얻은 수입(MRP_L)과 비용(MFC_L)이 동일해야 한다.

$MRP_L = MFC_L$

3. 시장 형태와 이윤극대화 조건

① 재화경쟁-요소경쟁 : $VMP_L = MRP_L = MFC_L = w$

② 재화독점-요소경쟁 : $VMP_L > MRP_L = MFC_L = w$

③ 재화경쟁-요소수요독점 : $VMP_L = MRP_L = MFC_L > w$

④ 재화독점-요소수요독점 : $VMP_L > MRP_L = MFC_L > w$

4. 기업이 인식하는 요소공급곡선

- 생산물시장에 개별 소비자의 수요곡선, 시장 전체의 수요곡선, 기업이 인식하는 수요곡선이 있듯이, 생산요소시장에도 개별 요소공급자의 공급곡선, 시장 전체의 공급곡선, 기업이 인식하는 공급곡선이 있다.

■ 요소시장이 경쟁적일 때 시장 전체 공급곡선과 기업이 인식하는 공급곡선은 상이, 요소시장이 수요독점적일 때 시장 전체 공급곡선과 기업이 인식하는 공급곡선은 일치

노동공급곡선 : $w^S = \bar{w}$(수평)	**노동공급곡선 : $w^S = a + bL$(우상향)**
$TFC = \bar{w}L$ $AFC = \bar{w}$ $MFC = \bar{w}$	$TFC = aL + bL^2$ $AFC = a + bL$ $MFC = a + 2bL$
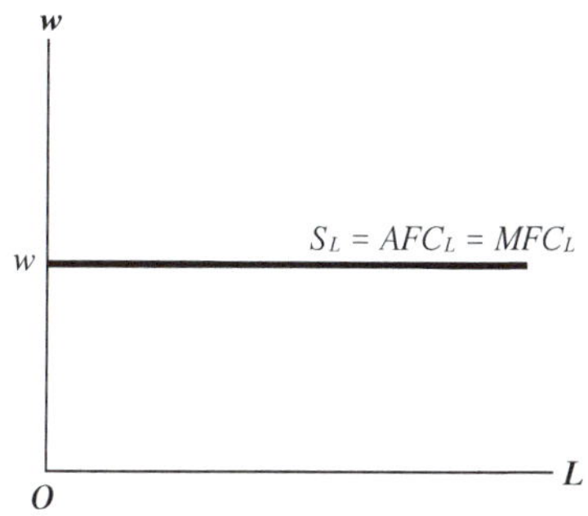	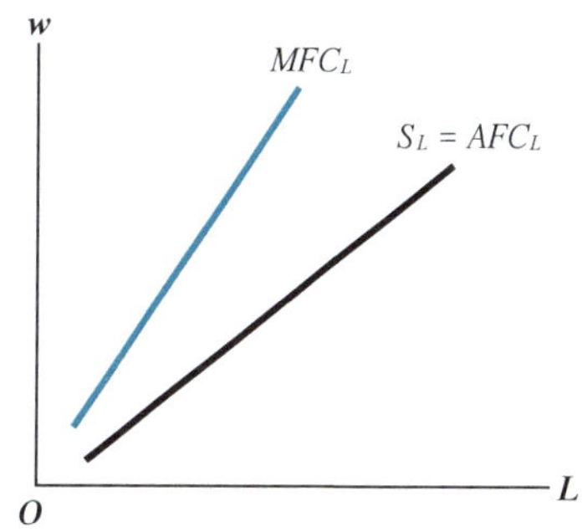
■ 요소가격을 약간만 낮추어도 아무도 요소를 공급하지 않게 된다. ■ 또한 주어진 임금에 얼마든지 고용할 수 있다. ⇒ 임금수용자, 요소시장이 경쟁적	■ 요소가격을 약간만 낮추어도 요소공급량이 0이 되지 않는다. ■ 또한 추가적 고용을 위해서는 더 높은 임금을 지급해야 한다. ⇒ 임금설정자, 요소시장이 수요독점적

Ⅱ 재화경쟁-요소경쟁 시장의 분석

1. 단기 · 기업요소수요곡선

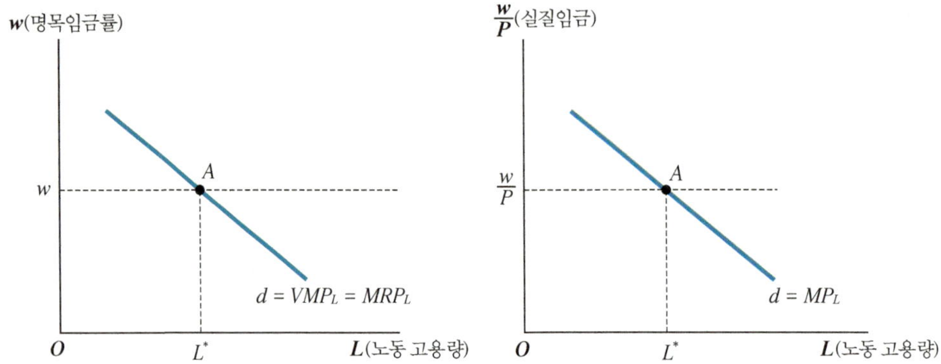

- 이윤극대화 조건 : $VMP_L = P \cdot MP_L = w$(명목) 또는 $MP_L = \frac{w}{P}$(실질)
- 재화경쟁, 명목임금 평면 : VMP_L과 동일한 MRP_L곡선이 노동수요곡선이 됨
- 재화경쟁, 실질임금 평면 : MP_L이 노동수요곡선이 됨
- 재화독점, 명목임금 평면 : VMP_L이 아닌 MRP_L곡선이 노동수요곡선이 됨
- 재화독점, 실질임금 평면 : $\frac{MR}{P}MP_L$이 노동수요곡선이 됨

2. 요소수요곡선의 기울기를 결정하는 요인

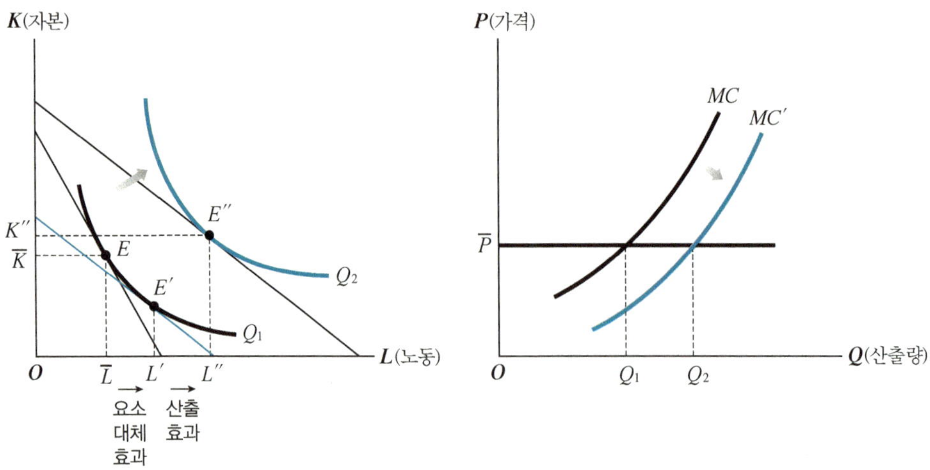

- 요소대체효과($E \rightarrow E'$) : 동일한 산출량 하에서 상대적으로 값이 비싸진 요소의 고용을 줄이고 값이 싸진 요소의 고용을 늘리는 효과

■ 산출효과($E' \rightarrow E''$) : 요소가격 하락으로 비용이 하락하면서 최적 산출량이 증가하기 때문에 요소의 고용이 증가하는 효과

3. 힉스-마샬의 파생수요법칙

① 생산물에 대한 수요탄력성이 클수록
② 총비용 중 해당 요소의 비용이 차지하는 비중이 클수록
③ 다른 생산요소와의 대체탄력성이 클수록
④ 다른 생산요소 공급의 가격탄력성이 클수록
⑤ 고려되는 기간의 길이가 길수록

} 요소수요의 자기가격 탄력성이 크다 (요소수요곡선 완만).

Tips

1. 요소수요곡선은 요소수요자가 임금설정력이 없는 경우만 존재한다.
2. 재화경쟁-요소경쟁 : VMP인 MRP가 요소수요곡선
   재화독점-요소경쟁 : VMP 아닌 MRP가 요소수요곡선
   요소비경쟁 : 요소수요곡선 없음
3. 요소수요곡선이 존재한다면 그것은 언제나 MRP곡선이다.
4. 요소에 대한 수요량의 결정은 원칙적으로 MRP에 근거하여 이루어진다. 그러나 재화시장이 경쟁적인 경우에는 MRP와 VMP가 일치하므로 VMP에 근거하여 요소에 대한 고용을 결정하는 것으로 분석하여도 무방하다.
5. 명목임금-고용량 평면에서 VMP_L곡선이 요소수요곡선이 되는 경우, 실질임금-고용량 평면에서는 MP_L곡선이 요소수요곡선이 된다.
6. 재화시장이 경쟁인 경우에 비해 재화시장이 독점인 경우에는 파생수요로서의 요소수요도 감소한다. 따라서 임금은 낮고 고용은 적다 .
7. 요소 d의 기울기는 요소대체효과와 산출효과에 의해 결정
8. 요소수요곡선은 어떤 경우에도 우상향하지 않음(기펜재는 있어도 기펜요소는 없음)
9. 단기 요소 d보다 장기 요소 d가 항상 완만(단기 재화 s보다 장기 재화 s가 항상 완만)
10. VMP_L이 수평이면 재화시장 완전경쟁(역은 성립 ×)
11. AFC_L이 수평이면 MFC_L도 수평(역은 성립 ×)

Ⅲ 경제적 지대와 전용수입

1. 전용수입(transfer earnings)

- 기업의 시각 : 생산요소를 현재 용도로 사용하기 위하여 지급하여야 하는 최소의 비용
- 요소공급자의 시각 : 생산요소를 현재의 고용상태에 제공하는 것과 관련한 기회비용

2. 경제적 지대(economic rent)

- 경제적 지대란 생산요소에 대해 기회비용을 넘어서 지급된 소득, 즉 전용수입 이상으로 지급된 요소비용을 의미한다.

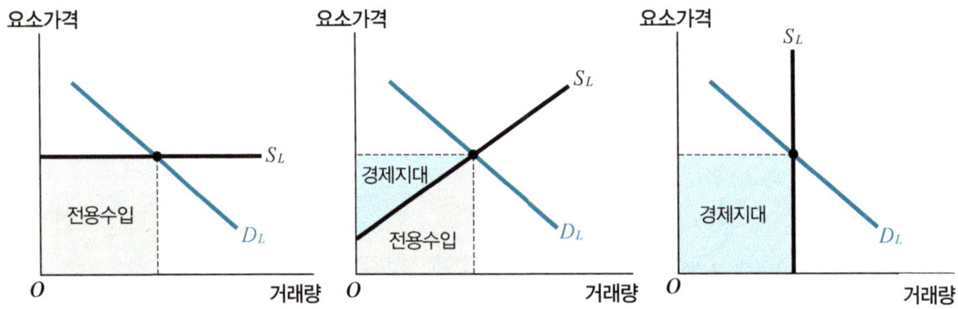

(a) 요소공급이 완전 탄력적인 경우 (b) 일반적인 경우 (c) 요소공급이 완전 비탄력적인 경우

3. 경제적 지대의 성격

- 공급이 탄력적일수록 전용수입은 증가하고 경제적 지대는 감소한다. 반면 공급이 비탄력적일수록 전용소득은 감소하고 경제적 지대는 증가한다.
- 즉, 경제적 지대는 생산요소의 공급이 비탄력적이기 때문에 발생하는 추가적인 소득으로서 개념상 생산요소공급자의 공급자잉여와 일치한다.

4. 준지대(quasi rent)

- 단기에 고정요소에 지급될 수 있는 소득의 최댓값으로 총수입에서 가변비용을 뺀 것
- 총고정비용과 단기이윤의 합과 일치, 준지대 $= TR - TVC = TFC + \pi$
- 생산자잉여와 유사한 개념, 단기에 이윤이 (−)일 수는 있어도 준지대가 (−)일 수는 없다.

F · Y · I **지대추구행위** (rent-seeking activities)	지대추구행위(rent-seeking activities)란 공급을 제한하거나 비탄력적으로 만듦으로써 지대의 성격을 갖는 이익을 추구하는 행위를 의미한다. 주로 변호사, 의사 등 전문직 종사자들이 정원의 증원을 반대하거나 관료, 국회의원들이 자신의 특권적 지위를 사용하여 사익을 추구하는 행위 등을 일컫는 경우가 많다.

Ⅳ 요소수요독점과 요소공급독점

1. 요소수요독점의 분석

(1) 분석의 기초

- $VMP > MRP = MFC > P_f$
- 수요독점적인 기업의 요소에 대한 수요곡선은 존재하지 않으며, 요소공급곡선 상에서 이윤이 극대화되는 고용량과 요소가격을 결정한다.

* 수요독점 하에서 최저임금 도입 시 임금 상승 + 고용 증가 가능(항상 그런 것은 아님)

(2) 재화독점-요소독점시장의 균형

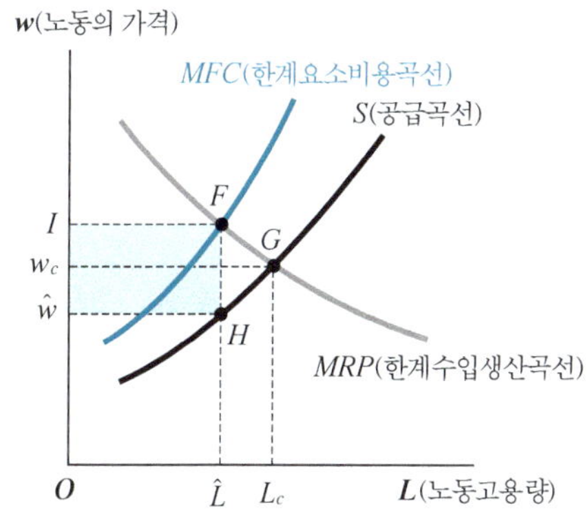

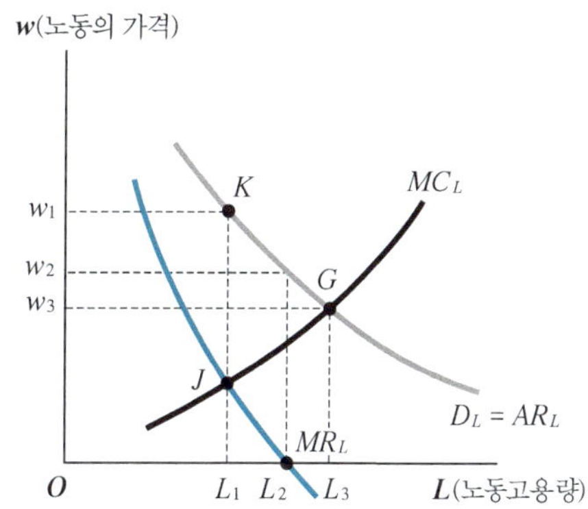

2. 요소공급독점의 분석

(1) 분석의 기초

- 요소의 공급을 독점하는 노조의 경우 요소에 대한 공급곡선이 존재하지 않는다.
- 공급독점자는 수요곡선 상의 점 중 자신의 이익이 극대화될 수 있는 점을 찾아 임금과 노동공급량을 결정한다.

(2) 노조의 목표에 따른 임금률, 고용량의 결정[1]

- 고용량을 극대화하는 임금률–고용량은? : (w_3, L_3)
- 총수입을 극대화하는 임금률–고용량은? : (w_2, L_2)
- 경제적 지대(요소공급자잉여)를 극대화하는 임금률–고용량은? : (w_1, L_1)

1. 이 그래프에서의 MR과 MC는 재화 생산 및 판매에 있어서 기업이 인식하는 한계수입과 비용이 아니라 요소공급자가 인식하는 요소공급에 있어서의 한계수입과 한계비용임에 주의하라.

V 투자안의 평가방법

1. 순현재가치법(present value method ; PV)

- 투자안의 순현재가치 : $NPV = -C + \frac{R_1}{1+r} + \frac{R_2}{(1+r)^2} + \cdots + \frac{R_n}{(1+r)^n}$

  채택가능성의 문제 : $NPV > 0$

  우선순위의 문제 : 채택가능성 조건을 만족하는 대안 중 NPV가 큰 순서

2. 내부수익률법(internal rate of return method ; IRR)

- 정의 1 : 순현재가치가 0이 되게 하는 할인율
- 정의 2 : 투자를 정당화시킬 수 있는 최대한의 할인율
- 정의 3 : 사업안의 채택과 기각의 기준이 되는 할인율

$\Rightarrow NPV = -C + \frac{R_1}{1+\rho} + \frac{R_2}{(1+\rho)^2} + \cdots + \frac{R_n}{(1+\rho)^n} = 0$을 만족하는 ρ^*

채택가능성의 문제 : $\rho^* > r$

우선순위의 문제 : 채택가능성 조건을 만족하는 대안 중 ρ^*가 큰 순서

3. 양자의 비교

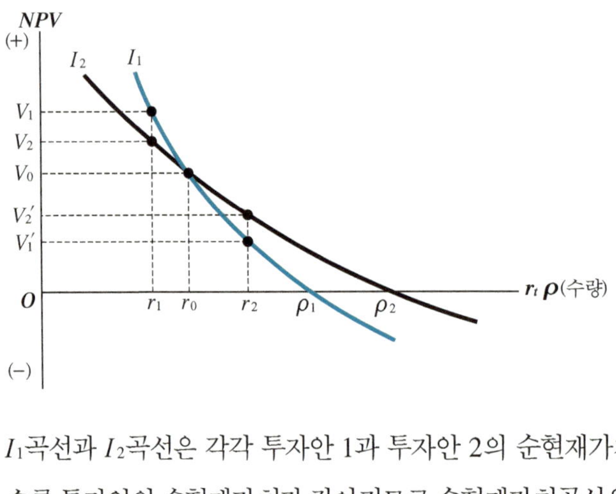

- I_1곡선과 I_2곡선은 각각 투자안 1과 투자안 2의 순현재가치를 나타낸다. 할인율이 높아질수록 투자안의 순현재가치가 작아지므로 순현재가치곡선은 우하향한다.
- IRR 방식에 의하면 $\rho_1 < \rho_2$이므로 I_2가 채택된다.
- PV 방식에 의하면 r_1의 이자율 수준에서는 I_1을 채택하고 r_2의 이자율 수준에서는 I_2를 채택한다.

Part-1 기본 문제

01 어떤 기업이 노동자를 5명 고용할 때 임금을 1,000원씩 지급하였으나, 6명째 고용할 때 임금을 1,100원을 지급하게 되었다. 이 경우 6명을 고용하였을 때의 평균요소비용과 한계요소비용은?

	평균요소비용	한계요소비용
①	1,000원	1,000원
②	1,000원	1,100원
③	1,100원	1,000원
④	1,100원	1,100원
⑤	1,100원	1,600원

hint

평균요소비용(AFC) = 총요소비용/고용량 = 6,600/6 = 1,100(원)
한계요소비용(MFC) = 고용 변화로 인한 총요소비용의 변화 = 6,600 − 5,000 = 1,600(원)

02 어떤 기업이 노동자를 10명 고용했을 때 생산량이 20개였으며, 이때의 생산물의 가격이 1,000원이었다. 이때 고용을 11명으로 증가시켰을 때 생산량이 24개가 되었으며, 이때 가격이 900원이 되었다고 하자. 이때 11명째 고용했을 때의 한계생산물가치와 한계수입생산은?

	한계생산물가치	한계수입생산
①	1,000원	1,000원
②	3,600원	1,600원
③	1,600원	3,600원
④	3,600원	2,600원
⑤	2,600원	1,800원

hint

한계생산물가치(VMP) = 가격 × 한계생산 = 4 × 900 = 3,600(원)
한계수입생산(MRP) = 고용 변화로 인한 총수입의 변화 = 21,600 − 20,000 = 1,600(원)

정답 1 ⑤ 2 ②

03 **다음 표는 A제과점의 근로자 수와 케이크 생산량을 나타내며, 케이크 1개당 가격은 10,000원이고, 근로자는 1인당 80,000원을 지급받는다. 이에 관한 설명으로 옳지 않은 것은?** (단, 케이크시장과 노동시장은 완전경쟁시장이다.)

2017년 보험계리사

근로자 수	케이크 생산량
0	0
1	10
2	18
3	23
4	27

① 근로자 수가 1에서 2로 증가할 때 노동의 한계생산은 8이다.

② 근로자 수가 2에서 3으로 증가할 때 노동의 한계생산물가치는 50,000원이다.

③ 이윤이 극대화될 때 노동의 한계생산은 10이다.

④ 근로자 수가 2일 때 노동의 평균생산은 9이다.

hint

주어진 표를 확장하면 다음과 같다.

근로자 수(L)	케이크 생산량(TP_L)	MP_L	AP_L	VMP_L
0	0	−	−	−
1	10	10	10	100,000
2	18	8	9	80,000
3	23	5	7.67	50,000
4	27	4	6.75	40,000

① (○)

② (○)

③ (×), $w = VMP_L$을 만족하는 고용량은 2이며 이때 한계생산은 8이다.

④ (○)

04 **A기업의 단기생산함수가 다음과 같을 때, 완전경쟁시장에서 A기업은 이윤을 극대화하는 생산수준에서 노동 50단위를 고용하고 있다. 노동 한 단위당 임금이 300일 경우 이윤을 극대화하는 생산물 가격은?** (단, 노동시장은 완전경쟁시장이고, Q는 생산량, L은 노동이다)

2020년 국가직 7급

A기업의 단기생산함수 : $Q(L) = 200L - L^2$

① 1　　② 3

③ 5　　④ 9

hint

생산물경쟁, 요소수요경쟁의 경우 이윤극대화 조건은 다음과 같다.

$VMP_L = MRP_L = MFC_L = AFC_L = w \Rightarrow VMP_L = P \times (200 - 2L) = w$

위 식에 $L = 50$과 $w = 300$을 대입하면 $P = 3$이 된다.

05 **X재 시장은 완전경쟁시장으로, 이윤극대화를 하는 600개 기업이 존재한다. 노동만을 투입하여 X재를 생산하는 모든 개별 기업의 노동수요곡선은 $l = 8 - \frac{w}{600}$로 동일하다. X재 생산을 위한 노동시장은 완전경쟁시장으로, 100명의 노동자가 있으며 노동공급은 완전 비탄력적이다. 노동시장의 균형임금은 얼마인가?** (단, l은 노동자 수이고, w는 노동자 1인당 임금이다.)

2017년 공인회계사

① 4,600　　② 4,700

③ 4,800　　④ 4,900

⑤ 5,000

hint

노동수요곡선 : $L_d = 600 \times l = 4{,}800 - w$

노동공급곡선 : $L_s = 100$

균형조건 : $L_d = L_S \Rightarrow 4{,}800 - w = 100 \Rightarrow w^* = 4{,}700$

정답　3 ③　4 ②　5 ②

06 다음 중 각 시장에서 결정될 임금의 크기를 비교한 것으로 옳은 것은?

> 가. 생산물시장이 경쟁이고 요소시장도 경쟁인 경우
> 나. 생산물시장이 공급독점이고 요소시장은 경쟁인 경우
> 다. 생산물시장이 공급독점이고 요소시장은 수요독점인 경우

① 가 > 나 > 다
② 가 = 나 > 다
③ 가 = 나 = 다
④ 가 < 나 = 다
⑤ 가 < 나 < 다

hint

생산물시장이 독점화되면 요소에 대한 수요가 감소하면서 임금이 하락한다. 또한 요소시장이 수요독점화되면 수요독점력으로 인해 더 낮은 임금을 지급하게 된다.

07 생산물시장이 독점이고 생산요소시장은 경쟁적인 경우에 대한 설명으로 옳은 것은?

① 생산물시장이 경쟁적인 경우와 비교해 요소가격이 상승하고 고용량이 증가한다.
② 생산물시장이 경쟁적인 경우와 비교해 아무런 차이가 없다.
③ 생산물시장이 경쟁적인 경우와 비교해 요소가격이 상승하고 고용량이 감소한다.
④ 생산물시장이 경쟁적인 경우와 비교해 요소가격이 하락하고 고용량이 감소한다.
⑤ 생산물시장이 경쟁적인 경우와 비교해 사회적 자중손실이 발생하지 않는다.

hint

생산물시장이 독점인 경우 이윤을 극대화하는 요소고용의 원리는 $MRP = MR \times MP = MFC = w$인 반면, 생산물시장이 경쟁적인 경우 요소고용의 원리는 $VMP = P \times MP = MFC = w$이다. 그런데 생산물시장이 독점인 경우 항상 $P > MR$인 상태에서 의사결정이 이루어지므로 MRP곡선은 항상 VMP곡선의 왼쪽에 위치한다. 따라서 생산요소시장에서 요소가격은 하락하고 고용량은 감소한다.

08 **노동시장이 수요독점일 때 이에 관한 설명으로 옳은 것을 모두 고른 것은?** (단, 생산물시장은 완전경쟁시장이며, 노동공급곡선은 우상향한다.)

ㄱ. 노동의 한계생산가치(value of marginal product of labor)곡선이 노동수요곡선이다.
ㄴ. 한계요소비용(marginal factor cost)곡선은 노동공급곡선의 아래쪽에 위치한다.
ㄷ. 균형고용량은 노동의 한계생산가치곡선과 한계요소비용곡선이 만나는 점에서 결정된다.
ㄹ. 노동시장이 완전경쟁인 경우보다 균형임금률이 낮고 균형고용량이 많다.

① ㄱ, ㄴ
② ㄷ
③ ㄱ, ㄹ
④ ㄴ, ㄷ
⑤ ㄷ, ㄹ

hint

ㄱ. (×), 노동시장이 수요독점인 경우 노동수요곡선이 존재하지 않는다.
ㄴ. (×), 한계요소비용곡선은 노동공급곡선의 위쪽에 위치한다.
ㄷ. (○)
ㄹ. (×), 노동시장이 완전경쟁인 경우보다 균형임금률이 낮고 균형고용량도 적다.

*** 참고사항**

원래 문제에서는 보기 ②가 '② ㄱ, ㄷ'으로 되어 있었는데 이는 명백한 출제오류이다. 수요독점시장에 수요곡선이 존재하지 않는다는 것은 기초 중의 기초이다.

09 **노동을 수요독점하고 있는 A기업의 노동의 한계생산물가치는 $VMP_L = 38 - 4L$이고 노동공급곡선은 $w = 2 + L$이다. A기업의 이윤을 극대화하기 위한 임금은?** (단, 생산물시장은 완전경쟁적이며 A기업은 생산요소로 노동만 사용하고, L은 노동, w는 임금이다.) 2021년 보험계리사

① 4
② 6
③ 8
④ 10

hint

생산물시장이 완전경쟁적이며 노동시장이 수요독점적일 때 이윤극대화 조건은 다음과 같다.

노동공급곡선에서 $w = AFC_L = 2 + L$, $MFC_L = 2 + 2L$

$VMP_L = MRP_L = 38 - 4L = MFC_L = 2 + 2L$, $L^* = 6$, $w^* = 8$

정답 6 ① 7 ④ 8 ② 9 ③

10 **경쟁적인 노동시장에서 노동조합이 공급독점자로 행동하게 되었을 때 예측되는 결과로 옳은 것은?** (단, 노동조합은 자신들의 지대를 극대화한다고 가정한다.)

① 임금 상승, 고용량 증가
② 임금 상승, 고용량 감소
③ 임금 상승, 고용량 불변
④ 임금 하락, 고용량 증가
⑤ 임금 하락, 고용량 감소

hint

노동조합이 공급독점자로 행동하게 된다면 노동수요곡선 상에서 가장 유리한 점을 선택하려 할 것이다. 따라서 노동공급으로 인한 한계수입과 한계비용이 일치하는 J점에서 고용을 결정하고 이에 해당하는 노동수요곡선 상의 점인 K점에서 임금을 결정할 것이다. 따라서 임금은 상승, 고용은 감소할 것으로 예상된다.

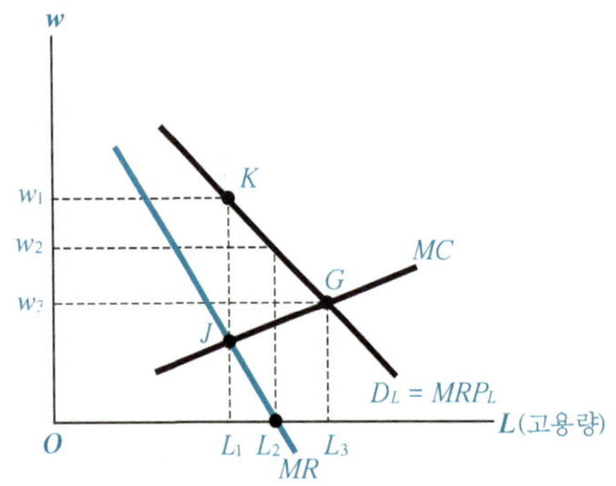

11 **다음 중 경제지대란?**

① 토지 사용에 대한 대가를 말하는 것으로 토지 이외의 생산요소에는 적용되지 않는 개념이다.
② 경제 외적 요인이 비슷한 상황에서 한 요소가 현재의 용도로 사용되도록 하는 데 필요한 최소한의 지출이다.
③ 다른 용도로 사용되지 않도록 하는 데 필요한 최소한의 지출을 초과하여 한 요소에게 지불된 요소소득이다.
④ 토지의 생산력에 관계없이 토지를 소유하고 있다는 사실만으로 토지소유자가 얻게 되는 지대를 말한다.

hint

① 경제적 지대는 모든 요소에 적용될 수 있는 개념이다. ② 전용수입의 정의. ③ 경제지대 = 총수입 − 전용수입으로 정의되므로 옳은 보기이며, 경제지대는 요소공급이 비탄력적일수록 증가한다. ④ 마르크스 등이 주장한 절대적 지대의 정의이며, 현대적 지대의 개념과는 다르다.

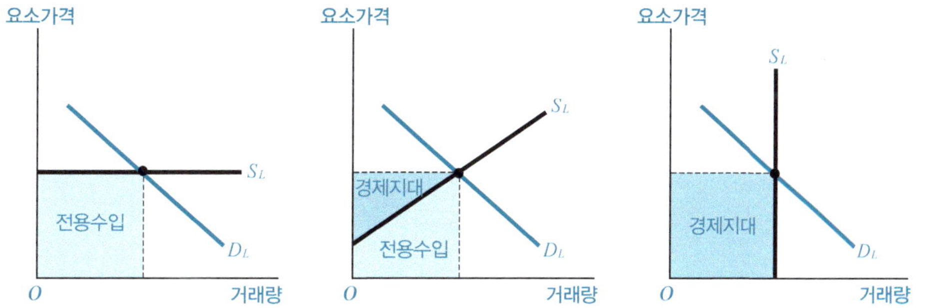

(a) 요소공급이 완전 탄력적인 경우 (b) 일반적인 경우 (c) 요소공급이 완전 비탄력적인 경우

12 **노동의 시장수요함수와 시장공급함수가 다음과 같을 때 균형에서 경제적 지대**(economic rent) **와 전용수입**(transfer earnings)**은?** (단, L은 노동량, w는 임금이다.) 2017년 감정평가사

■ 시장수요함수 : $L_D = 24 - 2w$	■ 시장공급함수 : $L_S = -4 + 2w$

① 0, 70 ② 25, 45
③ 35, 35 ④ 45, 25
⑤ 70, 0

hint

균형조건 : $L_D = 24 - 2w = L_S = -4 + 2w \Rightarrow w^* = 7,\ L^* = 10$ (E점)

전용수입 : 요소공급자의 기회비용(a의 면적) = 70 − 25 = 45

경제적 지대 : 전용수입 이상으로 지급된 부분(b의 면적) = $\frac{1}{2} \times 10 \times 5 = 25$

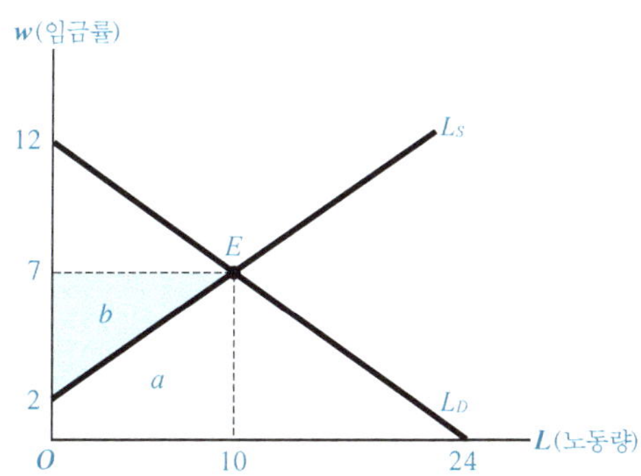

정답 10 ② 11 ③ 12 ②

13 甲기업이 새로운 투자프로젝트 비용으로 현재 250원을 지출하였다. 1년 후 120원, 2년 후 144원의 수익을 얻을 수 있다. 연간 시장이자율(할인율)이 20%일 때, 이 투자프로젝트의 순현재가치(Net Present Value)는? 2015년 감정평가사

① −50원 ② −30원
③ −3원 ④ 14원
⑤ 50원

hint

순현재가치 : $NPV = -250 + \frac{120}{1+0.2} + \frac{144}{(1+0.2)^2} = -50$

정답 13 ①

Part-2 실전 문제

01 **노동수요곡선에 대한 설명으로 옳은 것을 〈보기〉에서 모두 고르면?** 2015년 국회 8급

> ㄱ. 노동의 한계생산물이 빠르게 체감할수록 노동수요는 임금탄력적이 된다.
> ㄴ. 생산물에 대한 수요가 증가하면 노동수요곡선이 우측으로 이동한다.
> ㄷ. 노동 1단위당 자본량이 증가하면 노동수요곡선이 좌측으로 이동한다.

① ㄱ ② ㄴ ③ ㄱ, ㄴ
④ ㄴ, ㄷ ⑤ ㄱ, ㄴ, ㄷ

hint

ㄱ. (×), 노동수요곡선은 $VMP_L = P \times MP_L$ 또는 $MRP_L = MR \times MP_L$이다. 따라서 한계생산이 빠르게 체감하면 노동수요곡선도 가파르다. 즉, 임금에 대해 비탄력적이다.
ㄴ. (○), 생산물에 대한 수요가 늘어나면 파생수요인 노동수요도 늘어난다.
ㄷ. (×), 1인당 자본량이 늘어나면 각각의 노동에 대한 MP_L이 일반적으로 증가하며 노동수요곡선이 우측으로 이동한다.
[단, 이 문제가 성립하기 위해서는 자본이 증가할 때 노동의 한계생산이 상승한다는 일반적 가정이 성립해야 한다. 예외가 존재하기 때문에 출제 측에서 이를 언급하는 것이 더욱 바람직했을 것이다.]

정답 1 ②

02 정부가 기업의 노동수요를 진작하기 위하여 보조금을 통해 기업이 실질적으로 부담하는 노동의 가격을 낮추는 정책을 추진하려 한다. 이 정책이 기업의 노동수요에 미치는 영향에 대한 설명으로 가장 옳지 않은 것은? 2020년 서울시 7급

① 다른 조건이 동일할 때 노동의 한계생산이 빠르게 체감하는 기업일수록 노동수요가 크게 증가할 것이다.

② 다른 조건이 동일할 때 다른 생산요소를 노동으로 대체하기 쉬운 기업일수록 노동수요가 크게 증가할 것이다.

③ 다른 조건이 동일할 때 총생산비용 중 노동비용이 차지하는 비중이 큰 기업일수록 노동수요가 크게 증가할 것이다.

④ 다른 조건이 동일할 때 상품수요의 가격탄력성이 큰 기업일수록 노동수요가 크게 증가할 것이다.

hint

① (×), 노동의 한계생산이 빠르게 체감할수록 노동수요곡선이 가파르다.

03 노동시장에 관한 설명으로 옳은 것을 모두 고른 것은? 2018년 공인노무사

ㄱ. 완전경쟁 노동시장이 수요독점화되면 고용은 줄어든다.
ㄴ. 단기 노동수요곡선은 장기 노동수요곡선보다 임금의 변화에 비탄력적이다.
ㄷ. 채용비용이 존재할 때 숙련 노동수요곡선은 미숙련 노동수요곡선보다 임금의 변화에 더 탄력적이다.

① ㄱ
② ㄷ
③ ㄱ, ㄴ
④ ㄴ, ㄷ
⑤ ㄱ, ㄴ, ㄷ

hint

가. (○)
나. (○), 장기에는 자본규모를 조정할 수 있기 때문에 노동수요곡선이 더 탄력적이 된다.
다. (×), 숙련노동자일수록 채용비용이 많이 들기 때문에 숙련노동자는 쉽게 채용할 수도 없고, 쉽게 해고하지도 않는다.

04 **노동(L)과 자본(K) 두 요소 가운데 노동이 열등요소라고 할 때 다음 설명 중 옳지 않은 것은?**

① 노동의 가격인 임금이 하락하는 경우 노동에 대한 수요곡선이 우상향할 수도 있다.

② 요소가격이 고정된 경우 생산량을 늘릴 때 노동의 투입이 줄어들 수도 있다.

③ 자본의 가격인 임대료가 하락하는 경우 자본에 대한 수요곡선은 항상 우하향한다.

④ 노동의 가격이 하락하는 경우 대체효과에 의해 노동에 대한 수요가 증가한다.

⑤ 노동의 가격이 하락할 때 생산량은 감소한다.

hint

생산요소시장의 구체적인 이론은 매우 복잡하기 때문에 다음 두 가지는 그냥 받아들이기로 하자. 단, 객관식 시험에 출제비중이 높지 않으므로 너무 부담갖지 않아도 된다.

① (×), 기펜재는 있어도 기펜요소는 없다. 즉, 열등요소의 경우에도 요소수요곡선은 '반드시' 우하향한다.
⑤ (○), 열등요소의 가격이 하락하면 한계비용이 상승하며 다른 조건이 일정할 때 생산이 감소한다.

05 **숙련노동(L_1)과 비숙련노동(L_2)만을 생산요소로 사용하는 어떤 기업의 생산함수가 $q = \min\{3L_1, 2L_2\}$라고 할 때, 다음 설명 중 옳은 것은?** 2013년 공인회계사

① 숙련노동의 한계생산은 항상 0보다 크다.

② 숙련노동과 비숙련노동은 대체성이 강한 생산요소이다.

③ 장기평균비용곡선은 수평선이다.

④ 생산기술은 '규모에 대한 수익 체증'을 나타낸다.

⑤ 비숙련노동에 대한 임금이 상승하면 숙련노동에 대한 고용이 증가한다.

hint

① (×), $3L_1 > 2L_2$인 경우 숙련노동의 한계생산은 0이다.
② (×), 두 요소는 완전보완적이다.
③ (○), 생산함수는 규모수익 불변이며 장기평균비용이 일정하다.
④ (×)
⑤ (×), 임금 상승 시 요소대체효과는 작용하지 않으며, 산출효과는 두 요소의 고용을 모두 감소시킨다.

정답 2 ① 3 ③ 4 ① 5 ③

06 **완전경쟁적인 요소시장에 기업의 단기 요소수요곡선과 장기 요소수요곡선 간의 관계에 대한 설명으로 옳은 것은?**

① 단기 요소수요곡선과 장기 요소수요곡선은 아무런 관련이 없다.
② 장기 요소수요곡선의 기울기는 항상 단기 요소수요의 기울기보다 완만하다.
③ 장기 요소수요곡선의 기울기는 항상 단기 요소수요의 기울기보다 가파르다.
④ 장기 요소수요곡선과 장기 요소수요곡선의 기울기는 항상 동일하다.
⑤ 요소가격에 따라 단기 요소수요곡선의 기울기보다 장기 요소수요곡선의 기울기가 더 가파를 수도 있고 그렇지 않을 수도 있다.

hint

생산요소시장의 구체적인 이론은 매우 복잡하기 때문에 다음 사실은 그냥 받아들이기로 하자. 단, 객관식 시험에 출제비중이 높지 않으므로 너무 부담갖지 않아도 된다.

② (O), 장기요소수요곡선은 단기요소수요곡선보다 '항상' 완만하다. 이는 규모수익이나 열등투입요소 여부, 요소 간 대체의 정도와 무관하다.

07 **다음 글에 대한 설명으로 옳은 것은?** 2010년 공인노무사

이윤을 극대화하는 A기업은 컴퓨터를 대당 20만원에 판매하고 있다. A기업 노동자의 임금은 월 260만원으로 일정하다. 노동자의 수에 따른 생산량은 다음 표와 같다. (단, 상품시장과 노동시장은 완전경쟁시장임.)

노동자의 수	생산량(컴퓨터 대수)
1	25
2	45
3	60
4	70
5	75

① 노동 투입이 증가함에 따라 노동자 1인당 생산량은 일정하다.
② 노동 투입이 증가함에 따라 노동의 한계생산물가치는 일정하다.
③ 현재의 임금에서 노동자 4명을 고용한다.
④ 컴퓨터 판매가격이 30만원으로 상승한다면 노동자 3명을 고용한다.
⑤ 컴퓨터 판매가격이 10만원으로 하락한다면 조업을 중단하는 것이 낫다.

hint

A기업의 경우 노동의 한계생산은 체감한다. A기업은 노동 한 단위 추가 고용에 따른 수입, 즉 한계생산물가치(VMP_L)가 임금(w)보다 크면 고용을 늘리고 반대의 경우에는 고용을 줄이는 것이 이윤극대화의 원칙에 부합한다. 따라서 현재의 임금수준에서는 3명을 고용하는 것이 가장 유리하다. 그런데 컴퓨터의 판매가격이 10만원으로 하락한다면 VMP_L 은 최대 250만원으로부터 점점 작아진다. 그런데 임금은 260만원이므로 이 경우 A기업은 조업을 중단하는 것이 유리하다.

08 **완전경쟁적인 구두시장을 생각해 보자. 최근 경기침체로 구두의 수요가 줄어들어 구두가격이 하락하였다. 그러나 구두제조기업에 고용된 노동자의 시장임금수준은 변하지 않았다고 하자. 다음 중 나타나기 어려운 것은?** (단, 한계생산체감의 법칙이 적용된다.) 2007년 국회 8급

① 원래의 고용수준에서 노동의 한계생산물가치(VMP)가 감소한다.
② 구두제조기업의 고용량이 감소한다.
③ 구두제조기업의 노동수요곡선이 하방 이동한다.
④ 새로운 고용수준에서 노동의 한계생산은 감소한다.
⑤ 시장임금수준이 하락한다면 고용량이 변하지 않을 수도 있다.

hint

완전경쟁적인 노동시장에서 요소수요곡선은 $VMP_L = P \times MP_L$이다. 만약 요소수요곡선이 우하향한다면 이는 한계생산체감을 반영한 것이다. 구두가격이 하락하면 노동의 한계생산물가치가 감소하며 왼쪽(하방)으로 이동한다. 이때 아래 그림에서처럼 고용이 L_0에서 L_1으로 감소하는데, 한계생산체감을 고려한다면 고용 감소 시 노동의 한계생산은 증가했을 것이다.

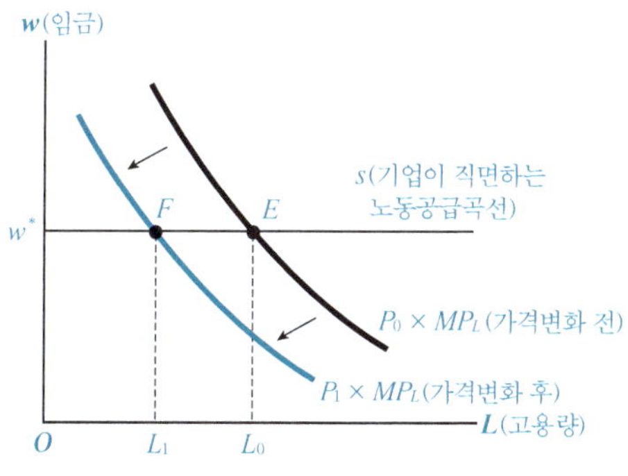

정답 6 ② 7 ⑤ 8 ④

09 완전경쟁적인 생산물시장에서 활동하는 어느 기업이 완전경쟁적인 요소시장에서 노동(L)을 고용하여 생산활동을 하고 있다. 노동의 한계생산(MP_L)이 일정하다고 할 때 다음 설명 중 옳은 것은?

① 이 기업의 노동에 대한 수요곡선은 우하향한다.

② 생산물 가격이 상승하더라도 이 기업의 노동에 대한 수요곡선은 변하지 않는다.

③ 이 기업의 노동에 대한 수요곡선은 수평선이다.

④ 모든 기업이 동일하다면 노동시장에서 균형임금은 수요와는 무관하게 공급에 의해 결정된다.

⑤ 모든 기업이 동일하다면 노동시장에서 균형임금이 결정되지 않는다.

hint

①, ③ 노동시장의 이윤극대화 조건 $w = P \times MP_L$에서 P 및 MP_L이 일정하므로 노동수요곡선은 수평이 된다. ② 이때 가격이 상승하면 노동수요곡선은 위로 이동한다. ④ 이처럼 기업의 한계생산이 일정하다면 노동시장에서 균형임금은 수요와 공급의 상호작용에 의해서가 아니라 오직 수요조건에 의해 결정된다. 즉, 공급곡선이 왼쪽이나 오른쪽으로 이동해도 균형임금에는 변화가 없고 단지 고용량만 달라질 뿐이다.

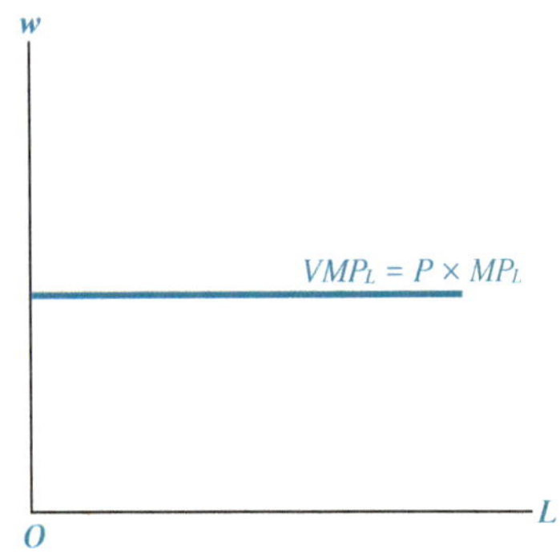

10 어떤 완전경쟁기업의 생산함수가 $f(L, K) = 4L^{1/2} + 10K^{1/2}$로 표시된다고 가정하자. L과 K의 1단위당 가격이 모두 1이며 생산물의 가격은 2라면 이윤극대화를 달성할 때의 생산량은 얼마인가? 2006년 서울시 7급

① 116　② 232

③ 112　④ 244

⑤ 104

hint

이 문제는 이윤극대화의 조건을 명확하게 설정하여 풀면 된다. 생산요소가 두 가지인 경우 이윤극대화의 조건은 다음과 같이 요약된다.

$w = P \times MP_L \Rightarrow 1 = 2 \times 2L^{-0.5}$에서 $L^* = 16$,

$v = P \times MP_K \Rightarrow 1 = 2 \times 5K^{-0.5}$에서 $K^* = 100$이 된다.

위 결과를 생산함수에 대입하면 $f(L, K) = f(16, 100) = 116$이 된다.

11 **A국의 총생산함수는 $Y = 20\sqrt{L}$, 노동공급함수는 $w = \sqrt{L}$라고 할 때 노동시장에서의 균형노동량(L^*) 및 균형실질임금(w^*)은?** (단, Y는 총생산, w는 실질임금, L은 노동량이며, 상품시장과 노동시장은 완전경쟁시장이다.) 2013년 감정평가사 응용

① $L^* = 5,\ w^* = 5$
② $L^* = 10,\ w^* = \sqrt{10}$
③ $L^* = 15,\ w^* = 15$
④ $L^* = 20,\ w^* = \sqrt{20}$
⑤ $L^* = 25,\ w^* = 5$

hint

기업의 이윤극대화 조건 $w = MP_L = 10\frac{1}{\sqrt{L}}$이며, 이 식은 노동수요곡선이 된다. 따라서 노동시장의 균형식은 $w^d = MP_L = 10\frac{1}{\sqrt{L}} = w^s = \sqrt{L}$이며 균형노동량 $L^* = 10$, 균형실질임금 $w^* = \sqrt{10}$이 된다.

12 **완전경쟁적인 노동시장에서 노동수요곡선은 $L = 2{,}000 - w$이고, 노동공급곡선은 $L = -2{,}000 + 3w$이다**(w는 근로시간당 임금, L은 근로시간). **근로시간당 1,000원의 세금을 부과할 때 발생하는 경제적 순손실**(deadweight loss)**은?** 2011년 노무사

① 125,000
② 250,000
③ 375,000
④ 500,000
⑤ 750,000

hint

1. 조세 부과 전의 균형
   노동수요 : $L^d = 2{,}000 - w$, 노동공급 : $L^s = -2{,}000 + 3w$
   $\Rightarrow w_0 = 1{,}000,\ L_0 = 1{,}000$
2. 조세 부과 후의 균형 : 기업(수요)측에 과세 가정
   노동수요 : $L^d = 2{,}000 - (w + 1{,}000)$, 노동공급 : $L^s = -2{,}000 + 3w$
   $\Rightarrow w^s = w_1 = 750,\ w^d = w_1 + 1{,}000 = 1{,}750,\ L_1 = 250$
3. 경제적 순손실의 크기
   $\Rightarrow \frac{1}{2} \times 1{,}000 \times 750 = 375{,}000$

정답 9 ③ 10 ① 11 ② 12 ③

13 완전경쟁 노동시장에서 시장공급곡선은 $L_S = 4w$이며, 시장수요곡선은 $L_D = 120 - 2w$이다. 다음 설명 중 옳지 않은 것은? (단, w는 단위당 임금, L_S는 노동공급량, L_D는 노동수요량)

2010년 공인회계사

① 정부의 개입이 없다면 균형에서의 임금은 20이며, 고용량은 80이다.

② 정부가 단위당 최저임금을 22로 정하면, 12만큼의 초과공급(실업)이 발생한다.

③ 정부가 단위당 최저임금을 22로 정하면, 8만큼의 사회적 순손실이 발생한다.

④ 정부가 최저임금제 대신에 단위당 3의 보조금을 지급하면, 고용량은 84로 증가한다.

⑤ 정부가 최저임금제 대신에 단위당 3의 보조금을 지급하면, 노동자가 받는 단위당 임금(보조금 포함)은 21이 된다.

hint

비개입 시 : $L_S = 4w = L_D = 120 - 2w \Rightarrow w_0 = 20,\ L_1 = 80$

최저임금 시 : $L_D = 120 - 2 \times 22 = 76,\ L_S = 4 \times 22 = 88$

$\Rightarrow$ 12의 초과공급

보조금 지급 시 : $L_S = 4w = L_D = 120 - 2(w - 3)$

$\Rightarrow w_S = w_1 = 21,\ w_D = w_1 - 3 = 18,\ L_1 = 84$

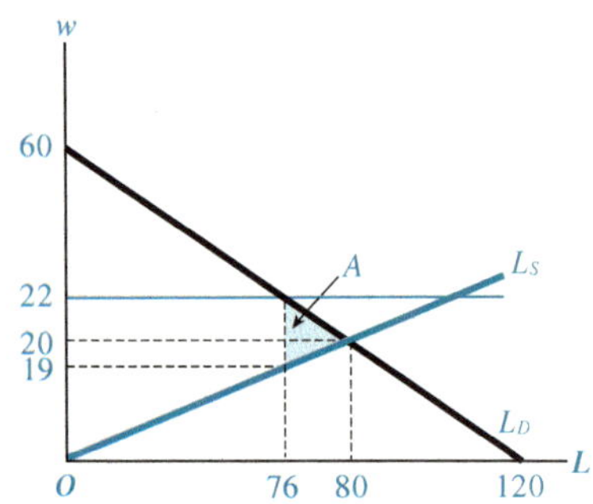

14 정부는 규제가 없는 노동시장에서 균형임금보다 높은 수준에서 최저임금제를 도입하려고 한다. 반면에 기업은 예전에 사람이 하던 일을 기계 또는 로봇으로 대체하려고 한다. 이에 따른 노동시장의 변화를 설명한 것 중 옳은 것은?

2005년 공인노무사

① 최저임금제로 인해 실업이 발생하나, 노동수요의 증가로 실업규모는 작아진다.

② 최저임금제는 실업을 발생시키지 않지만, 노동수요의 감소로 실업이 증가한다.

③ 최저임금제로 인해 실업이 발생하나, 노동공급의 증가로 실업규모는 작아진다.

④ 최저임금제는 실업을 발생시키지 않지만, 노동공급의 감소로 실업이 증가한다.

⑤ 최저임금제는 실업을 발생시키며, 노동수요의 감소로 실업규모는 더욱 증가한다.

hint

최저임금이 되면 노동시장에 초과공급이 발생한다. 또한 기계의 사용은 노동수요를 감소시킬 것이다.

15 **노동수요곡선은 $L = 300 - 2w$, 노동공급곡선은 $L = -100 + 8w$이다. 최저임금이 50일 경우, 시장고용량(ㄱ)과 노동수요의 임금탄력성(ㄴ)은?** (단, L은 노동량, w는 임금, 임금탄력성은 절댓값으로 표시함.) 2012년 공인노무사

① ㄱ : 200, ㄴ : 0.4
② ㄱ : 200, ㄴ : 0.5
③ ㄱ : 220, ㄴ : 2
④ ㄱ : 300, ㄴ : 0.5
⑤ ㄱ : 400, ㄴ : 8

hint

노동수요곡선이 $L = 300 - 2w$, 노동공급곡선이 $L = -100 + 8w$인 경우 노동시장은 $w_C = 40$, $L_C = 220$에서 균형을 달성한다. 그런데 최저임금이 $w_M = 50$으로 설정되면 이에 따라 노동에 대한 수요는 200으로 감소한다. 이때의 임금탄력성은 $\varepsilon = -\frac{dL}{dw} \cdot \frac{w}{L} = 0.5$이다.

16 **A산업 부문의 노동시장에서 균형임금의 상승이 예상되는 상황만을 모두 고르면?** (단, 노동수요곡선은 우하향하는 직선이고 노동공급곡선은 우상향하는 직선이다.) 2018년 국가직 7급

ㄱ. A산업 부문의 노동자에게 다른 산업 부문으로의 취업기회가 확대되고, 노동자의 생산성이 증대되었다.
ㄴ. A산업 부문의 노동자를 대체하는 생산기술이 도입되었고, A산업 부문으로의 신규 취업 선호가 증대되었다.
ㄷ. A산업 부문에서 생산되는 재화의 가격이 하락하고, 노동자 실업보험의 보장성이 약화되었다.

① ㄱ
② ㄴ
③ ㄱ, ㄷ
④ ㄴ, ㄷ

hint

ㄱ. 노동수요 증가, 노동공급 감소 ⇒ 임금 상승
ㄴ. 노동수요 감소, 노동공급 증가 ⇒ 임금 하락
ㄷ. 노동수요 감소, 노동공급 증가 ⇒ 임금 하락

정답 13 ③ 14 ⑤ 15 ② 16 ①

17 **생산물에 물품세가 부과될 경우 상품시장과 노동시장에서 발생하는 현상으로 옳은 것은?**(단, 상품시장과 노동시장은 완전경쟁시장이며, 생산에서 자본은 고정되어 있다.) 2018년 공인노무사

① 고용은 감소한다.

② 임금은 상승한다.

③ 구매자가 내는 상품가격이 하락한다.

④ 노동공급곡선이 왼쪽으로 이동한다.

⑤ 노동수요곡선이 오른쪽으로 이동한다.

hint

상품시장에 물품세가 부과될 경우 구매자가 내는 가격은 상승하고, 판매자가 수취하는 가격은 하락한다. 노동시장에서 수요를 결정하는 $VMP_L = P \times MP_L$에서 P는 수취가격이므로 노동수요곡선이 좌측으로 이동한다. 노동공급곡선이 특별히 움직일 이유가 없는 한 임금은 하락하고 고용은 감소한다.

18 **다음 중 경제지대를 가장 잘 설명해 주고 있는 것은?**

① 경제지대는 생산요소를 현재의 용도에 그대로 사용하도록 하기 위해 지불되어야만 되는 대가이다.

② 경제지대는 Ricardo의 토지에 대한 대가인 지대와 항상 동일한 개념이다.

③ 경제지대는 공급곡선이 수평인 경우에 존재하지 않는다.

④ 경제지대는 공급곡선이 수직인 경우에 존재하지 않는다.

⑤ 경제지대는 요소의 공급이 비탄력적일수록 작아진다.

hint

요소공급곡선이 수평인 경우 노동소득은 모두 전용수입이다. 또한 요소공급곡선이 수직인 경우 경제지대만 존재한다. 이를 통해 경제적 지대는 요소공급이 비탄력적이기 때문에 발생하는 추가적 이득임을 알 수 있다.

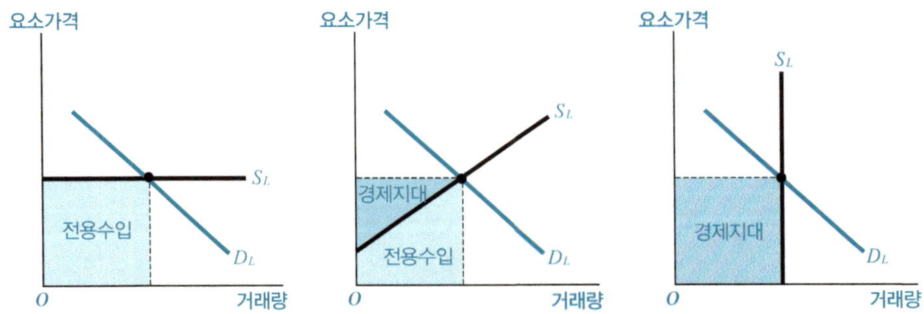

(a) 요소공급이 완전 탄력적인 경우 (b) 일반적인 경우 (c) 요소공급이 완전 비탄력적인 경우

19 생산물시장에서 단기에 완전경쟁기업은 준지대를 얻을 수 있다. 다음의 조건 하에서 준지대의 크기는 얼마인가? 2000년 감정평가사

> 이윤극대화 산출량은 100단위이며, 이 산출량 수준에서 한계비용은 20, 평균비용은 15, 평균가변비용은 13이다.

① 200 ② 500
③ 700 ④ 1,300
⑤ 2,000

hint

준지대(quasi-rent)란 기업활동에 적용되는 지대의 개념으로서 보통 기계장비와 같은 고정요소를 투입하는 데 따른 보상이라고 이해하면 된다. 이 경우에도 공급이 단기적으로 제한되어 있다는 의미에서 지대라는 용어가 사용된 것이다. 따라서 준지대 = 총수입 − 총가변비용으로 측정된다. 이 경우 가격 = 한계비용이므로 준지대 = 총수입($P \times Q$) − 총가변비용(TVC) $= 100 \times 20 - 13 \times 100 = 700$이 된다.

20 지대, 경제적 지대 및 준지대를 설명한 것 중 옳지 않은 것은? 2006년 공인회계사

① 리카도(D. Ricardo)에 따르면, 쌀값이 비싸지면 그 쌀을 생산하는 토지의 지대도 높아진다.
② 경제적 지대는 토지뿐만 아니라 공급량이 제한된 노동, 기계설비 등 모든 종류의 시장에서 나타날 수 있다.
③ 생산요소가 받는 보수 중에서 경제적 지대가 차지하는 비중은, 수요가 일정할 때 공급곡선이 탄력적일수록 작아진다.
④ 마샬(A. Marshall)의 준지대는 장기에 소멸되어 존재하지 않는다.
⑤ 준지대는 산출량의 크기와는 관계없이 총고정비용보다 크다.

hint

① (○), 리카도의 곡물법 논쟁에 의하면 토지가 비싸서 쌀값이 비싼 것이 아니라 쌀을 비싸게 팔 수 있기 때문에 토지가 비싼 것이다.
⑤ (×), 준지대는 고정요소의 단기보수를 설명하는 개념으로 총수입과 총가변비용의 차이이다. 총수입이 총가변비용보다 작으면 생산을 중단할 것이므로 총수입은 총가변비용보다 크고 준지대는 0보다 크다.

정답 17 ① 18 ③ 19 ③ 20 ⑤

21 가변요소로 노동(L)만을 투입하는 어느 기업의 생산물곡선과 시장수요곡선에 관한 자료가 다음과 같이 주어져 있다고 하자. 이하의 보기 중 잘못된 것을 골라라.

노동 투입량	생산량	생산물 가격(원)
1	8	5,500
2	18	5,000
3	27	4,000
4	35	3,500
5	42	3,000
6	48	2,000

① 이 기업은 생산물시장에서 독점력을 가진다.

② 노동을 3단위 투입했을 때 한계생산물가치는 36,000이다.

③ 노동을 4단위 투입했을 때 한계수입생산은 14,500이다.

④ 임금이 w = 12,000원으로 주어진다면 이 기업은 4명을 고용한다.

⑤ 임금이 w = 15,000원으로 주어진다면 이 기업은 2명을 고용한다.

hint

노동 투입량	생산량	생산물 가격	한계생산	한계생산물가치	한계수입생산
1	8	5,500	–	–	–
2	18	5,000	10	50,000	46,000
3	27	4,000	9	36,000	18,000
4	35	3,500	8	28,000	14,500
5	42	3,000	7	21,000	3,500
6	48	2,000	6	12,000	−30,000

① 추가적인 판매가 생산물 가격을 하락시키고 있다.
③ 한계수입생산은 총수입의 변화로부터 구해낼 수 있다.
④~⑤ 재화시장이 불완전경쟁이므로 임금과 한계생산가치가 아닌 한계수입생산을 비교한다.

22 생산물시장에서 독점인 어떤 기업이 완전경쟁적인 요소시장에서 활동하고 있다면 이 기업에 대한 다음 서술 중 옳은 것은? 2002년 감정평가사

① 한계수입생산물(Marginal Revenue Product : MRP)보다 높은 요소가격을 지불한다.

② 한계수입생산물(MRP)보다 낮은 가격을 지불한다.

③ 한계생산물가치(Value of Marginal Product : VMP)보다 높은 요소가격을 지불한다.

④ 한계생산물가치(*VMP*)보다 낮은 요소가격을 지불한다.

⑤ 한계생산물가치(*VMP*)와 동일한 요소가격을 지불한다.

hint

기업은 한 단위 노동고용으로 인한 추가적인 수입과 추가적인 비용이 일치할 때까지 노동을 고용한다. 즉, 요소시장에서 기업의 이윤극대화 조건은 시장형태와 무관하게 '노동의 한계수입생산(*MRP*) = 노동의 한계요소비용(*MFC*)'이다. 단, 재화시장이 경쟁이면 한계수입생산(*MRP*)은 한계생산물가치(*VMP*)와 일치하고, 요소시장이 경쟁이면 한계요소비용(*MFC*)은 평균요소비용(*AFC*, 임금과 동일)과 일치하게 된다. 시장형태에 따른 균형조건의 변화를 정리하면 다음과 같다.

재화경쟁, 요소경쟁 : $VMP = MRP = MFC = AFC\,(= P_f\,)$
재화공급독점, 요소경쟁 : $VMP > MRP = MFC = AFC\,(= P_f\,)$
재화경쟁, 요소수요독점 : $VMP = MRP = MFC > AFC\,(= P_f\,)$
재화공급독점, 요소수요독점 : $VMP > MRP = MFC > AFC\,(= P_f\,)$

23 생산물시장에서 독점적 지위를 가진 기업이 경쟁적인 요소시장에서 노동과 자본을 고용하고 있다. 생산물시장에서 이 기업의 제품에 대한 수요가 증가하는 경우 이 기업은 요소시장에서 어떻게 행동하겠는가? 단, 두 요소의 한계생산은 모두 체감한다.

① 노동과 자본에 대한 수요가 모두 증가한다.

② 노동에 대한 수요는 증가하고 자본에 대한 수요는 감소한다.

③ 자본에 대한 수요는 증가하고 노동에 대한 수요는 감소한다.

④ 노동과 자본에 대한 수요에는 변함이 없다.

⑤ 이것만으로는 결론을 내릴 수 없다.

hint

생산물시장에서 독점기업이든 경쟁적 기업이든 이윤극대화의 원칙에 따라 요소를 고용한다는 사실에는 변함이 없다. 노동과 자본이라는 두 가지 요소를 고용하는 기업의 이윤극대화 조건은 다음과 같다.

$$MRP_L = MR \times MP_L = w, \quad MRP_K = MR \times MP_K = v$$

여기서 MR은 한계수입, w와 v는 각 요소의 가격, MP_L과 MP_K는 각 요소의 한계생산을 나타낸다. 이때 생산물시장에서 수요가 증가해 수요곡선이 우측으로 이동하면 독점기업의 한계수입이 증가한다. 따라서 w와 v가 일정한 경우 이 기업은 노동과 자본을 더 많이 고용하게 된다.

정답 21 ⑤ 22 ④ 23 ①

24 **완전경쟁적인 생산물시장에 참여하고 있는 어떤 기업은 생산요소시장에서 수요를 독점하고 있다. 이 기업은 이윤극대화를 위해 생산요소의 투입량을 어떻게 결정하는가?** (단, 생산요소시장에서 요소의 공급곡선은 우상향한다고 가정한다.) 2008년 감정평가사

① 한계생산물가치곡선과 한계요소비용곡선이 만나는 점에서 요소 투입량을 결정한다.

② 한계수입곡선과 요소의 공급곡선이 만나는 점에서 요소 투입량을 결정한다.

③ 한계수입곡선과 한계요소비용곡선이 만나는 점에서 요소 투입량을 결정한다.

④ 한계수입생산곡선과 요소의 공급곡선이 만나는 점에서 요소 투입량을 결정한다.

⑤ 한계수입생산곡선과 평균요소비용곡선이 만나는 점에서 요소 투입량을 결정한다.

hint

요소시장에서 기업의 이윤극대화 조건은 시장형태와 무관하게 노동의 한계수입생산(MRP) = 노동의 한계요소비용(MFC)' 이다. 단, 재화시장이 경쟁이면 한계수입생산(MRP)은 한계생산물가치(VMP)와 일치하고, 요소시장이 경쟁이면 한계요소비용(MFC)은 평균요소비용(AFC)과 일치하게 된다. 시장형태에 따른 균형조건의 변화를 정리하면 다음과 같다.

재화경쟁, 요소경쟁 : $VMP = MRP = MFC = AFC(= P_f)$
재화공급독점, 요소경쟁 : $VMP > MRP = MFC = AFC(= P_f)$
재화경쟁, 요소수요독점 : $VMP = MRP = MFC > AFC(= P_f)$
재화공급독점, 요소수요독점 : $VMP > MRP = MFC > AFC(= P_f)$

(단, $MFC = ME$(한계지출), $AFC = AE$(평균지출)이라고도 한다.)

25 완전경쟁적으로 공급되는 어떤 생산요소를 한 기업만이 구매하는 요소시장을 고려하자. 이 요소시장을 분석한 것으로 가장 옳은 것은? 2005년 공인회계사

① 이 요소에 대한 수요곡선은 우상향하고, 공급곡선은 우하향한다.

② 이 기업의 이윤극대화 요소 투입량에서 이 기업은 자신이 지불할 용의가 있는 요소가격을 지불하지 않고, 요소공급자들이 최소한 받고자 하는 요소가격을 지불한다.

③ 이 기업이 요소 투입량을 한 단위 증가시킬 때 지불하고자 하는 총요소비용의 증가분을 나타내는 곡선은 이 요소의 공급곡선 아래에 있다.

④ 이윤극대화 요소 투입량에서 이 기업은 요소공급자들이 받고자 하는 요소가격(W_a)을 지불하지 않고, 이 기업 자신이 지불하고자 하는 요소가격(W_b)을 지불하며, W_a와 W_b의 차이를 '수요독점적 착취'라 한다.

⑤ 이 요소시장에 정부가 개입하여 이 요소의 가격을 규제하더라도 자원배분의 효율성은 개선되지 않는다.

hint

수요독점시장에서 기업의 요소수요곡선은 존재하지 않는다. 그리고 요소공급곡선은 일반적으로 우상향한다고 가정한다. 이런 경우 요소에 대한 수요독점의 경우 독점기업의 수요곡선은 곧 자신의 지불의사를 반영한 VMP곡선이다. 그리고 다수의 요소공급자가 있는 경우 유일한 수요자로서 요소를 추가로 고용하는 경우 고려해야 하는 것은 공급곡선이 아니라 한계지출곡선(ME) 또는 한계요소비용곡선(MFC)이다. 이것은 오른쪽 그림에 나타나 있다.

여기서 요소시장의 균형은 a점이며, 이때 균형임금은 W_b이고, 균형 고용량은 L^*이다. 모든 요소공급자에게는 W_b만큼 지불되며, 마지막 한 단위 추가고용에 지출한 금액이 W_a이다.

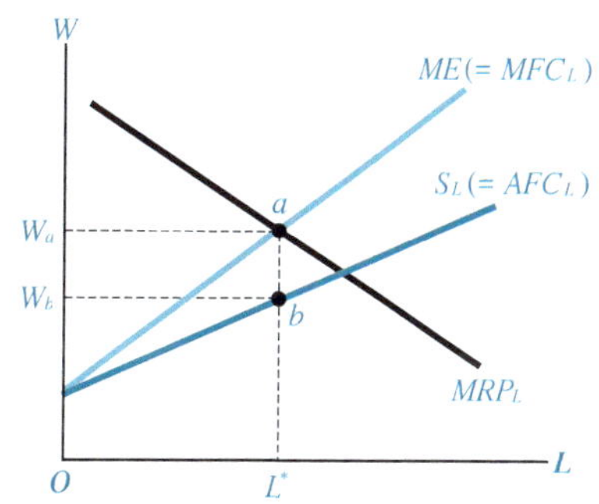

정답 24 ① 25 ②

26 다음 표에 나타난 A기업의 노동공급(근로시간), 시간당 임금 및 한계수입생산에 관한 설명으로 옳은 것은? 2017년 보험계리사

노동공급	시간당 임금	한계수입생산
5	6	–
6	8	50
7	10	36
8	12	26
9	14	14
10	16	2

① 노동공급이 6에서 7로 증가할 때 한계노동비용은 22이다.

② 이윤을 극대화할 때 노동공급은 9이다.

③ 노동공급이 6에서 7로 증가할 때 임금탄력성은 0.5이다.

④ 이윤을 극대화할 때 한계노동비용은 28이다.

hint

주어진 표를 확장하면 다음과 같다.

노동공급(L)	시간당 임금(AFC_L)	TFC_L	MFC_L	MRP_L
5	6	30	–	–
6	8	48	18	50
7	10	70	22	36
8	12	96	26	26
9	14	126	30	14
10	16	160	34	2

① (○)

② (×), $MRP_L = MFC_L$을 만족하는 노동공급은 8이다.

③ (×), 노동의 임금탄력성은 $\frac{1/6}{2/8} = \frac{2}{3}$이다.

④ (×), 노동공급 8에서 $MFC_L = 26$이다.

27 노동의 한계생산물이 체감하고 노동공급곡선은 우상향한다고 가정할 때, 노동시장에 관한 주장으로 옳은 것을 모두 고른 것은? 2015년 공인노무사 응용

ㄱ. 노동시장이 수요독점인 경우 노동시장이 완전경쟁인 경우보다 고용량이 작다.
ㄴ. 생산물시장은 독점이고 노동시장이 수요독점이면 임금은 한계요소비용보다 낮다.
ㄷ. 노동시장이 완전경쟁이면 개별 기업의 노동수요곡선은 우하향한다.
ㄹ. 노동시장이 수요독점이면 노동공급곡선이 존재하지 않는다.

① ㄱ
② ㄴ
③ ㄱ, ㄷ
④ ㄱ, ㄴ, ㄷ
⑤ ㄱ, ㄴ, ㄹ

hint

ㄱ. (O), 수요독점자는 고용을 감소시키는 대신 낮은 임금을 설정한다.
ㄴ. (O), 이 경우 $VMP_L > MRP_L = MFC_L > AFC_L = w$가 성립한다.
ㄷ. (O), $MRP_L = MR \times MP_L$에서 생산물시장이 완전경쟁이면 MR은 일정하고 MP_L이 감소한다. 생산물시장이 독점이면 MR과 MP_L이 모두 감소한다.
ㄹ. (×), 노동시장이 수요독점이면 노동수요곡선이 존재하지 않는다.

정답 26 ① 27 ④

28 노동시장에서 수요독점자인 기업 A의 생산함수는 $Q = 70L - 3L^2$이다. A가 생산하는 생산물의 시장은 완전경쟁적이고 시장가격은 10이다. 노동공급곡선이 $w = 5L + 70$일 때 다음 중 옳지 않은 것은? (단, Q, L, w는 각각 생산량, 노동투입량, 임금을 나타낸다.) 2023년 공인회계사

① 기업 A의 노동수요곡선은 존재하지 않는다.

② 기업 A의 한계요소비용곡선은 노동공급곡선보다 기울기가 가파르다.

③ 노동자들이 받는 임금은 노동의 한계생산물가치보다 낮다.

④ 수요독점에 따른 후생손실의 크기는 20보다 작다.

⑤ 정부가 100의 임금으로 최저임금제를 실시하면 기업 A의 고용량은 증가한다.

hint

$w^s = AFC_L = 5L + 70$

$MFC_L = 10L + 70$

$VMP_L = MRP_L = P \times MP_L = 700 - 60L$

$\Rightarrow$ 이윤극대화 조건 : $MRP_L = MFC_L$에서 $L^* = 9$, $w^* = 115$(H점)

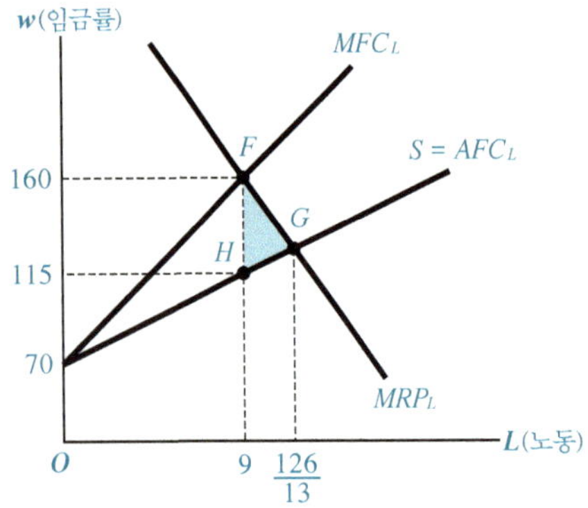

① (○), 공급독점자에게 공급곡선이 존재하지 않듯이 수요독점자에게는 수요곡선이 존재하지 않는다.

② (○), 노동공급곡선이 직선인 경우 한계요소비용곡선은 절편은 같고 기울기가 2배인 형태가 된다.

③ (○), 균형에서 $VMP_L = MRP_L = MFC_L > w$의 관계가 성립한다.

④ (○), 후생손실 $= \frac{1}{2} \times \left(\frac{126}{13} - 9\right) \times 45 \approx 15.6$, 이는 그림의 색칠된 FGH의 면적과 같다.

⑤ (×), 최저임금이 수요독점 시의 임금보다 낮으므로 실효성이 없다. 즉, 시장균형에 아무런 영향을 미치지 않는다.

29 **수요독점 노동시장에 관한 설명으로 옳지 않은 것은?** (단, 노동공급선은 우상향, 노동의 한계수입생산(marginal revenue product)곡선은 우하향, 이윤을 극대화하는 수요독점기업은 상품시장에서도 독점기업임.)

2011년 감정평가사

① 이 노동시장의 균형고용량은 완전경쟁 노동시장의 균형고용량보다 적다.

② 이 노동시장의 균형임금과 완전경쟁 노동시장의 균형임금 사이에 최저임금을 강제적으로 설정할 경우 고용량이 증가할 수 있다.

③ 이 노동시장의 균형임금은 노동의 한계수입생산보다 낮은 수준에서 결정된다.

④ 이 노동시장의 균형임금은 완전경쟁 노동시장의 균형임금보다 낮다.

⑤ 이 노동시장의 균형임금과 완전경쟁 노동시장의 균형임금 사이에 최저임금을 강제적으로 설정할 경우 노동의 평균요소비용과 한계요소비용이 모두 감소한다.

hint

완전경쟁적인 경우의 균형은 $MRP_L = AFC_L$이 성립하는 A점이다.
수요독점 하의 균형은 $MRP_L = MFC_L$이 성립하는 고용량에서 노동공급곡선 상의 점인 B점이다.
만약 A와 B 사이에 최저임금을 실시한다면 MRP_L곡선은 $\underline{w}$에서 출발하는 수평–수직–우상향곡선이 되며 균형은 C점이 된다.

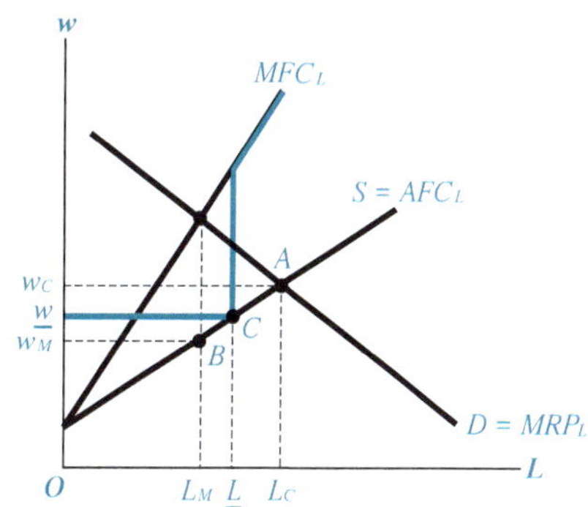

①, ③, ④ (O) [A점과 B점의 비교]
② (O), 고용량과 임금률이 모두 상승한다. [B점과 C점의 비교]
⑤ (×), 평균요소비용은 명백히 상승한다. (단, $\underline{L}$ 고용수준에서 한계요소비용은 정의되지 않음)

정답 28 ⑤ 29 ⑤

30 기업 A는 노동에 대한 수요를 독점하고 있다. A의 노동의 한계수입생산은 $MRP_L = 8,000 - 10L$이며, 노동공급곡선은 $W = 2,000 + 5L$이다. 이때 정부가 최저임금제를 도입하여 최저임금을 4,500으로 설정한 경우에 대한 설명으로 옳은 것은? (단, L은 노동량, W는 단위임금이다.)

2021년 국회 8급

① 최저임금 도입 이전의 균형에서 고용량은 450이다.

② 최저임금 도입 이전의 균형에서 한계수입생산과 임금은 동일하다.

③ 최저임금 도입으로 고용량이 감소한다.

④ 최저임금 도입 이후에 균형에서의 한계수입생산은 최저임금 도입 이전보다 감소한다.

⑤ 최저임금 도입 이후에 실업은 감소한다.

hint

1. 최저임금 도입 이전 : b점

$AFC_L = 2,000 + 5L \Rightarrow MFC_L = 2,000 + 10L$

$MRP_L = 8,000 - 10L$

$\Rightarrow MRP_L = MFC_L$에서 $L_1 = 300$, $W_1 = 3,500$이 된다.

$\Rightarrow$ 균형상태에서 $MRP_L = MFC_L = 5,000 > W = 3,500$

2. 최저임금 도입 이후 : c점

최저임금이 적용되는 경우 기업은 $AFC_L = MFC_L = \underline{W} = 4,500$으로 인식한다.

$\Rightarrow MRP_L = MFC_L$에서 $L_2 = 350$

$\Rightarrow$ 균형상태에서 $MRP_L = MFC_L = W = 4,500$

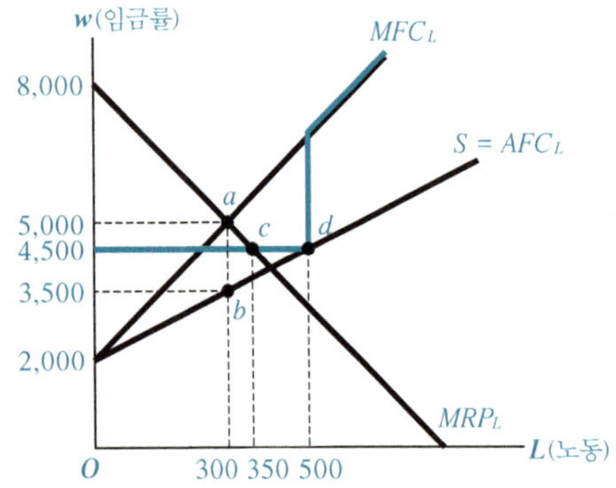

④ (○), 한계수입생산은 5,000에서 4,500으로 감소한다.

⑤ (×), 최저임금 도입 이전 실업은 0이다. 최저임금 도입 이후 실업은 cd 간 거리에 해당하는 150이다.

31 **과거 후진국에서는 노동의 공급이 무한탄력적인 특징을 보여주는 경우가 많았다. 이런 상황에서 노동에 대한 수요가 독점인 경우에 관한 설명으로 옳은 것은?** (단, 재화시장은 경쟁임을 가정한다.)

① 임금은 수요독점기업에 의해 결정된다.

② 임금은 공급에 의해 결정된다.

③ 임금은 수요에 의해 결정되고, 거래량은 공급에 의해 결정된다.

④ 수요독점으로 인해 사회적 자중손실이 발생한다.

⑤ 노동시장이 경쟁적인 경우에 비해 임금은 낮고 거래량은 적다.

hint

노동의 시장공급이 무한탄력적이라면 공급곡선은 수평선이다. 그러면 다음 그림과 같이 공급곡선과 한계요소비용곡선(*MFC*)이 일치한다.

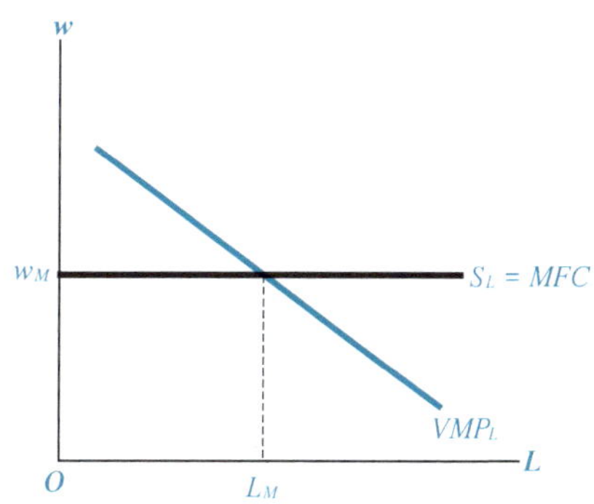

이 시장에서 수요독점인 기업의 행동원칙은 $VMP = MFC$가 성립하도록 노동을 고용하는 것이므로 균형고용량은 그림의 L_M에 해당한다. 그리고 이 기업이 지불하는 균형임금은 노동자들의 기회비용에 해당하는 w_M이다. 따라서 수요독점이지만 이로 인한 사회적 자중손실은 발생하지 않는다. 또한 수요곡선이 좌우로 이동하면 고용량은 변하지만 임금은 변하지 않는다. 이것은 노동시장의 균형이 성립하는 과정에서 고용량은 수요독점기업에 의해 결정되고 임금은 공급에 의해 결정된다는 것을 의미한다.

정답 30 ④ 31 ②

32 한 산업의 노동수요곡선이 $L = 1{,}200 - 10w$로 주어졌다. L은 하루당 노동수요량이고, w는 임금이다. 또한 노조가 독점력을 갖지 못할 때 공급곡선은 $L = 20w$로 주어진다고 하자. 만약 노조가 노조원의 순이익을 극대화하고자 할 때 균형임금, 균형고용량, 경제적 지대를 측정한 것으로 옳은 것은?

	균형임금	균형고용량	경제적 지대
①	40	800	24,000
②	20	1,000	24,000
③	60	600	24,000
④	80	400	28,800
⑤	72	480	28,800

hint

$L^d = 1{,}200 - 10w \Rightarrow AR = w^s = 120 - \frac{1}{10}L \Rightarrow MR = 120 - \frac{1}{5}L$

$L^s = 20w \Rightarrow MC = \frac{1}{20}L$

순이익 극대화 조건 : $MR = MC \Rightarrow L^{**} = 480,\ w^{**} = 72$

경제적 지대는 아래 그림의 색칠된 크기에 해당한다.

경제적 지대 $= 72 \times 480 - \frac{1}{2} \times 24 \times 480 = 28{,}800$

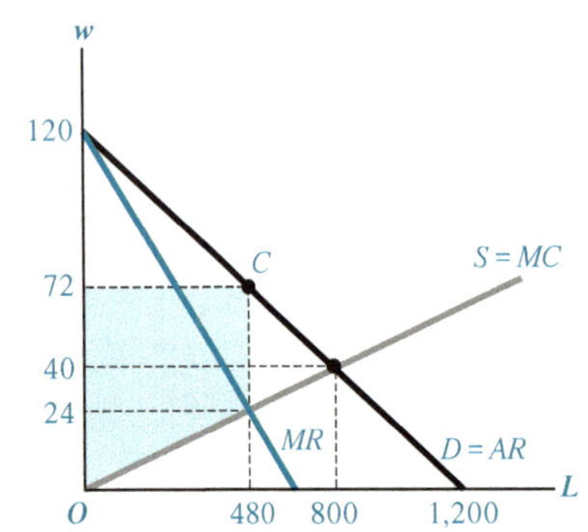

33 노동시장에서 쌍방독점이 존재할 때, 다음 중 옳지 않은 것은? 2012년 보험계리사

① 임금이 유일한 균형점에 의해 결정되지 않는다.

② 수요독점자는 한계요소비용곡선과 한계수입생산곡선이 일치하는 점에서 노동수요량을 결정하려고 한다.

③ 노동공급자는 노동수요곡선에서 도출된 한계수입곡선과 노동공급의 한계비용곡선이 일치하는 점에서 노동공급량을 결정하려고 한다.

④ 완전경쟁 노동시장에서 결정되는 임금보다 낮은 수준으로 임금이 결정되면, 고용은 완전경쟁 노동시장의 고용보다 증가한다.

hint

노동시장에서 쌍방독점이 성립할 수 있는 경우는 특정한 노동서비스를 수요하는 유일한 기업이 존재하는 반면, 이 기업에 노동을 공급하고자 하는 사람은 반드시 노동조합에 가입해야 하는 경우이다. 이런 경우 쌍방독점에 의한 임금과 고용량은 다음 그림에서와 같이 쌍방의 협상력에 의해 최종 결정된다.

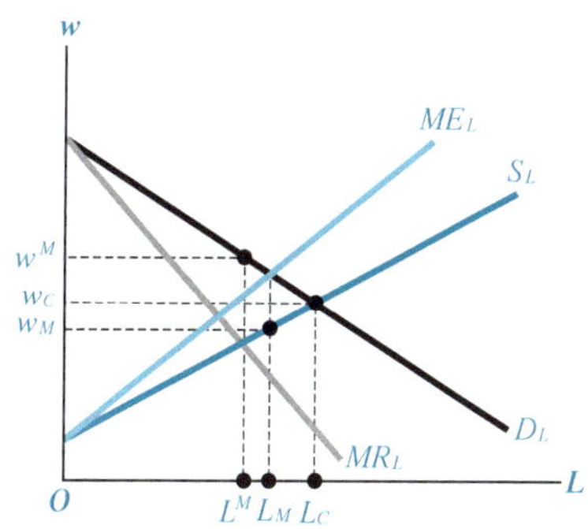

수요독점기업은 노동자들이 경쟁시장에서 노동을 공급한다는 전제 하에서 노동공급곡선으로부터 한계지출(ME_L)곡선을 유도한다. 이것이 한계요소비용(MFC)곡선에 해당한다. 그리고 노동에 대한 수요곡선 D_L은 곧 수요독점기업의 한계수입생산물(MRP_L)곡선에 해당한다. 이때 수요독점자는 w_M의 임금을 지급하고 L_M만큼 고용하기를 원한다.

한편 노동의 독점적 공급자인 조합은 만약 독점적 이윤(잉여)의 크기를 극대화하고자 한다면 독점기업처럼 $MR = MC$에 해당하는 w^M의 임금을 받고 L^M만큼 노동을 공급하려 할 것이다. 따라서 쌍방이 원하는 임금수준에는 격차가 있으며 고용량 또한 차이가 있다. 결국 쌍방의 협상력에 따라 임금은 w_M과 w^M 사이에서 결정될 것이고, 고용량도 마찬가지이다. 어떤 경우에도 경쟁적인 노동시장에서의 고용량 L_C를 초과할 수는 없다.

정답 32 ⑤ 33 ④

34 연기자를 고용하는 방송국이 하나만 존재하는 경우를 가정하자. 연기자 시장에서 발생하는 현상에 대한 설명 중 옳지 않은 것은? 2013년 국회 8급

① 연기자의 임금수준은 방송국이 여러 개일 때보다 낮다.

② 연기자의 임금은 한계요소비용보다 낮다.

③ 연기자의 임금은 한계수입생산보다 낮다.

④ 연기자가 노동조합을 결성하여 단체 교섭을 하면 임금은 높일 수 있으나 고용 인원은 줄어들 수밖에 없다.

⑤ 방송국과 연기자 노동조합의 공동이익을 최대화하는 고용 인원은 한계비용과 한계수입생산이 일치하는 수준에서 결정된다.

hint

① 수요독점이 이루어지는 경우 임금률은 하락하고 고용은 감소한다.

②, ③ 수요독점의 균형상태에서 다음의 조건이 성립한다.

$MRP = MFC \geq AFC = w$

단, 위 조건이 부등호로 성립하기 위해서는 요소공급곡선이 우상향한다는 조건이 필요하다. 설문에서는 명시적으로 밝히지 않았으므로 다른 보기를 살핀 후 답을 결정해야 한다.

④ 노동조합의 결성은 최저임금제도의 실시와 마찬가지로 기업의 수요독점력을 제약하는 역할을 한다. 이 경우 임금을 인상하는 동시에 고용 인원도 함께 증가할 수 있다.

35 50만원을 들여 구입하면 내년부터 매년 10만원의 비용절감이 이루어지는 절전장비가 있다고 하자. 이 장비의 내부수익률(IRR)은?

① 25% ② 20% ③ 10%

④ 5% ⑤ 15%

hint

내부수익률이란 투자안의 순현재가치를 0으로 만드는 할인율을 의미한다. 설문에서 투자안의 순현재가치는 $NPV = -50 + \frac{10}{(1+r)} + \frac{10}{(1+r)^2} + \cdots\cdots = -50 + \frac{10}{r} = 0$에서 $r = 0.2$, 즉 20%가 된다.

36 다음은 정부의 각 공공사업에 대한 연도별 순편익의 합을 나타내고 있다. (단, 할인율 = 5%)

공공사업명	각 연도의 순편익(단위 : 억원)	
	연도 0	연도 1
A	−70	100
B	−50	70
C	−30	55
D	−10	20

위 사업 중 순현재가치가 가장 높은 대안과 내부수익률이 가장 높은 대안을 차례로 고른 것으로 옳은 것은?

① A와 B ② A와 C
③ A와 D ④ B와 C
⑤ B와 D

hint

1. **순현재가치법** : 주어진 할인율 하에서의 순현재가치 비교

$$NPV_A = -70 + \frac{100}{(1+0.05)} = 25.2$$
$$NPV_B = -50 + \frac{70}{(1+0.05)} = 16.7$$
$$NPV_C = -30 + \frac{55}{(1+0.05)} = 22.4$$
$$NPV_D = -10 + \frac{20}{(1+0.05)} = 9.1$$

⇒ 따라서 순현재가치법에 의해 가장 선호되는 대안은 A안이다.

2. **내부수익률법** : 순현재가치를 0으로 만드는 할인율의 비교

$$NPV_A = -70 + \frac{100}{(1+\rho_A)} = 0\text{에서 } \rho_A ≒ 0.43$$
$$NPV_B = -50 + \frac{70}{(1+\rho_B)} = 0\text{에서 } \rho_B = 0.4$$
$$NPV_C = -30 + \frac{55}{(1+\rho_C)} = 0\text{에서 } \rho_C ≒ 0.83$$
$$NPV_D = -10 + \frac{20}{(1+\rho_D)} = 0\text{에서 } \rho_D = 1$$

⇒ 따라서 내부수익률법에 의해 가장 선호되는 대안은 D안이다.

정답 34 ④ 35 ② 36 ③

37 **두 개의 사업 A와 B에 대한 투자 여부를 결정하려고 한다. A의 내부수익률(*IRR*)은 10%, B의 내부수익률은 8%로 계산되었다. 이에 대한 설명으로 옳지 않은 것은?** 2013년 지방직 7급

① 비용과 편익을 현재가치화할 때 적용하는 할인율이 6%라면, 두 사업의 순현재가치(*NPV*)는 양(+)이다.

② 내부수익률 기준에 의해 선택된 사업은 순현재가치 기준에 의해 선택된 사업과 항상 일치한다.

③ 비용과 편익을 현재가치화할 때 적용하는 할인율이 10%라면, 사업 A의 편익의 현재가치는 비용의 현재가치와 같다.

④ 비용과 편익을 현재가치화할 때 적용하는 할인율이 9%라면, 사업 B의 경제적 타당성은 없다고 판정할 수 있다.

hint

①, ④ *NPV*는 할인율이 상승할수록 하락한다. 또한 내부수익률은 *NPV*가 0이 되도록 하는 할인율이다. 따라서 할인율이 6%라면 두 사업의 순현재가치(*NPV*)가 모두 양(+)이다. 반면 할인율이 9%라면 사업 B의 *NPV*는 음(-)이 된다.

② 내부수익률 기준은 주어진 순현재가치를 달성하는 할인율을 구하는 방법이고, 순현재가치 기준은 주어진 할인율 하에서 순현재가치를 비교하는 방법으로서 두 기준의 평가가 일치한다는 보장은 없다.

③ 내부수익률의 정의, 즉 *NPV*가 0이 되게 하는 할인율이라는 점을 고려하기 바란다.

38 **다음은 대규모 재정이 투입되는 공공투자사업의 경제적 타당성 평가에 대한 설명이다. 이 사업은 분석기간**(= 공사기간 + 완공 후 30년) **초기에 사업비용의 대부분이 발생하는 반면, 편익은 후기에 대부분 발생한다. 분석기간 동안의 비용-편익 분석을 수행해 보니 5.5%의 사회적 할인율 수준에서 편익/비용 비율**(B/C ratio)**이 정확히 1.0이었다. 그런데 경제상황이 변해 사회적 할인율을 4.5%로 변경하여 다시 분석을 하게 되었다. 새로운 분석 결과에 대한 다음 설명 중 옳은 것은?** 2021년 공인회계사

① 분석기간 동안 발생한 할인 전 편익의 총합이 할인 전 비용의 총합보다 더 많이 증가하였다.
② 할인 후 편익의 총합은 증가하고, 할인 후 비용의 총합은 감소하였다.
③ 순현재가치(*NPV*)는 감소하여 0보다 작아졌다.
④ 편익/비용 비율은 증가하여 1.0보다 커졌다.
⑤ 내부수익률(*IRR*)은 더 커졌다.

hint

① (×), 할인 전 편익과 비용이 변할 이유가 없다.
② (×), 할인 후 편익과 비용의 총합이 모두 증가한다.
③ (×), *NPV*곡선이 우하향할 때 할인율이 하락하면 순현재가치는 증가한다.
④ (○), 할인 후 편익이 할인 후 비용에 비해 더 큰 비율로 증가하여 편익/비용 비율은 상승한다.
⑤ (×), 내부수익률은 불변이다.

정답 37 ② 38 ④

제17장 소득분배이론과 재분배정책

Testbank for Economics [microeconomics]

핵 심 출 제 논 점

1. 소득분배의 한계생산력설
2. 불평등도지수
3. 음의 소득세
4. 기타 소득재분배정책

I 소득분배의 한계생산력설의 응용

1. 한계생산력설(신고전파 분배이론)

① 임금은 노동의 수요와 공급이 일치하는 수준에서 결정되고,

② 노동에 대한 수요는 노동의 한계생산가치에 따라 결정되며,

③ 노동시장의 균형상태에서 노동은 마지막 단위의 한계생산물가치에 해당하는 만큼의 보수를 동일하게 지급받는다.

2. 응용-1

■ 생산함수가 $Q = AL^{\alpha}K^{1-\alpha}$로 주어졌을 때,

	임금(노동의 가격)	임대료(자본의 가격)
출산율 저하(or 인구 감소)	상승	하락
전쟁 또는 지진(or 자본 감소)	하락	상승

3. 응용-2 : 대체탄력성과 생산요소 간의 분배 몫

■ 생산요소 간 분배비율 : $d = \frac{wL}{rK} = \left(\frac{w}{r}\right)\left(\frac{L}{K}\right)$

■ 대체탄력성이 1보다 큰 경우 한 요소의 가격 상승은 그 요소의 상대적 분배 몫을 줄인다.

4. 문제점(합계 문제)

■ 노동에 대한 분배 몫 : $\frac{w}{P} \times L = MP_L \times L$ 또는 $w \times L = P \times MP_L \times L$

자본에 대한 분배 몫 : $\frac{r}{P} \times K = MP_K \times K$ 또는 $r \times K = P \times MP_K \times K$

■ 생산함수가 k차 동차 함수일 때 다음의 관계가 성립한다.

$k > 1$ ⇒ 규모수익 체증 ⇒ 규모의 경제 ⇒ 분배량 > 산출량

$k = 1$ ⇒ 규모수익 불변 ⇒ 평균비용 일정 ⇒ 분배량 = 산출량 (완전분배정리)

$k < 1$ ⇒ 규모수익 체감 ⇒ 규모의 불경제 ⇒ 분배량 < 산출량

Ⅱ 불평등도의 측정

	정의	특징
5분위 소득배율	■ $F = \dfrac{\text{상위 20\%의 점유소득}}{\text{하위 20\%의 점유소득}}$	■ $1 \le F$ ■ 소득분배가 불평등해질수록 F가 커진다. (불평등도지수)
10분위 분배율	■ $D = \dfrac{\text{하위 40\%의 점유소득}}{\text{상위 20\%의 점유소득}}$	■ $0 \le D \le 2$ ■ 소득분배가 불평등해질수록 D가 작아진다. (평등도지수)
로렌츠곡선	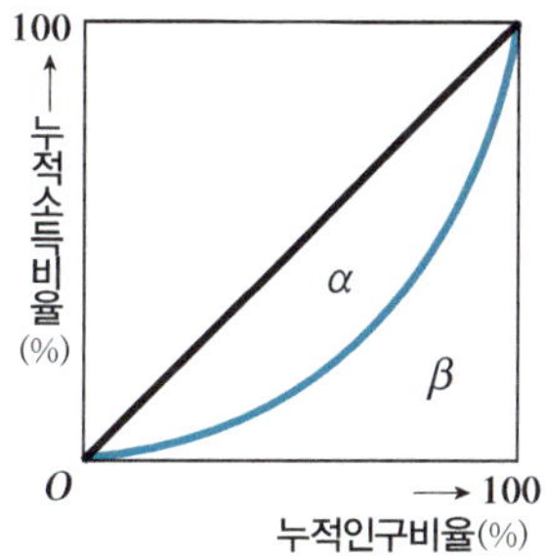	■ 인구하위누적비율이 차지하고 있는 소득점유율을 연결하여 도출 ■ 대각선에 가까울수록 평등, 멀어질수록 불평등 ■ 로렌츠곡선은 교차할 수 있다. (O)
지니계수	■ $G = \dfrac{\alpha}{\alpha + \beta}$ (로렌츠곡선의 해당 면적비율)	■ $0 \le G \le 1$ ■ 소득분배가 불평등해질수록 G는 커진다. (불평등도지수)
앳킨슨 지수	■ $A = 1 - \dfrac{Y_{EDE}}{\mu}$ (Y_{EDE} : 균등분배 대등소득, 현재와 동일한 사회후생을 가져올 수 있는 균등화된 소득)	■ $0 \le A \le 1$ ■ 불평등도지수에 숨어 있는 암묵적인 가치판단을 명시적으로 고려하는 지수 ■ 총소득이 일정할 때 소득분배가 악화되면 Y_{EDE}는 감소한다. 이때 A는 증가한다. (불평등도지수) ■ 소득분배의 문제를 사회가 심각하게 여길수록 A는 커진다.

기타 등등 쿠즈네츠의 U자 가설

1971년 노벨 경제학상 수상자인 쿠즈네츠(Simon Kuznets)는 실증연구를 통해 대체로 경제발전 과정에서 초기에 소득분배가 악화되었다가 점차 개선되는 결과를 가져온다는 결과를 얻어냈다. 따라서 세로축에 소득분배의 균등도, 가로축에 경제발전 단계를 나타내면 오른쪽 그림과 같은 U자의 모양이 되기 때문에 'U자 가설'이라고 한다. 그러나 이 가설을 이해할 때 경제발전을 위해서는 소득분배를 악화시켜야 한다고 해석하는 것은 위험하다. 이렇게 판단하는 것은 아주 단순한 인과 오류의 문제에 빠질 수 있기 때문이다.

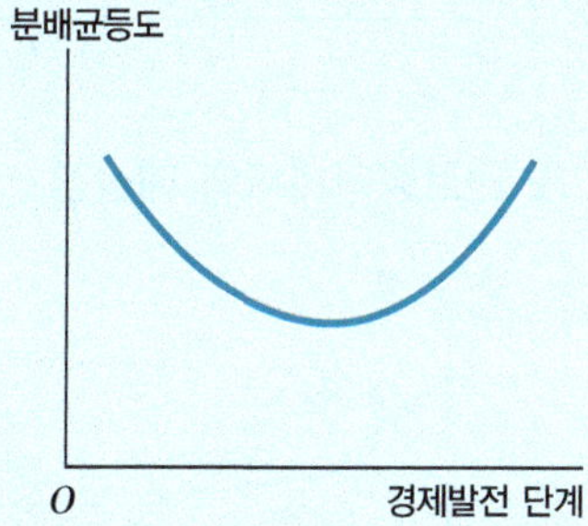

Ⅲ 재분배정책

1. 선형누진세, 부(-)의 소득세

- 보조금액 : $S = m - tY$ 또는 조세납부액 : $T = -m + tY$ 단, $t > 0,\ m > 0$
- 평균세율 : $t_A = -\dfrac{S}{Y} = \dfrac{T}{Y} = -\dfrac{m}{Y} + t$, 한계세율 : $t_M = -\dfrac{\Delta S}{\Delta Y} = \dfrac{\Delta T}{\Delta Y} = t$

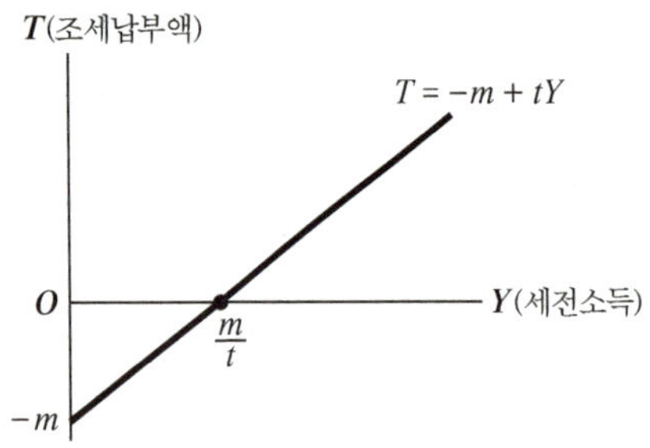

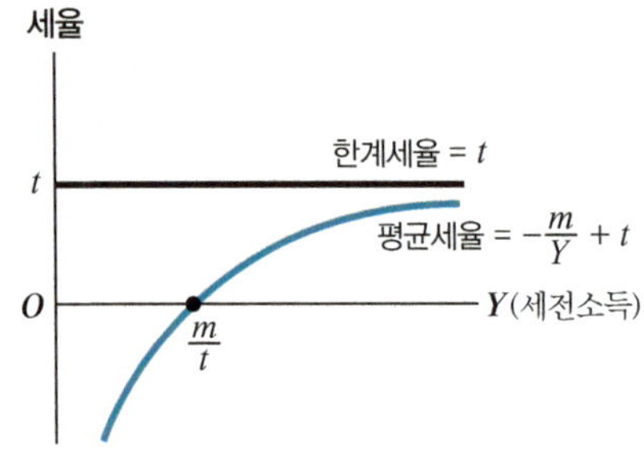

2. 임금소득보조제도의 비교

	보조금함수	예산선(가처분소득)	한계세율
정책이전	−	$M = w(\overline{H} - L)$	−
선형 (−)소득세	$S = m - tY$	$M = (1-t)w(\overline{H} - L) - m$	$t > 0$
최저소득 보장	$S = m - Y$	$M = m$	1
정액보조	$S = \overline{S}$	$M = w(\overline{H} - L) + \overline{S}$	0
정률보조	$S = tY$	$M = (1+t)w(\overline{H} - L)$	$-t < 0$

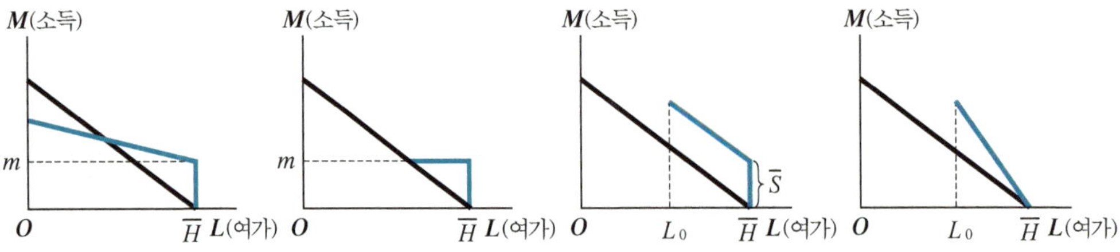

3. 근로장려세제의 예산선

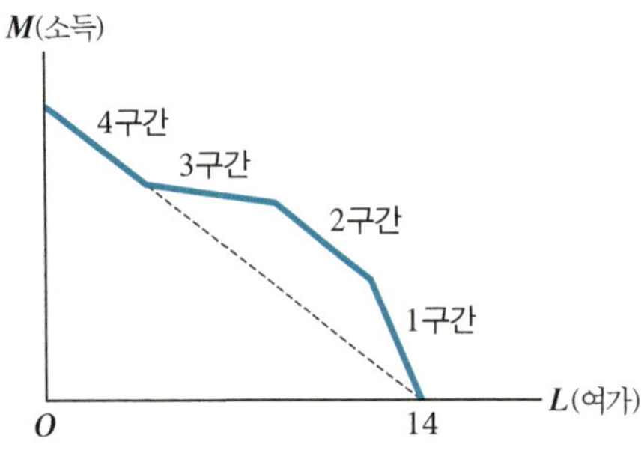

Part-1 기본 문제

01 **중세의 흑사병은 전 유럽의 인구를 절반 가까이 감소시킨 큰 사건이었다. 소득분배의 신고전파이론에 따르면 이러한 현상이 노동 1단위 및 자본 1단위 소득에 미쳤을 영향은?**

① 노동에 대한 보수 감소, 자본에 대한 보수 증가
② 노동에 대한 보수 증가, 자본에 대한 보수 감소
③ 노동에 대한 보수 감소, 자본에 대한 보수 감소
④ 노동에 대한 보수 증가, 자본에 대한 보수 증가
⑤ 노동에 대한 보수와 자본에 대한 보수는 영향을 받지 않음

hint

인구의 감소 또는 고용의 감소는 노동의 생산성을 증가시키고 자본의 생산성을 감소시킨다. 따라서 노동에 대한 보수는 증가하고, 자본에 대한 보수는 감소한다.

02 **소득분배를 측정하는 방식에 관한 설명으로 옳지 않은 것은?** 2018년 공인노무사

① 지니계수 값이 커질수록 더 불균등한 소득분배를 나타낸다.
② 십분위분배율 값이 커질수록 더 균등한 소득분배를 나타낸다.
③ 모든 구성원의 소득이 동일하다면 로렌츠곡선은 대각선이다.
④ 동일한 지니계수 값을 갖는 두 로렌츠곡선은 교차할 수 없다.
⑤ 전체 구성원의 소득기준 하위 10% 계층이 전체 소득의 10%를 벌면 로렌츠곡선은 대각선이다.

hint

① (O)
② (O)
③ (O)
④ (×), 다른 시점, 다른 국가 간의 로렌츠곡선은 얼마든지 교차할 수 있다.
⑤ (O), 소득하위 10%가 10%의 소득을 가지고 있다는 것은 완전히 평등한 상태임을 의미한다.

* 주의사항
사실 문항 ⑤와 같은 경우라면 누가 소득하위 10%인지를 정할 수도 없다.

정답 1 ② 2 ④

03 **지니계수(Gini coefficient)에 관한 설명으로 옳은 것은?**

① 지니계수가 같으면 소득계층별 소득분포가 같음을 의미한다.

② 완전히 평등한 소득분배 상태를 나타내는 45도 대각선과 로렌츠곡선(Lorenz curve)이 일치한다면 지니계수는 1이다.

③ 완전히 평등한 소득분배 상태를 나타내는 45도 대각선과 로렌츠곡선 사이의 면적이 클수록 지니계수는 커진다.

④ 지니계수는 완전히 평등한 소득분배 상태를 나타내는 45도 대각선의 길이를 로렌츠곡선의 길이로 나눈 값이다.

⑤ 지니계수는 빈곤층을 구분하기 위한 기준이 되는 소득수준을 의미한다.

hint

① (×), 지니계수가 같아도 소득분포가 상이할 수 있음

② (×), 이 경우 지니계수는 0이 된다.

③ (○)

④ (×)

⑤ (×), 이는 빈곤선을 의미한다.

04 **어느 나라의 소득세에서 평균세율보다 한계세율이 높다면?**

① 소득세는 역진세(regressive tax)이다.

② 소득세는 비례세(proportional tax)이다.

③ 소득세는 누진세(progressive tax)이다.

④ 소득세는 간접세이다.

⑤ 소득세는 정액세(lumpsum tax)이다.

hint

한계세율이 평균세율보다 높다면 평균세율은 상승한다. 따라서 이 나라의 소득세는 누진세이다.

평균세율 상승 ⇒ 한계세율 > 평균세율 ⇒ 누진세

평균세율 일정 ⇒ 한계세율 = 평균세율 ⇒ 비례세

평균세율 감소 ⇒ 한계세율 < 평균세율 ⇒ 역진세

05 **다음 중 누진세제를 옹호하는 근거로서 가장 적당하지 않은 것은?** 2016년 보험계리사

① 경제적 불평등의 감소

② 경제적 효율성의 제고

③ 과세의 공평성의 실현

④ 편익원칙에 합치

hint

* **참고사항**

누진세는 수직적 공평성을 달성하지만 경제적 효율성과 수평적 공평성을 해친다는 문제점이 있다.

06 어떤 나라의 조세가 자신이 벌어들인 소득의 30%에서 500만원을 제한 금액이라고 하자. 이 조세의 성격은?

① 이 조세는 역진세(regressive tax)이다. ② 이 조세는 비례세(proportional tax)이다.
③ 이 조세는 누진세(progressive tax)이다. ④ 이 조세는 간접세이다.
⑤ 이 조세는 정액세(lumpsum tax)이다.

hint

설문의 조세는 $T = 0.3 \times E - 500$으로 나타낼 수 있다(단, T는 조세납부액, E는 자신이 벌어들인 소득). 이때 평균세율은 $t_A = \frac{T}{E} = 0.3 - \frac{500}{E}$이므로 E가 증가할수록 증가한다. 따라서 이 조세는 누진세이다. (이러한 조세는 선형의 구조를 가졌으므로 선형누진세라고 부른다. 또한 이러한 누진세가 면세점 이하의 사람들에게 보조금을 지급하는 형태로 사용된다면 이를 '부의 소득세제(negative income tax)' 라고 한다.)

07 다음 중 직접세가 아닌 것은? 2002년 국가직 7급

① 소득세 ② 법인세 ③ 부가가치세
④ 재산세 ⑤ 주민세

hint

직접세란 납세 의무자와 실제의 조세 부담자가 일치하여 조세 부담이 전가되지 않는 조세를 말하며, 부가가치세는 대표적인 간접세이다.

직접세	간접세
소득세, 법인세	부가가치세, 개별물품세
과세주체 결정	과세대상물 결정
능력 원칙과 누진성 반영 자동안정화 효과	행정적으로 편리

08 소득분배의 불평등을 개선하는 수단이 아닌 것은? 2015년 보험계리사

① 국민연금의 확대 실시 ② 이자소득세율의 인하
③ 누진소득세의 강화 ④ 근로장려세제의 실시

hint

② 이자소득세를 감면하면 직접적으로 이익을 보는 계층은 이자소득이 많은 계층이다. 그런데 이자소득이 많은 계층은 고소득층일 가능성이 크기 때문에 소득분배를 악화시킬 가능성이 크다.

정답 3 ③ 4 ③ 5 ② 6 ③ 7 ③ 8 ②

Part-2 실전 문제

01 A국과 B국 모두에서 노동투입량(L)과 자본투입량(K)이 각각 300으로 동일하다고 하자. 두 나라의 생산함수는 다음과 같이 주어져 있다.

> A국의 생산함수 : $Y = L^{0.25}K^{0.75}$, B국의 생산함수 : $Y = L^{0.75}K^{0.25}$

두 나라의 노동의 한계생산물(MPL_A와 MPL_B)과 노동소득 분배율(l_A와 l_B)을 비교한 것으로 옳은 것은?

2018년 공인회계사

① $MPL_A > MPL_B,\ l_A < l_B$
② $MPL_A > MPL_B,\ l_A > l_B$
③ $MPL_A < MPL_B,\ l_A < l_B$
④ $MPL_A < MPL_B,\ l_A > l_B$
⑤ $MPL_A = MPL_B,\ l_A = l_B$

hint

한계생산물의 비교 : $MPL_A = 0.25\left(\frac{K}{L}\right)^{0.75} = 0.25 < MPL_B = 0.75\left(\frac{K}{L}\right)^{0.25} = 0.75$

노동소득분배율의 비교 : $l_A = \frac{MPL_A \cdot L_A}{Y_A} = 0.25 < l_B = \frac{MPL_B \cdot L_B}{Y_B} = 0.75$

02 생산함수가 $Q = 2L + 3K$일 때 한계생산력 이론에 따라 분배가 이루어지는 경우 다음 중 옳은 것은? (단, Q, L, K는 각각 생산량, 노동 투입량, 자본 투입량, $Q > 0$, $L < 0$, $K > 0$)

2011년 감정평가사 응용

① 산출량이 분배량에 미치지 못해 부족(shortage) 현상이 발생한다.
② 산출량이 분배량보다 커서 잉여(surplus) 현상이 발생한다.
③ 산출량과 분배량이 정확히 일치한다.
④ 노동 투입량 및 자본 투입량 수준에 따라 분배량이 클 수도 있고 산출량이 클 수도 있다.
⑤ 생산함수가 규모수익 체감하는 구간에서만 생산량과 분배량이 일치한다.

hint

주어진 생산함수는 1차 동차 생산함수로서 규모수익 불변이다.

생산량 : $Q = 2L + 3K$

분배량 : $MP_L \times L + MP_K \times K = 2L + 3K$

03 **모든 시장이 완전경쟁적인 B국의 총생산량이 $Y = AL^{1-\theta}K^{\theta}$으로 결정될 때, 다음 설명 중 옳지 않은 것은?** (단, Y는 총생산량, A는 총요소생산성, L은 노동 투입량, K는 자본 투입량, $0 < \theta < 1$이다.)

2013년 감정평가사 응용

① 노동소득분배율은 $1-\theta$이다. ② 자본소득분배율은 θ이다.

③ 총생산함수는 규모에 대한 수익 불변이다.

④ 총요소생산성이 증가하면, 노동소득분배율 대비 자본소득분배율의 상대적 비율이 증가한다.

⑤ 임금/임대료 비율이 상승할 때 노동소득분배율 대비 자본소득분배율의 상대적 비율이 일정하다.

hint

콥-더글라스 생산함수에서 총생산 대비 노동소득분배율과 총생산 대비 자본소득분배율은 각 요소의 지수의 비율로 일정하다. 또한 대체탄력성이 항상 1이기 때문에 임금/임대료 비율이 변하더라도 노동소득/자본소득 비율은 변하지 않는다.

04 **생산요소 노동(L)과 자본(K) 사이의 대체탄력성(σ)에 관한 설명으로 옳은 것을 모두 고른 것은?** (단, r은 자본가격, w는 노동가격, $\sigma = \dfrac{\Delta(\frac{K}{L})/(\frac{K}{L})}{\Delta(\frac{w}{r})/(\frac{w}{r})}$이다.)

2023년 공인노무사

ㄱ. $\sigma = 0.5$인 경우 노동의 상대가격 상승에 따라 노동소득의 상대적 비율이 더 커진다.
ㄴ. $\sigma = 1$인 경우 노동의 상대가격이 상승해도 자본소득의 상대적 비율에 아무런 변화가 없다.
ㄷ. 콥-더글라스(Cobb-Douglas) 생산함수의 대체탄력성은 0이다.

① ㄱ ② ㄱ, ㄴ ③ ㄱ, ㄷ

④ ㄴ, ㄷ ⑤ ㄱ, ㄴ, ㄷ

hint

대체탄력성을 σ, 노동소득의 상대적 비율을 $D = \frac{wL}{rK}$로 둘 때 다음 관계가 성립한다.

$$\Rightarrow \sigma \begin{matrix} > \\ = \\ < \end{matrix} 1\text{일 때 } \frac{w}{r} \text{ 상승 시 } D\text{가 } \begin{matrix} \text{감소} \\ \text{불변} \\ \text{증가} \end{matrix}$$

ㄱ. (O)
ㄴ. (O)
ㄷ. (×), 콥-더글라스 생산함수의 대체탄력성은 항상 1로 일정하다.

정답 1 ③ 2 ③ 3 ④ 4 ②

05 아래 그림은 어떤 나라의 소득분포를 말해 주는 로렌츠곡선(Lorenz curve)을 나타내고 있다. 수직축은 소득의 누적 백분율을 나타내고, 수평축은 가구의 누적 백분율을 나타낸다. 다음 그림에서 모든 가구 가운데 소득수준 최하위 20%인 가구들은 경제 전체 소득 가운데 ____%를 벌고, 소득수준이 그 다음 하위 20%인 가구들은 경제 전체소득 가운데 ____%를 벌며, 소득수준 최상위 20%인 가구들은 경제 전체 소득 가운데 ____%를 벌었다. 다음 중 빈칸에 적당한 것을 순서대로 나열한 것은? 2006년 서울시 7급

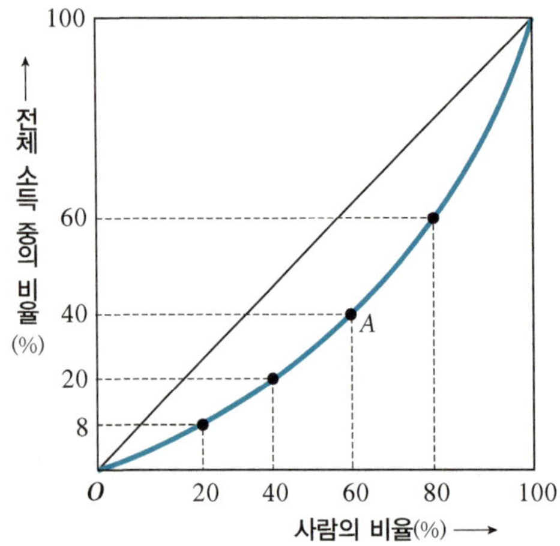

① 20 ; 20 ; 20　② 20 ; 40 ; 100　③ 10 ; 20 ; 40
④ 8 ; 12 ; 40　⑤ 8 ; 12 ; 60

hint

세로축이 소득의 누적점유율이므로 그 계급까지의 누적점유율에서 그 이전 계급까지의 누적점유율를 빼면 그 계급이 벌어들인 소득의 비율이 구해진다. 주어진 로렌츠곡선을 보면 최하위 20%의 소득은 전체 소득의 8%이고, 그 다음 20% 가구의 소득점유율은 12%(= 20 − 8%)임을 알 수 있다. 하위 80%인 소득계층의 누적점유율이 60%이므로 최상위 20% 가구의 40%(= 100% − 60%)이다.

06 **A국, B국, C국의 소득분위별 소득점유 비중이 다음과 같다. 소득분배에 관한 설명으로 옳은 것은?** (단, 1분위는 최하위 20%, 5분위는 최상위 20%의 가구를 의미한다.) 2015년 감정평가사

(단위 : %)

	A국	B국	C국
1분위	0	20	6
2분위	0	20	10
3분위	0	20	16
4분위	0	20	20
5분위	100	20	48

① A국은 B국보다 소득분배가 상대적으로 평등하다.

② B국은 C국보다 소득분배가 상대적으로 불평등하다.

③ C국의 십분위 분배율은 $\frac{1}{8}$이다.

④ A국의 지니계수는 0이다.

⑤ B국의 지니계수는 A국의 지니계수보다 작다.

hint

① (×), A국은 가장 불평등, B국이 가장 평등
② (×), B국이 가장 평등
③ (×), C국의 십분위 분배율은 $\frac{6+10}{48} = \frac{1}{3}$이다.
④ (×), A국의 지니계수는 매우 크다.
⑤ (○), 소득분배가 평등할수록 지니계수가 작다.

정답 5 ④ 6 ⑤

07 다음은 각 나라의 지니계수(Gini coefficient)를 보여주고 있다. 옳은 설명을 모두 고른 것은?

2005년 공인회계사

A국가 : 0.75　　B국가 : 0.28　　C국가 : 0.45
D국가 : 0.92　　E국가 : 0.15

가. D국가의 소득이 가장 균등하게 분배되어 있다.
나. E국가의 로렌츠곡선(Lorenz curve)은 A국가에 비해 완전균등분배선에 근접해 있다.
다. B국가와 C국가의 로렌츠곡선은 서로 교차할 수 있다.

① 가, 나　　② 가, 다　　③ 가, 나, 다
④ 다　　⑤ 나, 다

hint

지니계수는 0과 1 사이의 값을 가지며, 클수록 소득분배가 불평등하다는 것을 의미한다. 그리고 지니계수는 로렌츠곡선과도 밀접하게 연관되어 있어 로렌츠곡선에 의해 둘러싸인 면적의 비율에 의해서도 지니계수를 측정할 수 있다. 예를 들어 로렌츠곡선이 완전평등분배에 해당하는 45도선인 경우 지니계수는 0이다. 그리고 로렌츠곡선이 완전불평등분배에 해당하는 역 L자형인 경우 지니계수는 1이다. 로렌츠곡선은 서로 교차할 수 있다는 점에 유의하기 바란다.

08 다음 각 경우의 지니계수를 차례로 구한 것으로 옳은 것은? (단, 구성원의 수는 충분히 많다고 가정한다.)

가. 모든 사람이 동일한 소득을 가지고 있다.
나. 모든 소득을 1명이 독차지하고 있다.
다. 인구의 $\frac{1}{2}$은 전혀 소득이 없고, 나머지 $\frac{1}{2}$이 소득을 균등하게 나누어 갖고 있다.

① 1, 1, 1　　② 0, $\frac{1}{2}$, 1　　③ 0, 1, $\frac{1}{2}$
④ 1, 1, $\frac{1}{2}$　　⑤ 0, 1, 1

hint

*** 지니계수(G)의 특징**

1. 1인이 모든 소득 점유할 때 $G = 1$　　2. 완전한 균등분배 시 $G = 0$
3. 소득분배가 불평등해질수록 그 값이 증가

[보기 다.의 경우 로렌츠곡선이 (50,0)까지 수평, 그후 기울기 2의 직선이 됨]

09 A국에서 국민 20%가 전체 소득의 절반을, 그 외 국민 80%가 나머지 절반을 균등하게 나누어 가지고 있다. A국의 지니계수는? 2019년 국가직 7급

① 0.2 ② 0.3

③ 0.4 ④ 0.5

hint

지니계수는 로렌츠곡선을 통해 구할 수 있다. 문제의 조건을 만족하는 로렌츠곡선은 다음과 같다.

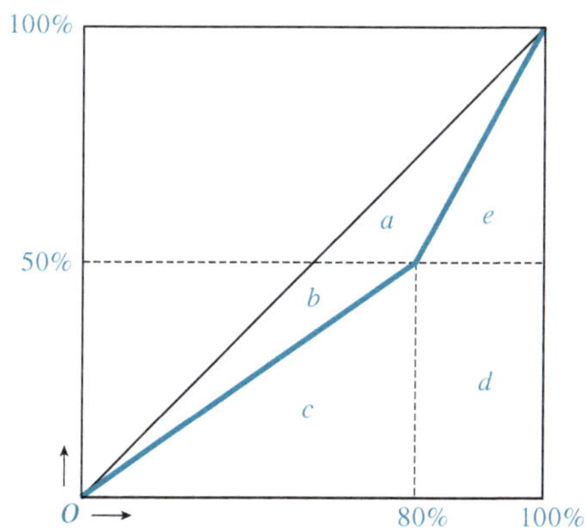

a(의 면적) $= \frac{1}{2} \times 0.3 \times 0.5 = 0.075$

b(의 면적) $= \frac{1}{2} \times 0.3 \times 0.5 = 0.075$

c(의 면적) $= \frac{1}{2} \times 0.8 \times 0.5 = 0.2$

d(의 면적) $= 0.2 \times 0.5 = 0.1$

e(의 면적) $= \frac{1}{2} \times 0.2 \times 0.5 = 0.05$

⇒ 지니계수 : $G = \frac{a+b}{a+b+c+d+e} = \frac{0.15}{0.5} = 0.3$

(단 a, b, c, d, e는 각 영역의 면적을 나타냄)

10 소득이 Y_1, Y_2인 두 사람으로 구성된 사회의 사회후생함수가 다음과 같다고 하자.

사회후생함수 : $SW = Y_1 \times Y_2$

이 두 사람의 소득이 각각 $Y_1 = 9$, $Y_2 = 1$이라고 할 때 앳킨슨(Atkinson)지수를 구하면 얼마인가?

① 0.6 ② 1

③ 0.5 ④ 0.8

⑤ 0.4

hint

Y_e는 균등분배대등소득, 즉 불평등한 분배상태와 동일한 사회후생을 달성하는 평등한 소득이라고 하자. 현재 평균소득 $\mu = 5$이며, 이 경우 $SW = 9 \times 1 = 3 \times 3 = 9$에서 균등분배대등소득 $Y^e = 3$이 된다. 앳킨슨 지수 $A = 1 - \frac{Y^e}{\mu} = 1 - \frac{3}{5} = 0.4$가 된다.

정답 7 ⑤ 8 ③ 9 ② 10 ⑤

11 소득이 Y_1, Y_2인 두 사람으로 구성된 사회의 사회후생함수가 다음과 같다고 하자.

> 사회후생함수 : $SW = \min[Y_1, Y_2]$

이 두 사람의 소득이 각각 $Y_1 = 9$, $Y_2 = 1$이라고 할 때 앳킨슨(Atkinson)지수를 구하면 얼마인가?

① 0.6
② 1
③ 0.5
④ 0.8
⑤ 0.4

hint

현재 평균소득 $\mu = 5$이며, 이 경우 $SW = \min[9, 1] = \min[1, 1] = 1$에서 균등분배대등소득 $Y^e = 1$이 된다. 앳킨슨 지수 $A = 1 - \frac{Y^e}{\mu} = 1 - \frac{1}{5} = 0.8$이 된다.

12 개인 A와 B로 구성된 한 사회에서 개인의 소득이 각각 $I_A = 400$만원, $I_B = 100$만원이다. 개인 $i = A, B$의 효용함수가 $U_i = I_i$이고, 이 사회의 사회후생함수(SW)가 다음과 같을 때 앳킨슨 지수(Atkinson index)를 구하면? 2021년 국가직 7급

> $SW = \min(U_A, 2U_B)$

① 0.20
② 0.25
③ 0.30
④ 0.35

hint

평균소득 : $\bar{I} = 250$
균등분배대등소득 : $SW = \min[400, 200] = 200 = \min[I^*, 2I^*] \Rightarrow I^* = 200$
앳킨슨 지수 : $A = 1 - \frac{I^*}{\bar{I}} = 1 - \frac{200}{250} = 0.2$

13 쿠즈네츠가설에 관한 설명으로 옳은 것은?

① 경제성장과 소득분배의 불평등도에 관한 가설이다.
② 실업률과 인플레이션율 사이의 관계를 나타내는 가설이다.
③ 소득증가율과 실업률 사이의 관계를 나타내는 가설이다.
④ 인플레이션율과 명목이자율 사이의 관계를 나타내는 가설이다.
⑤ 통화량과 물가에 관한 가설이다.

hint

쿠즈네츠의 U자 가설은 경제가 성장할수록 소득분배의 공평성이 낮아지다가 소득이 높은 수준에 이르면 소득분배의 공평성이 높아진다는 가설이다.

14 현실적으로 노동시장에 존재하고 있는 직종별 임금격차의 이유로 타당치 못한 것은?

① 각 직종마다 작업조건 정도의 차이가 존재하기 때문에 이를 보상하기 위해 임금격차가 생긴다.

② 사회문화적 관습으로 인해 특정 직종에 대한 회피와 선호로 인해 직종 간에 임금격차가 생긴다.

③ 노동조합의 단체교섭이 모든 직종에서 이루어지고 있지 않기 때문에 직종 간에 임금격차가 생긴다.

④ 직종 간에 노동의 이동이 비교적 자유롭기 때문에 임금격차가 생긴다.

hint

직종 간에 노동의 이동이 자유롭다면 임금격차는 사라질 것이다. 그렇지만 현실적으로 일정 분야에 특화되는 경우가 많기 때문에, 그리고 기업에 따라 요구하는 노동의 내용이 다르기 때문에 직종 간에 자유로운 이동은 불가능하다.

15 노동시장에서 임금격차에 관한 설명으로 옳지 않은 것은? 2020년 공인노무사

① 임금격차는 인적자본의 차이에 따라 발생할 수 있다.

② 임금격차는 작업조건이 다르면 발생할 수 있다.

③ 임금격차는 각 개인의 능력이나 노력의 차이에 따라 발생할 수 있다.

④ 임금격차는 노동시장에 대한 정보가 완전해도 발생할 수 있다.

⑤ 임금격차는 차별이 없으면 발생하지 않는다.

hint

① (○), 노동이질성에 의한 임금격차

② (○), 작업이질성에 의한 임금격차, 보상적 임금격차

③ (○), 노동이질성에 의한 임금격차

④ (○), 정보가 완전한 경우에 노동자의 자질이나 노력에 따라 다른 임금을 지급하기 쉽다.

⑤ (×), 차별적 임금격차 외에도 많은 임금격차의 원인이 있다.

정답 11 ④ 12 ① 13 ① 14 ④ 15 ⑤

16 **갑국의 노동시장은 숙련노동자 시장과 비숙련노동자 시장으로 나누어져 있다. 숙련노동자들의 균형임금이 비숙련노동자들의 균형임금보다 높을 때 다음 중 두 시장 간 임금격차를 줄이는 것을 모두 고르면?** (단, 두 시장 간 노동자들의 이동은 없다.) 2023년 공인회계사

가. 인공지능(artificial intelligence)의 발전으로 숙련노동자들에 대한 수요가 감소하였다.
나. 기계공학의 발전으로 위험하고 단순 반복적인 일을 하는 비숙련노동자에 대한 수요가 감소하였다.
다. 법학전문대학원과 의학전문대학원 정원 확대로 법률과 의료 서비스를 제공할 수 있는 숙련노동자들이 증가하였다.
라. 정부 정책의 변화로 노인 돌봄 서비스를 제공할 수 있는 해외 비숙련노동자들의 국내 유입이 증가하였다.

① 가 ② 나 ③ 가, 다
④ 나, 라 ⑤ 가, 다, 라

hint

가. (○), 숙련노동자 임금의 하락
나. (×), 비숙련노동자 임금의 하락
다. (○), 숙련노동자 임금의 하락
라. (×), 비숙련노동자 임금의 하락

17 **어떤 국가의 세금이 다음과 같이 결정된다고 하자. 이러한 조세를 일컬어 단일세율소득세라고도 한다.**

$T = -a + tY$ T : 납세액, Y : 자신이 벌어들인 소득

단일세율소득세에 대한 다음 설명 중 옳은 것만으로 짝지워진 것은?

가. 한계세율과 평균세율이 모두 일정하게 유지될 수도 있다.
나. 현실의 조세에 비해 민간부문 의사결정에 대한 교란을 증가시킨다.
다. 공제규모를 적절히 설정하면 수직적 공평성을 반영할 수도 있다.
라. 조세부담의 수평적 공평성을 저해한다.
마. 여러 가지 장점에도 불구하고 행정적인 복잡성으로 인해 실행되지 못하고 있다.

① 가, 나 ② 나, 다 ③ 가, 다
④ 나, 라 ⑤ 다, 마

hint

주어진 세금에서 한계세율 $\frac{\Delta T}{\Delta Y} = t$, 평균세율 $\frac{T}{Y} = -\frac{a}{Y} + t$이다.

가, 다. 위 식에서 $a > 0$이면 누진세, $a = 0$이면 비례세, $a < 0$이면 역진세가 된다. 따라서 공제규모를 적절히 설정하면 수직적 공평성을 반영할 수 있다.

나, 마. 단일세율소득세는 가장 단순한 세금이기 때문에 의사결정에 대한 교란이 작다. 단일세율소득세가 받아들여지지 못하는 이유는 수직적 공평성이 '충분히' 반영되지 못한다는 비판이 있기 때문이다.

라. 소득의 유형을 구분하지 않고 같은 조건으로 다루기 때문에 조세부담의 수평적 공평성을 저해하지 않는다.

18 **A국의 소득세는 $T = \max[0,\ 0.15(Y - 1{,}000)]$의 식에 따라 결정된다. 즉, 연소득 1,000만원까지는 전혀 세금을 부과하지 않고, 1,000만원을 넘는 부분에 대해서만 15%의 세율로 세금을 부과한다. 이 소득세 제도의 1,000만원 이상 소득구간에서 한계세율(ㄱ)과 평균세율(ㄴ)에 대한 설명으로 옳은 것은?** (단, T는 세액, Y는 소득이다.) 2015년 지방직 7급

	ㄱ	ㄴ
①	누진적	누진적
②	누진적	비례적
③	비례적	비례적
④	비례적	누진적

hint

소득세함수 : $T = 0.15(Y - 1{,}000)$

한계세율 : $t_M = \frac{\Delta T}{\Delta Y} = 0.15$(일정) ⇒ 비례적

평균세율 : $t = \frac{T}{Y} = 0.15 - \frac{150}{Y}$($Y$ 증가 시 상승) ⇒ 누진적

[**주의사항** : 1. 소득과 조세 간의 관계가 선형으로 나타나며, 평균세율이 상승하는 세금을 선형누진세(linear progressive tax)라고 한다. 2. 한계세율이 일정하다고 하여 '비례적'이라는 표현을 쓰는 경우는 흔하지 않다. 그러나 본 문제에서 답을 찾기는 어렵지 않았을 것이다.]

정답 16 ③ 17 ③ 18 ④

19 현행 우리나라의 국민기초생활보장제도에 대한 설명으로 옳지 않은 것은?

① 정부가 최저생계비와 자신이 벌어들인 소득 간의 차액을 보조금으로 지급하는 제도이다.
② 최저생계가 보장된다는 장점이 있다.
③ 저소득층의 세원관리가 확실해진다.
④ 저소득층의 근로의욕을 촉진하는 효과가 있다.
⑤ 중산층의 근로의욕을 저해할 수 있다.

hint

국민기초생활보장제도는 저소득층의 근로의욕을 크게 저해하는 문제점이 있어 최근 정부는 이에 대한 보완책으로 '근로장려세제(EITC : earned income tax credit)'를 도입하기로 하였다. 이 제도는 저소득층이 벌어들인 소득이 많아질수록 더 많은 금액을 지급하는 제도이기 때문에 저소득층의 근로의욕을 촉진하는 효과가 있을 것으로 예상된다.

20 근로장려세제(Earned Income Tax Credit ; EITC)에 관한 설명으로 옳지 않은 것은?

2018년 보험계리사

① EITC는 최저임금제와는 달리 고용주들에게 저임금 근로자를 해고할 유인을 제공하지 않는다.
② EITC는 저소득 근로자에게 추가적 소득을 제공한다.
③ 실업자도 EITC의 수혜대상이 된다.
④ EITC를 확대 실시하면 재정부담이 커진다.

hint

① (○), EITC는 일종의 고용보조금이므로 고용 증가의 유인이 유발된다.
② (○), 예를 들어 EITC의 1구간에서는 일할수록 보조금이 증가한다.
③ (×), 소득이 있는 임금노동자와 자영업자만 대상이 된다.
④ (○), 참고로 EITC는 일종의 고용보조금이므로 재정부담이 발생한다.

21 시간만을 부존(endowments)으로 하는 여가-노동공급 결정 모형을 가정하자. 〈표〉는 정부가 저소득층 소득 증대와 노동참여 활성화를 위해 도입한 정책을 나타낸다. 이 정책에 따라 예산선은 〈그림〉의 가는 실선에서 굵은 실선으로 변경되었다.

소득	보조금 지급액
100만원 미만	소득 1원당 50%
100만원 이상~300만원 미만	50만원
300만원 이상~500만원 미만	50만원-소득 1원당 10%

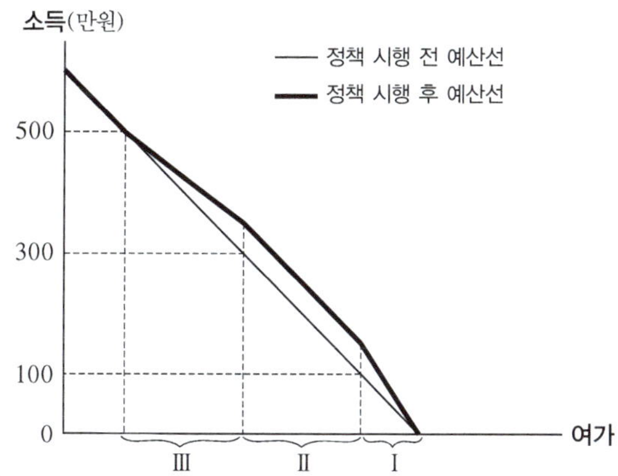

여가는 정상재라고 가정할 때 정책 시행에 따른 노동공급 변화에 대한 다음 설명 중 옳은 것만을 모두 고르면? (단, 무차별곡선은 원점에 대해 강볼록하다.) 2020년 공인회계사

가. 정책 시행 전 Ⅰ구간에 속한 사람에게는 대체효과와 소득효과가 노동공급에 대해 반대 방향으로 작용하므로, 노동공급이 증가할지 감소할지 명확하지 않다.
나. 정책 시행 전 Ⅱ구간에 속한 사람에게는 대체효과와 소득효과 모두 노동공급에 대해 같은 방향으로 작용하므로, 노동공급은 감소할 것이다.
다. 정책 시행 전 Ⅲ구간에 속한 사람에게는 대체효과와 소득효과 모두 노동공급에 대해 같은 방향으로 작용하므로, 노동공급은 감소할 것이다.

① 가　② 가, 나　③ 가, 다
④ 나, 다　⑤ 가, 나, 다

hint

Ⅰ구간 : 대체효과 노동 증가, 소득효과 노동 감소
Ⅱ구간 : 대체효과 없음, 소득효과 노동 감소
Ⅲ구간 : 대체효과 노동 감소, 소득효과 노동 감소

정답　19 ④　20 ③　21 ③

제18장 일반균형이론과 후생경제학

Testbank for Economics [microeconomics]

핵 심 출 제 논 점

1. 교환경제의 일반균형 분석
2. 생산경제의 일반균형 분석
3. 후생경제학 제1정리
4. 후생경제학 제2정리
5. 사회후생함수와 불가능성 정리
6. 차선의 이론

Ⅰ 파레토 개선과 파레토 효율성

1. 파레토 개선(Pareto improvement)

① (약)파레토 개선 : 어떤 사회구성원의 후생도 더 낮아지지 않으며, 최소한 한 명 이상의 효용이 더 높아지는 변화

② 강파레토 개선 : 모든 사회구성원의 후생이 높아지는 변화

2. 파레토 효율성(Pareto efficiency)

① 파레토 개선이 더 이상 불가능한 상태

② 다른 사람의 효용을 감소시키지 않는 한 누구의 효용도 더 이상 증가시킬 수 없는 상태

3. 파레토 기준의 한계

- 일반적으로 파레토 기준을 만족하는 점들은 무수히 많기 때문에 파레토 기준만으로 이 점들 간의 우열을 판단할 수는 없다.
- 파레토 효율성이 달성되었다고 하여 공평성(equity)이 자동으로 달성되는 것은 아니다.

Ⅱ 순수교환경제에서의 일반균형

1. 일반균형의 성립

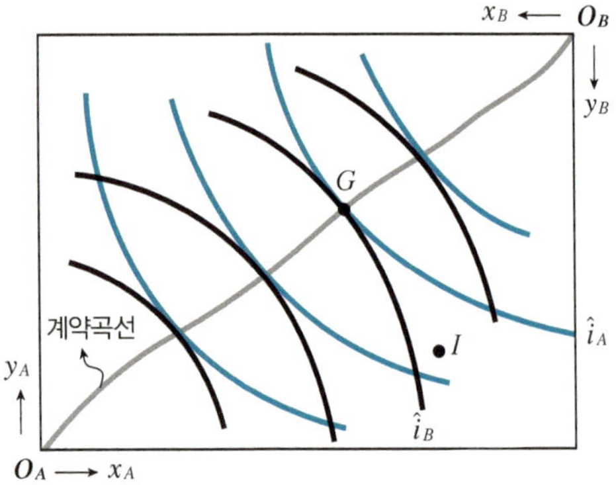

(a) 파레토 효율적인 자원배분과 계약곡선

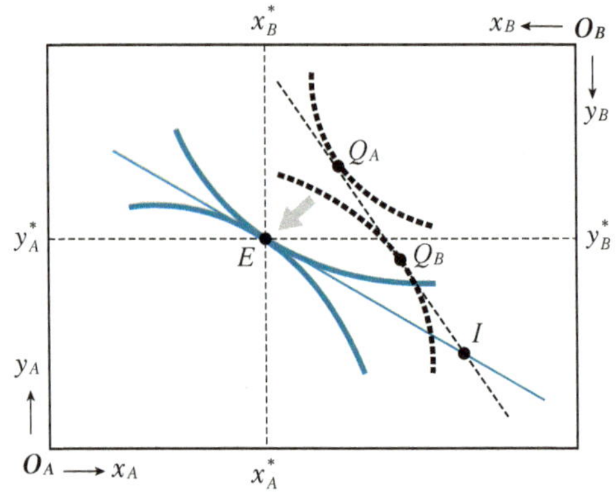

(b) 일반균형의 성립

2. 파레토 효율성과 계약곡선

(1) 파레토 효율성의 조건

■ $MRS_{XY}^{A} = MRS_{XY}^{B}$

(2) 계약곡선(contract curve)

① 두 사람 간의 교환에서 최종적인 계약이 이루어지는 곳

② 실현가능 배분 중 파레토 효율성의 조건을 만족시키는 점을 모은 곡선

3. 왈라스 법칙(Walras' law)

■ (화폐시장 포함) 모든 시장의 초과수요가치의 합은 항상 0이다.

■ n개의 시장 중 $n-1$개의 시장이 균형이면, 나머지 하나의 시장도 자동으로 균형이 된다.

$$\sum_{i=1}^{n} P_i \cdot Z_i \equiv 0 \qquad (i = 1, 2, \cdots, n) \qquad \text{(왈라스 법칙)}$$

4. 세이의 법칙(Say's law)

■ 공급은 스스로의 수요를 창출한다(Supply creates its own demand).

■ (화폐시장 제외) 모든 재화시장의 초과수요가치의 합은 항상 0이다.

Tips

1. 파레토 개선이라고 파레토 효율적이라는 보장 없음
2. 파레토 효율적이라고 파레토 개선이라는 보장 없음
3. 계약곡선(파레토 효율)은 대부분 모서리 점을 포함
4. 왈라스 균형은 균형가격에서만 성립하지만, 왈라스 법칙은 어떤 가격에서도 성립함(항등식)
5. 왈라스 법칙은 항상 성립하지만, 세이의 법칙은 성립한다는 보장이 없음

6. 후생경제학 제1정리, 제2정리

후생경제학	제1 정리(분권화 정리)	제2 정리(분리 정리)
내용	■ 모든 소비자의 선호체계가 강단조성을 갖고 경제 안에 외부성이 존재하지 않으면, **일반경쟁균형의 배분은 (반드시) 파레토 효율적이다.**	■ 모든 사람의 선호가 볼록성을 만족한다고 할 때, 초기 부존자원만 적절히 분배해 준다면 **(모든) 파레토 효율적인 자원배분은 일반경쟁균형이 된다.**[1]
의의	■ 아담스미스의 '보이지 않는 손'의 현대적 해석, 분권화된 경쟁시장에 의해 이루어진 자원배분이 반드시 파레토 효율적임을 의미한다.	■ 정부의 두 가지 역할인 효율성(efficiency)의 달성과 공평성(equity)의 추구는 분리될 수 있다. 즉, 정부가 공평성을 달성하기 위해 반드시 효율성을 손상시켜야 하는 것은 아니다.
한계	■ 독·과점의 존재, 외부성의 존재, 공공재, 공유자원, 불완전정보의 문제 등이 존재하면 시장의 자원배분은 효율성을 보장하지 못한다. ■ 공평성의 문제에 대해서는 아무런 답을 주지 못한다.	■ 이러한 의미에서 후생경제학 제2정리는 재분배 문제에 대한 정부개입의 근거와 준칙을 제시했다고 평가되지만, 현실에 있어 비효율성을 유발하지 않는 정책수단은 존재하지 않는다.

Tips

1. 후생경제학 제1정리와 제2정리의 결론은 역의 관계
2. 후생경제학 제1정리는 일반균형이 파레토 효율적이기 위해 어떤 조건이 필요한지를 증명
3. 후생경제학 제2정리는 파레토 효율적 자원배분이 일반균형이 되기 위해 어떤 조건이 필요한지를 증명

III 생산경제의 분석

	효율성의 조건	해당 곡선
생산의 효율성	$MRTS^X_{LK} = MRTS^Y_{LK}$	생산계약곡선, 생산가능곡선
교환의 효율성	$MRS^A_{XY} = MRS^B_{XY}$	(교환)계약곡선, 효용가능곡선
종합적 효율성	$MRS^A_{XY} = MRS^B_{XY} = MRT_{XY}$	효용가능경계

* 완전경쟁, 무외부성, 무조세의 경우 3가지 효율조건 자동 달성

1. 만약 생산도 고려되는 경제라면 생산집합의 볼록성의 조건이 추가로 필요하다.

Ⅳ 사회후생함수와 후생경제학의 발전

1. 사회후생함수와 사회무차별곡선

(1) 공리주의적 가치판단 : Utilitarianism

■ 사회후생함수 : $SW = U_A + U_B$ ⇒ 선형의 사회무차별곡선

(2) 평등주의적 가치판단 : Egalitarianism

■ 사회후생함수 : $SW = U_A \times U_B$ ⇒ 원점에 대해 볼록한 사회무차별곡선

(3) 롤즈주의적 가치판단 : Rawlsian, Liberalism

■ 사회후생함수 : $SW = \min[U_A, U_B]$ ⇒ 45도 선에서 꺾인 L자의 사회무차별곡선

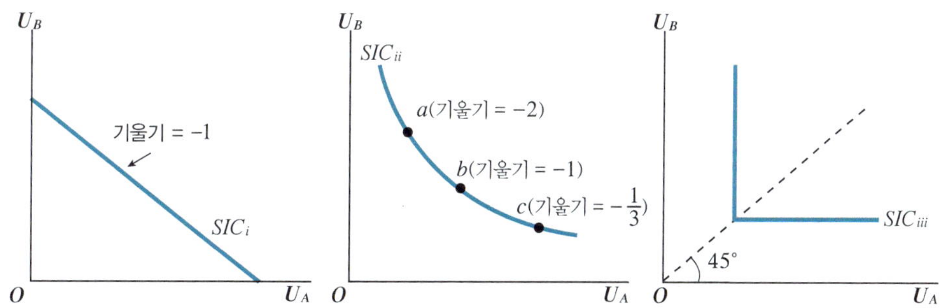

(a) 공리주의적 가치판단 (b) 평등주의적 가치판단 (c) 롤즈적 가치판단

2. 후생경제학의 주요 정리

① 애로우의 불가능성 정리(Impossibility theorem) : 후생경제학에서 민주적이며 합리적인 완벽한 사회후생함수 또는 완벽한 투표제도는 존재하지 않는다.

⇒ 요구조건 : 완비성, 이행성, 파레토 원칙, 무관한 선택대안으로부터의 독립성, 비독재성

② 차선의 이론(theory of the second best) : 하나 이상의 효율성 조건이 파괴된 경우에는 달성된 조건의 개수만으로는 후생을 평가할 수 없다.

⇒ 신중한 정부개입 필요성, 점진적 개혁의 문제 가능성

Tips

1. 롤즈주의는 모두에게 이익이 되는 차별은 바람직하다고 본다. (O)
2. 롤즈주의에 의해 효용의 완전한 평등이 요구되는 경우에도 소득, 재산의 완전한 평등을 요구하는 것은 아니다. (O)
3. 롤즈주의는 극단적 평등주의이다. (O or ×)
4. 에지워스에 의하면 일정한 조건 하에서는 공리주의도 완전한 균등분배를 지지한다.

Part-1 기본 문제

01 **파레토 최적에 대한 서술로서 옳지 않은 것은?**

① 다른 사람의 효용을 감소시키지 않고서는 어느 사람의 효용을 증가시킬 수 없는 상태
② 파레토 최적을 낳는 자원배분은 일반적으로 무수히 많다.
③ 일정한 조건이 충족되면 완전경쟁시장에서의 일반균형은 파레토 최적이다.
④ 파레토 최적의 자원배분이 평등한 소득분배를 보장하지는 않는다.
⑤ 외부경제가 존재하더라도 완전경쟁만 이루어진다면 파레토 최적의 자원배분은 가능하다.

hint

③, ⑤ 일정한 조건이 충족되면 완전경쟁시장에서의 일반균형은 파레토 최적이라는 주장을 후생경제학 제1정리라고 한다. 여기서 말하는 조건 중 대표적인 것이 외부효과가 존재하지 않아야 한다는 것이다.

02 **모든 소비자의 선호체계가 강단조성(Strong Monotonicity)을 갖고 경제 내에 외부성이 존재하지 않는다. 이 경우 파레토 최적에 관한 설명 중 옳지 않은 것은?** 2011년 보험계리사

① 파레토 최적 상태에서는 한 사회의 자원이 효율적으로 배분된다.
② 소비자의 선호체계가 원점에 대해 볼록한 모양을 갖지 않는 경우, 시장에서 파레토 최적은 완전경쟁상태(일반경쟁균형)를 의미한다.
③ 소득분배가 불균등하더라도 파레토 최적은 이루어질 수 있다.
④ 한 상태에서 다른 상태로 이동할 경우 적어도 한 사람이 손해를 보는 상태가 파레토 최적 상태이다.

hint

이 문제는 후생경제학의 제1정리, 제2정리와 관련되어 있다. 완전경쟁시장의 일반균형은 항상 파레토 최적을 만족한다는 것이 후생경제학의 제1정리다. 그리고 이 정리의 역에 해당하는 것이 제2정리다. 이 정리에 의하면 임의의 파레토 최적의 자원배분은 정액세와 보조금을 이용하면 완전경쟁시장의 일반균형을 통해 달성할 수 있다. 그런데 이를 위한 필요조건이 바로 모든 소비자들이 원점에 대해 볼록한 무차별곡선, 즉 볼록한 선호체계를 가져야 한다는 것이다. 만약 누군가 볼록하지 않은 선호체계를 가지고 있다면 임의의 파레토 최적의 자원배분은 완전경쟁시장의 일반균형을 통해 달성하기 어려울 수도 있다.

03 **A, B, C 3인으로 구성된 경제상황에서 가능한 자원배분 상태와 각 상태에서의 3인의 효용이 〈보기〉와 같다. 다음 중 각 자원배분 상태를 비교했을 때 파레토 효율적이지 않은 자원배분 상태를 모두 고르면?**

자원배분 상태	A의 효용	B의 효용	C의 효용
가	3	10	7
나	6	12	6
다	13	10	3
라	5	12	8

① 가　② 나, 다　③ 가, 다, 라
④ 나, 다, 라　⑤ 가, 나, 다, 라

hint

가. 라로 이동할 경우 파레토 개선 가능 ⇒ 파레토 비효율
나~라. 파레토 개선 불가능 ⇒ 파레토 효율

04 다음 글로부터 알 수 있는 甲과 乙의 후생변화는? 2010년 공인노무사

甲은 사과 하나를 더 얻기 위하여 3개의 오렌지를 포기할 의향이 있다. 乙은 하나의 오렌지를 더 얻기 위하여 사과 1개를 포기할 의향이 있다. 甲이 오렌지 2개를 乙에게 주고 乙에게서 1개의 사과를 받았다.

① 甲과 乙의 후생이 모두 감소　② 甲과 乙의 후생이 모두 증가
③ 甲의 후생 증가 ; 乙의 후생 변화없음　④ 甲의 후생 증가 ; 乙의 후생 감소
⑤ 甲의 후생 변화없음 ; 乙의 후생 증가

hint

갑을 A, 을을 B, 사과를 X, 오렌지를 Y라고 하자. 이 경우 오렌지를 단위로 나타낸 사과의 한계대체율 $MRS_{XY}^{A} = 3 > MRS_{XY}^{B} = 1$이 성립한다. 갑은 사과 1개에 대해 오렌지를 3개까지 줄 생각이 있는데 2개를 주었다. 반면 을은 사과 1개에 대해 오렌지를 1개만 받으면 되는데 2개를 받았다. 따라서 두 사람 후생이 모두 증가한다.

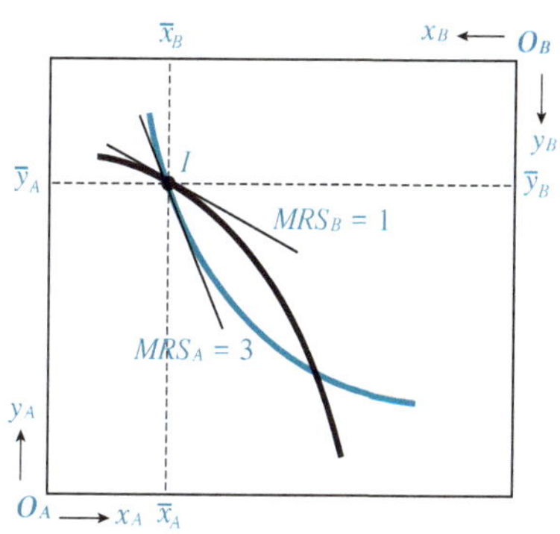

정답　1 ⑤　2 ②　3 ①　4 ②

05 **A와 B 두 사람과 커피**(C)**와 햄**(H) **두 재화가 존재하는 교환경제를 상정한다. 수평축을 햄, 수직축을 커피로 하는 에지워스 상자**(Edgeworth box)**에서 A의 원점을 좌측하단의 꼭지점, B의 원점을 우측상단의 꼭지점이라고 하자. A의 효용함수는 $U(H_A, C_A) = 4\sqrt{H_A C_A}$이고, B의 효용함수는 $U(H_B, C_B) = 2\sqrt{H_B C_B}$이다. 이때 계약곡선**(contract curve)**의 모양은?** (단, 초기 부존자원이 A는 $H = 8$, $C = 2$, B는 $H = 2$, C = 8이다.)

① 수직선

② 수평선

③ 대각선

④ 두 소비자의 원점을 잇는 강볼록한 곡선

⑤ 에지워스 상자의 아래쪽 및 오른쪽 경계

hint

파레토 효율조건 $MRS_A = \frac{C_A}{H_A} = MRS_B = \frac{C_B}{H_B} = \frac{10 - C_A}{10 - H_A}$를 정리하면 $C_A = H_A$가 된다. 이는 계약곡선이 두 원점을 잇는 대각선(직선)임을 의미한다.

06 **두 재화 맥주**(B)**와 커피**(C)**를 소비하는 두 명의 소비자 1과 2가 존재하는 순수교환경제를 가정한다. 소비자 1의 효용함수는 $U_1(B_1, C_1) = min\{B_1, C_1\}$, 소비자 2의 효용함수는 $U_2(B_2, C_2) = B_2 + C_2$이다. 소비자 1의 초기 부존자원은 (10, 20), 소비자 2의 초기 부존자원은 (20, 10)이고, 커피의 가격은 1이다. 일반균형**(general equilibrium)**에서 맥주의 가격은?** (단, 초기 부존자원에서 앞의 숫자는 맥주의 보유량, 뒤의 숫자는 커피의 보유량이다.)

2018년 감정평가사

① $\frac{1}{3}$ ② $\frac{1}{2}$

③ 1 ④ 2

⑤ 3

hint

원래 풀이가 복잡한 문제이므로 다음과 같이 단순화시켜 보자.

1. 소비자 1은 반드시 내부해를 가진다.
2. 소비자 2는 상대가격이 1인 경우에만 내부해를 가진다.
3. 따라서 균형 상대가격은 1이다. 따라서 커피의 가격이 1이면 맥주의 가격도 1이다.

균형상태를 그림으로 나타내면 그림의 f점과 같다.

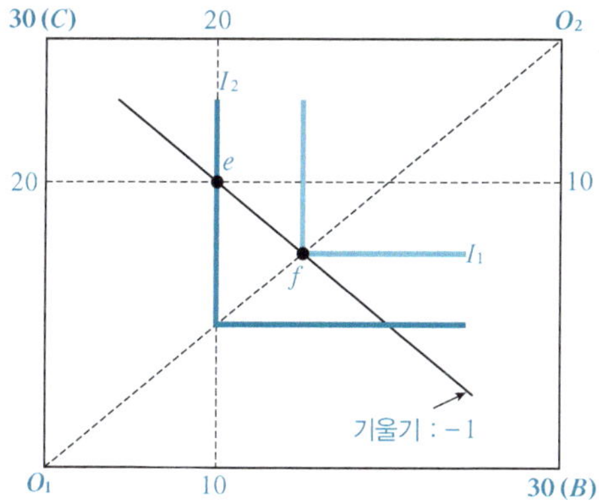

07 한계대체율(MRS_{AB}) < 한계변환율(MRT_{AB})일 때 사회후생을 높이려면?

① A를 더 생산하고 B를 더 생산해야 한다.

② 희소한 자원을 더 효율적으로 사용하기 위해 두 재화의 가격을 인상시켜야 한다.

③ A를 덜 생산하고 B를 더 생산해야 한다.

④ 두 재화의 생산을 줄여야 한다.

⑤ 희소한 자원을 더 효율적으로 사용하기 위해 두 재화의 가격을 인하시켜야 한다.

hint

한계대체율은 무차별곡선의 기울기, 한계변환율은 생산가능곡선의 기울기이므로 현재 상태는 그림 상의 F점으로 나타낼 수 있다. 이 점이 $MRS_{AB} = MRT_{AB}$를 만족하는 E점으로 이동하기 위해서는 A를 덜 생산하고 B를 더 생산해야 한다.

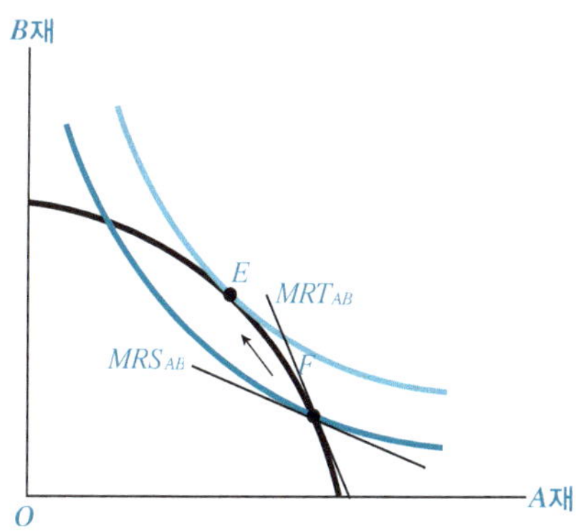

정답 5 ③ 6 ③ 7 ③

08 **생산요소가 K와 L, 생산물이 X와 Y, 생산자이면서 동시에 소비자인 A와 B로 구성된 경제에서, 모든 해가 내부해(interior solution)인 일반균형조건에 대한 다음 설명 중 옳지 않은 것은?**
(단, $MRTS$는 한계기술대체율, MRS는 한계대체율, MU는 한계효용, MC는 한계비용)

2010년 공인회계사

① 경제 전체의 효율성은 생산과 교환의 효율성을 만족시키며, $MC_X MU_X = MC_Y MU_Y$가 성립된다.

② 효용가능곡선 상의 모든 점에서 $\left(\frac{MU_X}{MU_Y}\right)^A = MRS^B_{XY}$를 만족한다.

③ 생산가능곡선 상의 각 점은 생산요소평면 상 계약곡선의 어느 한 점에 1 : 1로 대응된다.

④ 생산가능곡선 상의 모든 점에서 $MRTS^X_{KL} = MRTS^Y_{KL}$를 만족한다.

⑤ 독점이 발생하게 되면 파레토 효율성을 만족시키지 못하게 된다.

hint

생산경제의 일반균형의 조건은 $MRS^A_{XY} = MRS^B_{XY} = MRT_{XY} = \frac{MC_X}{MC_Y}$이다. 따라서 $MRS_{XY} = \frac{MU_X}{MU_Y} = \frac{MC_X}{MC_Y}$가 성립하므로 $MC_X MU_Y = MC_Y MU_X$가 성립한다.

09 **효용가능경계(utility possibilities frontier)에 대한 설명으로 옳은 것을 모두 고르면?**

2017년 서울시 7급

ㄱ. 효용가능경계 위의 점들에서는 사람들의 한계대체율이 동일하며, 이 한계대체율과 한계생산변환율이 일치한다.

ㄴ. 어느 경제에 주어진 경제적 자원이 모두 고용되면 이 경제는 효용가능경계 위에 있게 된다.

ㄷ. 생산가능곡선 상의 한 점에서 생산된 상품의 조합을 사람들 사이에 적절히 배분함으로써 얻을 수 있는 최대 효용수준의 조합을 효용가능경계라고 한다.

① ㄱ　　② ㄷ

③ ㄱ, ㄴ　　④ ㄱ, ㄷ

hint

ㄱ. (○), 효용가능경계 상에서는 생산효율성, 교환효율성, 종합적 효율성이 모두 만족된다.

ㄴ. (×), 이 조건은 생산효율성을 구성하는 한 조건일 뿐이다. 이 조건이 만족되더라도 생산가능곡선 상에 있다는 보장이 없기 때문에 효용가능경계 상에 있다는 보장도 없다.

ㄷ. (×), 생산가능곡선 상의 점이라면 생산효율성이 달성되고, 소비자들이 적절히 배분했다면 교환효율성이 달성되므로 효용가능곡선 상에 있지만 종합적 효율성이 달성되지 않는다면 효용가능경계 상에 이른다는 보장이 없다.

10 "가장 못사는 사람들의 삶을 개선시키지 못한다면 아무리 전반적인 소득분배 상황이 나아졌을지라도 정부의 복지정책은 개선되어야 한다. 정부는 사회 최빈민의 복지를 극대화해야 한다"는 요지의 원칙을 제시하며 소득분배의 균등 정책을 정당화하는 주장은?

① Rawls의 정의론 ② 공리주의 ③ 합리주의
④ 급진적 자유주의 ⑤ 민주적 사회주의

hint

설문의 내용은 롤즈의 최소극대화 원칙(maximin principle)을 의미한다.

11 돈 1만원을 갑, 을 두 명이 나눠가져야 한다. 갑의 몫을 x, 을의 몫을 y라 한다면 갑과 을의 효용함수는 각각 $u(x)=\sqrt{x}$, $v(y)=2\sqrt{y}$이다. 이때 공리주의적 가치판단에 의한 최적 배분으로 옳은 것은? 2011년 국회 8급

① $x=\frac{1}{5}$만원, $y=\frac{4}{5}$만원 ② $x=\frac{4}{5}$만원, $y=\frac{1}{5}$만원 ③ $x=0$원, $y=1$만원
④ $x=y=\frac{1}{2}$만원 ⑤ $x=1$만원, $y=0$원

hint

이 문제에서 사회후생($U_x+U_y=x^{0.5}+2y^{0.5}$)을 극대화하기 위해서는 두 조건 $MU_x=MU_y$, 그리고 $x+y=10{,}000$이 모두 충족되어야 한다. 한계효용균등조건으로부터 $0.5x^{-0.5}=y^{-0.5}\rightarrow y=4x$를 얻으므로 이것을 자원제약조건 $x+y=10{,}000$에 대입하면 $x=2{,}000$원, $y=8{,}000$원임을 알 수 있다.

12 다음 중 후생경제학에 있어서 차선의 정리(theory of the second best)란?

① 경쟁시장의 자원배분은 항상 효율적이다.
② 모든 효율적인 자원배분은 시장을 통해 도달 가능하다.
③ 민주적이며 합리적인 완벽한 투표제도는 존재하지 않는다.
④ 외부효과로 인한 문제는 자발적 협상을 통해 해결 가능하다.
⑤ 달성된 파레토 효율성의 조건만으로 후생을 평가할 수는 없기 때문에 정부의 개입은 신중하게 이루어져야 한다.

hint

① 후생경제학 제1정리, ② 후생경제학 제2정리, ③ 애로우의 불가능성 정리, ④ 코즈의 정리, ⑤ 차선의 정리

정답 8 ① 9 ① 10 ① 11 ① 12 ⑤

Part-2 실전 문제

01 두 재화 X, Y가 각각 3단위씩 존재하고 지영과 성표로 구성된 경제를 상정하자. 두 사람의 선호는 효용함수 $U(X, Y)=XY$로 동일하게 표현된다. 이러한 경제에서 파레토 효율적인 자원배분에 해당되지 않는 것은? 2008년 공인회계사

① 지영은 아무 재화도 배분받지 못하고, 성표가 두 재화를 각각 3단위씩 모두 배분받는 경우
② 지영은 X재 1단위, Y재 1단위를 배분받고, 성표는 나머지를 배분받는 경우
③ 지영은 X재 2단위, Y재 2단위를 배분받고, 성표는 나머지를 배분받는 경우
④ 지영은 X재 1단위, Y재 2단위를 배분받고, 성표는 나머지를 배분받는 경우
⑤ 지영이 두 재화를 각각 3단위씩 모두 배분받고, 성표는 아무 재화도 배분받지 못하는 경우

hint

교환의 효율성의 조건은 두 소비자의 한계대체율 MRS_{XY}가 일치하는 것이다. 파레토 효율성의 정의상 에지워스 박스의 모서리 점도 효율적인 점에 포함된다는 사실을 유의하면 답을 쉽게 찾을 수 있다.

02 왈라스의 법칙에 대한 다음의 서술 중 옳은 것은?

① 모든 시장에 균형을 가져오는 가격체계 하에서만 각 재화에 대한 초과수요의 시장가치의 총합계는 0이 된다.
② 이 법칙은 독과점 하에서는 성립하지 않는다.
③ n개 시장 중 $n-1$개 시장이 균형상태에 있으면 나머지 한 시장은 자동적으로 균형상태에 있다.
④ 이 법칙은 불확실성이나 여러 기간을 고려하는 경우에도 성립하지 않는다.
⑤ 개별 소비자의 예산제약과 무관하게 성립한다.

hint

① (×), 왈라스의 법칙은 어떤 가격체계 하에서도 성립하는 항등식이다.
② (×), 이 법칙은 독과점 여부와 무관하게 성립한다.
③ (○)
④ (×), 이 법칙은 불확실성이나 여러 기간을 고려하는 경우에도 성립한다.
⑤ (×), 왈라스의 법칙은 개인의 예산제약 조건을 연립하여 증명할 수 있다.

03 아래 그림은 A, B 두 사람이 X, Y 두 재화를 거래하는 순수교환경제를 나타내는 에지워스 상자이다. 이때 초기 부존자원이 I점, 가격이 p로 나타나 있다고 하자. 다음 보기 중 옳은 것을 모두 고른 것은?

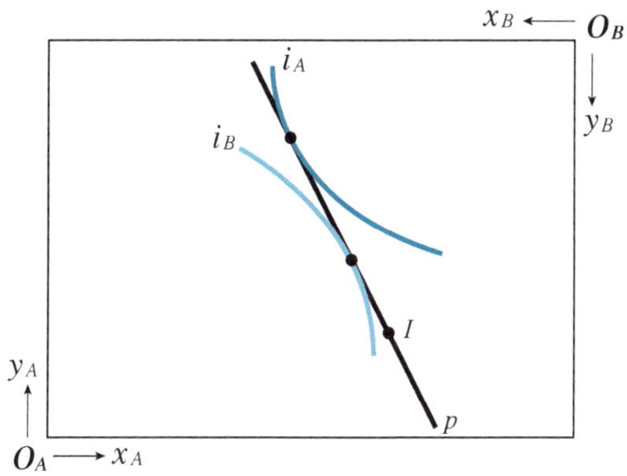

> 가. A는 X의 순판매자이자 Y의 순구매자로 행동하려고 한다.
> 나. B는 X의 순판매자이자 Y의 순구매자로 행동하려고 한다.
> 다. 왈라스 조정이 이루어진다면 X재 단위로 나타낸 Y재의 상대가격은 상승할 것이다.
> 라. 현재 가격 하에서 왈라스 법칙이 성립하지 않는다.
> 마. 현재 가격 하에서 왈라스 균형이 성립하지 않는다.

① 가, 나, 라　　② 가, 다, 마
③ 나, 다, 라　　④ 가, 나, 라, 마
⑤ 다, 라, 마

hint

가. A는 X의 순판매자이자 Y의 순구매자로 행동하려고 한다.
나. B는 Y의 순판매자이자 X의 순구매자로 행동하려고 한다.
다, 마. 현재 가격 하에서 X재의 초과공급과 Y재의 초과수요가 발생한다. 따라서 Y재의 상대가격이 상승할 것이다.
라. 왈라스 법칙은 항등식이므로 어떤 가격 하에서도 성립한다.

정답　1 ④　2 ③　3 ②

04 X, Y, W 세 가지 재화가 있는 경제에서 각 재화에 대한 시장초과수요는 각각 $Z^X(p)$, $Z^Y(p)$, $Z^W(p)$로 나타낸다고 하자. 여기서 $p=(P_X, P_Y, P_W)$이다. $P_X=10$, $P_Y=15$, $P_W=20$일 때 $Z^X(p)=-50$, $Z^Y(p)=60$이라면 $Z^W(p)$는 얼마인가?

① +20　② +10　③ 0
④ −10　⑤ −20

hint

왈라스의 법칙 : $P_X Z^X(p)+P_Y Z^Y(p)+P_W Z^W(p)\equiv 10\times(-50)+15\times 60+20\times Z^W(P)\equiv 0$
위 식을 정리하면 $Z^W(p)=-20$이 구해진다.

05 완전경쟁시장의 일반균형에 대한 다음 설명 중 가장 옳지 않은 것은? 2009년 공인회계사

① 각 생산자의 이윤이 극대화되고 양의 값을 가진다.
② 예산집합에서 각 소비자의 효용이 극대화된다.
③ 일반균형배분은 파레토 효율적이지만 공평성을 보장하지는 않는다.
④ 한 소비자의 후생을 높이려면 반드시 다른 소비자의 후생이 낮아져야 한다.
⑤ 선호체계와 생산기술에 대한 몇 가지 가정이 성립할 때, 초기 부존자원을 적절히 재분배하여 임의의 파레토 효율적 배분을 일반균형이 되게 할 수 있다.

hint

① 완전경쟁시장에서 단기적으로 각 생산자의 이윤이 양의 값을 가진다는 보장이 없으며, 장기적으로는 0의 이윤을 얻게 된다. ③, ④ 후생경제학 제1정리에 따르면 일반경쟁균형의 자원배분은 파레토 효율적이므로 한 소비자의 후생을 높이려면 반드시 다른 소비자의 후생이 낮아져야 한다. 단, 이때의 자원배분이 공평성을 보장하지는 않는다. ⑤ 선호체계와 생산집합이 볼록성을 만족하면 후생경제학 제2정리가 성립한다. 즉, 초기 부존자원을 적절히 재분배하여 임의의 파레토 효율적 배분을 일반균형이 되게 할 수 있다.

파레토 기준의 한계

1. 파레토 최적을 충족하는 자원배분은 무수히 많다.
2. 파레토 최적인 자원배분들은 서로 비교 불가능하다.
3. 파레토 최적은 자원배분의 공평성에 관해서는 아무 기준도 제공하지 못한다.

06 **파레토 효율성에 대한 설명으로 틀린 것은?** 2001년 공인회계사

① 모든 파레토 효율적인 배분상태는 모든 파레토 비효율적인 배분상태에 대해 모든 사람에게 선호된다.

② 파레토 개선 시 어느 누구도 손해 보지 않는다.

③ 경쟁시장에서 달성된 균형가격은 파레토 효율성을 만족한다.

④ 파레토 효율성과 관련된 후생경제학의 제1정리와 제2정리에 있어서 소비자의 선호체계에 대한 기본 가정은 동일하지 않다.

⑤ 파레토 효율성이 달성된 자원배분이 반드시 사회적으로 가장 바람직한 상태는 아니다.

hint

파레토 효율적인 자원배분과 비효율적인 자원배분을 비교하는 경우에도 일부 사람의 효용은 증가하지만 다른 사람의 효용은 감소할 수 있다. 이것이 파레토 효율성 기준의 한계이다. 아래 에지워스 상자 그림에서 점 A는 파레토 효율적인 자원배분에 해당하며, 점 B는 비효율적인 자원배분에 해당한다. 만약 B에서 A로 이동한다면 소비자 2의 효용은 증가하지만 소비자 1의 효용은 감소한다.

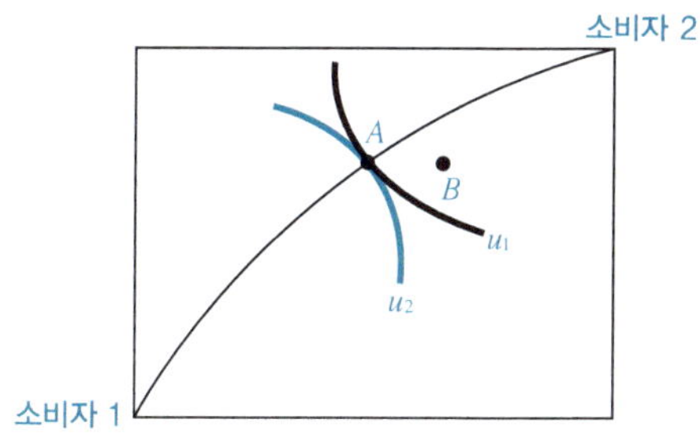

정답 4 ⑤ 5 ① 6 ①

07 두 소비자 1, 2가 재화묶음 (x, y)를 소비하는 순수교환경제 모형을 고려하여 보자. 소비자 1의 효용함수는 $U_1(x_1, y_1) = x_1 y_1$이고, 소비자 2의 효용함수는 $U_2(x_2, y_2) = 0.5x_2 y_2$이다. 초기에 소비자 1은 (2.0, 6.0), 소비자 2는 (2.0, 2.0)의 재화묶음을 가지고 있다. 주어진 시장가격으로 교환이 이루어질 때 각 소비자의 최종 소비점 (x_1^*, y_1^*)와 (x_2^*, y_2^*)는? 2017년 공인회계사

	(x_1^*, y_1^*)	(x_2^*, y_2^*)
①	(1.5, 7.0)	(2.5, 1.0)
②	(2.0, 6.0)	(2.0, 2.0)
③	(2.5, 5.0)	(1.5, 3.0)
④	(3.0, 4.0)	(1.0, 4.0)
⑤	(3.5, 3.0)	(0.5, 5.0)

hint

이 문제에 대한 정식의 풀이는 다음과 같다.

1. 소비자 1의 효용극대화 문제

$$\max U_1(x_1, y_1) = x_1 y_1 \quad \text{s.t. } P_x x_1 + P_y y_1 = 2P_x + 6P_y \Rightarrow x_1^* = \frac{2P_x + 6P_y}{2P_x},\ y_1^* = \frac{2P_x + 6P_y}{2P_y}$$

2. 소비자 2의 효용극대화 문제

$$\max U_2(x_2, y_2) = 0.5x_2 y_2 \quad \text{s.t. } P_x x_1 + P_y y_1 = 2P_x + 2P_y \Rightarrow x_2^* = \frac{2P_x + 2P_y}{2P_x},\ y_2^* = \frac{2P_x + 2P_y}{2P_y}$$

3. 왈라스 법칙과 균형조건

왈라스 법칙에 의하면 2개의 시장 중 1개의 시장이 균형이면 나머지 시장은 자동으로 균형이 된다. 따라서 x시장의 균형조건을 나타내면 다음과 같다.

$$x_1^* + x_2^* = \frac{2P_x + 6P_y}{2P_x} + \frac{2P_x + 2P_y}{2P_x} = \frac{4P_x + 8P_y}{2P_x} = 2 + 2 = 4 \Rightarrow \frac{P_x}{P_y} = 2$$

이를 1.과 2.에서 구해진 수요함수에 대입하면 $(x_1^*, y_1^*) = (2.5, 5.0)$, $(x_2^*, y_2^*) = (1.5, 3.0)$이 된다.

08 두 소비자 1, 2가 두 재화 X, Y를 소비하는 순수교환경제에서 각 소비자의 효용함수가 다음과 같다.

- 소비자 1 : $u_1(x_1, y_1) = \min\{x_1, y_1\}$
- 소비자 2 : $u_2(x_2, y_2) = \min\{2x_2, 3y_2\}$

이 경제의 부존량이 X재 3단위, Y재 2단위라면, 다음 중 파레토 효율적인 배분점으로 옳지 않은 것은? 2020년 공인회계사

	소비자 1	소비자 2
①	(0, 0)	(3, 2)
②	(1, 1)	(2, 1)
③	(1.5, 1)	(1.5, 1)
④	(2, 1)	(1, 1)
⑤	(3, 2)	(0, 0)

hint

주어진 문제에서 에지워스 상자는 각 소비자의 최적 소비선 $y_1 = x_1$과 $y_2 = \frac{2}{3}x_2$에 의해 3개의 영역으로 분할된다. 각 영역이 효율성을 달성하는지 알기 위해서는 각 영역 내의 임의의 점을 잡아 이를 지나는 무차별곡선을 그려보면 된다. 아래 그림에서 a점과 c점을 포함하는 영역은 비효율적 영역이 되며 b점을 포함한 색칠된 영역(경계 포함)은 효율적인 영역이 된다.

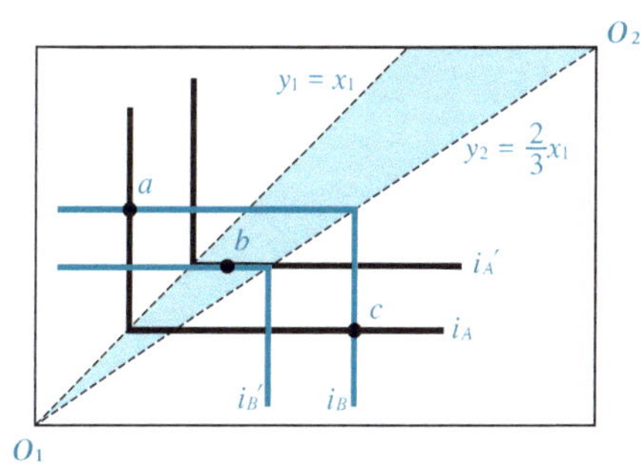

정답 7 ③ 8 ④

09 X재와 Y재가 10단위씩 존재하며 두 소비자 1, 2가 두 재화 X, Y를 소비하는 2×2 순수교환경제가 있다. 소비자 1의 효용함수는 $u(x_1, y_1) = x_1 + 2y_1$이고, 소비자 2의 효용함수는 $v(x_2, y_2) = 2x_2 + y_2$이다. 여기서 x_i, y_i는 각각 소비자 i의 X재와 Y재 소비량을 나타낸다. 다음 중 이 경제의 계약곡선(contract curve), 즉 파레토 효율적인 배분을 이은 선을 에지워스 상자에 나타낸 것으로 옳은 것은? (단, 에지워스 상자의 가로 길이와 세로 길이는 각각 10이며, O_1, O_2는 각각 소비자 1, 2의 원점을 나타낸다.)

2019년 공인회계사

①
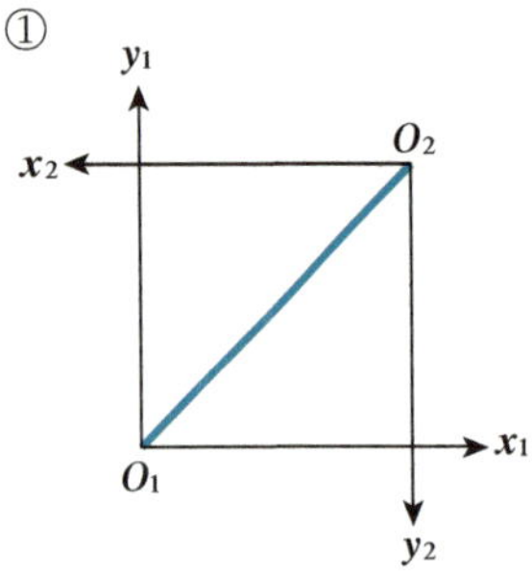

②
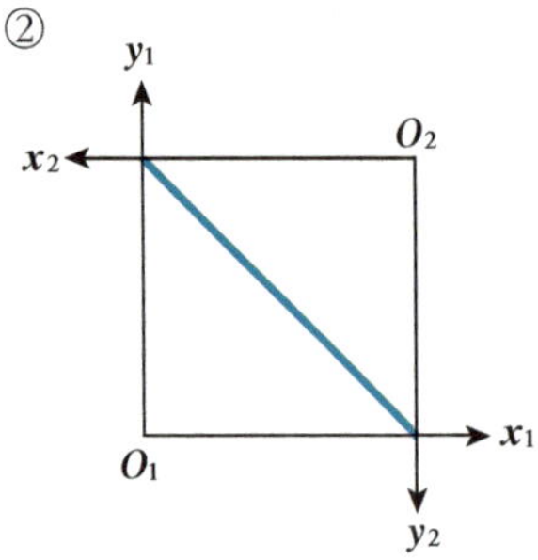

③
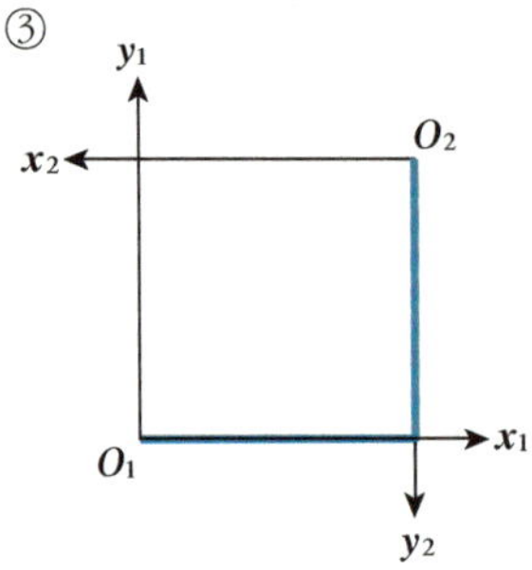

④
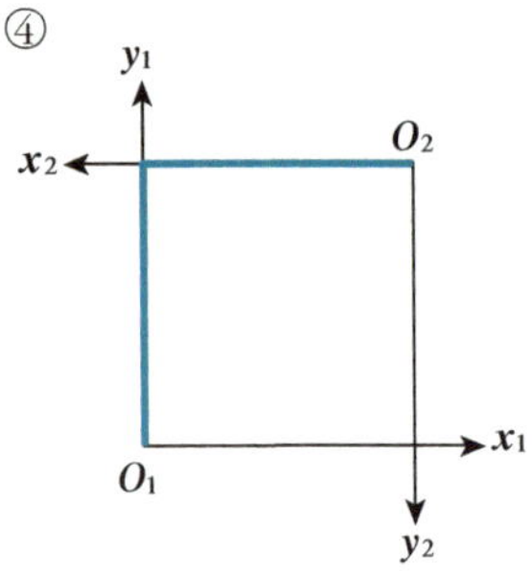

⑤
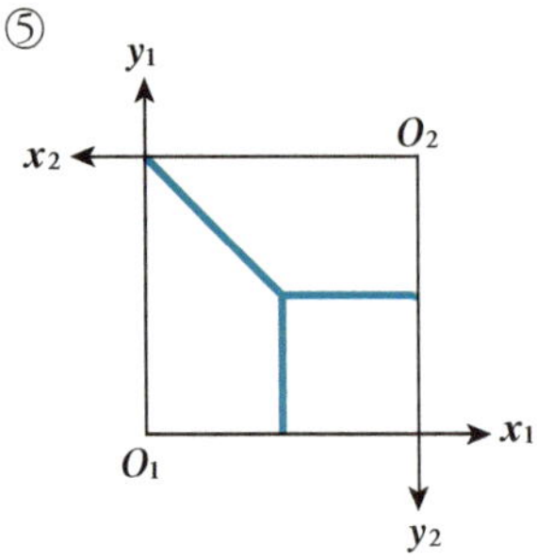

hint

$MRS^1_{XY} = \frac{1}{2}$, $MRS^2_{XY} = 2$이므로 에지워스 상자 내의 어느 점을 잡더라도 오른쪽 그림과 같은 상황이 된다. 이 경우 좌상방의 색칠된 영역이 파레토 개선이 되는 영역이므로 좌상방의 영역이 존재하는 어떤 점도 파레토 효율적이지 않다. 따라서 에지워스 상자의 좌측 경계선과 상방 경계선이 파레토 효율적인 자원배분이 된다.

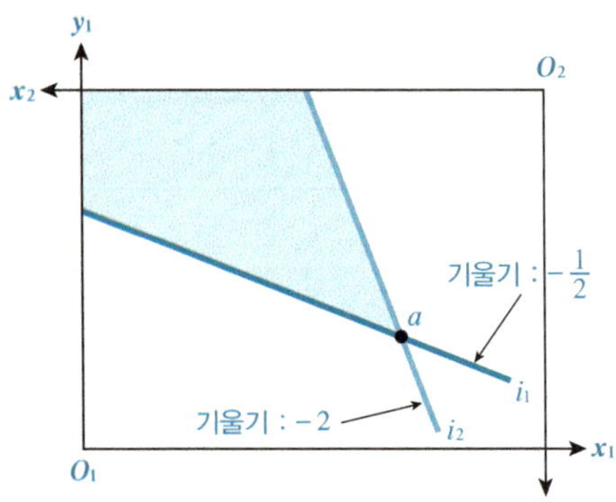

10 **두 소비자 1, 2가 두 재화 x, y를 소비하는 순수교환경제를 고려하자. 두 소비자의 효용함수가 $u(x, y) = x + \sqrt{y}$로 같을 때, 다음 설명 중 옳은 것은?** (단, 각 소비자는 두 재화 모두 양(+)의 유한한 초기 부존자원을 갖는다.)

2018년 공인회계사

가. 에지워드 상자의 대각선이 계약곡선(contract curve)이 된다. 나. 각 소비자의 한계대체율은 x재 소비량과 무관하게 결정된다. 다. 주어진 초기 부존점에서 복수의 경쟁균형(competitive equilibrium)을 갖는다. 라. 만약 두 소비자의 y재 초기 부존량이 같다면 초기 부존점이 곧 경쟁균형 소비점이 된다.

① 가, 나　　② 가, 다　　③ 나, 다

④ 나, 라　　⑤ 다, 라

hint

두 소비자는 동일한 준선형 효용함수(quasi-linear utility function)를 갖고 있다. 이 경우 한계대체율(MRS)은 다음과 같이 x재 소비와는 독립적으로 결정된다.

$$MRS_{XY} = \frac{1}{\frac{1}{2}\frac{1}{\sqrt{y}}} = 2\sqrt{y}$$

이러한 경우 일정한 수준의 y에서 두 사람의 무차별곡선이 접한 경우 그 점을 포함한 수평선 상의 모든 점에서 무차별곡선들이 접한다. 즉, 계약곡선은 수평의 구간을 포함한다.

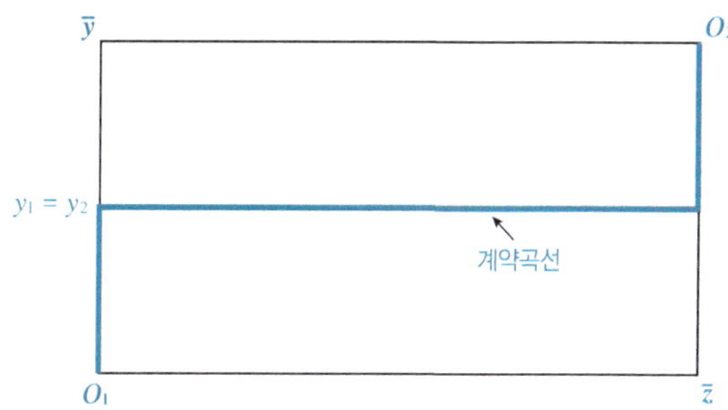

가. (×)
나. (○)
다. (×)
라. (○)

정답　9 ④　10 ④

11 두 소비자 1과 2가 두 재화 X와 Y를 소비하는 순수교환경제를 고려하자. 소비자 1은 초기에 X재 1단위, Y재 2단위의 부존자원을 가지고 있으며 효용함수는 다음과 같다.

$$u_1(x_1, y_1) = 2x_1 + 3y_1$$

소비자 2는 초기에 X재 2단위, Y재 1단위의 부존자원을 가지고 있으며 효용함수는 다음과 같다.

$$u_2(x_2, y_2) = \sqrt{x_2} + \sqrt{y_2}$$

이 경제의 경쟁균형(competitive equilibrium) 소비점에서 소비자 2의 Y재로 표시한 X재의 한계대체율은? 2021년 공인회계사

① $\frac{2}{3}$ ② 1 ③ $\frac{3}{2}$

④ $\sqrt{\frac{2}{3}}$ ⑤ $\sqrt{\frac{3}{2}}$

hint

이 문제를 정식으로 풀이하는 것은 너무 많은 시간이 들기 때문에 아래와 같이 접근해 보도록 하자. 아래 접근으로 풀리는 것이 보통이고 아니면 그냥 찍는 게 낫다.

$MRS^1_{xy} = \frac{2}{3}$이고, $MRS^2_{xy} = \frac{\sqrt{y_2}}{\sqrt{x_2}}$이다. 소비자 1은 상대가격이 $\frac{2}{3}$일 때만 예외적으로 내부해를 가지며, 소비자 2는 모서리해를 가지지 않는다. 그렇다면 두 소비자의 한계대체율이 동일해져야 하므로 균형가격은 $\frac{2}{3}$가 될 수밖에 없다.

12 두 재화 X와 Y만을 소비하는 두 명의 소비자 갑과 을이 존재하는 순수교환경제에서 갑의 효용함수는 $U_{갑}(X_{갑}, Y_{갑}) = \min\{X_{갑}, Y_{갑}\}$, 을의 효용함수는 $U_{을}(X_{을}, Y_{을}) = X_{을} \times Y_{을}$이다. 갑과 을의 초기 부존자원$(X, Y)$이 각각 (30, 60), (60, 30)이고 X재의 가격이 1이다. 일반균형(general equilibrium)에서 Y재의 가격은? 2022년 감정평가사

① $\frac{1}{3}$ ② $\frac{1}{2}$ ③ 1
④ 2 ⑤ 3

hint

* 풀이 1 : 직관적 풀이

1. 갑의 효용함수에 의하면 계약곡선은 대각선
2. 을의 효용함수에 의하면 계약곡선 상 $MRS_{XY} = 1$
3. $\frac{P_X}{P_Y} = 1$이므로 $P_Y = 1$

[그림에서 편의상 갑을 A, 을을 B로 나타냄]

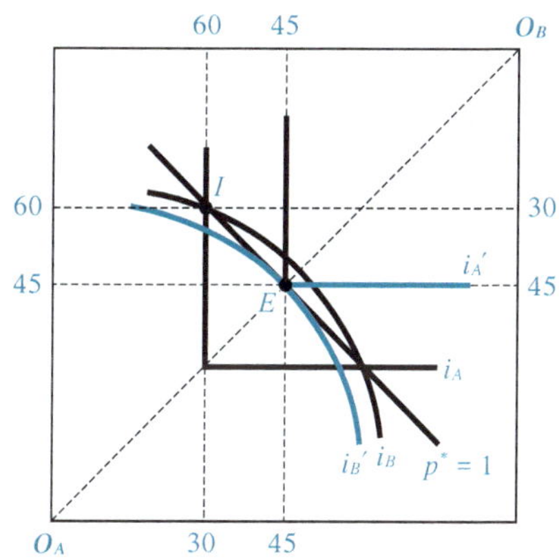

* 풀이 2 : 정식 풀이

$X_{갑} = Y_{갑} = \frac{30 + 60P_Y}{1 + P_Y}$, $X_{을} = 30 + 15P_Y$, $Y_{을} = \frac{30}{P_Y} + 15$

$P_Y = 1$이면 $X_{갑} = Y_{갑} = X_{을} = Y_{을} = 45$이 되고, 여기서 초과수요나 초과공급이 없는 일반균형이 형성된다.

정답 11 ① 12 ③

13 **두 재화(X재와 Y재)와 두 사람(A와 B)만 존재하는 경제에서 A의 효용함수는 $U_A = 2X + Y$이며, B의 효용함수는 $U_B = XY^2$이다. A는 X재 8단위와 Y재 4단위를 가지고 있으며, B는 X재 10단위와 Y재 20단위를 가지고 있다. 두 사람이 자발적 교환에 참여한다고 할 때 다음 설명 중 옳은 것은?** (단, 교환에 수반되는 거래비용은 없다.) 2021년 국회 8급

① 교환이 이루어지기 전에 A와 B의 두 재화에 대한 한계대체율은 동일하다.

② 교환에서 B에게 모든 협상력이 있다면 B는 A에게 X재 2단위를 주고 Y재 4단위를 받는다.

③ 교환 후 A와 B의 한계대체율은 모두 변한다.

④ 교환 후 A의 Y재에 대한 한계효용은 증가한다.

⑤ 교환 후 B의 X재에 대한 한계효용은 감소한다.

hint

까다로운 문제이므로 틀린 보기를 제거하는 방법으로 접근해 보자.

① (×), 교환 이전 $MRS_{XY}^{A} = 2 > MRS_{XY}^{B} = \frac{Y_B}{2X_B} = 1$이다. 즉, B에 비해 A가 X재를 더 선호하므로 B는 X재를 주고 Y재를 받는 거래를 할 것이다.

③ (×), A의 한계대체율은 일정하다.

④ (×), A의 두 재화 한계효용은 모두 일정하다.

⑤ (×), B가 $MU_X^B = Y^2$이므로 X재를 주고 Y재를 받는 거래를 하고 나서 X재에 대한 한계효용은 증가한다.

남은 보기가 ②밖에 없으므로 답이 된다. ②에서 B는 A의 무차별곡선 i_A 상에서 자신의 효용을 극대화하는 점을 선택할 것이다. 이를 위해 X재 2단위를 주고 Y재 4단위를 받으면 에지워스 상자의 경계인 B점에 위치하여 더 이상 효용을 증가시킬 수 없는 상황이 된다. 이 상황은 일종의 모서리해에 해당한다.

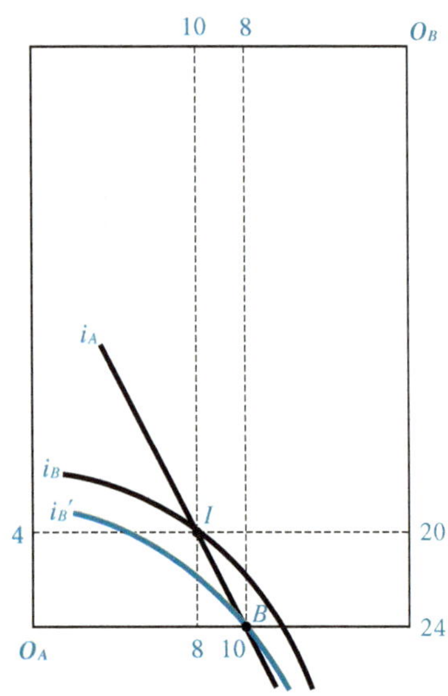

14 **X재는 가로축, Y재는 세로축으로 표시되는 에지워스 상자**(Edgeworth box) **모형에서 두 소비자 A, B의 효용함수가 각각 $U^A = X^A$, $U^B = X^B Y^B$로 주어져 있다.** (여기에서 X^A는 A의 X재 소비량, X^B와 Y^B는 각각 B의 X재 및 Y재 소비량이다.) **A와 B는 초기에 각각 10단위씩의 X재와 Y재를 가지고 있다. 다음 설명 중 옳은 것은?** 2012년 공인회계사

① A와 B가 초기 부존자원을 소비하는 경우 파레토 효율적이다.

② A의 무차별곡선은 수평선이다.

③ A가 교환의 협상력(bargaining power)을 갖는 경우 A는 최대 20의 효용을 얻을 수 있다.

④ B가 교환의 협상력을 갖는 경우 B는 최대 200의 효용을 얻을 수 있다.

⑤ 파레토 효율적인 계약곡선은 에지워스 상자의 대각선으로 나타난다.

hint

주어진 조건 하에서 에지워스 상자 그림은 다음과 같다.

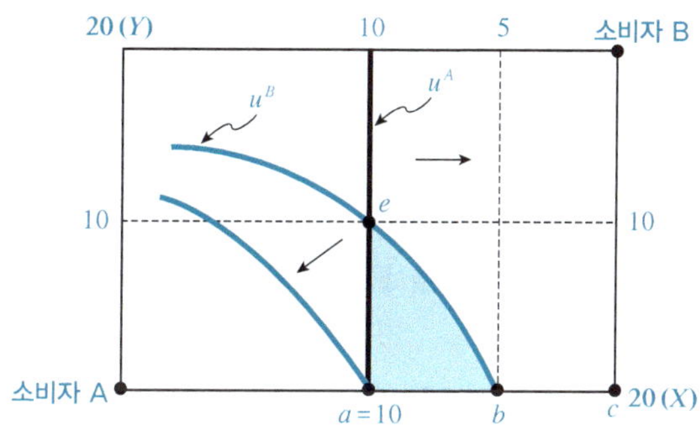

① (×), 초기 부존점인 e점에서 우하방 색칠된 영역으로 이동하면 파레토 개선이 이루어진다.

② (×), A의 무차별곡선은 수직선이다.

③ (×), A가 최대한의 협상력을 가진다면 b점으로 이동하려 할 것인데, 이 경우 A의 효용은 15가 된다.

④ (○), B가 최대한의 협상력을 가진다면 a점으로 이동하려 할 것인데, 이 경우 B의 효용은 200이 된다.

⑤ (×), 계약곡선은 파레토 개선이 불가능한 점들을 모은 것으로 AcB를 연결하는 선이 된다.

정답 13 ② 14 ④

15 쌀(x)과 옷(y) 두 가지 상품을 생산해 소비하는 경제에 살고 있는 두 사람 A, B의 효용함수가 각각 $U_A = 3xy$, $U_B = 7xy$로 주어져 있다고 한다. 현재 A와 B는 각각 쌀 3단위, 옷 4단위를 생산, 소비하고 있다. 또한 이 경제는 생산가능곡선 상에 있으며, X 생산의 기회비용은 Y재 3/4단위이다. 다음 보기 중 옳은 것은?

① 생산의 효율성, 교환의 효율성, 종합적 효율성이 모두 만족된다.

② 교환의 효율성, 종합적 효율성은 만족되지만 생산의 효율성은 만족되지 않는다.

③ 생산의 효율성, 교환의 효율성은 만족되지만 종합적 효율성은 만족되지 않는다.

④ 생산의 효율성은 만족되지만 교환의 효율성, 종합적 효율성은 만족되지 않는다.

⑤ 교환의 효율성은 달성되지만 생산의 효율성, 종합적 효율성은 만족되지 않는다.

hint

1. 생산의 효율성 : 생산가능곡선 상의 점이므로 달성
2. 교환의 효율성 : $MRS^A_{XY} = MRS^B_{XY}$ 이므로 달성
3. 종합적 효율성 : $MRS^A_{XY} = MRS^B_{XY} \neq MRT_{XY}$ 이므로 달성되지 않음

16 〈그림 1〉은 X재와 Y재 생산과 관련한 에지워스 상자이고, 〈그림 2〉는 생산가능곡선과 생산가능집합을 나타낸 것이다. 다음 설명 중 옳지 않은 것을 모두 고른 것은? (단, X재와 Y재는 모두 노동(L)과 자본(K)을 생산요소로 사용한다.) 2008년 공인회계사

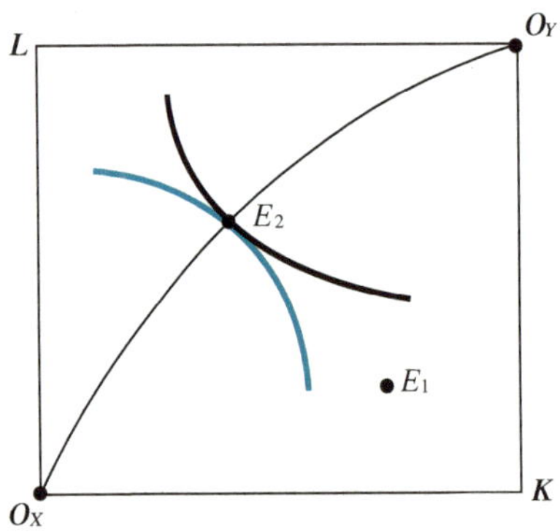

〈그림 1〉

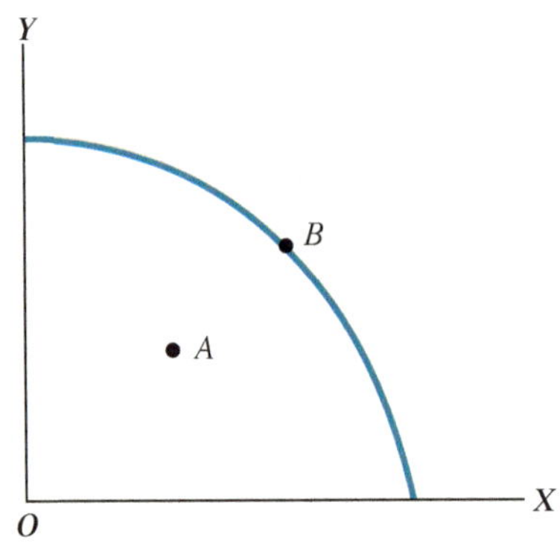

〈그림 2〉

가. 점 E_2에서 X재와 Y재의 등량곡선의 기울기는 X재와 Y재의 가격비율과 같다.

나. 점 E_1은 점 A와 같이 생산가능곡선 아래의 점에 대응된다.

다. 점 B에서는 두 재화의 기술적 한계대체율($MRTS$)이 동일하다.

라. 〈그림 1〉에서 E_2와 같이 두 등량곡선이 접하는 점들을 이어놓은 선을 계약곡선

(contract curve)이라 한다.

마. 〈그림 1〉의 두 원점 O_X와 O_Y는 생산가능곡선 상에 있지 않다.

① 가, 나 ② 가, 마 ③ 나, 다
④ 다, 라 ⑤ 라, 마

hint

가. 점 E_2에서 X재와 Y재의 등량곡선의 기울기는 자본(K)과 노동(L)의 가격비율과 같다. 라. E_2와 같이 두 등량곡선이 접하는 점들을 이어놓은 선을 계약곡선(contract curve)이라 하며, 다. 계약곡선 상의 점들을 재화평면에 옮기면 B점을 포함하는 생산가능곡선이 된다. 나. 반면 E_1과 같이 계약곡선 외의 점은 점 A와 같이 생산가능곡선 아래의 점에 대응된다. 마. 〈그림 1〉의 두 원점 O_X와 O_Y 역시 계약곡선 상의 점이므로 생산가능곡선 상의 점이며, 각각 Y축과 X축의 절편에 해당한다.

17 아래 왼쪽 그림은 X재와 Y재의 생산에 대한 에지워스 상자를 나타내고 있다. 그리고 오른쪽 그림은 에지워스 상자 내의 $A \sim E$점을 재화평면 상의 $F \sim J$점으로 1:1 대응시킨 것이다. 다음 중 바르게 옮긴 것은? 2012년 공인회계사

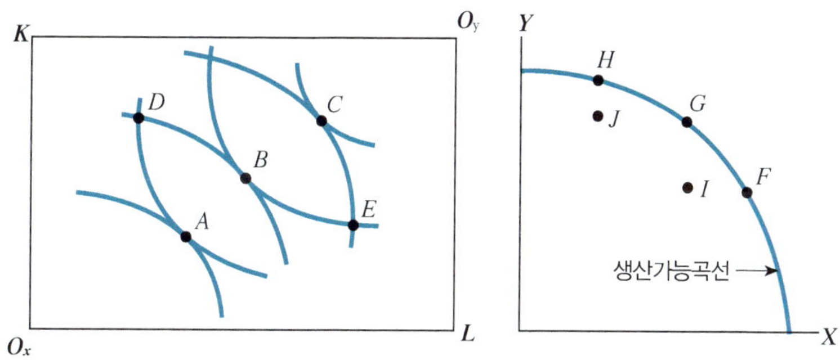

① $A \to F$ ② $B \to G$ ③ $C \to H$
④ $D \to I$ ⑤ $E \to J$

hint

A, B, C는 생산의 파레토 최적에 해당되며, A에서 C로 이동하면 X재의 생산이 증가하고 Y재의 생산이 감소하는 것을 의미하므로 각각 생산가능곡선 상의 점 H, G, F에 대응한다. D와 E는 비효율적인 생산을 나타내는데, D는 A와 X재의 생산은 같지만 Y재의 생산은 B와 같은 점을 나타낸다. 마찬가지로 E는 B와 X재의 생산은 같지만 Y재의 생산은 C와 같은 점을 나타낸다.

정답 15 ③ 16 ② 17 ②

18 후생경제학에 대한 설명으로 옳은 것을 〈보기〉에서 모두 고르면? 2013년 국회 8급

> ㄱ. 생산가능곡선(production possibilities curve) 상에 있는 어느 한 점에서도 모든 재화와 서비스의 한계기술대체율이 동일하다.
> ㄴ. 모든 사람들의 한계대체율이 동일할 때 생산의 파레토 효율이 달성된다.
> ㄷ. 주어진 상품 조합을 두 사람 사이에서 배분할 때, 두 사람이 얻을 수 있는 최대 효용수준의 조합을 효용가능곡선(utility possibilities curve)이라고 한다.
> ㄹ. 주어진 경제적 자원이 모두 고용되더라도 효용가능곡선(utility possibilities curve) 상에 있지 않을 수도 있다.
> ㅁ. 효용가능곡선(utility possibilities curve) 상에 있는 점에서는 항상 사회후생이 극대화된다.

① ㄱ, ㄴ, ㄷ ② ㄱ, ㄷ, ㄹ ③ ㄱ, ㄷ, ㅁ
④ ㄴ, ㄹ, ㅁ ⑤ ㄷ, ㄹ, ㅁ

hint

ㄱ, ㄴ. 생산의 파레토 효율이 달성되기 위해서는 한계기술대체율이 일치해야 한다.
ㄹ. 비록 자원의 완전고용이 이루어지더라도 생산의 효율조건이 달성되지 않거나 교환의 효율조건이 달성되지 않는다면 효용가능곡선 상의 점이 되지 못한다.
ㅁ. 사회후생이 극대화되는 지점은 효용가능경계 상의 점 중 사회무차별곡선과 접하는 점이다.

19 노동(L)과 자본(K)을 이용하여 두 재화 X재와 Y재만을 생산하는 경제를 고려하자. 각 재화의 생산함수는

$$Q_x = L_x + K_x,\ Q_y = L_y^{\frac{1}{2}} K_y^{\frac{1}{2}}$$

이고, 노동과 자본은 10단위씩 주어져 있다. 생산이 효율적으로 이루어질 때, X재 생산을 한 단위 늘리기 위해 포기해야 하는 Y재 생산량, 즉 한계변환율(marginal rate of transformation)은? 2019년 공인회계사

① $\frac{1}{4}$ ② $\frac{1}{2}$ ③ 1
④ 2 ⑤ 4

hint

생산가능곡선 상의 점들은 생산의 효율조건을 달성해야 한다.

$$MRTS_{LK}^{X} = 1 = MRTS_{LK}^{Y} = \frac{K_y}{L_y} \Rightarrow \text{계약곡선}: K_y = L_y \text{ 또는 } K_x = L_x$$

계약곡선을 각 생산함수에 대입하면 $Q_x = 2L_x$, $Q_y = L_y$이다. 이를 실현가능 배분에 대입하면 생산가능곡선이 구해진다.

실현가능 배분 조건 : $L_x + L_y = 10$, $K_x + K_y = 10$
생산가능곡선 : $\frac{Q_x}{2} + Q_y = 10 \Rightarrow MRT_{XY} = \frac{1}{2}$

20 로빈슨 크루소는 자급자족할 목적으로 두 재화 X와 Y를 생산한다. 각 재화의 생산함수는 $X = \frac{1}{2}\sqrt{L_X}$, $Y = \sqrt{L_Y}$이며, 로빈슨 크루소의 효용함수는 $U(X, Y) = \min\left\{\frac{1}{2}X, Y\right\}$이다. 로빈슨 크루소가 최대로 이용할 수 있는 시간이 612시간일 때 로빈슨 크루소의 극대화된 효용은? (단, L_X와 L_Y는 각각 X재와 Y재를 생산하는 데 투입된 노동시간이다.) 2023년 공인회계사

① 2 ② 4 ③ 6
④ 8 ⑤ 12

hint

생산함수 : $X = \frac{1}{2}\sqrt{L_X} \Rightarrow L_X = 4X^2$, $Y = \sqrt{L_Y} \Rightarrow L_Y = Y^2$

이를 요소부존제약식 $L_X + L_Y = 612$에 대입하면 생산가능곡선(PPC)은 $4X^2 + Y^2 = 612$가 된다. 따라서 로빈슨 크루소의 효용극대화 문제는 다음과 같다.

$$\max U(X, Y) = \min\left\{\frac{1}{2}X, Y\right\} \text{ s.t. } 4X^2 + Y^2 = 612$$

로빈슨 크루소의 최적 소비조건 $Y = \frac{1}{2}X$를 생산가능곡선에 대입해 정리하면 $X^* = 12$, $Y^* = 6$, $U^* = 6$이 된다.

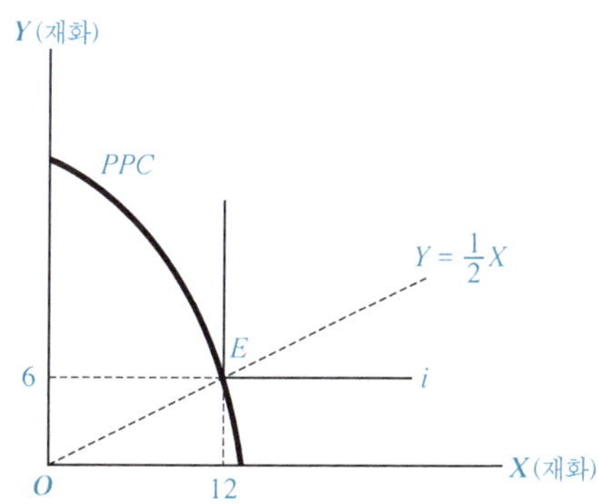

정답 18 ② 19 ② 20 ③

21 한 기업이 X재 1단위를 생산하기 위해 노동 1단위, 자본 2단위, 중간재 3단위가 필요하다. 그리고 Y재 1단위를 생산하기 위해 노동 3단위, 자본 2단위, 중간재 1단위가 필요하다. X재가 Y재보다 시장에서 두 배의 가격으로 거래되고 있으며, 이 기업이 노동, 자본, 중간재를 각각 90단위씩 가지고 있을 때 수입을 극대화하는 각 재화의 생산량(X^*, Y^*)은? 2018년 공인회계사

① (22.5, 22.5) ② (30, 30) ③ (30, 0)

④ (0, 30) ⑤(60, 0)

hint

생산가능곡선이란 한 경제의 자원과 기술을 사용하여 최대한 생산할 수 있는 재화의 조합을 나타낸다. 주어진 문제의 경우 다음 3가지 자원의 제약조건을 동시에 달성하는 영역이 생산가능집합이 되며, 그 경계선이 생산가능곡선이 된다.

노동제약식 : $1X + 3Y \leq 90$ ⇒ 〈그림 1〉의 ab : 기울기 −1/3

자본제약식 : $2X + 2Y \leq 90$ ⇒ 〈그림 1〉의 cd : 기울기 −1

중간재제약식 : $3X + 1Y \leq 90$ ⇒ 〈그림 1〉의 ef : 기울기 −3

따라서 생산가능곡선은 〈그림 1〉의 agf가 된다.

① 모든 요소 완전고용,
$TR = 22.5P_X + 22.5P_Y = 67.5P_Y$ ⇒ g점

② 모든 제약식 위반 ⇒ h점

③ $TR = 30P_X = 60P_Y$ ⇒ f점

④ $TR = 30P_Y$ ⇒ a점

⑤ 노동제약식 및 중간재제약식 위반 ⇒ i점

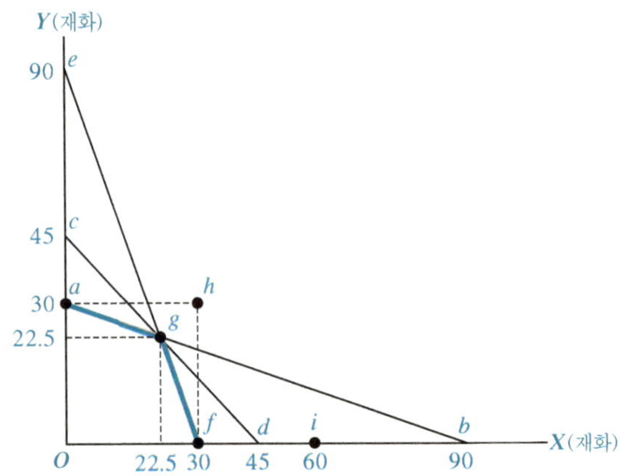

〈그림 1〉

22 노동과 자본을 투입하여 X재를 생산하고 노동과 토지를 투입하여 Y재를 생산하는 경제를 고려해 보자. 재화시장과 생산요소시장은 모두 완전경쟁적이다. 노동은 양 산업 간 이동이 자유로운 생산요소이며, X재 산업에 고용된 노동량을 L_x, Y재 산업에 고용된 노동량을 L_y로 나타낸다. 반면에 자본과 토지는 각각 X재와 Y재 생산에만 투입된다.
X재 산업에서 노동의 한계생산량은 $\frac{1}{2L_x}$이고, Y재 산업에서 노동의 한계생산량은 $\frac{2}{L_y}$이며, 이 국가에 존재하는 총노동량은 30이다. 두 재화의 상대가격이 1일 때 다음 설명 중 옳지 않은 것은? 2012년 공인회계사

① 균형에서 $L_x = 6$, $L_y = 24$이다.
② X재로 표시한 노동의 실질임금이 $\frac{1}{4}$일 때 X재 산업에서의 노동의 수요량은 2이다.
③ 두 재화의 가격이 모두 5%씩 감소하는 경우 노동자의 실질임금은 상승한다.
④ 다른 조건이 일정할 때 X재의 가격이 상승하는 경우 Y재 산업에 고용된 노동량은 감소한다.
⑤ 다른 조건이 일정할 때 X재의 가격이 5% 상승하면 명목임금은 5% 미만으로 상승한다.

hint

① 균형상태에서는 두 부문에서 지급되는 임금이 일치하여야 한다. 각 부문에서 지급하는 임금은 한계생산물가치(VMP)와 일치할 것이므로 균형은 아래 그림의 E점에 해당한다.

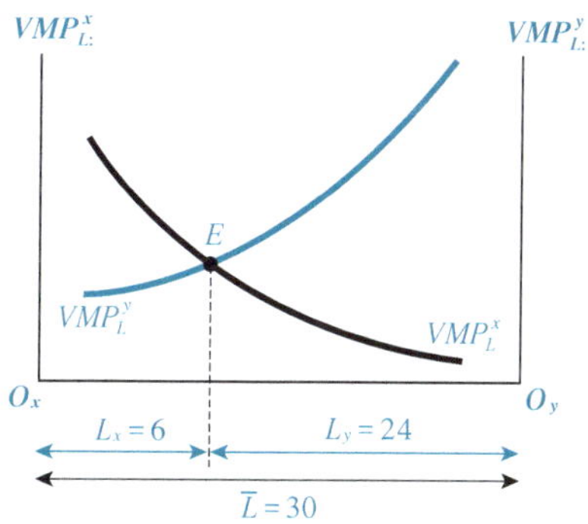

이때 균형은 다음 2개의 식을 연립하여 구할 수 있다.

$$VMP_L^x = P_x \times \frac{1}{2L_x} = VMP_L^y = P_y \times \frac{2}{L_y} (\text{단 } P_x = P_y)$$
$$L_x + L_y = 30$$

연립하면 균형에서 $L_x = 6$, $L_y = 24$이다.

② 균형조건 $w = P_x \times MP_L^x$ 또는 $\frac{w}{P_x} = \frac{1}{4} = MP_L^x = \frac{1}{2L_x}$을 사용하여 구할 수 있다.
③ 두 재화의 가격이 모두 5%씩 감소하면 VMP곡선들이 같은 비율로 하방이동하므로 명목임금도 5% 하락한다. 따라서 노동자의 실질임금은 변하지 않는다.
④ 다른 조건이 일정할 때 X재의 가격이 상승하는 경우 X재의 VMP곡선만 상방이동한다. 즉, X부문에서 더 많은 임금을 지급함에 따라 노동자들은 X부문으로 이동한다.
⑤ X재의 가격만 5% 상승할 경우 X부문에 고용된 노동이 증가함에 따라 한계생산이 체감한다. 따라서 명목임금은 5% 미만으로 상승한다.

정답 21 ① 22 ③

23 **어느 국가의 제조업 부문과 서비스업 부문 노동의 한계생산물이 다음과 같다.**

> ▪ 제조업 부문 노동의 한계생산물 : $\frac{2}{\sqrt{L_M}}$
>
> ▪ 서비스업 부문 노동의 한계생산물 : $\frac{1}{\sqrt{L_S}}$

이 국가에서는 제조업과 서비스업 부문 간의 노동이동이 자유로워 제조업과 서비스업 부문의 명목임금이 W로 같다. 신고전학파의 분배이론을 적용할 경우 다음 설명 중 옳은 것만을 모두 고르면? (단, L_M과 L_S는 각각 제조업과 서비스업 부문의 노동 투입, P_M과 P_S는 각각 제조업과 서비스업 부문의 생산물 가격을 나타낸다.) 2021년 공인회계사

> 가. L_M과 L_S가 같다면 $\frac{W}{P_S}$는 $\frac{W}{P_M}$의 2배이다.
>
> 나. W가 10이고 P_M이 20이면 L_M은 16이다.
>
> 다. P_M과 P_S가 같고 L_M과 L_S의 합계가 50이라면 L_S는 10이다.

① 가 ② 나 ③ 다
④ 가, 나 ⑤ 나, 다

hint

가. (×), 각 부문별 이윤극대화 조건은 다음과 같다.

$\frac{W}{P_M} = \frac{2}{\sqrt{L_M}}$, $\frac{W}{P_S} = \frac{1}{\sqrt{L_S}}$

위 식에서 L_M과 L_S가 같다면 $\frac{W}{P_S}$는 $\frac{W}{P_M}$의 $\frac{1}{2}$배이다.

나. (○), $\frac{1}{2} = \frac{2}{\sqrt{L_M}} \Rightarrow L_M = 16$

다. (○), $\frac{2}{\sqrt{L_M}} = \frac{1}{\sqrt{L_S}}$이고 $L_M + L_S = 50$이면 $L_S = 10$, $L_M = 40$이 된다.

24 자국과 외국은 두 국가 모두 한 가지 재화만을 생산하며, 노동 투입량과 노동의 한계생산량의 관계는 다음 표와 같다. 자국과 외국의 현재 노동부존량은 각각 11과 3이고 모두 생산에 투입된다. 국가 간 노동이동이 자유로워지면 세계 총생산량의 변화는? 2014년 국가직 7급

노동 투입량(명)	1	2	3	4	5	6	7	8	9	10	11
노동의 한계생산량(개)	20	19	18	17	16	15	14	13	12	11	10

① 4개 증가 ② 8개 증가
③ 12개 증가 ④ 16개 증가

hint

노동 투입이 0일 때의 생산이 0이라 가정할 경우 한계생산을 모두 합하면 총생산이 된다.

1. 노동이동 전
   - 자국의 총생산량 = 20 + 19 + 18 + 17 + 16 + 15 + 14 + 13 + 12 + 11 + 10 = 165
   - 외국의 총생산량 = 20 + 19 + 18 = 57
   - 세계 총생산량 = 165 + 57 = 222
2. 노동이동 후

   노동이동이 가능하다면 양국의 한계생산이 일치할 때까지 노동이 이동할 것이다. 즉, $MP_L^{자국} = MP_L^{외국}$, $L_{자국} + L_{외국} = 14$를 만족하는 지점은 양국 모두 7명씩 노동이 투입되는 것이다.
   - 자국의 총생산량 = 20 + 19 + 18 + 17 + 16 + 15 + 14 = 119
   - 외국의 총생산량 = 20 + 19 + 18 + 17 + 16 + 15 + 14 = 119
   - 세계 총생산량 = 119 + 119 = 238

즉, 세계 총생산량은 16만큼 증가한다.

정답 23 ⑤ 24 ④

25 다음과 같이 노동과 토지를 투입하여 하나의 재화만 생산하는 자국과 외국으로 이루어진 경제를 상정해 보자. 국가 간 노동이동의 효과에 대한 다음 설명 중 옳지 않은 것은?

2017년 공인회계사

- 두 생산요소 중 노동만 국가 간 이동이 가능하다.
- 수평축은 자국과 외국의 노동량을 합한 세계 총노동량을 나타낸다.
- 자국의 노동량은 왼쪽 축(원점은 O로 표시함)에서부터, 외국의 노동량은 오른쪽 축(원점은 O^*로 표시함)에서부터 측정된다.
- 왼쪽 수직축은 자국의 한계생산물, 오른쪽 수직축은 외국의 한계생산물을 나타낸다.
- 노동의 국가 간 이동이 발생하기 이전의 자국의 노동량은 OL_1, 외국의 노동량은 O^*L_1이다.

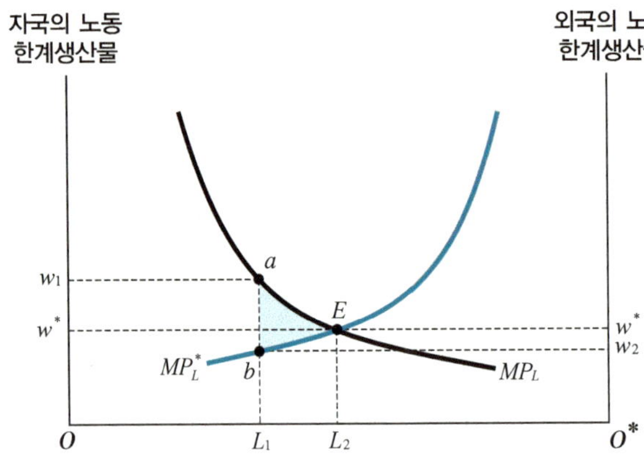

① 자국의 임금은 하락한다. ② 외국의 임금은 상승한다.
③ 재화의 세계 총생산량은 증가한다. ④ 노동은 외국에서 자국으로 이동한다.
⑤ 자국 토지 소유자의 실질소득은 감소한다.

hint

두 국가가 동일한 재화를 생산하므로 동일한 가격이 적용된다고 가정할 때 균형은 두 국가의 MP곡선이 만나는 E점에서 이루어진다.

① (○), 자국의 임금은 w_1에서 w^*로 하락한다.
② (○), 외국의 임금은 w_2에서 w^*로 상승한다.
③ (○), 본국의 총생산은 aEL_2L_1만큼 증가하며, 외국의 총생산량은 bEL_2L_1만큼 감소한다.
④ (○), 외국의 노동자들이 더 높은 임금을 받기 위해 자국으로 이동할 것이다.
⑤ (×), 노동이 유입되면 토지의 한계생산이 높아지므로 토지소유자의 실질소득이 증가한다.

26 **동일한 효용함수와 소득을 갖고 있는 A와 B 두 사람으로 구성되고, $w = u_A + u_B$인 공리주의적 후생함수를 갖는 사회가 있다. 이들의 효용함수는 소득에 대해 증가함수이고, 한계효용체감의 특성을 만족한다. 새로운 소득 100을 두 사람에게 나누어 주려고 할 때, 다음 중 옳은 것은?** (단, w=사회후생, u_A=A의 효용, u_B=B의 효용)

① 한 사람당 50씩 나누어 줄 때 후생이 극대화된다.

② 한 사람에게 100을 모두 줄 때 후생이 극대화된다.

③ 어떻게 나누어 주어도 후생은 동일하다.

④ 한 사람에게 100을 모두 주면 후생은 증가하지 않는다.

⑤ 한 사람당 50씩 나누어 주면 후생은 증가하지 않는다.

hint

'최대 다수의 최대 행복' 이란 표현으로 널리 알려진 공리주의적 후생함수는 구성원들의 효용의 합으로 사회후생을 평가한다. y_A를 A의 소득, y_B를 B의 소득이라 할 때 두 사람의 효용함수가 동일하고 한계효용이 체감($y\uparrow \rightarrow u\downarrow$)하기 때문에

$y_A > y_B \Rightarrow MU_A < MU_B \Rightarrow$ A의 소득을 B에게 재분배 시 효용의 합 증가

$y_A < y_B \Rightarrow MU_A > MU_B \Rightarrow$ B의 소득을 A에게 재분배 시 효용의 합 증가

따라서 효용의 합이 극대화되는 유일한 상태는 $y_A = y_B$, 즉 두 구성원에게 소득이 동일하게 50씩 분배되는 상태이다.

정답 25 ⑤ 26 ①

27 다음 중 각각의 사회 상태 중에 벤담의 공리주의와 롤즈의 최소극대화 원칙이 가장 선호할 대안이 무엇인지 바르게 연결한 것은?

	대안 A	대안 B	대안 C	대안 D
구성원 1의 효용	10	15	18	5
구성원 2의 효용	20	15	20	10
구성원 3의 효용	30	15	22	15
구성원 4의 효용	40	15	24	20

	벤담의 공리주의	롤즈의 최소극대화
①	대안 A	대안 B
②	대안 A	대안 C
③	대안 B	대안 C
④	대안 C	대안 D
⑤	대안 D	대안 B

hint

위 표에서 효용의 합과 최소효용을 구하면 다음과 같다. 벤담의 공리주의는 효용의 합을 극대화하는 대안 A를 선택할 것이며, 롤즈의 최소극대화에 따르면 최소효용을 극대화하는 대안 C를 선택할 것이다.

	대안 A	대안 B	대안 C	대안 D
구성원 1의 효용	10	15	18	5
구성원 2의 효용	20	15	20	10
구성원 3의 효용	30	15	22	15
구성원 4의 효용	40	15	24	20
효용의 합	100	60	84	50
최소효용	10	15	18	5

28 A와 B 두 사람으로 구성되어 있는 사회에 x재가 100단위 있다. 개인 A의 효용함수는 $u_A(x_A) = \sqrt{x_A}$이고, 개인 B의 효용함수는 $u_B(x_B) = 2\sqrt{x_B}$이라고 하자. 사회 전체의 초기 부존량 100단위 가운데 A가 25단위를 소유하고 있고, B가 9단위를 소유하고 있다. 다음 보기에서 맞는 것을 골라라.

① 효용가능곡선은 직선이 된다.
② 효용가능곡선은 원점에 대해 볼록하다.
③ 롤즈주의적 사회후생함수를 가정할 때 두 사람의 효용이 일치해야 한다.
④ 롤즈주의적 사회후생함수를 가정할 때 두 사람의 소비가 일치해야 한다.
⑤ 단순 공리주의를 가정할 때 두 사람의 효용이 일치해야 한다.

hint

1. 효용함수에서 $x_A = u_A^2$, $x_B = \frac{1}{4}u_B^2$이며, $x_A + x_B = 100$이므로 정리하면 다음과 같다.

   효용가능곡선 : $u_A^2 + \frac{1}{4}u_B^2 = 100$ ⇒ 원점에 대해 오목한 형태(UPC)

2. 롤즈주의의 경우 두 사람의 효용이 일치해야 한다.

   $u_A = u_B$에서 $u_A = u_B = 4\sqrt{5}$, $x_A = 80$, $x_B = 20$ (R점)

3. 단순 공리주의의 경우 효용의 합이 극대화되기 위해 두 사람의 한계효용이 일치해야 한다.

   $MU_A = MU_B$에서 $\frac{1}{2}\frac{1}{\sqrt{x_A}} = \frac{1}{\sqrt{x_B}}$ ⇒ $x_B = 4x_A$ ⇒ $x_A = 20$, $x_B = 80$, $u_A = 2\sqrt{5}$, $u_B = 8\sqrt{5}$ (U점)

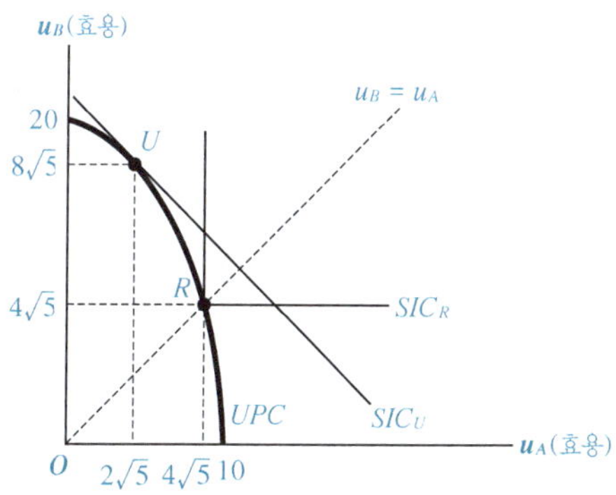

정답 27 ② 28 ③

29 **어느 사회에 두 명의 구성원**(1과 2)**만 있으며, 이 사회에 존재하는 두 재화**(X재 100단위와 Y재 80단위)**를 이들에게 분배하려고 한다. 구성원 1의 효용함수는 $U_1 = 2x_1 + y_1$이고, 구성원 2의 효용함수는 $U_2 = \min\{x_2, 2y_2\}$이다. 사회후생함수**(SW)**가 $SW = \min\{U_1, U_2\}$일 때 다음 중 사회적으로 가장 바람직한 분배 상태는?** (단, x_i와 y_i는 각각 구성원 i의 X재와 Y재 소비량을 나타내며, $x_1 + x_2 = 100$, $y_1 + y_2 = 80$이다.)

2022년 공인회계사

① $x_1 = 15,\ y_1 = 40$
② $x_1 = 20,\ y_1 = 40$
③ $x_1 = 30,\ y_1 = 50$
④ $x_1 = 50,\ y_1 = 40$
⑤ $x_1 = 60,\ y_1 = 30$

hint

이 문제를 그림을 그려가며 정식으로 풀이하는 것은 매우 어렵고 시간이 드는 일이므로 다음과 같은 요령으로 풀도록 하자. 우선 구성원 1이 소비한 나머지가 구성원 2의 소비라고 할 때 각각의 보기 옆에 구성원 2의 소비를 쓰면 다음과 같다.

① $x_1 = 15,\ y_1 = 40 \Rightarrow x_2 = 85,\ y_2 = 40$
② $x_1 = 20,\ y_1 = 40 \Rightarrow x_2 = 80,\ y_2 = 40$
③ $x_1 = 30,\ y_1 = 50 \Rightarrow x_2 = 70,\ y_2 = 30$
④ $x_1 = 50,\ y_1 = 40 \Rightarrow x_2 = 50,\ y_2 = 40$
⑤ $x_1 = 60,\ y_1 = 30 \Rightarrow x_2 = 40,\ y_2 = 50$

다음으로 구성원 2는 레온티에프 효용함수를 가지고 있다. 따라서 $x_2 = 2y_2$를 만족해야 하는데, 이를 만족하는 것은 ②밖에 없다.

*** 참고사항**

물론 이 문제를 그림을 그려가며 이른바 정식의 풀이방식으로 푸는 것도 교육적으로는 의미가 있을 것이다. 그러나 시험에는 오히려 해로운 방식이니 피하기 바란다.

30 **소득재분배의 정치철학에 관한 내용 중 옳지 않은 것은?** 2014년 보험계리사 응용

① 소득분배에 관한 공리주의자(utilitarianism)들의 논리는 한계효용체감 현상의 가정에 기초한다.

② 롤즈(Rawls)의 정의 원칙에 의하면, 정부는 '무지의 베일 뒤에 있는 공정한 제3자가 만든 것과 같은' 공정한 정책을 선택해야 한다.

③ 노직(Nozick)이 주창한 자유주의에 의하면, 특정한 목표의 소득재분배를 위하여 정부가 사회구성원들의 소득을 이전시키거나 변화시켜서는 안 된다.

④ 공리주의자들에 의하면 극단적인 소득불평등이 정당화될 수도 있다.

⑤ 롤즈의 정의 원칙에 의하면 모두에게 도움이 되더라도 소득 및 효용의 격차는 바람직하지 않다.

hint

롤즈의 제1원칙 : 자유의 원칙 ⇒ 남에게 피해를 주지 않는 한 최대한의 자유 인정
롤즈의 제2원칙 : 차등의 원칙 ⇒ 모두에게 이익이 되는 경우에만 차등을 인정

31 **다음 인용문은 애로우가 제시한 바람직한 투표제도의 조건 중 무엇을 위반하는가?**

> A, B, C 세 명의 후보가 입후보한 경우 A가 당선되지만, B가 사퇴할 경우 A의 지지자들이 C를 지지하여 C가 당선된다.

① 무관한 선택대상으로부터의 독립성　② 파레토 원칙
③ 집단적 합리성　④ 선호의 비제한성
⑤ 비독재성

hint

후보 A, C 간의 순위가 제3의 대안인 B에 의해 뒤바뀌고 있으므로 이는 무관한 선택대안으로부터의 독립성, 또는 제3의 선택가능성으로부터의 독립성을 위반한다.

정답　29 ②　30 ⑤　31 ①

32 3명의 친구 갑, 을, 병은 유럽으로 여름휴가를 가려고 한다. 이들의 선호가 아래 표와 같을 때 이에 대한 설명으로 옳지 않은 것은? 2022년 보험계리사

	갑	을	병
제1선택	영국	프랑스	독일
제2선택	프랑스	독일	영국
제3선택	독일	영국	프랑스

① 영국과 프랑스에 대해 투표하고, 여기서 선택된 대안을 독일과 투표하면 독일이 다수결로 결정된다.

② 독일과 프랑스에 대해 투표하고, 여기서 선택된 대안을 영국과 투표하면 영국이 다수결로 결정된다.

③ 독일과 영국에 대해 투표하고, 여기서 선택된 대안을 프랑스와 투표하면 프랑스가 다수결로 결정된다.

④ 콩도르세의 역설(Condorcet Paradox)이 나타나지 않는다.

hint

① (○), 영국과 프랑스를 먼저 투표하면 갑과 병이 영국을 지지하여 영국이 결정된다.
영국과 독일을 다음으로 투표하면 을과 병이 독일을 지지하여 독일이 결정된다.

② (○), 독일과 프랑스를 먼저 투표하면 갑과 을이 프랑스를 지지하여 프랑스가 결정된다.
프랑스 vs 영국 ⇒ 영국

③ (○), 영국 vs 독일 ⇒ 독일, 독일 vs 프랑스 ⇒ 프랑스

④ (×), 콩도르세의 역설이란 개인들의 선호가 이행성을 충족하더라도 다수결투표에서 사회적인 선호체계가 이행성을 충족하지 않는 현상으로, 투표 진행순서에 따라 최종적인 선택결과가 달라지는 현상이 발생한다. 주어진 상황에서는 영국, 프랑스, 독일 중 무엇을 먼저 두고 투표하는지에 따라 투표 결과가 달라진다.

33 점수투표제란 투표자가 각 대안에 대해 자신의 선호 정도를 점수로 표시하여 투표하고 가장 많은 점수를 획득한 대안이 최종적으로 선택되는 방식을 의미한다. 〈보기〉의 표는 각 투표자가 10점을 후보 A, B, C에 대한 선호에 따라 나누어 배분하는 방식으로 표시하였다. 〈보기〉와 같은 상황에서 당선되는 후보는? 2016년 국회 8급

- 투표자 1 ~ 투표자 5는 진실하게 자신의 선호를 표시하여 투표에 임한다.
- 투표자 6은 다른 투표자들의 점수 배점에 대한 정보를 보유하고 있다.
- 투표자 6은 자신에게 유리한 결과를 이끌고자 전략적 행동을 취하여 투표에 임한다.

	투표자 1	투표자 2	투표자 3	투표자 4	투표자 5	투표자 6
후보 A	3	3	3	1	7	2
후보 B	6	4	5	7	0	1
후보 C	1	3	2	2	3	7

① 후보 A
② 후보 B
③ 후보 C
④ 후보 A와 후보 C 모두 가능
⑤ 세 후보 모두 가능

hint

진실한 투표가 이루어질 경우 후보 B가 당선된다. 이는 투표자 6이 싫어하는 결과이다.
투표자 6이 10점을 후보 C에게 주어도 C는 당선되지 못한다. 따라서 차선으로 투표자 A에게 10점을 몰아주면 후보 A가 당선된다.

정답 32 ④ 33 ①

제19장 시장실패

Testbank for Economics [microeconomics]

핵 심 출 제 논 점

1. 시장실패와 정부실패의 원인
2. 외부효과와 유인왜곡
3. 외부효과에 대한 정책개입
4. 코즈 정리
5. 공공재와 무임승차
6. 공유자원과 공유의 비극

I 시장실패의 의미 및 유형

1. 시장실패의 원인

(1) 좁은 의미의 시장실패

- 좁은 의미에서 시장실패는 주로 자원배분상의 문제를 말한다.

① 불완전경쟁(독과점)의 왜곡 문제

② 공공재와 무임승차의 문제

③ 공유자원과 공유의 비극

④ 외부성으로 인한 유인구조의 왜곡

⑤ 불확실성의 문제*

⑥ 불완전한 정보(정보의 비대칭성 문제) : 역선택, 도덕적 해이

⑦ 완비되지 못한 시장의 문제

* 단 완벽한 보험(조건부 상품시장) 존재 시 불확실성 하에서도 효율적 자원배분 가능

(2) 넓은 의미의 시장실패

- 보다 넓은 의미에서 시장실패는
① 소득재분배의 문제와 ② 거시경제적인 불안정성 문제를 포함하는 개념으로 사용된다.

2. 정부실패의 원인

① 조세의 초과부담
② 정보의 불완전성과 소통의 문제
③ 정치가 · 관료의 유인구조 왜곡
④ 민간부문 반응예측 오류
⑤ 정책시차의 가변성
⑥ 정치적 과정에서의 타협

3. 시장실패와 정부실패의 관계

- 시장기구의 불완전성에 비해 정치기구의 불완전성은 더 크다. 시장이 실패하더라도 정부개입이 정당화되기 위해서는 정부실패가 존재하지 않는다는 조건이 추가로 필요하다.
- 정부실패가 발생할 수 있는 이론적 배경으로는 ① 공공선택이론, ② 차선의 이론, ③ 불가능성 정리 등이 있다.
- 시장실패는 정부개입의 필요조건(○), 충분조건(×)

Ⅱ 외부효과와 유인구조의 왜곡

1. 외부효과에 의한 자원배분의 왜곡

	소비	생산
부정적 외부효과	흡연	오염
긍정적 외부효과	교육, 예방접종	신기술 개발

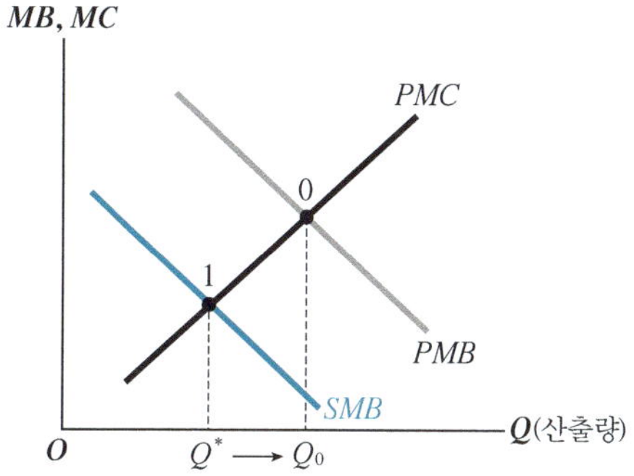

(a) 소비의 부정적 외부효과

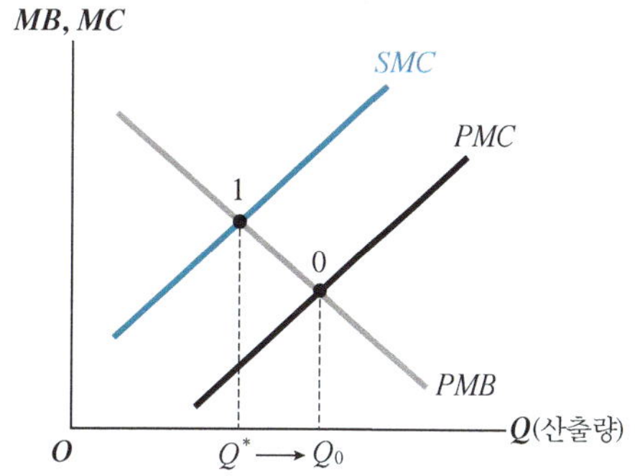

(b) 생산의 부정적 외부효과

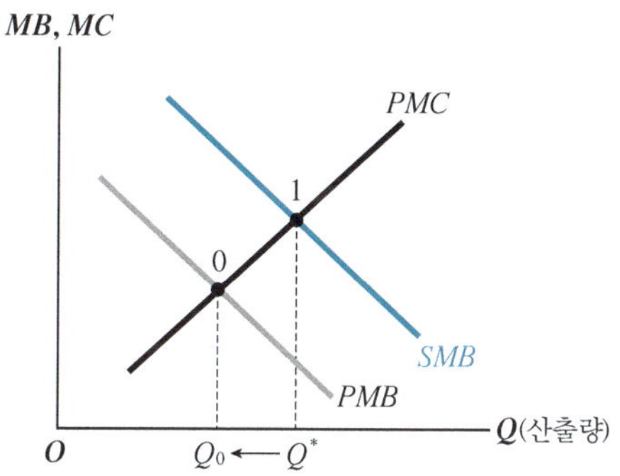

(c) 소비의 긍정적 외부효과

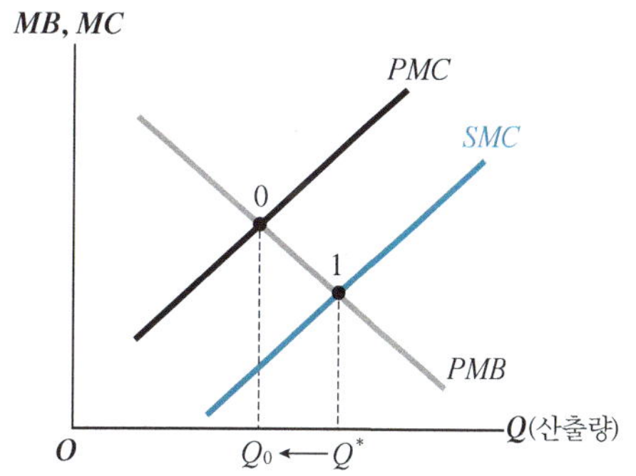

(d) 생산의 긍정적 외부효과

* 외부성과 효율성 조건의 파괴 : $SMB \lessgtr PMB = P = PMC \lessgtr SMC$

Tips

1. 사회적 최적 조건 : $SMB = SMC$, 시장균형조건 : $PMB = PMC$
2. 부정적 외부성 ⇒ 과다 ⇒ 조세, 긍정적 외부성 ⇒ 과소 ⇒ 보조금
3. 외부성 후생 상실(= 환경정책 후생 개선) = SMB와 SMC 사이 간격
4. 비록 외부효과가 존재하더라도 완전경쟁이라면 효율적 자원배분이 이루어진다. (×)
5. 비록 외부효과가 존재하더라도 독점이라면 효율적 자원배분이 이루어질 수도 있다. (○)

2. 사회적인 최적 오염수준의 결정

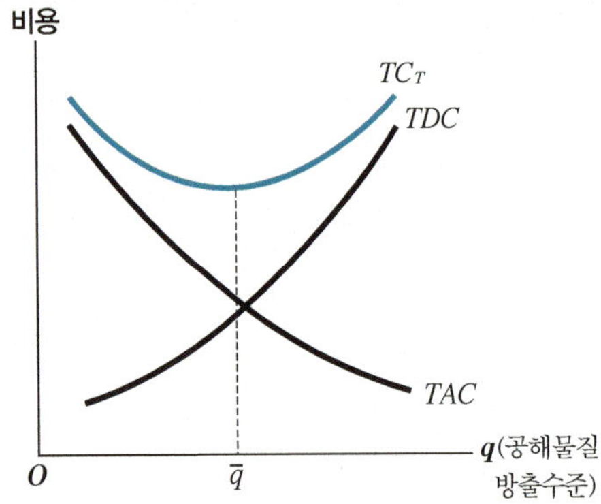

(a) 총비용곡선에 의한 도출

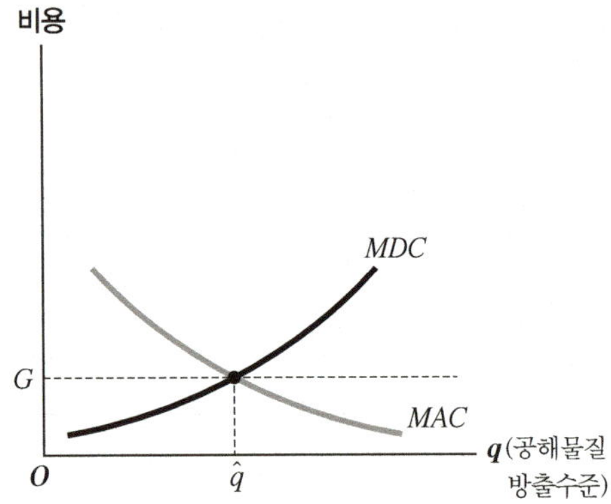

(b) 한계비용곡선에 의한 도출

- 1기업의 경우 효율성 조건 : $MAC = MDC$
- 2기업의 경우 비용효율성 조건 : $MAC_1 = MAC_2$, 총량효율성 조건 : $MAC_1 = MAC_2 = MDC$
- 오염물질 처리에 들어가는 비용을 고려하면 '환경오염수준을 0으로 낮추는 것은 가능하지 않을 뿐만 아니라 바람직하지도 않다.'

3. 외부효과의 사적인 해결가능성과 코즈 정리(Coase theorem)

(1) 외부효과와 코즈 정리의 정의

① 비록 외부효과가 존재한다고 하더라도,

② 외부효과와 관련된 재산권이 확립되고, 협상의 거래비용이 존재하지 않는다면,

③ 재산권이 누구에게 귀속되는지와 무관하게

④ 경제주체들의 자발적인 협상을 통해 효율적인 자원배분이 가능하다.

(2) 코즈 정리의 정책적 의미

① 상호성(reciprocity)과 일방적 개입방식의 한계

② 외부성 문제의 사적인 해결가능성

③ 외부성과 관련한 재산권 설정의 중요성

(3) 코즈 정리의 한계

① 현실적으로 거래비용이 매우 높음 : 거래비용이 협상의 성공으로 얻을 수 있는 순편익을 넘어서는 경우 효율적인 자원배분이 불가능하다.

② 협상력의 차이, 전략적 행동의 가능성, 이해관계자의 확정이 어려움 등

* 재산권이 누구에 귀속되는지에 따라 결과는 무관 (○), 과정은 무관 (×)

* 재산권이 누구에 귀속되는지에 따라 자원배분은 무관 (○), 소득분배는 무관 (×)

4. 시장기능을 활용한 정책 : 오염배출세(피구세, 환경세) vs 오염배출권

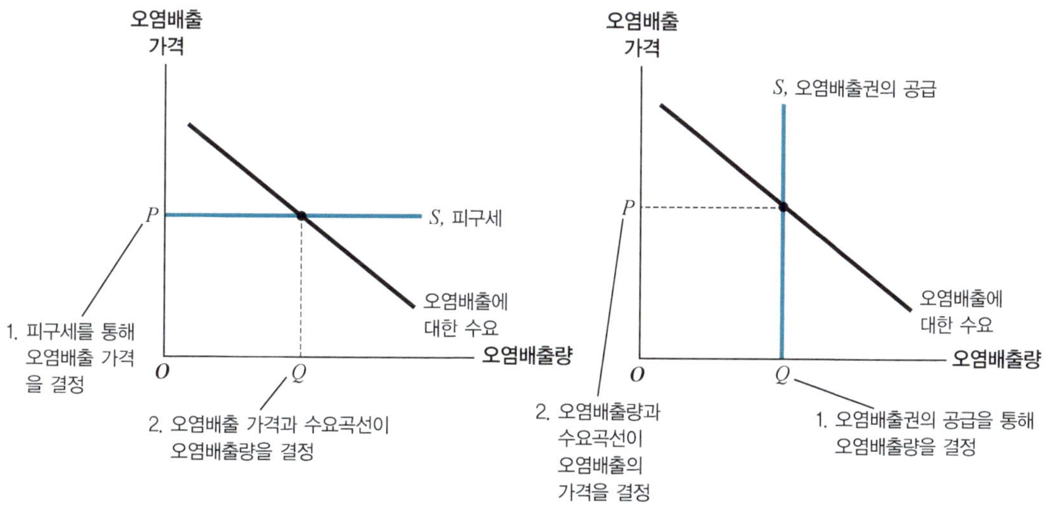

(a) 피구세 (b) 오염배출권

- 오염물질의 한계처리비용(MAC)은 증가하며 오염배출에 대한 수요곡선이 된다.
- 오염배출세의 최적 수준은 최적 상태에서의 한계피해치와 일치
- 완전정보 하에서 피구조세와 오염배출권의 거래는 동등한 결과를 달성한다.

5. 직접규제방식 : 배출허용기준방식

- 직접규제방식은 시장기능을 활용한 정책과 달리 기업들의 오염물질 처리에 대한 비교우위를 실현할 수 없으므로 동일한 오염물질 제거를 위해 더 많은 비용을 들이게 된다.

Ⅲ 공공재와 무임승차의 문제

1. 재화의 분류기준

- 배제성(excludability) : 다른 사람들이 재화를 소비하는 것을 막을 수 있는 가능성
- 경합성(rivalry) : 한 사람의 소비가 다른 사람의 소비가능성을 제한하는 속성

2. 재화의 종류

	배제	비배제
경합	사적재(사용재)	공유자원
비경합	자연독점(클럽재, 인위적 희소재 등)	순수공공재

* 공공재는 반드시 정부가 공급 (×), 정부가 공급하면 모두 공공재 (×)

* 공공재 생산의 한계비용 = 0 (×), 공공재 소비의 한계비용 = 0 (○)

3. 사용재와 공공재의 비교

	사용재(개별 소비)	**공공재**(공동 소비)
성질	■ 경합적, 배제 가능	■ 비경합적, 배제 불가능
특징	■ 모든 소비자는, 동일한 가격에 직면, 상이한 수량 소비	■ 모든 소비자는, 동일한 수량에 직면, 상이한 지불용의
효율성 조건	■ $MB_A = MB_B = MC$ ■ $MRS_A = MRS_B = MRT$	■ $MB_A + MB_B = MC$ ■ $MRS_A + MRS_B = MRT$
시장수요곡선	■ 개별 수요곡선의 수평 합 : $P = P_A = P_B, Q = Q_A + Q_B$	■ 개별 수요곡선의 수직 합 : $Q = Q_A = Q_B,\ P = P_A + P_B$
시장자원배분	■ 소비자들이 진실한 선호표출 ■ 효율적 자원배분(후생경제학 제1정리)	■ 소비자들이 진실한 선호표출유인 없음 ■ 과소공급(무임승차의 문제)

4. 참고사항

① 사무엘슨 조건 : 공공재의 효율적 공급조건

② 린달 가격 : 지급의사에 근거, 전원합의 가격체계, 진실한 선호 표명 시 효율적 공급조건 달성

③ 클라크 조세 : 공공재에 대한 진실한 선호를 표출하게 하는 선호표출 메커니즘의 대표적 예

④ 공공재 문제는 용의자의 딜레마, 치킨게임 등 다양한 보수행렬로 나타낼 수 있음

Ⅳ 공유자원과 공유의 비극

1. 공유자원(common resources)의 정의

- 여러 사람이 함께 소유한 재화, 소유권이 정확히 귀속되지 않은 공동의 자원
- 경합적이나 배제 불가

2. 공유자원 남용의 문제 : 공유자원의 비극(tragedy of the commons)

- 공유자원은 개개인이 사용요금을 내지 않으므로(배제 불가능) 과다사용되는 경향이 있다.
- 공유자원의 비극은 자원을 공유한 사람들 간에 발생하는 부정적 외부효과(negative externality)의 문제로 볼 수 있다.

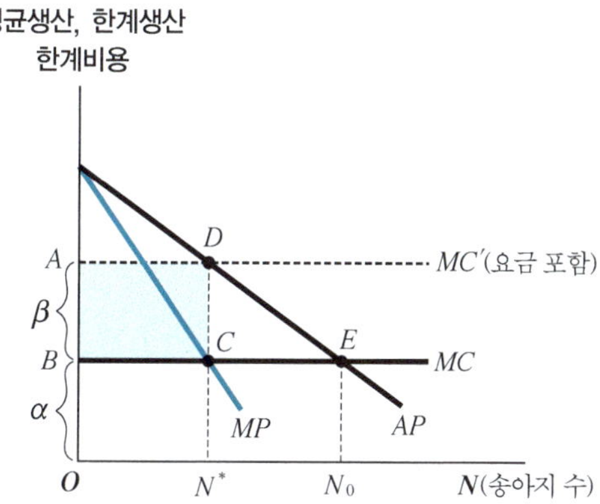

(a) 수입체감형

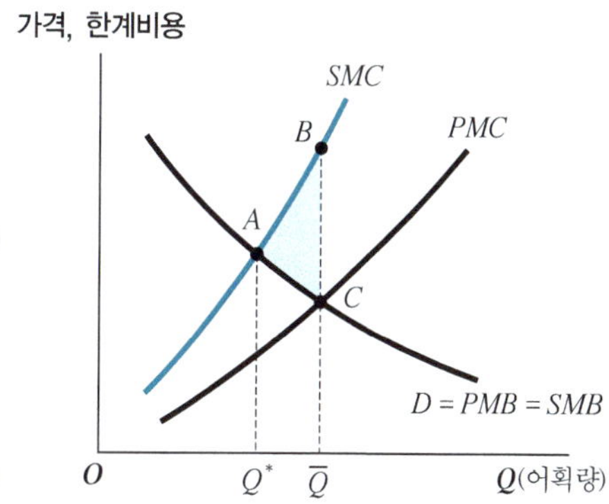

(b) 비용체증형

3. 해결책 : 외부효과의 내부화 방안

① 피구식 접근법 : 정부가 공유자원의 사용에 적절한 사용요금을 부과하는 방법

② 코즈식 접근법 : 공유지에 재산권을 할당한다면 과다방목은 발생하지 않을 것이다. 왜냐하면 이때는 자신의 땅에 추가로 송아지를 방목할 때의 부정적인 효과 역시 자기에게만 귀속되기 때문이다(재산권 확립을 통한 외부효과의 내부화).

Tips
1. 공공재는 긍정적 외부성의 대표적 사례 ⇒ 과소생산
2. 공유자원은 부정적 외부성의 대표적 사례 ⇒ 과다사용

Part-1 기본 문제

01 다음 (　　) 안에 들어갈 내용으로 옳은 것은? 2022년 감정평가사

- 소비의 긍정적 외부성이 존재할 때, (ㄱ)이 (ㄴ)보다 크다.
- 생산의 부정적 외부성이 존재할 때, (ㄷ)이 (ㄹ)보다 크다.

① ㄱ: 사회적 한계편익, ㄴ: 사적 한계편익, ㄷ: 사적 한계비용, ㄹ: 사회적 한계비용
② ㄱ: 사적 한계편익, ㄴ: 사회적 한계편익, ㄷ: 사적 한계비용, ㄹ: 사회적 한계비용
③ ㄱ: 사회적 한계편익, ㄴ: 사적 한계편익, ㄷ: 사회적 한계비용, ㄹ: 사적 한계비용
④ ㄱ: 사적 한계편익, ㄴ: 사회적 한계편익, ㄷ: 사회적 한계비용, ㄹ: 사적 한계비용
⑤ ㄱ: 사회적 한계편익, ㄴ: 사적 한계비용, ㄷ: 사적 한계편익, ㄹ: 사회적 한계비용

hint

소비의 긍정적 외부성이 존재할 때, (ㄱ) 사회적 한계편익이 (ㄴ) 사적 한계편익보다 크다.
생산의 부정적 외부성이 존재할 때, (ㄷ) 사적 한계비용이 (ㄹ) 사회적 한계비용보다 작다.

02 다음과 같이 주어진 정보에 따를 때 전기자동차 배터리 생산이 정부의 개입 없이 시장에서 자율적으로 결정될 경우 사회적 후생의 감소분은? 2021년 국회 8급

- 전기자동차 배터리 시장은 완전경쟁시장이다.
- 전기자동차 배터리 생산은 지하수를 오염시켜 공장 주변의 주민 건강에 심각한 위협을 초래한다.
- 전기자동차 배터리에 대한 수요곡선은 $P = 40 - 0.5Q$이다.
- 전기자동차 배터리에 대한 공급곡선은 $P = 10 + 2Q$이다.
- 전기자동차 배터리 생산 시 발생하는 오염물질로 인한 주민들의 의료 한계비용곡선은 $C = 0.5Q$이다.

(단, P, Q, C는 각각 전기자동차 배터리에 대한 가격, 수량, 전기자동차 배터리 생산 시 발생하는 오염물질로 인한 주민들의 의료 한계비용이다.)

① 5　　② 6　　③ 7
④ 8　　⑤ 9

hint

$PMB = SMB = 40 - 0.5Q$

$PMC = 10 + 2Q$

$SMC = PMC + C = 10 + 2.5Q$

사회적 최적 배분 : $SMB = 40 - 0.5Q = SMC = 10 + 2.5Q \Rightarrow Q^* = 10$ (E점)

시장균형 : $PMB = 40 - 0.5Q = PMC = 10 + 2Q \Rightarrow Q_0 = 12$ (F점)

후생감소분 : $EB = \frac{1}{2} \times 6 \times 2 = 6$ ($\triangle EFG$)

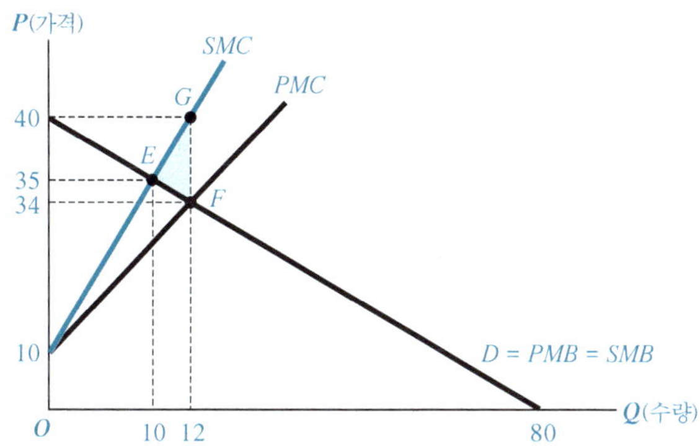

03 다음 중 외부효과를 해결하는 효율적인 방법이 아닌 것은?

① 부정적 외부효과에 대해 피구조세를 부과한다.

② 긍정적 외부효과에 대해 피구보조금을 지급한다.

③ 오염물질 배출에 대한 허가서를 경매를 통해 배분한다.

④ 오염물질 배출에 대한 허가서를 임의로 배분한 후 기업 간 거래가 이루어지도록 한다.

⑤ 모든 기업에게 동일한 배출허가기준을 부과한다.

hint

획일적인 배출량 규제는 각 기업의 오염물질 처리에 대한 비교우위를 반영하지 않기 때문에 피구조세, 보조금이나 오염허가서 방식에 비해 많은 비용을 유발한다. (단, 오염허가서를 임의로 배분하되 거래를 허용하지 않는 경우에는 획일적 배출허가기준과 마찬가지로 비효율성을 유발한다.)

정답 1 ① 2 ② 3 ⑤

04 X재 생산으로부터 발생하는 환경오염으로 인한 외부성의 문제에 대한 설명으로 옳은 것을 모두 고르면? 2018년 공인회계사

> 가. X재 생산의 사회적 한계비용보다 기업의 사적 한계비용이 더 크다.
> 나. X재 시장이 완전경쟁이라면 X재 소비에서 얻는 사적 한계편익보다 X재 생산에 따른 사회적 한계비용이 더 크다.
> 다. X재 생산에서 발생하는 환경오염을 0으로 줄이는 것이 사회적으로 가장 효율적이다.
> 라. 코우즈(Coase) 정리에 따르면 거래비용이 없고 재산권이 설정되어 있으면 이해당사자들의 자유로운 협상을 통해 자원의 효율적 배분을 달성할 수 있다.

① 가, 나 ② 가, 다 ③ 나, 다
④ 나, 라 ⑤ 다, 라

hint

가. (×), 부정적 외부효과의 경우 $PMC < SMC$
나. (○), 완전경쟁시장에서 부정적 외부효과의 경우 $SMB = PMB = P = PMC < SMC$
다. (×), 일반적으로 최적 생산량은 시장생산량보다 작지만 0보다는 크다.
라. (○)

05 수요가 $Q = 200 - 2P$인 독점기업이 있다. 이 기업의 한계비용은 $MC = 2Q + 10$이다. 이 기업이 생산하는 재화는 단위당 40의 공해비용이 발생한다. 이윤을 극대화하는 이 독점기업의 생산량과 사회적 최적 생산량 간 차이는? 2020년 국회 8급

① 0 ② 5 ③ 10
④ 15 ⑤ 20

hint

$P = PMB = SMB = 100 - \frac{1}{2}Q$

$PMC = 2Q + 10$

$PMC = 2Q + 50$

$MR = 100 - Q$

1. 이윤극대화 조건
   $MR = 100 - Q = PMC = 2Q + 10 \Rightarrow Q_0 = 30$
2. 사회적 최적 조건
   $SMB = 100 - \frac{1}{2}Q = SMC = 2Q + 50 \Rightarrow Q^* = 20$

* 주의사항 : 부정적 외부성(과다생산) + 독점(과소생산) ⇒ 우연히 최적 가능하지만 최적이라는 보장은 없음!

06 **공공재와 관련된 시장실패에 관한 설명으로 옳지 않은 것은?** 2015년 공인노무사

① 순수공공재는 소비의 비배제성과 비경합성을 동시에 가지고 있다.
② 소비의 비배제성으로 인한 무임승차의 문제가 발생한다.
③ 긍정적 외부성이 존재하는 공공재의 생산을 민간에 맡길 때, 사회적 최적 수준에 비해 과소생산된다.
④ 공공재의 경우에는 개인의 한계편익곡선을 수평으로 합하여 사회적 한계편익곡선을 도출한다.
⑤ 공공재의 최적 생산을 위해서는 경제주체들의 공공재 편익을 사실대로 파악하여야 한다.

hint

공공재는 공동소비가 이루어지는 상품이므로 개인의 한계편익을 모두 합한 것이 사회의 한계편익이 된다. 따라서 개인의 한계편익곡선을 수직으로 합한 것이 사회적 한계편익곡선이 된다.

07 **다음은 X재에 대한 갑과 을의 수요곡선과 X재 생산에 따른 한계비용을 나타낸다. X재가 공공재일 경우 파레토 효율적인 X재 생산량은 얼마인가?** (단, X재는 갑과 을만 소비한다.)

2018년 공인회계사

- 갑의 수요곡선 : $Q = 3{,}000 - P$
- 을의 수요곡선 : $Q = 2{,}000 - 2P$
- 한계비용 : 1,000

(단, P, Q는 X재의 가격과 수량을 나타낸다.)

① 2,000
② 3,000
③ 4,000
④ 5,000
⑤ 6,000

hint

갑을 A, 을을 B로 나타낼 경우 공공재의 효율적 공급조건은 다음과 같다.

$$MB_A + MB_B = MC \Rightarrow (3{,}000 - Q) + \left(1{,}000 - \frac{1}{2}Q\right) = 4{,}000 - \frac{3}{2}Q = 1{,}000 \Rightarrow Q^* = 2{,}000$$

정답 4 ④ 5 ③ 6 ④ 7 ①

08 온실가스 배출량(Q)을 저감하기 위한 한계저감비용은 $40-2Q$이고, 온실가스 배출로 유발되는 한계피해비용은 $3Q$이다. 최적의 온실가스 배출량과 한계저감비용은? 2017년 감정평가사

① 8, 24 ② 9, 27 ③ 10, 30
④ 11, 33 ⑤ 12, 36

hint

최적 오염배출(저감)의 조건

$$MAC = 40 - 2Q = MDC = 3Q \Rightarrow Q^* = 8,\ MAC^* = 24$$

09 재화를 배제가능성과 경합성 여부에 따라 다음과 같이 분류할 수 있다. 다음 설명 중 옳은 것을 모두 고르면? 2018년 공인회계사

구분	배제 가능	배제 불가능
경합적	㉠	㉡
비경합적	㉢	㉣

가. 의복, 식품 등과 같은 사적 재화는 ㉠에 해당한다.
나. 혼잡한 유료도로는 ㉡에 해당한다.
다. 케이블 TV와 같은 클럽재(club goods)는 ㉢에 해당한다.
라. 국방 서비스와 같은 공공재는 ㉣에 해당한다.

① 가, 나 ② 가, 라 ③ 나, 다
④ 가, 다, 라 ⑤ 나, 다, 라

hint

가. (O)
나. (×), '혼잡 = 경합', '유료 = 배제 가능'이므로 혼잡한 유료도로는 ㉠에 해당한다.
다. (O), 케이블 TV는 비경합적이지만 유료로 제공된다.
라. (O)

* **주의사항**

단, 이 문제에서 클럽재라는 용어에 대해 문제를 제기할 수 있다. 클럽재는 일반적으로 비경합성이 완전하지 못한 재화를 의미하므로 위 분류표에서 '경합적'과 '비경합적'의 경계선상에 있는 재화들이 이에 해당한다.

10 공유자원(commons)과 관련한 다음 설명 중 옳은 것을 모두 고르면? 2022년 공인회계사

가. 소비의 비경합성(non-rivalry)이 존재한다.
나. 대가를 지불하지 않는 사람이라도 소비에서 배제할 수 없다.
다. 사회적 최적 수준보다 과도하게 사용되는 문제가 발생한다.
라. 막히지 않는 유료도로는 공유자원의 예이다.

① 가, 나 ② 가, 다 ③ 나, 다
④ 나, 라 ⑤ 다, 라

hint

가. (×), 공유자원은 경합적이지만 배제가 어렵다.
나. (○)
다. (○), 공유자원은 경제학의 관점에서 부정적 외부효과가 발생하는 문제가 있다.
라. (×), 굳이 예를 들자면 막히는 무료도로가 공유자원의 예이다.

11 아프리카 국가 중 코끼리 사냥과 상아 거래를 불법화한 나라에서는 밀렵으로 인해 코끼리 수가 급속히 감소한 반면, 코끼리 사냥을 합법화한 나라에서는 사람들이 코끼리를 자신이 소유한 사유지에서 사육하는 현상이 나타나 오히려 그 숫자가 증가하였다고 한다. 이러한 현상과 관계 깊은 것은?

① 도덕적 해이 ② 공용지의 비극
③ 소비의 비경합성 ④ 무임승차자 문제
⑤ 불리한 선택

hint

소유권이 명확하게 규정되어 있지 않은 공유자원의 경우 자원의 과다사용으로 인해 비효율적인 결과가 초래되는 경우를 '공용지의 비극(tragedy of commons)' 또는 '공유의 비극'이라고 한다. 공유의 비극이 발생하는 원인은 자원을 공유한 사람들 사이에 발생하는 부정적 외부효과이며, 이를 해결하는 방법은 자원에 대한 재산권을 확립하여 외부효과를 내부화시키는 것이다.

정답 8 ① 9 ④ 10 ③ 11 ②

12 공공재와 관련된 외부효과는 대부분 (A) 외부효과이며, 공유자원과 관련된 외부효과는 (B) 외부효과이다. 빈칸에 들어갈 내용으로 적당한 것은?

	A	B		A	B
①	긍정적	긍정적	②	긍정적	부정적
③	부정적	긍정적	④	부정적	부정적
⑤	실증적	부정적			

hint

공공재의 경우 과소한 공급이 이루어지고, 공유자원은 과다한 이용이 이루어진다. 이는 공공재와 관련된 외부효과가 긍정적이며, 공유자원과 관련된 외부효과가 부정적이라는 것을 의미한다.

정답 12 ②

Part-2 실전 문제

01 시장의 실패가 발생하는 이유로서 가장 적합하지 않은 것은?

① 국방비에 대하여 소비자가 선호를 표명하지 않는다.
② 정부조직이 비대하여 예산의 낭비가 많다.
③ 기업은 공해방지시설의 가동에 소요되는 비용을 부담하지 않으려고 폐수를 무단 방류한다.
④ 많은 자본설비를 필요로 하는 산업에서는 독과점이 발생한다.
⑤ 사교육은 사회적으로 적정한 수준의 교육을 제공하지 못한다.

hint

시장의 실패와 대비되는 것이 정부의 실패(government failure)이다. 정부조직은 적정 규모 이상으로 비대해지는 경향이 있다. 그 주된 원인은 관료들의 도덕적 해이에서 찾을 수 있으며, 이를 지적한 것이 공공선택이론(public choice theory)이다. 이것은 전형적인 정부의 실패를 초래한다. 시장의 실패를 보완하려는 정부의 개입이 더 비효율적인 정부의 실패를 초래할 수 있다.

02 정부실패(government failure)의 원인으로 옳지 않은 것은? 2013년 공인노무사

① 이익집단의 개입
② 정책당국의 제한된 정보
③ 정책당국의 인지시차 존재
④ 민간부문의 통제 불가능성
⑤ 정책 실행시차의 부재

hint

* **정부실패의 원인**

1. 관료, 정치인의 도덕적 해이
2. 불완전한 정보
3. 불완전한 정책수단
4. 인지시차, 실행시차 등 정책시차의 존재
5. 민간부문의 통제 불가능성
6. 초과부담의 존재

정답 1 ② 2 ⑤

03 시장실패의 한 경우인 외부효과와 관련하여 잘못 설명한 것은? 2007년 서울시 7급

① 긍정적인 외부효과를 갖는 재화의 경우 시장경쟁에 의한 공급량은 사회적 최적 공급량에 비해 적게 된다.

② 부정적 외부효과가 있는 오염유발재를 생산하는 사회적 비용은 공급곡선에 반영되는 사적 비용보다 크다.

③ 기술재 생산의 사회적 비용은 사적 비용에서 기술파급 효과치를 뺀 금액과 같다.

④ 소비에서 긍정적 외부효과가 발생하는 경우 사회적 최적 소비량이 시장에서 결정되는 소비량보다 많게 된다.

⑤ 소비의 사회적 가치가 사적 효용가치를 하회할 경우 시장에서 결정되는 생산량은 사회적으로 바람직한 수준보다 과소생산되는 경향이 있다.

hint

⑤의 경우는 소비에 있어서의 부정적 외부효과를 유발하는 흡연과 같은 사례에 해당하며, 아래 〈그림 1〉에서 다음의 관계가 성립한다.

소비 측면에서의 부정적 외부효과 : $SMB < PMB = P = PMC = SMC$

부정적 외부효과는 그것이 소비에서 비롯하였는지 생산에서 비롯하였는지와 무관하게 과다생산을 유발한다는 점을 유념하면 된다.

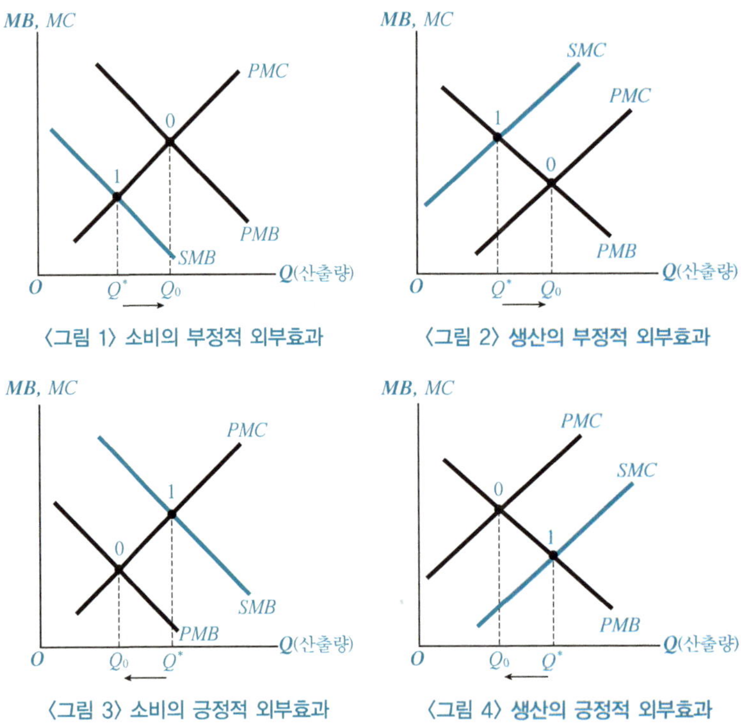

* Q^*는 최적 산출량, Q_0는 시장의 산출량

04 **오른쪽 그래프는 독감백신의 공급곡선(S), 사적 한계편익곡선(PMB), 사회적 한계편익곡선(SMB)을 나타낸다. 이 시장에 대한 설명 중 옳은 것을 모두 고르면?**
(단, 공급곡선은 독감백신 공급의 한계비용곡선과 일치한다.) 2017년 공인회계사

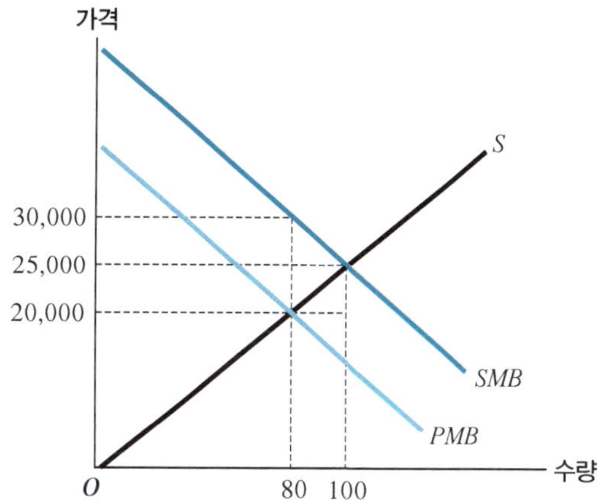

가. 정부의 개입이 없는 경우 독감백신 소비량은 80이다.
나. 독감백신의 사회적 최적 소비량은 100이다.
다. 정부의 개입이 없는 경우 자중손실(deadweight loss)은 100,000이다.
라. 독감백신의 사회적 최적 소비량을 달성하기 위해서, 보조금은 독감백신 공급자보다는 구매자에게 지급하는 것이 보다 효율적이다.
마. 단위당 5,000의 보조금을 독감백신 공급자에게 지급하는 경우 균형소비량은 80으로 변화가 없다.

① 가, 나　　② 가, 나, 다　　③ 가, 나, 다, 라
④ 가, 다, 라, 마　　⑤ 나, 다, 라, 마

hint

현재상황은 소비에 긍정적 외부효과(외부경제)가 발생하고 있는 경우이다. 공급곡선은 동시에 PMC이며 SMC임을 유의하여 보기들을 평가하면 다음과 같다.

가. (O), 시장균형조건은 $PMB = PMC$가 성립하는 것이다.
나. (O), 사회적 최적 소비량은 $SMB = SMC$가 성립하는 것이다.
다. (O), 자중손실의 크기는 a의 면적에 해당한다. [해설강의 때 설명]
라. (×), 보조금을 누구에게 지급하는지는 본질적 차이를 유발하지 못한다.
마. (×), 공급자에 보조금을 지급하면 공급곡선이 우측으로 이동하며 균형거래량이 증가한다. [단, 이 문제에서 최적의 보조금액은 단위당 10,000이다.]

정답　3 ⑤　4 ②

05 **경제학자 피구(Pigou)는 공해를 발생시키는 기업에게 세금을 부과할 것을 주장하였다. 그는 어느 수준의 세금을 부과할 것을 제시하였는가?** 2004년 감정평가사

① 재화의 사적 한계비용과 사회적 한계편익이 일치하도록 생산량을 생산하게 하고, 그 생산량에 해당하는 사회적 한계편익과 사적 한계비용과의 차이

② 재화의 사적 한계비용과 수요가 일치하도록 생산량을 생산하게 하고, 그 생산량에 해당하는 사회적 한계비용과 사적 한계비용과의 차이

③ 재화의 사적 한계편익과 사회적 한계편익이 일치하도록 생산량을 생산하게 하고, 그 생산량에 해당하는 사회적 한계편익과 사회적 한계비용과의 차이

④ 재화의 사회적 한계비용과 수요가 일치하도록 생산량을 생산하게 하고, 그 생산량에 해당하는 사회적 한계비용과 사적 한계비용과의 차이

⑤ 재화의 수요와 공급이 일치하도록 생산량을 생산하게 하고, 시장가격과 소비자들의 만족감과의 차이

hint

공해는 생산에 있어서의 외부불경제가 발생하는 상황으로서 사회적 한계비용(SMC) > 사적 한계비용(PMC)의 관계가 성립한다. 이러한 상황에서는 바람직한 생산량보다 과다한 생산이 이루어진다. 이러한 경우 피구는 재화의 사회적 한계비용과 사회적 한계편익(수요곡선의 높이)이 일치하는 최적 생산량 수준에서의 사회적 한계비용과 사적 한계비용과의 차이를 조세로 메워주면 유인왜곡이 사라질 것이라 주장하였다.

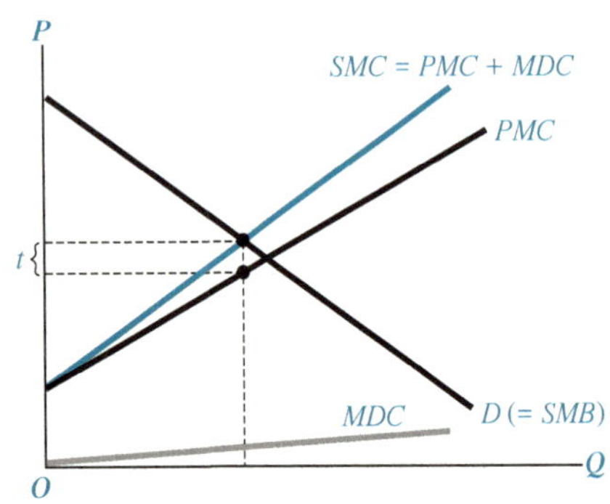

06 **양식장 A의 한계비용은 $10x+70$만원이고, 고정비용은 15만원이다. 양식장 운영 시 발생하는 수질오염으로 인해 인근 주민이 입는 한계피해액은 $5x$만원이다. 양식장 운영의 한계편익은 x에 관계없이 100만원으로 일정하다. 정부가 1단위당 일정액의 세금을 부과하여 사회적 최적 생산량을 유도할 때 단위당 세금은?** (단, x는 양식량이며 소비 측면의 외부효과는 발생하지 않는다.)

2019년 국가직 7급

① 5만원 ② 10만원
③ 20만원 ④ 30만원

hint

최적 피구조세는 최적 생산량 수준에서의 한계피해치(MDC)의 크기와 일치한다.

$PMC = 10x + 70$

$MDC = 5x$

$SMC = PMC + MDC = (10x + 70) + 5x = 15x + 70$

$P = PMB = SMB = 100$

시장균형 : $PMB = PMC \Rightarrow 100 = 10x + 70 \Rightarrow x_0 = 3$ (E점)

최적 조건 : $SMB = SMC \Rightarrow 100 = 15x + 70 \Rightarrow x^* = 2$ (F점)

최적 피구조세 : $t^* = MDC(x^*) = 10$(만원)

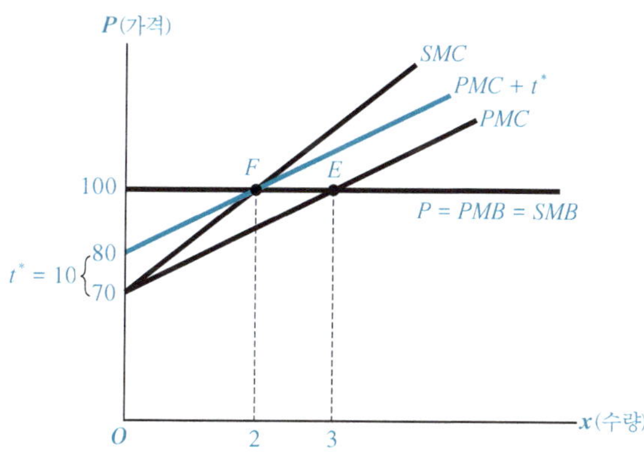

정답 5 ④ 6 ②

07 현재 어떤 생산자가 재화 X를 Q만큼 생산할 때 직면하게 되는 한계비용은 $MC = 2Q$, 한계수입은 $MR = 24$라고 하자. 재화 X의 생산은 제3자에게 환경오염이라는 형태의 외부불경제를 야기하는데, 재화 X가 Q만큼 생산될 때 유발되는 환경오염의 한계피해액(Marginal External Cost)은 $MEC = Q$이다. 정부는 X의 생산량을 사회적으로 바람직한 수준으로 감축시키기 위해 생산자가 현재 생산량으로부터 한 단위 감축할 때마다 정액의 피구 보조금(Pigouvian subsidy)을 지급하고자 한다. 정부가 이 생산자에게 지급해야 할 생산량 감축 1단위당 보조금은?

2016년 지방직 7급

① 2 ② 4

③ 6 ④ 8

hint

생산량을 감축할 때 지급하는 보조금을 감산보조금이라고 한다. 감산보조금이 지급되면 기업은 추가생산 시 보조금을 받지 못하는 부분을 기회비용으로 인식하게 되기 때문에 한계비용이 상방이동한다.

1. 사회적 최적 생산량

$P = MR = 24$

$PMC = MC = 2Q \quad \Rightarrow P = 24 = SMC = 3Q \Rightarrow Q^* = 8$

$SMC = MC + MEC = 3Q$

2. 감산보조금의 효과

보조금 이전 총비용함수를 $C(Q)$라고 하자. 기준수량 $\overline{Q}$보다 적은 수량을 생산하면 그 차이에 s를 곱한 보조금을 지급한다고 할 때 보조금을 반영한 비용함수는 다음과 같다.

$$C_s(Q) = C(Q) - s(\overline{Q} - Q) \Rightarrow MC_s = C'(Q) + s = MC + s$$

이를 통해 한계비용곡선이 s만큼 상방이동함을 확인할 수 있다.

$P = MR = 24 = MC + s = 2Q + s \Rightarrow Q^* = 8$을 대입하면 $s = 8$이 된다.

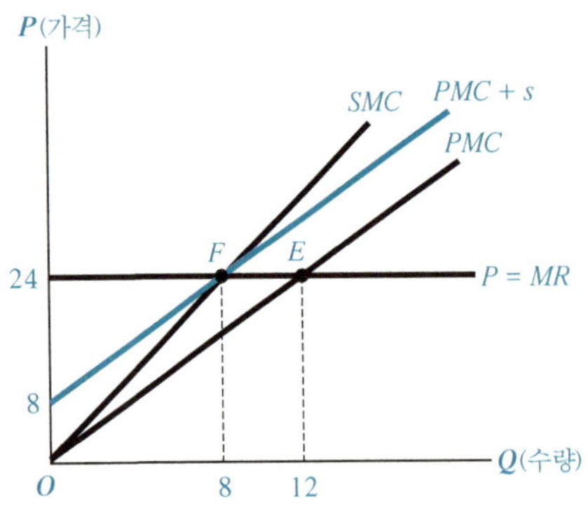

* **참고사항**

1. 피구세와 감산보조금은 동일하게 PMC를 상방이동시킴
2. 최적 피구세의 크기는 최적 생산수준에서 한계피해비용과 일치

08 **100개의 기업들이 완전경쟁시장에서 경쟁하고 있다. 개별 기업의 총비용함수와 외부비용은 각각 $C = Q^2 + 4Q$와 $EC = Q^2 + Q$로 동일하다. 이 재화에 대한 시장수요곡선이 $Q_d = 1{,}000 - 100P$로 표현될 때, 사회적으로 최적인 생산량과 외부비용을 고려하지 않는 균형생산량 간의 차이는?** (단, C는 각 기업의 총비용, Q는 각 기업의 생산량, EC는 각 기업의 생산에 따른 외부비용, Q_d는 시장수요량, P는 가격이다.)

2016년 국가직 7급

① 50　　② 100
③ 150　　④ 200

hint

시장 거래량을 Q, 개별 기업 생산량을 Q_i라고 구분하면 $Q = 100Q_i$가 된다. 풀이가 복잡한데 다음과 같은 과정을 통해 접근해 보자. [그림 생략]

시장수요곡선 : $PMB = SMB = 10 - \frac{1}{100}Q$
기업의 사적 한계비용 : $PMC_i = 2Q_i + 4$
시장의 사적 한계비용 : $PMC = \frac{1}{50}Q + 4$
기업의 사회적 한계비용 : $SMC_i = PMC_i + MEC_i = 4Q_i + 5$
시장의 사회적 한계비용 : $SMC = \frac{1}{25}Q + 5$
사회적 최적 생산량 : $SMB = 10 - \frac{1}{100}Q = SMC = \frac{1}{25}Q + 5 \Rightarrow Q^* = 100$
외부비용을 고려하지 않는 균형생산량 : $PMB = 10 - \frac{1}{100}Q = PMC = \frac{1}{50}Q + 4 \Rightarrow Q_0 = 200$

정답　7 ④　8 ②

09 다음 표는 양의 외부효과(positive externality effect)가 발생하는 시장의 사적 한계효용, 사적 한계비용, 그리고 사회적 한계효용을 제시해 주고 있다. 사회적 최적 거래량을 (I)이라 하고, 시장의 균형거래수준이 사회적 최적 수준과 같아지도록 하기 위한 세금 혹은 보조금을 (II)라 고 하자. (I)과 (II)를 옳게 고르면? 2013년 국회 8급

(단위 : 개, 원)

거래량	사적 한계효용	사적 한계비용	사회적 한계효용
1	2,700	600	3,400
2	2,400	1,000	3,100
3	2,100	1,400	2,800
4	1,800	1,800	2,500
5	1,500	2,200	2,200
6	1,200	2,600	1,900

	I	II
①	5개	300원의 보조금이 필요
②	5개	700원의 보조금이 필요
③	4개	300원의 세금이 필요
④	4개	300원의 보조금이 필요
⑤	4개	700원의 세금이 필요

hint

1. 사회적 최적 조건 : $SMB = SMC \Rightarrow$ 최적 생산량 5개
2. 사적 한계효용보다 사회적 한계효용이 높으므로 소비에 있어서 긍정적 외부효과가 발생하는 경우이다. 이 경우 보조금이 필요하며, 그 크기는 최적 생산량 수준에서 외부효과의 크기와 일치한다. 즉, 2,200 −1,500 = 700의 보조금이 필요하다.

10 한 재화의 수요곡선은 $D = 80 - 2P$, 공급곡선은 $S = 2P - 16$이다. 이 재화를 생산할 때에는 환경오염물질이 배출되어 외부효과가 발생한다. 그리고 이 환경오염물질을 처리하는 비용은 재화 가격의 40%이다. 외부효과를 내부화한 경우의 재화 가격은? (단, D는 수요량, S는 공급량, P는 가격이다.) 2016년 공인회계사

① 28 ② 30
③ 32 ④ 34
⑤ 36

hint

수요함수 $Q = 80 - 2P$에서 $P = PMB = SMB = 40 - \frac{1}{2}Q$

공급함수 $Q = 2P - 16$에서 $P = PMC = 8 + \frac{1}{2}Q$, $P^* = SMC = 1.4P = 1.4\left(8 + \frac{1}{2}Q\right)$

사회적 최적이 만족될 조건 $SMB = SMC$, 즉 $40 - \frac{1}{2}Q = 1.4\left(8 + \frac{1}{2}Q\right)$에서 $Q^* = 24$, $P = 20$, $P^* = 28$이 된다. 이 문제에서 요구하는 답은 28이다.

* **참고사항**

예를 들어 피구세를 통해 외부성을 내부화하는 경우 '재화 가격'이 세후지급가격과 세후수취가격 중 어느 것을 의미하는지를 판단해야 하는 문제가 발생한다. 문제에서 '재화 가격의 40%'라고 할 때 재화 가격은 기업의 수취가격이며, '외부효과를 내부화한 경우의 재화 가격'은 소비자 지불 가격이다. 출제 측은 앞으로는 이러한 부분을 보다 명백히 출제해 주기 바란다.

11 **하천 상류의 화학공장 총수입은 $10Q_C$, 총비용은 $\frac{1}{4}Q_C^2$이고, 하천 하류의 양식업자 총수입은 $10Q_F$, 총비용은 $\frac{1}{4}Q_F^2 + \frac{1}{4}Q_C Q_F$이다**(단, Q_C : 화학공장의 생산량, Q_F : 양식업자의 생산량)**. 화학물과 양식 생산물의 가격은 10이다. 이 두 기업의 합병이 불가능한 경우의 화학공장의 생산량과, 합병이 가능한 경우의 화학공장의 생산량을 구하면?**

① 합병 불가 시 : 15, 합병 가능 시 : 10
② 합병 불가 시 : 20, 합병 가능 시 : $\frac{40}{3}$
③ 합병 불가 시 : 20, 합병 가능 시 : 15
④ 합병 불가 시 : $\frac{80}{3}$, 합병 가능 시 : 20
⑤ 합병 불가 시 : $\frac{80}{3}$, 합병 가능 시 : $\frac{40}{3}$

hint

1. **합병 불가 시** : $\pi_C = 10Q_C - \frac{1}{4}Q_C^2 \Rightarrow$ 1계 조건 : $\frac{d\pi_C}{dQ_C} = 10 - \frac{1}{2}Q_C = 0 \quad \therefore Q_C = 20$
2. **합병 가능 시** : $\pi_{C+F} = \left(10Q_C - \frac{1}{4}Q_C^2\right) + \left(10Q_F - \frac{1}{4}Q_F^2 - \frac{1}{4}Q_C Q_F\right)$

$\Rightarrow$ 1계 조건 : $\frac{\partial \pi_{C+F}}{\partial Q_C} = 10 - \frac{1}{2}Q_C - \frac{1}{4}Q_F = 0$, $\frac{\partial \pi_{C+F}}{\partial Q_F} = 10 - \frac{1}{2}Q_F - \frac{1}{4}Q_C = 0$

$\therefore Q_C = Q_F = \frac{40}{3}$

* **참고사항**

합병이 이루어지면 외부성이 내부화되므로 합병 시 생산량이 사회적 최적이다. 이에 비해 합병 불가 시 화학공장의 생산량이 더 많다. 이는 부정적 외부효과가 존재할 때 과다생산이 이루어짐을 반영한 것이다.

정답 **9** ② **10** ① **11** ②

12 어느 공항의 이윤함수는 $28x - x^2$이고, 공항 근처에 주택을 개발하고자 하는 업체의 이윤함수는 $20y - y^2 - xy$이다. 만일 한 기업이 공항과 주택개발업체를 모두 소유한다면, 이 기업이 이윤을 극대화하는 주택의 수(a)는? 한편, 공항과 주택개발업체를 서로 다른 기업이 소유한다면 공항은 주택개발업체에게 이착륙 소음으로 인한 보상금으로 xy를 지불해야 한다. 이때 주택개발업체가 이윤을 극대화하는 주택의 수(b)는? (단, x는 하루에 이착륙하는 비행기의 수이며, y는 주택개발업체가 건설할 주택의 수이다.)

2018년 국가직 7급

	a	b
①	4	4
②	4	10
③	6	4
④	6	10

hint

이 문제는 외부효과의 내부화(internalization)에 관한 문제다. 먼저 한 기업이 두 업체를 모두 소유하고 있는 경우 이 기업의 이윤함수는 다음과 같다 :

$$\Pi_1 = 28x - x^2 + 20y - y^2 - xy$$

따라서 이윤극대화의 1계 조건은 다음과 같다.

$$\partial\Pi_1/\partial x = 28 - 2x - y = 0 \quad (1)$$
$$\partial\Pi_1/\partial y = 20 - 2y - x = 0 \quad (2)$$

(1)과 (2)를 연립해서 풀면 $x^* = 12$, $y^* = 4$

한편 두 업체를 다른 기업이 소유하고 있으면서 외부비용을 보상받는다면 주택개발업체의 이윤은 다음과 같다 :

$$\Pi_2 = 20y - y^2$$

그러므로 이 업체의 이윤을 극대화하는 주택 수는 $y^* = 10$이다.

13 비용함수가 $C(Q) = Q^2 + 10$인 독점기업의 시장수요가 $Q = 100 - P$이다. 이 기업은 생산과정에서 생산량 한 단위당 25의 외부공해비용을 발생시킨다. 이 기업의 이윤극대화 생산량을 Q_M, 사회적 최적 생산량을 Q_S라 할 때, $(Q_M - Q_S)$의 값은? 2019년 공인회계사

① 0 ② 5 ③ 6.25
④ 10 ⑤ 12.5

hint

$PMB = SMB = 100 - Q$

$MR = 100 - 2Q$

$PMC = 2Q$

$SMC = PMC + 25 = 2Q + 25$

이윤극대화 생산량 : $MR = 100 - 2Q = PMC = 2Q \Rightarrow Q_M = 25$

사회적 최적 생산량 : $SMB = 100 - Q = SMC = 2Q + 25 \Rightarrow Q_S = 25$

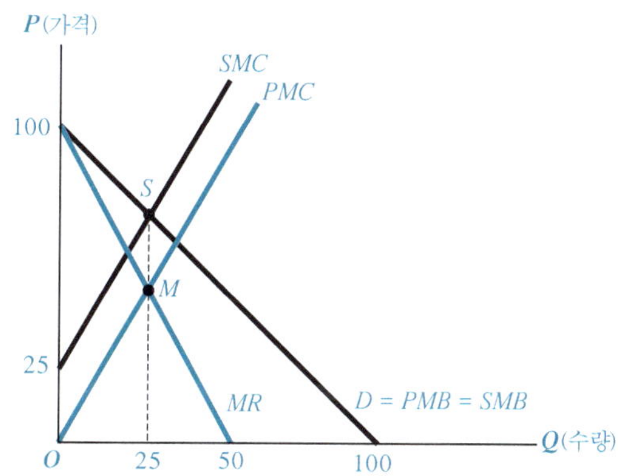

[**주의사항** : 독점시장에 부정적 외부효과가 존재하는 경우 독점의 과소생산과 부정적 외부효과의 과다생산으로 인해 과다생산이 이루어질 수도 있고, 과소생산이 이루어질 수도 있으며, 예외적으로 최적 생산이 이루어질 수도 있다.]

정답 12 ② 13 ①

14 다음을 참조할 때 (ㄱ), (ㄴ)에 대한 답으로 옳은 것은? 2014년 국회 8급

> 어느 독점기업이 생산과정에서 오염물질을 배출함으로써 외부불경제를 유발하고 있다. 독점기업의 수요함수는 $P = 90 - Q$이고, 한계비용은 $MC = Q$이며, 생산 1단위당 외부비용은 6이다.
> (P : 가격, Q : 수요량, MC : 한계비용)

(ㄱ) 사회적으로 최적인 생산량 수준은 얼마인가?

(ㄴ) 사회적으로 최적인 생산량 수준을 달성하도록 하기 위해서는 정부가 독점기업에 생산 1단위당 조세(또는 보조금)를 얼마 부과(또는 지불)해야 하는가?

	(ㄱ)	(ㄴ)		(ㄱ)	(ㄴ)
①	42	보조금 36	②	28	조세 6
③	42	보조금 42	④	42	조세 36
⑤	28	조세 12			

hint

독점기업이 외부불경제를 유발하는 경우 사회적으로 최적인 생산량은 사회적 한계가치(SMV)를 반영하는 수요곡선과 사회적 한계비용(SMC)곡선이 교차하는 수준에서 결정된다. 따라서 다음 식을 만족하는 Q^*가 사회적으로 최적의 생산량이다.

$$SMC = MC + 6 = Q + 6 = SMV = 90 - Q \rightarrow Q^* = 42$$

한편 독점기업이 이윤극대화를 추구한다면 $MR = 90 - 2Q = MC = Q$를 만족하는 $Q_M = 30$단위를 생산할 것이다. 이때 가격은 $P_M = 60$이다. 따라서 독점기업이 사회적으로 최적인 생산을 하도록 유도하기 위해서는 단위당 보조금(S)을 제공함으로써 한계비용곡선이 아래로 이동해 다음 조건을 만족하도록 해야 한다.

$$MR = 90 - 2Q = MC - S = Q - S \rightarrow Q = 30 + \frac{S}{3} = 42 \rightarrow S^* = 36$$

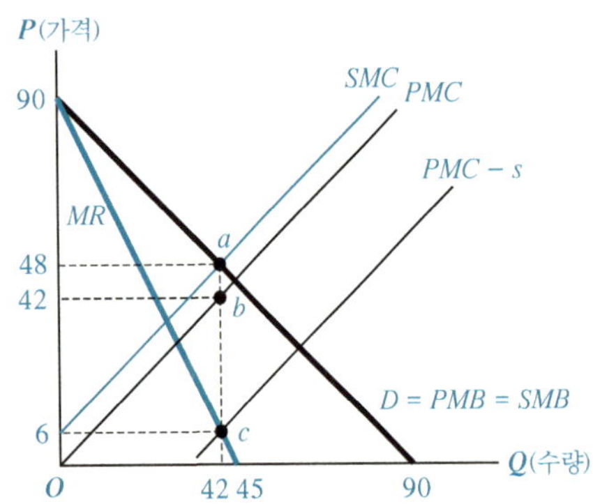

15 최적 오염수준(optimal level of pollution)에 관한 설명으로 옳은 것은?

① 정부의 규제 없이 기업들이 생산활동을 할 때 예상되는 오염수준을 말한다.

② 공해를 유발하는 주체들로 인해 발생하는 직접, 간접의 사회적 비용의 합을 최소화하는 오염수준을 말한다.

③ 공해를 유발하는 기업들의 생산을 중단시킨 상태를 말한다.

④ 공해를 유발하는 기업들에게 공해세를 부과한 상태를 말한다.

⑤ 공해로 인한 오염을 최소화한 상태를 말한다.

hint

공해와 관련된 사회적 비용이란 공해의 외부효과로 인해 직접적으로 피해를 입는 사람들이 부담하는 비용과 공해를 줄이기 위해 추가적으로 공해 유발 기업이 부담해야 하는 공해 감축비용을 말한다.

다음 그림에서 $\bar{q}$와 $\hat{q}$는 모두 최적 오염수준으로서 이 수준에서 다음 두 가지 조건이 성립한다.

1. 총피해비용(TDC)과 총감축비용(TAC)의 합(TC_T)이 극소화
2. 한계피해비용(MDC)과 한계감축비용(MAC)이 일치

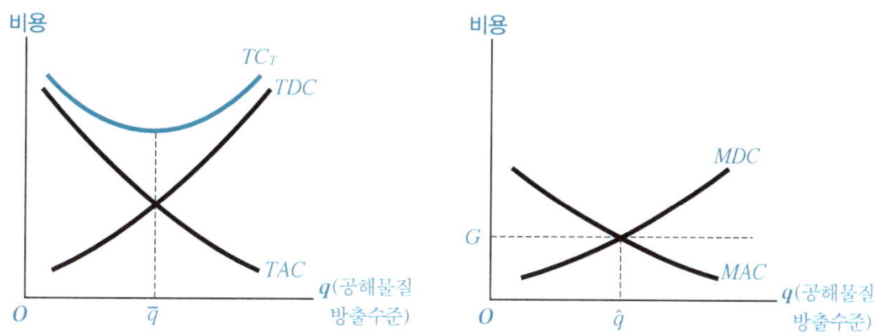

(a) 총비용곡선에 의한 도출　　(b) 한계비용곡선에 의한 도출

정답　14 ①　15 ②

16 **오염물질을 배출하는 기업 甲과 乙의 오염저감비용은 각각 $TAC_1 = 200 + 4X_1^2$, $TAC_2 = 200 + X_2^2$이다. 정부가 두 기업의 총오염배출량을 80톤 감축하기로 결정할 경우 두 기업의 오염저감비용의 합계를 최소화하는 甲과 乙의 오염감축량은?** (단, X_1, X_2는 각각 甲과 乙의 오염감축량이다.) 2021년 감정평가사

① $X_1 = 8, X_2 = 52$
② $X_1 = 16, X_2 = 64$
③ $X_1 = 24, X_2 = 46$
④ $X_1 = 32, X_2 = 48$
⑤ $X_1 = 64, X_2 = 16$

hint

오염저감의 최적 조건 또는 비용효율성 조건은 두 기업의 한계저감비용이 일치하는 것이다.

$MAC_1 = 8X_1 = MAC_2 = 2X_2$ and $X_1 + X_2 = 80$

*** 참고사항**

오염저감의 총량효율성 조건은 MAC와 한계피해비용 MDC가 일치하는 것이다. 기업이 둘일 때 비용효율성 조건과 총량효율성 조건을 모두 만족하기 위해서는 $MAC_1 = MAC_2 = MDC$가 성립해야 한다.

17 **외부효과에 관한 설명으로 옳은 것은?** 2011년 감정평가사

① 생산의 외부불경제가 존재하는 경우 사회적 최적 생산량은 시장균형생산량보다 많다.
② 소비의 외부경제가 존재하는 경우 사회적 최적 소비량은 시장균형소비량보다 적다.
③ 외부효과의 내부화로는 외부효과의 비효율성을 해결할 수 없다.
④ 교정적 조세는 경제적 효율을 향상시키면서 정부의 조세수입도 증대시킨다.
⑤ 오염배출권 거래제에서는 정부가 오염배출권의 가격을 먼저 설정함으로써 사회적 총오염배출량이 결정된다.

hint

생산의 외부불경제가 존재한다는 것은 사회적 한계비용(SMC)과 사적 한계비용(PMC)을 비교할 때 $SMC > PMC$임을 의미한다. 그런데 시장에서 $P = PMC < SMC$인 상태에서 생산량이 결정되므로 시장균형생산량은 사회적 최적 생산량보다 많아진다. 반면 소비의 외부경제가 존재하는 경우에는 $SMB > PMB$인데, 시장에서는 $SMB > PMB = SMC$에 의해 생산과 소비가 결정되므로 사회적 최적 소비량은 시장균형소비량보다 많게 된다. 외부효과를 해결하는 방법 가운데는 외부효과를 유발하는 기업을 합병해 외부효과를 내부화(internalization)하는 방법도 있다. 이 경우 외부효과는 더 이상 존재하지 않는다. 오염배출권 거래제에서 정부는 개별 기업에 일정한 오염배출권을 허용해 주면 각자 자신의 오염감축비용을 감안해 배출권을 거래하게 되며, 이 과정에서 오염배출권의 가격이 결정된다. 그리고 이상적인 조건 하에서라면 피구세(Pigouvian tax)와 같은 교정적인 조세는 오염규모를 최적 수준으로 유지하는 데 기여할 뿐만 아니라 정부의 조세수입을 늘리는 데도 기여한다.

18 **오염배출권 시장에 대한 설명으로 옳지 않은 것은?** 2014년 보험계리사

① 정부가 시장을 통해 오염물질 배출을 규제하기 위한 정책이다.

② 오염물질을 배출하는 기업에 일정량의 오염물질 배출권을 할당하고 이를 시장에서 거래하도록 한다.

③ 오염물질에 대한 시장수요를 정부가 정확히 알 수 없는 경우에는 피구세(Pigouvian tax)가 더 효율적인 방법이다.

④ 정부가 오염물질 배출량을 설정하고 오염물질 가격은 시장에서 결정하게 하는 방식이다.

hint

② (O), 피구세는 오염의 가격을 규제하는 반면, 오염배출권은 오염의 수량을 규제한다.

③ (×), 불완전정보 하에서는 피구세가 나을 수도 있고 오염배출권이 더 나을 수도 있다. 이에 대한 증명은 매우 복잡하므로 생략한다.

19 **정부가 오염물질의 사회적 한계피해비용과 기업의 한계오염저감비용을 알지 못하지만 사회적으로 적절한 오염배출과 오염저감(pollution abatement)의 총량을 알고 있을 때, 다음 중 가장 효율적인 환경정책은?** 2003년 입시

① 직접규제로 오염배출 규제

② 저감보조금제도로 오염저감을 유도

③ 배출부과금제도로 오염저감을 유도

④ 배출권 거래제도로 오염저감의 배분을 유도

⑤ 시장의 조정기능에 맡김

hint

현재 한계오염저감비용을 알지 못하므로 가격규제에 해당하는 적절한 수준의 배출부과금(피구세)을 설정하기는 어려운 상황이다. 반면 직접규제나 배출권 거래제도를 통해 적절한 수량을 통제하는 것은 가능하다. 이 중 직접규제에 비해 배출권 거래제도는 오염물질 처리와 관련된 비교우위를 활용할 수 있으므로 보기 중 배출권 거래제도가 가장 바람직하다.

정답 16 ② 17 ④ 18 ③ 19 ④

20 **지구온난화의 주범인 이산화탄소의 배출을 줄이기 위한 국제적인 노력이 점차 강화되고 있다. 이런 노력의 일환으로 탄소배출권의 거래를 허용하려고 한다. 이와 관련된 설명으로 가장 옳은 것은?**

① 탄소배출권이 거래되면 공해를 가장 바람직한 수준으로 통제할 수 있다.

② 탄소배출권이 거래되면 공해를 일정한 수준으로 유지하는 데 소요되는 비용을 최소화할 수 있다.

③ 탄소배출권이 거래되면 이산화탄소를 효율적으로 줄일 수 있는 기업만 유리하다.

④ 경매방식으로 탄소배출권을 판매하는 것은 효율적인 결과를 달성할 수 없다.

⑤ 기업들이 이산화탄소의 배출을 줄이는 데 소요되는 비용에 차이가 없더라도 탄소배출권은 활발하게 거래될 수 있다.

hint

일부 표현이 불명확한 부분이 있지만 문제의 취지를 파악해 주기 바란다.

① (×), 정보가 불완전하다면 공해를 가장 바람직한 수준으로 유지한다는 보장이 없다.

② (○), 공해의 총량이 바람직한지와 무관하게 탄소배출권은 이를 일정한 수준으로 줄이는 비용을 최소화할 수 있다. 이를 비용효율성이라고 한다.

③ (×), 거래의 기회가 주어진다면 모든 기업이 이득을 얻는다.

④ (×), 경매에 의해서도 비용효율성이 달성된다.

⑤ (×), 처리비용에 차이가 없다면 거래가 이루어지지 않는다.

21 **어느 섬나라에는 기업 A, B, C만 존재한다. 다음의 표는 기업 A, B, C의 오염배출량과 오염저감비용을 나타낸 것이다. 정부가 각 기업에 오염배출권 30장씩을 무료로 배부하고, 오염배출권을 가진 한도 내에서만 오염을 배출할 수 있도록 하였다. 다음에서 옳은 것을 모두 고르면?** (단, 오염배출권 1장당 오염을 1톤씩 배출한다.) 2011년 국회 8급

기업	오염배출량(톤)	오염저감비용(만원/톤)
A	70	20
B	60	25
C	50	10

ㄱ. 오염배출권의 자유로운 거래가 허용된다면 오염배출권의 가격은 톤당 20만원으로 결정될 것이다.

ㄴ. 오염배출권제도가 실시되었을 때 균형상태에서 기업 A는 30톤의 오염을 배출할 것이다.

ㄷ. 오염배출권제도 하에서의 사회적인 총비용은 각 기업의 오염배출량을 30톤으로 직접 규

제할 때보다 450만원 절감될 것이다.

ㄹ. 오염배출권제도 하에서 오염을 줄이는 데 드는 사회적인 총비용은 1,200만원이다.

ㅁ. 기업 B는 오염배출권제도보다 각 기업이 오염배출량을 30톤으로 줄이도록 하는 직접규제를 더 선호할 것이다.

① ㄱ, ㄴ　　② ㄴ, ㄷ　　③ ㄱ, ㄴ, ㄷ

④ ㄷ, ㄹ, ㅁ　　⑤ ㄱ, ㄴ, ㅁ

hint

p가 오염배출권의 가격이며, MAC가 한계 오염저감비용일 때 기업의 의사결정은 다음과 같다.

$>$　처리 증가, 배출권 판매
$P = MAC \Rightarrow$　최적 선택
$<$　처리 감소, 배출권 구입

예를 들어 기업 A는 배출권 가격이 20보다 클 때 70의 오염량을 모두 처리하고 남는 배출권을 판매하려 할 것이다. 배출권의 시장공급은 90으로 정해져 있으므로 수직선이 된다. 반면 배출권의 시장수요는 각 기업의 오염저감비용을 기준으로 꺾어진 계단 형태가 된다.

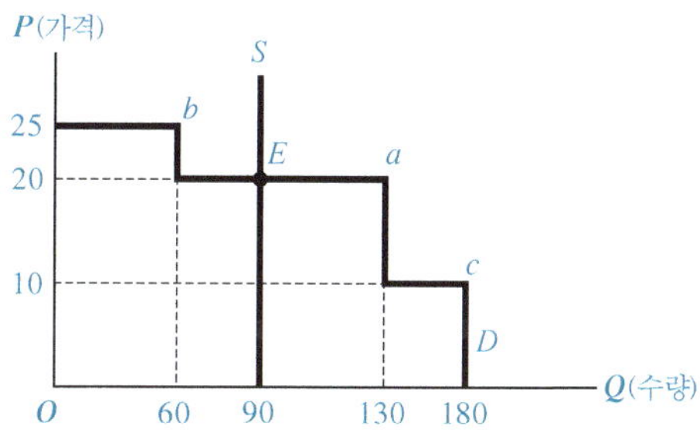

이 경우 균형가격은 20이 되며, 이 가격에서 각 기업의 의사결정은 다음과 같다.

기업 A : 처리와 구입이 무차별, 40을 처리함
기업 B : 구입이 유리, 처리하지 않고 30의 배출권을 구입
기업 C : 처리가 유리, 50을 모두 처리하고 30의 배출권을 판매

ㄱ. (O)
ㄴ. (O), 70 중 40을 처리하였으므로 30을 배출한다.
ㄷ. (O), 직접규제 시 처리비용　　: $40 \times 20 + 30 \times 25 + 20 \times 10 = 1,750$
ㄹ. (×), 오염배출권제도 시 처리비용 : $40 \times 20 + 0 \times 25 + 50 \times 10 = 1,300$
ㅁ. (×), 기업 B의 경우 배출권제도 하에서 구입비용 600이 들지만 직접규제 시에는 처리비용 750이 든다. 따라서 배출권제도가 더 유리하다.

정답　20 ②　21 ③

22 공해를 배출하는 두 기업 1, 2가 공해 배출을 감축하는 데 소요되는 비용이 다음과 같이 한계 감축비용(MCA)으로 측정되었다.

$$MCA_1(G_1) = 50 - \frac{G_1}{4}$$
$$MCA_2(G_2) = 100 - \frac{G_2}{2}$$
(여기서 G_1, G_2는 각 기업의 월간 공해배출량을 나타낸다.)

정부는 각 기업에게 월간 100톤의 공해를 배출할 수 있는 권리를 보장해 주었다. 기업들이 이 권리를 배출권시장에서 거래할 수 있다고 할 때 배출권의 균형가격과 균형거래량은 얼마인가?

① $\frac{50}{3}$, $\frac{80}{3}$　② $\frac{100}{3}$, $\frac{100}{3}$　③ $\frac{100}{3}$, $\frac{200}{3}$
④ $\frac{200}{3}$, $\frac{100}{3}$　⑤ $\frac{200}{3}$, $\frac{200}{3}$

hint

배출권시장의 균형조건을 이용해 균형가격과 거래량을 구하면 된다. 공해배출량을 감축할 필요가 없다면 각 기업은 $G_1^* = G_2^* = 200$을 배출할 것이며, 이것은 각 기업의 이윤을 극대화하는 배출량으로 해석할 수 있다. 따라서 정부가 배출량을 규제하는 경우 각 기업은 100단위의 공해배출량을 감축해야 한다. 그런데 감축비용에 차이가 있기 때문에 이들 간 배출권의 거래가 가능하다. 배출권시장의 균형조건은 다음과 같다. 여기서 G_1, G_2는 배출권 거래 후 각 기업이 확보한 배출권의 규모를 나타낸다고 해석한다.

$$50 - \frac{G_1}{4} = 100 - \frac{G_2}{2} = P$$
$$G_1 + G_2 = 200$$

두 식을 연립해 풀면 배출권 가격 = $\frac{100}{3}$, 거래량 = $\frac{100}{3}$임을 알 수 있다.

23 과수원 주인인 甲과 양봉업자인 乙이 인근 지역에서 경제활동을 하고 있는데, 甲이 과실나무를 더 심자 乙의 꿀 생산이 증가하고, 乙이 꿀벌의 수를 증가시키자 과수원 수확이 늘어나는 것을 확인할 수 있었다. 甲과 乙에게 발생하는 외부성에 관한 설명으로 옳은 것을 모두 고른 것은? 2014년 감정평가사

ㄱ. 甲과 乙은 각각 서로에게 양의 외부성을 주게 된다.
ㄴ. 거래비용이 존재하지 않을 때, 甲과 乙 간의 거래에 의해 사회적 최적 생산량을 합의해 낼 수 있다.
ㄷ. 甲과 乙 사이에 서로 양의 외부성을 주고받는 경우이므로, 시장실패에 대한 교정은 불필요하다.
ㄹ. 甲이 양봉장을 인수함으로써 사회적 최적 생산량을 달성할 수 있다.

① ㄱ, ㄴ ② ㄴ, ㄷ
③ ㄷ, ㄹ ④ ㄱ, ㄴ, ㄹ
⑤ ㄱ, ㄷ, ㄹ

hint

이것은 쌍방향 긍정적인 생산의 외부효과에 해당한다. 이 경우 거래비용이 존재하지 않는다면 甲과 乙의 자발적인 협상에 의해 사회적으로 최적의 꿀과 과일을 생산할 수 있다. 그렇지만 아무런 조치를 취하지 않는 경우에는 시장에서 꿀과 과일이 사회적 최적 수준보다 적게 생산되므로 시장실패가 발생한다.

24 **강 상류에 위치한 기업 A가 오염물질을 배출하고 있으며, 강 하류에서는 어민 B가 어업 활동을 영위하고 있다. 그런데 기업 A는 자사의 오염배출이 어민 B에 미치는 영향을 고려하지 않고 있다. 사회적 최적 수준의 오염물질 배출량이 100톤이라고 가정할 때, 옳지 않은 것은?**

2013년 국가직 7급

① 현재 기업 A의 오염물질 배출량은 100톤보다 많다.
② 오염배출 문제는 기업 A와 어민 B의 협상을 통해서 해결 가능하며, 이러한 경우 보상을 위한 필요자금 없이도 가능하다.
③ 기업 A에게 적절한 피구세(Pigouvian tax)를 부과함으로써 사회적 최적 수준의 오염물질 배출량 달성이 가능하다.
④ 강 하류에 어민이 많을수록 협상을 통한 오염배출 문제의 해결은 현실적으로 어려워진다.

hint

①, ③ 부정적 외부효과는 과다생산을 유발한다. 따라서 현재 오염물질 배출량은 100톤보다 많다. 이 경우 적절한 수준의 조세를 부과하면 자원배분을 개선시킬 수 있다.
②, ④ 코즈의 정리에 의하면 외부성의 문제는 자발적 협상을 통해서도 해결 가능하다. 그러나 이는 거래비용이 매우 낮고, 적절한 보상이 이루어질 것을 전제로 한다.

정답 22 ② 23 ④ 24 ②

25 **다음 중 코우즈 정리**(Coase theorem)**에 따른 예측으로 가장 옳지 않은 것은?** (단, 만족 수준 한 단위가 현금 1만원과 동일한 수준의 효용이다.) 2017년 서울시 7급

> 김 씨와 이 씨가 한집에 살고 있다. 평상시 두 사람의 만족 수준을 100이라고 하자. 김 씨는 집 안 전체에 음악을 틀고 있으면 만족 수준이 200이 된다. 반면, 이 씨는 음악이 틀어져 있는 공간에서는 만족 수준이 50에 그친다.

① 음악을 트는 것에 대한 권리가 누구에게 있든지 집 안 전체의 음악 재생 여부는 동일하다.
② 음악을 트는 것에 대한 권리가 이 씨에게 있는 경우 둘 사이에 자금의 이전이 발생한다.
③ 음악을 트는 것에 대한 권리가 김 씨에게 있는 경우 그는 음악을 틀 것이다.
④ 음악을 트는 것에 대한 권리가 이 씨에게 있는 경우 집 안은 고요할 것이다.

hint

거래비용이 0일 때,

김 씨가 권리를 갖는 경우 이 씨가 협상을 시도하겠지만 수락되지 않으므로 자금의 이전 없이 음악이 틀어진다.
이 씨가 권리를 갖는 경우 김 씨가 협상을 시도하여 50에서 100 사이의 자금이 이전되고 음악이 틀어진다.

① (○)
② (○)
③ (○)
④ (×), 권리가 누구에게 주어지든지 결국 이는 효율적인 동일한 방법으로 향유된다는 것이 코즈 정리의 핵심이다.

26 **다음은 강 상류에 위치한 생산자 A와 강 하류에 위치한 피해자 B로만 구성된 경제를 묘사한 것이다. A는 제품(Q)의 생산과정에서 불가피하게 오염물질을 배출하며, 이로 인해 B에게 피해를 발생시킨다. 강의 소유권은 B에게 있으며, A의 한계편익(MB_A)과 B의 한계비용(MC_B)은 각각 다음과 같다.**

$$MB_A = 10 - \frac{1}{2}Q,\quad MC_B = \frac{1}{2}Q$$

A의 고정비용 및 한계비용은 없고, B의 한계편익도 없다. 양자가 협상을 통해 사회적으로 바람직한 산출량을 달성할 수 있다면, 피해보상비를 제외하고 A가 지불할 수 있는 협상비용의 최댓값은? 2020년 공인회계사

① 25 ② 50 ③ 75
④ 100 ⑤ 125

hint

코즈의 정리에 관한 문제이다. 아래 그림에서 A가 지급할 의사가 있는 최대금액은 $a+b+c$의 면적에 해당하는데 보상비로 지급해야 할 금액이 c이므로 보상비를 제외하고 지불할 수 있는 협상금액은 $a+b$의 면적이 된다.

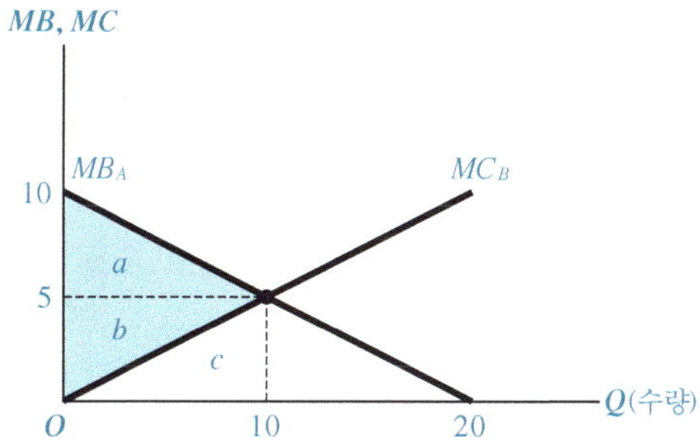

27 공공재와 공공재의 효율적인 공급에 관한 설명으로 옳은 것은? 2004년 국가직 7급

① 공공재는 모든 소비자가 동일한 가격 하에서 소비하고자 하는 양을 결정하게 되므로 공공재의 시장수요곡선은 각 개인의 수요곡선을 수직으로 합하여 도출된다.

② 순수공공재의 최적 공급조건인 사무엘슨의 조건과 린달의 모형은 다른 결론을 도출한다.

③ 무임승차의 문제가 공공재의 시장실패를 가져오는 것은 아니다.

④ 공공재의 경우 공공재가 갖는 비경합성 때문에 한계비용이 0이 되어 효율적인 자원배분을 위한 공공재의 가격은 0이 된다.

hint

① 공공재의 경우 모든 소비자가 '동일한 가격' 하에 소비하는 것이 아니라 '동일한 수량'을 소비한다. 따라서 공공재의 시장수요곡선은 수평합이 아닌 수직합으로 구해진다.

④ 비경합성을 갖는 순수공공재의 경우 다른 사람이 공공재를 사용하더라도 나의 소비가 영향을 받지 않는다. 이런 경우 추가적인 공공재 소비를 위한 비용, 즉 한계비용은 0이다. 효율적인 자원배분이 되기 위해서는 $P = MC$의 조건이 충족되어야 하므로 가격이 0이 되어야 한다. (주의할 점 : 추가적 공공재 소비의 비용이 0이라는 것이지 공공재 생산의 한계비용이 0이라는 것은 아니라는 점에 유의하기 바란다.)

정답 25 ④ 26 ② 27 ④

28 **소비자들의**(또는 구성원들의) **자발적인 결정에 의해 공공재가 제공되는 상황을 고려하자. 다음 설명 중 옳은 것은?** 2004년 공인회계사

① 공공재가 파레토 효율적인 수준에서 제공되고 있을 때, 소비자들이 그 공공재의 한계단위에(또는 마지막 단위에) 매기는 가치는 서로 같지 않을 수 있다.

② 소비자들의 자발적 결정에 의해 제공되는 공공재의 양은 항상 파레토 효율적인 수준보다 많다.

③ 소비자들의 자발적 결정에 의해 제공되는 공공재의 양은 항상 파레토 효율적인 양과 동일하다.

④ 소비자들의 자발적 결정에 의해 공공재가 제공되는 경우 무임승차문제는 절대 발생하지 않는다.

⑤ 공공재가 파레토 효율적인 수준에서 제공되고 있을 때, 소비자들은 서로 다른 양의 공공재를 제공받는다.

hint

두 명의 소비자를 가정하는 경우 공공재의 파레토 효율적인 공급조건은 $MB_1 + MB_2 = MC$이다. 이 경우 두 소비자의 한계편익의 합이 한계비용과 일치하면 되지 각자의 한계편익이 서로 일치할 필요는 없다.

29 **어느 경제에 두 사람 1, 2가 있다. 공공재 G로부터 사람 i가 얻는 한계편익**(MB_i)**은 다음과 같다.**

$$MB_1(G) = \begin{cases} 50 - G, & G \le 50\text{인 경우} \\ 0, & G > 50\text{인 경우} \end{cases}$$

$$MB_2(G) = \begin{cases} 50 - \frac{1}{2}G, & G \le 100\text{인 경우} \\ 0, & G > 100\text{인 경우} \end{cases}$$

공공재 생산의 한계비용은 20이다. 최적 수준의 공공재가 공급될 때 사람 1이 얻는 총편익은?

① 0 ② 1,000 ③ 1,250

④ 1,875 ⑤ 3,125

hint

1. $G \le 50$인 경우

$\Sigma MB_i = 100 - \frac{3}{2}G = MC = 20 \Rightarrow G = \frac{160}{3}$은 유효한 해가 아니다.

2. $50 < G \le 100$인 경우

$\Sigma MB_i = 50 - \frac{1}{2}G = MC = 20 \Rightarrow G = 60$은 유효한 해가 된다. 이 경우 사람 1의 총편익은 오른쪽 그림의 아래 색칠된 면적과 같다.

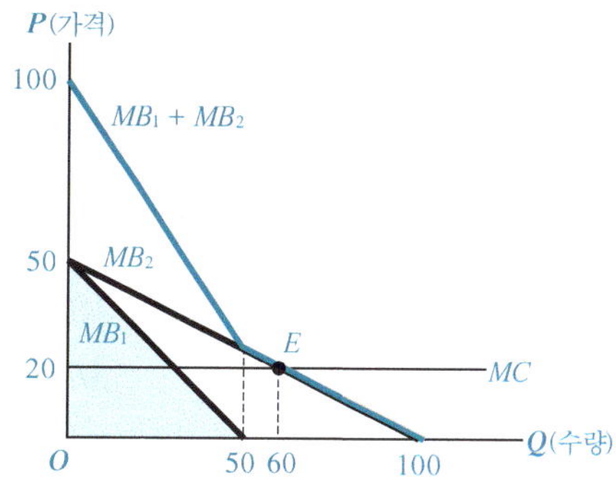

30 세 사람 A, B, C로 이루어진 어떤 경제에서 공공재에 대한 세 사람의 수요함수(Q_A, Q_B, Q_C)는 각각 $Q_A = 10 - P_A$, $Q_B = 10 - \frac{1}{3}P_B$, $Q_C = 5 - \frac{1}{2}P_C$이고, 공공재의 한계비용은 20으로 일정할 때, 사회적 후생을 극대화시키는 공공재 생산량에서 세 사람의 최대지불의사가격은? (단, P_A, P_B, P_C는 A, B, C가 공공재에 지불하는 가격이다.)

2013년 감정평가사 응용

	P_A	P_B	P_C
①	5	10	0
②	5	15	0
③	10	10	0
④	10	15	5
⑤	15	10	5

hint

각 사람의 수요함수를 각자 지불하려는 가격을 종속변수로 나타내면 다음과 같다.

$$P_A = 10 - Q_A,\ P_B = 30 - 3Q_B,\ P_C = 10 - 2Q_C$$

이것은 임의의 공공재 수준에서 각자의 지불의사를 나타낸다. 따라서 시장 전체의 지불의사는 이것을 모두 더해서 구한다. 이때 각자 소비하는 공공재의 수량은 동일하므로 $Q_A = Q_B = Q_C = Q$로 통일한다.

$$P_A + P_B + P_C = 50 - 6Q$$

사회후생을 극대화하는 공공재의 생산량은 이것과 한계비용이 일치할 때 가능하다. 즉, $50 - 6Q = 20 \rightarrow Q^* = 5$

최적 소비량 5에서 각 참여자의 최대지급의사를 구하면 된다. 이렇게 구해진 최대지불의사가격을 린달 가격이라고 한다.

정답 28 ① 29 ③ 30 ②

31 세 명(A, B, C)으로 구성된 어느 마을에서 공공재에 대한 개별 구성원 각각의 한계편익(MB)과 공공재 비용함수(TC)는 다음과 같다.

$$MB^A = \max\{120 - Q, 0\}$$
$$MB^B = \max\{25 - 0.5Q, 0\}$$
$$MB^C = \max\{40 - 2Q, 0\}$$
$$TC = 73Q$$

이 마을의 최적 공공재 공급량은? (단, MB^i는 개인 i의 공공재에 대한 한계편익이며, Q는 공공재 공급량이다.) 2023년 공인회계사

① 23 ② 32 ③ 47
④ 48 ⑤ 54

hint

$Q < 20$인 경우 $\sum MB^i = 185 - 3.5Q = MC = 73 \Rightarrow Q_1 = 32$ (유효한 해 아님)
$20 < Q < 50$인 경우 $\sum MB^i = 145 - 1.5Q = MC = 73 \Rightarrow Q_2 = 48$ (유효한 해, E점)
$50 < Q < 120$인 경우 $\sum MB^i = 120 - Q = MC = 73 \Rightarrow Q_3 = 47$ (유효한 해 아님)

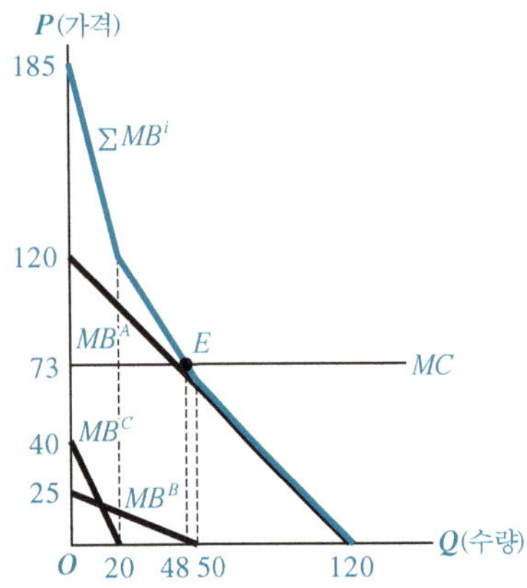

32 어떤 마을에 총 10개 가구가 살고 있다. 각 가구는 가로등에 대해 동일한 수요함수 $p_i = 10 - Q$ ($i = 1, \cdots, 10$)를 가지며, 가로등 하나를 설치하는 데 소요되는 비용은 20이다. 사회적으로 효율적인 가로등 설치에 대한 설명으로 옳지 않은 것은? 2018년 국회 8급

① 어느 가구도 단독으로 가로등을 설치하려 하지 않을 것이다.
② 가로등에 대한 총수요는 $P = 100 - 10Q$이다.

③ 이 마을의 사회적으로 효율적인 가로등 수량은 9개이다.

④ 사회적으로 효율적인 가로등 수량을 확보하려면 각 가구는 가로등 1개당 2의 비용을 지불해야 한다.

⑤ 가구 수가 증가하는 경우, 사회적으로 효율적인 가로등 수량은 증가한다.

hint

① (O), 모든 가구에 있어 $p_i = 10 - Q < MC$가 성립한다.

② (O), $P = \sum_{i=1}^{10} p_i = 100 - 10Q$

③ (×), $P = \sum_{i=1}^{10} p_i = 100 - 10Q = MC = 20$에서 $Q^* = 8$이다.

④ (O), 효율적 가격체계인 린달 가격에 의하면 각 개인의 지급의사인 $p_i = 10 - Q^* = 2$가 되어야 한다.

⑤ (O), 가구 수가 늘어나면 편익의 합이 증가하므로 효율적 가로등의 수량도 증가한다.

33

타잔과 제인이 열대밀림에서 치타와 함께 살고 있다. 그들은 치타를 훈련시켜서 순찰업무와 과일채취 업무를 하도록 하였다. 치타는 1시간에 과일을 3kg 채취할 수 있다. 현재 치타는 순찰업무에 6시간, 과일채취 업무에 8시간을 쓰고 나머지 10시간은 수면을 취하고 있다. 현재 타잔과 제인은 각자 2kg의 과일 대신에 1시간의 순찰서비스를 포기할 용의를 가지고 있다고 할 때 다음 보기 중 가장 적당한 것은?

① 과일과 순찰은 모두 사용재이다.

② 과일과 순찰은 모두 공공재이다.

③ 현재 상태는 효율적이며 더 이상의 개선이 불가능하다.

④ 현재 상태는 비효율적이며 순찰시간을 줄이고 과일을 더 생산하여야 한다.

⑤ 현재 상태는 비효율적이며 과일을 덜 생산하고 순찰시간을 늘려야 한다.

hint

공공재(Z)와 사용재(X)가 모두 존재하는 경제에서 효율성의 조건은 모든 사람의 한계대체율의 합과 한계전환율이 일치하는 것이다. 효율적인 자원배분을 위해 다음과 같은 조정이 필요하다.

$\sum_{i=1}^{n} MRS^i_{ZX} > MRT_{ZX}$ ⇒ 공공재의 편익 > 공공재의 비용 ⇒ 공공재 증가, 사용재 감소

$\sum_{i=1}^{n} MRS^i_{ZX} = MRT_{ZX}$ ⇒ 효율적인 자원배분

$\sum_{i=1}^{n} MRS^i_{ZX} < MRT_{ZX}$ ⇒ 공공재의 편익 < 공공재의 비용 ⇒ 공공재 감소, 사용재 증가

문제에서 타잔과 제인의 한계대체율은 각각 2이며, 한계전환율은 3이므로 $\sum_{i=1}^{n} MRS^i_{ZX} > MRT_{ZX}$가 성립한다. 따라서 이 경우 공공재인 순찰시간을 늘리고 사용재인 과일의 생산을 줄이는 것이 바람직하다.

정답 31 ④ 32 ③ 33 ⑤

34 **어떤 한 경제에 A, B 두 명의 소비자와 X, Y 두 개의 재화가 존재한다. 이 중 X는 공공재(public goods)이고 Y는 사용재(private goods)이다. 현재의 소비량을 기준으로 A와 B의 한계대체율(marginal rate of substitution ; MRS)과 한계전환율(marginal rate of transformation ; MRT)이 다음과 같이 측정되었다. 공공재의 공급에 관한 평가로 옳은 것은?** (단, MRS_{XY}는 모두 체감하며, MRT_{XY}는 일정하다.)

$$MRS_{XY}^{A} = 1,\ MRS_{XY}^{B} = 3,\ MRT_{XY} = 5$$

① 두 소비자 중 공공재에 대한 상대적 선호도가 더 큰 것은 A이다.
② A의 비용부담으로 공공재의 생산을 늘리는 경우 사회후생은 개선된다.
③ B의 비용부담으로 공공재의 생산을 늘리는 경우 사회후생은 개선된다.
④ 공공재의 생산을 줄이는 대신 늘어난 사용재를 두 사람에게 나누어준다면 파레토 개선이 가능하다.
⑤ 공공재의 최적 수준 공급 여부를 알 수 없다.

hint

④ $MRS_{XY}^{A} + MRS_{XY}^{B} = 1 + 3 = 4 < MRT_{XY}$이므로 이 사회에서 공공재에 대한 선호도의 합보다 공공재 생산의 기회비용이 더 크다. 따라서 공공재는 과잉생산되어 있으며, 공공재 생산을 감소시켜서 사회후생을 개선할 수 있다.

35 **사적 재화(X)와 공공재(Y)를 통해 효용을 극대화하는 A는 사적 재화 4단위를 가지고 있다. 공공재 1단위를 생산하기 위해서는 사적 재화 1단위가 필요하다. 현재 이 경제에 1단위의 공공재가 존재하고 A의 효용함수가 $u(x, y) = xy$라면, A의 공공재 공급량은?** 2019년 공인회계사

① 0 ② 1 ③ 1.5
④ 2 ⑤ 2.5

hint

1. A의 공공재 소비량을 y, A의 공공재 생산량(공급량)을 y_0라고 하면 $y = y_0 + 1$이 된다.
2. 사적 재화와 공공재 생산량 간의 관계는 $x = 4 - y_0$이다.

이상의 결과를 효용함수에 대입하면 다음과 같다.

$$u(y_0) = (4 - y_0)(y_0 + 1) \Rightarrow \frac{du}{dy_0} = 4 - 2y_0 - 1 = 0 \Rightarrow y_0 = 1.5$$

36 **두 사람 갑과 을만이 살고 있는 마을을 가정하자. 이 마을 입구에는 조그만 하천이 흐르는데 다리를 놓으면 두 사람 모두 편리하게 이용할 수 있다. 그런데 비용이 문제가 되어 최근까지**

다리를 건설할 계획조차 세우지 못하였다. 갑은 현재 300만원의 여유자금을 가지고 있고 을은 500만원의 여유자금을 가지고 있다. 그리고 다리를 건설하는 데는 100만원의 자금이 소요된다. 이것은 두 사람 모두에게 공유되고 있는 정보이다. 그런데 갑에게 다리는 70만원의 가치가 있고 을에게는 90만원의 가치가 있다. 그리고 이것은 본인만이 알고 있는 사적인 정보이다. 이제 불편함을 더 이상 견디기 어려운 두 사람은 다리를 건설할 비용을 조달하기 위해 만나서 다음과 같은 규칙을 세웠다.

> 각자 비밀리에 종이에 다리 건설을 위해 가(可)와 부(否) 가운데 하나를 적기로 한다. 만약 두 사람 모두 可로 적은 것으로 밝혀지면 각자 50만원씩 비용을 부담해 다리를 건설한다. 만약 두 사람 모두 否로 적은 것으로 밝혀지면 다리 건설은 없던 것으로 한다. 그리고 만약 어느 한 사람이 可로 적고, 다른 사람이 否로 적는다면 可로 적은 사람이 100만원의 비용을 부담하기로 한다.

이 경우 예상되는 결과에 대한 설명으로 옳은 것은?

① 갑과 을은 50만원씩 비용을 부담하고 다리를 건설하게 된다.
② 갑이 100만원을 부담하고 다리를 건설하게 된다.
③ 을이 100만원을 부담하고 다리를 건설하게 된다.
④ 갑과 을 둘 다 비용을 부담하지 않으므로 다리는 건설되지 않는다.
⑤ 이것만으로는 어떤 결론에 도달할 수 없다.

hint

이 문제는 무임승차로 인해 공공재의 최적 공급이 어려운 이유를 보여준다. 갑과 을이 보유하고 있는 여유자금, 각자 다리에 대해 부여하는 가치, 그리고 가 또는 부라는 전략의 선택에 따른 비용부담을 모두 망라해 보수행렬로 나타내면 다음과 같다. 앞의 숫자는 갑의 가치를, 뒤의 숫자는 을의 가치를 나타낸다.

		을	
		가	부
갑	가	(320, 540)	(270, 590)
	부	(370, 490)	(300, 500)

이 게임에서 갑과 을의 우월전략은 모두 부(否)이다. 다리를 건설하면 두 사람 모두 가치가 증가하지만, 두 사람은 용의자의 딜레마에 빠져 있으므로 그럴 수가 없다. 이렇게 되는 이유는 자신이 다리에 부여하는 가치를 숨긴 가운데 무임승차하려는 성향이 있기 때문이다.

정답 34 ④ 35 ③ 36 ④

37 두 명이 일정 금액을 부담하여 공공재를 제공하는 문제를 상정하자. 개인 1과 개인 2가 동시에 각자의 부담금 x와 y를 정하면 총 $x+y$의 공공재가 제공되고, 개인 1과 개인 2는 각각 $\sqrt{x+y}-x$와 $\sqrt{x+y}-y$의 보수를 얻는다. 개인 1이 선택할 수 있는 x값은 0 또는 $\frac{1}{2}$뿐이며, 개인 2가 선택할 수 있는 y값도 0 또는 $\frac{1}{2}$뿐이다. 다음 설명 중 옳지 않은 것은?

2013년 공인회계사

① 각 개인에게 있어 $\frac{1}{2}$의 부담금을 선택하는 전략은 열등전략이 아니다.

② 내쉬균형에서는 두 개인 모두 0의 부담금을 선택한다.

③ 다수의 내쉬균형이 존재한다.

④ 두 개인의 보수의 합을 극대화하는 공공재의 양은 1이다.

⑤ 만약 개인 2가 선택할 수 있는 부담금이 $y=0$으로 국한되더라도 개인 1이 선택할 수 있는 부담금이 여전히 0 또는 $\frac{1}{2}$이면, 내쉬균형에서 제공되는 공공재의 양은 변하지 않는다.

hint

이것은 두 명의 경기자가 자신의 전략으로 공공재 부담금을 선택하는 비협조적 게임으로 묘사할 수 있다. 이 경우 보수행렬은 다음과 같다.

		개인 2	
		$y=0$	$y=\frac{1}{2}$
개인 1	$x=0$	0, 0	$\sqrt{\frac{1}{2}}$, $\sqrt{\frac{1}{2}}-\frac{1}{2}$
	$x=\frac{1}{2}$	$\sqrt{\frac{1}{2}}-\frac{1}{2}$, $\sqrt{\frac{1}{2}}$	$\frac{1}{2}$, $\frac{1}{2}$

① (○), 열등전략이란 상대가 어떤 선택을 하더라도 그보다 더 나은 전략이 존재하는 전략을 말한다. 상대가 0을 선택하는 경우 $\frac{1}{2}$을 선택하는 것이 최선이므로 열등전략이 아니다.

② (×), 이 문제의 내쉬균형은 $(0, \frac{1}{2})$과 $(\frac{1}{2}, 0)$의 전략조합이다.

③ (○)

④ (○)

⑤ (○), 개인 2가 0을 선택한다면 개인 1은 $\frac{1}{2}$을 선택하는데 이는 내쉬균형 중 하나와 일치한다.

38 재화나 서비스는 소비의 경합성과 배제성 여부에 따라 다음 표와 같이 구분할 수 있다. 괄호에 들어갈 예로 가장 적절한 것은? 2014년 공인회계사

	자동차	(가)
	(나)	국방 서비스

	(가)	(나)
①	혼잡한 유료도로	혼잡한 무료도로
②	혼잡한 무료도로	혼잡한 유료도로
③	혼잡한 무료도로	혼잡하지 않은 유료도로
④	혼잡한 유료도로	혼잡하지 않은 무료도로
⑤	혼잡하지 않은 유료도로	혼잡한 무료도로

hint

경합성, 배제성 : 사용재 ⇒ 자동차, 혼잡한 유료도로
경합성, 비배제성 : 공유자원 ⇒ 혼잡한 무료도로
비경합성, 배제성 : 자연독점, 인위적 희소재화 ⇒ 혼잡하지 않은 유료도로
비경합성, 비배제성 : 순수공공재 ⇒ 국방 서비스, 혼잡하지 않은 무료도로

39 공공재와 공유자원에 대한 옳은 설명을 모두 고른 것은? 2005년 공인회계사

> 가. 공공재는 비배제적이고 비경합적이며, 공유자원은 비배제적이지만 경합적이다.
> 나. 공유자원이 과다하게 사용되어 고갈되는 공유자원의 비극(tragedy of commons)은 음(−)의 외부효과로 인해 발생할 수 있다.
> 다. 무임승차자(freerider) 문제는 공공재의 시장공급량을 효율적 수준보다 작게 하는 결과를 초래한다.

① 가 ② 가, 나 ③ 가, 나, 다
④ 가, 다 ⑤ 다

hint

무임승차자의 문제가 있는 경우 누구도 비용을 부담하려 하지 않기 때문에 공공재가 효율적인 수준만큼 공급되기 어렵다.

정답 37 ② 38 ③ 39 ③

40 어느 마을에 주민들이 염소를 방목할 수 있는 공동의 목초지가 있다. 염소를 방목하여 기를 때 얻는 총수입은 $R = 10(20X - X^2)$이고 염소 한 마리에 소요되는 비용은 20이다. 만약 개별 주민들이 아무런 제한 없이 각자 염소를 목초지에 방목하면 마을 주민들은 총 X_1마리를, 마을 주민들이 마을 전체의 이윤을 극대화하고자 한다면 총 X_2마리를 방목할 것이다. X_1과 X_2는? (단, X는 염소의 마릿수이다.) 2017년 감정평가사

① 12, 9 ② 12, 16 ③ 16, 12
④ 18, 9 ⑤ 18, 12

hint

1. 자유롭게 방목하는 경우
이 경우 주민들은 자신이 얻는 평균수입과 한계비용이 일치할 때까지 방목할 것이다.
$AR = 200 - 10X = MC = 20 \Rightarrow X_1 = 18$

2. 마을 전체의 이윤을 극대화하는 경우
이 경우 주민들은 마을 전체의 한계수입과 한계비용이 일치할 때까지 방목할 것이다.
$MR = 200 - 20X = MC = 20 \Rightarrow X_2 = 9$

41 어떤 산에서 n명의 사냥꾼이 토끼 사냥을 하면 $10\sqrt{n}$(kg)만큼의 토끼 고기를 얻을 수 있다. 토끼 고기는 kg당 2만원에 팔리고 있다. 또한 사냥꾼 한 명이 사냥을 하는 데 드는 비용은 2만원이다. 만약 이 산이 공유지라면 사회적으로 효율적인 사냥꾼 수보다 얼마나 더 많은 사냥꾼이 사냥을 하게 되는가? (단, 사냥꾼들은 모두 동일한 사냥능력을 지녔다.) 2018년 공인회계사

① 35명 ② 45명 ③ 55명
④ 65명 ⑤ 75명

hint

1. 효율적 배분의 조건은 사냥꾼의 한계생산가치와 한계비용이 일치하는 것이다.
$VMP = P \times MP = 2 \times \frac{5}{\sqrt{n}} = 2 \Rightarrow n^* = 25$

2. 산이 공유지인 경우에는 각 사냥꾼이 자신이 얻게 되는 평균생산가치와 한계비용이 일치할 때까지 사냥이 이루어진다.
$VAP = P \times AP = 2 \times \frac{10}{\sqrt{n}} = 2 \Rightarrow n_0 = 100$

42 어느 마을에 공동 목초지가 있어 원하는 사람은 누구나 염소를 방목할 수 있다. 현재 이 마을에서 두 명의 농부 1, 2가 목초지에 염소를 방목하려 한다. 농부들의 목적은 염소를 길러 이익을 극대화하는 것이다. 각 농부가 방목하는 염소의 수를 각각 g_1, g_2라 하자. 따라서 마을

전체로 방목하는 염소의 수는 $G = g_1 + g_2$이다. 그리고 염소 한 마리의 시장가격 v는 방목하는 염소의 수 G의 함수인데 다음과 같다고 하자.

$$v(G) = 80 - G$$

농부들이 방목할 어린 염소의 구입비용은 $c = 20$이며, 염소를 기르는 데 다른 비용은 없다고 가정한다. 이런 상황에서 이 마을의 이장은 두 명의 농부에게 독자적으로 행동하지 말고 서로 협력해 방목하는 염소의 숫자를 조절할 것을 권유하고 있다. 두 농부는 이장의 권유를 수락할지 아니면 독자적으로 행동할지 고민하고 있다고 할 때 다음 서술 중 옳은 것은?

① 이장의 권유를 따르는 것보다 독자적으로 행동하는 것이 두 농부 모두에게 유리하다.
② 독자적으로 행동하는 것보다 이장의 권유를 따르는 것이 두 농부 모두에게 유리하다.
③ 독자적으로 행동하든 이장의 권유를 따르든 두 농부에게는 아무 차이가 없다.
④ 독자적으로 행동하면 농부 1에게 유리하고, 이장의 권유를 따르면 농부 2에게 유리하다.
⑤ 독자적으로 행동하면 농부 2에게 유리하고, 이장의 권유를 따르면 농부 1에게 유리하다.

hint

이것은 공유의 비극(tragedy of the commons)에 관한 문제이다. 두 농부가 독자적으로 행동하는 경우 농부 1, 2의 이윤 Π_1, Π_2와 이윤극대화 조건은 다음과 같다.

$$\Pi_1 = (80 - g_1 - g_2)g_1 - 20g_1 \rightarrow \frac{d\Pi_1}{dg_1} = 60 - 2g_1 - g_2 = 0$$

$$\Pi_2 = (80 - g_1 - g_2)g_2 - 20g_2 \rightarrow \frac{d\Pi_2}{dg_2} = 60 - 2g_2 - g_1 = 0$$

따라서 각 농부가 방목하는 염소의 수와 이윤은 다음과 같다.

$$g_1^* = g_2^* = 20, \quad \Pi_1^* = \Pi_2^* = 400$$

한편 두 농부가 이장의 제안을 수락해 서로 협력한다면 다음과 같이 결합이윤을 극대화하게 된다.

$$\Pi = (80 - G)G - 20G \rightarrow \frac{d\Pi}{dG} = 60 - 2G = 0$$

이 경우 방목하는 염소의 수와 결합이윤은 다음과 같다.

$$G^* = 30, \quad \Pi^* = 900$$

따라서 각자 15마리씩 방목하고, 각자 450의 이윤을 얻는다.
이와 같이 독자적으로 행동하는 경우보다 서로 협력하는 경우 두 농부 모두 더 많은 이윤을 얻을 수 있다. 그 이유는 독자적으로 행동하는 경우에는 서로에게 부정적인 외부효과를 미치기 때문이다. 즉, 다른 농부가 방목하려는 염소의 숫자는 자신이 방목해서 얻는 이윤과 무관하지 않다. 이런 외부효과를 무시하고 독자적으로 행동하면 협력하는 경우에 비해 서로 불리한 상황에 처하게 된다. 개인적으로는 최선의 행동을 하지만 결과적으로는 모두 불리하게 된다는 의미에서 공유의 비극은 용의자의 딜레마의 일종이다.

정답 40 ④ 41 ⑤ 42 ②

43 재화나 서비스의 성격을 결정하는 주요 요소로 배제성과 경합성의 정도를 들 수 있다. 사람들이 사용하는 재화나 서비스 가운데는 배제성은 높지만 경합성이 낮은 것을 집단재(collective good) 또는 클럽재라고 한다. 다음 중 집단재에 해당하는 것은?

① 국방
② 옥수수
③ 케이블 TV 방송
④ 바다의 물고기
⑤ 지상파 TV 방송

hint

재화나 서비스를 분류하는 기준 가운데 중요한 것이 배제성(excludability)과 경합성(rivalry)이다. 배제성은 가격을 지불하지 않은 사람은 사용할 수 없는 것을 말한다. 경합성은 한 사람이 사용하더라도 다른 사람이 사용할 수 있는 수량이 감소하지 않는 것을 말한다. 이런 성질이 어떻게 나타나는가에 따라 재화나 서비스를 다음과 같이 분류할 수 있다.

- 사유재(private goods) : 배제성과 경합성이 모두 높은 재화나 서비스
  예) 쌀, 가전제품
- 공공재(public goods) : 배제성과 경합성이 모두 낮은 재화나 서비스
  예) 국방, 지상파 TV 방송
- 공유재(commons goods) : 경합성은 높지만 배제성이 낮은 재화나 서비스
  예) 바다의 물고기, 주인이 없는 뒷산의 산림자원
- 집단재(collective goods) : 배제성은 높지만 경합성이 낮은 재화나 서비스
  예) 케이블 TV 방송, 인터넷 서비스

정답 43 ③

제20장 정보경제학

Testbank for Economics [microeconomics]

핵 심 출 제 논 점

1. 역선택의 개념과 사례
2. 역선택의 해결책
3. 도덕적 해이의 개념과 사례
4. 도덕적 해이의 해결책
5. 정보재의 문제

I 역선택과 도덕적 해이

1. 역선택과 도덕적 해이의 비교

	역선택	도덕적 해이
정의	상대방의 특성을 관찰하기 힘든 경우 바람직하지 못한 상대방을 선택하게 되는 현상	상대방의 행동을 관찰하기 힘든 경우 상대방의 바람직하지 못한 행동에 직면하게 되는 현상
발생시점	계약 이전	계약 이후
원인	감추어진 특성(유형)	감추어진 행동
대표적 사례	① 중고차시장, ② 보험시장, ③ 노동시장, ④ 금융시장 등	① 보험시장, ② 금융시장, ③ 노동시장, ④ 본인-대리인 문제
해결방안	탐색 강화, 정보의 구입, 신호, 선별, 강제보험(의무가입) 등	감시 강화 유인 설계 (공동보험, 성과급 지급 등)

2. 역선택의 해결방안 : 신호와 선별

	신호발송(signaling)	선별(screening)
공통점	역선택의 해결책	
차이점	정보를 가진 측	정보를 갖지 못한 측
사례	기업의 광고행위 중고차 무상수리 보증 학위, 자격증 취득 기업의 고가정책 등	이통사, 항공사 등의 가격차별 건강검진, 보험상품 다양화, 탄력보험제* 신용할당, 효율성 임금 등

* 탄력보험제, 신용할당, 효율성 임금 등은 도덕적 해이의 해결방안으로 언급될 수도 있음.

3. 도덕적 해이의 해결방안 : 유인설계

- 성과급, 이윤 공유, 스톡옵션,
  공동보험(= 부분보험), 기초공제
  인위적 초과수요(신용할당과 담보 설정), 인위적 초과공급(효율성 임금)

Tips
1. 역선택은 넓은 의미의 부정적(−) 외부효과 사례로 보기도 함
2. 강제보험(단체보험)은 역선택 해결방안! 공동보험(부분보험)은 도덕적 해이 해결방안!

Part-1 기본 문제

01 **정보의 비대칭성으로 인한 역선택(adverse selection)의 예로 가장 적절한 것은?**

2015 보험계리사 응용

① 남에게 알려지지 않은 질병을 가진 사람이 건강보험에 가입할 가능성이 높다.

② 자동차 보험에 가입한 개인이 과속운전을 한다.

③ 공무원이 업무를 태만하게 한다.

④ 고정급여를 받는 근로자가 성과급을 받는 근로자보다 나태해진다.

hint

역선택이란 상대의 특성을 관찰할 수 없을 때 바람직하지 못한 상대방과 거래하게 되는 현상을 말한다. 나머지는 모두 도덕적 해이의 사례이다.

	역선택	도덕적 해이
비대칭정보의 발생시점	계약 이전	계약 이후
비대칭정보의 유형	숨겨진 특성	숨겨진 행동
해결방안	정보의 구입, 신호, 선별, 강제보험 등	유인설계(공동보험, 성과급 지급 등)

02 **정보의 비대칭성으로 인해 발생하는 상황에 대한 설명으로 옳은 것은?** 2021년 국가직 7급

① 중고차시장에서 불량품(lemon)만 남게 되는 현상은 도덕적 해이의 사례이다.

② 유인설계(incentive design)는 대리인의 감추어진 행동 때문에 발생하는 문제를 해결하기 위한 수단이다.

③ 강제적인 단체보험 프로그램의 도입은 본인-대리인 문제(principal-agent problem)를 해결하기 위한 수단이다.

④ 자동차 보험 가입 후 운전을 더 부주의하게 하는 것은 역선택의 사례이다.

hint

① (×), 이는 역선택의 사례이다.

③ (×), 이는 역선택을 해결하기 위한 수단이다.

④ (×), 이는 도덕적 해이의 사례이다.

정답 1 ① 2 ②

03 성능 좋은 중고차 100대와 성능 나쁜 중고차 100대를 팔려고 한다. 파는 사람은 좋은 차는 600만원 이상, 나쁜 차는 400만원 이상 받으려고 한다. 중고차를 사려는 사람 역시 200명인데, 이들은 좋은 차일 경우 650만원 이하, 나쁜 차일 경우 450만원 이하를 내려고 한다. 이때 팔려고 하는 사람은 차의 성능을 알지만, 사려고 하는 사람은 차의 성능을 모른다. 그러나 차의 성능을 제외한 모든 정보는 서로 공유하고 있다. 중고차시장의 균형가격과 균형거래량에 대한 설명 중 옳은 것은? 2007년 공인회계사

① 균형가격은 600만원과 650만원 사이, 균형거래량은 200대이다.
② 균형가격은 600만원과 650만원 사이, 균형거래량은 100대이다.
③ 균형가격은 400만원과 600만원 사이, 균형거래량은 200대이다.
④ 균형가격은 400만원과 450만원 사이, 균형거래량은 200대이다.
⑤ 균형가격은 400만원과 450만원 사이, 균형거래량은 100대이다.

hint

중고차의 품질을 구별할 수 없는 상황에서 중고차를 사려는 사람이 제공할 수 있는 가격은 중고차의 평균적인 가치에 해당하는 $P_A = \frac{1}{2} \times 650 + \frac{1}{2} \times 450 = 550$(만원)이다. 이 가격에는 성능이 좋은 차를 가진 사람은 팔 의사가 없다. 따라서 좋은 차는 사라지고 나쁜 차만 남아서 거래되는 역선택이 발생하게 된다. 결국 시장에는 나쁜 차만 남아서 수취의사 금액인 400만원과 지불의사금액인 450만원 사이의 가격에서 100대가 거래될 것으로 예상된다.

04 다이아몬드 시장에서 차지하는 다이아몬드 품질의 등급별 비중과 판매자 및 구매자의 유보가격은 다음 표와 같이 알려져 있다. 구매자는 구입하려는 다이아몬드의 등급은 알 수 없다. 판매자는 다이아몬드의 등급을 정확히 알고, 거래로 인한 이익을 모두 갖는다. 시장에서 거래되는 다이아몬드의 등급으로 옳은 것은? 2017년 보험계리사

등급	A급	B급	C급
시장에서 차지하는 등급별 비중	20%	40%	40%
구매자 유보가격	9	8	6
판매자 유보가격	6	4	3

① A, B, C
② B, C
③ C
④ 어떤 다이아몬드도 거래되지 않는다.

hint

1. 추가 가정
   모든 구매자와 판매자는 위험중립자이다.
   구매자는 개별 다이아몬드의 등급은 알 수 없지만, 다이아몬드 품질의 분포는 알고 있다.

2. 구매자의 평균적 지급의사액(구매자 유보가격)
   $\overline{P} = 0.2 \times 9 + 0.4 \times 8 + 0.4 \times 6 = 7.4$ ⇒ 이는 모든 유형의 판매자 유보가격(수취의사)보다 높기 때문에 모든 유형의 판매자가 이 거래에 응하게 될 것이다.

05 다음 중 역선택 문제를 해결하려는 자발적인 노력으로 신호발송과 선별이 있다. 다음 보기 중 성격이 다른 하나는?

① 기업의 고가(高價)정책
② 중고차의 무상수리 보증
③ 학생들의 자격증 취득
④ 보험상품의 다양화
⑤ 이름난 음식점 앞에 늘어선 줄

hint

신호발송(signaling)이란 정보를 가진 측에서 감추어진 특성에 대한 관찰 가능한 지표를 보내는 것을 말한다. 반면 선별(screening)이란 정보를 갖지 못한 측에서 정보를 가진 측의 유형을 판별하고자 하는 노력을 말한다. ④는 정보를 갖지 못한 보험사측의 노력이므로 선별에 해당하며, 나머지 보기들은 모두 신호발송에 해당한다.

	신호발송	선별
공통점	역선택의 해결책	
차이점	정보를 가진 측	정보를 갖지 못한 측
대표적인 예	기업의 광고행위, 중고차 무상수리 보증 학위, 자격증 취득 기업의 고가정책	이통사, 항공사 등의 가격차별 건강검진, 보험 상품 다양화, 탄력보험제, 신용할당, 효율성 임금

정답 3 ⑤ 4 ① 5 ④

06 **다음 중 정보경제와 관련된 설명으로 가장 옳지 않은 것은?**

① 선별(screening)이란 사적 정보를 가진 경제주체가 상대방의 정보를 더욱 얻어내기 위해 취하는 행동이다.

② 신호발생(signalling)이란 정보를 가진 경제주체가 자신에 관한 정보를 상대방에게 전달하려는 행동이다.

③ 탐색행위(search activities)란 상품의 가격에 대한 정보를 충분히 갖지 못한 수요자가 좀 더 낮은 가격을 부르는 곳을 찾으려고 하는 행위이다.

④ 역선택(adverse selection)이란 상대방의 감추어진 속성으로 인해 정보가 부족한 쪽에서 바람직하지 않은 선택을 하는 현상이다.

hint

① (×), 선별은 정보를 가지지 못한 측이 상대방의 숨겨진 정보를 얻어내기 위해 취하는 행동이다.

07 **노동시장에서 교육의 신호이론(signaling theory)에 관한 다음의 설명 중 옳은 것은?**

2010년 국회 8급

가. 교육은 한계생산성이 낮은 노동자의 생산성을 향상시킨다.
나. 교육은 그 사람의 사회적 위치에 대한 신호이다.
다. 천부적인 능력에 따라 한계생산성이 결정된다.
라. 높은 학력은 높은 한계생산성을 가진 사람이 보내는 신호이다.

① 가, 나 ② 다, 라 ③ 가, 라
④ 나, 다 ⑤ 가, 다, 라

hint

마이클 스펜스(M. Spence)가 처음 제시한 신호이론(signaling theory)의 핵심은 정보가 있는 쪽에서 먼저 자신의 속성을 알리는 신호수준을 선택하고 나중에 이것을 관찰한 정보가 없는 쪽(기업)이 신호수준에 따라 차별화된 보상계획(보수 등)을 제시하는 가운데 시장에서 균형이 성립할 수 있다는 이론이다. 이때 나중에 보수를 제시하는 기업이 신호를 발송하는 사람들에 대해 어떤 믿음(belief)을 가지고 있는가에 따라 다양한 신호균형이 가능하다는 것이 특징이다. 또한 스펜스는 신호는 오직 정보를 가진 사람의 속성을 알리는 기능을 수행할 뿐 생산성의 향상과는 무관하다고 가정했다. 그후 신호수준이 생산성의 향상과 관련되어 있는 모형이 제시되기도 했지만 기본적으로는 신호수준과 생산성 향상과는 무관한 것으로 간주하는 것이 신호의 경제적 의의를 더욱 분명히 부각시키는 것으로 인식되어 왔다. 신호는 단지 자신의 속성을 알리는 수단일 뿐이다. 만약 일정한 수준의 신호를 보내지 않는다면 본인의 생산성과는 달리 무능한 사람으로 간주될 수 있다는 것이 신호 모형의 특징이다.

08 도덕적 해이에 관한 예시로 옳지 않은 것은? 2020년 국회 8급

① 정부의 은행예금보험으로 인해 은행들이 위험한 대출을 더 많이 한다.

② 경영자가 자신의 위신을 높이기 위해 회사의 돈을 과도하게 지출한다.

③ 정부부처가 예산낭비가 심한 대형 국책사업을 강행한다.

④ 정부가 신용불량자에 대한 구제책을 내놓자 채무자들이 빚을 갚지 않고 버틴다.

⑤ 은행이 대출이자율을 높이면 위험한 사업에 투자하려는 기업들이 자금 차입을 하는 경우가 늘어난다.

hint

①~④는 감시가 어려운 상황에서 감추어진 행동이 문제가 되는 도덕적 해이의 예이며, ⑤는 탐색이 어려운 상황에서 감추어진 특성이 문제가 되는 역선택의 예이다.

09 보험시장에서 정보의 비대칭성에 의해 나타나는 시장실패를 개선하기 위한 다음 조치 중 성격이 다른 하나는? 2021년 공인회계사

① 건강상태가 좋은 가입자의 의료보험료를 할인해 준다.

② 화재가 발생한 경우 피해액의 일정 비율만을 보험금으로 지급한다.

③ 실손의료보험 가입자의 병원 이용 시 일정액을 본인이 부담하게 한다.

④ 실업보험 급여를 받기 위한 요건으로 구직활동과 실업 기간에 대한 규정을 둔다.

⑤ 보험가입 이후 가입기간 동안 산정한 안전운전 점수가 높은 가입자에게는 보험료 일부를 환급해 준다.

hint

①은 사전적으로 건강이 좋은 소비자를 선별하기 위한 것으로 역선택에 대한 해결책이다. 그 외의 모든 보기는 모두 사후적으로 도덕적 해이를 막기 위한 유인을 설명하고 있다.

정답 6 ① 7 ② 8 ⑤ 9 ①

Part-2 실전 문제

01 **다음은 정보가 갖는 경제적 의미를 설명한 것이다. 옳지 않은 것은?** 2001년 공인회계사

① 역선택(adverse selection)은 정보의 비대칭성으로 인해 발생한다.
② 주인-대리인(principal-agent) 문제에서 도덕적 해이(moral hazard) 현상이 자주 발생한다.
③ 일반적으로 역선택은 거래가 발생하기 이전, 도덕적 해이는 거래가 발생한 이후에 생기는 현상이다.
④ 품질보증(warranty)이나 광고(advertizing)는 신호발송(signalling) 수단으로 이용된다.
⑤ 중고차시장에서 종종 품질이 나쁜 차가 거래되는 이유는 도덕적 해이(moral hazard) 때문이다.

hint

역선택이란 정보를 갖지 못한 측이 불리한 특징을 가진 상대방과 만나게 되는 현상을 의미한다. 반면 도덕적 해이란 정보를 갖지 못한 측이 상대의 불리한 행동에 직면하게 되는 현상을 의미한다. 역선택은 계약 당시에 숨겨진 특성에 의해 발생하는 현상이며, 도덕적 해이는 계약 이후에 숨겨진 행동 때문에 발생하는 현상이다.

	역선택	도덕적 해이
비대칭정보의 발생시점	계약 이전	계약 이후
비대칭정보의 유형	숨겨진 특성	숨겨진 행동
해결방안	정보의 구입, 신호, 선별, 강제보험 등	유인설계(공동보험, 성과급 지급 등)

02 다음 사례를 역선택(adverse selection)과 도덕적 해이(moral hazard)의 개념에 따라 올바르게 구분한 것은? 2014년 국가직 7급

> ㄱ. 자동차 보험 가입 후 더욱 난폭하게 운전한다.
> ㄴ. 건강이 좋지 않은 사람이 민간 의료보험에 더 많이 가입한다.
> ㄷ. 실업급여를 받게 되자 구직활동을 성실히 하지 않는다.
> ㄹ. 사망 확률이 낮은 건강한 사람이 주로 종신연금(life annuity)에 가입한다.

	역선택	도덕적 해이
①	ㄱ, ㄹ	ㄴ, ㄷ
②	ㄴ, ㄹ	ㄱ, ㄷ
③	ㄱ, ㄴ	ㄷ, ㄹ
④	ㄴ, ㄷ	ㄱ, ㄹ

hint

ㄱ. 도덕적 해이
ㄴ. 역선택
ㄷ. 도덕적 해이
ㄹ. 역선택, 종신보험을 제공하는 회사 입장에서 사망확률이 낮은 건강한 사람은 '불리한 특성'을 가진 가입자이다.

03 다음 서술 중 옳지 않은 것은? 2006년 공인노무사

① 거래 쌍방 중 한쪽은 정보를 갖고 다른 한쪽은 정보를 갖지 못한 현상을 정보의 비대칭성이라고 한다.
② 사후의 감추어진 행동을 관찰할 수 없기 때문에 역선택 현상이 발생한다.
③ 보험가입자의 도덕적 해이의 정도가 클수록 보험회사는 기초공제액을 높인다.
④ 생명보험회사가 보험가입자의 건강상태를 모르는 경우에는 건강한 사람들보다 건강이 나쁜 사람들이 주로 보험에 가입한다.
⑤ 자동차 보험의 경우에 사고손실액에 대해서 보험가입자와 보험회사가 공동부담하면 도덕적 해이 현상이 줄어든다.

hint

② (×), 역선택은 '사전적'으로 '감추어진 특성'을 관찰할 수 없기 때문에 발생하는 현상이다.

정답 1 ⑤ 2 ② 3 ②

04 중고 노트북 컴퓨터 시장에 고품질과 저품질의 두 가지 유형이 있다. 전체 중고 노트북 중 고품질과 저품질의 비율은 8 : 2이고 판매자는 중고 노트북의 품질을 알고 있다. 판매자의 최소요구금액과 구매자의 최대지불용의금액은 다음 표와 같고, 구매자는 위험중립적이다. 이러한 사실은 판매자와 구매자에게 알려져 있다. 다음 설명 중 옳지 않은 것은? 2015년 공인회계사

유형	판매자의 최소요구금액	구매자의 최대지불용의금액
고품질	50만원	60만원
저품질	20만원	10만원

① 구매자도 품질을 아는 경우, 고품질만 거래된다.

② 구매자가 품질을 모르는 경우, 두 유형이 모두 거래될 수 있다.

③ 구매자가 품질을 모르는 경우, 고품질에 대한 구매자의 최대지불용의금액이 60만원보다 크다면 두 유형이 모두 거래된다.

④ 구매자가 품질을 모르는 경우, 고품질에 대한 판매자의 최소요구금액이 50만원보다 크다면 저품질만 거래된다.

⑤ 구매자가 품질을 모르는 경우, 고품질의 비중이 80%보다 작다면 고품질은 시장에서 거래되지 않는다.

hint

이하 WTA는 판매자 최소요구금액, WTP는 구매자 최대지불용의금액을 나타낸다.

① (○), 고품질의 경우 WTA < WTP지만, 저품질의 경우에는 WTA > WTP이다.

② (○), 구매자가 품질을 모른다면 두 유형이 모두 거래에 참가한다는 가정 하에 $\overline{P} = 0.8 \times 60 + 0.2 \times 10 = 50$을 제시할 것이다. 이 경우 저품질 판매자는 반드시 판매하려 할 것이며, 고품질 판매자는 무차별한데 고품질 판매자들이 모두 거래에 참여한다면 균형이 될 수도 있다.

③ (○), 이 경우 평균적인 지급의사 $\overline{P} > 50$이 성립할 것이므로 두 유형이 모두 거래된다.

④ (×), 고품질 판매자의 WTA가 50보다 크다면 고품질 판매자는 시장을 떠날 것이다. 다음으로 저품질에 대한 WTA > WTP이므로 저품질 차량도 거래되지 않는다.

⑤ (○), 이 경우 평균적인 지급의사 $\overline{P} < 50$이 성립할 것이므로 고품질 판매자가 시장을 떠날 것이다. 다음으로 저품질에 대한 WTA > WTP이므로 저품질 차량도 거래되지 않는다.

05 중고차시장에 두 가지 유형(고품질과 저품질)의 중고차가 있고, 전체 중고차 중 고품질 중고차가 차지하는 비율은 p이다. 고품질 중고차 소유자들은 최소 1,000만원을 받아야 판매할 의향이 있고, 저품질 중고차 소유자들은 최소 600만원을 받아야 판매할 의향이 있다. 소비자들은 고품질 중고차를 최대 1,400만원에, 저품질 중고차는 최대 800만원에 구매할 의사가 있다. 중고차 유형은 소유자들만 알고 있으며 소비자들은 위험중립적이다. 이 경우 저품질 자동차만 거래되는 개살구시장(레몬시장)이 형성될 조건으로 옳은 것은?

① $p > \frac{1}{3}$　　② $p < \frac{1}{3}$　　③ $p > \frac{1}{4}$
④ $p > \frac{1}{2}$　　⑤ $p < \frac{1}{2}$

hint

저품질 자동차만 거래되기 위해서는 다음 두 조건이 동시에 만족되어야 한다.

- 조건 1 : 평균적 지급의사 < 고품질 수취의사
  $\Rightarrow p \times 1{,}400 + (1-p)800 = 800 + 600p < 1{,}000 \Rightarrow p < \frac{1}{3}$이면 성립
- 조건 2 : 저품질 지급의사 > 저품질 수취의사 ⇒ 800 > 600 성립

조건 2는 자동 만족되므로 $p < \frac{1}{3}$이 만족되면 된다.

정답　4 ④　5 ②

06 좋은 품질과 나쁜 품질, 두 가지 유형의 차가 거래되는 중고차시장이 있다. 좋은 품질의 차가 시장에서 차지하는 비중은 50%이다. 각 유형에 대한 구매자의 지불용의금액(willingness to pay)과 판매자의 수용용의금액(willingness to accept)은 다음 표와 같다. 판매자는 자신이 파는 차의 유형을 알고 있으며, 구매자는 위험중립적이다.

	좋은 품질	나쁜 품질
구매자의 지불용의금액	a	800
판매자의 수용용의금액	1,000	b

이 시장에서 구매자가 차 유형을 알 수 있는 경우와 차 유형을 알 수 없는 경우 각각에서 두 유형의 중고차가 모두 거래될 수 있는 a, b의 값으로 가능한 것은? 2019년 공인회계사

	a	b
①	900	600
②	1,100	600
③	1,300	600
④	1,300	900
⑤	1,400	900

hint

1. 구매자가 차 유형을 알 수 있는 경우 : 각 유형별 지불용의금액이 수용용의금액보다 작지 않으면 된다.
   $\Rightarrow a \geq 1,000,\ b \leq 800$
2. 구매자가 차 유형을 알 수 없는 경우 : 평균적인 지급의사가 두 유형 차에 대한 수용의사보다 모두 높아야 한다. 앞서 $b \leq 800$의 조건이 성립했으므로 $\frac{a+800}{2} \geq 1,000 \Rightarrow a \geq 1,200$

보기 중 위 조건을 동시에 만족시키는 것은 ③이 유일하다.

07 **10대의 중고차들이 품질에 따라 균일하게 분포되어 있다고 하자. 가장 품질이 나쁜 차의 가치는 1,000만원이며, 이것을 시작으로 100만원 단위로 균일하게 분포되어 있다고 가정하자. 따라서 가장 품질이 좋은 차의 가치는 1,900만원이다. 이것은 중고차를 공급하는 사람들이 부여하는 가치로서 중고차를 사려는 사람들도 알고 있는 사실이다. 단지 중고차의 공급자는 자기 차의 가치를 알지만 수요자는 하나하나의 가치는 모르고 단지 평균 품질만을 유추할 수 있을 뿐이므로 그 이상의 가격을 지불하고서는 구매하지 않는다고 할 때 다음 서술 중 옳은 것은?** (단, 구매자나 판매자 모두 위험중립적이라고 가정한다.)

① 구매자들은 1,500만원의 가격을 제시할 것이고 상위 품질의 차 다섯 대가 거래된다.
② 구매자들은 1,000만원의 가격을 제시할 것이고 가장 품질이 나쁜 차 한 대만 거래된다.
③ 중고차는 한 대도 거래되지 않으며 시장은 폐쇄된다.
④ 구매자들은 1,400만원의 가격을 제시할 것이고 품질이 나쁜 차 5대가 거래된다.
⑤ 구매자들은 1,900만원의 가격을 제시할 것이고 시장은 효율적으로 작동한다.

hint

이것은 역선택의 문제이다. 구매자들은 평균품질에 근거해 가격을 제시할 것이므로 모든 판매자들이 중고차를 팔려고 하는 경우 평균품질에 해당하는 가격은 1,450만원이다. 따라서 구매자의 입장에서는 1,500만원 이상 가치가 있는 중고차들은 시장에서 철수할 것으로 예상한다. 그러면 구매자들은 남아 있는 중고차의 평균 품질은 1,200만원으로 하락할 것으로 예상하므로 그 이상의 가격을 제시하지 않는다. 그러면 다시 그 이상의 품질의 중고차는 시장에서 철수할 것이다. 이런 과정을 거쳐 결국 시장에는 제일 품질이 나쁜 차 하나만 남게 되며 1,000만원의 가격에 거래된다. 이것은 감춰진 속성으로 인해 시장이 붕괴되는 극단적인 예이다. 현실에서는 다양한 방안들이 제시되어 이런 문제를 해결하고 있다. 예를 들어 품질을 보증하는 공식 딜러제도 등이 그것이다.

정답 6 ③ 7 ②

08 은행들은 기업의 신용평가에 따라 그 평가가 낮은 기업에 대해서는 높은 금리를 요구하고, 신용등급이 높은 기업에 대해서는 상대적으로 낮은 금리를 적용한다. 그러나 많은 경우 신용평가가 낮은 기업에 대해서는 높은 금리를 요구하기보다 대출을 거부하는 경우가 많다. 이러한 행태를 신용할당이라고 한다. 은행이 금리를 높게 받기보다 대출을 거부하는 신용할당의 행태를 보이는 이유에 대한 다음 설명 중 틀린 것은?

① 금리를 높이는 경우 역선택 문제로 인해 은행의 기대수익이 낮아질 수 있다.
② 일정 금리 이상을 요구할 때 안전한 투자를 선호하는 기업들이 투자를 포기할 가능성이 커진다.
③ 대출시장에서의 정보가 완전하다면 신용할당이 생기지 않는다.
④ 신용할당 하에서 대출은 이자율 이외의 요인, 예를 들어 신용도나 담보금액 등에 의해 결정된다.
⑤ 금리가 높아질수록 위험이 높은 기업들이 대출을 받게 되는 경향이 높아지는 것을 도덕적 해이(moral hazard)라고 한다.

hint

금리를 높이면 위험이 높은 기업들만 대출을 받게 되는 것은 계약 이전에 존재하던 감추어진 특성으로 인해 발생하는 현상이므로 역선택에 해당한다. 이러한 금융시장에서의 역선택을 해결하기 위해 금리를 낮은 수준에서 동결함으로써 인위적으로 초과수요를 유발한 후 신용도에 따라 자금을 배분하는 것을 신용할당이라고 한다.

09 다음은 정보의 비대칭성과 관계된 경제적 현상을 설명한 것이다. 가장 부적절한 설명은 어느 것인가? 2002년 공인회계사

① 정보를 많이 가진 측의 감추어진 특징으로 인해 발생하는 문제를 역선택(adverse selection)이라 한다.
② 유인설계(incentive system)를 잘 할 경우 도덕적 해이(moral hazard) 문제를 어느 정도 해결할 수 있다.
③ 정부가 자동차 보험의 책임보험을 의무적으로 가입하게 하면 역선택의 문제를 방지할 수 있지만, 이는 사고위험성이 높은 사람에게는 불리한 제도이다.
④ 선별(screening)이란 불완전하게 정보를 가진 측에서 주어진 자료와 정보를 이용하여 상대방의 특성을 파악하려는 것이고, 신호발송(signaling)이란 정보를 가진 측에서 자발적으로 자신의 특성을 알리려는 노력이다.
⑤ 화재보험에서 화재가 날 경우 손실의 일부분만을 보장해 주는 제도를 도입한 것은 도덕

적 해이 문제를 완화하기 위해서이다.

hint

의무적으로 보험에 가입하게 되는 경우 보험시장에 역선택이 발생하여 사고위험이 높은 사람만 보험에 가입하는 경우에 비하면 모든 사람의 후생이 증가할 수 있다. 반면 완전정보 시와 비교할 경우에는 사고위험성이 낮은 사람에게 불리하고 사고위험성이 높은 사람에게는 유리하다. 어느 경우라도 강제보험이 사고위험성이 높은 사람에게 불리한 결과를 초래하지는 않는다.

	균형	A의 후생(저위험)	B의 후생(고위험)
최선의 결과	완전정보 하에서 분리된 보험	가장 높음	낮음
차선의 결과	강제보험	중간	가장 높음
최악의 결과	역선택 하에서 나쁜 유형만 가입	가장 낮음	낮음

10 다음 중 역선택 문제를 완화하기 위해 고안된 장치와 거리가 먼 것은? 2014년 서울시 7급

① 중고차 판매 시 책임수리 제공

② 민간의료보험 가입 시 신체검사

③ 보험가입 의무화

④ 사고에 따른 자동차 보험료 할증

⑤ 은행의 대출 심사

hint

① 이는 보증과 비슷한 역할을 하는 신호에 해당한다.
② 이는 선별에 해당한다.
③ 강제보험도 역선택을 해결하는 한 방안이 된다.
④ 사고 시 보험료가 할증된다면 신중하게 운전할 것이므로 도덕적 해이를 줄일 수 있다.
⑤ 신용할당은 은행이 역선택을 피하기 위해 사용하는 방안이다.

* **참고사항**

보험료 할증은 간접적으로 역선택 문제를 해결하는 데 도움이 될 수도 있지만 출제관행상 거의 도덕적 해이의 해결책으로 다루어지고 있다.

정답 8 ⑤ 9 ③ 10 ④

11 생산성이 높은 사람들과 낮은 사람들이 직장을 구하려 한다. 본인은 자신의 생산성을 알지만 기업은 누가 생산성이 높은지 모른다. 이런 상황에서 신호발송균형(signalling equilibrium)이 성립하기 위한 조건으로 옳은 것은?

① 생산성이 높은 사람들이나 낮은 사람들이 모두 위험중립적이어야 한다.
② 생산성이 높은 사람들이나 낮은 사람들이 모두 위험기피적이어야 한다.
③ 생산성이 높은 사람들과 낮은 사람들의 신호발송비용에 차이가 있어야 한다.
④ 생산성이 높은 사람들과 낮은 사람들의 비율이 반반이어야 한다.
⑤ 생산성이 높은 사람들과 낮은 사람들의 생산성의 차이가 상당히 커야 한다.

hint

신호발송이 성공하기 위해서는 생산성이 높은 측이 더 낮은 비용으로 발송할 수 있는 지표로서의 신호(signal)가 있어서 자신의 경우 신호발송을 통한 비용보다 편익이 크지만 생산성이 낮은 측은 신호발송을 위한 비용이 편익보다 커야 한다.

생산성이 높은 타입의 신호발송비용 < 신호발송의 편익 < 생산성이 낮은 타입의 신호발송비용

이러한 신호발송행위가 생산성에 영향을 미치지 못하고 단지 유능한 타입을 분리해 내는 역할만을 한다면 사회적으로 낭비적 성격을 갖게 된다. 그러나 역선택을 해결하는 방법으로 사용된다면 자원배분을 개선시킬 수도 있다.

12 기업 K에는 A와 B 두 가지 유형의 직원이 있는데, 자격증을 취득하기 위해서는 A유형의 경우 2년, B유형의 경우 1년 동안 학원을 다녀야 한다. 자격증을 취득한 직원에게는 $w = 24$, 그렇지 않은 직원에게는 $w = 20$의 보수를 지급한다. 효용을 극대화하는 직원의 효용함수가 $u = w - c \times e$일 때, (단, e는 학원 수강 기간, c는 연간 학원비이다.) B유형의 직원만 자발적으로 자격증을 취득하기 위한 c의 범위는? 2017년 보험계리사

① $1 < c < 2$　　② $1 < c < 3$
③ $2 < c < 3$　　④ $2 < c < 4$

hint

이 문제는 노동시장이 교육에 의해 분리균형(separating equilibrium)을 이룰 조건을 묻고 있습니다. [2017년 보험계리사 시험은 아주 역대급 기염을 토하네요. -_-]

A유형이 자격증을 취득하지 않을 조건 : $u_A = 24 - c \times 2 < 20 \Rightarrow c > 2$
B유형이 자격증을 취득할 조건 : $u_B = 24 - c \times 1 > 20 \Rightarrow c < 4$

정리하면 $2 < c < 4$가 된다.

13 기업들이 소비자들에게 제공하는 보증(warranty)에 대한 다음 설명 중 가장 옳은 것은?

2010년 공인회계사

① 보증은 소비자들이 기업들보다 제품의 질에 대해 많은 정보를 갖고 있을 때 신호수단으로서 가장 효과적이다.

② 보증은 소비자들이 기업들보다 소비자들의 선호에 대해 많은 정보를 갖고 있을 때 신호수단으로서 가장 효과적이다.

③ 보증은 기업들이 소비자들보다 소비자들의 선호에 대해 많은 정보를 갖고 있을 때 신호수단으로서 가장 효과적이다.

④ 비대칭정보의 문제가 존재하는 시장에서는 기업들이 보증을 제공하지 않으려 한다.

⑤ 생산자들은 품질이 더 좋은 상품일수록 예상 수리비용이 적기 때문에 보증을 해줄 가능성이 더 높다.

hint

①~③ 보증은 '기업'들이 '소비자'들보다 '제품의 질'에 대해 많은 정보를 갖고 있을 때 '신호수단'으로서 가장 효과적이다.

④ (×), 비대칭정보 상황을 극복하기 위해 일부 기업은 자발적으로 보증을 제공하려 한다.

⑤ (○), 신호가 성공하기 위해서는 신호발송비용, 이 경우 수리비용에 큰 차이가 있어야 한다.

정답 11 ③ 12 ④ 13 ⑤

14 정보의 비대칭성에 관한 설명으로 옳지 않은 것은? 2017년 감정평가사

① 사고가 발생할 가능성이 높은 사람일수록 보험에 가입할 가능성이 크다는 것은 역선택(adverse selection)에 해당한다.

② 화재보험 가입자가 화재예방 노력을 게을리할 가능성이 크다는 것은 도덕적 해이(moral hazard)에 해당한다.

③ 통합균형(pooling equilibrium)에서는 서로 다른 선호체계를 갖고 있는 경제주체들이 동일한 전략을 선택한다.

④ 선별(screening)은 정보를 보유하지 못한 측이 역선택 문제를 해결하기 위해 사용할 수 있는 방법이다.

⑤ 항공사가 서로 다른 유형의 소비자에게 각각 다른 요금을 부과하는 행위는 신호발송(signaling)에 해당한다.

hint

① (O)

② (O)

③ (O), 통합균형(pooling equilibrium)[공동균형이라고도 함]이란 서로 다른 유형의 사람들이 동일한 선택을 한 상태에서 균형이 성립한 것을 말한다. 통합균형의 반대말은 분리균형으로서 서로 다른 유형의 사람들이 서로 다른 선택을 한 상태에서 균형이 성립한 것을 말한다.

④ (O)

⑤ (×), 정보를 가지지 못한 측의 노력을 선별(screening), 정보를 가진 측의 노력을 신호발송(signaling)이라고 한다.

15 도덕적 해이(moral hazard)에 관한 설명으로 옳지 않은 것은? 2012년 공인노무사

① 팀별 발표의 경우 팀의 구성원 중 일부는 발표준비를 게을리한다.

② 에어백을 설치한 후 자동차의 운전자는 설치 이전보다 부주의하게 운전한다.

③ 화재보험에 가입한 후 보험가입자는 가입 이전보다 화재방지 노력을 게을리한다.

④ 은행이 대출이자율을 높이면 위험한 사업에 투자하는 기업들이 자금을 차입하려 한다.

⑤ 성과급제도가 없는 회사의 경우 일부 직원들이 태만하게 근무한다.

hint

④는 역선택의 사례이다. 이러한 문제를 감소시키기 위해 은행은 금리를 높이지 않고 신용할당방식을 선택한다.

16 **도덕적 해이에 관한 다음 설명 중 옳은 것을 모두 고르면?** 2008년 감정평가사

ㄱ. 본인-대리인(principal-agent) 문제는 도덕적 해이의 한 예이다.
ㄴ. 보험계약에서 사고피해액의 일정 비율을 가입자가 부담하면 도덕적 해이의 문제가 완화된다.
ㄷ. 보험계약에서 통계적으로 사고가 날 확률이 높은 집단에 속한 사람에게 비싼 보험료를 요구하는 것은 도덕적 해이의 문제를 완화시킨다.
ㄹ. 개인의 실적에 따라 성과급을 지급하는 것은 도덕적 해이의 문제를 완화시킨다.

① ㄱ, ㄴ ② ㄱ, ㄷ ③ ㄷ, ㄹ
④ ㄱ, ㄴ, ㄹ ⑤ ㄴ, ㄷ, ㄹ

hint

사고가 날 확률이 높은 집단에 비싼 보험료를 받는 것은 선별(screening)의 한 예로서 역선택에 대한 대응책으로 보는 것이 타당하다.

17 **도덕적 해이(moral hazard) 문제를 해결하거나 완화시키는 방안으로 가장 적절하지 않은 것은?** 2005년 공인회계사

① 보험회사가 사고 시 보험가입자에게 손실의 일부만을 보상해 주는 공동보험(co-insurance)제도를 채택한다.
② 고용주가 근로자에게 시장균형임금보다 높은 임금을 지급한다.
③ 보험회사가 손실액 중 일정 금액까지는 보험가입자에게 부담시키는 기초공제(initial deduction)제도를 도입한다.
④ 임금지급방식을 고정급에서 성과급으로 전환한다.
⑤ 생명보험회사가 건강검진을 통과한 사람에게만 보험상품을 판매한다.

hint

도덕적 해이를 해결 또는 완화하는 방법은 적절한 유인기구(incentive system)를 설계해 주는 것이다. ②는 효율성 임금을 설명하는 것으로서 균형보다 높은 임금을 지급했을 때 인위적으로 실업이 유발되며 근무기강을 유지할 수 있으므로 기업이 인위적으로 높은 임금을 지급하는 현상을 의미하는 것이다. ⑤는 선별(screening)을 설명하는 것으로 역선택을 해결하기 위한 방안이다.

정답 14 ⑤ 15 ④ 16 ④ 17 ⑤

18 **다음 중 도덕적 해이에 대한 대응방안으로 적절하지 않은 것은?**

① A사의 대주주는 임원들에게 스톡옵션을 부여하기로 했다.
② B보험회사는 화재 시 피해액의 일부만을 보상해 주는 보험상품을 판매하기로 했다.
③ C자동차회사는 구입 후 5년 이내에 발생하는 고장은 무상으로 수리해 주기로 했다.
④ D식당의 주인은 매달 일정액을 받기로 하고 식당의 경영권을 주방장에게 위임하기로 했다.
⑤ E기업은 직원들과 연봉제 계약을 체결하기로 했다.

hint

도덕적 해이에 대한 대응방안은 주인과 대리인 간 계약의 성격에 따라 다양하다. 그렇지만 어떤 경우든 대리인이 일정 부분 위험을 감수하도록 한다는 원칙에는 변함이 없다. 예를 들어 식당 주인이 매달 일정액을 받기로 하고 주방장에게 경영권을 위임하는 것은 모든 위험을 주방장이 감수하는 계약을 체결함으로서 주방장의 도덕적 해이를 방지하려는 계약의 일종이다.

19 **최근 저축은행의 영업정지에 따른 예금인출 사태와 예금자 보호 문제가 발생하고 있다. 이에 관련된 설명 중 옳지 않은 것은?** 2011년 보험계리사

① 예금보험과 같은 예금자 보호를 위한 정부의 안전망은 은행에서 예금인출 사태를 억제하고, 예금자를 보호함으로써 은행 시스템에 돈을 맡기기를 꺼리는 것을 차단할 수 있다.
② 정보의 비대칭성 때문에 예금자는 자신의 거래은행이 건실한지 혹은 지급불능에 빠질만큼 부실한지를 알 수 없기 때문에 건실한 은행에서조차 예금인출이 일어나며, 한 은행의 도산이 다른 은행의 도산을 유발하는 전염효과가 일어날 수 있다.
③ 중앙은행이 어려움에 처한 은행을 대출을 통해 지원하는 것을 중앙은행의 '최종대부자(lender of last resort)' 기능이라고 한다.
④ 예금자 보호를 위한 정부의 안정망이 있는 경우 시장은 역선택의 위험에 노출된다. 즉, 예금자는 은행이 도산하더라도 자신은 손해를 보지 않으므로, 은행이 과도한 위험을 취한다고 의심이 들어도 예금을 인출하는 행동(action)을 취하지 않는다.

hint

④ (×), 예금자가 은행의 과도한 위험부담에도 인출하지 않는 '행동'은 도덕적 해이에 해당한다.

20 **비대칭정보 하에서 발생하는 현상에 대한 설명 중 옳지 않은 것은?** 2012년 공인회계사

① 역선택 현상이 발생할 수 있다.

② 정보를 가진 사람은 이를 이용하여 자기의 이득을 증가시킬 수 있고, 이는 정보가 없는 사람에게 피해를 줄 수 있다.

③ 시장에서 거래가 위축되는 현상이 발생할 수 있다.

④ 정보를 많이 갖고 있는 사람은 정보를 덜 갖고 있는 사람에 비하여 항상 피해의 규모가 작다.

⑤ 사고운전자에 대한 보험료 할증은 도덕적 해이를 완화시킬 수 있다.

hint

④ (×), '항상' 그런 것은 아니다. 예를 들어 보험가입 후 사고방지 노력을 하지 않는 경우 피해규모가 더 커질 수도 있다. 또한 중고차시장처럼 정보를 가진 측 중 일부가 시장을 떠나게 되는 경우 정보를 가진 측이 더 큰 피해를 볼 수도 있다.

21 **어느 공장의 공장장에게 다음과 같은 방식으로 보너스(B)를 지급하려고 한다.**

$$B = 10,000 - 0.5(Q_F - Q)$$

여기서 Q_F는 생산 가능한 최대량을 나타내며, Q는 실제 생산량을 나타낸다. 공장장은 연초 Q_F의 값을 본사에 보고하도록 되어 있다고 할 때 다음 설명 중 옳은 것은?

① 공장장은 Q_F를 과소하게 보고하려는 성향이 있다.

② 공장장은 Q_F를 과다하게 보고하려는 성향이 있다.

③ 공장장은 Q_F를 사실대로 보고하는 반면 가능한 한 Q를 작게 하려는 성향이 있다.

④ 공장장은 Q_F를 사실대로 보고하는 반면 가능한 한 Q를 크게 하려는 성향이 있다.

⑤ 공장장은 Q_F와 Q를 사실대로 보고하려는 성향이 있다.

hint

공장장에게 보너스를 지급하는 방식에 따라 공장장은 기업을 위해 최선을 다할 수도 있고 그렇지 않을 수도 있다. 여기서 주어진 방식대로 보너스를 지급하는 경우 Q_F는 공장장만이 정확하게 알 수 있는 수치이고, Q는 객관적으로 확인 가능한 수치이다. 따라서 공장장의 입장에서는 Q_F를 가능한 한 작게 보고하려는 성향이 있다. 왜냐하면 이렇게 함으로써 Q_F와 Q의 격차를 줄일 수 있으며, 경우에 따라서는 $Q > Q_F$가 성립함으로써 공장장의 보너스는 극대화된다. 따라서 이런 보너스 계획은 공장장이 정직하게 Q_F를 보고할 인센티브를 제공하지 못한다. 이런 보너스계획으로는 공장장의 감춰진 정보로 인한 도덕적 해이를 막을 수 없다.

정답 18 ③ 19 ④ 20 ④ 21 ①

22 한 기업의 단기 판매수익이 $R = 10e - e^2$와 같이 표현된다고 하자. e는 대표적 근로자(모든 근로자가 똑같다고 가정함)가 기울이는 노력의 크기를 나타낸다. 이 근로자는 자신의 임금에서 자신의 노력에 따른 기회비용을 뺀 순임금을 극대화하는 노력의 수준을 선택한다. 여기서 노력 1단위당 비용은 1이라고 가정한다. 이제 다음과 같은 임금체계 하에서 근로자의 노력수준과 기업의 이윤(수입 - 임금)을 구하시오.

임금체계 : $w = \frac{R}{2}$

① 이러한 임금체계 하에서 근로자의 노력수준은 2이며, 기업의 이윤은 8이다.
② 이러한 임금체계 하에서 근로자의 노력수준은 2이며, 기업의 이윤은 12이다.
③ 이러한 임금체계 하에서 근로자의 노력수준은 4이며, 기업의 이윤은 8이다.
④ 이러한 임금체계 하에서 근로자의 노력수준은 4이며, 기업의 이윤은 12이다.
⑤ 이러한 임금체계 하에서 근로자의 노력수준은 6이며, 기업의 이윤은 12이다.

hint

1단계 : 근로자의 노력수준의 결정

근로자 순효용 $U = w - e = \frac{10e - e^2}{2} - e \Rightarrow \frac{dU}{de} = 5 - e - 1 = 0 \Rightarrow$ 따라서 최적 노력수준은 $e = 4$

2단계 : 기업의 이윤의 결정

기업의 순이윤 $P = R - w = \frac{10e - e^2}{2} \Rightarrow e = 4$를 대입하면 $P = 12$

23 고용주와 근로자의 관계를 고려하자. 고용주는 근로자가 e의 노력을 투입하면 $f(e) = \sqrt{e}$의 수입을 얻을 수 있다. 고용주는 근로자에게 수입을 일정 비율로 나눌 것을 제안한다. 근로자에게 돌아가는 수입을 α라고 하면 $0 \le \alpha \le 1$이고, 이 경우 근로자의 순수입은 $\alpha f(e) - e$이 된다. 고용주는 근로자에게 계약조건 α를 먼저 제시한다. 그러면 근로자는 얼마만큼의 노력을 투입할지를 결정한다. (근로자는 이 계약을 거절할 수 없고 단지 노력수준만을 결정할 뿐이다.) 이러한 게임에서 근로자가 선택하는 e의 크기 및 고용주가 선택하는 α의 크기를 구한 것으로 옳은 것은?

① $\alpha = \frac{1}{3},\ e = \frac{1}{9}$
② $\alpha = \frac{1}{3},\ e = \frac{1}{18}$
③ $\alpha = \frac{1}{2},\ e = \frac{1}{8}$
④ $\alpha = \frac{1}{2},\ e = \frac{1}{16}$
⑤ $\alpha = 1,\ e = 1$

hint

1) 근로자의 보수는 $U_L = \alpha f(e) - e = \alpha\sqrt{e} - e$이다. $\frac{dU_L}{de} = \frac{\alpha}{2\sqrt{e}} - 1 = 0$을 풀면 $e(\alpha) = \frac{\alpha^2}{4}$을 얻는다.

2) 근로자의 최적 대응을 고려한 고용주의 보수는 $U_E = (1-\alpha)\sqrt{\frac{\alpha^2}{4}} = \frac{\alpha - \alpha^2}{2}$이다. U_E는 $\alpha = \frac{1}{2}$에서 극대화된다. 따라서 완전균형에서 고용주는 $\alpha = \frac{1}{2}$를 선택한다.

24 **甲은 乙에게 100만원을 위탁하고, 乙은 자금을 운용하여 이익이 발생할 때에는 이익의 10%를 운용수수료로 받고 손실이 발생할 때에는 운용수수료를 받지 않는 계약을 맺었다. 甲은 자금운용을 전적으로 乙에게 위임하며 乙은 자신의 이익만을 추구한다. 상황에 따른 각 투자안별 수익(원금 포함)이 다음과 같을 때 乙의 투자선택과 기대운용수수료는?** (단, 甲과 乙은 위험중립적이다.)

2013년 감정평가사

	상황 1	상황 2
확률	0.1	0.9
X 투자안	100만원	110만원
Y 투자안	400만원	70만원

① X 투자안을 선택하며, 기대운용수수료는 3만원이다.
② X 투자안을 선택하며, 기대운용수수료는 6만원이다.
③ X 투자안을 선택하며, 기대운용수수료는 9만원이다.
④ Y 투자안을 선택하며, 기대운용수수료는 3만원이다.
⑤ Y 투자안을 선택하며, 기대운용수수료는 6만원이다.

hint

각 상황별 을의 운용수수료 및 기대운용수수료를 구하면 다음과 같다. 을이 갑에게 불리한 Y를 선택하는 것은 넓은 의미의 도덕적 해이로 볼 수 있다.

	상황 1	상황 2	기대운용수수료
확률	0.1	0.9	-
X 투자안	0.1 × (100 − 100) = 0	0.1 × (110 − 100) = 1	0.1 × 0 + 0.9 × 1 = 0.9
Y 투자안	0.1 × (400 − 100) = 30	0	0.1 × 30 + 0.9 × 0 = 3

정답 22 ④ 23 ④ 24 ④

25 소유와 경영이 분리된 어느 기업의 이윤은 전문경영자의 노력(a)과 불확실한 경제여건(s)에 의해 결정된다. 그런데 전문경영자의 노력수준은 $a = a_H$(최대노력), a_L(최소노력)로, 경제여건은 $s = b$(호황), r(불황)로 분류된다고 하자. 그리고 전문경영자의 노력수준을 $a_H = 1$, $a_L = 0$으로 나타내는 경우 노력비용(C)은 다음과 같이 측정된다고 하자.

$$C = 0.5\text{억} \times a$$

이제 이 기업의 이윤은 전문경영자의 노력수준과 경제여건에 따라 다음과 같이 예상된다고 하자. 괄호 안의 숫자는 확률을 나타낸다.

	$s = b$	$s = r$
$a = a_H$	10억(0.7)	4억(0.3)
$a = a_L$	10억(0.3)	4억(0.7)

그런데 이 기업의 대주주는 다음과 같은 보너스 계획을 구상하고 있다. 여기서 보너스(B)는 전문경영자가 다른 기업에서 받을 수 있는 보수(기회비용)에 추가로 지급되는 금액을 말하는데, 실적이 부진한 경우에는 기 지급한 보수의 일부를 회수하는 경우도 포함한다.

$$\text{보너스 계획} : B = 0.3 \times (\text{이윤} - 5\text{억})$$

전문경영자의 효용은 $U = B - C$에 의해 측정된다고 할 때 다음 설명 중 옳은 것은?

① 보너스 계획은 전문경영자에게 최대노력(a_H)을 기울일 인센티브를 제공한다.

② 이 문제의 전문경영자는 위험기피자이다.

③ 보너스 계획을 고려할 때 전문경영자는 최소노력(a_L)을 기울이는 것이 유리하다고 판단할 것이다.

④ 보너스 계획에 의하면 전문경영자가 어떤 노력수준을 택하든 차이가 없다.

⑤ 보수가 동일하다면 전문경영자는 최대노력(a_H)을 기울이는 것을 더 선호할 것이다.

hint

효용함수에 의하면 전문경영자는 위험중립적이다. 그리고 그의 보너스는 이윤에 연동된 성과의존적인 금액이다. 이때 중요한 것은 노력수준에 따라 그가 얻을 것으로 예상되는 기대효용을 구하는 것이다. 이를 수식으로 나타내면 다음과 같다.

$a = a_H$인 경우 : $0.7 \times (1.5\text{억} - 0.5\text{억}) + 0.3 \times (-0.3\text{억} - 0.5\text{억}) = 0.46\text{억}$

$a = a_L$인 경우 : $0.3 \times (1.5\text{억} - 0) + 0.7 \times (-0.3\text{억} - 0) = 0.24\text{억}$

따라서 보너스 계획은 전문경영자에게 최대노력(a_H)을 선택할 인센티브를 제공한다.

26 정보재(information goods)의 기본적인 특성에 관한 설명으로 옳은 것을 모두 고른 것은?

2023년 감정평가사

ㄱ. 상품에 포함된 정보가 상품으로서의 특성을 결정하는 것을 정보재라 한다.
ㄴ. 정보재는 초기 개발비용이 크고 한계비용이 0에 가깝기 때문에 규모의 불경제가 일어난다.
ㄷ. 정보재는 쏠림현상(tipping)과 같은 네트워크 효과가 나타난다.
ㄹ. 정보재의 경우 무료 견본을 나눠주는 것은 잠김효과(lock-in effect)를 노린 마케팅 전략이다.

① ㄱ, ㄹ ② ㄴ, ㄷ ③ ㄱ, ㄴ, ㄷ
④ ㄱ, ㄷ, ㄹ ⑤ ㄴ, ㄷ, ㄹ

hint

ㄱ. (O)
ㄴ. (X), 대부분의 정보재는 고정비용이 크고 가변비용이 작기 때문에 규모의 경제가 발생한다.
ㄷ. (O), 쏠림현상이란 수요가 일정 수량(critical mass)을 넘어서면서 급격히 증가하는 현상을 말한다. 비슷한 의미를 갖는 표현으로 포지티브 피드백(positive feedback), 양(+)의 네트워크 효과 등이 있다.
ㄹ. (O), 잠김효과란 어떤 상품을 한 번 사용하면 계속 같은 상품을 사용하는 것이 유리해지는 현상을 말한다. 전환비용(switching cost)이 큰 경우에 나타나는 경우가 많다.

정답 25 ① 26 ④

지은이에 대하여

이영환

서울대학교 상과대학 경제학과 졸업(1975년)

서울대학교 대학원 경제학과 졸업, 경제학석사(1977년)

미국 University of Pennsylvania 경제학과 졸업, 경제학박사(1986년)

공군사관학교 경제학 교관 역임(1977~1981년)

행정고시, 입법고시 등 국가고시 출제위원 역임

미국 Ohio State University 교환교수(1995~1996년)

동국대학교 기획인사처장 역임(2003~2004년)

동국대학교 사회과학대학 경제학과 교수 역임(1987~2018)

매일경제신문사 매경테스트 감수위원(2009~현재)

동국대학교 경제학과 명예교수(2018~현재)

주요 저서 및 논문

『시장경제의 통합적 이해』, 율곡출판사(2017년)

『코리아 디스카운트 vs 코리아 프리미엄』, 동국대학교 출판부(2014년)

『미시경제학』, 제4판, 율곡출판사(2014년)

『Beyond the Korea Discount』, 지필미디어(2013년)

『Rising Korean Potential, Declining American Privilege』(공저), 지필미디어(2012년)

『시장과 정보』, 동국대학교 출판부(2011년)

『과학에서 규범으로』(공저), 율곡출판사(2011년)

『해설이 있는 미시경제학』, 제3판, 율곡출판사(2011년)

『위험과 정보』, 율곡출판사(2008년)

『경제학 강의』(공저), 율곡출판사(2007년)

『위험의 경제학』, 율곡프레스(2006년)

『테이크아웃 경제학』(번역), 율곡프레스(2006년)

『위험의 경제분석』, 율곡프레스(2004년)

『경제학의 기본원리』(공역), 시그마프레스(2003년)

『정보경제학』, 율곡출판사(1999년) 외 논문 다수

김진욱

서울대학교 경제학과 졸업

서울대학교 경제학과 대학원 재학 중 행정고시 재경직 합격(제40회)

전 행정자치부, 정보통신부 사무관

서울대학교, 연세대학교, 성균관대학교, 이화여자대학교 등 다수 대학 특강

EBS 방송강의 경제학 특강

현재 베리타스법학원 경제학 강사(행정, 외교, 입법)

주요 저서

『객관식 경제학 강의』(제7판, 율곡출판사)

『경제학의 zip』(제7판, 네오시스)

『거시경제학입문』(제4판, 피데스)

『경제학 기출문제의 zip』(제8판, 네오시스)

『경제학 실전문제집 시리즈』(필통북스, 네오시스)

『재정학 모의고사의 zip』(제3판, 피데스)

『국제경제학 모의고사의 zip』(제4판, 피데스)

『이준구 · 조명환의 재정학 연습문제 해설집』(제6판, 문우사)

『김경수 · 박대근 거시경제학 연습문제 해설집』(제6판, 박영사)

번역서

『크루그먼의 경제학 해법』(제4판, 시그마프레스)

제7판 객관식 경제학 강의 [미시경제학]

초　판 1쇄 발행 2008년 12월 2일
제2판 1쇄 발행 2010년 11월 15일
제3판 1쇄 발행 2012년 11월 10일
제4판 1쇄 발행 2014년 11월 10일
제5판 1쇄 발행 2016년 6월 10일
제6판 1쇄 발행 2019년 10월 30일
제7판 1쇄 발행 2023년 9월 15일

지은이 이영환 · 김진욱
펴낸이 박기남
펴낸곳 율곡출판사
08590 서울시 금천구 가산디지털1로 84(에이스하이엔드 8차), 803호
전화 (代) 02) 718-9872/3
팩스 02) 718-9874
home-page www.yulgokbooks.co.kr
e-mail yulgokbook@naver.com
등록 1989.11.10. 제2014-000031호
ISBN 979-11-91812-53-4 93320

정가 30,000원